KB137887

장자

낙천적 허무주의자의 길

장자

장주莊周 지음 | 김갑수 옮김

글항아리

개정증보판을 펴내며

이 책이 출판된 지 2년이 되는 재작년 가을에 출판사로부터 2쇄를 찍겠다는 연락을 받았습니다. 저는 한글로 된 최고의 『장자』 번역서로 만들기 위해 독자 여러분의 적극적인 질정을 당부 드렸고, 많은 분이 잘못된 부분에 대한 지적과 좋은 의견을 보내주셨습니다. 그 내용은 대부분 2쇄에 반영했습니다. 그리고 또 많은 분이 한문 원문이 없는 것을 몹시 아쉬워했고, 그것은 간단한 문제가 아니었습니다. 책의 모양을 아예 바꿔야 하기 때문입니다.

원래 『장자』 역주서를 준비하면서 역주가 없이 한글 번역문만 있는 책을 먼저 내자는 출판사의 제안을 받아들였고, 이 책이 속한 시리즈가 한문 원문을 싣지 않는 것을 기본 방침으로 삼았기 때문에 이 책도 그렇게 한 것이었는데, 적지 않은 분이 그 점을 아쉬워하여 재판에서는 원문을 싣기로 결정했습니다.

『장자』의 한문 원문은 판본이나 주석서에 따라 글자의 출입이 있기도 하고 다른 글자로 쓴 경우도 더러 있으며, 또 끊어 읽는 방식이 다르기도 합니다. 이 책에서는 기본적으로 팡융方勇·루융핀陸永品

의 『장자전해莊子詮評(上·下)』(巴蜀書社, 2007, 增訂新版)를 바탕으로 삼았지만, 무조건 그대로 따르지는 않았고 한국, 중국, 일본 등의 다른 책들을 참조하면서 최종적으로 내 자신이 옳다고 여기는 쪽으로 확정했습니다. 원문의 확정에 참조한 주요한 책들은 다음과 같습니다.

『남화경주소南華經注疏(상 · 하)』(곽상郭象 주注, 성현영成玄英 소疏, 中華書局, 1998), 『장자집석莊子集釋(1~4)』(곽경번郭慶藩 선撰, 왕효어王孝魚 점교点校, 中華書局, 1961), 『장자교전莊子校詮(상 · 중 · 하)』(왕수민王叔岷, 樂學書局, 1988), 『역주장자譯註莊子(1~4)』(안병주安炳周 · 전호근田好根, 전통문화연구회, 2001~2004), 『장자』(안동림, 현암사, 2011, 개정 2판 2쇄), 『장자』(김학주, 연암서가, 2011, 초판 3쇄), 『장자莊子(상 · 하)』(아카즈카 기요시赤塚忠, 集英社, 1982, 3쇄), 『장자莊子(상 · 하)』(이케다 도모히사池田知久, 學習研究社, 1983).

그리고 다음 글자는 책에 따라 다르고 같은 책 안에서도 아무런 규칙 없이 섞어 쓰고 있습니다. 두 글자 혹은 서너 글자는 모양은 다르지만 음과 뜻이 다르지 않기 때문에 굳이 구별해야 할 필요를 찾지 못했습니다. 그래서 이 책에서는 다음과 같이 한 가지로 통일했습니다.

毁와 毀는 毀로, 遍과 徧은 徧으로, 鷄와 雞는 鷄로, 鬪와 鬭와 鬥는 鬪로, 彫와 雕는 彫로, 修와 脩는 修로, 沉과 沈은 沈으로, 皋와 皐는 皐로, 跡과 迹은 迹으로, 并과 幷과 並과 竝은 竝으로 통일해서 썼습니다.

한문 원문을 한 자 한 자 검토하고 번역문에 맞춰 배열하면서 번역문을 다시 고치고 싶은 유혹을 떨칠 수 없었습니다. 한 문장을 놓고 혹은 한 단어나 한 글자를 놓고 어떻게 번역해야 할지, 어떤 단어나 조사를 써야 원문의 뜻이 우리말로 가장 잘 드러날지 하루고 이틀이고 고민해본 사람은 잘 알 것입니다. 번역이라는 것이 얼마나 어려운 작업인지를. 그것은 고전이든 현대어든 마찬가지일 수도 있지만, 제 생각에는 고전의 경우에 그런 곳이 더 많은 것 같습니다. 『장자』에는 전혀 다르게, 심지어는 완전히 반대로 번역될 수 있는 글자나 문장이 종종 있습니다. 주석가마다 그럴 듯한 근거를 들고 있기 때문에 어떤 주석이나 해석을 따라야 할지 망설여지는 경우가 한두 번이 아니고, 설득력 있는 여러 주석 가운데 제가 선택하는 첫 번째 기준은 우리말이 되어야 하고, 그 문장은 전후 문맥 속에서 자연스럽게 혹은 논리적으로 가장 잘 어울려야 한다는 것입니다. 한글이 아닌 다른 문자로 된 글을 우리말로 번역할 때 자주 느끼는 것은 문법적으로는 맞지만 말이 안 되는 문장을 종종 볼 수 있다는 것인데, 그것은 한문 고전의 번역에서 특히 빈번하게 발견됩니다. 『장자』 번역서도 예외가 아니고, 어쩌면 그런 예가 다른 번역서보다 더 자주 발견되는 것 같습니다. 사실 『장자』에는 도대체 무엇을 말하려고 한 것인지 오랫동안 전문적으로 연구한 많은 연구자나 주석가도 확신할 수 없는 글자나 문장이 수두룩하기 때문입니다. 그것은 연구자를 난처하게 하는 요인의 하나이기도 하지만 동시에 계속 연구에 매달리게 하는 묘한 매력이 있습니다. 그러다보니 분명하다고 확신하던 것도 나중에 다시 읽어보면 다른 방식으로 해석하고 싶다거나 우리말 표현을 바꿔보고 싶은 유혹에 쉽게 빠집니다. 그래서 이번 개정증보판에서도 전체적으로 수백 군데를 고치기도 하고, 하나의 문장이나 혹은 하나의 문단 전체를 다시 번역하기도 했습니다. 그래서 증보판이 아니라 "개정증보판"이라는 말을 쓴 것입니다.

머리말에서도 말씀드렸듯이 저의 이『장자』번역서는 앞으로도 꾸준히 수정을 계속해나갈 것입니다. 독자 여러분께서도 이 책에서 표현이 잘못되었다거나 어색하다거나 더 알맞은 말로 바꿀 수 있는 부분을 발견하시면 이 책의 '머리말'에 있는 이메일을 통해 지적해주시고 또 제안해주시기 바랍니다. 저는 이 책을 우리말로 된 가장 좋은『장자』번역서로 만드는 것을 목표로 삼고 있습니다. 그 목표는 단번에 이루어지지 않을 것입니다. 따라서 잘못을 인정하는 데 주저하지 않고 꾸준히 수정해나가겠습니다. 독자 여러분의 적극적인 참여에 의해 완성도가 더 높아지리라 믿으며, 그동안 여러 가지 지적해주시고 좋은 의견을 보내주신 분들께 고개 숙여 감사의 마음을 전합니다.

2019년 2월

옮긴이 김갑수

머리말

장자는 허무주의자입니다. 혹은 자연주의자라고 할 수도 있을 것입니다. 예전에는 장자를 허무주의자, 불가지론자 등으로 규정하는 데 대하여 많은 거부감이 들었습니다. 그러나 『장자』를 음미해보면 장자를 포함한 그의 추종자들은 대개 허무주의자이고 불가지론자들이라는 점을 인정하지 않을 수 없습니다. 그렇기는 하지만 장자는 현실도피주의자는 아닙니다. 장자는 오히려 세상의 그 어떤 철학자보다 현실과 철저하게 마주했고, 현실을 꿰뚫어보면서 현실의 부정적인 면을 바로잡으려고 했습니다. 장자는 우리가 그냥 당연하다고 믿고 있는 모든 것에 대해 의심하고, 우리의 몸과 마음을 구속하는 것은 그것이 무엇이 되었든 부정하고 거부했습니다. 세상에서 나의 개인적인 생명보다 중요한 것은 없으며, 그 생명을 위한 최선의 삶은 그때그때 아무런 근심 걱정 없이 즐겁게 사는 것뿐이라고 생각했습니다. 장자에게 있어 돈이라든가, 명예라든가, 사회적 지위라든가 혹은 신이든, 국가든, 인류든 그 어떤 것도 나의 개인적인 생명보다 중요한 것은 없습니다. 따라서 세상에서 나의 생명과 바꿀 수 있는 것은 아무것도 없고, 나의 자유로운 삶을 제약할 수 있는 것은 무엇이든 부정적으로 보았습니다. 세상에 변하지 않는 것은 없고, 세상에 자연 이외에 절대적인 것은 없다고 생각한다는 점에서 장자는 허무주의자 혹은 자연주의자이고, 인생에서 가장 중요한 것은 각 개인이 즐겁고 행복하게 사는 것이고 또 이 세상은 그 자체로 아름다운 것이며 삶은 충분히 즐길 만한 가치가 있는 것이라고 보았다는 점에서 낙천주의자입니다. 그래서 나는 장자를 낙천적 허무주의자로 규정합니다.

나는 장자의 그런 생각에 완전히 동의합니다. 나의 생각과 같아서 장자를 좋아하게 되었는지, 장자를 좋아하다보니 그의 생각과 같아졌는지는 잘 모르겠습니다. 물론 그것은 그리 중요한 문제가 아닙니다.

오래전에 나는 장자와 관련하여 이렇게 말한 적이 있습니다.

> 지금부터 20여 년 전 나는 명지산 끝자락에 위치한 작은 절에 딸린 암자에서 『장자』에 흠뻑 빠져 있었다. 고등학교를 갓 졸업하고 쫓기듯이 도시를 빠져 나오면서 나는 오랜 방황에 종지부를 찍을 심산이었다. 그러나 그것은 또 다른 방황의 시작일 뿐이었다. 그때 나의 신분은 대입 재수생이었지만, 내가 챙겨 간 보따리는 입시와는 별 상관이 없는 몇 권의 시집과 칸트나 『논어』 같은 고전적 철학서로 채워져 있었다. 그 가운데서도 나를 사로잡은 것이 바로 『장자』라는 책이었다. 눈이 시리도록 내리쬐는 한여름의 햇살을 피해 계곡의 나무 그늘에 앉아 풀벌레와 새 울음소리를 들으면서 『장자』를 읽었고, 천지를 삼켜버릴 듯한 기세로 쏟아지는 빗속에

서도 암자에 혼자 앉아 『장자』를 읽었다. 대낮보다 더 찬란한 밤하늘의 별들을 보면서 나는 『장자』에서 탈속과 여유로움 그리고 역설적 삶의 방식을 읽었다. 그것은 한 편의 아름다운 시였다. 20년이 지난 지금도 나는 『장자』를 읽고 있다. 그러나 지금은 『장자』에서 인생에 대해 진지하게 고민하고, 개인의 자유로운 삶을 질곡하는 왜곡된 사회 구조를 비판하고, 인류 문명의 야만성과 폭력성을 고발하는, 깨어 있는 비판적 지식인의 고민을 읽는다.

『말』이라는 잡지 1998년 5월호에 실린 글의 앞부분입니다. 내가 장자와 인연을 맺게 된 과정을 조금 미화하여 썼던 것인데, 위의 글을 쓴 지도 벌써 18년이라는 세월이 지났습니다. 그러니까 내가 처음으로 『장자』에 심취한 때로부터 이미 40년 가까운 세월이 흘렀다는 거지요. 그동안 나는 『장자』를 그냥 읽기만 한 것이 아니라 장자의 삶과 사상 그리고 『장자』의 배경이 된 춘추전국의 상황 등에 대하여 자료를 수집·분석하고 연구하고 또 생각했습니다. 『장자』로 박사학위 논문을 쓰기도 하고 그뒤로도 그와 관련된 논문을 여러 가지 주제로 발표했고, 외국어로 된 책을 번역하기도 했습니다. 물론 그 과정에서 많은 주석서를 읽고 비교하고 분석하면서 내 나름의 생각을 가다듬어갔습니다. 그리고 기회가 될 때마다 강의를 통해 다른 사람들과 소통하기도 했습니다. 그런 식으로 본격적으로 장자와 『장자』를 연구한 지 벌써 30년이 훨씬 넘었습니다. 뭐 그리 대단한 책이라고 그렇게 오래 붙들고 있었을까 하고 생각하는 사람이 있을지도 모르겠습니다. 『장자』는 글이 난해하고 생각이 기발하여 그의 주장은 때로 터무니없는 소리처럼 들리기도 하지만, 오히려 그 때문에 음미할수록 흥미롭고 읽을 때마다 새로운 면을 발견하게 됩니다. 오래 음미하다보니 나름대로 전체적인 모습이 그려졌고, 그가 말하고자 하는 진정한 뜻이 무엇인지 느껴졌습니다. 그래서 내가 이해하고 해석한 방식이 어쩌면 장자의 뜻을 가장 잘 드러내줄 수 있을 것이라는 오만에 가까운 생각을 하게 되었습니다. 게다가 우리나라에 나와 있는 번역서나 역주본 가운데 마음에 쏙 드는 것이 거의 없다는 점 때문에 내가 이해한 방식으로『장자』역주본을 내고 싶다는 소망을 갖게 되었습니다. 때마침 출판사의 제의도 있고 해서 10여 년 전부터 장자에 주석을 달고 그에 따라 번역하는 역주 작업을 해왔습니다. 지금은 처음 시작할 때보다는 많은 번역서가 출간되어 상황이 비교적 좋아지긴 했지만, 새로운 시도를 할 엄두도 나지 않을 만큼 내 기를 꺾은 책은 아직 나오지 않았습니다. 그래서 비록 느린 걸음이긴 하지만 손에서 놓지는 않고 있습니다. 그러던 가운데 글항아리 출판사로부터 솔깃한 제안을 받았습니다. 전문적인 역주서를 내기 전에 편안하게 읽을 수 있는 번역서를 먼저 출판하자는 것이었습니다. 원문 글자나 단어에 세세한 풀이를 달고, 참고할 만한 다른 풀이를 소개하고, 내가 옳다고 생각하는 풀이에 따라 원문을 우리말로 옮기는 등의 역주 작업은 자신의 능력은 감안하지 않고 욕심만 많은 사람에게는 의외로 시간이 많이 걸리는 일이었습니다. 그래서 우선 출판사의 제안을 받아들이기로 했고, 그렇게 해서 한문 원문이나 학술적 주석 없이 번역문만 있는 이 책이 먼저 나오게 되었습니다.

이 책은『장자』를 우리말로 완역한 것입니다. 이 책이 의도하는 주요 독자는 학자가 아니라 일반인입니다. 가능한 한 우리가 일상에서 쓰는 말을 주된 번역어로 쓰고, 간단명료한 문체로 내용을 분명하게 전달하는 데 중점을 두었습니다. 그렇다고 이 책의 번역이 원래 텍스트의 자구를 무시하거나 또 그것이 가지고 있는 의미에서 벗어나도록 허용한 것은 아닙니다. 고전이나 외국어로 된 글의 번역에서 내가 정한 원칙 가운데 첫 번째는 바로 텍스트에 충실하되 우리말의 어법에 맞아야 한다는 것입니다. 이 책에도 이 원칙을 일관되게 적용했습니다. 『장자』는 문장 자체도 해독이 까다롭고 때로는 진짜 무슨 의도로 썼는지 아무도 모르는 부분도 꽤 있습니다. 게다가 그 책에서 말하고자 하는 내용 역시 보통 우리의 상식으로는 이해하기 어려운 곳이 많습니다. 그래서인지 우리말 번역서 가운데 아무리 읽어도 도대체 무슨 뜻인지 말이 안 되는 문장이 자주 있습니다. 특정 문장이 우리말 어법에 전혀 안 맞거나, 무엇을 말하려고 하는지 불분명하거나, 문맥이 전혀 통하지 않거나 하는 치명적인 문제들이 대부분의 번역서에서 발견됩니다. 물론 이 책도 그러한 문제에서 완전히 자유롭다고 확신은 못합니다. 그러나 이 책은 애초부터 먼저 우리말이 되게 하고, 하나하나의 문장이 전체 문맥의 흐름에 맞아서 그 문단이 무슨 이야기를 하려고 하는지 충분히 알 수 있도록 하는 데 가장 중점을 두었습니다. 물론 그것은 『장자』의 원문에서 벗어나지 않는 한도 안에서라는 전제가 깔려 있습니다. 이 책에서는 한문으로 된 원문과 어려운 글자나 어구에 대한 풀이를 곁들이지 않았기 때문에 어떤 문장이 왜 그렇게 번역되었는지 해명할 기회를 갖지 못한 아쉬움이 있습니다. 그러나 굳이 그런 학술적 내막까지 알고 싶어하지 않는 일반 독자들에게는 그렇게 하는 것이 오히려 끊어짐 없이 읽어 내려가는 데 도움이 될 것입니다. 이 책에서 밝히지 못한 이 아쉬움은 지금 준비 중에 있는 역주서가 출간되면 충분히 해소될 것입니다.

이 책이 출간되기 전에 출판사에서도 여러 번에 걸쳐 원고를 살펴보았고, 나 역시 8월 한여름 날들을 최종 교정에 몽땅 바쳤습니다. 그러나 이제까지의 경험으로 보아 아무리 꼼꼼하게 교정을 보더라도 항상 오탈자나 예기치 못한 잘못이 발견됩니다. 이 책 역시 그럴 수 있습니다. 이 책을 읽다가 발견되는 오탈자나 잘못이 있으면 그 일차적 책임자인 나에게 이메일(honeydance@naver.com)로 알려주시기 바랍니다. 직접 검토하여 잘못으로 확인되면 바로잡아 다음 번 인쇄에 반드시 반영하도록 하겠습니다. 이 책은 『장자』 원문의 뜻을 고스란히 반영하면서도 수월하게 읽히는 가장 좋은 우리말 번역서가 되는 것을 목표로 꾸준히 고쳐나갈 것입니다.

2015년 9월

가을의 문턱에서 김갑수 씀

차 례

제 2 부 외편 外篇

1. 장자의 전기

장자는 언제 어디서 태어났고 언제 죽었는지, 구체적으로 언제 어떤 일을 했는지 등의 기본적인 사항에 대해서조차 명확한 것이 전혀 없다. 대개 장자의 성은 장莊이고 이름은 주周이며 자는 자휴子休라는 정도만 알려져 있을 뿐이다. 장자에 대한 기록 가운데 가장 이른 것으로는 『장자』를 들 수 있다. 『장자』에는 장자가 대화에 직접 등장하는 문장이 있고, 장자에 대해 설명하는 문장이 있기도 하다. 특히 「천하」 편에는 장자의 사상적 특색에 대해 설명하고 있다. 그 밖에 전국시대의 기록으로 『순자』와 『여씨춘추』 등에도 장자에 대하여 언급하거나 장자의 말을 인용하고 있다. 그러나 이런 기록들에는 장자가 언제 적 사람인지, 어디 출신인지, 어떤 일을 했었는지 등 구체적인 문제에 대한 언급이 없다. 체계적으로 장자의 전기를 쓰고자 한 시도는 사마천의 『사기』 「노자한비열전老子韓非列傳」이 가장 이르다. 그러나 공자를 제외한 다른 제자백가가 그렇듯이 장자에 대한 기록도 그렇게 분명한 것은 아니고 대략적인 추정치에 불과하다.

이제 『사기』의 기록을 따라가면서 장자의 전기와 관련된 것을 추적해보자. 사마천은 먼저 장자의 출신지와 활동 연대에 대해 이렇게 말한다.

> 장자는 몽蒙 지방 사람이고 이름은 주周다. 그는 일찍이 칠원리漆園吏를 지냈으며, 양梁나라 혜왕惠王, 제齊나라 선왕宣王 등과 같은 시대를 살았다.

사마천은 장자를 몽 출신이라고 했는데, 몽이 어디에 있는지, 어느 나라에 속하는지에 대해서는 아무런 언급이 없다. 역대로 『사기』의 기록 가운데 몽이라는 지명을 어디에 있는 땅으로 보느냐에 따라 장자의 출신 국에 대한 의견이 다양하게 갈라졌다. 즉 송宋나라, 양梁나라, 초楚나라, 제齊나라, 노魯나라 등 여러 가지 학설이 있다. 유향劉向·고유高誘·반고班固·장형張衡 등은 장자를 송나라 사람이라고 주장했으며, 당대唐代의 학자들은 『한서』「지리지」의 "양나라는 큰 현이 여덟 개 있었는데, 그 중 세 번째로 큰 것이 바로 몽이다"라는 기록에 의거하여 장자를 양나라 사람이라고 주장했다. 예를 들면 『수서隋書』「경적지經籍志」와 『경전석문經典釋文』「장자서록莊子序錄」, 『사기회주고증史記會注考證』 등에서는 장자를 양나라의 몽현蒙縣 사람이라고 설명하고 있다. 이밖에 송대宋代의 악사樂史(『태평환우기太平寰宇記』), 주희朱熹(『주자어류朱子語類』) 등은 장자를 초나라 사람이라고 주장했고, 석지장釋智匠의 『고금악록古今樂錄』에서는 장자를 제나라 사람이라고 했으며, 마숙馬驌, 염약거閻若璩 등은 석지

장의 주장에 반대하면서 노나라 사람이라고 했다. 특히 근대의 왕수룽王樹榮은 「장자는 바로 자막이다莊周卽子莫說」라는 논문에서 『맹자』의 "자막子莫은 중中을 지켰다"는 기록의 자막子莫이 바로 장자를 가리키는 것이라고 하면서 자막은 노나라 사람이며, 노나라에 몽이라는 지방이 있다고 주장했다.

그러나 이상의 여러 가지 학설 가운데 장자가 송나라 혹은 양나라 사람이라는 주장 외에 초나라, 제나라, 노나라 사람이라는 주장들은 근거가 부족하다. 다만 송과 양은 같은 나라이거나 동일한 지역에 대한 다른 명칭일 수 있다. 양샹쿠이楊向奎는 『사기』「한세가韓世家」의 "문후文侯 2년에 (…) 한나라는 송나라의 도읍인 팽성彭城을 치고 송나라 임금을 붙잡았다"라는 기록을 인용하면서 송나라가 한韓나라의 침략으로 인해 천도한 뒤 몽 부근 상구商丘 일대가 양梁나라의 침략을 받았을 것이며, 따라서 장자가 태어난 시기에는 송나라는 이미 멸망했을 것이라고 추정했다.[1] 그러나 몽이 양나라의 땅으로 귀속되었을 가능성은 배제할 수 없다 하더라도 『장자』에서 송나라와 장자를 연계시키고 있는 기록이 발견되는 점으로 미루어 볼 때[2] 오히려 장자가 송나라의 멸망을 직접 목격했을 것이라는 팡커方克의 주장이 더 타당성을 갖고 있는 것으로 보인다.[3]

장자가 송나라 사람이었다는 점을 받아들이더라도 오늘날로 치

1 楊向奎, 「莊子的思想」, 『莊子哲學討論集』, 中華書局, 1962

2 가장 대표적인 것은 『장자』「열어구」 편의 다음과 같은 기록이다. "송나라에 조상曹商이라는 사람이 있었는데, 그는 송나라 왕의 사신이 되어 진나라로 갔다. 그가 사행使行 길을 떠날 때는 몇 대의 수레를 가지고 갔지만, 진나라 왕은 그를 좋아하여 수백 대의 수레를 더해주었다. 그는 송나라로 돌아와 장자를 만나 자랑스레 말했다."

3 方克, 『中國辨證法思想史(先秦)』, 1984

면 구체적으로 어디쯤일까 하는 문제가 남는다. 크게 두 가지 주장이 있다. 하나는 허난성 상추商丘라는 주장이고, 다른 하나는 안후이성 멍청蒙城이라는 주장이 그것이다.

다음에 장자는 칠원리를 지냈다고 했는데, 칠원漆園이 지명인지 아니면 글자 그대로 옻나무밭인지도 분명하지 않지만 대개 당시에 옻나무를 나라에서 직접 경영했을 것이고, 장자는 관영 옻나무밭을 관리하는 말단 관리였을 것이라고 추정한다. 장자가 정식으로 밥벌이를 한 것은 이것이 전부였던 것 같다. 이 밖에는 다른 기록이 없을 뿐만 아니라 장자가 위나라를 찾았을 때 당시 위나라의 재상으로 있던 장자의 친구 혜시가 자기 자리를 빼앗길까 위협을 느꼈다는 이야기나, 장자가 먹을 것이 떨어져 구걸을 나갔다는 기록 등만 남아 있는 것으로 보아 장자가 다른 일자리를 갖지 않았을 것이 확실한 것 같다.

사마천은 장자가 태어난 해나 죽은 해를 정확하게 알지 못했기 때문에 대략적인 활동 시기를 양나라 혜왕이나 제나라 선왕 등과 같은 시대라고 추정했다. 양나라 혜왕의 재위 기간은 기원전 370년부터 기원전 318년까지이고, 제나라 선왕의 재위 기간은 기원전 319년부터 기원전 301년까지다. 따라서 사마천의 추정에 따르면 장자는 기원전 370년에서 기원전 301년 사이에 살았다고 할 수 있을 것이다. 근현대에 이르러 장자의 활동 연대에 대한 논의가 활발하게 진행되었고 학자마다 나름의 근거를 제시하면서 각기 다른 견해를 제시했다. 그 가운데 대표적인 학자로는 마쉬룬馬敍倫, 뤼전위呂振羽, 판원란范文瀾, 양룽궈楊榮國, 원이둬聞一多 등 다섯 사람을 들 수 있다. 이들 다섯 사람의 견해에 따르면 장자의 활동 연대는 아무리 소급하더라도 상한선이 기원전 375년(원이둬)을 넘지 않으며 하한선은 기원전 275년(뤄전위)을 벗어나지 않는다. 이는 기원전 370년에서 기원전 301년 사이에 살았을 것이라고 추정한 사마천의 견해에서도 크게 벗어나지 않는다. 따라서 장자의 활동 시기를 빠듯하게 잡는다면 사마천의 견해에 따라 기원전 370년에서 기원전 301년의 약 70년 사이라고 할 수 있고, 좀 넉넉하게 잡으면 기원전 375년에서 기원전 275년의 100년 사이에 살았다고 확정하더라도 무리가 없을 것이다.

2. 『장자』의 성립

우리가 보는 『장자』라는 책은 장자 한 사람의 손에 의해 완성된 것이 아니라 그와 그의 후계자들의 공동저작집이다. 『장자』는 70여 편이 전해져 왔었는데, 위진魏晉시대에 이르러 각 주석가들이 각기 자신들의 기준에 따라 편수나 편차를 다시 정비했다. 예를 들어 최선崔譔은 27편으로 정리하여 주석했고, 상수向秀는 26편으로, 곽상郭象은 33편으로, 이이李頤는 33편으로, 사마표司馬彪는 52편으로, 맹씨孟氏는 52편으로 정리하여 주석을 붙였다. 현재까지 온전하게 전해오고 있는 유일한 주석본은 진晉나라의 곽상郭象이 33편으로 정리한 것이다. 따라서 우리가 보통 『장자』라고 말하면 바로 이 곽상이 정리한 책을 말한다.

곽상은 『장자』를 크게 내편과 외편 그리고 잡편으로 분류했다.

내편에 속하는 것은 「소요유逍遙遊」 「제물론齊物論」 「양생주養生

主」「인간세人間世」「덕충부德充符」「대종사大宗師」「응제왕應帝王」 등 7편이다.

외편은 「변무騈拇」「마제馬蹄」「거협胠篋」「재유在宥」「천지天地」「천도天道」「천운天運」「각의刻意」「선성繕性」「추수秋水」「지락至樂」「달생達生」「산목山木」「전자방田子方」「지북유知北遊」 등 15편이다.

잡편은 「경상초庚桑楚」「서무귀徐無鬼」「칙양則陽」「외물外物」「우언寓言」「양왕讓王」「도척盜跖」「설검說劍」「어부漁父」「열어구列禦寇」「천하天下」 등 11편이다.

이 가운데 내편에 속하는 7편은 장자의 직접적인 저작 혹은 그의 말이나 생각을 기록한 것이고, 외편과 잡편에 속하는 26편은 장자의 제자 혹은 그의 사상을 추종하는 후대인들이 지은 것으로 생각하는 것이 일반적이다.

3. 장자의 사상과 지향

1) 학문적 경향과 중심 사상

장자의 학문적 경향에 대해 사마천은 다음과 같이 기록하고 있다. "그의 학문은 탐구하지 않은 분야가 없었지만 중심 사상은 노자老子에 근거한다. 그러므로 10만여 자로 이룩된 그의 저서는 대체로 우화의 형식을 띠고 있다. 그는 「어부」「도척」「거협」 편 등을 써서 공자孔子의 추종자들을 공격하면서 노자의 학술을 밝혔다." 사마천은 장자 사상의 주요 목적이 공자를 공격하고 노자를 선양하는데 있다고 보았다. 그래서 『장자』의 주요 저작이라고 평가되는 내편에 대해서는 언급하지 않고, 장자가 도통한 어부의 제자로 나오는 「어부」 편, 흉악하기로 유명한 도둑 집단의 우두머리 도척을 훈계하러 갔다가 도리어 도척으로부터 훈계를 듣는다는 내용의 「도척」 편, 세상 혼란의 원인이 인의仁義 등에 있고 유가와 묵가는 백성을 착취하는 큰 도둑(제왕을 포함한 지배 집단)을 위한 충실한 앞잡이에 불과하다는 주장을 펴는 「거협」 편 등에 대해 주목한 것이다.

사마천은 계속하여 다음과 같이 평가했다. "그는 문장을 짓고 글을 쓰는 데 뛰어났으며, 어떤 상황을 설명할 때 구체적 사실에 가깝게 묘사함으로써 유가와 묵가의 학설을 비판했다. 비록 당대의 석학이라 할지라도 그의 비판을 피할 수 없었다. 그는 자유분방하고 거침없는 말투로 자기 생각을 숨김없이 다 말했기 때문에 왕공대인王公大人(왕족과 귀족 등 지배층)이라 하더라도 그를 부릴 수 없었다." 사마천의 눈에 비친 장자는 유가와 묵가를 비판하고 지배자에게 협조하지 않는 아웃사이더였고 반항아였으며, 또 그 어떤 것에도 구속되는 것을 거부하는 자유주의자였다.

『장자』에는 장자를 초빙하려고 사람을 보내온 제후들이 몇 있었던 것으로 기록하고 있다. 그런 고사, 특히 「추수」 편의 고사를 사마천은 다음과 같이 각색하여 소개한다.

"초楚나라 위왕威王이 장자의 학식과 인격이 뛰어나다는 소문을 듣고, 그를 영접하기 위해 많은 예물을 들려 사람을 보내 재상의 벼슬을 내리고 싶다는 뜻을 전했다. 그때 장자는 강가에서 낚시를 하고 있었다. 그는 왕의 사신을 돌아보지도 않고 웃으면서 그들에게 말했다. '천금은 큰돈이고 재상은 높은 벼슬입니다만, 당신들은 제사에 희생물로 쓰이는 소를 보지 못했소? 수년 동안 잘 먹여주고 아름다운 무늬를 수놓은 비단 천으로 장식을 해주면서 정성껏 보살핍니다. 그러나 때가 되면 사당으로 끌고 들어가는데, 그때 가서는 돌보아주는 이 아무도 없는 새끼돼지로 되돌아가고 싶어도 이미 때는 늦은 겁니다. 당신들은 어서 돌아가시오. 나를 방해하지 마시오. 나는 차라리 작은 개울 속에서 자유로움을 만끽할지언정 통치자가 씌워주는 굴레에 나를 가두고 싶지는 않소. 나는 죽을 때까지 관직에 나가지 않고 나의 삶을 즐길 것이오.'"

「외물」 편에는 장자가 당장 끼니를 때울 식량이 없어서 황하를 관리하는 관리인 감하후監河侯에게 곡식을 빌리러 갔다는 우화가 실려 있다. 그뿐만 아니라 「산목」 「추수」 「열어구」 편 등에는 초라한 행색과 핏기 없는 얼굴을 한 장자가 그려지고 있다. 그처럼 가난한 처지에서 고통스럽게 살고 있음에도 불구하고 그는 높은 관직과 많은 재물을 모두 거절했다는 것이다. 위의 고사가 사실에 근거한 것인지 아닌지는 확인할 길이 없다. 그러나 장자는 몹시 가난했고, 그렇다고 해서 벼슬길을 찾아 나설 마음은 조금도 없었다는 점은 의심의 여지가 없어 보인다. 비록 주변 사람들에게 당당하게 구걸은 할지언정 임금에게 머리를 숙이지 않겠다는 것이다. 권력에 협조하지 않는 것은 모든 사회 규범이나 제도가 인민의 불평등과 부자유의 원천이라고 보는 그의 기본적인 노선과 일치한다. 특히 「추수」 편에 실린 원래 고사나 사마천이 그리고 있는 위의 인용문을 볼 때 장자가 관직에 나가기를 거부하는 직접적인 이유는 권력자가 씌워주는 굴레를 받아들이느니 차라리 가난할지언정 자유롭게 살겠다는 것이다. 권력자의 앞잡이가 되기를 거부하고 몸과 마음이 자유로운 개인으로 남겠다는 것. 이것이 장자가 일상에서 추구하는 최고의 목표다.

장자가 관직에 대한 미련이 없었던 것은 사회 제도나 규범 자체를 인정하지 않으려는 그의 기본 사상에 비추어볼 때 당연한 일이기도 할 뿐만 아니라 가난한 삶 그 자체가 가장 자연스러운 것이라고 생각했기 때문이기도 하다. 즉 장자는 가난을 즐겼다. 「천운」 편에서 노자가 공자에게 이렇게 말한다. "옛날의 지인至人은 인仁이라는 길을 빌렸고, 의義라는 집에 머물면서 소요의 터에서 노닐었고, 손바닥만 한 경작지로 먹고 살았으며, 남에게 손 벌리지 않을 정도의 밭에 의지하고 살았지요. 소요는 아무것도 하지 않는 것이오. 손바닥만 한 땅은 가꾸기 쉽지요. 남에게 손 벌리지 않을 정도의 밭은 힘을 쓸 일이 없으니까요. 옛날에는 이런 것을 진실의 열매를 따면서 노는 것이라 했소." 먹고사는 데 큰 힘이 들지 않을 정도의 삶, 가난 속에서 얻을 수 있는 정신의 풍성함, 장자는 그런 삶을 실천했다. 장자는 부유함 그 자체가 죄악이고 또 구속이며, 가난은 자연스러운 것이고 또 자유로운 삶을 보장한다고 확신했기 때문이다.

「산목」 편에서는 누더기옷을 입고 위나라 왕을 만나러 간 장자의 이야기가 실려 있다. 거기에 그려진 장자의 행색은 그야말로 거지 그것이었다. 그는 성긴 천조각으로 기운 옷을 입고 있었고, 낡아 헤어진 신발을 삼끈으로 얽어 묶은 채로 왕 앞으로 걸어갔다. 왕의 눈에는 그저 가련하고 황당하기까지 한 모습이었다. 위나라 왕은 그러한 장자를 보고 물었다. "선생은 왜 그렇게 초라해졌소?" 장자가 대답했다. "저는 가난할 뿐 초라한 것이 아닙니다. 선비로서 도와 덕에 대한 뜻을 품고 있으면서 그것을 실천할 수 없는 것이 초라한 것입니다. 옷이 헤지고 신발이 구멍 난 것은 가난한 것이지 초라한 것이 아닙니다. (…) 지금 저는 어리석은 군주와 나라를 어지럽히는 신하들이 다스리는 세상에 살고 있습니다. 초라해지지 않으려고 해도 그게 어떻게 가능하겠습니까?" 이 문장의 요지는 백성들의 고단한 삶의 책임은 위정자들에게 있다는 점을 일깨우기 위한 것이지만, 자발적으로 선택한 가난한 삶을 즐기는 당당한 장자의 모습을 여기서도 엿볼 수 있다.

2) 장자가 추구했던 것

장자 철학의 핵심은 개인의 행복 추구에 있다. 어떻게 하면 한 세상 행복하게 살 수 있을까 하는 것이 그의 철학적 문제의식의 핵심이다. 장자가 생각한 행복한 삶이란 다른 것이 아니라 마음에 근심 걱정이 없고, 몸이 편안한 것이다. 다시 말하면 몸과 마음이 아무런 속박이나 제약을 받지 않을 때 비로소 행복할 수 있다고 본 것이다. 몸과 마음이 자유로운 사람을 장자는 지인至人, 진인眞人, 신인神人 혹은 성인聖人이라고 불렀다. 사람에게 있어 부자유는 육체적인 것보다 정신적인 면이 더 크다. 우리가 흔히 겪는 크고 작은 두려움이나 근심 걱정에 시달리는 것, 여러 가지 욕망의 노예가 되는 것, 불쾌한 기억으로 괴로워하는 것, 가족이나 친지 혹은 사회에서 만나는 사람들과의 갈등 등과 같은 것은 육체적인 것이라기보다 정신적인 것이다. 즉 몸을 직접적으로 얽어매거나 우리에 가두어둠으로써 발생하는 부자유가 아니라 정신적 혹은 심리적 제약에서 오는 부자유인 것이다. 장자는 이처럼 정신이 자유롭지 못할 때, 마음이 편치 못할 때 우리는 고통을 느끼며 행복이라는 이상적인 삶으로부터 멀어진다고 생각한 것이다.

『장자』에서 말하고자 하는 주된 내용은 개인의 자유를 제약하는 모든 요소를 비판하면서 그로부터 벗어나는 길을 제시하는 것이다.

개인의 자유를 제약하는 것들을 살펴보면 첫째, 도덕·이념·제도·법률 등 사회적인 것 둘째, 오래 사는 것, 돈과 재물, 사회적 지위, 명성 등에 대한 욕망과 관련된 것 셋째, 공포·불안·우울·분노·증오·질투 등 심리적인 것 등이 있다. 장자에 따르면 이런 것들은 모두 선천적인 것이 아니라 후천적인 것, 습득된 것 혹은 사회적인 것들이다. 사회는 인간의 본성에 따라 형성된 것이라는 견해도 있고, 사회는 인간의 본성에 반하는 것이지만 인간은 마땅히 사회를 형성하고 살아야 한다는 견해도 있다. 춘추전국 시기에 이미 이 점과 관련한 논쟁이 활발하게 전개되었는데, 여기서 핵심이 되는 문제를 우리는 인성론이라고 부른다. 장자가 생각한 인간의 자연적 본성에 가장 부합하는 사회는 지배와 피지배, 가진 자와 못가진 자, 유식한 사람과 무식한 사람 등은 말할 것도 없고 어떠한 종류의 차별도 없는 자연스러운 공동체다. 거기서는 굳이 어떤 정해진 법률이나 제도도 없고, 각 개인에게 도덕이나 규율, 법률을 요구하는 것도 없다. 그저 자기 뜻대로 살면 서로 충돌하지도 않고 저절로 잘 굴러갈 것이라고 믿었다. 왜냐하면 장자는 모든 욕망과 이기심은 불평등을 기초로 한 사회, 경쟁을 요구하는 사회에서 각자가 후천적으로 습득한 것이고, 인간의 이러한 학습된 욕망과 이기심으로 인해 사회가 혼란에 빠졌으며, 그러한 과정에서 여러 가지 심리적 불안정이 초래되었다고 보았기 때문이다.

그 때문에 장자는 인류가 축적해온 모든 문명과 역사에 대해 부정적으로 평가한다. 그에 따르면 인류 전체로 보나 개인적인 면에서 보나 사람은 문명을 통해서는 결코 자유로워질 수 없고 행복해질 수 없다.

그런데 장자가 보기에 세상에는 온통 몸과 마음을 구속하는 것들뿐이다. 그리고 그런 것들은 모두 후천적인 것, 인위적인 것들이다. 장자가 유가와 묵가 등 제자백가를 몽땅 비판한 것도 바로 그런 이유에서다. 학문은 인류 문명의 한 가지이고, 문명이라고 부르는 것은 기본적으로 비자연적이며 대개는 반자연적이다. 따라서 장자가 볼 때 그것은 모든 문제의 출발점이다. 장자가 주장하는 것은 때로 우리를 어리둥절하게 하고, 마치 반대를 위한 반대를 하고 있는 것처럼 보이기도 하며, 때로는 열등한 패배자의 푸념처럼 들리기도 한다.

장자의 생각은 지나치게 이상적이고, 인류가 현재 처한 상황이나 지향하고 있는 방향에서 볼 때 그의 주장은 대부분 이미 실현 불가능한 꿈이 되어버렸다. 그러나 원론적으로 볼 때 그의 지적은 정확했고, 또 여러 가지 면에서 그의 주장은 여전히 유효하다. 장자를 포함한 우리 누구도 그가 제기한 이상적인 삶을 살 수는 없다. 적당한 선에서 현실과 타협하면서 반드시 지켜야 할 것을 최대한 지켜내는 것이 실질적인 방법이 될 것이다. 문명을 몽땅 내버리거나 깡그리 외면하고 살 수는 없지만 그것으로 인해 자신의 타고난 자연성이나 자유가 구속되고, 자신이 외물, 즉 욕망이나 이념, 도덕, 제도의 주인이 아니라 오히려 그것들의 노예가 되어 외물에 이리저리 끌려 다니거나 심리적 평형을 잃을 정도가 되어서는 안 된다는 것은 우리도 동의할 수 있는 교훈이다.

4. 『장자』에 나오는 주요 개념

장자 사상을 이해하기 위해 핵심이 되는 몇 가지 개념을 간결하게 정리해둔다. 이 몇 가지 개념만 분명히 해두어도 『장자』를 이해하는 데 큰 도움이 될 것이다.

도道

도는 대개 진리라는 개념으로 이해된다. 『장자』에서 말하는 도를 진리라는 말로 이해할 수도 있고 그렇지 않을 수도 있다. 진리라는 개념을 어떻게 이해하느냐에 달려 있기 때문이다. 도는 장자를 포함한 도가뿐만 아니라 다른 많은 학파에서도 가장 중요하거나 혹은 매우 중요한 개념이다. 도道라는 글자는 길을 뜻한다. 사자나 노루 등 동물이 다니는 길, 사람이 다니는 길, 바람이나 물이 다니는 길, 수레나 배가 다니는 길, 해나 달이 다니는 길 등 도는 무언가가 다니는 길을 가리키는 글자다. 모든 것은 정해진 길로 다니지만, 그 길은 다 다르고, 각기 제 갈 길이 있다. "모든 길은 하나로 통한다〔道通爲一〕"는 명제에서 보면 이런 모든 길을 포괄하는 길, 그것이 도가에서 강조하는 도다. 즉 모든 길을 하나로 통합하는, 차원이 다른 그 길을 도라고 한다. 그런 점을 강조하여 대도大道, 즉 큰 도라고 부르기도 한다. 요즘 우리가 사용하는 개념으로 바꿔보면 도는 바로 자연의 질서다. 도 자체가 자연의 질서를 뜻하는 말이지만, 그것을 특별히 강조하기 위해서 천도天道라는 말을 사용하며, 그와는 반대로 인간사회의 질서를 인도人道라고 말한다. 『장자』에서 사용하고 있는 도라는 말은 단순히 자연의 질서만을 뜻하는 개념이 아니라 때로는 모든 존재의 원천이며 모든 변화의 원인자라는 의미까지 포괄하는 개념이다.

도의 개념을 자연의 질서라는 뜻으로만 한정한다고 해도 인간은 그것을 결코 완전히 이해할 수 없다. 그 이유는 간단하다. 장자에 따르면 시간과 공간은 무한하고 따라서 자연의 질서 역시 무한하지만, 개인은 물론 인류 자체가 유한하기 때문이다.

자연의 질서 혹은 모든 존재의 근원이며 모든 변화의 원인자라고 할 수 있는 도를 우리의 지적인 능력으로 알 수는 없지만, 우리는 그것을 얻거나〔得道〕 터득할 수 있다〔體道〕. 도를 얻었다거나 도를 터득했다는 말은 우리가 어떤 물건을 손에 넣었다거나 새로운 규칙을 익혔다는 것과는 다르다. 득도나 체도는 도의 상태가 되었다는 뜻이다. 즉 우리의 정신과 몸의 기능이 타고난 자연 상태를 회복했다는 의미다.

천天과 인人

『장자』뿐만 아니라 중국 고대에서 천天이라는 글자는 하늘, 자연, 천부적인 것, 자연적인 것 등을 나타내고, 인人이라는 글자는 사람, 후천적인 것, 사회, 인륜, 인위적인 것 등을 나타낸다. 장자는 천과 인, 즉 자연과 인간, 자연적인 것과 인위적인 것을 엄격하게 구분한다. 유가에서는 천을 도덕적 근원으로 삼고, 그 도덕을 사회질서의 바탕으로 삼는다. 즉 유가에서 주장하는 봉건적 윤리도덕이나 사회제도는 모두 천에 근거한 것이고 따라서 그것은 영원불변의 것이다. 노자나 장자는 이것을 비판한다. 모든 도덕적 규범, 모든 사회 제도 등은 결코 천, 즉 자연이나 내재된 자연이라고 할 수 있는 인간의 본성과는 아무런 관계가 없다는 점을 강조한다. 사회 규범이나 제도 등은 모두 우리가 필요에 의해서 만든 것이고 따라서 얼마든지 변하거나 없앨 수 있다는 것이 도가의 기본적인 인식이다.

유가와 마찬가지로 장자 역시 천인합일을 주장한다. 그러나 그 구체적인 내용은 다르다. 유가에서는 사회적 규범이나 도덕은 인간의 천부적인 것 중에서 가장 빼어난 것이기 때문에 그것을 완전히 구현하는 것이 바로 천인합일이라고 주장한다. 그러나 장자는 그것과 상반되는 주장을 펼친다. 유가에서 주장하는 여러 가지 규범이나 도덕은 모두 후천적인 것이고 인위적인 것이며, 나아가 그것은 인간의 자연적 본성을 왜곡하고 어지럽히는 것이다. 따라서 우리가 태어나서 알게 모르게 익혀온 여러 가지 규범이나 도덕이나 상식 등과 같은 것들을 몽땅 씻어내버려야 비로소 우리는 자연 그대로의 상태를 회복할 수 있다고 주장하는데, 그것이 바로 장자가 지향하는 천인합일이라고 할 수 있다.

덕德과 성性

덕과 성은 모두 인간의 타고난 본성이나 사물의 자연성을 가리킨다. 덕과 성은 자연의 질서로서의 도가 사람이나 사물에 내재된 것이다. 덕이나 성은 선도 악도 아니다. 장자는 그것을 선이라든가 혹은 악이라고 규정하는 것 자체가 인간의 본성을 왜곡하는 것이라고 보았다. 덕은 앞에서 설명한 도와 한 쌍이 되어 도덕道德이라고 쓰기도 한다. 도덕은 자연 그대로의 상태를 말하고, 사람에게서는 자연과 인간의 일치, 천인합일의 경지를 뜻한다. 천인합일이라고 해서 거창한 것을 말하는 것이 아니라 타고난 그대로의 상태, 갓 태어난 어린아이와 같이 순진무구한 정신의 상태를 가리킨다. 덕은 이처럼 타고난 원래의 순진무구한 정신 상태를 나타내는 말이지만, 그것을 특히 강조하여 지덕至德이라고도 하고 그런 경지나 상태에 있는 사람을 지인至人, 진인眞人, 신인神人 혹은 성인聖人이라고 한다.

무위無爲와 자연自然

무위無爲나 자연自然은 모두 자연[天]의 작용을 형용하는 말이다. 무위는 말 그대로 아무것도 안 하는 것이고, 자연은 저절로 그렇다는 것이다. 아무것도 안 한다는 의미의 무위는 가만히 있는 것을 뜻하는 말이 아니라 우리가 의식적으로 혹은 어떤 의도나 목적을 가지고 행위하지 않는 것을 말한다. 아무런 의식이나 의도가 없는 행위는 다른 말로 저절로 그렇게 하는 것이다. 그러므로 무위와 자연은 거의 같은 의미를 나타낸다고 할 수 있다. 우리는 자연의 운동을 무의식적이고 무목적적인 작용이라고 규정할 수 있고, 자연의 그러한 작용과 마찬가지로 의도된 목적이나 의식 없이 행위하거나 살아가는 것을 인간에게 적용할 때 그것이 바로 무위다.

소요유逍遙遊

소요逍遙는 별다른 목적 없이 이리저리 어슬렁거린다는 뜻이고, 유遊는 역시 목적 없이 그냥 논다는 뜻이다. 소요유는 별다른 목적 없이 마음 내키는 대로 이리저리 서성이면서 자유롭게 노니는 것을 말한다. 장자는 이런 소요유하는 삶, 애써 무언가를 추구하거나 이루려고 하지 않고 또 다른 사람을 간섭하거나 다른 사람으로부터 간섭받지 않는 삶을 꿈꿨다. 그저 할 일 없이 빈둥대기도 하고 뒹굴기도 하는 그런 삶을 가장 이상적인 삶으로 보았고, 그것이 바로 장자가 말하는 소요유다. 장자의 친구 혜시가 장자의 학설을 크기만 했지 쓸모가 없는 나무에 비유하면서 비꼬자 장자는 이렇게 대답했다. "그런데 자네는 큰 나무를 가지고 있으면서 그것이 쓸데없다고만 탓하는군. 자네는 왜 그것을 아무것도 없는 마을의 텅 빈 들판에 심어놓고, 그 곁을 아무것도 안 하면서 그저 왔다 갔다 하거나 그 아래 누워 뒹굴거리거나 하지 않는가? 그렇게 하면 도끼날에 찍혀 일찍 베어지는 일도 없고, 아무도 해를 끼치려 하지 않을 텐데, 쓸모없음이 무슨 근심거리가 되겠나?" 소요유라는 말은 여기서 비롯된 것이다. 소요유의 유遊 자를 우리는 놀다의 뜻으로만 풀이하는데, 즐겁게 노는 것, 그 어떤 것에도 속박당하지 않고 노는 것을 말한다. 「응제왕」 편에 "유심어담遊心於淡"이라는 말이 있는데 이는 "마음을 담담하게 풀어놓는 것"을 뜻한다. 소요유도 역시 마음을 담담하게 풀어놓고 무심하게 지내는 것을 말한다.

심재心齋와 좌망坐忘

장자 수양론을 대표하는 말. 심신을 고요한 상태로 유지하여 결국 자신의 존재마저 잊어버리는 경지에 이르는 것을 말한다. 이러한 경지에 도달한 상태를 상아喪我, 망기忘己, 무기無己 등이라고 하는데, 이는 자신과 대상을 구별하지 않는 흐리멍덩한 정신 상태를 가리킨다. 우리가 흔히 말하는 물아일체라는 것은 바로 이처럼 자신과 대상에 대한 구별을 없애버린 정신 상태 혹은 심리 상태를 가리킨다.

절성기지絶聖棄

문명을 버리고 인위로부터 벗어날 것을 주장하는 말. 중국 고대에는 불의 사용, 어로나 수렵, 농경법, 문자, 생활 도구 등과 여러 가지 윤리도덕에서부터 사회 규범과 제도 및 법률 등에 이르기까지 우리가 문명이라고 부르는 모든 것은 성인에 의해 발명되고 제정되었으며, 그에 대한 지식 역시 성인에 의한 것이라고 믿었다. 따라서 성인과 지식을 끊어버리라는 말은 바로 문명을 버리고, 문명 이전의 자연 상태로 돌아가자는 것을 의미한다.

지덕지세至德之世

장자의 이상사회를 가리키는 말. 구체적으로 말하면 원시적 자연 공동체와 같은 형태의 사회를 말하며 그 중요한 특징은 최소한의 도구만 사용하고, 경제적으로 자급자족하며, 지배나 피지배 혹은 가진 자와 못가진 자 등 어떤 사회적 차별도 존재하지 않는 사회다. 건덕지국建德之國, 유소씨지민有巢氏之民, 지생지민知生之民, 수인씨지민燧人氏之民, 신농지세神農之世 등도 역시 이상사회 혹은 이상적인 사회를 사는 인민을 가리키는 말이다. 이들 용어의 공통점은 모두 인류가 문명사회로 들어서기 이전의 세상이나 그런 세상에서 사는 사람들을 나타내고 있다. 앞에서 지덕至德은 순진무구한 정신 상태를 강조한 말이라고 설명했다. 모든 사회 구성원이 바로 순진무구한 정신 상태를 가진 사람들로 이루어진 사회, 아직 문명에 물들지 않은 사람들로 이루어진 사회를 장자는 이상적인 사회로 보았고 그래서 그것을 지덕지세라고 불렀다.

제1부

내편 內篇

제1편 | 소요유

逍遙遊

이 편은『장자』의 첫 번째 편으로서 거대한 물고기인 곤과 거대한 새인 붕새의 이야기로 시작한다. 그리고 이어 스케일이 작은 것과 큰 것에 대해 이야기한다. 세속에 물든 자잘한 사람들은 거대한 세계를 지향하는 이들의 경지를 결코 이해하지 못한다는 것이다. 그러면서 세속의 가치를 추구하는 자잘한 사람들의 입장에서 보면 그 거대한 경지를 추구하는 사람들의 행위는 이해 못 하는 것일 뿐만 아니라 쓸데없는 것이라는 점을 말하기도 하고 또 곳곳에서 암시하기도 한다. 끝 부분에서는 아예 혜시의 입을 빌려 장자 자신의 사상이 쓸모없는 것이라고 말하고 있다. "지금 자네의 말은 크기는 해도 쓸데가 없어. 그래서 뭇사람이 모두 자네 곁을 떠나가버리지." 장자는 혜시의 이와 같은 비판을 긍정하면서 이렇게 대답한다. "그런데 자네는 큰 나무를 가지고 있으면서 그것이 쓸데없다고만 탓하는군. 자네는 왜 그것을 아무것도 없는 마을의 텅 빈 들판에 심어놓고, 그 곁을 아무것도 안 하면서 그저 왔다 갔다 하거나 그 아래 누워 뒹굴면서 어슬렁거리거나 하지 않는가?"

여기서 장자 철학의 목표는 세상일을 처리하기 위한 지혜나 기술을 가르치는 데 있는 것이 아니라 그저 소요하는 것, 한가롭게 노니는 데 그 목표를 두고 있음을 말하고 있다. 이 점이 바로 제자백가의 다른 사상과 현격하게 차이가 나는 부분이다.

1.

북쪽의 컴컴한 바다에 곤鯤이라는 물고기가 살고 있다. 곤의 크기는 몇 천리나 되는지 모른다. 그것은 나중에 새로 변하는데, 그 새 이름을 붕새〔鵬〕라고 한다. 붕새의 등은 길이가 몇 천리나 되는지 모른다. 이 붕새가 힘껏 날면 날개가 마치 하늘에 떠 있는 구름과 같다. 이 새는 바다가 요동을 칠 때 남명南冥이라는 남쪽의 컴컴한 바다로 옮겨간다. 남명은 하늘의 연못〔天池〕이다.

北冥有魚, 其名爲鯤. 鯤之大, 不知其幾千里也. 化而爲鳥, 其名爲鵬. 鵬之背, 不知其幾千里也. 怒而飛, 其翼若垂天之雲. 是鳥也, 海運則將徙於南冥. 南冥者, 天池也.

『제해齊諧』[1]는 이상한 이야기들을 기록한 책이다. 『제해』에 다음과 같은 말이 있다.

1 현존하지 않는다. 사람 이름이라는 학설도 있다.

"붕새가 남쪽의 컴컴한 바다로 옮겨갈 때 물보라가 삼천 리 밖까지 솟구친다. 그 새는 회오리바람을 타고서 9구만 리 상공까지 올라가고, 여섯 달 만에 한 번 쉰다."

아지랑이라든가 먼지라든가 하는 것들은 살아있는 것들이 숨을 쉬면서 서로 내뿜는 것이다. 하늘이 짙푸른 것은 그것의 본래의 색깔일까, 아니면 끝없이 멀기 때문에 그렇게 보이는 것일까? 그쪽에서 이 아래를 내려다볼 때도 역시 그렇게 보일 것이다.

물이 깊지 않으면 큰 배를 띄워줄 만한 힘이 없다. 한 잔의 물을 마루의 움푹 팬 곳에 부으면 작은 풀은 배처럼 뜨지만, 거기에 술잔을 놓으면 바닥에 달라붙어 버린다. 물은 얕은데 띄우려고 하는 물건이 크기 때문이다. 바람의 두께 역시 두텁지 않으면 큰 날개를 띄워줄 힘이 없다. 그래서 붕새가 9만 리 상공으로 올라가는 것이고, 그러면 바람은 바로 그 아래 있게 될 것이다. 그렇게 한 다음에야 비로소 바람을 탈 수 있는 것이다. 푸른 하늘을 등지고 있어 아무것도 그 붕새를 가로막지 못할 터이니, 그렇게 한 다음에야 비로소 남쪽으로 갈 수 있는 것이다.

매미와 산까치는 그런 붕새를 보고 저희끼리 비웃으면서 쑥덕거린다.

"우리는 몸부림을 치면서 날아봐야 겨우 느릅나무와 박달나무 위에나 올라갈 뿐이고, 때로는 그나마에도 못 미쳐 땅에 떨어지고 말지. 그런데 무엇 때문에 9만 리까지 올라가고 또 남쪽으로 날아간단 말이야?"

푸른 숲이 우거져 있는 교외로 가는 사람은 세 끼 분의 밥만 싸가지고 가도 돌아올 때 아직 배가 덜 꺼져 있다. 100리를 가는 사람은 하룻밤 묵고 오는 데 필요한 식량을 찧어야 한다. 1000리를 가는 사람은 석 달 먹을 식량을 마련해야 한다. 이 두 동물이 붕새의 경지를 어떻게 알겠는가?

齊諧者, 志怪者也. 諧之言曰, 鵬之徙於南冥也, 水擊三千里, 摶扶搖而上者九萬里, 去以六月息者也. 野馬也, 塵埃也, 生物之以息相吹也. 天之蒼蒼, 其正色邪. 其遠而無所至極邪. 其視下也, 亦若是則已矣. 且夫水之積也不厚, 則其負大舟也無力. 覆杯水於坳堂之上, 則芥爲之舟. 置杯焉則膠, 水淺而舟大也. 風之積也不厚, 則其負大翼也無力. 故九萬里, 則風斯在下矣, 而後乃今培風. 背負青天而莫之夭閼者, 而後乃今將圖南. 蜩與學鳩笑之曰, 我決起而飛, 槍楡枋而止, 時則不至而控於地而已矣, 奚以之九萬里而南爲. 適莽蒼者, 三餐而反, 腹猶果然. 適百里者, 宿舂糧. 適千里者, 三月聚糧. 之二蟲又何知.

지식이 짧은 사람은 박식한 사람의 세계에 미치지 못하고, 수명이 짧은 것은 장수하는 것의 경지에 미치지 못한다. 그렇다는 것을 어떻게 알 수 있는가? 하루살이는 그믐이나 초하루를 알지 못하고, 쓰르라미는 봄이나 가을을 알지 못한다. 이것이 수명이 짧은 것들이다. 초나라 남쪽에 명령冥靈이라는 것이 있는데, 500년을 봄으로 삼고 500년을 가을로 삼는다. 태곳적에 대춘大椿[2]이라는 것이 있었는데, 8000년을 봄으로 삼고 8000년을 가을로 삼았다. 이것이 장수하는 것들이다. 그런데 오늘날 팽조彭祖[3]가 오래 산 것으로 가장 유

---

2 고대 신화와 전설에 나오는 나무 이름. 명령과 대춘 모두 『장자』의 이곳보다 앞선 기록은 없다.

3 전설 속에 나오는 인물. 양생을 잘 해서 500년 혹은 800년을 살았다고 전해진다.

명하여 많은 사람이 그에 필적하려고 하는데, 불쌍하지 않은가?

탕湯임금이 극棘[4]에게 물었던 것도 이와 같은 것이다. 풀도 나지 않는 북쪽 끝에 명해冥海라는 컴컴한 바다가 있는데, 그것은 하늘의 연못〔天池〕이다. 그곳에는 어떤 물고기가 산다. 그 물고기의 넓이는 수천 리나 되고 길이가 얼마나 긴지 알 수 없는데, 이름은 곤이라고 한다. 그곳에는 또 붕새라고 부르는 새가 산다. 붕새의 등은 태산과 같고, 날개는 하늘에 떠 있는 구름과 같다. 붕새는 휘돌아 올라가는 회오리바람을 타고 9만 리 상공까지 올라간다. 붕새는 구름을 넘어 푸른 하늘을 등진 다음에야 비로소 남쪽을 향하여 남명南冥이라는 컴컴한 바다로 날아간다.

늪가의 참새는 그것을 보고 비웃으면서 중얼거린다.

"저 녀석은 어디로 가려는 거야? 나는 아무리 몸부림쳐봐야 겨우 몇 길 올라갔다가 내려와 쑥대숲 사이를 선회할 뿐이지만, 이 역시 비행의 최고 경지이지. 그런데 저 붕새는 어디로 가려는 거야?"

이것은 작은 것과 큰 것의 차이이다.

小知不及大知, 小年不及大年. 奚以知其然也. 朝菌不知晦朔, 蟪蛄不知春秋. 此小年也. 楚之南有冥靈者, 以五百歲爲春, 五百歲爲秋. 上古有大椿者, 以八千歲爲春, 八千歲爲秋. 此大年也. 而彭祖乃今以久特聞, 衆人匹之, 不亦悲乎. 湯之問棘也是已. 窮髮之北有冥海者, 天池也. 有魚焉, 其廣數千里, 未有知其修者, 其名爲鯤. 有鳥焉, 其名爲鵬, 背若泰山, 翼若垂天之雲. 搏扶搖羊角, 而上者九萬里. 絶雲氣, 負靑天, 然後圖南, 且適南冥也. 斥鴳笑之曰, 彼且奚適也. 我騰躍而上, 不過數仞而下, 翱翔蓬蒿之間, 此

4 탕 임금의 신하 이름.

亦飛之至也. 而彼且奚適也. 此小大之辯也.

대개 관직 한 자리를 맡을 만한 지혜를 가진 사람이나, 한 고을의 민심을 얻기에 충분한 행실을 갖춘 사람이나, 한 나라의 군주가 되기에 적당한 덕망을 갖춘 사람이나, 한 나라를 세울 만한 능력을 갖춘 사람이나 모두 자기 자신을 바라볼 때 역시 이와 같을 것이다. 그런데 송영자宋榮子[5]는 그런 사람들을 가소롭게 여기며 빙긋 웃는다. 온 세상 사람들이 모두 그를 칭송하면서 독려해도 그에게 억지로 어떤 일을 하게 할 수 없었으며, 온 세상 사람들이 모두 그를 비난하면서 말리더라도 그에게 억지로 어떤 일을 그만두게 할 수 없었다. 그는 내적인 것과 외적인 것의 구분을 분명히 정해놓았고, 영예로운 것과 치욕스러운 것의 경계를 구별했는데, 그것뿐이었다. 그는 이 세상일에 대해서는 급급해 하지 않았다. 비록 그렇기는 했지만 그 역시 여전히 다 이루지 못한 점이 있었다.

열자列子[6]는 바람을 타고 다녔는데, 가뿐하고 멋있었다. 그는 한 번 떠나면 15일이 지난 뒤에나 돌아오곤 했다. 그는 순풍順風을 기다리는 데 급급해 하지는 않았다. 그와 같은 경우는 비록 걸어다니는 수고에서는 벗어나기는 했지만, 여전히 의존하는 것이 있다. 천지의 순수함을 타고 육기六氣[7]의 변화를 몰아 끝없는 곳에서 소요할

5 도가에 속하는 사람으로 송나라 출신이며, 공평한 분배와 과욕寡欲을 주장했다. 「천하」 편에 나오는 송견宋鈃과 같은 인물.

6 도가에 속하는 사람으로 정나라 출신이며, 성이 열列이고 이름이 어구禦寇다. 잡편의 「열어구」 편은 그의 이름을 딴 것이다.

7 음양풍우회명陰陽風雨晦明. 즉 날씨를 결정하는 찬 기운과 따뜻한 기운, 바람과 비, 어둠과 밝음 등 여섯 가지 요소.

수 있다면, 그런 자가 무엇에 의존하겠는가? 그러므로 "지인至人은 자기가 없고, 신인神人은 공적이 없고, 성인聖人은 이름이 없다"고 한 것이다.

故夫知效一官, 行比一鄕, 德合一君, 而徵一國者, 其自視也亦若此矣. 而宋榮子猶然笑之. 且擧世而譽之而不加勸, 擧世而非之而不加沮, 定乎內外之分, 辯乎榮辱之竟, 斯已矣. 彼其於世, 未數數然也. 雖然, 猶有未樹也. 夫列子御風而行, 泠然善也. 旬有五日而反. 彼於致福者, 未數數然也. 此雖免乎行, 猶有所待者也. 若夫乘天地之正, 而御六氣之辯, 以遊無窮者, 彼且惡乎待哉. 故曰, 至人無己, 神人無功, 聖人無名.

2.

요堯임금이 허유許由[8]에게 천하를 물려주려고 하면서 말했다.

"해와 달이 떠 있는데도 횃불이 아직 꺼지지 않고 있다면 그것이 빛을 드러내기에 어렵지 않겠습니까? 때 맞은 단비가 내렸는데도 물을 길어다 밭에 계속 대고 있다면 그것은 이미 젖은 땅을 또 적시고 있는 것이니 헛수고가 아니겠습니까? 선생님께서 제위帝位에 오르시면 천하가 잘 다스려질 텐데 제가 아직 주인 행세를 하고 있으니 저는 제가 보기에도 부끄럽습니다. 선생님께 천하를 바치겠습니다."

허유가 말했다.

"자네가 천하를 다스리고 나서 천하는 이미 잘 다스려졌네. 그런데 내가 자네 자리를 대신한다면 나는 그저 이름이나 얻자는 꼴이

---

8 전설 속의 인물. 요임금이 그에게 천하를 넘겨주었으나 받지 않고 기산箕山 아래로 도망가서 숨어살았다고 한다.

되겠지. 이름이라는 것은 실질의 껍데기야. 나더러 껍데기가 되라는 것인가? 뱁새가 깊은 숲에 둥지를 틀지만 그에게 필요한 나무는 가지 하나에 불과하고, 두더지가 강물을 마시지만 그에게 필요한 물은 배를 채우는 정도에 불과하다네. 임금이시여, 돌아가 쉬게나. 나에게 천하는 아무 쓸모가 없다네. 요리사가 주방 일을 잘 못한다고 해서 시축尸祝[9]이 술통과 고기접시를 넘어가 그를 대신할 수는 없는 법이지."

堯讓天下於許由曰, 日月出矣而爝火不息, 其於光也, 不亦難乎. 時雨降矣而猶浸灌, 其於澤也, 不亦勞乎. 夫子立而天下治, 而我猶尸之, 吾自視缺然. 請致天下. 許由曰, 子治天下, 天下旣已治也. 而我猶代子, 吾將爲名乎. 名者, 實之賓也, 吾將爲賓乎. 鷦鷯巢於深林, 不過一枝. 偃鼠飮河, 不過滿腹. 歸休乎君, 予無所用天下爲. 庖人雖不治庖, 尸祝不越樽俎而代之矣.

3.

견오肩吾가 연숙連叔[10]에게 물었다.

"나는 접여接輿에게서 어떤 말을 들었는데, 터무니없이 과장되어 사리에 맞지 않았어. 그리고 그는 새로운 이야기를 늘어놓기만 하면서 그것이 사실인지 아닌지 돌이켜볼 줄은 모르는 거야. 나는 그 말이 마치 은하수처럼 끝이 없는 데 놀랍고 두려웠어. 그의 말은 너무 극단적이어서 사람들의 상식에 맞지 않았어."

9 제사를 주관하는 사람. 제주祭主.

10 두 인물 모두 실재의 인물이 아닌 가상의 인물. 앞으로는 장자가 만들어낸 가상의 인물에 대해서는 별도의 설명을 붙이지 않는다.

연숙이 물었다.

"그가 뭐라고 말했기에 그래?"

견오가 말했다.

"막고야藐姑射라는 산에 신인神人이 산다는데, 피부가 얼음이나 눈처럼 맑고, 몸은 마치 처녀처럼 나긋나긋 부드럽대. 그 사람은 오곡을 먹지 않고 바람을 들이키고 이슬을 마시며, 구름을 타고 비룡飛龍을 몰아 세상 밖에서 노닌다는 거야. 그의 정신精神[11]은 흩어짐 없이 잘 간직되어 있는데, 그것은 사물들이 병들지 않게 하고 한 해의 곡식이 잘 익게 하는 역할을 한다고 하더군. 나는 그것이 미친 소리라고 생각되어 믿기지가 않아."

연숙이 말했다.

"그래. 소경은 문양과 색채의 아름다움에 대해 참견할 방법이 없고, 귀머거리는 종이나 북과 같은 악기 소리의 아름다움에 대해 참견할 근거가 없지. 그런데 어찌 몸에만 소경이나 귀머거리와 같은 장애가 있겠는가? 이지력에도 소경이나 귀머거리와 같은 장애가 있지. 바로 자네와 같은 사람을 두고 하는 말일세. 그 신인이라는 사람, 그러한 덕성을 지닌 사람은 만물을 구별하지 않고 하나로 여기려 할 것이네. 세상 사람들은 그런 사람이 세상을 구원해주길 바라겠지만, 신인이 무엇 때문에 수고스럽게 천하에 관심을 갖겠는가? 그런 사람은 사물이 상해를 입힐 수가 없으며, 홍수가 나서 물이 하

11 여기서 말하는 정신은 생각하고 판단하는 능력으로서의 의식의 범위에 드는 그런 것이 아니라 오히려 타고난 어떤 능력으로서 의도나 의식 이전의 것을 말한다. '神'이라는 글자에 대한 마땅한 번역어가 없기 때문에 정신으로 번역한다. 이 책에서는 神을 귀신이나 신god을 뜻하는 것이 분명하게 드러난 경우 외에는 정신이나 신기神氣로 번역한다. 비록 정신이라고 번역한다 하더라도 그것은 오늘날 우리가 흔히 사용하는 정신이라는 개념과는 다른 의미로 쓴 경우가 대부분이다.

늘까지 차오르더라도 물에 빠지지 않으며, 큰 가뭄에 쇠와 돌이 녹아 흐르고 흙과 산이 타버려도 뜨거운 줄을 모른다네. 그런 사람은 먼지나 때, 혹은 쭉정이나 겨와 같이 하찮은 것을 가지고도 요임금이나 순임금에 필적하는 업적을 이루어낼 수 있는데, 무엇 때문에 세속의 것들에 관심을 가지려 하겠는가? 송宋나라 사람이 장보관章甫冠[12]을 팔기 위해 월越나라로 갔어. 그런데 월나라 사람들은 머리를 빡빡 밀어버리고 몸에 문신을 하고 있어서 장보관이 쓸데가 없었다는 거야. 요임금은 천하의 백성을 다스리다가 세상의 정세政勢가 평온해지자 네 명의 스승을 만나기 위해 막고야산으로 떠났는데, 분수汾水의 북쪽에 이르자 자신이 다스리던 세상일을 까맣게 잊어버렸다네."

肩吾問於連叔曰, 吾聞言於接輿, 大而無當, 往而不返. 吾驚怖其言, 猶河漢而無極也, 大有徑庭, 不近人情焉. 連叔曰, 其言謂何哉. 曰, 藐姑射之山, 有神人居焉, 肌膚若冰雪, 淖約若處子. 不食五穀, 吸風飮露. 乘雲氣, 御飛龍, 而遊乎四海之外. 其神凝, 使物不疵癘而年穀熟. 吾以是狂而不信也. 連叔曰, 然. 瞽者無以與乎文章之觀, 聾者無以與乎鐘鼓之聲. 豈唯形骸有聾盲哉. 夫知亦有之. 是其言也, 猶時女也. 之人也, 之德也, 將旁礴萬物以爲一世蘄乎亂, 孰弊弊焉以天下爲事. 之人也, 物莫之傷, 大浸稽天而不溺, 大旱金石流土山焦而熱. 是其塵垢秕糠, 將猶陶鑄堯舜者也, 孰肯以物爲事. 宋人資章甫而適越, 越人斷髮文身, 無所用之. 堯治天下之民, 平海內之政. 往見四子藐姑射之山, 汾水之陽, 窅然喪其天下焉.

12 은나라의 관.

4.

혜자惠子[13]가 장자에게 말했다.

"위나라 왕이 나에게 조롱박 씨를 주어서 심었더니 다섯 섬이나 담을 만큼 커다란 박이 열리더군. 그 박에 물을 담았더니 너무 무거워 혼자서는 들어 올릴 수도 없었어. 그 조롱박을 반으로 갈라서 바가지로 쓰려고 했더니 넓고 펀펀해서 아무것도 담을 수 없더군. 엄청나게 크지 않은 것은 아니지만 나는 그것이 아무 쓸모가 없었기 때문에 깨부숴버렸어."

그 말을 듣고 장자가 말했다.

"자네는 큰 것을 쓰는 데 서툴군. 송나라에 손이 트지 않게 하는 신통한 약을 만드는 사람이 있었네. 그 집은 대대로 헌 솜을 세탁하는 일을 가업으로 삼으며 살아왔어. 어느 날 한 나그네가 그 소문을 듣고서 100금의 돈으로 그 신기한 약의 제조비법을 사고자 했다네. 이 송나라 사람은 가족을 모아놓고 의논하면서 말했지. '우리 집은 대대로 헌 솜을 세탁하면서 살아왔지만 벌어들이는 돈은 몇 금金에 불과했다. 이제 하루아침에 약 만드는 비법을 100금이나 받고 팔 수 있으니 그에게 알려주자.' 이렇게 해서 나그네는 그 제조비법을 알아냈고, 그것을 가지고 오吳나라 왕을 찾아가 그 약에 대해 설명하면서 벼슬을 요청했지. 그때 마침 월나라가 오나라를 공격해왔어. 오나라 왕은 그를 장수로 임명했다네. 그는 겨울철에 병사들을 이끌고 월나라 군사들과 수전水戰을 펼친 끝에 월나라 군사를 크게 무찔렀어. 오나라 왕은 그에게 땅을 분봉分封해주었대. 이처럼 손을

13 장자의 친구 혜시惠施를 높여 부르는 말.

트지 않게 하는 방법은 한 가지지만, 어떤 사람은 땅을 분봉 받았고, 어떤 사람은 헌 솜을 세탁하는 일에서 벗어나지 못했지. 그것은 바로 사용하는 방법이 달랐기 때문이야. 지금 자네는 다섯 섬들이 조롱박을 가지고 있으면서 어째서 그것을 요주腰舟[14]로 삼아 강이나 호수 위로 떠다닐 생각은 못 하고, 넓고 펀펀하여 아무것도 담을 수 없다고 투덜대기만 한단 말인가? 자네는 생각이 꽉 막힌 사람일세."

惠子謂莊子曰, 魏王貽我大瓠之種, 我樹之成而實五石. 以盛水漿, 其堅不能自擧也. 剖之以爲瓢, 則瓠落無所容. 非不呺然大也, 吾爲其無用而掊之. 莊子曰, 夫子固拙於用大矣. 宋人有善爲不龜手之藥者, 世世以洴澼絖爲事. 客聞之, 請買其方百金. 聚族而謀曰, 我世世爲洴澼絖, 不過數金. 今一朝而鬻技百金, 請與之. 客得之, 以說吳王. 越有難, 吳王使之將. 冬, 與越人水戰, 大敗越人, 裂地而封之. 能不龜手, 一也. 或以封, 或不免於洴澼絖, 則所用之異也. 今子有五石之瓠, 何不慮以爲大樽而浮乎江湖, 而憂其瓠落無所容. 則夫子猶有蓬之心也夫.

5.

혜자가 장자에게 말했다.

"우리 집에 큰 나무가 있는데, 사람들은 그것을 가죽나무라고 부르더군. 그 나무의 몸통은 썩어 파였고, 울퉁불퉁하니 혹이 나서 먹줄에 맞지 않고, 작은 가지는 오그라지고 꼬여서 원이나 네모를 그리는 잣대에 맞지 않아. 그래서 길가에 서 있어도 목수들이 거들떠

14 물에 뜨도록 허리에 묶는 기구.

보지 않지. 지금 자네의 말은 크기는 해도 쓸모가 없어. 그래서 뭇 사람이 모두 자네 곁을 떠나가버리는 거야."

그 말을 듣고 장자가 대꾸했다.

"자네는 살쾡이나 족제비를 보지 못했는가? 몸을 낮추고서는 놀러 나오는 먹잇감을 기다리기도 하고, 이리 달리고 저리 뛰어오르면서 높은 곳이나 낮은 곳을 가리지 않다가 결국에는 덫치기 장치에 걸리기도 하고, 그물에 걸려 죽기도 하지. 그런데 저 모우旄牛[15]라는 소는 하늘에 떠 있는 구름만큼이나 크지. 이 녀석은 크기는 크지만, 쥐도 잡을 수 없어. 그런데 자네는 큰 나무를 가지고 있으면서 그것이 쓸모없다고만 탓하는군. 자네는 왜 그것을 아무것도 없는 마을의 텅 빈 들판에 심어놓고, 그 곁을 아무것도 안 하면서 그저 왔다 갔다 하거나 그 아래 누워 뒹굴면서 어슬렁거리거나 하지 않는가? 그렇게 하면 도끼날에 찍혀 일찍 베어지는 일도 없고, 아무도 해를 끼치려 하지 않을 텐데, 쓸모없음이 무슨 근심거리가 되겠나?"

惠子謂莊子曰, 吾有大樹, 人謂之樗. 其大本臃腫, 而不中繩墨, 其小枝卷曲, 而不中規矩. 立之塗, 匠者不顧. 今子之言, 大而無用, 衆所同去也. 莊子曰, 子獨不見狸狌乎. 卑身而伏, 以候敖者. 東西跳梁, 不避高下. 中於機辟, 死於罔罟. 今夫斄牛, 其大若垂天之雲. 此能爲大矣, 而不能執鼠. 今子有大樹, 患其無用, 何不樹之於無何有之鄕, 廣莫之野, 彷徨乎無爲其側, 逍遙乎寢臥其下. 不夭斤斧, 物無害者, 無所可用, 安所困苦哉.

15 야크. 털이 길고 수북하게 나는 소의 한 종류.

제2편 | 제물론

齊物論

이 편은 『장자』 가운데서 난해한 말이나 구절이 가장 많다. 이 편에서는 주로 지식의 문제를 다루고 있다. 중국 고대철학에서 지식의 문제, 진리의 기준에 대한 문제를 이처럼 진지하고 깊이 있게 다룬 사람이나 책은 없다. 이 편에서 장자는 인간의 모든 지식은 상대적이라는 것, 따라서 그것은 시간과 공간에 따라 혹은 보는 이와 각도에 따라 참이 될 수도 있고 거짓이 될 수도 있음을 말한다. 그것은 인간이 이룩한 지식을 전면적으로 부정하는 것이다. 지식의 부정은 특히 유가와 묵가 등 여러 학파나 학자의 논쟁 자체를 전면적으로 부정하는 것이기도 하다. 장자의 입장에서 볼 때 하나의 사물이나 사건이라 하더라도 무한한 국면과 견해가 존재할 수 있다. 그러나 당시의 학자들은 무한한 국면 중 어느 한 측면만을 절대화하여 그것만이 진리인 양 주장하고 다른 견해를 인정하려고 하지 않았다. 춘추전국에 걸쳐 만연한 여러 가지 논쟁은 실은 그처럼 다양한 국면의 일면을 고집한 데서 비롯된 것이고, 장자는 그것이 어리석고 무의미하다고 생각했다. 따라서 이 편에서는 장자가 무지의 지를 주장할 수 있는 근거를 마련하고 있는 것이다. 무지의 지는 아무것도 아는 것이 없는 것, 후천적으로 배운 지식이 없는 것, 그야말로 무식한 상태를 가리킨다. 우리는 무지의 지가 무엇인가에 관심을 가지기보다는 오히려 장자가 왜 그렇게 지식을 부정했는지, 그가 지식 혹은 진리의 절대적인 기준을 부정한 근거가 무엇인지 등에 대해 면밀히 검토해보는 것이 중요하다.

1.

남곽자기南郭子綦[1]가 책상에 기대어 앉아 있다가 하늘을 보면서 '후' 하고 숨을 내쉬었는데, 몸을 축 늘어뜨린 모습이 마치 넋이 나간 것 같았다. 안성자유顔成子游[2]가 앞에서 그를 모시고 있다가 말했다.

"어떻게 하신 것입니까? 어떻게 몸을 진짜 마른 나무와 같게 하고, 마음을 진짜 불 꺼진 재와 같게 하신 것입니까? 지금 책상에 기대어 계신 분은 아까 책상에 기대셨던 그분이 아닌 것 같습니다."

남곽자기가 말했다.

"언偃아, 너의 그 질문, 참으로 훌륭하구나. 방금 나는 나 자신을 잃었다. 너는 그것을 알아차렸구나. 너는 인뢰人籟[3]에 대해서는 들어

1 가공의 인물. 남곽南郭은 성곽의 남쪽에 거주하고 있음을 나타내고 자기子綦는 이름이다. 「서무귀」 편에 나오는 남백자기와 「우언」 편에 나오는 동곽자기 등이 모두 같은 인물일 것이다.

2 남곽자기의 제자로 역시 가공의 인물.

3 사람이 내는 악기소리.

보았겠지만, 지뢰地籟[4]에 대해서는 못 들어보았을 것이다. 네가 지뢰에 대해서 들어보았다 하더라도 천뢰天籟[5]에 대해서는 못 들어보았을 것이다."

안성자유가 말했다.

"그 방법을 알고 싶습니다."

남곽자기가 말했다.

"대지는 기를 뿜어내는데, 그것을 바람이라고 한다. 이것은 일어나지 않으면 그만이지만, 일단 일어나면 온갖 구멍이 거세게 소리를 낸다. 너도 그 '휘잉' 하고 부는 바람 소리를 들어보았을 테지? 높고 낮은 산봉우리에 있는 백 아름이나 되는 나무에 뚫린 크고 작은 구멍들은 코 같고, 입 같고, 귀 같고, 술병 같고, 술잔 같고, 절구 같고, 연못 같고, 동굴 같이 생겼는데, 이것들은 각기 세차게 흐르는 소리, 화살이 날아가는 소리, 꾸짖는 소리, 숨 쉬는 소리, 누군가를 부르는 소리, 울부짖으며 곡하는 소리, 개 짖는 소리, 슬퍼서 흐느끼는 소리 등 온갖 소리를 낸다. 앞서 가는 바람이 '우' 하고 소리치면 뒤따르는 바람이 '우' 하고 대답한다. 산들바람에는 살짝 흔들리고 거센 바람에는 요란스럽게 흔들리다가 매섭게 불던 바람이 그치면 모든 구멍은 텅 비어 고요해진다. 너는 저 흔들흔들하고 살랑살랑하는 것들이 보이지 않느냐?"

안성자유가 말했다.

"지뢰란 바로 지상의 여러 가지 구멍에서 나는 소리들이고, 인뢰란 바로 사람이 대나무를 엮어 만든 악기 소리로군요. 그렇다면 천

4 땅의 소리.
5 하늘의 소리.

뢰란 무엇입니까?"

남곽자기가 말했다.

"내뿜는 것은 수만 가지로 다르지만 각기 제 소리를 내도록 한다. 모두들 각자의 소리를 내는데, 소리를 내도록 하는 것은 무엇일까?"

南郭子綦隱机而坐, 仰天而噓, 荅焉似喪其耦. 顏成子游立侍乎前曰, 何居乎. 形固可使如槁木, 而心固可使如死灰乎. 今之隱机者, 非昔之隱机者也. 子綦曰, 偃, 不亦善乎, 而問之也. 今者吾喪我, 汝知之乎. 女聞人籟而未聞地籟, 女聞地籟而未聞天籟夫. 子游曰, 敢問其方. 子綦曰, 夫大塊噫氣, 其名爲風. 是唯無作, 作則萬竅怒呺. 而獨不聞之翏翏乎. 山林之畏佳, 大木百圍之竅穴, 似鼻, 似口, 似耳, 似枅, 似圈, 似臼, 似洼者, 似污者. 激者謞者叱者吸者叫者譹者宎者咬者, 前者唱于而隨者唱喁. 泠風則小和, 飄風則大和, 厲風濟則衆竅爲虛. 而獨不見之調調, 之刁刁乎. 子游曰, 地籟則衆竅是已, 人籟則比竹是已. 敢問天籟. 子綦曰, 夫吹萬不同, 而使其自已也. 咸其自取, 怒者其誰邪.

2.

큰 지혜는 대략적이고 성글성글하며, 작은 지혜는 꼼꼼하고 자세하다. 큰 말은 담담하고, 작은 말은 시시콜콜 따진다. 사람들은 잠들었을 때는 혼들이 뒤섞여 꿈을 꾸고, 깨어 있을 때는 몸의 감각이 열려 사물과 접촉한다. 접촉하는 것마다 뒤엉켜 날마다 마음의 갈등을 일으킨다. 겉으로는 부드러운 척 하면서 간교하고, 뛰어난 말재주 속에 함정을 숨기고 있으며, 속마음을 깊이 감춰 드러내지 않는다. 조금 놀라면 안절부절못하지만, 크게 놀라면 기절을 한다. 상대의 허점을 파고들면서 옳고 그름을 따질 때는 마치 활시위를 떠난 화살 같이 말을 마구 퍼부어댄다. 필사적으로 승리를 쟁취할 때는 마치 맹약의 말처럼 비장하다. 그러면서 그들은 마치 가을과 겨울이 시들어가듯이 나날이 참된 제 모습을 잃어간다. 그들은 여러 가지 일을 처리하는 데 너무 깊이 빠져서 원래의 제 모습을 회복할 수 없는 상태가 되고 만다. 그들은 마치 끈으로 꽁꽁 묶듯이 마음의 문을 걸어 잠그고 있는데, 그것은 그들이 늙어가고 있음을 뜻하는 것이다. 거의 죽어버린 마음은 다시 되살아나게 할 수 없다. 기쁨과 분노, 슬픔과 즐거움, 근심과 한탄, 변덕과 집착, 경박함과 방종, 아첨과 아양 등은 음악 소리가 텅 빈 곳에서 나오고 눈에 보이지 않는 습기가 버섯을 기르듯 무형의 것으로부터 나온다. 우리 눈앞에서 밤낮으로 번갈아 나타나지만 그것들이 어디서부터 비롯되는지 알지 못한다. 그만두어라. 그만두어라. 아침저녁으로 이러한 것들을 겪게 되는 걸 보면 무언가 원인이 있어 생겨나는 것 같다.

大知閑閑, 小知間間. 大言炎炎, 小言詹詹. 其寐也魂交, 其覺也形開. 與接爲構, 日以心鬪. 縵者窖者密者. 小恐惴惴, 大恐縵縵. 其發若機栝, 其司是非之謂也. 其留如詛盟, 其守勝之謂也. 其殺若秋冬, 以言其日消也. 其溺之所爲之, 不可使復之也. 其厭也如緘, 以言其都洫也. 近死之心, 莫使復陽也. 喜怒哀樂, 慮歎變慹, 姚佚啓態. 樂出虛, 蒸成菌. 日夜相代乎前, 而莫知其所萌. 已乎. 已乎. 旦暮得此, 其所由以生乎.

3.

대상이 없으면 내가 없고, 내가 없으면 대상을 받아들일 주체가 없다. 이 역시 진실에 가까울 테지만 누가 그렇게 만든 것인지 알 수 없다. 마치 진정한 주재자가 있는 것 같기는 하지만 어떤 특별한 증거를 찾을 수가 없다. 그 영향력은 충분히 믿을 수 있지만 구체적인 모습은 볼 수 없다. 즉 주재자가 존재한다는 정황은 있지만 형체는 없는 것이다. 사람은 백 개의 뼈와 아홉 개의 구멍과 여섯 개의 장기臟器를 빠짐없이 다 가지고 있는데, 우리는 그중 어떤 것에 애착하고 있을까? 우리는 모든 것을 다 똑같이 아끼고 있는가? 아마도 특정한 어떤 것을 애착하고 있을지도 모른다. 이와 같이 세상 사람들도 모두 주재자에게 순종하는 사내종이나 계집종과 같은 것일까? 그 종들은 서로를 다스릴 수는 없을까? 그래서 서로 번갈아가면서 임금이 되기도 하고 신하가 되기도 하는 것일까? 아마도 진군眞君[6] 같은 것이 존재하는 것 같다. 그런데 우리가 그 진군의 실상을 알든 알지 못하든 그 진군의 실체에는 아무런 보탬도 손상도 없을 것이다.

우리는 한 번 사람의 몸으로 태어나면 죽지 않는 이상 수명이 다하는 그날이 올 때까지 기다린다. 사물과 부대끼고 마찰을 일으키면서, 죽음을 향해 가는 우리의 삶은 마치 치닫는 말을 멈추게 할 수 없는 것과 같으니 서글프지 않은가? 평생 동안 힘들게 고생해도 이렇다 할 성과가 없으며, 지쳐서 파김치가 되어도 돌아가 쉴 줄을 모르니 애달프지 않은가? 그러고서도 사람들은 아직 죽지 않았다고 말하지만, 그렇다고 해서 무슨 득이 된단 말인가? 그 몸은 늙어가고 마음 역시 그와 함께 변해가니, 몹시도 슬프지 않은가? 사람의 삶이

---

6 진정한 왕, 즉 이 세상의 실질적인 지배자. 앞에서 나온 진재眞宰, 즉 진정한 주재자와 같음.

란 원래 이처럼 어리석은 것일까? 아니면 나 혼자 어리석고 다른 사람들은 어리석지 않은 것일까? 각자가 지니고 있는 편견〔成心〕을 따르면서 그것을 본보기로 삼는다면 무엇인들 본보기가 되지 않겠는가? 왜 꼭 사물의 변화를 훤히 꿰뚫어보고, 마음으로 자연스럽게 그 사실을 받아들이는 사람에게만 본보기로 삼을 만한 점이 있겠는가? 어리석은 사람에게도 본보기로 삼을 만한 구석이 있을 것이다. 마음에 편견이 없는데도 옳고 그름〔是非〕의 다툼이 있다면, 그것은 오늘 월나라에 가서 어제 도착했다는 말과 같다. 이것은 존재하지 않는 것을 존재한다고 생각하는 것이다. 존재하지 않는 것을 존재하도록 하는 방법은 비록 우임금과 같이 신통한 사람일지라도 알지 못할 텐데, 난들 어찌 알 수 있겠는가?

非彼無我, 非我無所取. 是亦近矣, 而不知其所爲使. 若有眞宰, 而特不得其眹. 可行已信, 而不見其形, 有情而無形. 百骸九竅六藏, 賅而存焉, 吾誰與爲親. 汝皆說之乎. 其有私焉. 如是皆有爲臣妾乎. 其臣妾不足以相治乎. 其遞相爲君臣乎. 其有眞君存焉. 如求得其情與不得, 無益損乎其眞. 一受其成形, 不亡以待盡. 與物相刃相靡, 其行盡如馳, 而莫之能止, 不亦悲乎. 終身役役而不見其成功, 苶然疲役而不知其所歸, 可不哀邪. 人謂之不死, 奚益. 其形化, 其心與之然, 可不謂大哀乎. 人之生也, 固若是芒乎. 其我獨芒, 而人亦有不芒者乎. 夫隨其成心而師之, 誰獨且無師乎. 奚必知代, 而心自取者有之. 愚者與有焉. 未成乎心而有是非, 是今日適越而昔至也. 是以無有爲有. 無有爲有, 雖有神禹, 且不能知, 吾獨且奈何哉.

4.

말이란 바람을 내불어 소리를 내는 것이 아니다. 말에는 그 말이 나타내고자 하는 뜻이 있다. 그런데 그 말이 나타내고자 하는 내용이 매우 불안정하다면, 실제로 말을 한 것일까, 말을 하지 않은 것일까? 그것과 새 새끼 소리는 다른 것으로 생각되지만, 구별이 있을까, 구별이 없을까? 도道는 무엇에 가려져 이 세상에 참과 거짓이 존재하고, 말은 무엇에 가려져 이 세상에 옳음과 그름이 존재하는가? 도는 어디로 가버렸기에 이 세상에는 참과 거짓의 기준이 존재하지 않고, 말은 어디에 있기에 수긍할 만한 표준이 없는 것일까? 도는 단편적 지식에 가려지고, 말은 화려한 수식에 가려진다. 그러므로 유가儒家와 묵가墨家가 옳고 그름〔是非〕을 다툰다. 저쪽에서 틀렸다고 하는 것을 이쪽에서는 옳다 하고, 저쪽에서 옳다고 하는 것을 이쪽에서는 틀렸다 한다. 저쪽에서 틀렸다고 하는 것을 옳다고 생각하고 저쪽에서 옳다고 여기는 것을 틀렸다고 생각하느니 차라리 타고난 현명賢明[7]에 따르는 것이 더 좋다.

夫言非吹也, 言者有言. 其所言者特未定也. 果有言邪. 其未嘗有言邪. 其以爲異於鷇音, 亦有辯乎. 其無辯乎. 道惡乎隱而有眞僞. 言惡乎隱而有是非. 道惡乎往而不存. 言惡乎存而不可. 道隱於小成, 言隱於榮華. 故有儒墨之是非, 以是其所非而非其所是. 欲是其所非而非其所是, 則莫若以明.

사물에는 저것 아닌 것이 없고, 사물에는 이것 아닌 것이 없다. 저쪽에서 보면 이쪽의 옳음이 보이지 않지만, 이쪽에서 보면 이쪽의

---

7 명明을 번역한 말로서 선천적으로 타고난 지혜를 뜻한다.

옳음을 알 수 있다. 그러므로 저것은 이것으로부터 나오고, 이것 역시 저것에 기인한다고 말한 것이다. 저것과 이것이 상대적으로 성립한다는 주장이다. 비록 그렇기는 하지만, 삶이 동시에 죽음이고 죽음이 동시에 삶이다. 옳음[可]이 동시에 그름[不可]이고, 그름이 동시에 옳음이다. 참[是]은 거짓[非]에서 나오고 거짓은 참에서 나온다. 이 때문에 성인은 이런 것들에 따르지 않고 자연을 있는 그대로 바라보는데, 이 역시 자기가 옳다고 믿는 바를 따르는 것[因是]일 뿐이다. 이것은 또 저것이고, 저것은 또 이것이다. 저것도 하나의 참과 거짓[是非]이고, 이것도 하나의 참과 거짓이다. 그렇다면 정말 저것과 이것의 구별이 있는 것일까, 정말 저것과 이것의 구별이 없는 것일까? 저것과 이것이 서로 대립하지 않는 것을 도의 돌쩌귀[道樞]라고 한다. 돌쩌귀는 고리의 중심축으로서 무궁한 변화에 호응한다. 옳음 역시 하나의 무궁無窮이고, 그름 역시 하나의 무궁이다. 그러므로 타고난 현명賢明에 따르는 것보다 좋은 것은 없다고 말한 것이다.

物無非彼, 物無非是. 自彼則不見, 自知則知之. 故曰, 彼出於是, 是亦因彼. 彼是方生之說也. 雖然, 方生方死, 方死方生. 方可方不可, 方不可方可. 因是因非, 因非因是. 是以聖人不由, 而照之於天, 亦因是也. 是亦彼也, 彼亦是也. 彼亦一是非, 此亦一是非. 果且有彼是乎哉. 果且無彼是乎哉. 彼是莫得其偶, 謂之道樞. 樞始得其環中, 以應無窮. 是亦一無窮, 非亦一無窮也. 故曰, 莫若以明.

5.

손가락을 가지고 손가락은 손가락이 아니라고 설명하는 것은 손가락이 아닌 것을 가지고 손가락은 손가락이 아니라고 설명하는 것만 못하다. 말(馬)을 가지고 말은 말이 아니라고 설명하는 것은 말이 아닌 것을 가지고 말은 말이 아니라고 설명하는 것만 못하다. 하지만 그런 일들은 다 부질없다. 천지는 하나의 손가락이고, 만물은 한 마리의 말이다.

以指喻指之非指, 不若以非指喻指之非指也. 以馬喻馬之非馬, 不若以非馬喻馬之非馬也. 天地一指也, 萬物一馬也.

6.

자기가 옳다고 여기는 것은 옳고, 자기가 옳지 않다고 여기는 것은 옳지 않다. 길은 걸어 다님으로써 만들어진 것이고, 사물의 이름은 그렇게 부르기로 했기 때문에 그렇게 정해진 것이다. 왜 그런가? 그렇다고 생각하기 때문에 그런 것이다. 왜 그렇지 않은가? 그렇지 않다고 생각하기 때문에 그렇지 않은 것이다. 왜 옳은가? 옳다고 생각하기 때문에 옳은 것이다. 왜 옳지 않은가? 옳지 않다고 생각하기 때문에 옳지 않은 것이다.[8] 사물에는 본디부터 그런 부분이 있고, 사물에는 본디부터 옳은 부분이 있다. 그렇지 않은 사물이 없고, 옳지 않은 사물이 없다. 그러므로 이 때문에 작은 풀과 기둥, 흉측한 모양의 문둥이와 아름다운 서시, 거대한 것, 갑작스럽게 변하는 것, 교묘하게 속이는 것, 이상야릇한 것 등이 도에서는 모두 하나로 뭉뚱그려진다. 한 사물의 해체는 동시에 다른 한 사물의 형성이다. 한

8 "왜 옳은가"에서부터 여기까지에 해당하는 원문은 현행본에는 빠져 있으나 같은 문장이 그대로 나오는 「우언」 편을 참조하여 보충해 넣었다.

사물의 형성은 동시에 다른 한 사물의 훼멸이다. 전체 사물에서는 완성도 파괴도 없고, 다시 하나로 뭉뚱그려진다. 오직 예지를 가진 사람만이 그것들이 하나로 뭉뚱그려진다는 것을 안다. 이 때문에 그런 것을 좇지 않고 평범함〔庸〕에 맡긴다. 평범함〔庸〕은 쓴다〔用〕는 뜻이다.[9] 쓰면 통하고, 통하면 얻는다. 알맞게 얻으면 그럭저럭 괜찮다. 그렇지만 그것도 자신이 옳다고 믿는 바를 따르는 것일 뿐이다. 이미 그렇게 되었는데도 왜 그렇게 되었는지 까닭을 모르는 것, 이를 도道라고 한다. 사람들은 정신을 수고롭게 하고 나서야 만물이 하나라는 것을 아는데, 그것들이 본래 같다는 것을 모르는 것을 조삼모사朝三暮四라고 한다. 조삼모사란 무엇인가? 원숭이 사육사가 원숭이들에게 도토리를 주면서 "아침에 세 되를 주고 저녁에 네 되를 주겠다"라고 말했다. 그러자 원숭이들이 모두 화를 냈다. 사육사가 다시 "그렇다면 아침에 네 되를 주고 저녁에 세 되를 주겠다"라고 바꿔 말했다. 그러자 원숭이들은 모두 기뻐했다. 명칭이나 사실에서 전혀 증감이 없었는데도 원숭이들은 그것을 기뻐하거나 화내는 근거로 삼았다. 이 또한 자신이 옳다고 믿는 바를 따른 것이다. 이 때문에 성인은 옳은 것과 그른 것을 뒤섞어버리고 천균天鈞〔자연의 조화〕 속에서 옳고 그름의 판단을 멈춘다. 이것을 양행兩行[10]이라고 한다.

可乎可, 不可乎不可. 道行之而成, 物謂之而然. 惡乎然. 然於然. 惡乎不然. 不然於不然. 物固有所然, 物固有所可. 無物不然, 無物不可. 故爲是擧莛

9 평범함을 뜻하는 용庸자는 쓰다의 뜻도 가지고 있다. 쓴다는 뜻의 용用자와 음이 같다.

10 두 가지 측면 모두를 다 긍정하고 받아들이는 것.

與楹, 厲與西施, 恢詭譎怪, 道通爲一. 其分也, 成也. 其成也, 毁也. 凡物無成與毁, 復通爲一. 唯達者知通爲一. 爲是不用而寓諸庸. 庸也者, 用也. 用也者, 通也. 通也者, 得也. 適得而幾矣. 因是已, 已而不知其然, 謂之道. 勞神明爲一, 而不知其同也, 謂之朝三. 何謂朝三. 曰, 狙公賦芧曰, 朝三而暮四. 衆狙皆怒. 曰, 然則朝四而暮三. 衆狙皆悅. 名實未虧, 而喜怒爲用, 亦因是也. 是以聖人, 和之以是非, 而休乎天鈞. 是之謂兩行.

7.

옛날 사람들은 지혜가 지극했다. 얼마나 지극했는가? 애초부터 사물이 전혀 존재하지 않는다고 생각한 사람들이 있었는데, 최고다. 완벽해서 더 이상 보탤 것이 없다. 그 다음은 사물이 있기는 있지만 그 사물들이 전혀 서로 구별되지 않는다고 생각했다. 그 다음은 사물들이 서로 구별은 있지만 그것들은 결코 옳은 것과 그른 것으로 나누어지지 않는다고 생각했다. 옳음과 그름을 분명히 드러낸다면, 그것은 도가 손상을 입는 원인이 된다. 도가 손상을 입으면 편애偏愛가 발생한다.

古之人, 其知有所至矣. 惡乎至. 有以爲未始有物者, 至矣, 盡矣, 不可以加矣. 其次以爲有物矣, 而未始有封也. 其次以爲有封焉, 而未始有是非也. 是非之彰也, 道之所以虧也. 道之所以虧, 愛之所以成.

8.

정말로 완성과 손상이 있는 것일까? 정말로 완성과 손상이 없는 것일까? 완성과 손상이 있는 것은 옛날 소문昭文[11]이 거문고〔琴〕[12]를 연주한 것이다. 완성과 손상이 없는 것은 옛날 소문이 거문고를 연주하지 않은 것이다. 소문은 거문고를 연주했고, 사광師曠[13]은 북채를 들고 지휘했고, 혜자惠子[14]는 책상에 기대 강론했는데, 그 세 사람의 지혜는 각자 모두 거의 최고의 경지에 이르렀다. 그러므로 오늘날까지 기록으로 내려온다. 그들은 오로지 남과 다른 것만 좋아했다. 그것은 다른 사람에게 자신을 드러내 보여주기를 좋아했기 때문이다. 혜시는 사람이 꼭 밝히지 않아도 될 것을 밝히려고 했고, 그 때문에 견백론堅白論[15]이라는 어리석음에 빠져 평생을 보냈다. 소문의 자식 역시 아버지의 뒤를 이어 같은 일로 평생을 보냈다. 그들은 평생 동안 완성한 것이 없다. 이런 것을 완성한 것이라고 말한다면 우리 역시 완성한 것이 있다. 이런 것을 완성한 것이라고 말할 수 없다면 사물이든 우리든 완성이라는 것은 없다. 그러므로 겉으로 번쩍번쩍 빛을 내뿜는 것은 성인聖人이 천시하는 것이다. 이 때문에 그런 방법을 쓰지 않고 평범함〔庸〕에 맡기는데, 이것을 타고난 현명賢明에 따르는 것이라고 부른다.

---

11 현악기 금琴의 달인으로 알려진 전설의 인물.

12 거문고는 금琴의 번역어다. 거문고는 엄격하게 말하면 우리나라 고유의 악기로서 『장자』가 쓰이던 때는 없던 악기다. 그러나 금琴에 대한 적절한 번역어가 없기 때문에 이 책에서는 우리말에서 현악기를 대표하는 거문고를 금琴의 번역어로 쓰기로 한다.

13 진晉나라 평왕平王 때의 유명한 악사樂師.

14 장자의 친구 혜시惠施를 높여 부르는 말.

15 명가학파의 한 사람인 공손룡公孫龍이 제기한 주요 명제의 하나인 "딱딱하고 흰 돌은 동시에 존재할 수 없다"는 것을 가리킨다. 혜시 역시 명가학파의 한 사람으로서 이러한 개념과 실제에 대한 문제를 분석하고 그것을 설명하는 데 힘을 쏟았기 때문에 장자가 이를 비판하고 있다.

果且有成與虧乎哉. 果且無成與虧乎哉. 有成與虧, 故昭氏之鼓琴也. 無成與虧, 故昭氏之不鼓琴也. 昭文之鼓琴也, 師曠之枝策也, 惠子之據梧也, 三子之知幾乎, 皆其盛者也. 故載之末年. 唯其好之也, 以異於彼, 其好之也, 欲以明之. 彼非所明而明之, 故以堅白之昧終. 而其子又以文之綸終, 終身無成. 若是而可謂成乎. 雖我亦成也. 若是而不可謂成乎. 物與我無成也. 是故滑疑之耀, 聖人之所鄙也. 爲是不用, 而寓諸庸, 此之謂以明.

9.

예를 들어 어떤 주장이 있다고 할 때, 그것이 이쪽의 주장〔是〕과 같은 것인지, 같지 않은 것인지 모르겠다. 그러나 같은 것이나 같지 않은 것이나 모두 같다고 한다면, 저쪽의 주장〔彼〕과 다를 게 없을 것이다. 그래도 한번 얘기해보기로 하자.

시작이 있으면 시작이 아직 시작되기 이전이 있었을 것이고, 시작이 아직 시작되기 이전마저 아직 시작되기 이전이 있었을 것이다. 있음이 있다면 없음이 있었을 것이고, 또 없음이 아직 시작되기 이전이 있었을 것이며, 없음이 아직 시작되기 이전마저 아직 시작되기 이전이 있었을 것이다. 그런데 그런 이치와 관계없이 느닷없이 없음이라는 것이 있다고 한다면, 있음과 없음 가운데 과연 어떤 것이 있는 것이고 어떤 것이 없는 것인지 모르겠다. 방금 나는 이미 말을 해버렸지만, 내가 말한 것이 정말로 말을 한 것인지, 정말로 말을 하지 않은 것인지 모르겠다. 세상에서 추호秋毫의 끝보다 더 큰 것은 없지만, 태산은 작다. 태어나자마자 죽은 아이보다 장수한 사람은 없지만, 팽조彭祖[16]는 요절한 셈이다. 천지는 나와 함께 태어났고, 만물은 나와 하나다. 이미 하나가 되었으니 말이 있을 수 있겠는가? 이미 하나라고 했으니 말이 없을 수 있겠는가? 하나가 된 그것에 하나라고 한 그 말이 더해져서 둘이 되고, 이 둘에 둘이라고 한 말이 더해져 셋이 된다. 이렇게 해나간다면 아무리 셈에 뛰어난 사람이라도 다 헤아릴 수 없다. 하물며 일반 사람이야 더 말할 나위가 있겠는가? 이처럼 없음에서 있음으로 나아가 셋에 이르렀는데, 하물며 있음에서 있음으로 나아간다면 어떻겠는가? 헤아려 나가는 것을 그만두면 옳다고 믿고 따르는 행위도 멈추어진다.

今且有言於此, 不知其與是類乎, 其與是不類乎. 類與不類, 相與爲類, 則與彼無以異矣. 雖然, 請嘗言之. 有始也者, 有未始有始也者, 有未始有夫未始有始也者. 有有也者, 有無也者, 有未始有無也者, 有未始有夫未始有無也者. 俄而有無矣, 而未知有無之果孰有孰無也. 今我則已有謂矣, 而未知吾所謂之其果有謂乎, 其果無謂乎. 夫天下莫大於秋豪之末, 而大山爲小. 莫壽於殤子, 而彭祖爲夭. 天地與我竝生, 而萬物與我爲一. 旣已爲一矣, 且得有言乎. 旣已謂之一矣, 且得無言乎. 一與言爲二, 二與一爲三. 自此以往, 巧歷不能得, 而況其凡乎. 故自無適有以至於三, 而況自有適有乎. 無適焉, 因是已.

10.

도는 처음부터 한계가 없고 말에는 처음부터 정해진 기준이 없다. 자기가 옳다고 여기기 때문에 그로부터 구분이 생긴 것이다. 그

16 오백 세까지 살았다는 전설 속의 인물.

구분에 대해 예를 들어보자. 왼쪽이 있고 오른쪽이 있으며, 혈육 간의 천륜이 있고 사회적인 정의가 있으며, 다름이 있고 우열의 차이가 있으며, 경쟁이 있고 다툼이 있다. 이것을 팔덕八德이라고 한다. 육합六合[17] 바깥쪽의 일에 대하여 성인은 그대로 두고 언급하지 않고, 육합 안쪽의 일에 대하여 성인은 그 존재를 언급은 하지만 차이를 말하지 않으며, 역사서에 보이는 선왕의 경세經世 기록에 대하여 성인은 차이는 말하지만 잘잘못을 따지지 않는다. 본디 나누려고 해도 나눌 수 없는 것이 있고, 잘잘못을 따지려고 해도 따질 수 없는 것이 있다. 어째서일까? 성인은 그것을 가슴에 품고 있지만 일반 사람들은 잘잘못을 따져 자신의 주장의 정당성을 상대방에게 증명하려고 한다. 그 때문에 잘잘못을 따지는 사람은 보지 못하는 면이 있다고 한 것이다.

夫道未始有封, 言未始有常. 爲是而有畛也. 請言其畛. 有左, 有右, 有倫, 有義, 有分, 有辯, 有競, 有爭, 此之謂八德. 六合之外, 聖人存而不論. 六合之內, 聖人論而不議. 春秋經世先王之志, 聖人議而不辯. 故分也者, 有不分也. 辯也者, 有不辯也. 曰, 何也. 聖人懷之, 衆人辯之, 以相示也. 故曰, 辯也者, 有不見也.

11.

진정한 도는 설명할 수 없고, 진정한 변론은 말로 할 수 없으며, 진정한 인자함은 어질지 않고, 진정한 겸손은 사양하지 않으며, 진

17 천지상하와 사방, 즉 공간의 전체 혹은 우리가 살고 있는 이 세상을 지칭하는 말.

정한 용맹은 사납지 않다. 도가 분명하면 진정한 도가 아니고, 말이 능숙하면 진실에 이를 수 없으며, 인자함이 가까운 사람에게만 적용되면 진정한 인이 될 수 없고, 겸손이 지나치면 신뢰를 주지 못하며, 용맹이 사나울 정도면 진정한 용기가 되지 못한다. 이 다섯 가지는 원을 그리려고 하면서 사각형을 그리는 것과 같다. 그러므로 알 수 없는 지점에서 탐구하는 것을 멈추는 것이야말로 최고다. 말로 할 수 없는 변론과 설명할 수 없는 도를 어떻게 알 수 있을까? 만약 알 수 있는 능력이 있다면, 그것을 천부天府, 즉 자연의 창고라고 한다. 그 창고는 부어넣어도 가득 차지 않고 따라내도 마르지 않으며, 그 유래를 알 수 없는데, 그것을 보광葆光[18]이라고 한다.

夫大道不稱, 大辯不言, 大仁不仁, 大廉不嗛, 大勇不忮. 道昭而不道, 言辯而不及, 仁常而不成, 廉淸而不信, 勇忮而不成. 五者圓而幾向方矣. 故知止其所不知, 至矣. 孰知不言之辯, 不道之道. 若有能知, 此之謂天府. 注焉而不滿, 酌焉而不竭, 而不知其所由來, 此之謂葆光.

12.

옛날에 요堯임금이 순舜에게 물었다.

"나는 종宗과 회膾와 서오胥敖[19]를 토벌하고 싶다. 왕위에 앉아 있어도 마음이 편치 않아. 왜 그런 것일까?"

순이 말했다.

"그 세 나라의 우두머리들은 외딴곳의 쑥 덤불 속에 사는 것이나

18 소중한 것을 드러나지 않게 잘 보관한다는 뜻.

19 종宗과 회膾와 서오胥敖는 모두 작은 부족 혹은 나라 이름.

다름없습니다. 폐하께서 편치 않으시다니 무슨 까닭에서일까요? 옛날에는 열 개의 태양이 함께 나타나 만물을 모두 비춰주었는데, 하물며 덕이 태양보다 더 뛰어나신 분이야 말할 필요가 있겠습니까?"

故昔者堯問於舜曰, 我欲伐宗膾胥敖, 南面而不釋然. 其故何也. 舜曰, 夫三子者, 猶存乎蓬艾之間. 若不釋然何哉. 昔者十日竝出, 萬物皆照, 而況德之進乎日者乎.

13.

설결齧缺[20]이 왕예王倪[21]에게 물었다.

"선생님은 모든 것이 다 옳다고 인정하는 것이 무엇인지 아십니까?"

"내가 그것을 어떻게 알겠나?"

"선생님은 자신이 모른다는 것을 아십니까?"

"내가 그것을 어떻게 알겠나?"

"그렇다면 우리는 사물에 대해 알 수 없다는 것입니까?"

"내가 그것을 어떻게 알겠나? 하지만 그 문제에 대해 일단 한번 말해보자. 내가 말하는 안다는 것이 정말로 알지 못하는 것이 아님을 어떻게 알겠는가? 내가 말하는 알지 못한다는 것이 정말로 알지 못하는 것임을 어떻게 알겠는가? 그럼 어디 네게 한번 물어보자. 사람은 습한 데서 자면 허리병이 생기고 반신불수가 되지만 미꾸라지도 그런가? 사람은 나무 위에 있으면 벌벌 떨면서 무서워하지만 원숭이도 그런가? 이 셋 가운데 어느 쪽이 올바른 거처를 알고 있는

20 가공의 인물. 전설 속의 현인이라는 학설도 있음.

21 설결과 마찬가지로 가공의 인물 혹은 전설 속의 현인.

걸까? 또 사람은 가축을 먹고, 고라니나 사슴은 풀을 먹으며, 지네는 작은 뱀을 맛있어하고, 올빼미는 쥐를 즐겨 먹는다. 이 넷 가운데 어느 쪽이 올바른 맛을 알고 있는 걸까? 암컷 원숭이는 긴팔원숭이가 짝으로 삼고, 고라니는 사슴과 교미하며, 미꾸라지는 물고기와 논다. 모장毛嬙과 여희麗姬는 사람들이 미인이라 말하지만, 물고기가 그들을 보면 물속 깊이 숨어버리고, 새가 그들을 보면 하늘 높이 날아오르며, 고라니나 사슴이 그들을 보면 기운껏 달아난다. 이 넷 가운데 어느 쪽이 이 세상의 올바른 아름다움을 알고 있는 걸까? 내가 보기에는 인의仁義의 갈피나 시비是非의 길들은 어수선하고 혼란스럽다. 내가 그 구별을 어떻게 알 수 있겠나?"

설결이 물었다.

"선생님께서는 이로움과 해로움을 모르시는데, 지인至人[22]은 원래 이로움이나 해로움을 모르는 것입니까?"

왕예가 대답했다.

"지인은 신비스럽다. 거대한 늪이 불타도 그를 뜨겁게 할 수 없고, 황하黃河나 한수漢水가 얼어도 그를 춥게 할 수 없고, 날쌘 벼락이 산을 깨뜨려도 그를 다치게 할 수 없고, 폭풍이 바다를 뒤엎어도 그를 놀라게 할 수 없다. 그런 사람은 구름을 타고, 해와 달을 몰아 세상 밖으로 나가 노닌다. 죽고 사는 문제도 그를 바뀌게 하지 못 하는데, 이해利害의 문제 따위야 말할 나위가 있겠는가?"

齧缺問乎王倪曰, 子知物之所同是乎. 曰, 吾惡乎知之. 子知子之所不知邪. 曰, 吾惡乎知之. 然則物無知邪. 曰, 吾惡乎知之. 雖然, 嘗試言之. 庸詎知

22 최고의 사람이라는 뜻으로, 장자에서 완벽하고 흠결이 없는 이상적 인물에 대한 호칭의 하나.

吾所謂知之非不知邪. 庸詎知吾所謂不知之非知邪. 且吾嘗試問乎女. 民濕寢則腰疾偏死, 鰌然乎哉. 木處則惴慄恂懼, 猿猴然乎哉. 三者孰知正處. 民食芻豢, 麋鹿食薦, 蝍且甘帶, 鴟鴉耆鼠, 四者孰知正味. 猿猵狙以爲雌, 麋與鹿交, 鰌與魚游. 毛嬙麗姬, 人之所美也. 魚見之深入, 鳥見之高飛, 麋鹿見之決驟, 四者孰知天下之正色哉. 自我觀之, 仁義之端, 是非之塗, 樊然殽亂, 吾惡能知其辯. 齧缺曰, 子不知利害, 則至人固不知利害乎. 王倪曰, 至人神矣. 大澤焚而不能熱, 河漢沍而不能寒, 疾雷破山飄風振海而不能驚. 若然者, 乘雲氣, 騎日月, 而遊乎四海之外. 死生無變於己, 而況利害之端乎.

14.

구작자瞿鵲子[23]가 장오자長梧子[24]에게 물었다.

"나는 선생님으로부터 다음과 같은 말을 들었어. '성인은 세속의 일에 종사하지 않고, 이로운 곳으로 나아가려 하지 않고, 해로운 곳에서 벗어나려 하지 않고, 얻는 것을 좋아하지 않고, 세상의 도리에 얽매이지 않는다. 또 성인은 말하는 것을 말하지 않는 것으로 여기고, 말하지 않는 것을 말한 것으로 여기며, 세속 밖에서 노닌다.' 선생님은 그것을 허튼소리라고 생각했지만, 나는 신비로운 도를 실천하는 것이라고 생각한다. 네 생각은 어때?"

장오자가 말했다.

23 가공의 인물. 공자의 제자라는 학설이 있음.

24 가공의 인물. 공자 제자들과 같은 시기의 인물로 장오長梧라는 곳의 봉인封人이며, 「칙양」 편에 나오는 장오봉인長梧封人과 동일인물이라고 보는 주장이 있음.

"그것은 황제黃帝도 이해하지 못하고 의심스럽게 생각하던 것인데, 공구孔丘[25]가 어찌 알 수 있겠나? 그리고 너 역시 생각이 너무 앞서갔어. 달걀을 보면서 닭을 찾고, 탄환을 보면서 산비둘기 구이를 달라는 격이야. 내가 생각나는 대로 아무렇게나 말해볼 테니 너도 가벼운 마음으로 들어봐. 해와 달을 따르고 우주를 가슴에 품고 그것들과 한 몸이 되어 제멋대로 뒤섞여 돌아가게 내버려두면서 귀한 자나 천한 사람을 똑같이 보면 어떨까? 뭇사람은 끊임없이 옳고 그름을 따지고 잘잘못을 가리는 데 애쓰면서 살고 있지만, 성인은 우둔하여 만년의 세월을 하나로 뭉뚱그려 한 순간으로 간주한다. 만물은 모두 똑같이 이와 같은 식으로 서로를 품고 있지. 삶을 기뻐하는 것이 어리석은 짓이 아니라는 것을 내가 어떻게 알겠어? 죽음을 싫어하는 것은 마치 어려서 집을 잃고 돌아갈 줄 모르는 것과 같지 않을지 내가 어떻게 알겠어? 예를 들어 여희麗姬는 애艾라는 곳의 국경을 지키던 사람의 딸이었어. 진晉나라에서 그녀를 데려갔는데 처음에는 눈물과 콧물로 소매를 적셨지. 그러나 왕의 처소에 이르러 왕과 한 침대를 쓰고 여러 가지 가축의 고기를 먹고 난 뒤로는 울었던 것을 후회했어. 죽은 자 또한 시간이 지난 뒤에는 처음에 살기를 바랐던 것을 후회하지 않는지 내가 어떻게 알겠어? 꿈에 술을 마시며 놀던 자가 아침에 곡을 하기도 하지. 꿈에 곡하며 울던 자가 아침에 일어나 사냥을 나가기도 한다. 그 자신이 한창 꿈을 꾸고 있을 때는 그것이 꿈이라는 것을 알지 못해. 꿈속에서 또 그 꿈의 길흉을 점치기도 하다가 깨어난 다음에야 그것이 꿈이었다는 것을 깨

25 유가의 비조 공자의 이름.

닫는 거지. 그리고 크게 깨어난 뒤에야 그것이 그렇게 큰 꿈이었다는 것을 알게 되는 것인데, 어리석은 자는 자기는 깨어 있으며 그 사실을 똑똑하게 잘 알고 있다고 생각해. 그러면서 임금이니 신하니 하는 생각으로 굳어져 있어. 공자와 너는 모두 꿈을 꾸고 있어. 내가 너에게 꿈이라고 말하는 것 역시 꿈이야. 지금 내가 말한 이런 것을 조궤吊詭[26]라고 불러. 만세萬世 뒤에라도 위대한 성인을 한 번 만나 그 풀이를 알 수 있다면, 그것은 하루 만에 만난 것이나 다름없는 셈이야."

瞿鵲子問乎長梧子曰, 吾聞諸夫子, 聖人不從事於務. 不就利, 不違害, 不喜求, 不緣道. 無謂有謂, 有謂無謂, 而遊乎塵垢之外. 夫子以爲孟浪之言, 而我以爲妙道之行也. 吾子以爲奚若. 長梧子曰, 是黃帝之所聽熒也, 而丘也何足以知之. 且女亦大早計, 見卵而求時夜, 見彈而求鴞炙. 予嘗爲女妄言之, 女以妄聽之. 奚旁日月, 挾宇宙. 爲其吻合, 置其滑涽, 以隸相尊. 衆人役役, 聖人愚芚, 參萬歲而一成純. 萬物盡然, 而以是相蘊. 予惡乎知說生之非惑邪. 予惡乎知惡死之非弱喪而不知歸者邪. 麗之姬, 艾封人之子也. 晉國之始得之也, 涕泣沾襟. 及其至於王所, 與王同筐床, 食芻豢, 而後悔其泣也. 予惡乎知夫死者不悔其始之蘄生乎. 夢飮酒者, 旦而哭泣. 夢哭泣者, 旦而田獵. 方其夢也, 不知其夢也. 夢之中又占其夢焉, 覺而後知其夢也. 且有大覺而後知此其大夢也, 而愚者自以爲覺, 竊竊然知之. 君乎, 牧乎, 固哉. 丘也與女, 皆夢也. 予謂女夢, 亦夢也. 是其言也, 其名爲吊詭. 萬世之後而一遇大聖, 知其解者, 是旦暮遇之也.

"가령 나와 네가 논쟁을 한다고 할 때 네가 나를 이기고, 내가 너

26 해답을 알 수 없는 수수께끼.

를 이기지 못했다고 해서 너는 정말 옳고 나는 정말 그른 것일까? 내가 너를 이기고 네가 나를 이기지 못했다고 해서 내가 정말 옳고 네가 정말 그른 것일까? 누가 옳고 누가 그른 것일까? 둘 다 옳고 둘 다 그른 것일까? 나와 네가 알 수 없다면 다른 사람들도 정말로 그것을 도저히 알 수 없는 것으로 여길 터이니 우리는 누구에게 바로잡아달라고 할 것인가? 너와 같은 의견을 가진 사람에게 바로잡아달라고 한다면, 이미 너와 의견이 같은데 어떻게 바로잡을 수 있을까? 나와 같은 의견을 가진 사람에게 바로잡아달라고 한다면, 이미 나와 의견이 같은데 어떻게 바로잡을 수 있을까? 너와 나 두 사람과는 다른 견해를 가진 사람에게 바로잡아달라고 한다면, 이미 너와 나 두 사람과 의견이 다른데 어떻게 바로잡을 수 있을까? 너와 나 두 사람과 같은 견해를 가진 사람에게 바로잡아달라고 한다면, 이미 너와 나 두 사람과 의견이 같은데 어떻게 바로잡을 수 있을까? 그렇다면 나와 너와 다른 사람은 모두 알 수 없으니, 그 누구에게 맡겨야 할까?"

旣使我與若辯矣, 若勝我, 我不若勝, 若果是也. 我果非也邪. 我勝若, 若不吾勝, 我果是也. 而果非也邪. 其或是也. 其或非也邪. 其俱是也. 其俱非也邪. 我與若不能相知也. 則人固受其黮闇. 吾誰使正之. 使同乎若者正之. 旣與若同矣, 惡能正之. 使同乎我者正之. 旣同乎我矣, 惡能正之. 使異乎我與若者正之. 旣異乎我與若矣, 惡能正之. 使同乎我與若者正之. 旣同乎我與若矣, 惡能正之. 然則我與若與人, 俱不能相知也, 而待彼也邪.

"옳고 그름은 서로 의존적이야. 그런데 만약 그것들이 서로 의존적이지 않도록 하려 한다면 천예天倪[27]로 조화를 이루고, 끝없는 변화에 따라야 해. 이것이 타고난 수명을 다 누리는 방법이지. 천예天倪로써 조화를 이룬다는 것은 무엇을 말할까? 그것은 바로 옳지 않은 것을 옳다고 여기고, 맞지 않은 것을 맞다고 여기는 것이야. 옳음이 만약 정말로 옳다면, 옳음이 옳지 않음과 다르다는 것 역시 증명될 수 없어. 맞음이 만약 정말로 맞다면, 맞음이 맞지 않음과 다르다는 것 역시 증명될 수 없지. 세월을 잊고 규범을 잊으면 없음의 경지까지 이르는데, 그리하여 자신을 없음의 경지에 맡겨두는 것이야."

化聲之相待, 若其不相待, 和之以天倪, 因之以曼衍, 所以窮年也. 何謂和之以天倪. 曰, 是不是, 然不然. 是若果是也, 則是之異乎不是也亦無辯. 然若果然也, 則然之異乎不然也亦無辯. 忘年忘義, 振於無竟, 故寓諸無竟.

15.

반그림자〔罔兩, 옅은 그림자〕가 그림자〔景〕에게 물었다.

"너는 아까 걷더니 지금은 멈추어 있구나. 너는 아까 앉아 있더니 지금은 일어나 있구나. 너는 왜 그렇게 가만있지 못하는 거냐?"

그림자가 말했다.

"나는 무언가에 의존하고 있는 것이 있기 때문에 그러는 것 같아. 내가 의존하고 있는 것 역시 다른 무언가에 의존하고 있어서 그러는 것 같고. 뱀이 비늘에 의존해 기어다니고 매미가 날개에 의존하여 나는 것처럼 나 또한 그러는 것 같아. 진짜 그렇다면 왜 그런지

---

27 자연에 의한 구분. 실제로 우리가 알고 있는 구분이나 구별은 인간의 생각과 판단에 의한 것이다. 그러므로 자연에 의한 구분이란 그러한 인간에 의한 구분을 부정하고, 결국 구분이 없는 것을 의미한다.

그 까닭을 내가 어떻게 알겠어? 그렇지 않다면 왜 그렇지 않은지 그 까닭을 내가 어떻게 알겠어?"

罔兩問景曰, 曩子行, 今子止. 曩子坐, 今子起. 何其無特操與. 景曰, 吾有待而然者邪. 吾所待, 又有待而然者邪. 吾待蛇蚹蜩翼邪. 惡識所以然. 惡識所以不然.

16.

예전에 장주莊周가 꿈에 나비가 되었다. 흡족한 기분으로 훨훨 날아다니는 나비였다. 장주는 매우 즐거웠고 제 맘대로 날아다녔기 때문에 자신이 장주인 줄 몰랐다. 그러다 갑자기 깨어보니 어리둥절해 하고 있는 장주였다. 그는 장주가 꿈에 나비가 되었던 것인지, 나비가 꿈에 장주가 된 것인지 알 수 없었다. 장주와 나비는 분명히 구분이 있을 것이다. 이것을 물화物化[28]라고 한다.

昔者莊周夢爲胡蝶, 栩栩然胡蝶也. 自喩適志與. 不知周也. 俄然覺, 則蘧蘧然周也. 不知周之夢爲胡蝶與, 胡蝶之夢爲周與. 周與胡蝶, 則必有分矣. 此之謂物化.

28 사물의 변화.

제3편 | 양생주

養生主

이 편에서는 수양의 문제를 중심 주제로 다루고 있다. 편명에서 말하는 양생養生이란 몸과 마음을 건강하게 유지하여 타고난 수명을 온전히 누리는 것을 말한다. 이 편의 첫 문단은 양생의 요체를 설명하고 있는데, 양생에서 가장 중요한 것은 마음을 비우는 것임을 암시하고 있다. 다음에 이어지는 포정庖丁이라고 불리는 백정의 소 잡는 이야기는 구성이나 내용 면에서 볼 때 이 편에서 가장 중요한 문장에 속한다. 장자는 이 이야기를 통해 양생의 방법을 비유적으로 설명하고 있다. 요즘에도 흔히 쓰고 있는 '양생'이라는 말도 이 소 잡는 백정 이야기에서 처음 나온다. 이 소 잡이 포정의 이야기에서 소 잡는 것을 '소를 죽이다[殺牛, 宰牛]' 혹은 '소를 도살하다[屠牛]'라는 표현을 쓰지 않고 소를 해체한다[解牛]는 표현을 쓰고 있는데, 여기에 중요한 암시가 있다. 즉 여기 소개되는 포정이 소를 잡을 때 자기 맘대로 이리저리 칼질을 한다는 뜻이 아니라 소를 구성하고 있는 구성물들이 이루는 자연의 결에 따라 실타래를 풀어가듯 하나하나 자연스럽게 풀어낸다는 것을 나타내고 있다. 양생도 마찬가지다. 지식이든, 도덕이든 혹은 욕망이든 억지로 추구하려고 하지 말고 자연스러운 추이에 맡겨야 한다는 것이다. 마음을 비우면 자연에 따를 수밖에 없다. 마음이 바로 모든 인위의 출발이기 때문이다.

1.

나의 삶은 끝이 있지만 지식은 끝이 없다. 끝이 있는 것으로써 끝이 없는 것을 따라가는 것은 위험하다. 그처럼 지식을 추구하는 것은 위험할 뿐이다. 선행을 하더라도 명성이 나도록 해서는 안 되고, 악행을 하더라도 형벌을 받을 정도가 되어서는 안 된다. 중허中虛[1]의 도를 따르는 것을 원칙으로 삼는다면, 제 몸을 보전하여 생명을 온전히 할 수 있고, 제 몸을 잘 길러 천수를 누릴 수 있을 것이다.

吾生也有涯, 而知也無涯. 以有涯隨無涯, 殆已. 已而爲知者, 殆而已矣. 爲善無近名, 爲惡無近刑. 緣督以爲經, 可以保身, 可以全生, 可以養親, 可以盡年.

1 원문의 독督을 해석한 말. 독은 가운데 있으면서 속이 비어 있는 독맥督脈이라는 의학 용어인데 여기서는 도를 상징하는 말로 해석되며, 수양의 문제에서는 속마음을 텅 비우는 것을 뜻한다.

2.

포정庖丁[2]이 문혜군文惠君[3] 앞에서 소를 잡았다. 손이 소에 닿을 때, 어깨로 밀 때, 다리로 밟을 때, 무릎으로 누를 때마다 쩌익, 씽씽 하는 소리가 났고, 칼을 놀릴 때마다 써억써억 하는 소리가 났는데, 어느 것 하나 음악의 가락에 맞지 않는 것이 없었다. 그것은 상림桑林[4]의 무악과도 일치했고, 경수經首[5]의 박자에도 들어맞았다.

문혜군이 말했다.

"아, 그것 참 훌륭하구나. 기술이 어떻게 이런 경지에까지 이를 수 있단 말이냐?"

포정이 칼을 내려놓고 대답했다.

"제가 좋아하는 것은 도道입니다. 기술보다는 한 단계 앞선 것입지요. 제가 처음 소를 잡기 시작할 때 제 눈에는 소 아닌 것은 보이지 않았습니다. 3년이 지나자 저는 소의 전체 모양이 보이지 않았습니다. 지금 저는 신기神氣[6]로써 소를 대할 뿐 눈으로 보지 않습니다. 감각과 지각이 멈추면 신기의 작용이 시작됩니다. 살 속에 나 있는 자연의 결〔天理〕을 따라 큰 틈으로 칼을 밀어 넣고, 뼈마디에 난 큰 구멍을 따라 칼을 당겨 본디부터 나 있는 길을 따라갑니다. 지맥과

2 소를 잡는 백정. 포庖는 소를 도살하는 직업을 가리키고, 정丁은 이름이다.

3 양梁나라 혜왕惠王이라는 주장이 있기는 하지만, 확실하지 않다.

4 은殷나라 탕湯임금의 악곡명.

5 요 임금이 만들었다는 함지咸池라는 악곡의 악장 명.

6 신기神氣는 神신을 번역한 말이다. 『장자』에서 말한 神은 요즘 우리가 말하는 정신과는 의미가 다르다. 즉 神은 타고난 능력의 일종을 가리키는 것으로, 평소에는 의식에 의해 드러나지 못하는 어떤 것을 가리킨다. 그것은 우리가 말하는 정신과는 달리 본능에 가까운 것이다. 이처럼 그것은 때로는 정신과는 상반된 의미로 쓰이기도 한다. 다른 곳에서는 神이라는 글자를 '정신'이라는 말로 번역했지만, 대부분의 경우 그것은 요즘 우리가 사용하는 정신이라는 개념과는 다르다.

경맥 그리고 근육이 미세하게 뒤엉켜 있는 부위조차 칼날로 잘라낸 적이 없었는데, 하물며 큰 뼈야 말할 나위가 있겠습니까? 뛰어난 백정은 1년에 한 번 칼을 바꾸는데, 그것은 살을 자르기 때문입니다. 보통의 백정은 한 달에 한 번 칼을 바꾸는데, 그것은 뼈를 끊기 때문입니다. 지금 저의 칼은 19년이나 되었고 잡은 소만도 수천 마리나 되지만, 칼날은 마치 숫돌에 방금 간 것 같습니다. 소의 마디에는 틈이 있고 칼날은 두께가 없습니다. 두께가 없는 것을 틈 속으로 집어넣으니 넓고 넓어서 칼을 놀리는 데 반드시 여지가 있기 마련입니다. 이 때문에 19년이 지났는데도 칼날은 마치 숫돌에 방금 간 것과 같습니다. 그러나 매번 근육과 뼈가 뒤엉켜 있는 곳에 이르면 저는 그 어려움을 알고 바짝 긴장하여 시선은 고정되고 행동은 느려지며 칼의 움직임은 매우 미세해집니다. 철퍼덕 하는 소리와 함께 소 잡는 일이 끝나면 뼈와 살이 흙덩이처럼 땅으로 떨어져 쌓입니다. 그러면 저는 칼을 들고 일어나 사방을 돌아보고 머뭇거리다가 만족해하며 칼을 닦아 보관합니다."

문혜군이 말했다.

"훌륭하다. 나는 포정의 말을 듣고 양생의 방법을 깨달았다."

庖丁爲文惠君解牛. 手之所觸, 肩之所倚, 足之所履, 膝之所踦, 砉然嚮然, 奏刀騞然, 莫不中音. 合於桑林之舞, 乃中經首之會. 文惠君曰, 譆, 善哉. 技蓋至此乎. 庖丁釋刀對曰, 臣之所好者, 道也, 進乎技矣. 始臣之解牛之時, 所見無非全牛者. 三年之後, 未嘗見全牛也. 方今之時, 臣以神遇, 而不以目視, 官知止而神欲行. 依乎天理, 批大郤, 導大窾, 因其固然. 技經肯綮之未嘗, 而況大軱乎. 良庖歲更刀, 割也. 族庖月更刀, 折也. 今臣之刀十九年矣, 所解數千牛矣, 而刀刃若新發於硎. 彼節者有間, 而刀刃者無厚. 以無厚入有間, 恢恢乎其於遊刃必有餘地矣. 是以十九年, 而刀刃若新發於硎. 雖然, 每至於族, 吾見其難爲, 怵然爲戒, 視爲止, 行爲遲, 動刀甚微. 謋然已解, 如土委地. 提刀而立, 爲之四顧, 爲之躊躇滿志, 善刀而藏之. 文惠君曰, 善哉. 吾聞庖丁之言, 得養生焉.

3.

공문헌公文軒[7]이 우사右師[8]를 보고 놀라서 물었다.

"이 어찌된 사람인가? 어떻게 해서 외발이가 되었는가? 하늘에 의한 것인가, 사람에 의한 것인가?"

우사가 대답했다.

"하늘에 의한 것이지, 사람에 의한 것이 아닙니다. 하늘이 이 사람을 낳을 때 외발이가 되도록 한 것입니다. 사람의 모습은 하늘에 의해 정해지는 것입니다. 이 때문에 그것이 하늘에 의한 것이지 사람에 의한 것이 아님을 알 수 있습니다."

公文軒見右師而驚曰, 是何人也. 惡乎介也. 天與. 其人與. 曰, 天也, 非人也. 天之生是使獨也, 人之貌有與也. 以是知其天也, 非人也.

4.

늪가에 사는 꿩은 열 걸음 가서 먹이를 한 번 쪼아 먹고, 백 걸음 가서 물을 한 모금 마시지만, 그래도 새장 속에서 사육되어지기를

7 누구를 가리키는지 분명하지 않음.

8 춘추시대 송나라 관직명으로서 6경의 최고 우두머리.

바라지 않는다. 그렇게 살면 겉모습은 비록 번드르르해지겠지만, 바람직한 것이 아니기 때문이다.

澤雉十步一啄, 百步一飮, 不蘄畜乎樊中. 神雖王, 不善也.

5.

노담老聃[9]이 죽자 진일秦失[10]이 조문을 가서는 세 번 곡을 하고 바로 나왔다. 노담의 제자가 물었다.

"선생님의 친구 아니십니까?"

"그렇다네."

"그렇다면 문상을 어떻게 이렇게 간단히 하실 수 있습니까? 그래도 됩니까?"

"그렇다네. 처음에 나는 자네들이 높은 경지에 이른 사람이라고 생각했는데, 지금 보니 아니군 그래. 아까 내가 들어가서 조문할 때 늙은이는 마치 제 자식이 죽은 듯이 곡을 하고, 젊은이는 마치 제 어미가 죽은 듯이 곡을 하더군. 그들이 모여든 것은 분명히 노담이 칭송해주기를 바라지 않았을 터인데도 칭송하고, 곡해주기를 바라지 않았을 터인데도 곡하고 싶은 마음이 있었기 때문일 거야. 이것은 자연의 도리[天理]에서 벗어나는 것이고, 사실에 위배되는 것이며, 자연으로부터 받은 본성을 잊어버린 행동이야. 옛날에는 이것을 천리天理로부터 벗어났기 때문에 받는 형벌이라고 했지. 자네 선생

9 도가의 시조 격인 노자老子의 이름. 노자는 성이 이李, 자가 백양伯陽, 이름이 담聃이다.

10 노자의 친구로 알려진 인물. 성이 진秦이고 이름이 실失인데, 佚로 된 판본도 있어 보통 '일'로 읽는다.

님은 마침 시간의 흐름에 따라 딱 맞게 오셨고, 자네 선생님은 또 자연의 변화에 따라 딱 맞게 가셨네. 시간의 흐름을 편안하게 받아들이고 자연의 변화를 편안히 받아들이면 슬픔도 즐거움도 내 속으로 들어올 수 없지. 이것을 옛사람들은 현해縣解, 즉 하늘에 의해 거꾸로 매달렸던 데서 풀리는 것이라고 불렀다네."

老聃死, 秦失吊之, 三號而出. 弟子曰, 非夫子之友邪. 曰, 然. 然則吊焉若此, 可乎. 曰, 然. 始也吾以爲其人也, 而今非也. 向吾入而吊焉, 有老者哭之, 如哭其子. 少者哭之, 如哭其母. 彼其所以會之, 必有不蘄言而言, 不蘄哭而哭者. 是遁天倍情, 忘其所受, 古者謂之遁天之刑. 適來, 夫子時也. 適去, 夫子順也. 安時而處順, 哀樂不能入也, 古者謂是帝之縣解.

6.

기름은 땔감이 되어 한 번 타고나면 끝이지만, 불은 다음 땔감으로 이어져 끝날 줄 모른다.

指窮於爲薪, 火傳也, 不知其盡也.

제4편 | 인간세

人間世

앞의 「양생주」 편이 개인적 수양의 문제에 치중했다면 「인간세」 편은 개인이 혼란한 세상을 어떻게 살아갈 것인가에 대한 생각을 말하고 있다. 이 편을 크게 두 부분으로 나누어보면 전반부, 즉 1장에서 3장까지는 군주를 설득하거나 군주의 명령을 수행하는 일의 어려움에 대한 것을 설명하고 있고, 4장 이후로는 접여의 노래를 제외하면 모두 쓸모없음[無用]을 이야기하고 있다. 이 두 부분을 요약해보면 앞부분에서는 피할 수 없는 상황, 자신의 목숨이 위태로운 상황에서는 자기주장을 앞세우지 말고 상대방 혹은 상황의 추이에 따라야 한다는 것이 요지다. 그리고 뒷부분에서는 사회적으로 쓸모없는 사람이 진정으로 쓸모 있음을 주장하면서 우리가 말하는 쓸모 있음과 쓸모없음의 기준에 대하여, 그리고 유능함과 무능함의 기준에 대하여 다시 생각해보게 한다.

쓸모 있는 것과 쓸모없는 것, 유능한 사람과 무능한 사람은 우리 인간이 정해놓은 것이지 그것이 타고나면서부터 혹은 자연적으로 결정된 것은 아니라는 주장이다. 즉 사회적 필요에 따라서 정해진 기준이고, 그것은 시대와 장소가 바뀌면 그 기준 역시 바뀔 수 있는 것이다. 그리고 그러한 쓸모 있는 것과 유능한 사람은 결국 이 사회의 필요, 이 사회 구성원들의 욕망을 충족하기 위한 희생물이 될 수밖에 없음을 말하고 있다. 장자는 기본적으로 쓸모 있고 없음의 기준 자체를 인정하려고 하지는 않지만, 사회를 떠나서 사는 것 역시 바람직하다고 보지 않는다. 따라서 사회 속에 살면서 일회용품처럼 한 번 쓰고 버려지는 그런 존재가 되지 않기 위해서는 쓸모없는 쪽을 선택하는 것이 오히려 천수를 누릴 수 있는 방법이라고 생각한다. 앞의 「소요유」 편에서도 장자는 자신의 주장이나 생각이 쓸모없는 것이라고 말했다. 「소요유」 편에서 장자는 소요유, 즉 자유로운 삶을 위한 필수조건의 하나로 쓸모없는 것을 선택했다. 이 점은 시사하는 바가 매우 크다. 쓸모없음은 단순히 개인의 안전을 위해서만이 아니라 힘없는 개인이 선택할 수 있는 최선의 것이고, 동시에 모든 사회적 제도나 질서에 대한 소리 없는 저항이기 때문이다.

1.

안회顔回[1]가 중니(공자)를 보고 길을 떠난다면서 허락을 구했다. 중니가 물었다.

"어디로 가느냐?"

안회가 대답했다.

"위衛나라로 가려 합니다."

"무슨 일로?"

안회가 대답했다.

"저는 위나라 임금은 나이가 젊고 행실이 독선적이라고 들었습니다. 그는 자기 나라를 함부로 다루면서도 자기의 잘못을 모른다더군요. 그는 백성의 죽음을 대수롭지 않게 여기기 때문에 국법에 저촉되어 죽은 자들이 잡초처럼 늪을 가득 채우고 있답니다. 그래서 백성들은 어떻게 해야 좋을지 모른답니다. 저는 이전에 선생님으로

1 공자의 제자, 이름은 연淵.

부터 '잘 다스려진 나라에서 떠나 혼란한 나라로 가야 한다. 의원에는 병든 환자가 많은 법이다'라는 말을 들은 적이 있습니다. 선생님으로부터 들은 것을 기본 원칙으로 삼아 위나라를 다스려보고 싶습니다. 그렇게 하면 아마도 그 나라가 좀 좋아지겠지요."

顔回見仲尼, 請行. 曰, 奚之. 曰, 將之衛. 曰, 奚爲焉. 曰, 回聞衛君, 其年壯, 其行獨. 輕用其國, 而不見其過. 輕用民死. 死者以國量乎澤若蕉, 民其無如矣. 回嘗聞之夫子曰, 治國去之, 亂國就之. 醫門多疾. 願以所聞思其則, 庶幾其國有瘳乎.

중니가 대답했다.

"어허. 너는 위나라에 가면 분명히 형벌을 받을 것이다. 도는 다른 것과 뒤섞여서는 안 되는데, 만약 이것저것 뒤섞이면 일이 많아지고, 일이 많아지면 혼란스러워지고, 혼란스러우면 불안해지고, 불안하면 구제할 방법이 없다. 옛날의 지인至人은 먼저 자신을 건사한 다음에 다른 사람을 도와주었다. 너는 자신조차 건사하지 못하면서 어느 겨를에 포악한 사람의 소행을 변화시켜 바로잡겠다는 것이냐? 그리고 너는 덕德이 어떻게 파괴되고, 지식이 왜 생겨나는지 알고 있느냐? 덕은 명성을 과시하려는 데서 파괴되고, 지식은 다툼 가운데서 생겨난다. 명성이라는 것은 서로 차지하려고 다투는 대상이고, 지식은 다툼의 도구다. 이 두 가지는 흉기로서 행동의 지침으로 삼을 만한 것이 못된다. 너는 덕이 높고 신념이 강하지만 다른 사람의 기분을 꿰뚫어보는 데까지 이르지는 못했고, 명성을 다투지 않는다 해도 다른 사람의 마음을 꿰뚫어보는 데까지 이르지는 못했다. 그런데도 인의仁義나 법도法度와 관련된 말들을 포악한 사람 앞에서 기를 쓰고 늘어놓을 터인데, 그것은 다른 사람의 결점을 드러내 자기의 장점을 부각하는 짓이다. 이런 것을 남에게 해를 끼치는 행위라고 부른다. 남에게 해를 끼치면 반대로 남도 반드시 너에게 해를 끼쳐 보복할 것이니 너는 아마 남으로부터 해를 당하게 될 것이다. 또 설령 위나라 임금이 지식인을 좋아하고 나쁜 사람을 싫어한다 하더라도 무슨 색다른 것을 추구하겠다고 굳이 너의 생각을 채용하겠느냐? 너는 그저 침묵하면서 아무 말도 하지 말아야 한다. 그렇지 않으면 위나라 임금은 분명히 너의 허점을 틈타 교묘한 언변으로 너를 공격할 것이다. 그러면 너의 눈빛은 동요될 테고, 너의 얼굴은 비굴하게 부드러워질 테고, 너의 입은 변명하기 바쁠 테고, 몸은 한 걸음 뒤로 물러설 테고, 마음속으로는 타협할 준비를 할 것이다. 이것은 바로 불로 불을 끄려는 것이고, 물을 가지고 물난리를 막으려는 꼴이니, 이름 하여 '엎친 데 덮친 격'이라고 한다. 처음부터 그에게 순종하다보면 그뒤로는 끝없이 계속 끌려다닐 것이다. 그러다가 마침내 너는 믿어주지 않을까 두려워한 나머지 자꾸 반복해서 말하게 될 테고, 그러다가 틀림없이 포악한 위나라 임금 앞에서 죽음을 맞게 될 것이다. 옛날 걸桀[2]은 관용봉關龍逢[3]을 죽였고, 주紂[4]는 왕자 비간比干[5]을 죽였다. 이들은 모두 자신을 수양하여 신하이면서도 자신이 마치 임금인 양 자신이 모시던 군주의 백성을 굽어

2 하夏나라의 마지막 임금. 폭군으로 악명이 높다.

3 하나라 말 걸왕 때의 충신. 걸왕에게 옳은 말로 간하다가 걸왕의 노여움을 사 살해당했다.

4 은殷나라의 마지막 임금. 역시 폭군으로 악명이 높다.

5 은나라 말 주왕紂王의 숙부로서 주왕에게 간했는데, 포악한 주왕은 그의 말을 듣지 않고 도리어 그의 심장을 도려냈다.

살폈고, 신하로서 자신의 군주를 거역한 사람들이다. 결국 그들의 군주는 그들이 수양했던 그 이유 때문에 그들을 죽였던 셈이다. 이들은 명성을 좋아한 사람들이었다. 또 옛날 요임금은 총叢과 지枝와 서오胥敖[6]를 공격했고, 우임금은 유호有扈[7]를 공격했다. 그 결과 그 나라들은 폐허가 되었고 그들 나라 임금들은 살해당했다. 그들은 끝없이 전쟁을 일으켰고, 끝없이 실리를 추구했다. 이들은 모두 명성과 실리를 추구한 사람들이다. 그런데 너는 그들에 대한 이야기를 들어보지 못했단 말이냐? 명성과 실리는 성인이라는 사람도 이겨내지 못하는 것들인데, 하물며 너야 더 말할 나위가 있겠느냐? 비록 그렇다 하더라도 너도 분명히 무슨 방법을 가지고 있을 것 같은데, 나에게 한번 말해보아라."

仲尼曰, 譆, 若殆往而刑耳. 夫道不欲雜, 雜則多, 多則擾, 擾則憂, 憂而不救. 古之至人, 先存諸己, 而後存諸人. 所存於己者未定, 何暇至於暴人之所行. 且若亦知夫德之所蕩, 而知之所爲出乎哉. 德蕩乎名, 知出乎爭. 名也者, 相札也. 知也者, 爭之器也. 二者凶器, 非所以盡行也. 且德厚信矼, 未達人氣, 名聞不爭, 未達人心. 而彊以仁義繩墨之言術, 暴人之前者, 是以人惡有其美也, 命之曰菑人. 菑人者, 人必反菑之, 若殆爲人菑夫. 且苟爲悅賢而惡不肖, 惡用而求有以異. 若唯無詔, 王公必將乘人而鬬其捷. 而目將熒之, 而色將平之, 口將營之, 容將形之, 心且成之. 是以火救火, 以水救水, 名之曰益多. 順始無窮, 若殆以不信厚言, 必死於暴人之前矣. 且昔者桀殺關龍逢, 紂殺王子比干. 是皆修其身以下傴拊人之民, 以下拂其上者也. 故其君因其修以擠之. 是好名者也. 且昔者堯攻叢枝胥敖, 禹攻有扈,

6 총叢, 지枝, 서오胥敖 등은 모두 가공의 부족 혹은 나라 이름.

7 나라 이름. 우임금의 아들 계啓에게 정복당했다.

國爲虛厲, 身爲刑戮. 其用兵不止, 其求實無已. 是皆求名實者也. 而獨不聞之乎. 名實者, 聖人之所不能勝也, 而況若乎. 雖然, 若必有以也, 嘗以語我來.

안회가 대답했다.

"몸을 단정히 하고, 마음을 비우고, 부지런히 힘쓰고, 한결같음을 유지하려고 하는데, 그렇게 하면 되겠지요?"

"아니야. 어찌 그렇게 한다고 되겠느냐? 그는 자기의 강한 성격을 미덕으로 생각하고 있으며, 심할 때는 제멋대로 횡포를 부리고 또 변덕스럽기까지 하다. 그 때문에 보통 사람들은 누구도 그의 뜻을 거스르지 못하며, 그는 이것을 이용하여 다른 사람이 충심으로 간언하는 것을 억누름으로써 자기 마음에 맞는 말만 받아들이려고 한다. 그런 사람을 가리켜 '나날이 닦아나가는 작은 덕도 이루지 못하는 사람'이라고 하는데, 하물며 대덕大德을 어떻게 이룰 수 있겠느냐? 그런 사람은 자기 생각만 고집하기 때문에 다른 사람이 충고한다고 해서 바뀌지 않으며, 겉으로는 따르는 척해도 속으로는 생각조차 하지 않을 것이다. 그러니 네가 말하는 방법으로 어찌 가능하겠느냐?"

"그렇다면 저는 속으로는 곧으면서도 겉으로는 완곡함을 유지하고, 공인된 주장을 하면서 옛사람들을 그 예로 들겠습니다. 속으로 곧은 사람은 하늘〔天〕과 친구가 됩니다. 하늘과 친구가 되는 사람은 하늘의 아들〔天子〕, 즉 임금과 자기가 모두 하늘이 낳은 존재임을 알고 있는데, 유독 자기의 말에 대해 다른 사람이 칭찬해주기를 바라겠습니까, 아니면 다른 사람들이 비난하기를 바라겠습니까? 그런 사람을 사람들은 어린아이라 부르고, 그런 것을 바로 하늘과 친구가 된다고 합니다. 겉으로 완곡함을 유지하는 사람은 사람과 친구가 됩니다. 홀笏을 들고, 무릎을 꿇고, 몸을 굽히는 것은 신하의 예입니다. 사람들이 모두 그렇게 하는데, 저 혼자 감히 그러지 않을 수 있겠습니까? 사람들이 다 하는 것을 따라 하는 사람에 대해서는 남들도 무어라고 비난할 수 없을 것입니다. 이것을 사람과 친구가 되는 것이라고 합니다. 공인된 주장을 하면서 옛사람들을 예로 드는 것은 옛사람과 친구가 되는 것입니다. 그리하여 제가 드리는 말씀이 실제로는 남을 가르치고 꾸짖는 내용이라 해도 그것은 옛날에 있었던 일이지 제가 꾸며낸 말이 아닙니다. 그와 같이 하면 비록 곧은 말을 하더라도 그것이 화를 불러오지는 않을 터이니, 이것을 옛사람과 친구가 되는 것이라고 합니다. 이렇게 하면 괜찮겠습니까?"

중니가 말했다.

"아니야. 그렇게 한다고 어찌 괜찮겠느냐? 다른 사람을 바로잡으려는 방법이 너무 많아서 적절하지 않다. 그 방법을 쓰면 확실히 처벌을 받을 일은 없겠다. 그러나 그저 그뿐이겠지. 그 방법으로 어떻게 그를 교화하는 데 적용할 수 있겠느냐? 그것은 자기 생각을 기준으로 삼는 것이야."

顔回曰端而虛, 勉而一, 則可乎. 曰, 惡. 惡可. 夫以陽爲充孔揚, 采色不定, 常人之所不違. 因案人之所感, 以求容與其心. 名之曰日漸之德不成, 而況大德乎. 將執而不化, 外合而內不訾, 其庸詎可乎. 然則我內直而外曲, 成而上比. 內直者, 與天爲徒. 與天爲徒者, 知天子之與己皆天之所子, 而獨以己言蘄乎而人善之, 蘄乎而人不善之邪. 若然者, 人謂之童子, 是之謂與天爲徒. 外曲者, 與人之爲徒也. 擎跽曲拳, 人臣之禮也. 人皆爲之, 吾敢不爲邪. 爲人之所爲者, 人亦無疵焉, 是之謂與人爲徒. 成而上比者, 與古爲徒. 其言雖教, 謫之實也, 古之有也, 非吾有也. 若然者, 雖直而不病, 是之謂與古爲徒. 若是則可乎. 仲尼曰, 惡. 惡可. 太多政, 法而不諜, 雖固亦無罪. 雖然, 止是耳矣, 夫胡可以及化. 猶師心者也.

안회가 말했다.

"저는 더 이상 어떻게 해야 할지 모르겠습니다. 방법을 좀 가르쳐 주십시오."

중니가 말했다.

"재계齋戒를 하여라. 그것에 대하여 너에게 설명해주겠다. 자기 생각을 붙들고서 그에 맞추려고 한다면 그것이 쉽겠느냐? 쉬울 것이라고 생각한다면 그것은 자연의 이치에 맞지 않는 것이다."

안회가 말했다.

"저의 집은 가난하여 술을 마시지도 못할 뿐만 아니라 훈채葷菜를 먹어본 지도 몇 달이 되었습니다. 이쯤 되면 재계했다고 할 수 있겠지요?"

"그것은 제사 지낼 때의 재계지 심재心齋는 아니다."

안회가 물었다.

"심재란 무엇입니까?"

중니가 대답했다.

"네 마음을 통일해서 귀로 듣지 말고 마음으로 들어라. 그 다음에는 마음으로 듣지 말고 기氣를 통해 들어라. 귀는 소리를 들을 뿐이며 마음은 정해진 틀에 맞는 것만 받아들일 뿐이지만, 기라는 것은 텅 비어서 모든 대상에 대응할 수 있다. 이 텅 빈 곳에는 오직 도만 남게 되는데, 마음을 텅 비게 만드는 것이 심재다.”

안회가 말했다.

“제가 선생님의 가르침을 받기 전에는 실제로 저 자신이 존재하는 것으로 알았습니다. 그런데 가르침을 받고 나니 저라는 존재는 아예 없어져버렸습니다. 이런 것을 비움이라고 할 수 있을까요?”

선생이 말했다.

“충분하다. 내 너에게 설명해주겠다. 너는 위나라의 울타리 안에서 노닐되 명성 따위에 신경 써서는 안 될 것이다. 위나라 임금이 네 말을 들어주거든 말을 하고, 네 말이 통하지 않거든 말을 그쳐라. 병폐가 무엇인지 진단도 하지 말고, 어떻게 고쳐야 할지 처방도 하지 말아라. 그저 마음을 한결같이 하고 부득이할 때만 말하면 괜찮을 것이다. 발자국을 없애기는 쉽지만 땅을 밟지 않기는 어렵다. 욕심에 끌려가면 거짓말하기 쉽지만, 자연의 이치에 따르면 거짓말하기 어렵다. 날개로 나는 것에 대해서는 들어보았겠지만, 날개 없이 나는 것은 들어보지 못했을 것이다. 지각知覺을 통해 아는 것에 대해서는 들어보았겠지만 지각이 없이 아는 것에 대해서는 들어보지 못했을 것이다. 눈앞에 펼쳐진 것들을 허깨비로 보면, 텅 빈 마음에 밝은 광명이 생기고 상서로운 것들이 와서 머문다. 그런데 마음이 한곳에 머물지 못하는 것을 좌치坐馳[8]라고 한다. 귀와 눈을 안으로 통하게 하고 마음과 지각을 배제하면 귀신도 와서 머물 터인데, 하물며 사람이야 말할 필요가 있겠느냐? 이것은 만물이 감화되기 때문인데, 우임금과 순임금이 가장 중요하게 생각한 것이고, 복희伏戲[9]와

8 몸은 앉아 있어도 마음은 밖으로 내달리는 것.

9 삼황오제의 한 사람으로서 팔괘를 그렸다고 알려진 전설적 인물.

궤거几蘧[10]가 평생 실천한 것이거늘 하물며 일반 사람이야 말할 나위가 있겠느냐?"

顔回曰, 吾無以進矣. 敢問其方. 仲尼曰, 齋, 吾將語若. 有而爲之, 其易邪. 易之者, 皞天不宜. 顔回曰, 回之家貧, 唯不飮酒不茹葷者數月矣. 若此, 則可以爲齋乎. 曰, 是祭祀之齋, 非心齋也. 回曰, 敢問心齋. 仲尼曰, 若一志, 無聽之以耳而聽之以心, 無聽之以心而聽之以氣. 聽止於耳, 心止於符. 氣也者, 虛而待物者也. 唯道集虛. 虛者, 心齋也. 顔回曰, 回之未始得使, 實自回也. 得使之也, 未始有回也, 可謂虛乎. 夫子曰, 盡矣. 吾語若. 若能入遊其樊而無感其名, 入則鳴, 不入則止. 無門無毒, 一宅而寓於不得已, 則幾矣. 絶迹易, 無行地難. 爲人使易以僞, 爲天使難以僞. 聞以有翼飛者矣, 未聞以無翼飛者也. 聞以有知知者矣, 未聞以無知知者也. 瞻彼闋者, 虛室生白, 吉祥止止. 夫且不止, 是之謂坐馳. 夫徇耳目內通, 而外於心知, 鬼神將來舍, 而況人乎. 是萬物之化也, 禹舜之紐也, 伏戲几蘧之所行終, 而況散焉者乎.

2.

섭공葉公 자고子高[11]가 왕의 사신으로 제齊나라로 가게 되었다. 그는 중니에게 물었다.

"임금님께서 저에게 매우 중요한 일을 맡기셨습니다. 제나라에서는 사신을 대할 때 매우 정중하지만 질질 끌면서 서두르지 않습니

10 누구인지는 확실하지 않으나 고대 제왕의 한 사람일 것이라고 추측된다.

11 초나라 장왕莊王의 현손인 윤성자尹成子. 성이 심沈이고 이름이 제량諸梁이며, 자고子高는 그의 자字다.

다. 평범한 사람이라도 생각을 바꾸게 하기 힘들거늘 하물며 제후야 말할 나위가 있겠습니까? 그 때문에 저는 매우 두렵습니다. 선생님께서는 이전에 저에게 이렇게 말씀하셨죠. '크든 작든 어떤 일을 처리할 때는 도리에 맞지 않으면서 즐겁게 일을 이루는 경우는 거의 없습니다. 만약 일을 성공시키지 못한다면 반드시 인도人道의 재난[12]이 있을 것입니다. 만약 일을 성공시킨다면 분명히 음양陰陽의 재난[13]이 있을 것입니다. 일을 성공시키지 못하든 혹은 일을 성공시키든 나중에 아무런 재난이 없도록 하는 것은 오직 덕德이 있는 사람만이 그렇게 할 수 있습니다.' 저는 먹는 것도 거친 음식을 먹을 뿐 맛있는 것은 생각도 못 합니다. 식사를 마련하는 것도 간단해서 굳이 더위를 식히려고 하는 일꾼도 없습니다. 그런데 저는 오늘 아침에 명령을 받고 나서는 저녁에 얼음을 먹었습니다. 저에게 아마도 속열이 있는 것 같습니다. 저는 아직 일에 착수하지도 않았는데, 이미 음양陰陽의 재난이 생겼습니다. 제가 만약 그 일을 이루지 못한다면 분명히 인도人道의 재난까지 닥칠 터인데, 이 두 가지 재난은 신하로서 감당할 수 없습니다. 선생님께서 저에게 무슨 말씀이라도 좀 해주시지요."

葉公子高將使於齊, 問於仲尼曰, 王使諸梁也甚重. 齊之待使者, 蓋將甚敬而不急. 匹夫猶未可動, 而況諸侯乎. 吾甚慄之. 子嘗語諸梁也曰, 凡事若小若大, 寡不道以懽成. 事若不成, 則必有人道之患. 事若成, 則必有陰陽之患. 若成若不成, 而後無患者, 唯有德者能之. 吾食也執粗而不臧, 爨無欲淸之人. 今吾朝受命而夕飮冰, 我其內熱與. 吾未至乎事之情, 而旣有陰

12 인간 사회의 규범이나 명령을 어김으로써 받는 재난.

13 자연적 질서를 어김으로써 받게 되는 재난.

陽之患矣. 事若不成, 必有人道之患. 是兩也, 爲人臣者, 不足以任之. 子其有以語我來.

중니가 말했다.

"이 세상에는 크게 조심해야 할 것[大戒]이 두 가지 있습니다. 그 중 하나는 운명運命이고, 다른 하나는 의리義理입니다. 자식이 부모를 사랑하는 것은 운명입니다. 마음으로 아무리 헤아려 봐도 그 까닭을 이해할 수 없습니다. 신하가 군주를 섬기는 것은 의리입니다. 어디에 가나 군주가 없는 곳이 없기 때문에 하늘과 땅 사이에서 피할 곳이 없습니다. 이것을 크게 조심해야 할 것[大戒]이라고 합니다. 이 때문에 부모를 모시는 사람은 장소를 가리지 말고 편안하게 해드려야 하는데, 그것이 최고의 효도입니다. 임금을 모시는 사람은 일을 가리지 말고 편안하게 해드려야 하는데, 그것이 최고의 충성입니다. 스스로 자기 마음을 수양하는 사람은 슬픔이나 기쁨 등의 감정이 눈앞에서 오락가락하게 하지 않으며, 우리의 능력으로는 어찌할 수 없는 것이 있음을 인정하고 운명에 편안하게 따르는데, 그것이 완전한 덕입니다. 신하로서 혹은 자식으로서 원래부터 어떻게 할 수 없는 것이 있습니다. 구체적인 상황에 따라 일을 처리하면서 자기 자신은 잊어야 합니다. 삶을 기뻐하고 죽음을 싫어할 겨를이 어디 있겠습니까? 선생께서는 그냥 가시면 됩니다. 제가 들은 것을 다시 말씀드리겠습니다. 대개 외교에 있어서 가까운 나라와의 관계는 반드시 믿음을 가지고 서로 접촉해야 하고, 먼 나라와의 관계는 말을 통해 진정성을 보여야 합니다. 그리고 그 말은 반드시 누군가에 의해 전달되어야 합니다. 쌍방이 모두 즐거워할 만한 말이나 쌍방이 모두 분노할 만한 말을 전달하는 것은 세상에서 가장 어려운 것입니다. 쌍방이 모두 즐거워하도록 하려면 듣기 좋은 말을 많이 덧붙여야 하고, 쌍방이 모두 분노하도록 하려면 듣기 싫은 말을 많이 덧붙여야 합니다. 덧붙이는 말은 모두 거짓이고, 거짓은 그 진정성을 의심받습니다. 의심을 받으면 말을 전달하는 사람은 바로 재난을 당합니다. 그래서 옛날 속담에 '상황을 사실 그대로 전달하고, 말을 전달할 때는 덧붙이지 말아야 한다. 그렇게 하면 대부분 자기를 보전할 수 있다'라는 말이 있습니다. 그리고 지력智力을 가지고 우열을 다투는 자들은 처음에는 정당한 방법으로 시작하지만 종종 음모로 끝을 맺고, 지나칠 경우에는 모략이 넘쳐납니다. 예의를 차리면서 술을 마시는 사람들은 처음에는 품위 있게 시작하지만 종종 난잡하게 끝을 맺고, 지나칠 경우에는 광란에 휩싸입니다. 모든 일이 이렇습니다. 처음 시작할 때는 서로 믿지만, 항상 속임수로 끝을 맺습니다. 처음에는 사소했던 것이 끝에 이르러서는 거대하게 부풀려집니다. 말은 풍파風波입니다. 행동은 득실得失입니다. 풍파는 변하기 쉽고 득실은 위험에 빠지기 쉽습니다. 대개 분노를 폭발하게 하는 것에는 다른 원인이 있는 것이 아니라 바로 교활한 말과 편파적인 논리가 그 도화선이 됩니다. 짐승이 죽을 때는 듣기 좋은 소리를 골라 내지르지 않고, 호흡이 갑자기 폭발하듯 빨라지며, 그와 동시에 남을 죽이려는 사나운 마음도 생깁니다. 사람을 극한 상황으로 몰아가면 상대방은 필연적으로 악의가 생겨 그에 대항하려고 하지만, 그런 상황으로 몰고 갔던 사람은 상대방이 왜 그런 반응을 보이는지 그 연유를 알지 못합니다. 만약 왜 그런 반응을 보이는지 그 연유를 알지 못한다면 어떻게 그 결과를 알 수 있겠습니까? 그러므로 옛 속담에서는 다음과 같이 말합니다. '부여 받은 명령을 바꾸지 말고, 임무를 억지로 달성하려고 하지도 말아야 한다. 도를 넘으면 쓸데없는 화를 초래하게 된다.' 명령을 바꾸고 임무를 억지로 달성하려 할 때 일을 그르칩니다. 좋은 결과는 오랜 동안 공을 들이는 데서 나오고, 나쁜 결과는 성급한 데서 나오지만, 고치려 할 때는 이미 늦습니다. 그러니 신중해야 하지 않겠습니까? 그리고 사물의 변화에 맡겨 마음을 풀어놓고, 인간이 어찌할 수 없는 것은 그대로 내버려두며, 대신 자신의 심성을 수양하는 것이 최고입니다. 왜 꼭 억지로 하는 것만을 임무의 수행으로 여기십니까? 사실대로 명령을 전달하는 것이 가장 좋습니다. 그게 뭐 그리 어려운 일이겠습니까?"

仲尼曰, 天下有大戒二. 其一, 命也. 其一, 義也. 子之愛親, 命也. 不可解於心. 臣之事君, 義也. 無適而非君也, 無所逃於天地之間, 是之謂大戒. 是以夫事其親者, 不擇地而安之, 孝之至也. 夫事其君者, 不擇事而安之, 忠之盛也. 自事其心者, 哀樂不易施乎前. 知其不可奈何, 而安之若命, 德之至也. 爲人臣子者, 固有所不得已. 行事之情, 而忘其身, 何暇至於悅生而惡死. 夫子其行可矣. 丘請復以所聞. 凡交近則必相靡以信, 遠則必忠之以言. 言必或傳之. 夫傳兩喜兩怒之言, 天下之難者也. 夫兩喜必多溢美之言, 兩怒必多溢惡之言. 凡溢之類妄, 妄則其信之也莫, 莫則傳言者殃. 故法言曰, 傳其常情, 無傳其溢言, 則幾乎全. 且以巧鬪力者, 始乎陽, 常卒乎陰, 大至則多奇巧. 以禮飮酒者, 始乎治, 常卒乎亂, 大至則多奇樂. 凡事亦然, 始乎諒, 常卒乎鄙. 其作始也簡, 其將畢也必巨. 言者, 風波也. 行者, 實喪也. 夫風波易以動, 實喪易以危. 故忿設無由, 巧言偏辭. 獸死不擇音, 氣息茀然, 於是竝生心厲. 剋核大至, 則必有不肖之心應之, 而不知其然也. 苟爲不知其然也, 孰知其所終. 故法言曰, 無遷令, 無勸成. 過度益也. 遷令勸成殆事. 美成在久, 惡成不及改, 可不愼與. 且夫乘物以遊心, 托不得已以養中, 至矣. 何作爲報也. 莫若爲致命, 此其難者.

3.

안합顔闔[14]이 위나라 영공靈公의 태자부太子傅[15] 부임을 앞두고 거백옥蘧伯玉[16]에게 물었다.

"예를 들어 여기 어떤 사람이 있다고 칩시다. 그의 성품은 태어나면서부터 각박합니다. 그가 제멋대로 하도록 내버려두면 나라가 위태로워질 것이고, 그에게 규범을 익히도록 하자니 저의 목숨이 위험해질 것 같습니다. 그의 지력은 남의 잘못은 충분히 잘 알아보지만, 자기의 잘못은 알지 못합니다. 이런 사람을 어떻게 대해야 할까요?"

거백옥이 말했다.

"그것 참 훌륭한 질문이네. 자네는 주의하고 조심하면서 몸을 단정하게 해야 하네. 태도는 순종적인 것보다 좋은 것이 없고, 마음은 온화한 것보다 좋은 것이 없네. 그렇지만 이 두 가지에도 역시 문제는 있어. 순종적이되 그쪽에 말려들어가지 않도록 해야 하고, 온화하되 한도를 벗어나지 않도록 해야 하네. 순종적 태도를 취하다가 그쪽에 말려들어가버리면 자기를 파괴하고 괴멸시키기며, 손상하고 무너뜨리게 된다네. 온화한 마음가짐을 갖다가 한도를 벗어나면 명

14 노나라의 현인.

15 태자의 스승. 당시 위나라의 태자는 괴외蒯聵였고 나중에 아들 출공出公을 몰아내고 위나라의 임금이 되는데, 이 사람이 장공莊公이다.

16 위나라의 현인.

성을 추구하게 되고, 결국 재앙을 초래하게 된다네. 그가 만약 어린애가 되면 그와 함께 어린애가 되게. 그가 또 스스럼없이 행동하면 자네도 그와 함께 스스럼없이 행동하게. 그가 만약 거침없이 행동하면 자네도 그와 함께 거침없이 행동하게. 그런 방식에 통달하면 아무 탈 없을 것이야. 자네는 사마귀 이야기를 모르는가? 팔을 치켜세워 수레바퀴를 막으면서 자기가 그것을 감당할 수 없다는 사실을 알지 못하지. 이는 자기의 재주가 뛰어나다고 믿기 때문이야. 조심하고 신중해야 해. 자기의 뛰어난 재주를 뽐냈다가는 폭군의 미움을 사기 십상이기 때문에 위험한 거야. 자네는 또 호랑이 사육사 이야기를 알지 못하는가? 사육사는 호랑이에게 살아 있는 것을 함부로 주지 않아. 호랑이가 그것을 죽일 때 포악해지기 때문이지. 그리고 사육사는 함부로 호랑이에게 한 마리를 통째로 주지 않아. 호랑이가 그것을 찢을 때 포악해지기 때문이지. 사육사는 호랑이가 배가 고픈지 배가 부른지 잘 알고 있어야 하고, 성이 났는지 어떤지를 잘 알고 있어야 해. 호랑이와 사람은 부류가 다르지만 자신을 길러주는 사람에게 애교를 부리는데, 그것은 그가 순종하기 때문이야. 만약 호랑이가 사육사를 죽인다면, 그것은 사육사가 호랑이의 마음을 거슬렀기 때문이야. 말을 사랑하는 사람은 광주리로 똥을 받아내고, 자개로 장식한 그릇으로 오줌을 받아내곤 하지. 그런데 어쩌다가 모기나 등에가 말 몸에 붙어 있는 것을 보고 갑자기 찰싹 때리면, 말은 재갈을 끊고 사람의 머리를 깨부수며 가슴을 부러뜨릴 거야. 말을 사랑하는 마음은 지극하지만, 말은 그 순간 그것을 잊어버리기 때문이지. 조심해야 하지 않겠는가?"

顔闔將傳衛靈公大子, 而問於蘧伯玉曰. 有人於此, 其德天殺. 與之爲無方則危吾國. 與之爲有方, 則危吾身. 其知適足以知人之過, 而不知其所以過. 若然者, 吾奈之何. 蘧伯玉曰, 善哉問乎. 戒之, 愼之, 正女身也哉. 形莫若就, 心莫若和. 雖然, 之二者有患. 就不欲入, 和不欲出. 形就而入, 且爲顚爲滅, 爲崩爲蹶. 心和而出, 且爲聲爲名, 爲妖爲孽. 彼且爲嬰兒, 亦與之爲嬰兒. 彼且爲無町畦, 亦與之爲無町畦. 彼且爲無崖, 亦與之爲無崖. 達之, 入於無疵. 汝不知夫螳螂乎. 怒其臂以當車轍, 不知其不勝任也, 是其才之美者也. 戒之, 愼之. 積伐而美者以犯之, 幾矣. 汝不知夫養虎者乎. 不敢以生物與之, 爲其殺之之怒也. 不敢以全物與之, 爲其決之之怒也. 時其飢飽, 達其怒心. 虎之與人異類而媚養己者, 順也. 故其殺者, 逆也. 夫愛馬者, 以筐盛知, 以蜄盛溺. 適有蚊虻僕緣, 而拊之不時, 則缺銜毀首碎胸. 意有所至而愛有所亡. 可不愼邪.

4.

장석匠石[17]이 제齊나라로 가는 길에 곡원曲轅에 이르렀을 때 상수리나무 사수社樹[18]를 보았다. 그 나무의 줄기는 소를 가릴 만큼 굵었는데, 재봤더니 둘레가 백 아름이나 되었고 높이는 산을 굽어보고 있을 정도였다. 열 길을 올라간 뒤에야 가지가 나 있었는데, 배를 만들 수 있을 만큼 큰 곁가지만도 여남은 개였다. 그래서 구경꾼들이 장에 모여들 듯 많았다. 그러나 대목수는 돌아보지도 않고 계속 걸어갈 뿐 발길을 멈추지 않았다. 그의 제자는 실컷 구경하고 나서

17 목수 이름. 원래 장匠은 목공이라는 뜻이고, 석石이 이름인데, 보통 장석이라고 부른다.

18 토지신을 모시는 사당에 심어놓은 신수神樹.

장석을 좇아와 말했다.

"제가 도끼를 들고 선생님을 따라 다닌 이래로 이처럼 아름다운 재목을 본 적이 없습니다. 그런데 선생님께서는 거들떠보려 하지도 않고 발걸음을 멈추지 않으시는데, 그 까닭이 무엇입니까?"

"그만 두어라. 그 얘기는 꺼내지도 마라. 그것은 쓸모없는 나무거든. 그 나무로 배를 만들면 가라앉고, 관棺이나 곽槨[19]을 만들면 금방 썩고, 그릇을 만들면 곧 망가지고, 문짝을 만들면 진액이 흘러나오고, 기둥을 만들면 좀이 슬어. 그건 재목이 못 되는 나무지. 쓸데가 없어. 그래서 그렇게 오래 살 수 있는 거야."

장석이 돌아와 잠을 자는데 사당의 상수리나무가 꿈에 나타났다.

"너는 나를 무슨 나무와 비교할 참이냐? 너는 나를 쓸모 있는 훌륭한 나무와 비교하려고 하느냐? 산사나무, 배나무, 귤나무, 유자나무 등 과일나무들은 열매가 익으면 빼앗기고, 빼앗길 때 수난을 겪는다. 큰 가지는 꺾이고 작은 가지는 잡아당겨져 찢긴다. 이것들은 자기들의 타고난 재능 때문에 삶이 고통스러운 것이다. 그래서 타고난 수명을 다하지 못하고 중간에 요절하고 만다. 그것들은 세상 사람들의 공격을 스스로 불러들인 셈이지. 사물들 가운데 이렇지 않는 것이 없다. 그러나 나는 쓸 만한 구석을 없애려고 노력한 지 오래되었다. 몇 번이나 죽을 뻔했지만 지금은 목숨을 잘 보존하고 있으니, 그것이 나에게는 큰 쓰임인 것이다. 만약 내가 쓸모가 있었다면 지금처럼 이렇게 크게 자랄 수 있었겠느냐? 그리고 나나 너나 모두 똑같은 사물인데, 사물이 어떻게 다른 사물을 평가한단 말인가? 너

19 관을 넣는 겉관.

는 다 죽어가는 쇠락한 사람이면서 어찌 쇠락한 나무를 알아볼 수 있겠느냐?"

장석은 잠에서 깨어나 꿈 얘기를 했다. 제자들이 물었다.

"쓸모없음에 뜻을 두었다면 왜 사수가 되었을까요?"

"쉿! 아무 말도 하지 마라. 그 역시 다만 사당에 몸을 맡김으로써 자기를 모르는 사람들이 험담을 하도록 하려는 것이다. 사수가 안 되었다면 아마 베어졌을 것이다. 그리고 그가 보전하고자 하는 것은 일반 사람들과는 다른데도 겉으로 드러난 모양만 가지고 그에 대해 평가한다면 그것은 사실과 너무 동떨어진 것이 아니냐?"

匠石之齊, 至於曲轅, 見櫟社樹. 其大蔽數千牛, 絜之百圍, 其高臨山十仞, 而後有枝, 其可以爲舟者旁十數. 觀者如市, 匠伯不顧, 遂行不輟. 弟子厭觀之, 走及匠石曰, 自吾執斧斤以隨夫子, 未嘗見材如此其美也. 先生不肯視, 行不輟, 何邪. 曰, 已矣, 勿言之矣. 散木也. 以爲舟則沈, 以爲棺槨則速腐, 以爲器則速毁, 以爲門戶則液樠, 以爲柱則蠹, 是不材之木也. 無所可用, 故能若是之壽. 匠石歸, 櫟社見夢曰, 女將惡乎比予哉. 若將比予於文木邪. 夫柤梨橘柚, 果蓏之屬, 實熟則剝, 剝則辱. 大枝折, 小枝泄. 此以其能苦其生者也. 故不終其天年, 而中道夭, 自掊擊於世俗者也. 物莫不若是. 且予求無所可用久矣, 幾死, 乃今得之, 爲予大用. 使予也而有用, 且得有此大也邪. 且也若與予也皆物也, 奈何哉其相物也. 而幾死之散人, 又烏知散木. 匠石覺而診其夢. 弟子曰, 趣取無用, 則爲社何邪. 曰, 密. 若無言. 彼亦直寄焉, 以爲不知己者詬厲也. 不爲社者, 且幾有翦乎. 且也彼其所保與衆異, 而以義喻之, 不亦遠乎.

5.

남백자기南伯子綦[20]가 상商의 언덕으로 여행을 하다가 보통과는 다른 커다란 나무를 보았다. 네 필의 말이 끄는 마차 천 대를 묶어 놓아도 그 그늘에 가릴 정도였다. 남백자기는 그 나무를 보면서 중얼거렸다.

"이것은 분명히 특이한 재목일 것이다."

고개를 들어 가는 줄기를 보니 구부러져 있어 동량이 될 수 없었고, 고개를 숙여 큰 밑동을 보니 속이 갈라져서 관이나 곽이 될 수 없었고, 잎을 핥아보니 입이 헐어 상처가 생기고, 냄새를 맡아보니 사람을 미친 듯 취하게 하여 3일 동안 깨어나지 못하게 했다. 남백자기는 또 중얼거렸다.

"이건 정말 재목이 못되는 나무라서 이처럼 크게 자랄 수 있었구나. 아, 신인神人도 이처럼 자신의 재능을 드러내지 않는 거야."

南伯子綦遊乎商之丘, 見大木焉有異. 結駟千乘, 隱將芘其所藾. 子綦曰, 此何木也哉. 此必有異材夫. 仰而視其細枝, 則拳曲而不可以爲棟梁. 俯而視其大根, 則軸解而不可以爲棺槨. 咶其葉, 則口爛而爲傷. 嗅之, 則使人狂酲, 三日而不已. 子綦曰, 此果不材之木也, 以至於此其大也. 嗟乎神人, 以此不材.

6.

송나라에 형씨荊氏라는 마을이 있었는데, 개오동나무, 측백나무,

20 가공의 인물. 「제물론」 편의 남곽자기南郭子綦와 동일인물로 설정된 듯하다.

뽕나무 등이 잘 자랐다. 그 나무들이 한 움큼 두께로 자라면 원숭이를 묶어놓을 말뚝으로 쓸 나무를 찾는 사람이 베어가고, 네댓 아름 두께로 자라면 높고 큰 기둥을 찾는 사람이 베어가고, 일고여덟 아름 두께로 자라면 귀족이나 부자들의 관으로 쓸 재목을 구하는 사람들이 베어갔다. 이처럼 타고난 수명을 다하지 못하고 중간에 도끼에 베어 요절당하니, 이것이 재앙이다. 해解[21] 제사를 지낼 때 이마가 흰 소나 코가 들뜬 돼지나 치질을 앓는 사람 등은 황하에 던질 재물로 쓸 수 없다. 그런 것들이 제물로는 불길하다는 것을 제사를 집행하는 무축巫祝은 이미 다 알고 있다. 그러나 신인神人은 바로 그런 것들을 대단히 길한 것으로 여긴다.

宋有荊氏者, 宜楸柏桑. 其拱把而上者, 求狙猴之杙者斬之. 三圍四圍, 求高名之麗者斬之. 七圍八圍, 貴人富商之家求樿傍者斬之. 故未終其天年, 而中道夭於斧斤, 此材之患也. 故解之以牛之白顙者, 與豚之亢鼻者, 與人有痔病者, 不可以適河. 此皆巫祝以知之矣, 所以爲不祥也. 此乃神人之所以爲大祥也.

7.

지리소支離疏[22]라는 사람은 아래턱은 배꼽 속에 파묻혔고, 어깨

21 옛날에 천자가 봄날 지낸 제사의 이름. 이 해 제사를 지낼 때는 살아 있는 짐승이나 사람을 황하에 던져 재물로 바쳤다고 한다.

22 가공의 인물. 질支, 리離, 소疏라는 글자 자체가 지리멸렬, 즉 갈가리 찢기고 흩어진다는 뜻을 가지고 있다. 여기서는 몸의 생김새가 일반인들에 비해 몹시 다른 기형이라는 점을 암시하고 있다.

는 정수리보다 높았고, 상투는 하늘을 가리키고, 오관五官[23]은 위에 있었고, 두 넓적다리가 옆구리에 붙어 있었다. 그는 바느질과 빨래를 해서 제 한 몸 먹고 살기에 충분했고, 키를 까불러 알곡을 고르는 일로 열 식구를 넉넉히 먹여 살렸다. 나라에서 병사를 징발할 때 지리소는 사람들 사이에서 어깨를 치켜들고 다녔다. 나라에 큰 부역賦役이 있으면 지리소는 지병이 있기 때문에 노역의 고통을 받지 않았다. 나라에서 병자에게 곡식을 내릴 때는 석 섬의 양식과 열 다발의 땔감을 받았다. 이처럼 육체가 불구인 사람도 제 몸을 건사하여 천수를 마칠 수 있는데, 하물며 덕德이 불구인 사람[24]이야 말할 나위가 있겠는가?

支離疏者, 頤隱於臍, 肩高於頂, 會撮指天, 五管在上, 兩髀爲脅. 挫鍼治繲, 足以餬口. 鼓筴播精, 足以食十人. 上徵武士, 則支離攘臂而遊於其間. 上有大役, 則支離以有常疾不受功. 上與病者粟, 則受之三鍾與十束薪. 夫支離者其形者, 猶足以養其身, 終其天年, 又況支離其德者乎.

8.

공자가 초나라에 갔을 때 초나라의 미치광이 접여接輿가 그의 문 앞에서 노닐면서 흥얼거렸다.

---

23 이목구비신耳目口鼻身 등 다섯 가지 감각기관을 뜻하는 말인데, 구체적으로 무엇을 가리키는지는 시대나 학자에 따라 다르다.

24 여기서 말하는 덕은 도가에서 이상적으로 말하는 도와 덕을 의미하는 것이 아니라 당시 사회에서 요구되는 도덕이나 인격과 관련된 용어다. 따라서 "덕이 불구인 사람"이란 사회적 도덕이나 질서에 대해 익숙하지 않거나 그와 다른 길을 가는 사람을 가리킨다.

봉황이여, 봉황이여
어찌 그리 덕을 잃었나요.
미래의 일은 미리 간섭할 수 없고,
과거의 일은 돌이킬 수 없다오.
천하에 도가 있으면
성인은 나와서 다스리고,
천하에 도가 없으면
성인은 숨어서 목숨을 보전한다오.
오늘날과 같은 시대에는
형벌만 면해도 다행이라오.
행복은 깃털보다 가볍지만
아무도 그것을 간직할 줄 모르고,
재앙은 땅보다 무겁지만
아무도 그것을 피할 줄 몰라요.
그만두시오, 그만두시오,
사람들에게 덕을 베푸는 일.
위험해요, 위험해요,
편을 갈라놓고 달려가는 것.
가시나무야, 가시나무야
내 가는 길 방해 마라.
나는 발길 돌려 물러날 테니
내 발을 찌르지 마라.

孔子適楚, 楚狂接輿遊其門曰, 鳳兮鳳兮, 何如德之衰也. 來世不可待, 往世不可追也. 天下有道, 聖人成焉. 天下無道, 聖人生焉. 方今之時, 僅免刑焉.

福輕乎羽, 莫之知載. 禍重乎地, 莫之知避. 已乎已乎, 臨人以德. 殆乎殆乎, 畫地而趨. 迷陽迷陽, 無傷吾行. 吾行卻曲, 無傷吾足.

9.

산의 나무는 스스로 재앙을 불러들이고, 기름불은 스스로를 태운다. 계수나무는 먹을 수 있기 때문에 베어지고, 옻나무는 쓸모가 있기 때문에 잘려진다. 사람들은 모두 쓸모 있는 것의 쓰임새는 알면서도 쓸모없는 것의 쓰임새는 알지 못한다.

山木自寇也, 膏火自煎也. 桂可食, 故伐之. 漆可用, 故割之. 人皆知有用之用, 而莫知無用之用也.

제5편 | 덕충부

德充符

외적인 것보다 내적인 것, 타고난 덕을 온전히 간직하고 있어야 한다는 것이 이 편 전체를 관통하는 주제다. 그리고 그 타고난 덕을 밖으로 드러내지 않도록 하는 것이 중요하다. 덕이 충만하면 그것은 저절로 밖으로 드러난다. 그러나 그것을 일부러 드러내려 하면 오히려 덕이 손상을 입는다. 물이 정지해 있을 때는 수평을 이루지만 그것이 밖으로 출렁이면 수평을 상실하는 것과 같이 덕을 고스란히 지니고 있으면 마음의 평정이 그대로 유지되지만 그것을 드러내려고 하면 그 평정은 깨지고 타고난 덕은 사라져버린다. 이 편에서는 이 점을 강조하고 있다.

앞의 다른 편들과는 달리 이 편은 분명히 구분 되는 여섯 개의 장으로 구성되어 있다. 마지막 혜시와 장자의 대화를 제외하면 모두 육체적으로 온전하지 못하거나 일반적이지 못한 사람이 주인공으로 등장한다. 특히 1장부터 4장까지는 모두 형벌을 받아 외발이가 된 사람들이 주인공이고, 그들은 모두 덕이 온전한 사람의 표본이다. 마지막 혜시와 장자의 대화는 얼핏 보면 그 이전의 다른 내용과 이질적인 것처럼 보이지만, 실은 앞에서 말한 것들을 종합하면서 좀더 구체적으로 정리하여 총괄하고 있다. 즉 내적으로 타고난 덕을 고스란히 간직한 사람은 성인이라고 할 수 있고, 그런 사람은 희로애락의 감정을 드러내지 않는다. 따라서 희로애락의 감정은 이미 마음의 평형이 깨진 상태를 의미하고 그것은 또 덕이 온전치 못함을 말하는 것이다.

1.

노나라에 형벌로 한쪽 발을 잃어 외다리가 된 왕태王駘[1]라는 사람이 있었는데, 그에게 와서 배우려는 사람의 수가 중니(공자)와 엇비슷했다. 상계常季[2]가 중니에게 물었다.

"왕태는 형벌로 한쪽 발을 잃은 사람입니다. 그런데 그에게 배우러 오는 사람과 선생님께 배우러 오는 사람이 노나라를 양분하고 있습니다. 그는 서서도 가르치지 않고, 앉아서도 설명하지 않는데도 사람들은 텅 빈 채로 갔다가 가득 차서 돌아옵니다. 정말로 말없는 가르침이라는 것이 있어서 겉으로는 드러나지 않아도 마음으로 얻는 것이 있는 것일까요? 그는 어떤 사람입니까?"

중니가 대답했다.

"선생님은 성인이시다. 나는 다만 순서가 뒤로 밀려서 아직 찾아뵙지 못하고 있는 것뿐이다. 나도 그분을 스승으로 모시려고 하는데

1 가공의 인물.

2 가공의 인물. 공자의 제자라는 주장도 있으나 확실하지 않다.

나보다 못한 사람이야 당연하지 않겠느냐? 어디 노나라에 그칠 일이냐? 나는 온 세상 사람들을 이끌고 가서 함께 그분을 따르려고 한다."

상계가 물었다.

"그분은 형벌로 한쪽 발을 잃은 외다리인데도 선생님보다 훌륭하시다니 일반 사람들보다는 훨씬 뛰어나시겠군요. 이런 사람의 마음씀씀이의 특징은 어떤가요?"

공자가 대답했다.

"죽고 사는 것 역시 중대한 일이지만, 그런 것들은 그분의 마음을 변하게 할 수 없다. 하늘이 무너지고 땅이 뒤집힌다 하더라도 역시 그분은 그것들과 함께 사라지지 않는다. 그분은 아무것도 의지할 것이 없다는 것을 명확히 알기 때문에 사물의 변화에 마음이 흔들리지 않는다. 그분은 사물의 변화에 맡기면서도 자신의 근본을 지킨다."

상계가 물었다.

"무슨 말씀이신지요?"

중니가 대답했다.

"다르다고 보는 사람의 입장에서 보면 간과 쓸개도 초나라와 월나라의 거리만큼이나 멀다. 같다고 보는 사람의 입장에서 보면 만물은 모두 같다. 그런 사람은 또 이목耳目의 욕망을 충족시킬 줄 모르고, 타고난 본성의 온화함 속에 마음을 풀어둔다. 만물이 하나로 통일되는 것만 볼 뿐 잃는 것을 보지 않고, 다리 잃은 것을 흙덩이 잃은 것처럼 여긴다."

魯有兀者王駘, 從之遊者, 與仲尼相若. 常季問於仲尼曰, 王駘, 兀者也, 從之遊者與夫子中分魯. 立不教, 坐不議. 虛而往, 實而歸. 固有不言之教, 無形而心成者邪. 是何人也. 仲尼曰, 夫子, 聖人也, 丘也直后而未往耳. 丘將以爲師, 而況不若丘者乎. 奚假魯國, 丘將引天下而與從之. 常季曰, 彼兀者也, 而王先生, 其與庸亦遠矣. 若然者, 其用心也獨若之何. 仲尼曰, 死生亦大矣, 而不得與之變. 雖天地覆墜, 亦將不與之遺. 審乎無假而不與物遷, 命物之化而守其宗也. 常季曰, 何謂也. 仲尼曰, 自其異者視之, 肝膽楚越也. 自其同者視之, 萬物皆一也. 夫若然者, 且不知耳目之所宜, 而遊心乎德之和. 物視其所一而不見其所喪, 視喪其足猶遺土也.

상계가 물었다.

"그분은 자기만 생각하는 사람입니다. 자기만의 지식을 통해 자기만의 마음을 얻었고, 자기만의 마음을 통해 자기만의 평상심平常心을 얻었습니다. 그런데 사람들은 왜 그분을 존경하는 겁니까?"

중니가 말했다.

"사람은 흐르는 물에는 제 얼굴을 비춰보지 않고 멈추어 있는 물에 비추어본다. 오직 멈추어 있는 물만이 멈추려고 하는 많은 사람의 발걸음을 멈추게 할 수 있다. 땅으로부터 생명을 받은 것들 중에서는 오직 소나무와 잣나무만이 올바르다. 그래서 겨울이고 여름이고 할 것 없이 푸르다. 하늘로부터 생명을 받은 것들 중에서는 오직 요와 순만이 올바르다. 그래서 만물의 으뜸 자리에 있다. 요와 순은 다행스럽게도 자신의 본성을 올바르게 하여 사람들의 본성을 바로잡았다. 타고난 본래의 것을 잘 지키고 있는 사람의 징표는 두려움이 없는 것으로 나타난다. 용사는 혼자서 과감하게 구군九軍[3] 속으

3 천자의 육군六軍과 제후의 삼군三軍을 아울러 이르는 말로서 엄청나게 많은 군사를 뜻한다.

로 뛰어든다. 장수가 이름을 얻기 위해 자원할 경우에도 이와 같을 수 있는데, 천지를 관장하고 만물을 품에 안고 몸을 다만 의탁의 도구로 삼고 이목을 겉껍데기로 여기고 지혜로써 알고 있는 것들을 하나로 여기고 마음이 한 번도 죽은 적이 없는 사람이야 말할 나위가 있겠느냐? 그분은 나중에 좋은 날을 골라 하늘로 오를 것이다. 사람들은 바로 이런 점들 때문에 그분을 따르는 것이다. 그러니 그분이 또 무엇 때문에 모여드는 사람들을 대수롭게 생각하겠느냐?"

常季曰, 彼爲己, 以其知得其心, 以其心得其常心. 物何爲最之哉. 仲尼曰, 人莫鑒於流水而鑒於止水. 唯止能止衆止. 受命於地, 唯松柏獨也正, 在冬夏青青. 受命於天, 唯堯舜獨也正, 在萬物之首. 幸能正生, 以正衆生. 夫保始之徵, 不懼之實, 勇士一人, 雄入於九軍. 將求名而能自要者, 而猶若是, 而況官天地, 府萬物, 直寓六骸, 象耳目, 一知之所知, 而心未嘗死者乎. 彼且擇日而登假, 人則從是也. 彼且何肯以物爲事乎.

2.

신도가申徒嘉[4]는 형벌로 한쪽 발을 잃은 외다리인데, 정나라 자산子産[5]과 함께 백혼무인伯昏無人[6]을 스승으로 모시고 있었다. 어느 날 자산이 신도가에게 말했다.

"내가 먼저 나가면 너는 그 자리에 잠깐 머물러 있고, 네가 먼저

---

4 가공의 인물.

5 정나라의 대부. 정나라의 권력을 장악하고 성문법인 형정刑鼎을 제정했다.

6 가공의 인물. 열자의 스승으로 자주 등장하는데, 「열어구」 편에서는 伯昏瞀人으로 쓰고 있다.

나가면 내가 그 자리에 잠깐 머물러 있기로 정하자."

다음날 또 함께 같은 자리에 앉게 되었다. 자산이 신도가에게 말했다.

"내가 먼저 나가면 너는 그 자리에 잠깐 머물러 있고, 네가 먼저 나가면 내가 그 자리에 잠깐 머물러 있기로 약속했지? 지금 내가 나갈 테니까 너는 그 자리에 잠깐 머물러 있어야 하는데, 왜 그렇게 하지 않는 것이냐? 그리고 너는 집정執政[7]을 보고서는 피하지 않는데, 너는 자신이 집정인 나와 동등하다고 생각하는 것이냐?"

신도가가 말했다.

"선생님의 문하에 본디 그 집정이라는 직책이 있었단 말이오? 당신은 당신의 집정이라는 자리를 뻐기면서 남을 업신여기는 그런 사람이오? 나는 '거울이 밝으면 먼지가 앉지 않고, 먼지가 앉으면 밝지 못하다. 현명한 사람과 오래 함께 있으면 과오가 없다'는 말을 들었소. 지금 당신은 선생님을 제일 중요하게 생각하면서 이런 식으로 말하는 것은 잘못이 아니오?"

자산이 말했다.

"너의 이런 태도는 요임금과 우열을 다투려는 것과 같다. 너의 덕이 부족했음을 감안하여 스스로 반성해야 하지 않겠느냐?"

신도가가 말했다.

"세상에는 자신의 과오를 변명하면서 부당하게 다리를 잃었다고 생각하는 사람은 많지만, 자신의 과오를 변명하지 않고 정당하지 못하게 자신의 다리를 간직하고 있다고 생각하는 사람은 적습니다.

7 국가의 정사를 관장하는 직위 혹은 한 나라의 대권을 장악하고 있는 사람.

어찌할 수 없다는 것을 알고 현재의 상황에 만족하면서 운명에 따르는 것은 오직 덕이 있는 자만이 할 수 있소. 예羿[8]가 쏘는 활의 사정권 안에서 놀고 있다고 가정해봅시다. 그 한가운데는 화살이 명중되는 곳입니다. 그런데 그곳에 있으면서도 화살에 맞지 않았다면 그것은 운명입니다. 사람들 중에는 자기들은 두 다리가 다 온전하고 내가 온전하지 못하다고 해서 비웃는 사람이 많은데, 나는 그럴 때 발끈 화를 내다가도 선생님이 계신 곳에 가면, 화났던 것이 다 사라지고 평정한 마음이 회복됩니다. 선생님께서 나를 선함으로 씻겨주시기 때문인지 모르겠소. 나는 선생님에게 배운지 19년이 되었지만, 여태껏 내가 외다리라는 것을 의식한 적이 한 번도 없소. 지금 당신과 나는 육신의 안쪽에서 노닐고 있는데, 당신은 여전히 육신의 바깥쪽에서 나를 찾고 있군요. 그것은 잘못이 아니오?"

자산은 당황한 듯 표정을 바꾸고 몸가짐을 고치면서 말했다.

"알겠네. 그만 하시게나."

申徒嘉, 兀者也. 而與鄭子産同師於伯昏無人. 子産謂申徒嘉曰, 我先出則子止, 子先出則我止. 其明日, 又與合堂同席而坐. 子産謂申徒嘉曰, 我先出則子止, 子先出則我止. 今我將出, 子可以止乎, 其未邪. 且子見執政而不違, 子齊執政乎. 申徒嘉曰, 先生之門, 固有執政焉如此哉. 子而說子之執政, 而後人者也. 聞之曰, 鑒明則塵垢不止, 止則不明也. 久與賢人處則無過. 今子之所取大者, 先生也, 而猶出言若是, 不亦過乎. 子産曰, 子旣若是矣, 猶與堯爭善. 計子之德, 不足以自反邪. 申徒嘉曰, 自狀其過以不當亡者衆, 不狀其過以不當存者寡. 知不可奈何, 而安之若命, 唯有德者能之. 遊

8 고대의 신화나 전설 속에 나오는 인물로서 활을 매우 잘 쏘았다고 한다.

於羿之彀中. 中央者, 中地也. 然而不中者, 命也. 人以其全足笑吾不全足者衆矣, 我怫然而怒. 而適先生之所, 則廢然而反. 不知先生之洗我以善邪. 吾之自寐邪. 吾與夫子遊十九年矣, 而未嘗知吾兀者也. 今子與我遊於形骸之內, 而子索我於形骸之外, 不亦過乎. 子產蹴然改容更貌曰, 子無乃稱.

3.

노나라에 형벌로 한쪽 발을 잃어 외다리가 된 숙산무지叔山無趾[9]라는 사람이 중니를 만나러 왔다. 중니가 말했다.

"당신은 예전에 조심하지 않아서 이런 재앙을 만난 것이오. 지금 나를 찾아오기는 했지만, 어찌 과거로 돌아갈 수 있겠소?"

숙산무지가 말했다.

"저는 배우는 데 힘쓸 줄 모르고 제 몸을 함부로 썼습니다. 그래서 저는 발을 잃었습니다. 지금 제가 온 것은 발보다 더 소중한 것이 남아 있기 때문입니다. 저는 이 때문에 그것을 온전히 간직하려고 애쓰고 있습니다. 하늘은 덮어주지 않는 것이 없고, 땅은 받쳐주지 않는 것이 없습니다. 저는 선생님을 하늘과 땅으로 생각했었습니다. 선생님께서 이런 분일 줄 어떻게 알았겠습니까?"

공자가 말했다.

"내 생각이 짧았소. 선생께서는 안으로 드시지요. 알고 계신 것을 들려주시기 바랍니다."

그러나 숙산무지는 나가버렸다. 공자가 말했다.

9 가공의 인물. 무지無趾는 발이 없다는 뜻.

"제자들아, 분발해라. 저 숙산무지는 형벌로 한쪽 발을 잃은 사람이지만, 오히려 배움에 힘써 이전에 저지른 악행을 벌충하려 하고 있다. 그런데 몸이 온전한 사람이야 더 말할 나위가 있겠느냐?"

숙산무지가 노담(노자)에게 말했다.

"공자는 지인至人이 되려면 아직 먼 것 같습니다. 그는 선생님을 자주 찾아와 무엇을 배우려는 것인지요? 그는 또 별스럽고 이상하고 해괴한 것으로 유명해지려고 하는데, 지인은 그런 것을 자기를 속박하는 족쇄로 여긴다는 것을 알지 못하는 것 같습니다."

노담이 말했다.

"그러면 왜 그에게 그냥 삶과 죽음이 한 가지이고 옳음과 그름도 한 가지로 보도록 하지 않았는가? 그랬다면 그는 그 질곡에서 벗어날 수 있었을 텐데."

숙산무지가 말했다.

"하늘이 내린 형벌인데, 어찌 벗어날 수 있겠습니까?"

魯有兀者叔山無趾, 踵見仲尼. 仲尼曰, 子不謹, 前既犯患若是矣. 雖今來, 何及矣. 無趾曰, 吾唯不知務, 而輕用吾身, 吾是以無足. 今吾來也, 猶有尊足者存, 吾是以務全之也. 夫天無不覆, 地無不載. 吾以夫子爲天地, 安知夫子之猶若是也. 孔子曰, 丘則陋矣. 夫子胡不入乎, 請講以所聞. 無趾出. 孔子曰, 弟子勉之. 夫無趾, 兀者也, 猶務學以復補前行之惡, 而況全德之人乎. 無趾語老聃曰, 孔丘之於至人, 其未邪. 彼何賓賓以學子爲. 彼且以蘄以諔詭幻怪之名聞, 不知至人之以是爲己桎梏邪. 老聃曰, 胡不直使彼以死生爲一條, 以可不可爲一貫者, 解其桎梏, 其可乎. 無趾曰, 天刑之, 安可解.

4.

노魯나라 애공哀公[10]이 중니에게 물었다.

"위衛나라에 애태타哀駘它[11]라고 하는 못생긴 사람이 있소. 그런데 남자는 그와 함께 있다보면 그를 사모하게 되어 떠나지 못하고, 여자는 그를 보고나면 다른 사람의 아내가 되느니 차라리 그의 첩이 되게 해달라고 부모에게 조르는데, 그 수가 수십 명에 그치지 않는다오. 그가 먼저 나서서 어떤 일을 주도했다는 말을 들어본 적이 없고, 항상 남을 따르기만 한다더군요. 그는 군주의 자리에 있는 것도 아닌데 사람의 죽음을 구제하고, 재물을 거두어들이는 것도 아닌데 사람들의 배를 채워준다고 하오. 게다가 못생기기로는 온 세상을 놀라게 할 정도이고, 따르기만 할 뿐 어떤 일을 주도하지 않으며, 아는 것이라고는 자기가 살고 있는 지역에 대한 것을 벗어나지 않는데도 남자든 여자든 모두 그 앞으로 모여든다고 하오. 이 사람에겐 분명 보통 사람과는 다른 점이 있을 것이라는 생각이 들었소. 과인이 그를 불러서 보니 과연 온 세상을 놀라게 할 정도로 못생겼더군요. 과인이 함께 지내보니 한 달이 못 되어서 과인은 그 사람의 됨됨이를 이해할 수 있었소. 1년이 채 못 되어 과인은 그를 믿게 되었소. 마침 나라에 재상이 없었기 때문에 과인은 그에게 국정을 맡겼소. 그는 아무 생각 없는 듯 한참이나 지난 뒤에 겨우 응답을 하더니 관심 없다는 표정으로 사양하고 싶어하는 듯했소. 과인은 부끄러웠지만 끝내 그에게 국정을 맡겼소. 그러나 얼마 지나지 않아 그는 과인을 떠나 가버렸다오. 과인은 마치 무언가를 잃은 듯 근심스러워졌

10 춘추시대 노나라의 제26대 군주. 정공定公의 뒤를 이어 27년간 재위에 있었다.

11 가공의 인물.

고, 이 나라에는 함께 즐길 만한 사람이 없는 것 같다는 생각이 들었소. 그는 어떤 사람이오?"

魯哀公問於仲尼曰. 衛有惡人焉曰哀駘它. 丈夫與之處者, 思而不能去也. 婦人見之, 請於父母曰. 與爲人妻, 寧爲夫子妾者, 十數而未止也. 未嘗有聞其唱者也. 常和人而已矣. 無君人之位以濟乎人之死, 無聚祿以望人之腹. 又以惡駭天下, 和而不唱, 知不出乎四域, 且而雌雄合乎前. 是必有異乎人者也. 寡人召而觀之, 果以惡駭天下. 與寡人處, 不至以月數, 而寡人有意乎其爲人也. 不至乎期年, 而寡人信之. 國無宰, 寡人傳國焉. 悶然而後應, 氾而若辭. 寡人醜乎, 卒授之國. 無幾何也, 去寡人而行. 寡人卹焉若有亡也, 若無與樂是國也. 是何人者也.

중니가 말했다.

"저는 예전에 초나라에 사절로 간 적이 있습니다. 그때 우연히 새끼 돼지들이 죽은 어미의 젖을 빠는 광경을 보았습니다. 그런데 잠시 뒤 새끼 돼지들은 놀란 눈으로 어미를 쳐다보더니 모두 어미를 버리고 달아났습니다. 어미가 자기들을 쳐다보지 않았기 때문이고, 그 모습도 이전 같지 않았기 때문입니다. 새끼 돼지들은 제 어미를 사랑했지만, 제 어미의 몸을 사랑했던 것이 아니라 그 몸을 주재하던 근본을 사랑했기 때문이었습니다. 전사자를 장사지낼 때는 관 없이 장사를 지내기 때문에 관을 꾸미는 장식물은 필요가 없습니다. 월형刖刑[12]을 받은 자에게 신발은 아낄 만한 물건이 못 됩니다. 모두 그 근본이 없기 때문입니다. 천자를 모시는 궁녀는 손톱을 깎

12 발뒤꿈치 혹은 발목을 자르는 형벌. 앞에서 형벌로 한쪽 발을 잃어 외다리가 된 사람들에 대한 이야기가 나오는데, 그들이 받은 형벌이 바로 월형이다.

지 않고 귀를 뚫지 않습니다. 노역장에서도 갓 장가든 사람은 밖에 나가 있도록 배려하는데, 더 이상 일을 시켜서는 안 되기 때문입니다. 몸을 온전히 하는 데도 이렇게 해야 하는데, 타고난 덕을 온전히 간직하려면야 더 말할 나위도 없겠지요. 지금 애태타는 아무 말을 하지 않았는데도 신임을 얻었고, 아무 일을 한 게 없어도 사랑을 받았으며, 다른 사람으로 하여금 자기에게 국정을 맡기면서 받아들이지 않을까 걱정하게 만들었습니다. 그는 분명히 재능이 온전하고 덕이 드러나지 않는 사람일 것입니다."

仲尼曰, 丘也嘗使於楚矣, 適見豚子食於其死母者. 少焉眴若, 皆棄之而走. 不見己焉爾, 不得類焉爾. 所愛其母者, 非愛其形也, 愛使其形者也. 戰而死者, 其人之葬也不翣資. 刖者之屨, 無爲愛之. 皆無其本矣. 爲天子之諸御, 不爪翦, 不穿耳. 取妻者止於外, 不得復使. 形全猶足以爲爾, 而況全德之人乎. 今哀駘它未言而信, 無功而親, 使人授己國, 唯恐其不受也. 是必才全而德不形者也.

애공이 물었다.

"재능이 온전하다는 것은 무엇이오?"

중니가 대답했다.

"죽음과 삶, 지킴과 잃음, 운수의 막힘과 트임, 가난과 부유함, 똑똑함과 어리석음, 비난과 칭송, 배고픔과 목마름, 추위와 더위 등은 사물의 변화와 운명의 작동에 의한 것입니다. 그것들은 밤낮으로 우리 눈앞에서 번갈아가면서 전개되지만 우리의 지적 능력으로는 그것들의 원인을 알 수 없습니다. 그러므로 그런 것들이 본성의 조화를 교란하게 해서는 안 되며, 사람의 영부靈府(마음)에 침입하게 해서는 안 됩니다. 마음을 느긋하고 안락하게 하면, 모든 대상에 열려 유쾌한 기분을 잃지 않을 것입니다. 그러한 상태를 밤이고 낮이고 그치지 않고 유지하면서 사물들과 함께 변화해 나갑니다. 이는 사물과의 접촉을 통해 사시의 변화를 마음에 반영하는 방법입니다. 이것을 재능이 온전한 것[才全]이라고 합니다."

"덕이 드러나지 않는다는 것은 무엇이오?"

"평평함은 물이 완전히 정지된 상태에서 그 예를 볼 수 있습니다. 그것이 평평함의 표준이 되는 이유는 안으로는 정지 상태를 유지하고 밖으로는 흘러나가지 않기 때문입니다. 덕이라는 것은 수양을 통해 평정 상태를 이룬 것입니다. 그 덕이 겉으로 드러나지 않으면 사물은 그로부터 떠나지 못합니다."

哀公曰, 何謂才全. 仲尼曰, 死生存亡窮達貧富賢與不肖毁譽飢渴寒暑, 是事之變, 命之行也. 日夜相代乎前, 而知不能規乎其始者也. 故不足以滑和, 不可入於靈府. 使之和豫, 通而不失於兌. 使日夜無郤, 而與物爲春. 是接而生時於心者也. 是之謂才全. 何謂德不形. 曰, 平者, 水停之盛也. 其可以爲法也, 內保之而外不蕩也. 德者, 成和之修也. 德不形者, 物不能離也.

애공이 나중에 그와 관련하여 민자閔子[13]에게 말했다.

"이전에 나는 임금의 자리에 앉아 나라를 다스린답시고 백성의 기강을 바로잡으면서 그들이 죽지나 않을까 근심했소. 그러면서 나는 스스로 그것이 가장 훌륭한 길이라고 생각했소. 그런데 최근 지인至人에 대한 설명을 듣고 난 뒤로 나는 아무런 실력도 없이 내 몸

13 공자의 제자. 자字인 자건子騫으로 더 많이 알려져 있다.

을 함부로 써서 나라를 망칠까봐 두려워졌소. 나와 공구(공자)는 임금과 신하의 관계가 아니오. 덕으로 맺어진 벗이오."

哀公異日以告閔子曰, 始也, 吾以南面而君天下, 執民之紀而憂其死, 吾自以爲至通矣. 今吾聞至人之言, 恐吾無其實, 輕用吾身, 而亡其國. 吾與孔丘, 非君臣也, 德友而已矣.

5.

절름발이에 꼽추이자 언청이인 사람이 위나라 영공靈公을 만나 자기 생각을 펼쳐보였는데, 영공은 그를 좋아했다. 그뒤로 영공은 온전한 사람을 보면 오히려 그 사람의 목이 가늘고 길게 보였다. 목에 큰 혹이 달린 사람이 제나라 환공桓公을 만나 자기 생각을 펼쳐 보였는데, 환공은 그를 좋아했다. 그뒤로 환공은 온전한 사람을 보면 오히려 그 사람의 목이 가늘고 길게 보였다. 이처럼 덕이 뛰어나면 육체는 잊어버린다. 그러나 사람들은 정작 잊어야 할 것은 잊지 않고, 잊지 말아야 할 것은 잊어버린다. 이것을 진짜 잊어버리는 것이라고 한다. 이 때문에 성인은 유유자적하면서 지혜를 재앙으로 여기고, 약속을 아교풀로 여기고, 덕을 사람을 모이게 하는 수단으로 여기고, 기교를 남에게 물건을 팔려는 상술로 여긴다. 성인은 계획을 세우지 않는다. 그러니 무엇 때문에 지혜를 쓰겠는가? 성인은 쪼개지 않는다. 그러니 무엇 때문에 아교풀을 쓰겠는가? 성인은 잃는 것이 없다. 그러니 무엇 때문에 덕德[14]을 쓰겠는가? 성인은 돈벌이를 하지 않는다. 그러니 무엇 때문에 상술을 쓰겠는가? 이 네 가지는 천죽天鬻(자연에 의한 양육)이다. 자연의 천죽은 천식天食(자연이 주는 음식)이다. 이미 하늘로부터 먹을 것을 얻고 있다. 그러니 무엇 때문에 다시 인위적 방법을 쓰겠는가? 성인은 사람의 모습을 하고 있지만, 사람의 감정이 없다. 사람의 모습을 하고 있기 때문에 사람들과 더불어 살지만, 사람의 감정이 없기 때문에 옳고 그름에 간여하지 않는다. 까마득히 작구나, 사람에 속하는 것이여. 위대하고 크구나, 타고난 것을 그 홀로 온전히 보전함이여.

闉跂支離無脤說衛靈公, 靈公說之. 而視全人, 其脰肩肩. 甕⊠大癭說齊桓公, 桓公說之. 而視全人, 其脰肩肩. 故德有所長, 而形有所忘. 人不忘其所忘, 而忘其所不忘. 此所謂誠忘. 故聖人有所遊, 而知爲孽, 約爲膠, 德爲接, 工爲商. 聖人不謀, 惡用知. 不斲, 惡用膠. 無喪, 惡用德. 不貨, 惡用商. 四者, 天鬻也, 天鬻者, 天食也. 旣受食於天, 又惡用人. 有人之形, 無人之情. 有人之形, 故群於人, 無人之情, 故是非不得於身. 眇乎小哉, 所以屬於人也. 謷乎大哉, 獨成其天.

6.

혜자(혜시)가 장자에게 물었다.

"사람은 본디 감정이 없는가?"

장자가 대답했다.

"그렇다네."

혜자가 물었다.

14 덕德, 득得과 같은 의미로도 쓰였다. 득得은 무언가를 얻는다는 뜻이다. 즉 덕德은 사람이 태어날 때 자연으로부터 얻은 것[得]이라는 의미를 가지고 있기 때문에 덕과 득은 서로 통하는 글자로 이해되었다. 이 문장에서는 덕이라는 글자가 가지고 있는 이 두 가지 의미를 중의적으로 사용한 것이다.

"사람이면서 감정이 없다면 어떻게 그를 사람이라고 할 수 있겠나?"

장자가 대답했다.

"도가 사람의 모습으로 만들어주었고 하늘이 몸을 만들어주었는데, 어찌 그를 사람이 아니라고 할 수 있겠는가?"

혜자가 물었다.

"사람이라고 한 이상 어떻게 감정이 없을 수 있겠나?"

장자가 대답했다.

"그것은 내가 말하는 감정이 아니야. 내가 말하는 감정이 없다는 것은 사람이 좋아하고 싫어하는 감정으로써 안으로 자기 몸을 상하게 하지 않고, 항상 자연에 따르면서 나은 삶을 위해 인위적으로 애쓰지 않는 것을 말하지."

혜자가 물었다.

"나은 삶을 위해 인위적으로 애쓰지 않고 어떻게 자기 몸을 유지할 수 있겠나?"

장자가 대답했다.

"도가 사람의 모습으로 만들어주었고 하늘이 몸을 만들어주었으니 좋아하고 싫어하는 감정으로써 안으로 자기 몸을 상하게 하지 않도록 해야지. 지금 자네는 자네의 신기神氣를 외면하고, 자네의 정기精氣를 소모하면서 나무에 기대어 문장을 읊조리고, 오동나무 책상에 기대 낮잠을 자네. 하늘이 자네에게 온전한 몸을 만들어주었는데도 자네는 견백堅白[15]의 이론을 떠들어대고 있네."

惠子謂莊子曰, 人故無情乎. 莊子曰, 然. 惠子曰, 人而無情, 何以謂之人. 莊子曰, 道與之貌, 天與之形, 惡得不謂之人. 惠子曰, 旣謂之人, 惡得無情. 莊子曰, 是非吾所謂情也. 吾所謂無情者, 言人之不以好惡內傷其身, 常因自然, 而不益生也. 惠子曰, 不益生, 何以有其身. 莊子曰, 道與之貌, 天與之形, 無以好惡內傷其身. 今子外乎子之神, 勞乎子之精, 倚樹而吟, 據槁梧而瞑. 天選子之形, 子以堅白鳴.

15 명가에서 제기한 대표적 명제의 하나인 견백론을 말한다.

제6편 | 대종사

大宗師

이 편에서는 이상적 인격인 진인眞人과 자연 그리고 자연의 질서에 대하여 설명하고 있다. 진인은 꾸밈도 보탬도 없이 자연 그대로 살아가는 사람, 자연의 질서를 터득하고 그에 따라 사는 사람을 말한다. 자연의 질서에 따른다는 것은 의식적 판단을 중지하고, 인위적인 행위를 중지하는 것을 말한다. 의식과 인위는 자연 및 자연의 질서와 상반된 것이라고 보았기 때문이다. 의식과 인위는 타고난 자연성을 파괴하고 인위는 자연과 자연의 질서를 교란한다. 사람에게 있어 가장 중요한 문제는 죽음의 문제다. 살아 있는 사람에게 죽음은 가장 큰 공포다. 따라서 죽음의 공포로부터 벗어나는 문제에 의식과 인위가 가장 많이 개입될 수 있다. 장자가 말하는 진인은 바로 이 죽음의 공포로부터 자유로운 사람이다.

5장과 6장에서는 구체적인 우화를 통해 죽음의 공포로부터 벗어나는 방법에 대해 설명하고 있다. 이들 우화에서는 죽어가는 사람에 대한 묘사와 죽음을 맞는 사람의 심경과 태도를 그리고 있다. 그러나 그것은 슬프고 우울한 것이 아니라 매우 극적이고 신기한 사건으로, 심지어는 축복할 만한 그런 사건으로 그려지고 있다. 그것은 마치 기묘한 연극의 한 장면을 보는 듯한 느낌을 준다. 장자는 이들 우화를 통해 죽음은 자연 변화의 일부분이라는 것, 그것을 나쁘게 보는 것은 잘못이라는 것, 우리가 자연의 일부임을 승인한다면 모든 자연의 변화를 긍정적으로 받아들어야 하고, 따라서 우리의 가장 큰 관심사인 죽음 역시 긍정적으로 받아들여야 한다는 것을 말하고 있다.

1.

자연이 하는 것을 알고, 인간이 하는 것을 아는 사람은 최고다. 자연이 하는 것을 아는 사람은 자연에 따라 살아간다. 인간이 하는 것을 아는 사람은 자기의 지력으로 알 수 있는 것을 가지고 자기의 지력으로는 알 수 없는 부분을 수양하여, 타고난 자연적 수명을 다하고 도중에 요절하지 않는다. 이것이 지식의 최고 경지다. 그렇지만 그래도 문제는 남는다. 대개 지식이라는 것은 특정한 조건에 의지해야 타당성을 인정받는데, 그 특정한 조건은 매우 불안정하다. 내가 말하는 자연이 인간이 아니라는 것과, 내가 말하는 인간이 자연이 아니라는 것을 어떻게 알겠는가?

그리고 진인眞人(참된 사람)이 있고 나서 진지眞知(참된 지식)가 있다. 진인이란 무엇인가? 옛날의 진인은 시시한 것이라고 거절하지 않았고, 자기가 이룩한 것을 뽐내지 않았으며, 무슨 일을 꾸미지 않았다. 그와 같은 사람은 잘못한 것에 대해 후회하지 않고, 잘한 것에 대해 자만하지 않는다. 그와 같은 사람은 높은 데 올라가도 두려워 떨지 않고, 물속에 들어가도 젖지 않고, 불 속에 들어가도 뜨겁지 않다. 지혜가 도道에 정통한 자만이 이와 같은 것이다.

知天之所爲, 知人之所爲者, 至矣. 知天之所爲者, 天而生也. 知人之所爲者, 以其知之所知, 以養其知之所不知, 終其天年而不中道夭者, 是知之盛也. 雖然, 有患. 夫知有所待而後當, 其所待者特未定也. 庸詎知吾所謂天之非人乎. 所謂人之非天乎. 且有眞人而後有眞知. 何謂眞人. 古之眞人, 不逆寡, 不雄成, 不謨士. 若然者, 過而弗悔, 當而不自得也. 若然者, 登高不慄, 入水不濡, 入火不熱. 是知之能登假於道者也若此.

옛날의 진인은 잠이 들면 꿈을 꾸지 않았고, 깨어 있을 때는 근심을 하지 않았다. 진인은 음식을 먹을 때는 맛을 추구하지 않았고, 숨을 쉴 때는 깊고 깊었다. 진인은 발뒤꿈치로 숨을 쉬고, 보통 사람들은 목구멍으로 숨을 쉰다. 몸을 굽힌 사람은 목이 막혀 말을 토하듯이 하고, 탐욕이 심한 사람은 생명력〔天機〕이 약하다. 옛날의 진인은 사는 것을 좋아할 줄도 몰랐고, 죽는 것을 싫어할 줄도 몰랐다. 이 세상에 나오는 것을 기뻐하지 않았고 다른 세상으로 들어가는 것을 거부하지도 않았다. 무심히 왔다가 무심히 갈 뿐이었다. 시작된 곳을 잊지 않으면서도 끝나는 곳을 알려고 하지 않았다. 생명을 받아 태어나서는 즐겁게 살다가 때가 되어서는 잊고 원래의 상태로 되돌아갔다. 이것을 의식으로써 도道를 손상하지 않는 것이라고 하고, 자연에 인위를 가하지 않는 것이라고 한다. 이런 사람을 진인이라고 한다.

이런 사람은 그 마음은 한결같고 얼굴 표정은 평온하며 이마에서는 여유가 풍긴다. 마치 가을날처럼 냉담해 보이는가 하면 봄날처럼 온화함이 느껴지기도 한다. 기쁨과 노여움은 사계절의 운행과 부합하고, 사물과도 잘 들어맞아 그 끝을 알 수 없다. 그러므로 성인이 군사를 부릴 때는 나라를 멸망시켜버려도 그 나라의 민심을 잃지 않는다. 또 이로움과 은택을 만대에 이르도록 베풀지라도 사람을 사랑한다고 여기지 않는다. 그러므로 의식적으로 사물과 통하는 것을 즐기는 자는 성인이 아니다. 의식적으로 친애하는 것은 인자함이 아니다. 의식적으로 계절의 변화[天時]와 부합하기를 추구하는 자는 현인이 아니다. 이로운 것과 해로운 것을 한 가지로 보지 못하면 군자가 아니다. 명성을 추구하다가 자기의 본성을 잃는 자는 선비가 아니다. 몸을 망가뜨려 타고난 모습을 잃는 자는 자기가 해야 할 일을 하지 않는 사람이다. 호불해[1], 무광[2], 백이[3], 숙제, 기자[4], 서여[5], 기타[6], 신도적[7]과 같은 사람은 다른 사람이 해야 할 일을 자기가 도맡아 하고, 남이 편안한 것에 만족하면서 자기가 편안한 것에 만족

1 요 임금이 왕위를 선양하는 것을 받지 않기 위해 황하에 몸을 던져 죽었다고 전해지는 인물.

2 하夏나라 말기의 은자. 탕왕이 그에게 천자의 자리를 넘기려 하자 돌을 짊어지고 여수廬水에 빠져 죽었다고 전해지는 인물.

3 아래의 숙제와 더불어 고죽군의 아들. 주나라를 세운 무왕이 은나라의 폭군 주紂를 칠 때 주에게 간언하다가 듣지 않자 수양산에 들어가 굶어죽었다는 은나라의 충신.

4 주왕紂王의 삼촌. 주紂에게 충간을 하다가 듣지 않자 미친 척하고 지내면서 죽음을 면했다고 알려진 인물.

5 분명하지 않다. 기자의 이름이라는 설, 비간의 이름이라는 설, 오자서伍子胥라는 설 등이 있다.

6 은나라 때의 은둔자. 상의 탕왕이 자기에게 왕위를 줄까 두려워하여 자식들을 데리고 굴 속으로 들어가버렸다고 알려진 인물.

7 은나라 때의 사람. 기타紀他의 높은 이름을 흠모하여 돌을 지고 황하에 빠져 죽었다고 알려진 인물.

하지 못한 사람들이다.

古之眞人, 其寢不夢, 其覺無憂, 其食不甘, 其息深深. 眞人之息以踵, 衆人之息以喉. 屈服者, 其嗌言若哇, 其耆欲深者, 其天機淺. 古之眞人, 不知說生, 不知惡死. 其出不訢, 其入不距. 翛然而往, 翛然而來而已矣. 不忘其所始, 不求其所終. 受而喜之, 忘而復之. 是之謂不以心損道, 不以人助天, 是之謂眞人. 若然者, 其心忘, 其容寂, 其顙頯. 淒然似秋, 煖然似春, 喜怒通四時, 與物有宜而莫知其極. 故聖人之用兵也, 亡國而不失人心. 利澤施乎萬世, 不爲愛人. 故樂通物, 非聖人也. 有親, 非仁也. 天時, 非賢也. 利害不通, 非君子也. 行名失己, 非士也. 亡身不眞, 非役人也. 若狐不偕務光伯夷叔齊箕子胥余紀他申徒狄, 是役人之役, 適人之適, 而不自適其適者也.

옛날의 진인은, 그 모습은 높이 우러러보였지만 무너지지 않았고, 부족한 듯했지만 남의 것을 받지 않았다. 느긋하게 홀로 지내면서도 고집스럽지 않았다. 마음이 넉넉하고 관대했지만 겉으로 티를 내지 않았다. 싱글벙글하여 기쁜 것 같았고, 재촉을 받아 마지못할 때 행동했다. 부드럽고 온화해서 사람을 기분 좋게 했고, 느긋해서 사람의 성정性情을 안정되게 해주었다. 마음이 넓어 마치 온 세상과 같았고, 호방하여 제어할 수 없었으며, 느릿느릿하여 마치 한가로움을 즐기는 듯했고, 아무 생각 없이 말을 잊었다. 형벌을 근간으로 삼기도 하고, 예의를 날개로 삼기도 하고, 지혜로써 시대상황을 헤아리기도 하고, 덕을 실천의 준칙으로 삼기도 했다. 형벌을 근간으로 삼는다는 것은 모든 것에 대하여 명확하게 살피는 것이다. 예의를 날개로 삼는다는 것은 그것을 세속에서 실행하는 것이다. 지혜로써 시대상황을 헤아린다는 것은 부득이하다고 판단될 때만 일을 하는 것이다. 덕을 실천의 준칙으로 삼는다는 것은 바로 성한 다리를 가진 사람과 함께 언덕을 올라가는 것처럼 수월함에도 불구하고 세상 사람들은 그것을 실현하기 위해서 굉장히 애써야 한다고 생각한다는 것을 말한다. 그러므로 그런 사람들에게는 좋아하는 것이나 좋아하지 않는 것이나 모두 한가지다. 그런 사람들에게는 같은 것이나 같지 않은 것이나 모두 한가지다. 같은 것은 자연에 속하는 부분이고, 같지 않은 것은 인간에 속하는 부분인데, 자연에 속하는 부분과 인간에 속하는 부분이 한 몸에서 대립하지 않는 것, 이것을 진인이라고 한다.

古之眞人, 其狀義而不朋. 若不足而不承. 與乎其觚而不堅也. 張乎其虛, 而不華也. 邴邴乎其似喜乎. 崔乎其不得已乎. 滀乎進我色也, 與乎止我德也, 厲乎其似世乎. 謷乎其未可制也. 連乎其似好閉也, 悗乎忘其言也. 以刑爲體, 以禮爲翼, 以知爲時, 以德爲循. 以刑爲體者, 綽乎其殺也. 以禮爲翼者, 所以行於世也. 以知爲時者, 不得已於事也. 以德爲循者, 言其與有足者至於丘也, 而人眞以爲勤行者也. 故其好之也一, 其弗好之也一. 其一也一, 其不一也一. 其一與天爲徒, 其不一與人爲徒, 天與人不相勝也, 是之謂眞人.

2.

죽는 것과 사는 것은 운명이고, 그것이 밤과 낮의 변화와 같이 규칙적인 것은 자연의 필연이다. 그리고 사람이 간섭할 수 없는 것은 모두 사물의 실상이다. 사람은 하늘을 아버지로 삼고 스스로 그를 사랑하는데, 하물며 저 고고한 도道에 대해서야 말할 나위가 있겠는가. 사람은 임금이 자기보다 낫다는 이유만으로도 그를 위해 몸을 바쳐 죽는데, 저 참된 존재에 대해서야 말할 나위가 있겠는가. 샘물이 마르면 물고기들은 땅바닥에 남겨져 입김을 불어 서로 적셔주고, 거품을 내서 서로 적셔준다. 그러나 그것은 강이나 호수 속에서 서로를 잊고 지내는 것만 못하다. 요임금을 찬양하고 걸왕을 비난하기보다는 두 가지를 다 잊어버리고, 자연의 질서에 동화되는 것만 못하다. 대지는 나에게 몸을 주고, 삶으로써 나를 수고롭게 하고, 늙음으로써 나를 편안하게 하고, 죽음으로써 나를 쉬게 한다. 그러므로 나의 삶을 좋다고 생각한다면, 같은 이유로 나의 죽음도 좋게 생각해야 한다. 사람들은 보통 배를 산골짜기에 숨기고, 오구〔汕〕[8]를 호수 속에 숨기고 나서 완벽하게 잘 숨겼다고 말한다. 그러나 한밤중에 힘센 사람이 그것을 짊어지고 달아나도 어리석은 사람은 알지 못한다. 작은 것을 큰 것 속에 숨긴 것은 적절하기는 했지만 그래도 잃어버리는 경우가 있다. 천하를 천하 속에 숨겨놓으면 잃어버릴 수가 없다. 이는 모든 사물에 두루 통하는 중요한 진실이다. 그런데 사람들은 한 번 겨우 사람의 모습으로 태어나서는 그것만 좋아한다. 현재 우리는 사람의 모습을 하고 있지만, 그것은 수만 가지로 변화하여 끝나지 않는 것의 일부일 뿐이니 그 즐거움을 이루 다 헤아릴 수 있겠는가? 그러므로 성인은 사물이 사라지지 않고 모두 고스란히 보존되는 경지에서 노닐고자 한다. 성인은 젊은 것도 좋게 받아들이고 늙는 것도 좋게 받아들이며, 시작도 좋게 받아들이고 마침도 좋게 받아들이기 때문에 사람들이 그를 본받으려 한다. 그러니

---

8 고기잡이 도구의 하나. 굵은 실로 용수 모양으로 만들어 고기가 들어가도록 유인하여 잡는다.

만물萬物의 존재 근거와 모든 변화의 발생 근거에 대해서야 더 말할 나위가 있겠는가?

死生, 命也, 其有夜旦之常, 天也. 人之有所不得與, 皆物之情也. 彼特以天爲父, 而身猶愛之, 而況其卓乎. 人特以有君爲愈乎己, 而身猶死之, 而況其眞乎. 泉涸, 魚相與處於陸, 相呴以濕, 相濡以沫, 不如相忘於江湖. 與其譽堯而非桀也, 不如兩忘而化其道. 夫大塊載我以形, 勞我以生, 佚我以老, 息我以死. 故善吾生者, 乃所以善吾死也. 夫藏舟於壑, 藏山於澤, 謂之固矣. 然而夜半有力者負之而走, 昧者不知也. 藏小大有宜, 猶有所遯. 若夫藏天下於天下, 而不得所遯, 是恒物之大情也. 特犯人之形, 而猶喜之. 若人之形者, 萬化而未始有極也, 其爲樂可勝計邪. 故聖人將遊於物之所不得遯而皆存. 善夭善老, 善始善終. 人猶效之, 而況萬物之所係, 而一化之所待乎.

3.

도道는 실질이 있고 미더움이 있지만 무위無爲하고 무형無形이다. 그것은 전해줄 수는 있지만 받을 수는 없고, 체득할 수는 있지만 볼 수는 없다. 스스로 자기의 뿌리가 되고 옛날부터 원래 있었다. 귀신을 신령스럽게 해주고 하느님을 신령스럽게 해주며, 하늘을 낳고 땅을 낳았다. 태극太極 위에 있지만 높지 않고, 육극六極[9] 아래 있지만 깊지 않다. 천지에 앞서 생겨났지만 오래되지 않았고, 태고太古보다 어른이지만 늙지 않았다. 희위씨狶韋氏[10]는 그것을 얻어서 천지를

9 동, 서, 남, 북 사방의 끝과 상, 하 즉 위와 아래의 끝을 가리키는 말.

10 전설상의 옛 제왕.

다스렸고, 복희씨伏羲氏는 그것을 얻어 기氣의 모체를 이어받았다. 북두성北斗星은 그것을 얻어 영원히 오차가 없다. 해와 달은 그것을 얻어 영원히 쉬지 않는다. 감배堪坏[11]는 그것을 얻어 곤륜산에 들어갔다. 풍이馮夷[12]는 그것을 얻어 큰 강(황하)에서 노닐었다. 견오肩吾(태산의 신)[13]는 그것을 얻어 태산에서 살았다. 황제黃帝는 그것을 얻어 하늘로 올라갔다. 전욱顓頊[14]은 그것을 얻어 현궁玄宮에서 살았다. 우강禺強(북해의 신)은 그것을 얻어 북극에 군림했다. 서왕모西王母[15]는 그것을 얻어 소광산少廣山[16]에 살았는데, 언제 태어났는지도 알 수 없고 언제 죽었는지도 알 수 없다. 팽조彭祖[17]는 그것을 얻어 위로는 유우有虞(순임금)에 이르고 아래로는 오백五伯[18]에 이르도록 오래 살았다. 부열傅說[19]은 그것을 얻어 무정武丁[20]을 도와 천하를 거머쥐었으며, 동유성東維星을 타고 기미성箕尾星[21]에 걸터앉아 뭇별의 대열에 들었다.

夫道, 有情有信, 無爲無形. 可傳而不可受, 可得而不可見. 自本自根, 未有天地, 自古以固存. 神鬼神帝, 生天生地. 在太極之先而不爲高, 在六極之

11 곤륜산의 신.

12 황하의 신. 풍이冰夷, 무이無夷라고도 한다.

13 「소요유」「응제왕」「전자방」 등의 편에서는 보통 사람으로 나오는데, 여기서는 태산의 신으로 바뀌었다.

14 황제黃帝의 손자로 호는 고양씨高陽氏.

15 신화 속의 인물. 여신으로 곤륜산에 산다고 함.

16 서쪽 끝에 있는 산 이름.

17 전욱의 손자로 오백 년을 살았다고 알려진 전설의 인물.

18 하, 은, 주의 걸출한 다섯 명의 왕.

19 은나라 때의 재상.

20 은나라 고종高宗의 이름.

21 동유성과 기미성은 별자리 이름.

下而不爲深, 先天地生而不爲久, 長於上古而不爲老. 狶韋氏得之, 以挈天地. 伏戲氏得之, 以襲氣母. 維斗得之, 終古不忒. 日月得之, 終古不息. 勘坏得之, 以襲崑崙. 馮夷得之, 以遊大川. 肩吾得之, 以處大山. 黃帝得之, 以登雲天. 顓頊得之, 以處玄宮. 禺強得之, 立乎北極. 西王母得之, 坐乎少廣. 莫知其始, 莫知其終. 彭祖得之, 上及有虞, 下及及五伯. 傅說得之, 以相武丁. 奄有天下, 乘東維騎箕尾, 而比於列星.

4.

남백자규南伯子葵[22]가 여우女偊[23]에게 물었다.

"당신은 나이가 많은데도 얼굴이 어린아이 같군요. 어떻게 해서 그런 겁니까?"

여우가 대답했다.

"도道를 들었습니다."

남백자규가 물었다.

"저도 도를 배울 수 있을까요?"

"아니오, 어떻게 가능하겠소? 당신은 그런 자질을 가진 사람이 아닙니다. 복량의卜梁倚[24]라는 사람이 있는데, 그는 성인의 재능은 있었지만 성인의 도가 없었습니다. 나는 성인의 도는 있지만, 성인의 재능이 없습니다. 나는 그를 가르치고 싶었습니다. 그는 어쩌면 정말로 성인이 될지도 모른다고 생각했으니까요. 그렇게까지 되지

22 가공의 인물. 「제물론」 편 첫머리의 남백자기와 같은 인물로 설정된 것 같다.
23 실존 인물인지 분명치 않고, 여자라는 견해도 있음.
24 가공의 인물.

않는다 해도 적어도 성인의 재능이 있는 사람에게 성인의 도를 가르치는 것은 아주 쉽습니다. 나는 그를 지켜보면서 도를 알려주었는데, 그는 3일 만에 온 세상을 잊어버릴 수 있었습니다. 온 세상을 잊어버린 다음에 나는 또 지켜보았었더니 그는 7일 만에 사물을 잊어버릴 수 있었습니다. 사물을 잊어버린 다음에 나는 또 지켜보았더니 그는 9일 만에 삶을 잊어버릴 수 있었습니다. 삶을 잊어버린 다음에 그는 조철朝徹[25]할 수 있게 되었고, 조철한 뒤에는 견독見獨[26]할 수 있었습니다. 견독한 다음에는 고금古今이라는 시간의 구분이 없어졌고, 고금이라는 시간의 구분이 없어진 뒤로는 죽지도 않고 살지도 않는 경지에 들어갈 수 있었습니다. 살아 있는 것을 죽게 하는 것은 스스로는 죽지 않고, 살아나는 것에 생명을 갖게 하는 것은 스스로는 태어나지 않습니다. 그것[道]은 구체적으로 말하면 보내지 않는 것도 없고 받아들이지 않는 것도 없습니다. 또 부서뜨리지 않는 것도 없고 이루어주지 않는 것도 없습니다. 그것을 일컬어 영녕攖寧[27]이라고 합니다. 영녕이라는 것은 어지럽게 뒤섞은 다음에 새로운 것을 이룬다는 뜻입니다."

남백자규가 물었다.

"당신은 누구에게서 도를 들었습니까?"

여우가 대답했다.

"부묵副墨의 아들에게서 들었습니다. 부묵의 아들은 낙송洛誦의 손자에게서 들었고, 낙송의 손자는 첨명瞻明에게서 들었습니다. 첨

25 아침 햇살이 밝아오듯 환하게 깨닫는 것.

26 자기 원인에 의해 존재하고 어떤 것에도 의존하지 않는 존재, 즉 도를 보는 것.

27 글자 그대로 보면 "어지럽게 뒤섞임과 평정"이라는 뜻.

명은 섭허聶許에게서 들었고, 섭허는 수역需役에게서 들었습니다. 수역은 오구於謳에게서 들었고, 오구는 현명玄冥에게서 들었습니다. 현명은 참료參寥에게서 들었고, 참료는 의시疑始[28]에게서 들었습니다."

南伯子葵問乎女偊曰, 子之年長矣, 而色若孺子, 何也. 曰, 吾聞道矣. 南伯子葵曰, 道可得學邪. 曰, 惡. 惡可. 子非其人也. 夫卜梁倚有聖人之才, 而無聖人之道, 我有聖人之道, 而無聖人之才. 吾欲以敎之, 庶幾其果爲聖人乎. 不然, 以聖人之道告聖人之才, 亦易矣. 吾猶守而告之. 吾守之三日, 而後能外天下. 已外天下矣, 吾又守之, 七日而後能外物. 已外物矣, 吾又守之, 九日而後能外生. 已外生矣, 而后能朝徹. 朝徹, 而後能見獨. 見獨, 而後能無古今. 無古今, 而後能入於不死不生. 殺生者不死, 生生者不生. 其爲物, 無不將也, 無不迎也. 無不毁也, 無不成也. 其名爲攖寧. 攖寧也者, 攖而後成者也. 南伯子葵曰, 子獨惡乎聞之. 曰, 聞諸副墨之子, 副墨之子聞諸洛誦之孫, 洛誦之孫聞之瞻明, 瞻明聞之聶許, 聶許聞之需役, 需役聞之於謳, 於謳聞之玄冥, 玄冥聞之參寥, 參寥聞之疑始.

5.

자사子祀, 자여子輿, 자리子犁, 자래子來[29] 네 사람이 모여 말했다.

"누가 무위를 머리로 삼고 삶을 척추로 삼고, 죽음을 엉덩이로 삼을 수 있을까? 누가 삶과 죽음, 존재하는 것과 없어지는 것이 한 가지라는 것을 알 수 있을까? 우리는 그런 사람과 친구가 될 것이다."

28 이상의 부묵副墨, 낙송洛誦, 첨명瞻明, 섭허聶許, 수역需役, 어구於謳, 현명玄冥, 참료參寥, 의시疑始 등은 모두 가공의 인물.

29 자사, 자여, 자리, 자래 네 사람 모두 가공의 인물.

네 사람은 서로 바라보고 웃으면서 마음에 거슬림이 없었다. 그들은 결국 서로 더불어 친구가 되었다. 그러다가 갑자기 자여가 병이 들어 자사가 문병을 갔다.

"위대하기도 하지! 조물주는 나를 이렇게 꼬부랑이로 만들어가고 있어."

그의 모습은 꼽추등 위로 등창이 났고, 오장이 위쪽으로 붙어 있었으며, 턱은 배꼽 속에 파묻혔고, 어깨는 정수리 위로 솟았으며, 뒤로 묶은 머리는 하늘을 가리키고 있었다. 음기와 양기가 서로 어그러져 조화를 이루지 못했지만, 그의 마음은 느긋하여 아무렇지도 않았다. 그는 뒤뚱뒤뚱 걸어가 우물에 자신의 모습을 비추어보면서 말했다.

"아, 조물주는 나를 이렇게 꼬부랑이로 만들어가고 있어."

자사가 물었다.

"너는 그게 싫으냐?"

자여가 대답했다.

"아니야. 내가 왜 싫어해? 만약 나의 왼팔을 천천히 변화시켜 닭으로 만들어버린다면, 나는 그 녀석에게 새벽을 알려달라고 할 것이다. 나의 오른팔을 천천히 변화시켜 탄환으로 만들어버린다면, 나는 그것으로 올빼미를 잡아 구워먹을 거야. 나의 엉덩이를 천천히 변화시켜 수레바퀴로 만들고 나의 정신을 말로 만들어버린다면, 나는 그것을 타면 될 터이니, 수레를 따로 준비할 필요가 있겠나? 그리고 생명을 얻는 것은 우연히 때를 만난 것이고, 그것을 잃는 것은 자연의 변화에 따르는 것이야. 때를 편안하게 받아들이고 변화에 따르면, 슬픔의 감정도 즐거움의 감정도 마음에 끼어들지 못한다. 이것은 옛사람들이 말한 현해懸解, 즉 거꾸로 매달려 있다가 풀려나는 것이야. 그런데 그것을 스스로 풀 수 없는 까닭은 다른 사물이 묶고 있기 때문이지. 개별 사물이 자연의 변화를 이기지 못한 것은 무한히 오래된 일이야. 내가 어찌 그것을 싫어하겠어?"

子祀子輿子犁子來四人, 相與語曰, 孰能以無爲首, 以生爲脊, 以死爲尻. 孰知生死存亡之一體者, 吾與之友矣. 四人相視而笑, 莫逆於心, 遂相與爲友. 俄而子輿有病, 子祀往問之. 曰, 偉哉, 夫造物者, 將以予爲此拘拘也. 曲僂發背, 上有五管, 頤隱於齊, 肩高於頂, 句贅指天. 陰陽之氣有沴, 其心閒而無事, 跰𨇤而鑑於井曰, 嗟乎. 夫造物者又將以予爲此拘拘也. 子祀曰, 女惡之乎. 曰, 亡, 予何惡. 浸假而化予之左臂以爲鷄, 予因以求時夜. 浸假而化予之右臂以爲彈, 予因以求鴞炙. 浸假而化予之尻以爲輪, 以神爲馬, 予因以乘之, 豈更駕哉. 且夫得者, 時也. 失者, 順也. 安時而處順, 哀樂不能入也, 此古之所謂縣解也, 而不能自解者, 物有結之. 且夫物不勝天久矣, 吾又何惡焉.

자래가 갑자기 병에 걸려 숨을 헐떡거리면서 죽어가고 있었다. 아내와 자식들이 그를 둘러싼 채 울고 있었다. 자리가 문병을 가서 말했다.

"쉿, 물러 섰거라. 자연의 변화에 놀라지 마라."

자리는 창문에 기대어 자래에게 말했다.

"자연의 조화가 위대하군. 너를 다시 무엇으로 만들려는 것일까? 너를 어디로 보내려는 것일까? 너를 쥐의 간으로 만들려는 것일까? 너를 벌레의 다리로 만들려는 것일까?"

자래가 말했다.

"부모가 자식에게 동서남북 어느 쪽으로 가라고 하든 자식은 오직 그 명령을 따라야 해. 사람에게 있어 음양陰陽은 부모 못지않아. 그것이 나에게 죽으라고 명령하는데 내가 듣지 않는다면, 나는 거역하는 셈이 되는 거지. 음양의 변화가 무슨 잘못이 있겠어? 대지는 나에게 몸을 주고, 삶으로써 나를 수고롭게 하고, 늙음으로써 나를 편안하게 하고, 죽음으로써 나를 쉬게 하는 거야. 그러므로 나의 삶을 좋은 것이라고 생각한다면, 같은 이유로 나의 죽음도 좋은 것이라고 생각해야지. 가령 대장장이가 쇠붙이를 녹여 뭔가를 만들려고 할 때 쇠붙이가 길길이 뛰면서, '나는 꼭 막야鏌邪[30]가 될 거야'라고 한다면, 대장장이는 분명히 그것을 불길한 쇠붙이라고 생각할 거야. 지금 우리는 우연히 한 번 사람의 모습으로 만들어졌을 뿐인데, '사람으로 남아 있을 거야, 사람으로 남아 있을 거야'라고 한다면 조물주는 분명히 그를 불길한 것이라고 생각하겠지. 지금 천지는 거대한 용광로이고, 변화는 대장장이야. 어떻게 변한들 좋지 않을 것이 있겠나? 편안히 잠들었다가 홀연히 깨어날 거야."

俄而子來有病, 喘喘然將死. 其妻子環而泣之. 子犁往問之曰, 叱. 避. 無怛化. 倚其戶與之語曰, 偉哉造化. 又將奚以汝爲, 將奚以汝適. 以汝爲鼠肝乎. 以汝爲蟲臂乎. 子來曰, 父母於子, 東西南北, 唯命之從. 陰陽於人, 不翅於父母. 彼近吾死而我不聽, 我則悍矣, 彼何罪焉. 夫大塊以載我以形, 勞我以生, 佚我以老, 息我以死. 故善吾生者, 乃所以善吾死也. 今大冶鑄金, 金踴躍曰, 我且必爲鏌邪. 大冶必以爲不祥之金. 今一犯人之形而曰, 人耳. 人耳. 夫造化者必以爲不祥之人. 今一以天地爲大爐, 以造化爲大冶, 惡乎

30 명검 이름.

往而不可哉. 成然寐, 遽然覺.

6.

자상호子桑戶, 맹자반孟子反, 자금장子琴張[31] 세 사람이 함께 모여 말했다.

"누가 함께 있다는 생각 없이 함께 있을 수 있으며, 도와준다는 생각 없이 도와줄 수 있을까? 누가 하늘에 올라 운무 속에서 노닐고 이러저런 모습으로 끝없이 변화하면서 삶을 잊고 죽음을 무시할 수 있을까?"

세 사람은 서로 바라보면서 미소 지었고 마음에 거슬림이 없어 마침내 친구가 되었다. 아무 일 없이 시간이 좀 흐른 뒤 자상호가 죽었다. 장례를 치르기 전에 공자가 그 소식을 듣고 자공子貢[32]을 보내 장례 일을 돕게 했다. 그런데 어떤 사람은 편곡을 하고 어떤 사람은 거문고[琴]를 연주하며 서로 어울려 노래를 불렀다.

"아, 자상호여. 아, 자상호여. 너는 이미 원래의 모습으로 돌아갔는데, 우리는 아직 사람으로 남아 있구나."

자공이 잰걸음으로 그들 앞에 나아가 말했다.

"죄송한 말씀입니다만, 주검을 앞에 놓고 노래를 부르는 것이 예에 맞습니까?"

31 자상호는 『논어』「옹야」편에 나오는 자상백자子桑伯子이고, 맹자반은 「옹야」편의 맹지반孟之反이고, 자금장은 공자의 제자 금장琴張일 것이라는 견해가 있기는 하지만, 역사적으로 실존했던 인물인가 아닌가는 별 의미가 없다. 이름은 비슷할지 모르지만 인물의 성격은 이 편의 글을 쓴 사람의 창작이다.

32 공자의 제자. 이름은 단목사端木賜.

두 사람은 서로 쳐다보고 웃으면서 말했다.

"이 사람이 어떻게 예의 의미를 알겠는가?"

자공이 돌아와 그 일을 공자에게 이야기하고 나서 물었다.

"그들은 뭐하는 사람들입니까? 덕행을 닦는 것도 없고 자신의 육체를 도외시하더군요. 그들은 시신을 앞에 두고 노래를 부르면서 얼굴 표정 하나 변하지 않으니, 뭐라고 형언할 방법이 없습니다. 그들은 뭐하는 사람들입니까?"

공자가 말했다.

"그들은 세상 밖에서 노는 사람들이고, 나는 세상 안에서 사는 사람이다. 세상 안과 세상 밖은 서로 통할 수 없는데도 너에게 조문을 가게 했으니 내가 생각이 짧았다. 그들은 조물주와 벗이 되어 천지의 일기一氣 속에서 노닌다. 그들은 삶을 혹이나 사마귀가 붙어 있는 것으로 생각하며, 죽음을 등창이나 악창이 터지는 것쯤으로 생각한다. 그런 사람들이 삶과 죽음 가운데 어떤 것이 중요하고 어떤 것이 안 중요한지를 어떻게 알겠느냐? 그들이 볼 때 사물은 겉으로는 각기 다른 모습을 잠깐 빌려 쓰고 있지만, 실제로는 서로 한 몸으로 뒤섞여 있다. 그들은 안으로는 자신들의 간이나 쓸개조차 잊어버리고 있으며, 밖으로는 자신들의 귀나 눈마저 잊어버리고 있다. 그들이 볼 때 모든 것의 시작과 끝은 계속 반복되어 그 끝을 알 수 없다. 그들은 세속 밖에서 멍한 모습으로 방황하고, 아무것도 하지 않으면서 소요하는 것을 업으로 삼고 있다. 그러니 그들이 또 무엇하러 굳이 번거롭게 세속의 예를 행하여 뭇사람의 이목을 끌려고 하겠느냐?"

자공이 말했다.

"그렇다면 선생님께서는 어느 쪽에 서시겠습니까?"

공자가 말했다.

"나는 하늘로부터 형벌을 받아 세속의 속박을 벗어나지 못하는 사람이다. 그렇지만 나는 너희와 함께 그들의 방법을 추구할 것이다."

자공이 말했다.

"그 방법을 알고 싶습니다."

공자가 말했다.

"물고기는 물에서 살아가고, 사람들은 도에서 살아간다. 물에서 살아가는 것들은 연못을 파주면 충분히 살아가게 할 수 있다. 도에서 살아가는 자들은 별일만 없으면 삶이 안정된다. 그래서 '물고기는 강이나 호수에서 서로를 잊고, 사람은 도술道術 속에서 서로를 잊는다'는 말이 있다."

자공이 말했다.

"기인奇人이 무엇인지 알고 싶습니다."

"기인은 인간 세상에서는 이상하게 보이지만 하늘(자연)과는 일치한다. 그러므로 '하늘의 소인은 인간 세상에서는 군자이고, 인간 세상의 군자는 하늘에서는 소인이다'라고 말하는 것이다."

子桑戶孟子反子琴張, 三人相與友曰, 孰能相與於無相與, 相與於無相爲. 孰能登天遊霧, 撓挑無極. 相忘以生, 無所終窮. 三人相視而笑, 莫逆於心, 遂相與友. 莫然有間, 而子桑戶死. 未葬, 孔子聞之, 使子貢往侍事焉. 或編曲, 或鼓琴, 相和而歌曰, 嗟來桑戶乎. 嗟來桑戶乎. 而已反其眞, 而我猶爲人猗. 子貢趨而進曰, 敢問臨尸而歌, 禮乎. 二人相視而笑曰, 是惡知禮意. 子貢反, 以告孔子曰, 彼何人者邪. 修行無有, 而外其形骸, 臨尸而歌, 顏色不變, 無以命之. 彼何人者邪. 孔子曰, 彼遊方之外者也, 而丘遊方之內者也. 外內不相及, 而丘使女往弔之, 丘則陋矣. 彼方且與造物者爲人, 而遊乎天地之一氣. 彼以生爲附贅縣疣, 以死爲決疣潰癰. 夫若然者, 又惡知死生先后之所在. 假於異物, 托於同體. 忘其肝膽, 遺其耳目. 反覆終始, 不知端倪. 芒然彷徨乎塵垢之外, 逍遙乎無爲之業. 彼又惡能憒憒然爲世俗之禮, 以觀衆人之耳目哉. 子貢曰, 然則夫子何方之依. 孔子曰, 丘天之戮民也. 雖然, 吾與汝共之. 子貢曰, 敢問其方. 孔子曰, 魚相造乎水, 人相造乎道. 相造乎水者, 穿池而養給. 相造乎道者, 無事而生定. 故曰, 魚相忘乎江湖, 人相忘乎道術. 子貢曰, 敢問畸人. 曰, 畸人者, 畸於人而侔於天. 故曰, 天之小人, 人之君子. 人之君子, 天之小人也.

7.

안회가 중니에게 물었다.

"맹손재孟孫才[33]는 자신의 어머니가 죽었을 때 곡은 하면서도 눈물을 흘리지 않았고, 마음속으로도 슬퍼하지 않았으며, 상중에도 애달파하지 않았습니다. 이 세 가지가 없었는데도 노나라에서 가장 상을 잘 치른 사람으로 꼽힙니다. 상을 잘 치른 사실이 전혀 없는데도 이름만 얻은 것은 아닌지요? 저는 계속 그 점을 이상하게 생각해 왔습니다."

중니가 말했다.

"맹손씨는 극진했다. 상례喪禮를 알고 있는 사람보다 더 훌륭했

33 노나라의 귀족으로 삼환씨의 후손.

다. 그는 상을 간소하게 치르려고 했지만 어쩔 수 없는 부분이 있었다. 하지만 세속의 상례에 비하면 이미 간소하게 한 것이다. 맹손씨는 태어나는 까닭을 알지 못하고 죽는 이유를 알지 못한다. 그는 삶과 죽음 가운데서 어떤 것이 좋은 것인지 알지 못하고, 어떤 것이 안 좋은 것인지 알지 못한다. 그저 무엇으로 변하더라도 따르기만 하면서 자기로서는 알 수 없는 변화를 기다릴 뿐이다. 그리고 막 변하려고 하는 그 순간에 아직 변하지 않았다는 것을 우리가 어떻게 알겠으며, 변화를 막 멈추려고 하는 그 순간에 이미 변해버렸다는 것을 우리가 어떻게 알겠느냐? 나와 너는 아마도 인생이라는 꿈속을 헤매면서 아직 깨어나지 못하고 있는 것 같구나. 그리고 그에게 있어 몸이 변형은 있어도 마음의 손상은 없으며, 육체의 변화는 있어도 정신의 소멸은 없다. 맹손씨는 홀로 깨어 있었지만, 다른 사람이 곡을 했기 때문에 그에 따라 곡을 했던 것뿐인데, 이것이 그가 그렇게 칭송을 받는 이유다. 사람들은 자신의 몸을 가리켜 나의 것이라고 말하지만, 우리가 말한 그것이 나의 것임을 어떻게 알겠느냐? 그리고 너는 꿈에서 새가 되어 하늘로 날아오르기도 하고, 꿈에 물고기가 되어 연못 속으로 숨어들기도 할 것이다. 모를 일이다. 지금 말하고 있는 내가 깨어 있는 것인지 혹은 꿈을 꾸고 있는 것인지. 굉장히 흡족한 상황에 처해서는 미처 웃지 못하고, 웃음이 표정으로 드러날 때는 이미 변해버린 현실과 맞지 않는다. 자연의 작용을 편안히 받아들이고 그에 따라 같이 변화해가면 비로소 저 무궁한 자연과 하나가 되는 경지에 들어갈 것이다."

顏回問仲尼曰, 孟孫才, 其母死, 哭泣無涕, 中心不慼, 居喪不哀. 無是三者, 以善喪蓋魯國, 固有無其實, 而得其名者乎. 回一怪之. 仲尼曰, 夫孟孫氏盡之矣, 進於知矣. 唯簡之而不得, 夫已有所簡矣. 孟孫氏不知所以生, 不知所以死. 不知就先, 不知就后. 若化爲物, 以待其所不知之化已乎. 且方將化, 惡知不化哉. 方將不化, 惡知已化哉. 吾特與汝, 其夢未始覺者邪. 且彼有駭形而無損心, 有旦宅而無情死. 孟孫氏特覺, 人哭亦哭, 是自其所以乃. 且也相與吾之耳矣, 庸詎知吾所謂吾之乎. 且汝夢爲鳥而厲乎天, 夢爲魚而沒於淵. 不識今之言者, 其覺者乎. 其夢者乎. 造適不及笑, 獻笑不及排, 安排而去化, 乃入於寥天一.

8.

의이자意而子[34]가 허유許由[35]를 만났을 때 허유가 물었다.

"요堯는 너에게 무엇을 가르쳐주더냐?"

의이자가 대답했다.

"요임금께서는 저에게 '너는 반드시 인仁과 의義를 몸소 실천하고 옳고 그름을 분명히 밝혀 말하라'라고 했습니다."

허유가 말했다.

"그렇다면 너는 여기에 무엇 하러 왔느냐? 요가 이미 너에게 인과 의로써 묵형墨刑[36]을 주었고, 너에게 시비로써 의형劓刑[37]을 내렸는데, 네가 어떻게 자유분방하고 변화무쌍한 도道의 경지에서 노닐 수 있겠느냐?"

34 가공의 인물.

35 고대의 고사高士로 알려진 인물. 『장자』에서 요임금의 스승으로 그려지기도 한다.

36 이마에 문신을 새기는 형벌.

37 코를 베는 형벌.

의이자가 말했다.

"그렇기는 하지만, 저는 그 근처에서나마 노닐고 싶습니다."

허유가 말했다.

"안 된다. 맹인은 미인의 아름다움에 대해 참견할 방법이 없고, 소경은 보불黼黻[38]의 화려함에 대해 참견할 근거가 없는 법이다."

의이자가 말했다.

"무장無莊이 자신의 아름다움을 잊고,[39] 거량據梁이 자신의 힘을 잊고[40] 황제黃帝가 자신의 지력을 잊은 것은 모두 조물주의 제련에 의해서 그렇게 된 것일 뿐입니다. 조물주가 저의 묵형을 없애고 저의 의형 자국을 메워주어 제가 온전한 몸으로 선생님을 따르게 하지 않을 것이라는 점을 어떻게 알겠습니까?"

허유가 말했다.

"아, 알 수 없지. 내가 너에게 개략적인 내용을 설명해주겠다. 나의 스승, 나의 스승께서는 만물을 만들어내면서도 그것을 의義로 여기지 않고, 은택을 만대에까지 미치면서도 그것을 인仁으로 여기지 않고, 태고太古보다 어른이지만 늙지 않았고, 하늘과 땅을 덮어주고 떠받쳐주면서 형체 있는 온갖 것을 조각해내는데도 재주 있다고 여기지 않는다. 그곳이 바로 우리가 노니는 경지다."

意而子見許由. 許由曰, 堯何以資汝. 意而子曰堯謂我. 汝必躬服仁義而明言是非. 許由曰, 而奚爲來軹. 夫堯旣已黥汝以仁義, 而劓汝以是非矣. 汝將

38 관리의 예복에 수놓은 화려한 문양.

39 무장은 미인의 이름으로 도를 듣고 나서 꾸미지 않아 아름다움을 잊었다고 한다(성현영의 풀이).

40 거량은 힘이 센 무사의 이름으로 도를 듣고 나서 여성의 부드러움을 실천했고 그 때문에 강인함을 잃었다고 한다(성현영의 풀이).

何以遊夫遙蕩恣睢轉徙之塗乎. 意而子曰, 雖然, 吾願遊於其藩. 許由曰, 不然. 夫盲者無以與乎眉目顏色之好, 瞽者無以與乎青黃黼黻之觀. 意而子曰, 夫無莊之失其美, 據梁之失其力, 黃帝之亡其知, 皆在鑪捶之間耳. 庸詎知夫造物者之不息我黥而補我劓, 使我乘成以隨先生邪. 許由曰, 噫. 未可知也. 我爲汝言其大略. 吾師乎. 吾師乎. 䪢萬物而不爲義, 澤及萬世而不爲仁, 長於上古而不爲老, 覆載天地刻彫衆形而不爲巧. 此所遊已.

9.
안회가 말했다.
"저는 좀 진전이 있었습니다."
공자가 물었다.
"무슨 말이냐?"
"저는 인의仁義를 잊었습니다."
"좋다. 그러나 아직 부족하다."
다음에 다시 만나 말했다.
"저는 좀 진전이 있었습니다."
"무슨 말이냐?"
"저는 예악禮樂을 잊었습니다."
"좋다. 그러나 아직 부족하다."
다음에 다시 만나 말했다.
"저는 좀 진전이 있었습니다."
"무슨 말이냐?"
"저는 좌망坐忘할 수 있습니다."

중니가 깜짝 놀라서 물었다.

"좌망이라는 것이 무엇이냐?"

안회가 설명했다.

"몸의 감각을 물리치고, 마음의 지각을 없애버립니다. 몸의 지각에서 떠나고 마음의 지각에서 멀어지면 대도大道와 하나가 됩니다. 이것을 좌망이라고 합니다."

중니가 말했다.

"대도와 하나가 되면 편애가 없고, 그와 함께 변화하면 집착이 없어질 것이다. 너는 정말 똑똑하구나. 나도 너의 뒤를 따르겠다."

顏回曰, 回益矣. 仲尼曰, 何謂也. 曰, 回忘仁義矣. 曰, 可矣, 猶未也. 它日, 復見曰, 回益矣. 曰, 何謂也. 曰, 回忘禮樂矣. 曰, 可矣, 猶未也. 他日復見曰, 回益矣. 曰, 何謂也. 曰, 回坐忘矣. 仲尼蹴然曰, 何謂坐忘. 顏回曰, 墮肢體, 黜聰明, 離形去知, 同於大通, 此謂坐忘. 仲尼曰, 同則無好也, 化則無常也. 而果其賢乎. 丘也請從而後也.

10.

자여子輿는 자상子桑과 친구로 지냈는데, 언젠가 열흘 동안 장맛비가 내렸다. 자여는 혼자 중얼거렸다.

"자상이 굶주려서 아마 병이 났을 거야."

자여는 자상에게 먹이기 위해 밥을 싸들고 갔다. 자상의 집 문 앞에 이르렀을 때 노래를 부르는 것 같기도 하고 흐느끼는 것 같기도 한 소리가 들렸다. 자상이 거문고〔琴〕를 타면서 노래를 부르고 있었던 것이다.

"아버지 탓인가, 어머니 탓인가, 하늘 탓인가, 사람 탓인가?"

그는 소리도 제대로 내지 못하고, 박자도 없이 다급하게 가사를 내뱉었다. 자여가 들어가 말했다.

"너는 무슨 노래를 그렇게 부르는 거냐?"

"나는 나를 이토록 극심한 곤경에 이르게 한 것이 무엇인지 생각해보았지만, 결국 그 원인을 찾지 못했어. 부모가 어찌 내가 가난하기를 바랐겠는가? 하늘이 사심으로 만물을 덮어주는 것도 아니고, 땅이 사심으로 만물을 떠받쳐주는 것도 아닌데, 하늘이나 땅이 어찌 사심으로 나를 가난하게 했겠는가? 나를 이렇게 만든 것을 찾아보았지만 결국 찾지 못했어. 그러니 이렇게 극심한 가난에 빠진 것은 운명인 것 같네."

子輿與子桑友. 而霖雨十日, 子輿曰, 子桑殆病矣. 裹飯而往食之. 至子桑之門, 則若歌若哭, 鼓琴曰, 父邪. 母邪. 天乎. 人乎. 有不任其聲而趨擧其詩焉. 子輿入曰, 子之歌詩, 何故若是. 曰, 吾思夫使我至此極者而弗得也. 父母豈欲吾貧哉. 天無私覆, 地無私載, 天地豈私貧我哉. 求其爲之者而不得也. 然而至此極者, 命也夫.

제7편 | 응제왕

應帝王

이 편은 분명하게 나누어지는 7개의 장으로 구성되어 있다. 1장부터 4장까지는 모두 세상을 다스리는 문제에 대하여 언급하고 있고, 5장은 다소 엉뚱한 소재를 다루고 있다. 그리고 6장은 무심無心을 강조한 잠언이고 마지막 7장은 유명한 혼돈 우화다. 5장 이후부터는 앞의 장들과 다소 일관성이 없어 보이기는 하지만, 이 편 전체에서 강조하고자 하는 것은 본래의 타고난 자연 상태를 유지하거나 혹은 회복하는 것이다.

이 편에서는 이상적인 정치의 핵심은 바로 백성에게 어떤 이념이나 명분의 실천도 요구하지 않는 데 있다는 점을 반복하여 강조한다. 즉 백성에게 아무것도 요구하지 않는 것이 가장 이상적인 정치라는 것이다. 백성을 다스린다거나 교화한다는 발상 자체가 이미 잘못되었다고 보는 것이다. 누군가는 다스리고 누군가는 그 다스림을 받는다는 생각, 혹은 누군가는 교육하고 누군가는 그것을 통해 교화된다는 그 생각은 자연적인 것이 아니라 지극히 의도적이고 계산된 것으로서 그것은 백성의 삶의 질을 향상시키는 것이 아니라 오히려 백성을 고통스럽게 한다고 보았다. 이것은 결국 다스린다는 것, 정치라는 것은 유가의 도덕적 방식이든 법가의 법률적 방식이든 모두 백성을 육체적·정신적으로 속박하는 도구일 뿐이라는 생각이다. 자연스럽고 자유롭게 살아가는 백성을 제도나 도덕으로 속박한다면 그것은 백성에게나 지도자의 위치에 있는 자에게나 모두 불행하다는 것이 이 편의 저변에 흐르는 생각이다. 따라서 가장 이상적인 지도자는 백성을 그냥 내버려두고 간섭하지 않는다. 그리고 자신은 마음을 텅 비우고 편안하게 놀기만 한다. 이것이 도가적인 무위정치 사상이다. 이러한 무위정치 사상을 여기서는 대강만 말하고 있지만, 외편과 잡편에서는 보다 구체적이고 때로는 조금 과격한 쪽으로 전개해 나간다.

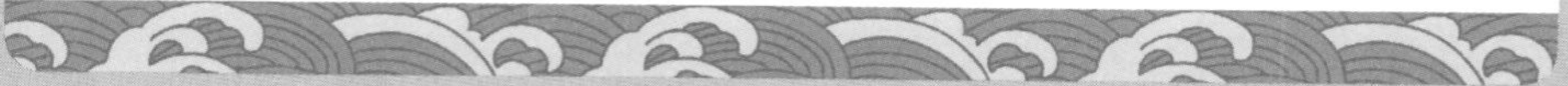

1.

설결齧缺이 왕예王倪[1]에게 물었는데, 네 가지를 물었지만 네 가지 다 몰랐다. 그 때문에 설결은 펄쩍펄쩍 뛰면서 크게 기뻐하고 그 사실을 포의자蒲衣子에게 알렸다. 포의자가 말했다.

"너는 이제서야 알았느냐? 유우씨(순임금)는 태씨(복희)에 미치지 못한다. 유우씨는 인仁을 품고 사람들에게 그것을 강요했다. 그렇게 해서 사람들의 마음을 얻기는 했지만, 다른 사람이 틀렸다고 생각하는 데서 벗어나지 못했다. 태씨는 누워 잘 때는 편안했고 깨어 있을 때는 느긋했으며, 어떤 때는 자기를 말이라고 생각하는가 하면, 또 어떤 때는 자기를 소라고 생각했다. 그의 지혜는 실질적이고 미더웠으며 그의 덕은 매우 진실했고, 다른 사람을 틀렸다고 생각한 적이 없다."

齧缺問於王倪, 四問而四不知. 齧缺因躍而大喜, 行以告蒲衣子. 蒲衣子曰,

1 설결과 왕예 모두 가공의 인물. 뒤에 나오는 포의자 역시 가공의 인물.

而乃今知之乎. 有虞氏不及泰氏. 有虞氏, 其猶藏仁以要人. 亦得人矣, 而未始出於非人. 泰氏, 其臥徐徐, 其覺于于. 一以己爲馬, 一以己爲牛. 其知情信, 其德甚眞, 而未始入於非人.

2.

견오肩吾[2]가 미치광이 접여接輿[3]를 만났다. 미치광이 접여가 물었다.

"예전에 중시中始[4]가 너에게 무슨 말을 해주었니?"

견오가 대답했다.

"그는 나에게 '군주의 자리에 있는 사람이 직접 법률과 규범을 만들어 공포하면 누가 감히 듣지 않고 교화되지 않겠는가'라고 말했어."

미치광이 접여가 말했다.

"그것은 위선이야. 그런 방법으로 세상을 다스리려는 것은 마치 맨발로 바다를 건너고 맨손으로 운하를 파려는 것과 같고, 모기에게 산을 짊어지게 하려는 것과 같아. 성인聖人의 다스림이 외부의 대상을 다스리는 것일까? 자기를 바르게 하고 나서 행동하고, 사람들도 그렇게 잘 할 수 있도록 해주는 것일 뿐이야. 새는 높이 날아서 주살의 위험을 피하고, 생쥐는 제단 아래 굴을 깊이 파서 연기를 피우거나 구멍을 뚫고 들어오는 침입자의 위험을 피하는데, 백성이

---

2 가공의 인물. 「소요유」 편에 나왔음.

3 초나라 사람으로 미친 척 하고 다녔기 때문에 초광접여楚狂接輿라고 부르며, 「소요유」 편과 「인간세」 편 그리고 『논어』에도 나온다.

4 옛날의 현인으로 알려진 인물. 앞에 나오는 일日자를 성으로 보기도 하고, 직업, 즉 점을 치는 사람으로 풀이하기도 한다.

아무려면 이 두 동물보다 못할까?"

肩吾見狂接輿. 狂接輿曰, 日中始何以語女. 肩吾曰, 告我君人者, 以己出經式義度, 人孰敢不聽而化諸. 狂接輿曰, 是欺德也. 其於治天下也, 猶涉海鑿河而使蚊負山也. 夫聖人之治也, 治外乎. 正而後行, 確乎能其事者而已矣. 且鳥高飛以避矰弋之害, 鼷鼠深穴乎神丘之下以避熏鑿之患, 而曾二蟲之無知.

3.

천근天根이 은산殷山의 남쪽에서 노닐다가 요수蓼水 강가에 이르러 우연히 무명인(이름 없는 사람)을 만나 물었다.

"세상 다스리는 방법을 알고 싶습니다."

무명인이 말했다.

"저리 가거라. 너는 천박한 사람이다. 무슨 그런 불쾌한 질문을 하는 거냐? 나는 지금 조물주와 벗이 되어 노닐고, 그러다 싫증이 나면 또 아스라이 날아가는 새를 타고 육극六極 밖으로 나가 아무것도 없는 마을에서 노닐다가, 사방 끝이 없는 들판에서 쉴 것이다. 너는 또 무엇 때문에 세상 다스리는 일로 내 마음을 뒤흔들려고 하느냐?"

다시 묻자 무명인이 대답했다.

"너는 마음을 고요한 상태로 풀어놓고, 기를 맑게 하나로 모으고, 사물의 자연스러운 변화에 따르되 너의 사심이 끼어들게 하지 않도록 해라. 그러면 세상은 저절로 잘 다스려질 것이다."

天根遊於殷陽, 至蓼水之上, 適遭無名人而問焉曰, 請問爲天下. 無名人曰,去. 汝鄙人也, 何問之不豫也. 予方將與造物者爲人, 厭則又乘夫莽眇之鳥, 以出六極之外, 而遊無何有之鄕, 以處壙埌之野. 汝又何帠以治天下感予之心爲. 又復問, 無名人曰, 汝遊心於淡, 合氣於漠, 順物自然而無容私焉, 而天下治矣.

4.

양자거陽子居[5]가 노담(노자)을 만나 말했다.

"예를 들어 어떤 사람이 있는데, 그는 메아리처럼 빠르고 강인하며, 만물을 훤히 꿰뚫어보고, 도道를 배우는 데 게으르지 않습니다. 이와 같은 사람이라면 총명한 임금〔明王〕이 될 만하겠습니까?"

노담이 말했다.

"그런 사람은 성인의 눈으로 보면 자신의 기술을 믿고 제 몸을 속박하는 서리胥吏와 같이 몸을 수고롭게 하고 마음을 근심스럽게 하는 자일 뿐이야. 호랑이와 표범의 무늬는 사냥꾼을 불러들이고, 원숭이의 재주나 털북숭이 소를 잡는 개는 스스로 올가미에 걸리는 결과를 초래한다. 이와 같은 동물들도 총명한 임금이 될 수 있겠느냐?"

양자거는 표정을 바꾸면서 말했다.

"총명한 임금의 정치에 대하여 알고 싶습니다."

노담이 설명했다.

"총명한 임금의 정치는 공적이 온 세상을 덮어도 자기가 하지 않은 것처럼 하고, 만물에 영향을 끼쳐도 백성이 눈치채지 못하게 한

5 도가의 한 사람인 양주楊朱를 가리킨다.

다. 공이 있어도 이름이 드러나지 않게 하고, 사물들이 저절로 즐거워하게 한다. 그는 헤아릴 수 없는 경지에 서서 없음을 즐기는 사람이다."

陽子居見老聃曰, 有人於此, 嚮疾彊梁, 物徹疏明, 學道不倦. 如是者, 可比明王乎. 老聃曰, 是於聖人也, 胥易技係, 勞形怵心者也. 且也虎豹之文來田, 猨狙之便執狸之狗來藉. 如是者, 可比明王乎. 陽子居蹴然曰, 敢問明王之治. 老聃曰, 明王之治. 功蓋天下而似不自己, 化貸萬物而民弗恃. 有莫擧名, 使物自喜. 立乎不測, 而遊於無有者也.

5.

정나라에 계함季咸이라는 신령스러운 무당이 있었다. 그는 사람이 죽을 것인지 살 것인지, 운수가 좋을지 나쁠지, 명이 긴지 짧은지 등을 연월일까지 꼭 집어내어 귀신처럼 알아맞혔다. 그래서 정나라 사람들은 그를 보면 모두 냅다 달아나버리곤 했다. 그런데 열자列子는 그를 보고서는 그에게 흠뻑 빠져서 호자壺子[6]에게 돌아가 그에 대해 말했다.

"이전까지 저는 선생님의 도가 가장 높은 줄 알았으나 이런 경지에 이른 사람이 또 있습니다."

호자가 말했다.

"나는 너에게 도의 형식적인 것은 모두 가르쳐주었지만, 실질적 내용은 아직 다 가르치지 않았는데, 너는 정말로 도를 얻었단 말이

6 열자의 스승으로 알려져 있는 인물. 성이 호구壺口이고 이름이 임林으로 호구자壺口子라고도 부른다.

냐? 수컷이 많아도 암컷이 없다면 어떻게 알을 낳겠느냐? 너는 자신의 재능을 가지고 세상 사람들과 겨루려고 하다가 분명히 네 본 모습을 노출시켰을 것이다. 그 때문에 다른 사람이 너의 관상을 볼 수 있게 하고 만 거야. 그를 한번 데려와 내 관상을 보게 해라."

鄭有神巫曰季咸. 知人之死生存亡禍福壽夭, 期以歲月旬日, 若神. 鄭人見之, 皆奔而走. 列子見之而心醉, 歸以告壺子曰, 始吾以夫子之道爲至矣, 則又有至焉者矣. 壺子曰, 吾與汝旣其文, 未旣其實. 而固得道與. 衆雌而無雄, 而又奚卵焉. 而以道與世亢. 必信. 夫故使人得而相汝. 嘗試與來, 以予示之.

다음날 열자는 계함과 함께 호자를 만났다. 계함은 밖으로 나와서 열자에게 말했다.

"어이구, 자네 선생님은 돌아가시겠네. 살지 못해. 열흘도 안 남았어. 나는 이상한 것을 보았어. 젖은 재를 보았어."

열자가 들어가 눈물이 옷깃을 적시도록 울면서 그 사실을 호자에게 알렸다. 호자가 말했다.

"아까 나는 그에게 지문地文[7]을 보여주었다. 산처럼 움직이지도 않고 멈추어 있지도 않는 것이지. 그 때문에 그는 아마 나의 생기가 막혀 있는 조짐을 보았을 것이다. 어디 다시 데려 와보아라."

그 다음날 또 계함과 함께 호자를 만났다. 계함은 밖으로 나와서 열자에게 말했다.

"자네의 선생님이 나를 만난 건 행운이야. 좋아졌네. 완전히 살아

7 고요한 땅의 모습.

났어. 나는 그분의 막혀 있는 기 속에서 움직임이 있는 것을 보았네."

열자가 들어가 그 사실을 호자에게 알렸다. 호자가 말했다.

"아까 나는 그에게 천양天壤[8]을 보여주었다. 명분이나 실리에 대한 생각이 마음속에 들어오지 못하고 생기가 발뒤꿈치에서 피어 나오지. 그 때문에 아마 나의 생명이 되살아나는 조짐을 보았을 것이다. 어디 다시 데려 와보아라."

그 다음날 또 계함과 함께 호자를 만났다. 계함은 밖으로 나와서 열자에게 말했다.

"자네 선생님은 상相이 일정치 않아. 나는 상을 볼 수가 없어. 안정되거든 다시 상을 보기로 하지."

열자가 들어가 그 사실을 호자에게 알렸다. 호자가 말했다.

"나는 아까 그에게 태충막승太沖莫勝[9]을 보여주었다. 그 때문에 그는 내 속에서 음양의 기가 동등한 세력으로 대치되어 있는 조짐을 보았을 것이다. 고래처럼 큰 물고기가 몸을 돌릴 때 깊게 패인 곳이 연못이 되기도 하고, 멈추어 있는 물이 한 곳에 모여 연못이 되기도 하고, 흐르는 물이 한 곳에 모여 연못이 되기도 한다. 연못에는 아홉 가지 종류가 있는데, 이것들은 그 가운데 세 가지에 해당한다. 어디 다시 데려 와보아라."

明日, 列子與之見壺子. 出而謂列子曰, 嘻. 子之先生死矣. 弗活矣. 不以旬數矣. 吾見怪焉, 見濕灰焉. 列子入, 泣涕沾襟以告壺子. 壺子曰, 鄉吾示之以地文, 萌乎不震不正, 是殆見吾杜德機也. 嘗又與來. 明日, 又與之見壺子. 出而謂列子曰, 幸矣. 子之先生遇我也, 有瘳矣. 全然有生矣. 吾見其杜

8 음양이 결합하여 꿈틀거리는 모습.

9 음양의 기가 서로 대치하여 막상막하의 형국을 이룬 모습.

權矣. 列子入, 以告壺子. 壺子曰, 鄕吾示之以天壤, 名實不入, 而機發於踵. 是殆見吾善者機也. 嘗又與來. 明日, 又與之見壺子. 出而謂列子曰, 子之先生不齊, 吾無得而相焉. 試齊, 且復相之. 列子入, 以告壺子. 壺子曰, 吾鄕示之以以太沖莫勝, 是殆見吾衡氣機也. 鯢桓之審爲淵, 止水之審爲淵, 流水之審爲淵. 淵有九名, 此處三焉. 嘗又與來.

그 다음날 또 계함과 함께 호자를 만났다. 계함은 선 채로 미처 자리를 잡기도 전에 망연자실 놀라서 달아나버렸다. 호자가 말했다.

"쫓아가라."

열자가 그의 뒤를 쫓았지만 따라갈 수 없었다. 그는 돌아와 호자에게 보고했다.

"사라졌습니다. 이미 놓쳐버려 따라갈 수 없었습니다."

호자가 말했다.

"아까 나는 그에게 나의 근본이 전혀 나타나지 않은 상태를 보여주었다. 나는 그와 함께 하면서 나 자신을 텅 비우고 따르기만 했다. 그는 내가 누구인지, 무엇을 하는지 알지 못했을 것이다. 따라서 그는 나를 바람에 나부끼는 풀이라고 생각하기도 하고, 또 바람에 출렁이는 물결이라고 생각하기도 했을 것이다. 그래서 도망간 것이다."

그뒤 열자는 애초부터 아무것도 배운 것이 없다고 생각하고 돌아와 3년 동안 밖으로 나오지 않았다. 그는 자기의 아내를 위해 밥을 지었고, 사람을 대접하듯 돼지에게 밥을 먹였다. 세상일에 대하여 특별히 마음 기울이는 것도 애정을 갖는 것도 없었고, 과거에 갈고 닦았던 것들을 모두 본래의 소박한 상태로 되돌려놓고, 흙덩이처럼 우두커니 홀로 서 있었다. 혼란스러운 바깥 세상에 대해 그는 마음의 문을 닫아버리고, 한결같이 그렇게 지내다가 생을 마쳤다.

明日, 又與之見壺子. 立未定, 自失而走. 壺子曰, 追之. 列子追之不及. 反以報壺子曰, 已滅矣, 已失矣, 吾弗及已. 壺子曰, 鄕吾示之以未始出吾宗. 吾與之虛而委蛇, 不知其誰何, 因以爲弟靡, 因以爲波流, 故逃也. 然後列子自以爲未始學而歸. 三年不出, 爲其妻爨, 食豕如食人, 於事無與親. 彫琢復朴, 塊然獨以其形立. 紛而封哉, 一以是終.

6.

명예의 주인이 되지 말고, 모략의 창고가 되지 말아라. 일의 책임자가 되지 말고, 지식의 주인이 되지 말아라. 무궁한 변화를 남김없이 다 받아들이고, 아무 흔적도 없는 곳에 마음을 풀어놓아라. 자연으로부터 받은 것을 남김없이 다 향유하되 그 밖의 것을 추구하지 말고 그저 텅 비우기만 하여라. 지인至人의 마음가짐은 거울과 같다. 배웅하지도 않고 마중하지도 않으며, 호응은 하되 묻어두지 않는다. 그 때문에 모든 대상으로부터 초연할 수 있고, 또 그로 인해 상처받지 않을 수 있는 것이다.

無爲名尸, 無爲謀府. 無爲事任, 無爲知主. 體盡無窮, 而遊無朕. 盡其所受乎天, 而無見得, 亦虛而已. 至人之用心若鏡. 不將不迎, 應而不藏, 故能勝物而不傷.

7.

남해의 신은 숙儵이고, 북해의 신은 홀忽이고, 중앙의 신은 혼돈

渾沌이다. 숙과 홀은 때때로 혼돈이 사는 곳에서 만나 어울려 놀았는데, 혼돈은 그들을 매우 잘 대접했다. 숙과 홀은 혼돈의 은혜에 보답할 방법을 의논했다.

"사람들은 모두 일곱 개의 구멍을 가지고서 보고, 듣고, 먹고, 숨쉰다. 그런데 이 혼돈에게만 그런 것이 없으니, 그에게 구멍을 뚫어 주기로 하자."

그들은 하루에 한 개씩 구멍을 뚫어주었는데, 7일 만에 혼돈이 죽어버렸다.

南海之帝爲儵, 北海之帝爲忽, 中央之帝爲渾沌. 儵與忽時相遇於渾沌之地, 渾沌待之甚善. 儵與忽謀報渾沌之德曰, 人皆有七竅以視聽食息. 此獨無有, 嘗試鑿之. 日鑿一竅, 七日而渾沌死.

제2부

외편
外篇

제8편 | 변무

騈拇

이 편에서는 자연적인 것과 인위적인 것을 구분하고, 인류가 이룩한 문명은 자연이 아니라 인위에 뿌리를 두고 있는 것이며, 그것은 사회 구성원인 백성을 진정으로 행복하게 해주는 것이 아니라는 점을 밝히는 데 주력하고 있다. 이 편에서는 특히 유가의 인의仁義를 반자연적인 것의 대표적인 예로 삼고 그에 대하여 비판하고 있다. 인의는 유가에서 강조하는 중심 덕목이고, 그것은 인간의 본성에 뿌리를 두고 있다고 주장한다. 그러나 이 편에서는 인의仁義는 인간의 본성에 기인하는 것이 아니라는 점을 분명하게 지적하면서 그것을 인간의 본성인 것처럼 선전하는 유가를 정면으로 비판하고 있다.

이 편의 주장에 따르면 인간 사회의 도덕과 여러 가지 문명은 자연에 기반한 것이 아니라 오히려 자연에 역행하는 것이다. 그것을 모든 사람에게 강요하는 것은 개인을 불행하게 하고 사회를 어지럽히는 행위다. 즉 도덕과 문명의 강요에 의해 사람들은 개인적으로는 생명을 해치고 본성을 상실했으며, 사회는 욕망 추구의 혼란스러운 싸움터로 바뀌어 버렸다는 것이다. 이 편에서는 이를 역사적 과정에 대한 장자적 해석을 통해 설명하고 있다. 하은주夏殷周로 대변되는 문명사회 이후로 사람들은 자신의 본성에 역행하여 살아가도록 훈련되었고, 세상은 더욱 더 혼란에 빠져들었다. 그리하여 마침내 사람들은 그 반자연적인 것이 자신의 본성이고, 반자연적인 사회를 바람직한 것으로 받아들이기에 이르렀다. 장자는 여기서 옳고 그름에 대한 세상의 기준이나 사회적 통념에 이의를 제기하면서 새로운 기준을 제시한다. 그 새로운 기준은 생명과 본성이다. 즉 우리의 개인적 생명과 타고난 본성을 지키는가 아닌가가 바람직한 삶의 기준이 되어야 하고, 사회 구성원 각자의 개인적 생명과 타고난 본성을 지킬 수 있도록 보장해주는 사회가 바람직한 사회라는 것이다.

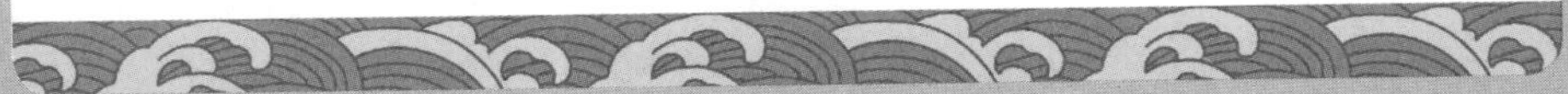

1.

엄지발가락과 검지발가락 사이에 살이 돋아나 두 발가락이 붙은 사람이나 손가락이 하나 더 난 사람은 태어날 때부터 그런 것이지만, 여느 사람들보다는 많다. 혹이나 사마귀는 몸에 돋아난 것이지만, 태어났을 때보다는 많다. 인의仁義라는 곁가지를 본성에 덕지덕지 붙여 사용하는 사람들은 그것을 각각 오장五臟과 대응하도록 배열하지만, 도덕道德[1]의 본 모습이 아니다. 그러므로 발가락이 붙은 것은 쓸데없는 살이 돋아나 두 발가락을 이어놓은 것이다. 손에 난 곁가지는 쓸데없는 손가락이 하나 더 자라난 것이다. 우리 몸에 있는 실제의 오장에 이것저것 갖다 붙이거나 이리저리 분리하는 것은 인의의 실천에 지나치게 편향된 것이고, 이목耳目의 기능에 곁가지를 덕지덕지 붙이는 것이다.

騈拇枝指, 出乎性哉, 而侈於德. 附贅縣疣, 出乎形哉, 而侈於性. 多方乎仁

1 여기서 말하는 도덕은 우리가 말하는 윤리적 개념의 도덕이 아니라 자연적 질서로서의 도와 사람이 타고난 본성을 가리킨다.

義而用之者, 列於五藏哉, 而非道德之正也. 是故駢於足者, 連無用之肉也. 枝於手者, 樹無用之指也. 多方駢枝於五藏之情者, 淫僻於仁義之行, 而多方於聰明之用也.

2.

그러므로 시력을 지나치게 발달시킨 사람은 오색五色을 어지럽히고 문양을 문란하게 한다. 그러나 그 결과로 청황색으로 휘황찬란하게 빛나는 보불黼黻[2]은 잘못된 것이다. 이주離朱[3]가 그런 사람이다. 청력을 지나치게 발달시킨 사람은 오성五聲을 어지럽히고 육률六律을 문란케 한다. 금金·석石·사絲·죽竹의 악기와 황종黃鍾·대려大呂의 소리는 잘못된 것이다. 사광師曠[4]이 그런 사람이다. 인仁에 대한 생각을 지나치게 발달시킨 사람은 타고난 본성을 뽑아내버리거나 막아버리고 명성을 얻으려 한다. 이런 사람은 세상 사람들로 하여금 피리를 불고 북을 치게 하여 도달하지도 못할 법도를 받들게 하니 잘못된 것이다. 증삼曾參[5]과 사추史鰌[6]가 그런 사람이다. 변론에 대한 능력을 지나치게 발달시킨 사람은 기와를 쌓아올리듯 새끼줄을 엮어나가듯 옛 문장을 천착하고, 견백론堅白論[7]이나 동이론同異

2 관복에 수놓은 화려한 문양.

3 시력이 매우 뛰어났다고 전해지는 인물.

4 진晉나라 평왕平公 때의 유명한 악사樂師. 뛰어난 청각 능력을 지녔다고 전해진다.

5 공자의 제자. 증자로 더 많이 알려진 인물.

6 위나라 영공의 신하. 『논어』「위영공」 편에 나오는 사어史魚.

7 앞의 「제물론」 편의 주 참조.

論[8] 등의 궤변에 마음을 빼앗기고 있다. 그들은 잠깐 동안의 하찮은 명예 때문에 쓸데없는 말을 늘어놓고 있으니 잘못된 것이다. 양주楊朱·묵적墨翟[9]이 그런 사람이다.

是故駢於明者, 亂五色, 淫文章, 青黃黼黻之煌煌非乎. 而離朱是已. 多於聰者, 亂五聲, 淫六律, 金石絲竹黃鐘大呂之聲非乎. 而師曠是已. 枝於仁者, 擢德塞性以收名聲, 使天下簧鼓以奉不及之法非乎. 而曾史是已. 駢於辯者, 累瓦結繩竄句, 遊心於堅白同異之間, 而敝跬譽無用之言非乎. 而楊墨是已.

3.

예를 들어 이것들은 모두 여러 가지를 결합하고 덕지덕지 덧붙이는 방법이지 세상이 가야 할 가장 올바른 길은 아니다. 세상이 가야 할 가장 올바른 길은 진정한 본성[性命之情]을 잃지 않는 것이다. 그러므로 발가락이 붙어서 태어난 사람은 이어붙인 것이 아니고, 육발이로 태어난 사람은 곁가지를 덧붙인 것이 아니다. 또 본래부터 긴 것은 남아도는 것이 아니고, 본래부터 짧은 것은 부족한 것이 아니다. 그러므로 비록 오리의 다리가 비록 짧아도 늘여주면 근심하고, 학의 다리가 길어도 잘라주면 슬퍼한다. 그러므로 본래부터 긴 것은 잘라서는 안 되고, 본래부터 짧은 것은 늘여서는 안 된다. 거기

8 「천하」 편에 자세하게 소개되어 있다. 「천하」 편에서는 대체적인 면에서는 같으면서 세부적인 면에서는 같기도 하고 다르기도 한 것을 소동이小同異라 하고, 만물은 모두 같으면서 동시에 모두 다른 측면이 있는 것을 대동이大同異라고 한다고 설명했다.

9 묵가의 창시자인 묵자의 이름.

에는 없애야 할 근심거리가 없다.

故此皆多騈旁枝之道, 非天下之至正也. 彼正正者, 不失其性命之情. 故合者不爲騈, 而枝者不爲跂. 長者不爲有餘, 短者不爲不足. 是故鳧脛雖短, 續之則憂. 鶴脛雖長, 斷之則悲. 故性長非所斷, 性短非所續, 無所去憂也.

4.

인仁이나 의義는 사람의 본성에 기인한 것이 아닌 것 같다. 그 어질다[仁]는 사람들은 왜 그리 근심이 많은가? 발가락이 붙어 있는 사람에게서 그것을 갈라놓으려 하면 울고, 손가락이 하나 더 난 사람에게서 그것을 물어뜯어버리려고 하면 울부짖는다. 두 종류의 사람 중 어떤 이는 손가락이나 발가락의 수가 많기도 하고 어떤 이는 부족하기도 하지만 근심스럽기는 매한가지다. 오늘날 어질다는 사람[仁人]은 흐리멍덩한 눈으로 세상 문제를 근심하고, 어질지 못한 사람은 진정한 본성[性命之情]을 망가뜨리면서 부귀를 탐한다. 그러므로 인의는 아마도 사람의 본성에 기인한 것이 아닌 것 같다.

意仁義其非人情乎. 彼仁人何其多憂也. 且夫騈於拇者, 決之則泣. 枝於手者, 齕之則啼. 二者, 或有餘於數, 或不足於數, 其於憂一也. 今世之仁人, 蒿目而憂世之患. 不仁之人, 決性命之情而饕貴富. 故意仁義其非人情乎.

5.

하·은·주 세 왕조 이후로 천하는 어찌 그리도 시끌벅적한가? 곡선자·먹줄·걸음쇠·곱자와 같은 도구를 써서 사물을 규격대로 바로

잡으려는 것은 그 사물의 본성을 해치는 행위다. 밧줄·노끈·아교·옻칠과 같은 것으로 사물을 꽁꽁 묶거나 붙이려는 것은 그 사물 본래의 기능을 상실하게 하는 행위이다. 이처럼 허리를 굽히고 다리를 꺾어 예악을 실행하고, 부드럽고 온화한 말로 인의을 실천함으로써 세상 사람들의 마음을 어루만져주는 것은 타고난 본래의 모습을 잃게 하는 행위이다.

自三代以下者, 天下何其囂囂也. 且夫待鉤繩規矩而正者, 是削其性也. 待繩約膠漆而固者, 是侵其德者也. 屈折禮樂, 呴俞仁義, 以慰天下之心者, 此失其常然也.

6.

이 세상에는 원래부터 그런 것이 있다. 그 원래부터 그런 것이란 굽은 것도 곡선자를 써서 그렇게 한 것이 아니고, 곧은 것도 먹줄을 써서 그렇게 한 것이 아니고, 동그란 것도 걸음쇠를 써서 그렇게 한 것이 아니고, 네모난 것도 곱자를 써서 그렇게 한 것이 아니며, 떨어진 것이 붙을 때도 아교나 칠을 쓰지 않고, 묶일 때도 노끈이나 밧줄을 쓰지 않는다. 원래 온 세상 사람들은 아무 생각 없이 살아가면서 살아가는 이유를 모르고, 여유롭고 만족스러워하면서도 왜 만족스러운지 모른다. 본디 그러한 삶의 방식이 그들에게는 옛날이나 지금이나 같은 것이고 훼손해서는 안 되는 것이었다. 그러니 어찌 인仁과 의義를 아교나 옻칠, 끈이나 밧줄처럼 줄줄이 늘어놓고서 도道와 덕德의 세계에서 노닐 수 있겠는가? 이는 세상 사람들을 속이는 것이다.

작은 속임수는 방향을 바꾸지만 큰 속임수는 본성을 바꾸어버린다. 그렇다는 것을 어떻게 아는가? 우씨(순임금)가 인仁과 의義를 가져다가 온 세상을 소란스럽게 한 이래로 온 세상 사람들은 목숨을 걸고 인과 의로 달려들지 않는 자가 없다. 이것이 바로 인과 의로 그 본성을 바꾼 것이 아닌가? 예를 들어 말해보자.

天下有常然. 常然者, 曲者不以鉤, 直者不以繩, 圓者不以規, 方者不以矩, 附離不以膠漆, 約束不以纆索. 故天下誘然皆生, 而不知其所以生. 同焉皆得, 而不知其所以得. 故古今不二, 不可虧也. 則仁義又奚連連如膠漆纆索, 而遊乎道德之間爲哉. 使天下惑也. 夫小惑易方, 大惑易性, 何以知其然邪. 自虞氏招仁義以撓天下也, 天下莫不奔命於仁義. 是非以仁義易其性與. 故嘗試論之.

7.

하·은·주 세 왕조 이후로 세상 사람들은 외적인 것으로 자신의 자연적 본성을 바꾸지 않은 자가 없었다. 소인은 재물을 위해 제 몸을 바치고, 선비는 이름을 위해 제 몸을 바치고, 대부大夫는 가문을 위해 제 몸을 바치고, 성인聖人은 천하를 위해 제 몸을 바쳤다. 실제로 이 여러 사람은 하는 일이 달랐고 명성이나 칭호도 달랐지만, 자연적 본성을 해치고 제 몸을 어떤 것의 희생물로 삼았다는 점에서는 모두 같다.

장臧과 곡穀[10] 두 사람이 함께 양을 치다가 두 사람 모두 양을

10 하인이라는 뜻을 가진 글자들인데, 모두 가공의 인물.

잃어버렸다. 장에게 어찌된 일인지 물었더니 책을 끼고 다니며 읽다가 그랬다는 것이다. 곡에게 어찌된 일인지 물었더니 장기 두며 놀다가 그랬다는 것이다. 두 사람이 한 행동은 다르지만 양을 잃은 것은 같다.

백이伯夷[11]는 명예를 위해 수양산 아래서 죽었고, 도척盜跖[12]은 재물을 탐내다가 동릉산 위에서 죽었다. 이 두 사람이 죽은 곳은 같지 않지만 생명을 해치고 본성을 상실한 점은 같다. 어찌 꼭 백이가 옳고 도척은 틀렸다고 할 수 있겠는가? 세상 사람들은 모두 무언가를 위해 자신을 희생하고 있다. 그 사람들 가운데 희생의 목적이 인의에 있으면 세속에서는 그를 군자君子라 하고, 희생의 목적이 재물에 있으면 세속에서는 그를 소인小人이라고 한다. 두 가지 경우 모두 자신의 한몸을 희생한 것은 같은데 어떤 사람에 대해서는 군자라 하고 어떤 사람에 대해서는 소인이라 한다. 자기 생명을 해치고 자기 본성을 상하게 한 점에서는 도척 역시 백이와 마찬가지였다. 그러니 그들 사이에 또다시 군자나 소인의 차별을 둘 수 있겠는가?

自三代以下者, 天下莫不以物易其性矣. 小人則以身殉利. 士則以身殉名. 大夫則以身殉家. 聖人則以身殉天下. 故此數子者, 事業不同, 名聲異號, 其於傷性以身爲殉, 一也. 臧與穀, 二人相與牧羊, 而俱亡其羊. 問臧奚事, 則挾策讀書. 問穀奚事, 則博塞以遊. 二人者, 事業不同, 其於亡羊均也. 伯夷死名於首陽之下, 盜跖死利於東陵之上. 二人者, 所死不同, 其於殘生傷性均也. 奚必伯夷之是, 而盜跖之非乎. 天下盡殉也. 彼其所殉仁義也, 則俗

---

11 은나라 말의 폭군인 주紂에게 간언을 하다가 듣지 않자 수양산에 들어가 굶어죽었다.「대종사」편에서 나왔다.

12 전설적인 도둑 이름. 어느 시대의 인물인지는 명확하지 않다.

謂之君子. 其所殉貨財也, 則俗謂之小人. 其殉一也, 則有君子焉, 有小人焉. 若其殘生損性, 則盜跖亦伯夷已, 又惡取君子小人於其間哉.

8.

그리고 자기의 본성을 인의仁義에 길들여 비록 증삼이나 사추와 같이 능통하다 하더라도 그것은 내가 말하는 완전함이 아니다. 자기의 본성을 오미五味에 길들여 비록 유아兪兒[13]와 같이 능통하다고 해도 그것은 내가 말하는 완전함이 아니다. 자기의 본성을 오성五聲에 길들여 비록 사광師曠과 같이 능통하다고 해도 그것은 내가 말하는 귀밝음〔聰〕이 아니다. 자기의 본성을 오색에 길들여 이주離朱와 같이 정통하다고 해도 그것은 내가 말하는 눈밝음〔明〕이 아니다. 내가 말하는 완전함이란 이른바 인의仁義를 뜻하지 않고, 자기의 진정한 본성에 따르는 것이다. 내가 말하는 눈이 밝다는 것은 남들이 정해놓은 기준에 따라 보는 것이 아니라 자신의 기준으로 보는 것이다. 자신의 기준으로 보지 못하고 남들이 정해놓은 기준으로 보고, 자신의 기준으로 만족하지 못하고 남들이 정해놓은 기준에 따라 만족한다면, 그것은 남들이 만족스럽게 생각하는 것을 덩달아 만족한 것처럼 여기는 것이지 자기가 진정으로 만족스러워서 만족해하는 것이 아니다. 남들이 편안하다고 생각하는 것을 덩달아 편안한 것처럼 여기면서 자기에게 진정으로 편안한 것을 편안하게 여기지 못한다면, 비록 백이라 하더라도 도척과 똑같이 지나치게 편벽된 것이라

13 음식의 맛을 잘 구별할 줄 알았다는 전설적인 인물.

서 나는 도와 덕을 실천하는 데 부끄러운 태도라고 생각한다. 이 때문에 위로는 감히 인의仁義라는 신조를 지키지 못하고, 아래로는 감히 지나치게 편벽된 행위를 하지 못한다.

且夫屬其性乎仁義者, 雖通如曾史, 非吾所謂臧也. 屬其性於五味, 雖通如俞兒, 非吾所謂臧也. 屬其性乎五聲, 雖通如師曠, 非吾所謂聰也. 屬其性乎五色, 雖通如離朱, 非吾所謂明也. 吾所謂臧者, 非所謂仁義之謂也, 臧於其德而已矣. 吾所謂臧者, 非所謂仁義之謂也, 任其性命之情而已矣. 吾所謂聰者, 非謂其聞彼也, 自聞而已矣. 吾所謂明者, 非謂其見彼也, 自見而已矣. 夫不自見而見彼, 不自得而得彼者, 是得人之得, 而不自得其得者也. 適人之適, 而不自適其適者也. 夫適人之適, 而不自適其適, 雖盜跖與伯夷, 是同爲淫僻也. 余愧乎道德, 是以上不敢爲仁義之操, 而下不敢爲淫僻之行也.

제9편 | 마제

馬蹄

앞의 「변무」 편처럼 한 편의 논설문으로 되어 있고, 내용도 문명으로 인한 인간의 자연적 본성 파괴를 간결하면서도 탁월한 문장으로 잘 보여주고 있다.

백락이 명마를 기르고, 도공이 그릇을 만들고, 목공이 기물을 만드는 것은 모두 사물의 자연적 본성을 억압하고 망가뜨려야 가능한 것이다. 그와 마찬가지로 흔히 사람들이 성인이라고 추앙하는 자들은 실제로는 사람들의 타고난 자연성을 파괴하고 그것을 인의라는 도덕이나 제도로 대체하는 잘못을 저질렀다. 그러나 진정으로 바람직한 사회는 도덕이나 법률로 다스리는 사회가 아니라 사람들이 각자 타고난 성품대로 살아가도록 방해하지 않는 사회이다. 그러한 사회를 이 편에서는 "지덕至德의 세상"이라고 불렀다. 지덕의 세상은 장자 학파의 사람들이 생각한 이상사회를 가리키는 말이다. 이 편에서부터 『장자』의 이상사회가 보다 구체적으로 제시되기 시작한다.

1.

말은 발굽으로 서리나 눈을 밟을 수 있고, 털로 바람과 추위를 막을 수 있고, 풀을 씹어 먹고 물을 마시며, 발을 들거나 내달린다. 이것이 말의 참된 본성이다. 비록 의대義臺[1]나 노침路寢[2]과 같은 것들이 있다 하더라도 말에게는 쓸모가 없다.

그런데 백락伯樂[3]에 이르자 "나는 말을 잘 다룬다"고 말하면서 말의 털을 지지고 깎고 말굽을 도려내고 낙인을 찍었다. 또 머리를 얽어매고 발목을 묶어 말들을 주욱 연결해놓고, 말구유와 마판에 열을 맞춰 배열해놓았다. 이 때문에 말 열 마리 중 두세 마리가 죽었다. 또 말을 길들이기 위해 굶기고 목마르게 하며, 빠르게 몰고 이리저리 달리게 하며, 일제히 보조를 맞춰 행동하게 했다. 말의 처지

1 천자나 제후가 예를 집행하는 곳.

2 천자가 잠을 자는 큰 방.

3 진秦나라 목공穆公 때 사람으로 말을 잘 볼 줄 알고, 또 잘 다루는 것으로 유명하다.

에서 보면 앞에는 재갈과 장식의 고통이 있고 뒤에는 채찍의 위협이 따른다. 이 때문에 말의 절반 이상이 죽었다.

도공은 "나는 흙을 잘 다룬다. 흙으로 동그랗게 만들면 걸음쇠(컴퍼스)에 딱 맞고 네모나게 만들면 곱자〔矩〕에 딱 맞다"라고 말한다. 장인은, "나는 나무를 잘 다룬다. 구부린 것은 곡선자〔鉤〕에 딱 맞고, 곧게 편 것은 먹줄에 딱 맞다"라고 말한다. 찰흙이나 나무의 본성이 어찌 걸음쇠〔規〕·곱자〔矩〕·곡선자〔鉤〕·먹줄〔繩〕에 딱 맞으려 하겠는가? 그렇지만 사람들은 대대로 그들을 칭송하여 "백락은 말을 잘 다루고, 도공과 장인은 흙과 나무를 잘 다룬다"고 말한다. 이 역시 세상을 다스리는 정치인의 잘못이다.

馬, 蹄可以踐霜雪, 毛可以御風寒. 齕草飮水, 翹足而陸, 此馬之眞性也. 雖有義臺路寢, 無所用之. 及至伯樂曰, 我善治馬. 燒之, 剔之, 刻之, 雒之. 連之以羈馽, 編之以皁棧, 馬之死者十二三矣. 飢之, 渴之, 馳之, 驟之, 整之, 齊之, 前有橛飾之患, 而後有鞭筴之威, 而馬之死者已過半矣. 陶者曰, 我善治埴. 圓者中規, 方者中矩. 匠人曰, 我善治木. 曲者中鉤, 直者應繩. 夫埴木之性, 豈欲中規矩鉤繩哉. 然且世世稱之曰, 伯樂善治馬, 而陶匠善治埴木. 此亦治天下者之過也.

2.

내 생각에 세상을 정말로 잘 다스리는 자는 그렇게 하지 않는다. 백성에게는 자연으로부터 부여받은 불변의 본성이 있다. 그것은 스스로 옷을 짜서 입고 밭을 갈아먹는 것으로, 이를 동덕同德, 즉 타고난 본성과 일치하는 것이라고 한다. 또 하나는 모든 사람이 한결같아서 편을 가르지 않는 것으로, 이것을 천방天放, 즉 자연이 준 자유로움이라고 한다. 지덕至德의 세상[4]에 살던 사람들은 걸음걸이가 느릿느릿하고, 시선이 순박했다. 이때 산에는 작은 길마저도 없었고 물에는 배나 다리도 없었다. 만물은 무리 지어 생겨나 서로 뒤섞여 살았다. 새와 짐승은 떼를 이루고 초목은 마음껏 자랐다. 그러므로 짐승은 끈을 매서 함께 놀 수 있었고 까치둥지에 올라가 그 속을 훔쳐볼 수도 있었다. 지덕의 세상에서 인간은 동물과 함께 생활했고 만물과 함께 뒤섞여 있었으니, 어떻게 군자나 소인의 구별을 알았겠는가?

吾意善治天下者不然. 彼民有常性. 織而衣, 耕而食, 是謂同德. 一而不黨, 命曰天放. 故至德之世, 其行塡塡, 其視顚顚. 當是時也, 山無蹊隧, 澤無舟梁. 萬物群生, 連屬其鄕. 禽獸成群, 草木遂長. 是故禽獸可係羈而遊, 烏鵲之巢可攀援而闚. 夫至德之世, 同與禽獸居, 族與萬物竝. 惡乎知君子小人哉.

3.

그들은 멍한 상태로 아무 지식도 갖지 않았기 때문에 자연적 본성을 잃지 않았다. 멍한 상태로 아무 욕망도 없었기 때문에 소박하다 할 수 있었다. 소박하므로 곧 백성의 자연스러운 본성도 온전했다. 그런데 성인이 나타나 사람들에게 애써 인仁을 행하도록 하고 억지로 의義를 실천하도록 해서 온 세상 사람들이 비로소 서로를 의

4 사람들 각자가 타고난 본성에 따라 사는 세상.

심하게 되었으며, 제멋대로 음악〔樂〕을 연주하도록 하고 번잡하게 예禮를 실천하도록 만들어 온 세상 사람들은 잘하는 사람과 못하는 사람으로 나뉘기 시작했다.

순수한 통나무를 훼손하지 않고 어떻게 희준犧樽[5]을 만들 수 있겠는가? 백옥을 손상하지 않고 어떻게 규장珪璋[6]을 만들 수 있겠는가? 도덕道德[7]을 없애지 않고 어떻게 인의仁義를 취하겠는가? 타고난 성정性情에서 벗어나지 않고 어떻게 예악禮樂을 쓰겠는가? 오색五色을 어지럽히지 않고 어떻게 화려한 색채를 만들겠는가? 오성五聲을 어지럽히지 않고 어떻게 육률六律에 맞추겠는가? 대개 통나무를 손상시켜 기물을 만드는 것은 공인과 장인의 죄다. 도덕을 훼손하여 인의를 만든 것은 성인의 잘못이다.

同乎無知, 其德不離. 同乎無欲, 是謂素樸. 素樸而民性得矣. 及至聖人, 蹩躠爲仁, 踶跂爲義, 而天下始疑矣. 澶漫爲樂, 摘辟爲禮, 而天下始分矣. 故純樸不殘, 孰爲犧尊. 白玉不毁, 孰爲珪璋. 道德不廢, 安取仁義. 性情不離, 安用禮樂. 五色不亂, 孰爲文采. 無聲不亂, 孰應六律. 夫殘樸以爲器, 工匠之罪也. 毁道德以爲仁義, 聖人之過也.

4.

말이란 육지에 살면서 풀을 먹고 물을 마시며, 기쁘면 목을 맞대고 비비며, 화나면 서로 등지고 발길질을 한다. 말이 아는 것은 이것

5 희생으로 쓰이는 소머리를 새겨 넣은 진귀한 술통.

6 옛날 군주와 신하가 예를 거행할 손에 들고 있던 옥기로서 홀笏이라고도 한다.

7 자연적 질서와 타고난 자연성.

뿐이다. 거기에다 끌채의 횡목과 멍에를 얹고 달 모양의 이마 장신구로 단장하면, 말은 끌채 끝의 쐐기를 부러뜨리고, 몸을 구부려 멍에를 벗으려 하고, 굴레에서 벗어나기 위해 갑자기 날뛰고, 교활하게 재갈을 뱉고, 몰래 고삐를 씹을 줄 알게 된다. 그러므로 말의 지능이 이런 도둑질에까지 이를 수 있게 한 것은 백락의 잘못이다.

혁서씨赫胥氏[8]의 시절에는 사람들은 가만히 있을 때는 무엇을 하는지 의식하지 못했고, 길을 갈 때는 어디로 가는지 알지 못했다. 먹을 것을 입에 물고 장난하며 배를 두드리고 놀았다. 백성의 능력은 이 정도일 뿐이었다. 그러다가 성인이 나타나서는 몸을 굽히고 다리를 꺾는 예악禮樂으로써 세상 사람들의 몸을 바로잡으려 했고, 인의仁義를 높이 걸어놓고 갈망하게 함으로써 세상 사람들의 마음을 병들게 했다. 그러자 백성은 끙끙대고 애쓰면서 지식을 좋아하기 시작했고 이익을 놓고 다투면서 그칠 줄 몰랐다. 이 역시 성인의 잘못이다.

夫馬, 陸居則食草飮水, 喜則交頸相靡, 怒則分背相踶. 馬知已此矣. 夫加之以衡扼, 齊之以月題, 而馬知介倪闉扼鷙曼詭銜竊轡. 故馬之知而能至盜者, 伯樂之罪也. 夫赫胥氏之時, 民居不知所爲, 行不知所之, 含哺而熙, 鼓腹而遊. 民能以此矣. 及至聖人, 屈折禮樂以匡天下之形, 縣跂仁義以慰天下之心, 而民乃始踶跂好知, 爭歸於利, 不可止也. 此亦聖人之過也.

8 상고시대에 살았다는 전설상의 제왕.

제10편 | 거협

胠篋

앞의 세 편에서는 도덕이나 지식이 인간의 자연성을 파괴한다는 점에 초점을 맞추었고, 이 편에서는 그러한 논조에서 한 걸음 더 나아가 도덕이나 지식 그리고 문명에 대한 사회적 측면의 부정적 기능을 지적하고 있다. 즉 도덕이나 지식은 일반 백성을 위해 존재하는 것이 아니라 위정자라는 큰 도둑을 위한 것이고, 성인이나 지식인은 그 큰 도둑을 위한 파수꾼에 불과하다는 점을 역사적 사실을 근거로 들면서 설명하고 있다. 그리하여 도덕이나 지식이나 문명 등은 백성의 입장에서 볼 때 모두 억압과 수탈의 도구이므로 그 모든 것을 버릴 것, 즉 '절성기지絶聖棄知'를 주장한다. 그리고 자급자족적인 소규모의 농촌 공동체, 즉 자연적으로 형성된 원시적 농촌 공동체를 이상적인 사회의 형태로 제시한다. 그것은 노자가 말한 '소국과민小國寡民'의 이상사회와 일치한다.

1.

상자를 열고 자루를 뒤지고 궤짝을 뜯는 도둑에 대비하기 위해서는 반드시 새끼줄로 꽁꽁 묶고 빗장으로 단단히 고정해야 한다. 이것이 세속에서 말하는 지혜다. 그러나 큰 도둑이 오면 궤짝을 짊어지거나 상자째 들고 가거나 자루를 둘러매고 달리면서 꽁꽁 묶인 새끼줄과 고정한 빗장이 견고하지 못할까봐 걱정한다. 그렇다면 앞에서 말한 지혜라는 것은 큰 도둑을 위해 물건을 모아두는 것이 아닌가?

將爲胠篋探囊發匱之盜而爲守備, 則必攝緘縢, 固扃鐍, 此世俗之所謂知也. 然而巨盜至, 則負匱揭篋擔囊而趨, 唯恐緘縢扃鐍之不固也. 然則鄉之所謂知者, 不乃爲大盜積者也.

2.

그럼 다음과 같이 한번 생각해보자. 세속에서 말하는 지식이란 큰 도둑을 위해 물건을 모아두는 것이 아닐까? 세속에서 말하는 성인이란 큰 도둑을 위해 물건을 지키는 자가 아닐까? 그렇다는 것을 어떻게 알 수 있는가? 옛날 제齊나라에는 이웃하는 읍邑이 서로 바라다보이고 닭 우는 소리나 개 짖는 소리가 서로 들렸으며, 그물을 던질 수 있는 물과 쟁기로 갈 수 있는 밭이 사방 2000여 리나 되었다. 사방 국경 안에 종묘사직을 설치하고, 읍옥邑屋·주려州閭·향곡鄉曲 등의 행정 구역을 두어 질서정연하게 다스렸는데, 그 가운데 성인의 가르침을 본받지 않은 것이 있었는가? 그런데 전성자田成子[1]가 하루아침에 제나라 군주를 죽이고 그 나라를 훔쳐버렸다. 훔친 것이 어찌 그 나라뿐이었겠는가? 성인과 지식인이 만든 법규와 제도까지 함께 훔친 것이다. 결국 전성자에게는 도적이라는 이름이 붙었지만 그 자신은 요순과 같은 평안을 누렸다. 그러나 작은 나라는 감히 비난하지 못했고 큰 나라도 감히 그를 죽이지 못했다. 그리하여 12대에 이르도록 제나라를 차지했다. 이것은 제나라를 훔치고 동시에 성인과 지식인이 만든 법규와 제도까지 함께 훔쳐 그 도적의 몸을 지켜준 것이 아니겠는가?

故嘗試論之, 世俗之所謂知者, 有不爲大盜積者乎. 所謂聖者, 有不爲大盜守者乎. 何以知其然邪. 昔者齊國鄰邑相望, 鷄狗之音相聞, 罔罟之所布, 耒耨之所刺, 方二千餘里. 闔四竟之內, 所以立宗廟社稷, 治邑屋州閭鄉曲者, 曷嘗不法聖人哉. 然而田成子一旦殺齊君而盜其國, 所盜者豈獨其國邪. 竝與其聖知之法而盜之. 故田成子有乎盜賊之名, 而身處堯舜之安. 小國不敢非, 大國不敢誅, 十二世有齊國. 則是不乃竊齊國, 竝與其聖知之法以守其

1 전상田常은 또 진항陳恒이라고도 부른다. 그는 기원전 481년 제나라 임금 간공을 죽이고 제나라를 차지했다. 이때부터 제나라를 전제田齊라고 부른다.

盜賊之身乎.

3.

또 다음과 같이 한번 생각해보자. 세속에서 말하는 지식이라는 것은 큰 도둑을 위해 물건을 모아두는 것이 아닐까? 세속에서 말하는 성인이란 큰 도둑을 위해 물건을 지키는 자가 아닐까? 어떻게 그렇다는 것을 알 수 있는가? 옛날에 용봉龍逢[2]은 참수 당했고, 비간比干[3]은 심장이 도려내졌으며, 장홍萇弘[4]은 스스로 배를 갈라 죽었고, 자서子胥[5]는 시신이 문드러졌다. 결국 그 네 사람은 현명하긴 했지만 자신들은 죽음을 면치 못했다.

예전에 도척의 졸개들이 도척에게 물었다.

"도적에게도 도가 있습니까?"

도척이 대답했다.

"어디엔들 도가 없겠느냐? 훔치러 들어갈 집 안에 무엇이 숨겨져 있는지 대강 짐작하는 것이 성스러움[聖]이다. 먼저 들어가는 것이 용맹함[勇]이다. 나중에 나오는 것이 의로움[義]이다. 성공 여부를 아는 것이 지혜로움[智]이다. 골고루 나누는 것이 어짊[仁]이다. 이

2 관용봉. 하나라 걸왕桀王 때의 현신으로 걸왕에게 간언했다가 참수당했다.

3 은나라 주왕紂王의 삼촌이었는데 주왕은 그의 충간을 듣지 않고 오히려 그의 심장을 도려냈다.

4 주 경왕敬王 때의 현신. 장홍은 모함을 받아 촉으로 추방되었다. 그는 촉으로 돌아간 뒤 자신이 이전에 충성을 하느라 화를 자초했다고 판단하고 그것을 후회하면서 스스로 배를 갈라 자결했다.

5 춘추시대 오나라의 충신 오자서伍子胥. 오나라 왕 부차는 모함하는 이의 말을 믿고 오자서에게 칼을 내려 자결하게 했다. 그가 자결한 뒤 부차는 그 시신을 가죽 주머니에 넣은 다음 강물에 버려 썩어문드러지게 했다.

다섯 가지를 갖추지 못하고서 대도가 된 자는 아직까지 세상에 없었다."

이런 사실로 볼 때 선인善人은 성인의 도를 얻지 못하면 존립할 수 없고, 도척 역시 성인의 도를 얻지 못하면 행세를 못한다. 세상에 선인은 적고 선하지 않은 사람은 많다. 그렇다면 성인이 세상을 이롭게 하는 것은 적고 세상을 해롭게 하는 것은 많다는 것을 알 수 있다. 그러므로 입술이 없으면 이가 시리다고 한 것이고, 노나라의 술맛이 싱거워지자 한단이 포위되었다고 한 것이며, 성인이 나자 대도가 나타났다고 한 것이다. 성인을 쳐부수고 도적을 풀어줘야 세상이 비로소 잘 다스려질 것이다. 냇물이 마르면 계곡은 자연히 비워지고, 언덕이 평평해지면 연못은 저절로 메워지는 법이다. 성인이 죽고 나면 큰 도둑은 일어나지 않고 세상은 아무 탈이 없을 것이다.

嘗試論之, 世俗之所謂至知者, 有不爲大盜積者乎. 所謂至聖者, 有不爲大盜守者乎. 何以知其然邪. 昔者龍逢斬, 比干剖, 萇弘胣, 子胥靡. 故四子之賢, 而身不免乎戮. 故跖之徒問跖曰, 盜亦有道乎. 跖曰, 何適而無有道邪. 夫妄意室中之藏, 聖也. 入先, 勇也. 出後, 義也. 知可否, 知也. 分均, 仁也. 五者不備, 而能成大盜者, 天下未之有也. 由是觀之, 善人不得聖人之道不立, 跖不得聖人之道不行. 天下之善人少, 而不善人多, 則聖人之利天下也少, 而害天下也多. 故曰, 脣竭則齒寒, 魯酒薄而邯鄲圍, 聖人生而大盜起. 掊擊聖人, 縱舍盜賊, 而天下始治矣. 夫川竭而谷虛, 丘夷而淵實. 聖人已死, 則大盜不起, 天下平而無故矣.

4.

성인이 죽지 않으면 큰 도둑도 그치지 않는다. 비록 성인을 존중하여 세상이 잘 다스려진다 해도 그것은 도척과 같은 도적을 더욱 이롭게 해주는 것일 뿐이다. 말[斗]과 휘[斛][6]를 만들어 양을 재면 말과 휘까지 훔쳐 가버린다. 저울을 만들어 무게를 재면 저울까지 훔쳐 가버린다. 부절과 도장을 만들어 믿게 하면 부절과 도장까지 훔쳐 가버린다. 인의를 만들어 사람을 교정하면 인의까지 훔쳐 가버린다. 그렇다는 것을 어떻게 아는가? 저 띠고리를 훔친 자는 사형을 당하지만 나라를 훔친 자는 제후가 된다. 그리고 제후의 가문에는 인의가 보존된다. 그러니 인의와 성인의 지혜를 한꺼번에 훔친 것이 아닌가? 그러므로 큰 도둑의 방법에 따라 제후가 되고, 인의를 훔치고 말과 휘, 저울, 신표와 도장 등의 이기利器까지 훔친 자에게는 높은 관직이라는 상으로도 그만두라고 설득할 수 없고, 도끼의 위협으로도 금지할 수 없다. 이것은 도척과 같은 도둑을 크게 이롭게 하면서도 금지할 수 없게 하는 것이니, 바로 성인의 잘못이다.

聖人不死, 大盜不止. 雖重聖人而治天下, 則是重利盜跖也. 爲之斗斛以量之, 則竝與斗斛而竊之. 爲之權衡以稱之, 則竝與權衡而竊之. 爲之符璽以信之, 則竝與符璽而竊之. 爲之仁義以矯之, 則竝與仁義而竊之. 何以知其然邪. 彼竊鉤者誅, 竊國者爲諸侯, 諸侯之門而仁義存焉. 則是非竊仁義聖知邪. 故逐於大盜, 揭諸侯, 竊仁義竝斗斛權衡符璽之利者, 雖有軒冕之賞弗能勸, 斧鉞之威弗能禁. 此重利盜跖, 而使不可禁者, 是乃聖人之過也.

6 곡식을 되는 용기로서 말의 10배 들이와 20배 들이가 있음.

5.

그러므로 "물고기는 연못에서 벗어나게 해서는 안 되고, 나라의 이기는 남에게 보여줘서는 안 된다"[7]라는 말이 있다. 성인이라는 자는 세상의 이기利器이기 때문에 세상 사람들에게 내보여주어서는 안 된다. 진실로 성인을 끊어내고 지혜로운 사람을 내치면 큰 도둑이 바로 그칠 것이다.[8] 옥이나 진주 등의 보배를 내던져 깨뜨려버리면 작은 도둑이 발생하지 않을 것이다. 부절을 태우고 도장을 깨버리면 백성은 순박해질 것이다. 말〔斗〕을 쪼개버리고 저울대를 꺾어버리면 백성은 다투지 않을 것이다. 세상의 성법聖法을 남김없이 없애버리면 백성은 비로소 논의에 참여할 수 있을 것이다. 육률六律을 흩뜨려버리고 피리와 거문고 등의 악기를 태워 없애버리고 사광師曠의 귀를 틀어막아버리면 세상 사람들은 비로소 귀가 본래대로 밝아질 것이다. 화려한 문양을 없애고, 오색을 없애고, 이주의 눈을 아교로 붙여버리면 세상 사람들은 비로소 눈이 본래대로 밝아질 것이다. 곡선자와 먹줄을 망가뜨려버리고, 걸음쇠와 곱자를 버리고, 공수工倕[9]의 손가락을 부러뜨려버리면 세상 사람들은 비로소 타고난 솜씨를 간직하게 될 것이다. 그러므로 "위대한 솜씨는 서툰 듯하다"[10]라고 한 것이다. 증삼과 사추의 행적을 삭제해버리고, 양주와 묵적의 입을 틀어막고, 인仁과 의義를 내팽개쳐버리면 세상 사람들의 심성〔德〕이 비로소 서로 구분 없이 같아질 것이다.

---

7 『노자』 제36장에 나오는 말.

8 『노자』 제19장에 나오는 말.

9 상고시대의 인물로 솜씨가 뛰어난 목수 이름.

10 『노자』 제45장에 나오는 말.

사람들이 본래의 눈 밝음을 그대로 간직한다면 세상은 혼란스럽지 않을 것이다. 사람들이 본래의 귀 밝음을 그대로 간직한다면 세상은 번잡스럽지 않을 것이다. 사람들이 본래의 지혜를 그대로 간직한다면 세상은 미혹에 빠지지 않을 것이다. 사람들이 본래의 심성을 그대로 간직한다면 세상은 사악해지지 않을 것이다. 증삼, 사추, 양주, 묵적, 사광, 공수, 이주 등과 같은 사람들은 자신의 재능을 겉으로 드러내 자랑함으로써 세상을 혼란에 빠뜨린 자들이다. 이것이 바로 법규와 제도가 쓸모없는 이유다.

故曰, 魚不可脫於淵, 國之利器不可以示人. 彼聖人者, 天下之利器也, 非所以明天下也. 故絕聖棄知, 大盜乃止. 擿玉毀珠, 小盜不起. 焚符破璽, 而民朴鄙. 掊斗折衡, 而民不爭. 殫殘天下之聖法, 而民始可與論議. 擢亂六律, 鑠絕竽瑟, 塞瞽曠之耳, 而天下始人含其聰矣. 滅文章, 散五采, 膠離朱之目, 而天下始人含其明矣. 毀絕鉤繩而棄規矩, 攦工倕之指, 而天下始人有其巧矣. 故曰, 大巧若拙. 削曾史之行, 鉗楊墨之口, 攘棄仁義, 而天下之德始玄同矣. 彼人含其明, 則天下不鑠矣. 人含其聰, 則天下不累矣. 人含其知, 則天下不惑矣. 人含其德, 則天下不僻矣. 彼曾史楊墨師曠工倕離朱者, 皆外立其德, 而以爚亂天下者也, 法之所無用也.

6.

그대는 설마 지덕至德의 세상[11]을 모르는 것인가? 옛날 용성씨容成氏·대정씨大庭氏·백황씨伯皇氏·중앙씨中央氏·율륙씨栗陸氏·여축

11 사람들 각자가 타고난 본성에 따라 사는 세상. 앞의 「마제」 편에서 나왔다.

씨驪畜氏·헌원씨軒轅氏·혁서씨赫胥氏·존로씨尊盧氏·축융씨祝融氏·복희씨伏戲氏·신농씨神農氏[12] 등이 다스리던 시절에는 사람들이 새끼줄을 묶어 문자 대신 사용했고, 자신들의 음식을 맛있게 먹었고, 자신들의 옷을 아름답게 여겼고, 자신들의 풍속을 즐겼고, 자신들의 거처를 편안하게 여겼다. 이웃 나라가 서로 바라다보이고, 닭 우는 소리나 개 짖는 소리가 서로 들려도 백성은 늙어 죽을 때까지 서로 왕래하지 않았다. 이와 같은 때의 정치가 바로 가장 이상적인 정치[至治]인 것이다. 이제는 결국 백성으로 하여금 목을 빼고 발뒤꿈치를 들고 찾다가 '모처에 현자가 있다'고 말하면서 식량을 둘러메고 달려가게 함으로써 안으로는 혈육을 버리고 밖으로는 자신이 모시던 군주를 내팽개쳐버리는 지경까지 이르렀다. 그리하여 그들이 남긴 발자국이 제후국의 국경에서 서로 뒤섞이고 수레바퀴 자국이 천리 밖에서 서로 뒤엉키고 있다. 이것은 윗사람이 지식을 좋아해서 생긴 잘못이다.

子獨不知至德之世乎. 昔者容成氏大庭氏伯皇氏中央氏栗陸氏驪畜氏軒轅氏赫胥氏尊盧氏祝融氏伏犧氏神農氏, 當是時也, 民結繩而用之. 甘其食, 美其服, 樂其俗, 安其居, 鄰國相望, 鷄狗之音相聞, 民至老死, 而不相往來. 若此之時, 則至治已. 今遂至使民延頸擧踵曰某所有賢者, 贏糧而趣之, 則內棄其親, 而外去其主之事, 足迹接乎諸侯之境, 車軌結乎千里之外. 則是上好知之過也.

12 이 이름들은 전설에 나오는 고대의 제왕이나 어떤 부락의 우두머리인데, 이들 중 어떤 사람은 삼황오제에 포함되기도 하고 어떤 사람은 오직 여기서만 나오기도 한다.

7.

윗사람이 정말로 지식을 좋아하고 도道를 무시한다면 세상은 대혼란에 빠질 것이다. 그렇다는 것을 어떻게 알 수 있을까? 활이나 쇠뇌나 새잡이용 반두나 주살과 같은 장치들에 대한 지식이 많아지면 새들은 위에서 혼란에 빠진다. 낚시 바늘이나 미끼나 그물이나 어망이나 반두나 통발 등에 대한 지식이 많아지면 물고기들은 물속에서 혼란에 빠진다. 덫이나 그물울타리나 토끼그물이나 덮치기그물 등에 대한 지식이 많아지면 짐승은 숲에서 혼란에 빠진다. 교활한 속임수, 악랄함, 간교한 견백론堅白論, 근거가 전혀 없는 동이론同異論 등과 같이 거짓과 속임수가 많아지면 세상 사람들은 그 언변에 홀려버린다. 그러므로 세상은 각 분야에 걸쳐 대혼란에 빠지는데, 그 죄는 지식을 좋아하는 데 있다. 대개 세상 사람들은 모두 자신이 모르는 것을 추구할 줄은 알면서도 이미 나면서부터 알고 있는 것을 되찾을 줄은 모른다. 자기들이 좋지 않다고 여기는 것을 비난할 줄은 알면서도 자기들이 이미 좋다고 여기고 있는 것에 대해서는 비판할 줄을 모른다. 이 때문에 세상이 크게 혼란스러운 것이다. 그래서 마침내 위로는 해와 달의 밝음을 가려버리고, 아래로는 산천의 정기를 말살해버리며, 중간으로는 사시의 운행을 깨뜨려버린다. 꿈틀거리며 움직이는 벌레에서부터 조그만 날벌레에 이르기까지 자신들의 본성을 잃지 않은 것이 없다. 심각하다, 지식을 좋아함이 세상을 어지럽힘이여. 삼대三代 이후의 상황은 오로지 이와 같을 뿐이다. 순박한 백성을 버리고 교활하게 아첨하는 사람을 좋아하고, 담담함과 무위를 버리고 주절주절 많은 말로 교화하기를 좋아한다. 주절주절 말 많은 교화는 이미 세상을 어지럽혔다.

上誠好知而無道, 則天下大亂矣. 何以知其然邪. 夫弓弩畢弋機變之知多, 則鳥亂於上矣. 鉤餌罔罟罾笱之知多, 則魚亂於水矣. 削格羅落罝罘之知多, 則獸亂於澤矣. 知詐漸毒頡滑堅白解垢同異之變多, 則俗惑於辯矣. 故天下每每大亂, 罪在於好知. 故天下皆知求其所不知, 而不知求其所已知者, 皆知非其所不善, 而不知非其所已善者, 是以大亂. 故上悖日月之明, 下爍山川之精, 中墮四時之施. 惴耎之蟲, 肖翹之物, 莫不失其性. 甚矣夫好知之亂天下也. 自三代以下者是已. 舍夫種種之機, 而悅夫役役之佞. 釋夫恬淡無爲, 而悅夫啍啍之意. 啍啍已亂天下矣.

제11편 | 재유
在宥

재유在宥는 너그럽게 내버려두는 것을 말한다. 정치적으로는 백성을 간섭하거나 그들을 가르치려 들지 않고, 그냥 내버려두는 것, 즉 자유방임하는 것을 말한다. 이는 앞의 여러 장에서 계속 반복해서 강조해온 무위정치의 다른 한 표현이다. 백성에게는 군주라는 존재가 없는 것, 지배 피지배의 관계 자체가 없는 것이 가장 좋지만, 부득이하게 있어야 한다면 상징적으로만 있고 실질적으로는 아무것도 하지 않는 것이 가장 이상적인 사회라는 것이다. 이 편에서는 특히 사람의 자연스러운 마음에 대하여 자세하게 설명하면서 마음은 원래 묶어둘 수 없는 속성을 지니고 있다고 말한다. 그러나 그 자유분방하고 어느 한 곳에 가둬놓을 수 없는 마음을 한 쪽에서는 인의仁義라는 틀 속에 가둬두려고 하고, 다른 한 쪽에서는 욕망이라는 방향으로 끌고가려고 한다. 장자가 보기에 인의든 욕망이든 모두 백성들의 즐겁고 평온한 삶을 방해하는 주범이다. 그래서 앞의 「거협」편과 마찬가지로 이 편에서도 "성인을 끊어버리고 지식인을 내쳐버려야 한다"라고 주장한다.

1.

세상을 너그러이 내버려둔다는 말은 들었어도 세상을 다스린다는 말은 듣지 못했다. 내버려두는 것은 세상 사람들이 타고난 심성〔性〕을 어지럽힐까봐 걱정이 되어서다. 너그러이 하는 것은 세상 사람들이 타고난 본성〔德〕을 바꿀까봐 걱정이 되어서다. 세상 사람들이 타고난 심성을 어지럽히지 않고 타고난 본성을 바꾸지 않는데도 굳이 새삼스레 세상을 다스릴 필요가 있겠는가?

옛날 요임금이 세상을 다스릴 때는 세상을 희희낙락하게 만들었고 사람들이 자신의 삶을 탐닉하게 했는데, 이것은 평온하지 못한 것이다. 걸왕桀王이 세상을 다스릴 때는 세상을 병들게 했고 사람들이 자신의 삶을 괴롭게 생각하도록 했는데, 이것은 기쁘지 못한 것이다. 평온하지 못한 것이나 기쁘지 못한 것은 타고난 본성〔德〕이 아니다. 타고난 본성이 아니면서 오래 갈 수 있는 그런 것은 세상에 없다.

聞在宥天下, 不聞治天下也. 在之也者, 恐天下之淫其性也. 宥之也者, 恐天下之遷其德也. 天下不淫其性, 不遷其德. 有治天下者哉. 昔堯之治天下也, 使天下欣欣焉人樂其性, 是不恬也. 桀之治天下也, 使天下瘁瘁焉人苦其性, 是不愉也. 夫不恬不愉. 非德也. 非德也而可長久者, 天下無之.

사람이 지나치게 기뻐하면 양기가 상한다. 지나치게 화를 내면 음기가 상한다. 음기와 양기가 동시에 상하면 사계절에 대한 감각을 잃고, 추위와 더위에 대한 조절 기능이 제대로 작동하지 않는데, 그것은 또 거꾸로 사람의 몸을 상하게 한다. 그것은 사람에게 기쁨과 분노 등 감정의 평형을 잃게 하고, 행동의 일관성을 잃게 하고, 사려의 분별력을 잃게 하고, 무슨 일이든 도중에 포기하여 완성을 보지 못하게 한다.

이렇게 되자 세상 사람들은 생각이 달라지고 행동도 달라지기 시작했고, 그뒤로 도척盜跖이나 증삼과 사추와 같은 행위가 나타났다. 그 결과 온 세상의 역량을 다 동원하여 선한 사람을 포상한다 해도 선을 행하도록 권장하기에 부족하고, 온 세상의 역량을 다 동원하여 악한 사람을 처벌한다 해도 악을 그만두게 하기에 충분치 않게 되었다. 즉 온 세상의 거대한 역량을 다하여 상을 주거나 벌을 내려도 세상을 바로잡기에는 여전히 부족하게 되었다. 그럼에도 불구하고 삼대(하·은·주) 이후로는 결국 떠들썩하게 상벌을 능사로 생각해 왔다. 그러니 저 백성이 자신의 진정한 본성을 만족스럽게 여길 틈이나 있었겠는가?

눈이 밝은 것을 좋아하는가? 그것은 색깔을 어지럽히는 것이다. 귀가 밝은 것을 좋아하는가? 그것은 소리를 어지럽히는 것이다. 인仁을 좋아하는가? 그것은 덕德을 어지럽히는 것이다. 의義를 좋아하는가? 그것은 도리를 어그러뜨리는 것이다. 예禮를 좋아하는가? 그것은 기교를 조장하는 것이다. 악樂을 좋아하는가? 그것은 혼란을 조장하는 것이다. 성인聖人을 좋아하는가? 그것은 잔재주를 조장하는 것이다. 지식을 좋아하는가? 그것은 옳고 그름의 병폐를 조장하는 것이다.

人大喜邪, 毗於陽. 大怒邪, 毗於陰. 陰陽竝毗, 四時不至, 寒暑之和不成, 其反傷人之形乎. 使人喜怒失位, 居處無常, 思慮不自得, 中道不成章. 於是乎天下始喬詰卓鷙, 而後有盜跖曾史之行. 故擧天下以賞其善者不足, 擧天下以罰其惡者不給. 故天下之大不足以賞罰. 自三代以下者, 匈匈焉終以賞罰爲事, 彼何暇安其性命之情哉. 而且說明邪, 是淫於色也. 說聰邪, 是淫於聲也. 說仁邪, 是亂於德也. 說義邪, 是悖於理也. 說禮邪, 是相於技也. 說樂邪, 是相於淫也. 說聖邪, 是相於藝也. 說知邪, 是相於疵也.

세상 사람들이 자신의 진정한 본성을 만족스럽게 여긴다면 이 여덟 가지는 있어도 그만이고 없어도 그만이다. 세상 사람들이 자신의 진정한 본성을 만족스럽게 여기지 않는다면 이 여덟 가지는 사람을 위축시켜 자유롭지 못하게 하고 독단적이고 난폭하게 만들어 세상을 혼란에 빠뜨릴 것이다. 그런데도 세상 사람들은 그것들을 존중하고 아끼고 있다. 심하다, 세상 사람들의 착각이여. 이것들이 그저 한때 유행했다가 사라지고 말았는가? 오히려 사람들은 재계하고서 그것에 대해 설명하고, 무릎을 꿇고 그것을 윗사람에게 봉헌하고, 북을 두드리고 노래를 부르면서 그것을 고취하고 있으니, 내가 그것을 어찌하겠는가?

그러므로 군자가 부득이해서 세상에 군림할 때는 무위無爲보다 좋은 것이 없다. 무위로 다스려야만 백성은 자신의 진정한 본성을 만족스럽게 여긴다. 만약 세상을 다스리는 것보다 제 몸을 더 소중하게 생각하는 사람이 있다면 그에게 온 세상을 맡길 수 있을 것이다. 세상을 다스리는 것보다 제 몸을 더 사랑하는 사람이 있다면 그에게 온 세상을 맡겨도 좋을 것이다.[1] 만약 군자君子가 자신의 타고난 본성을 잃지 않고 감각의 타고난 기능을 교란하지 않을 수 있다면, 죽은 듯이 꼼짝 않고 가만있어도 아름다운 광채가 드러나고, 연못처럼 침묵하고 있어도 천둥 같은 소리가 나고, 정신이 움직일 때마다 하늘이 따라 호응하고, 조용하고 느긋하게 무위無爲해도 만물은 저절로 자유롭게 살아간다. 이러니 우리가 또 세상을 다스릴 겨를이 어디 있겠는가?

天下將安其性命之情, 之八者, 存可也, 亡可也. 天下將不安其性命之情, 之八者, 乃始臠卷傖囊而亂天下也. 而天下乃始尊之惜之, 甚矣天下之惑也. 豈直過也而去之邪. 乃齊戒以言之, 跪坐以進之, 鼓歌以儛之. 吾若是何哉. 故君子不得已而臨莅天下, 莫若無爲. 無爲也而後安其性命之情. 故貴以身於爲天下, 則可以托天下. 愛以身於爲天下, 則可以寄天下. 故君子苟能無解其五藏, 無擢其聰明. 尸居而龍見, 淵默而雷聲, 神動而天隨, 從容無爲, 而萬物炊累焉. 吾又何暇治天下哉.

2.

최구崔瞿가 노담老聃에게 물었다.

1 이 구절은 『노자』 13장의 내용과 비슷하고, 몇 개의 글자가 조금 다를 뿐이다.

"세상을 다스리지 않고 어떻게 사람의 마음을 착하게 할 수 있겠습니까?"

노담이 대답했다.

"너는 사람들의 마음을 속박하지 않도록 조심해야 한다. 사람의 마음은 억누르면 침울하게 가라앉고 추켜세우면 기뻐서 들떠오른다. 기뻐서 들떠오르는 것과 침울하게 가라앉는 것이 반복되면 초췌하게 쇠약해진다. 나긋나긋하고 부드러운 마음은 굳세고 강한 것을 누그러뜨리고, 예리하고 날카로운 마음은 화려하고 정교한 것을 만들어낸다. 뜨겁게 타오르는 마음은 불과 같고, 차갑게 꽁꽁 얼어붙은 마음은 얼음 같으며, 고개를 숙였다 쳐드는 사이에 이 세상 바깥쪽을 두 번이나 어루만지고 올 정도로 빠르다. 그것은 가만있을 때는 연못처럼 고요하고, 움직일 때는 하늘 높이 떠오른다. 날뛰는 말처럼 제멋대로여서 묶어놓을 수 없는 것은 오직 사람의 마음뿐일 것이다."

崔瞿問於老聃曰, 不治天下, 安藏人心. 老聃曰, 汝愼無攖人心. 人心排下而進上, 上下囚殺, 淖約柔乎剛強, 廉劌彫琢, 其熱焦火, 其寒凝冰. 其疾俛仰之間, 而再撫四海之外. 其居也淵而靜, 其動也縣而天. 僨驕而不可係者, 其唯人心乎.

옛날 황제가 처음으로 인의仁義를 가지고 사람의 마음을 속박했다. 요와 순은 이에 더하여 넓적다리에 잔털이 없어지고 정강이에 털이 닳아 없어지도록 애쓰면서 온 세상 사람들의 몸을 돌보았고, 자신들의 속을 태우면서 인의를 실천했으며, 자신들의 혈기를 수고롭게 하면서 법도를 세우려고 했다. 그러나 그것만 가지고는 감당할 수가 없었다. 요임금은 그래서 환두讙兜를 숭산崇山으로 쫓아냈고, 삼묘三苗를 삼위三峗로 몰아냈고, 공공共工을 유도幽都로 귀양 보냈다.

삼왕三王 때 이르러 세상은 크게 혼란스러워졌다. 한편에서는 걸桀과 도척盜跖이 나타났고 다른 한편에서는 증삼曾參과 사추史鰌가 나타났으며 유가와 묵가가 들고일어났다. 이에 따라 기뻐하는 사람과 화내는 사람이 서로를 의심했고, 어리석은 자와 지혜로운 자가 서로를 속였고, 착한 사람과 나쁜 사람이 서로를 비난했고, 거짓말하는 사람과 진실을 말하는 사람이 서로 헐뜯어 세상이 차츰 쇠퇴해 갔다. 타고난 본성은 달라지고 생명이 파괴되었다. 온 세상 사람들은 지혜를 좋아하게 되었고, 백성은 이해관계로 복잡하게 뒤엉켰다. 이 때문에 도끼나 톱으로 사람들을 강제하고, 오랏줄이나 묵형으로 사람들을 죽이고, 몽치나 끌로 사람들의 목숨을 끊었다. 세상은 우왕좌왕하면서 크게 혼란스러워졌다. 그 죄는 인간의 의식[心]을 속박한 데 있다.

昔者黃帝始以仁義攖人之心. 堯舜於是乎股無胈, 脛無毛, 以養天下之形, 愁其五藏以爲仁義, 矜其血氣以規法度. 然猶有不勝也, 堯於是放讙兜於崇山, 投三苗於三峗, 流共工於幽都, 此不勝天下也. 夫施及三王而天下大駭矣. 下有桀跖, 上有曾史, 而儒墨畢起. 於是乎喜怒相疑, 愚知相欺, 善否相非, 誕信相譏, 而天下衰矣. 大德不同, 而性命爛漫矣. 天下好知, 而百姓求竭矣. 於是乎釿鋸制焉, 繩墨殺焉, 椎鑿決焉. 天下脊脊大亂, 罪在攖人心.

그 때문에 현명한 자는 큰 산 속의 높은 바위 밑에 숨어버리고, 만승萬乘 대국의 군주는 조정에서 두려움에 떨고 있다. 지금 세상에서는 처형되어 동강난 시신이 서로 뒤덮고 있고, 목에 칼을 쓰고 발목에 차꼬를 찬 자들이 서로 밀치며, 형벌을 받은 자들이 서로를 바라보고 있다. 그러자 유자儒者와 묵자墨者가 비로소 칼을 쓰고 족쇄를 찬 사람들 사이에서 허겁지겁 앞다투어 팔을 걷어붙이고 있다. 아, 지나치구나. 창피한 줄도 모르고 부끄러운 줄도 모르니, 지나치구나. 성인이나 지혜가 칼과 족쇄를 조이는 쐐기가 아닌지, 인의仁義가 수갑과 차꼬를 단단하게 조이는 자물쇠가 아닌지 나는 모르겠다. 증삼과 사추가 걸桀과 도척盜跖의 효시가 아닌지 어떻게 알겠는가? 그러므로 "성인을 끊어버리고 지식인을 내쳐버리면 세상은 크게 잘 다스려질 것이다"라고 말한 것이다.

故賢者伏處大山嵁巖之下, 而萬乘之君憂慄乎廟堂之上. 今世殊死者相枕也, 桁楊者相推也, 形戮者相望也, 而儒墨乃始離跂攘臂乎桎梏之間. 意, 甚矣哉. 其無愧而不知恥也甚矣. 吾未知聖知之不爲桁楊椄槢也, 仁義之不爲桎梏鑿枘也. 焉知曾史之不爲桀跖嚆矢也. 故曰, 絕聖棄知, 而天下大治.

3.

황제黃帝가 제위에 올라 천자가 되고 19년이 지나자 법령이 온 세상에 실행되었다. 그는 광성자廣成子[2]가 공동空同 부근에 있다는 것을 들었다. 그래서 그를 찾아가 만나보았다.

"나는 선생님께서 진정한 도[至道]에 통달했다고 들었습니다. 진정한 도의 본질이 무엇인지 알고 싶습니다. 저는 천지의 정기를 가

---

2 가공의 인물.

져다가 오곡의 성장을 돕고 백성을 기르고 싶습니다. 저는 또 음양을 장악하여 여러 생명이 순조롭게 자라고 성숙하도록 하고 싶습니다. 그렇게 하려면 어떻게 해야 할까요?"

광성자가 말했다.

"그대가 알고 싶어 하는 것은 사물의 본질이고, 그대가 다스리고자 하는 것은 사물의 껍데기다. 그대가 세상을 다스린 뒤로 구름은 미처 모이기도 전에 비가 되어 내렸고, 초목은 미처 물들기도 전에 떨어졌으며, 해와 달의 빛은 갈수록 황폐해졌다. 아첨을 떠는 사람의 마음은 옹색하기 그지없으니, 그런 자가 어찌 진정한 도〔至道〕에 대해 말할 수 있겠느냐?"

黃帝立爲天子十九年, 令行天下. 聞廣成子在於空同之山. 故往見之曰, 我聞吾子達於至道, 敢問至道之精. 吾欲取天地之精, 以佐五穀, 以養民人. 吾又欲官陰陽, 以遂群生, 爲之奈何. 廣成子曰, 而所欲問者, 物之質也. 而所欲官者, 物之殘也. 自而治天下, 雲氣不待族而雨, 草木不待黃而落, 日月之光益以荒矣. 而佞人之心翦翦者, 又奚足以語至道.

황제는 물러나 세상을 내버려두고 조용한 곳에 별실別室을 짓고 흰색 띠풀을 깔아 자리를 만들어 석 달 동안 한가롭게 지냈다. 그리고 다시 찾아가 가르침을 청했다. 광성자는 머리를 남쪽으로 두고 누워 있었다. 황제는 낮은 곳에서부터 무릎을 꿇은 채로 걸어 앞으로 나아가 두 번 절한 다음 머리를 조아리고 물었다.

"선생님께서는 진정한 도〔至道〕를 통달하셨습니다. 그래서 용기를 내 여쭙습니다. 제 몸을 어떻게 다스려야 오래 살 수 있을까요?"

광성자는 벌떡 일어나 말했다.

"훌륭한 질문이다. 그럼, 그대에게 진정한 도에 대해 설명해주겠다. 진정한 도의 본질은 칠흑같이 어둡다. 진정한 도의 끝은 캄캄하고 고요하다. 아무것도 보지 말고 아무것도 듣지 말고 신기神氣를 간직하고 고요함을 유지하면 몸은 저절로 바르게 될 것이다. 고요함을 유지하고 맑음을 유지하면서 그대의 몸을 수고롭게 하지 않고 그대의 정기精氣를 흔들지 않는다면 오래 살 수 있을 것이다. 눈으로는 아무것도 보는 것이 없고 귀로는 아무것도 듣는 것이 없고 마음으로는 아무것도 느끼는 것이 없다면, 그대의 신기神氣는 그대의 몸을 떠나지 않을 것이고, 그러면 그대의 몸은 오래 살 것이다. 그대 내부의 마음을 삼가고, 밖의 여러 가지 감각을 닫아버려라. 많은 지식은 심신을 망가뜨린다. 나는 그대를 가장 밝은 태양의 위쪽 길을 통하여 진정한 양陽의 근원에 도달하도록 하고, 그대를 깊은 어둠의 문으로 들어가 진정한 음陰의 근원에 이르도록 하겠다. 하늘과 땅은 각각 맡은 일이 있고 음과 양은 각기 다른 작용이 있다. 그러므로 자네는 그저 자네의 몸을 신중하게 지키기만 하게. 그러면 사물은 저절로 번창할 거야. 나는 정신과 육체의 합일을 지키면서 그 조화 속에 살고 있지. 그리하여 수양한지 1200년이 지났어도 내 몸은 전혀 시들지 않았어."

황제는 두 번 절하고 머리를 조아리면서 말했다.

"광성자님은 하늘 그 자체라고 할 수 있겠습니다."

黃帝退, 捐天下, 築特室, 席白茅, 閒居三月, 復往邀之. 廣成子南首而臥, 黃帝順下風膝行而進, 再拜稽首而問曰, 聞吾子達於至道, 敢問, 治身奈何, 而可以長久. 廣成子蹶然而起曰, 善哉問乎. 來, 吾語女至道. 至道之精, 窈窈冥冥. 至道之極, 昏昏默默. 無視無聽, 抱神以靜, 形將自正. 必靜必淸,無勞女形, 無搖女精, 乃可以長生. 目無所見, 耳無所聞, 心無所知, 女神將守形, 形乃長生. 愼女內, 閉女外, 多知爲敗. 我爲女遂於大明之上矣, 至彼至陽之原也. 爲女入於窈冥之門矣. 至彼至陰之原也. 天地有官, 陰陽有藏. 愼守女身, 物將自壯. 我守其一, 以處其和. 故我修身千二百歲矣, 吾形未常衰. 黃帝再拜稽首曰, 廣成子之謂天矣.

광성자가 말했다.

"자, 내가 말해주지. 저 만물은 끝이 없는데도 사람들은 끝나는 때가 있다고 생각하지. 저 만물은 가늠할 수가 없는데도 사람들은 끝나는 곳이 있다고 생각하지. 내가 말한 도를 얻으면, 위로는 하느님〔皇〕이 되고 아래로는 임금〔王〕이 된다. 내가 말한 도를 잃으면 살아 있을 때는 겨우 하늘의 빛을 보고, 죽은 뒤에는 썩어 흙이 된다. 지금 온갖 것들은 모두 땅에서 태어나 땅으로 돌아간다. 결국 나는 그대를 떠나 무궁無窮의 문으로 들어가 무극無極의 들에서 놀 것이다. 나는 일월日月과 함께 빛날 것이며, 나는 천지天地와 함께 영원할 것이다. 누군가 나에게 오더라도 나는 흐리멍덩하여 알지 못할 것이며, 나에게서 떠나가도 나는 까맣게 모를 것이다. 사람들은 모두 죽지만 나는 홀로 남아 있을 것이다."

廣成子曰, 來. 余語女. 彼其物無窮, 而人皆以爲有終. 彼其物無測, 而人皆以爲有極. 得吾道者, 上爲皇而下爲王. 失吾道者, 上見光而下爲土. 今夫百昌皆生於土, 而反於土. 故余將去女, 入無窮之門, 以遊無極之野. 吾與日月參光, 吾與天地爲常. 當我, 緡乎. 遠我, 昏乎. 人其盡死, 而我獨存乎.

4.

운장雲將[3]이 동쪽으로 나들이를 갔을 때 부요扶搖[4]라는 나무의 가지 옆을 지나다가 우연히 홍몽鴻蒙[5]을 만났다. 홍몽은 한창 자기 넓적다리를 두드리면서 폴짝폴짝 뛰면서 놀고 있었다. 운장은 그것을 보고서는 의아해하면서 가던 길을 멈추고 우두커니 서 있다가 물었다.

"어르신께서는 무엇을 하시는 분인가요? 어르신께서는 왜 그러고 계십니까?"

홍몽은 넓적다리를 두드리고 폴짝폴짝 뛰기를 멈추지 않은 채 운장에게 대답했다.

"놀고 있지."

운장이 말했다.

"질문 하나 드려도 될까요?"

홍몽은 얼굴을 들어 운장을 쳐다보면서 말했다.

"허!"

운장이 말했다.

"천기天氣가 조화를 이루지 못하면 지기地氣는 막히고 뭉치며, 육기六氣[6]가 조화를 이루지 못하면 사시四時는 절도가 없습니다. 지금 저는 육기의 정수精粹를 하나로 모아 뭇 생명을 기르고자 합니다.

3 가공의 인물. 구름을 의인화한 것.

4 「소요유」 편에서는 회오리바람의 뜻으로 쓴 말인데, 여기서는 동해에 산다고 알려진 신목神木을 가리킨다.

5 가공의 인물. 기氣를 의인화한 것.

6 음양풍우회명陰陽風雨晦明. 즉 날씨를 결정하는 찬 기운과 따뜻한 기운, 바람과 비, 어둠과 밝음 등 여섯 가지 요소.

그러자면 어떻게 해야 할까요?"

홍몽은 계속 넓적다리를 두드리고 폴짝폴짝 뛰고 또 머리를 흔들면서 대답했다.

"난 몰라. 난 몰라."

운장은 더 물어볼 수가 없었다. 그는 3년이 지난 뒤 또 동쪽으로 나들이를 갔다. 송나라의 들을 지나다가 우연히 홍몽을 만났다. 운장은 몹시 기뻐서 잰걸음으로 달려가 말했다.

"하늘같은 분이시여, 저를 잊었습니까? 하늘같은 분이시여, 저를 잊었습니까?"

그는 두 번 절하고 머리를 조아리면서 홍몽에게 가르침을 받고자 했다. 홍몽이 말했다.

"나는 이리저리 떠다니면서도 무엇을 찾고 있는지 모르고, 마음대로 행동하면서도 어디로 가는지 알지 못한다. 혼란스럽고 복잡한 세상 속에서 노닐면서 멍한 상태로 만물의 본모습을 바라볼 뿐이다. 내가 더 이상 무엇을 알겠어?"

雲將東遊, 過扶搖之枝, 而適遭鴻蒙. 鴻蒙方將拊脾雀躍而遊. 雲將見之, 倘然止, 贄然立曰, 叟何人邪. 叟何爲此. 鴻蒙拊脾雀躍不輟, 對雲將曰, 遊. 雲將曰, 朕願有問也. 鴻蒙仰而視雲將曰, 吁. 雲將曰, 天氣不和, 地氣鬱結, 六氣不調, 四時不節. 今我願合六氣之精, 以育群生, 爲之奈何. 鴻蒙拊脾雀躍掉頭曰, 吾弗知. 吾弗知. 雲將不得問. 又三年, 東遊, 過有宋之野, 而適遭鴻蒙. 雲將大喜, 行趨而進曰, 天忘朕邪. 天忘朕邪. 再拜稽首, 願聞於鴻蒙. 鴻蒙曰, 浮遊不知所求. 猖狂不知所往. 遊者鞅掌, 以觀無妄. 朕又何知.

운장이 말했다.

“저는 스스로는 마음대로 행동한다고 생각하지만, 백성은 제가 하는 대로 따라 합니다. 저는 그러한 백성을 그만 두게 할 수 없었고, 지금은 백성의 본보기가 되었습니다. 한 말씀 듣고 싶습니다.”

홍몽이 말했다.

“사람들은 세상의 질서를 어지럽히고, 사물의 실정을 거슬러 자연의 원래 모습을 온전히 보전할 수 없는 지경에 이르렀다. 짐승의 무리는 흩어지고, 새들은 모두 밤에 운다. 재앙이 초목에까지 미치고 재난이 곤충에까지 미쳤어. 아, 이 모두가 정치하는 자들의 잘못이야.”

운장이 물었다.

“그러면 어떻게 해야 하겠습니까?”

홍몽이 대답했다.

“아, 해독이 심해. 냉큼 돌아가라.”

운장이 말했다.

“하늘과 같은 분을 만나는 것은 쉬운 일이 아닙니다. 한 말씀 듣고 싶습니다.”

홍몽이 대답했다.

“아, 마음 수양을 해라. 네가 아무것도 하지 않고 가만있기만 하면 만물은 저절로 변화될 것이다. 네 몸의 감각을 물리치고, 네 마음의 지각을 없애버려라. 너 자신과 외물을 모두 잊어버린다면 혼돈 상태에 머물러 있게 될 것이다. 의식과 정신을 풀어내버리면 몽롱해져서 혼백도 없게 될 것이다. 그렇게 되면 만물은 무성하게 자라서 각기 자신의 자연적 본성을 회복하게 될 것이다. 만물은 각기 자신의 자연적 본성을 회복하지만 그것을 알지 못한 채 혼돈 무지한 상태로 평생 거기서 이탈하지 않을 것이다. 만약 그것을 알게 되면 거기서 이탈되어버린다. 사물의 이름을 물어서는 안 되며 그것의 참 모습을 알고자 해서도 안 된다. 만물은 본래 저절로 생겨나는 것이다."

운장이 말했다.

"하늘과 같은 분께서는 덕으로써 저를 가르쳐주시고 침묵으로써 저에게 보여주셨습니다. 평생 동안 찾다가 지금에야 비로소 알게 되었습니다."

그는 머리를 두 번 조아려 절한 다음 일어나 작별을 고하고 떠나갔다.

雲將曰, 朕也自以爲猖狂, 而民隨予所往. 朕也不得已於民, 今則民之放也. 願聞一言. 鴻蒙曰, 亂天之經, 逆物之情, 玄天弗成. 解獸之群, 而鳥皆夜鳴. 災及草木, 禍及止蟲. 意. 治人之過也. 雲將曰, 然則吾奈何. 鴻蒙曰, 意. 毒哉. 僊僊乎歸矣. 雲將曰, 吾遇天難, 願聞一言. 鴻蒙曰, 意. 心養. 汝徒處無爲, 而物自化. 墮爾形體, 吐爾聰明, 倫與物忘. 大同乎涬溟. 解心釋神, 莫然無魂. 萬物云云, 各復其根. 各復其根而不知. 渾渾沌沌, 終身不離. 若彼知之, 乃是離之. 無問其名, 無闚其情, 物故自生. 雲將曰, 天降朕以德, 示朕以默. 躬身求之, 乃今也得. 再拜稽首, 起辭而行.

5.

세상 사람들은 모두 자기 의견에 동조하는 사람을 좋아하고 자기 의견과 달리 생각하는 사람을 싫어한다. 자기 의견에 동조해주기를 바라고 자기 의견과 달리 생각하는 것을 바라지 않는 것은 뭇사람보다 뛰어나고자 하는 생각이 있기 때문이다. 뭇사람보다 뛰어나고

자 하는 생각이 있는 사람이 언제 뭇사람보다 뛰어난 적이 있었던가? 그런 사람은 뭇사람에게 기대고 그들의 평가에 안심하지만, 한 사람의 능력은 뭇사람이 가지고 있는 많은 능력의 총합과는 비교가 안 된다. 그런데도 나라를 탐내는 자는 삼왕三王이 만든 제도의 장점을 끌어다 쓰면서 그 속에 있는 병폐는 보지 못한다. 그것은 나라를 이용하여 자신의 끝없는 욕심을 채우려는 것이다. 자신의 끝없는 욕심을 채우려 하는데 어찌 나라를 잃지 않을 수 있겠는가? 그런 경우에 나라를 보존할 수 있는 가능성은 1만 분의 1 정도밖에 안 되어 결국 나라를 잃고 만다. 나라를 온전히 보존할 가능성은 1도 안 되지만, 잃어버릴 가능성은 1만 이상이나 되기 때문이다. 불쌍하게도 나라를 가지고 있는 제후는 그런 사실을 알지 못한다. 국토를 갖는 것은 대물大物을 소유하는 것이다. 대물을 소유하고 있는 자는 사물에 속박당해서는 안 된다. 사물을 대하되 그 사물에 속박당하지 않아야 사물을 사물로 대할 수 있는 것이다. 따라서 사물을 사물로 대하는 자는 사물의 속박을 받지 않는다는 점을 분명히 알 수 있다. 이런 이치가 어찌 천하나 백성을 다스리는 데만 해당하겠는가? 육합六合[7]을 드나들고 구주九州[8]에서 놀면서 홀로 갔다 홀로 오는 그러한 경지를 독유獨有[9]라고 한다. 독유의 경지에 이른 사람, 이런 사람을 가장 고귀하다고 한다.

世俗之人, 皆喜人之同乎己, 而惡人之異於己也. 同於己而欲之, 異於己而不欲者, 以出乎衆爲心也. 夫以出乎衆爲心者, 曷常出乎衆哉. 因衆以寧,

---

7 상하천지와 사방. 즉 우리가 살고 있는 이 공간 전체를 가리킨다.

8 이 세계 전체. 중국 전역을 아홉 개의 권역으로 나눈 데서 유래한 말.

9 독립적이고 자유로운 경지를 향유하고 있음을 나타내는 말.

所聞不如衆技衆矣. 而欲爲人之國者, 此攬乎三王之利, 而不見其患者也. 此以人之國僥倖也. 幾何僥倖, 而不喪人之國乎. 其存人之國也, 無萬分之一. 而喪人之國也, 一不成而萬有餘喪矣. 悲夫, 有土者之不知也. 夫有土者, 有大物也. 有大物者, 不可以物. 物而不物, 故能物物. 明乎物物者之非物也, 豈獨治天下百姓而已哉. 出入六合, 遊乎九州, 獨往獨來, 是謂獨有. 獨有之人, 是之謂至貴.

6.

위대한 사람[大人]의 가르침은 그림자가 몸을 따르고, 메아리가 소리에 호응하는 것과 같다. 질문이 있어야만 대답하되, 자신의 능력을 다하여 세상 사람들의 질문에 대답한다. 그의 마음은 아무 소리도 없는 곳에 머물되 행동은 변화무쌍하다. 그는 분주하고 어수선하게 왔다 갔다 하는 세상 사람들을 이끌고 끝없는 경지에서 소요한다. 그는 어떤 것에도 의지하지 않고 홀로 드나들고, 해와 함께 끝없이 새롭게 변화한다. 그의 말투나 행동거지는 천지만물과 완전히 일치하며, 완전히 일치하기 때문에 자기에 대한 의식이 없다. 자기에 대한 의식이 없는데 어떻게 있음[有]이 있을 수 있겠는가? 있음[有]에 주목하는 사람은 한물간 옛날의 군자이고, 없음[無]에 주목하는 자는 천지의 벗이다.

大人之教, 若形之於影, 聲之於響. 有問而應之, 盡其所懷, 爲天下配. 處乎無響. 行乎無方. 挈汝適復之撓撓, 以遊無端. 出入無旁, 與日無始. 頌論形軀, 合乎大同. 大同而無己. 無己, 惡乎得有有. 睹有者, 昔之君子. 睹無者, 天地之友.

7.

천박하지만 알아서 하도록 내버려두지 않을 수 없는 것이 사물이다. 비천하지만 그로부터 말미암지 않을 수 없는 것이 백성이다. 분명하게 드러나지 않더라도 하지 않을 수 없는 것이 일이다. 엉성하지만 시행하지 않을 수 없는 것이 법法이다. 멀리 떨어져 있지만 지키지 않을 수 없는 것이 의義다. 혈육 간의 애정이지만 확장하지 않을 수 없는 것이 인仁이다. 시시콜콜하고 사소한 것이라도 정통하지 않을 수 없는 것이 예禮다. 평범하지만 높이지 않을 수 없는 것이 덕德이다. 한결같지만 변하지 않을 수 없는 것이 도道다. 신비스러워 헤아릴 수 없지만 순응하지 않을 수 없는 것은 자연〔天〕이다. 그 때문에 성인은 자연〔天〕을 살피기는 하지만 그것에 간섭하지 않고, 덕德을 이루지만 그에 속박되지 않는다. 도道에 따라 행위하지만 미리 계획하지 않고, 인仁에 부합하지만 그것을 자랑하지 않고, 의義에 근접하지만 그에 머물지 않고, 예禮에 부응하지만 꺼리는 것이 없고, 세속의 번잡한 일을 접하지만 그로부터 도피하지 않는다. 행동은 법도와 일치하여 문란하지 않고, 백성을 믿고 의지하면서 가볍게 여기지 않고, 사물 변화의 법칙을 따르면서 그로부터 함부로 벗어나지 않는다. 사물은 추구할 만한 가치가 없지만 추구하지 않을 수는 없다. 자연의 이법을 분명히 알지 못하는 자는 덕에 순일하지 못한다. 도를 깨닫지 못한 사람은 어디서나 장애물을 만난다. 그러니 도를 깨닫지 못한 사람은 얼마나 불쌍한가. 도란 무엇인가? 자연의 도가 있고 인간의 도가 있다. 무위無爲하면서도 존중 받는 것이 자연의 도이고 유위有爲하면서도 번거로운 것이 인간의 도다. 주도적인 것은 자연의 도이고 종속적인 것은 인간의 도다. 자연의 도와 인간의 도의 거리는 매우 멀다. 이 점을 깊이 헤아리지 않으면 안 된다.

賤而不可不任者, 物也. 卑而不可不因者, 民也. 匿而不可不爲者, 事也. 麤而不可不陳者, 法也. 遠而不可不居者, 義也. 親而不可不廣者, 仁也. 節而不可不積者, 禮也. 中而不可不高者, 德也. 一而不可不易者, 道也. 神而不可不爲者, 天也. 故聖人觀於天而不助, 成於德而不累, 出於道而不謀, 會於仁而不恃, 薄於義而不積, 應於禮而不諱, 接於事而不辭, 齊於法而不亂, 恃於民而不輕, 因於物而不去. 物者莫足爲也, 而不可不爲. 不明於天者, 不純於德. 不通於道者, 無自而可. 不明於道者, 悲夫. 何謂道. 有天道, 有人道. 無爲而尊者, 天道也. 有爲而累者, 人道也. 主者, 天道也. 臣者, 人道也. 天道之與人道也, 相去遠矣, 不可不察也.

제12편 | 천지
天地

전체는 15개의 독립된 문장으로 구성되어 있고 각 편은 그다지 긴밀한 연관성을 가지고 있지 않다. 그러나 내용 면에서는 대부분 무위정치 사상을 중심 주제로 다루고 있다. 천지자연이 만물을 생성하는 데 아무런 의식도 목적성도 없는 것처럼 세상을 다스리는 군주도 역시 그래야 한다는 것이다. 그래야 비로소 모든 백성이 골고루 그 혜택을 누릴 수 있다는 것이 그 주된 이유다. 이 편에서 말하는 군주의 무위는 구체적으로 "군주는 타고난 덕德에 근거하여 모든 일이 자연스럽게[天] 이루어지도록" 하는 것이다. 이상적인 군주는 높이 걸려 있는 나뭇가지와 같이 그저 상징적으로만 존재해야 한다. 이처럼 이상적인 군주는 무위, 즉 아무것도 하지 않아야 한다. 그래야 만물이 저절로 감화되고, 백성은 자유로우며 평안하다는 것이다.

1.

천지가 비록 크지만 그 변화의 힘은 어디에나 고르게 적용된다. 만물이 비록 많지만 그것들의 운행 질서는 한 가지다. 사람이 비록 많지만 그들의 주인은 군주 한 사람이다. 군주는 타고난 덕德에 근거하여 모든 일이 자연스럽게 이루어지도록 한다. 그러므로 다음과 같은 말이 있다.

"태곳적에 천하를 다스리던 군주는 무위無爲, 즉 아무것도 하지 않았다. 그저 타고난 덕[天德]을 따랐을 뿐이다"

사람들의 말을 도道에 따라 살핀다면 세상의 주인으로서의 군주는 바르게 된다. 각자가 맡은 역할[分]을 도에 따라 살핀다면 군주와 신하 간의 도리[義]는 분명해진다. 사람들의 능력을 도에 따라 살핀다면 세상의 모든 행정 기관[官]이 순조롭게 잘 돌아간다. 모든 것을 도에 따라 살핀다면 만물이 필요로 하는 것이 다 갖추어진다.

天地雖大, 其化均也. 萬物雖多, 其治一也. 人卒雖衆, 其主君也. 君原天德而成於天. 故曰, 玄古之君天下, 無爲也, 天德而已矣. 以道觀言而天下之君正, 以道觀分而君臣之義明, 以道觀能而天下之官治, 以道汎觀而萬物之應備.

2.

본디 천지에 두루 통하는 것은 덕德이다. 만물에 시행되는 것은 도道다. 임금이 사람을 다스리는 것은 정사〔事〕다. 재능을 발휘하여 겉으로 드러나는 것이 기술〔技〕이다. 기술〔技〕은 정사〔事〕에 종속되고, 정사〔事〕는 도리〔義〕에 종속되고, 도리〔義〕는 덕德에 종속되고, 덕德은 도道에 종속되고, 도道는 자연〔天〕에 종속된다. 그래서 다음과 같은 말이 있다.

"옛날에 세상을 이끄는 자는 아무것도 하려 하지 않아도 세상 사람이 모두 만족했고, 아무것도 하지 않아도 만물이 감화되었고, 연못처럼 침묵하고 있어도 백성은 평안했다."

그리고 다음과 같은 기록도 있다.

"하나〔一〕에 통하면 모든 일이 다 해결되고, 무심해지면 귀신이 복종한다."

故通於天地者, 德也. 行於萬物者, 道也. 上治人者, 事也. 能有所藝者, 技也. 技兼於事, 事兼於義, 義兼於德, 德兼於道, 道兼於天. 故曰, 古之畜天下者, 無欲而天下足, 無爲而萬物化, 淵靜而百姓定. 記曰, 通於一而萬事畢, 無心得而鬼神服.

3.

선생님께서 말씀하셨다.

"도는 것은 만물을 덮어주고 떠받쳐주는 것이다. 그것은 어마어마하게 큰 것이다. 군자는 마음을 텅 비우지 않을 수 없다. 무위로 그것을 실행하는 것을 자연[天]이라고 한다. 무위로 그것을 말하는 것을 덕德이라고 한다. 사람을 사랑하고 사물을 이롭게 하는 것을 인仁이라고 한다. 다른 것들을 하나의 공통의 속성으로 묶어 같다고 여기는 것을 거대함[大]이라고 한다. 남다른 특이한 행동을 하지 않는 것을 느긋함[寬]이라고 한다. 온갖 다른 것들을 다 포용하는 것을 풍부함[富]이라고 한다. 그리고 덕을 가지고 있는 것을 법도[紀]라고 한다. 덕이 이루어진 것을 쌓음[立]이라고 한다. 도를 따르는 것을 완비[備]라고 한다. 외적인 것으로 타고난 마음을 손상하지 않는 것을 완전함[完]이라고 한다."

군자가 이 열 가지에 밝으면 그 마음 씀은 모든 것을 다 포용할 정도로 크고, 은택이 커서 만물의 귀의처가 된다. 이런 사람은 황금을 산에 놓아두고, 구슬을 연못에 내버려두며, 재물을 이로운 것으로 여기지 않고, 부귀에 가까이 하려 하지 않는다. 그리고 오래 사는 것을 즐거워하지 않고, 일찍 죽는 것을 슬퍼하지 않으며, 성공을 영광으로 생각하지 않고, 실패를 부끄럽게 생각하지 않는다. 세상의 재물을 끌어다가 자기 것으로 삼지 않고, 천하의 왕이 되는 것을 자기를 드러내는 수단으로 삼지 않는다. 드러나면 밝아진다. 만물은 하나의 창고이고, 죽음과 삶은 동일한 형상이다.

夫子曰, 夫道, 覆載萬物者也, 洋洋乎大哉. 君子不可以不刳心焉. 無爲爲之之謂天, 無爲言之之謂德, 愛人利物之謂仁, 不同同之之謂大, 行不崖異之謂寬, 有萬不同之謂富. 故執德之謂紀, 德成之謂立, 循於道之謂備, 不以物挫志之謂完. 君子明於此十者, 則韜乎其事心之大也, 沛乎其爲萬物逝也. 若然者, 藏金於山, 藏珠於淵, 不利貨財, 不近貴富. 不樂壽, 不哀夭. 不榮通, 不醜窮. 不拘一世之利以爲己私分, 不以王天下爲己處顯. 顯則明. 萬物一府, 死生同狀.

4.

선생님께서 말씀하셨다.

"도는 가만히 있을 때는 연못처럼 고요하고, 맑은 물과 같이 청정하다. 쇠나 돌은 아무 이유 없이 소리를 내지 않는다. 그것들 자신은 소리를 낼 수 있는 성질이 있지만 누군가 두드려주지 않으면 소리를 내지 못한다. 만물의 이와 같은 성질을 그 무엇이 정해줄 수 있을까? 덕이 넘치는 사람은 소박함을 간직하고 살아가되 세상사에 정통한 것을 부끄럽게 여기고, 만물의 근원인 도를 딛고 서 있으며, 지혜는 신명과 통한다. 그러므로 그 은택이 널리 퍼진다. 그의 마음은 외물과의 교감으로 인해 발생한다. 그러므로 몸은 도가 아니면 생겨날 수 없고, 본성은 덕이 아니면 드러날 수 없다. 몸을 보존하고 본성을 다하며, 덕을 세우고 도를 밝히는 자는 덕이 넘치는 사람 아니겠는가? 그래서 "넓고도 넓다. 별안간 나타나 갑자기 움직이지만 만물이 그를 따르는구나"라는 말이 있다. 이는 덕이 풍부한 사람에 대하여 말한 것이다. 그러한 사람은 컴컴한 어둠을 보고, 아무 소리도 없는 정적을 들으며, 컴컴한 어둠 속에서 홀로 밝은 빛을 보고, 소리 없는 정적 속에서 홀로 화음을 듣는다. 그러므로 깊이깊이 감추어져 있는 사물이라도 그 모습을 볼 수 있고, 신비롭고 또 신비로운 존재에 대해서도 그 정기精氣가 내는 소리를 들을 수 있다. 결국 그는 만물과 접촉할 때 완전히 비어 있으면서도 만물이 필요로 하는 것을 제공하며, 끝없이 달려 나가지만 만물의 귀착점이 된다. 그리하여 큰 것이나 작은 것, 긴 것이나 짧은 것, 먼 것이나 가까운 것 모두 다 만족함을 얻는다.

夫子曰, 夫道, 淵乎其居也, 漻乎其淸也. 金石不得, 無以鳴. 故金石有聲, 不考不鳴. 萬物孰能定之. 夫王德之人, 素逝而恥通於事, 立之本原而知通於神, 故其德廣. 其心之出, 有物採之. 故形非道不生, 生非德不明. 存形窮生, 立德明道, 非王德者邪. 蕩蕩乎. 忽然出, 勃然動, 而萬物從之乎. 此謂王德之人. 視乎冥冥, 聽乎無聲. 冥冥之中, 獨見曉焉. 無聲之中, 獨聞和焉. 故深之又深而能物焉. 神之又神而能精焉. 故其與萬物接也, 至無而供其求, 時騁而要其宿, 大小長短修遠.

5.

황제가 적수赤水의 북쪽에서 노닐 때 곤륜산崑崙山에 올라 남쪽을 바라보았다. 그는 돌아올 때 검은 진주〔玄珠〕[1]를 잃어버렸다. 황제는 지知[2]를 시켜 찾아보았지만 찾지 못했다. 다시 이주離朱[3]를 시켜 찾아보았지만 찾지 못했다. 또 끽후喫詬[4]를 시켜 찾아보았지만 역

1 현주는 검은 진주를 뜻하는데, 여기서는 도를 상징하고 있다.

2 지식 혹은 지혜를 의인화한 이름.

3 시력이 매우 뛰어났다고 알려진 전설의 인물.

4 말 잘하는 것 혹은 힘이 센 것을 의인화한 이름.

시 찾지 못했다. 그러다가 상망象罔[5]을 시켰더니 찾았다. 황제가 말했다.

"이상한 일이로군. 상망이 그것을 찾아내다니!"

黃帝遊乎赤水之北, 登乎崑崙之丘而南望, 還歸, 遺其玄珠. 使知索之而不得, 使離朱索之而不得, 使喫詬索之而不得也. 乃使象罔, 象罔得之. 黃帝曰, 異哉, 象罔乃可以得之乎.

6.

요임금의 스승은 허유許由라 하고, 허유의 스승은 설결齧缺이라 하고, 설결의 스승은 왕예王倪라 하고, 왕예의 스승은 피의被衣라 한다. 요임금이 허유에게 물었다.

"설결은 천자가 될 만하지요? 저는 왕예를 통해 그분에게 천자가 되어달라고 요청하려고 합니다."

허유가 말했다.

"아마도 세상을 위험에 빠뜨릴 걸세. 설결의 사람 됨됨이는 총명하고 지혜로우며 매우 민첩하고 부지런하여 그 성품이 일반 사람들보다 뛰어나지. 그리고 결국 인위적인 것으로 자연을 바꾸려고 할 거야. 그는 사람들이 과오를 범하지 못하도록 금지하는 방법에 대해서는 잘 알고 있지만, 잘못이 생기는 원인에 대해서는 알지 못하지. 그에게 천자의 자리를 줄 수 있을까? 그는 인위의 힘을 빌려 자연적인 것을 버릴 것이고, 자신을 중심에 놓고 그 밖의 것들을 이질적인

5 형체가 없는 것 혹은 무심한 것을 의인화한 이름.

것으로 구별할 것이며, 자신의 지식을 높이 평가하여 다른 사람을 성급하게 다그칠 것이며, 자질구레한 일로 자신을 혹사할 것이며, 외물의 구속을 받을 것이며, 사방을 둘러보면서 사람들의 호응을 구할 것이며, 매사에 가장 적절히 처리하는 것을 추구할 것이며, 만물의 변화에 간섭하면서 아무런 기준도 정하지 못할 거야. 그런 사람이 어떻게 천자가 될 수 있겠는가? 그렇기는 해도 한 동족이나 친족 안에서 그들의 우두머리가 될 수는 있겠지. 그렇지만 우두머리들의 우두머리는 될 수 없어. 인위적인 다스림은 혼란의 선구이고, 신하의 재앙이며, 천자의 화근이야."

堯之師曰許由, 許由之師曰齧缺, 齧缺之師曰王倪, 王倪之師曰被衣. 堯問於許由曰, 齧缺可以配天乎. 吾藉王倪以要之. 許由曰, 殆哉圾乎天下. 齧缺之爲人也, 聰明睿知, 給數以敏, 其性過人, 而又乃以人受天. 彼審乎禁過, 而不知過之所由生. 與之配天乎. 彼且乘人而無天. 方且本身而異形, 方且尊知而火馳, 方且爲緒使, 方且爲物絯, 方且四顧而物應, 方且應衆宜, 方且與物化, 而未始有恒. 夫何足以配天乎. 雖然, 有族, 有祖, 可以爲衆父, 而不可以爲衆父父. 治, 亂之率也, 北面之禍也, 南面之賊也.

7.

요임금이 화華 지역을 시찰하러 갔다. 화 지역의 봉인封人[6]이 요임금을 보고 말했다.

"아, 성인이시군요. 성인께서 장수하시기를 축원 드리고 싶습니다."

6 국경을 지키는 관직 이름.

요임금이 말했다.

"그만 두어라."

"그럼 성인께서 부유해지시기를 축원 드리고 싶습니다."

요임금이 말했다.

"그만 두어라."

"그럼 성인께서 아들을 많이 두시기를 축원 드리고 싶습니다."

요임금이 말했다.

"그만 두어라."

봉인이 말했다.

"오래 사는 것과 부유한 것과 아들이 많은 것은 모두 사람들이 바라는 것입니다. 유독 폐하께서만 그런 것을 바라지 않으신데, 그 까닭이 무엇입니까?"

요임금이 말했다.

"아들이 많으면 두렵고, 부유하면 일거리가 많고, 장수하면 치욕이 많다. 이 세 가지는 덕을 길러주는 것이 아니다. 그래서 사양하는 것이다."

봉인이 말했다.

"저는 처음에는 폐하께서 성인聖人이신 줄 알았는데, 지금 보니 군자君子에 불과하군요. 하늘이 만백성을 낳을 때 분명히 각자에게 임무를 줍니다. 아들이 많더라도 그들에게 각각 임무를 주면 무슨 두려움이 있겠습니까? 부유하더라도 사람들에게 그것을 나누어주면 무슨 일거리가 있겠습니까? 성인은 메추라기처럼 정해진 둥지가 없고 갓 태어나 먹이를 기다리는 새새끼와 같으며, 새처럼 돌아다니면서 흔적을 남기지 않습니다. 세상에 도가 있으면 외부의 존재들과 더불어 번창하고, 세상에 도가 없으면 내면의 덕을 닦아 한가롭게 지내면 되는 것입니다. 천년을 살다가 세상이 싫증나면 세상을 떠나 신선이 되어 올라가, 저 흰 구름을 타고 하느님이 있는 곳에 이릅니다. 인생의 세 가지 근심은 그곳까지 이르지 못하고, 몸에는 언제나 아무 재앙이 없을 터인데 무슨 치욕이 있겠습니까?"

봉인이 떠나가자 요임금이 그를 뒤쫓으며 말했다.

"가르침을 부탁드립니다."

봉인이 말했다.

"돌아가십시오."

堯觀乎華. 華封人曰, 嘻, 聖人. 請祝聖人, 使聖人壽. 堯曰, 辭. 使聖人富. 堯曰, 辭. 使聖人多男子. 堯曰, 辭. 封人曰, 壽, 富, 多男子, 人之所欲也. 女獨不欲, 何邪. 堯曰, 多男子則多懼, 富則多事, 壽則多辱. 是三者, 非所以養德也, 故辭. 封人曰, 始也我以女爲聖人邪, 今然君子也. 天生萬民, 必授之職. 多男子而授之職, 則何懼之有. 富而使人分之, 則何事之有. 夫聖人鶉居而鷇食, 鳥行而無彰. 天下有道, 則與物皆昌. 天下無道, 則修德就閒. 千歲厭世, 去而上僊, 乘彼白雲, 至於帝鄉. 三患莫至, 身常無殃, 則何辱之有. 封人去之, 堯隨之曰, 請問. 封人曰, 退已.

8.

요임금이 세상을 다스릴 때 백성자고伯成子高가 제후로 있었다. 요임금이 권좌를 순에게 물려주고, 순임금은 우에게 물려주자 백성자고는 제후의 자리를 사직하고 농사를 지었다. 우임금이 그를 찾아갔을 때 그는 들에서 농사를 짓고 있었다. 우임금은 총총걸음으로 걸어 낮은 자리로 나아가 서서 물었다.

"예전에 요임금께서 세상을 다스릴 때 선생님은 제후로 계셨습니다. 요임금이 순임금에게 권좌를 물려주고, 순임금은 저에게 권좌를 물려주었는데, 선생님께서는 제후의 자리를 사직하고 농사를 짓고 계십니다. 그 까닭이 무엇인지 알고 싶습니다."

자고가 말했다.

"옛날 요임금께서 세상을 다스릴 때는 상을 내리지 않아도 백성이 즐거워했고, 벌을 내리지 않아도 백성이 두려워했습니다. 지금 폐하께서는 상과 벌을 시행하는데도 오히려 백성은 어질지 못하고, 이 때문에 덕이 시들고, 이 때문에 형벌이 생겨났으며, 후세의 혼란도 이로부터 시작되었습니다. 폐하께서는 그만 돌아가시지요. 저의 일을 방해하지 마십시오."

그는 열심히 밭을 갈 뿐 돌아보지도 않았다.

堯治天下, 伯成子高立爲諸侯. 堯授舜, 舜授禹, 伯成子高辭爲諸侯而耕. 禹往見之, 則耕在野. 禹趨就下風, 立而問焉曰, 昔堯治天下, 吾子立爲諸侯. 堯授舜, 舜授予, 而吾子辭爲諸侯而耕. 敢問, 其故何也. 子高曰, 昔者堯治天下, 不賞而民勸, 不罰而民畏. 今子賞罰而民且不仁, 德自此衰, 刑自此立, 後世之亂, 自此始矣. 夫子闔行邪. 無落吾事. 俋俋乎耕而不顧.

9.

태초에 무無가 있었지만, 유有도 없었고 이름도 없었다. 일一[7]이

7 아직 아무런 분화도 생기지 않은 혼돈미분混沌未分의 그 무엇.

발생한 뒤에는 일一은 있으되 형체는 없었다. 사물이 그것을 얻어 생겨났는데, 그것을 덕德이라고 한다. 형체가 없는 것이 나뉘었으나 아무런 차이가 없었으니, 그것을 명命이라고 한다. 그것들이 운동하여 사물을 낳고, 사물이 형성되면서 그 사물의 속성이 발생하는데 그것을 형체〔形〕라고 한다. 형체가 정신〔神〕을 간직하고 있고, 각 사물이 보편적인 자연적 특성을 갖는데, 그것을 성性이라고 한다. 성性에 대한 수양을 통해 덕德을 회복하면 우리의 덕은 최초 상태와 완전히 같아지는 데까지 이른다. 같아지면 텅 비고, 텅 비면 커지고, 무심한 새 울음소리와 일치한다. 무심한 새 울음소리와 일치하는 것은 천지와 일치되는 것이다. 그 일치됨은 전혀 흔적도 없이 하나로 합쳐진 것 같아서 마치 어리석은 듯하기도 하고 멍청한 듯하기도 하여 이를 신비로운 덕〔玄德〕이라고 하는데, 자연의 이치와 하나가 되는 것이다.

泰初有無, 無有無名. 一之所起, 有一而未形. 物得以生, 謂之德. 未形者有分, 且然無間, 謂之命. 留動而生物, 物成生理, 謂之形. 形體保神, 各有儀則, 謂之性. 性修反德, 德至同於初. 同乃虛, 虛乃大. 合喙鳴. 喙鳴合, 與天地爲合. 其合緡緡, 若愚若昏, 是謂玄德, 同乎大順.

10.

선생님(공자)께서 노담에게 물었다.

“어떤 사람이 도를 닦는데 오히려 도를 거스르면서 옳지 않은 것을 옳다고 여기고 맞지 않은 것을 맞다고 합니다. 변자辯者들은 ‘이견백離堅白[8]의 이론은 마치 저 하늘에 걸린 것처럼 분명하다’라고 말합니다. 이와 같은 경우에 그런 사람을 성인聖人이라고 할 수 있을까요?"

노담이 대답했다.

"그런 사람은 일을 처리할 때 자신의 기술을 믿고 몸을 수고롭게 하고 마음을 근심스럽게 하는 서리胥吏와 같은 사람이다. 여우를 잡는 개는 사냥에 동원되고, 원숭이는 날쌔기 때문에 산림에서 잡혀 온다. 공구야, 네가 들어보지 못하고 네가 말하지 못한 것을 내 너에게 얘기해주겠다. 머리가 있고 발이 있으면서 마음이 없고 귀가 없는 사람은 많지만, 몸을 가진 자로서 형체도 없고 모양도 없는 것〔道〕까지 모두 간직하고 있는 사람은 아무도 없다. 운동과 정지라든가, 죽음과 삶이라든가, 쇠락과 번창 등, 이러한 것 역시 누군가 인위적으로 그렇게 하는 것이 아니다. 그러나 도를 닦는 것은 사람에게 달려 있다. 외물을 잊고, 하늘을 잊는 것, 그것을 망기忘己, 즉 자기를 잊는 것이라고 부른다. 자기를 잊은 사람을 하늘〔天〕의 경지에 들었다고 말한다."

夫子問於老聃曰, 有人治道若相放, 可不可, 然不然. 辯者有言曰, 離堅白若縣宇. 若是則可謂聖人乎. 老聃曰, 是胥易技係勞形怵心者也. 執留之狗成思, 蝯狙之便自山林來. 丘, 予告若, 而所不能聞與而所不能言. 凡有首有趾無心無耳者衆. 有形者與無形無狀而皆存者盡無. 其動, 止也. 其死, 生也. 其廢, 起也, 此又非其所以也. 有治在人, 忘乎物, 忘乎天, 其名爲忘己. 忘己之人, 是之謂入於天.

8 딱딱하고 흰 돌〔堅白石〕은 딱딱한 돌과 흰 돌 등 두 가지로 분리할 수 있다는 뜻으로서 명가학파의 한 사람인 공손룡의 견해이며, 이는 합동이合同異와 상대되는 말이다.

11.

장려면將閭葂이 계철季徹[9]을 만나 말했다.

"노나라 임금께서 저에게 '가르침을 받고 싶습니다'라고 말씀하셨습니다. 저는 사양했지만 윤허를 받지 못하여 말씀드렸는데, 맞게 말했는지 아닌지 모르겠습니다. 그 내용을 말씀드려보겠습니다. 저는 노나라 임금께 '반드시 공손함과 검소함을 지키시고, 공정하고 충성스러운 무리를 발탁하여 한쪽으로 치우침이 없게 하신다면 백성들 가운데 누가 감히 화목하지 않겠습니까'라고 말씀드렸습니다."

계철은 껄껄 웃으며 말했다.

"자네가 했다는 말은 제왕의 덕목으로서는 마치 사마귀가 팔을 걷어붙이고 굴러가는 수레바퀴를 막아 보려고 하는 것과 같아. 제왕의 직책을 결코 감당하지 못할 것이 뻔해. 그리고 또 그렇게 하는 것은 스스로 위험을 자초하는 짓이야. 임금이 있는 조정에는 일이 많아지고, 많은 사람이 서로 앞을 다투어 몰려들 거야."

장려면은 소스라치게 놀라면서 말했다.

"선생님의 그 말씀을 들으니 저는 정신이 멍해집니다. 그렇지만 선생님께 해결 방법을 듣고 싶습니다."

계철이 말했다.

"위대한 성인은 세상을 다스릴 때 백성이 마음을 자유롭게 풀어놓고 그들이 저절로 교화를 이루고 풍속을 바꾸어 나가도록 하고, 서로를 해치는 경쟁심을 없애 모두가 다 만족하는 상태가 되도록 한다. 그것은 본성에 따라 저절로 그렇게 되는 것이기 때문에 백성은

9 장려면과 계철 모두 가공의 인물.

왜 그렇게 되는지를 알지 못하지. 그런 사람이 어찌 요순이 백성을 교화하는 것을 높이 평가하여 그것을 멍청히 따르겠는가? 그런 사람은 타고난 덕과 합일하여 마음이 편안해지기만을 바라지."

將閭葂見季徹曰, 魯君謂葂也曰, 請受教. 辭不獲命, 既已告矣, 未知中否. 請嘗薦之. 吾謂魯君曰, 必服恭儉, 拔出公忠之屬而無阿私, 民孰敢不輯. 季徹局局然笑曰, 若夫子之言, 於帝王之德, 猶螳螂之怒臂以當車軼, 則必不勝任矣. 且若是, 則其自爲處危, 其觀臺多物將往投迹者衆. 將閭葂覤覤然驚曰, 葂也汒若於夫子之所言矣. 雖然, 願先生之言其風也. 季徹曰, 大聖之治天下也, 搖蕩民心, 使之成教易俗, 擧滅其賊心, 而皆進其獨志. 若性之自爲, 而民不知其所由然. 若然者, 豈兄堯舜之教民, 溟涬然弟之哉. 欲同乎德而心居矣.

12.

자공子貢이 남쪽의 초나라로 놀러 갔다가 진나라로 돌아가는 길에 한수漢水의 남쪽을 지나갈 때 밭일을 하고 있는 한 노인을 보았다. 노인은 굴을 파서 샘을 만들어놓고 그 속으로 들어갔다가 물이 든 독을 안고 나와 밭에 물을 대고 있었다. 끙끙대며 일을 하는 데 비해 성과는 적었다. 이를 보고 자공이 말했다.

"하루 100두둑에 물을 댈 수 있으면서도 힘은 매우 적게 들고 성과는 많은 그런 기계가 있는데, 어르신도 그것을 써보지 않으시겠습니까?

밭일을 하던 사람은 그를 올려다보면서 물었다.

"어떻게 하는 건데요?"

자공이 대답했다.

"나무를 깎아 만든 기계인데, 뒤쪽은 무겁고 앞쪽은 가볍습니다. 잡아당기면서 물을 길어 올리면 순식간에 물이 가득 차 출렁입니다. 그것의 이름은 용두레[桔槔][10]라고 합니다."

밭일 하던 사람은 실망스러운 표정을 지으며 비웃듯 말했다.

"저도 저의 스승에게서 그 기계에 대해 들은 적이 있소. 기계가 있으면 반드시 교활한 일이 있고, 교활한 일이 있으면 반드시 교활한 마음이 생기고, 속에 교활한 마음을 품고 있으면 타고난 깨끗함이 사라진다는 것입니다. 타고난 깨끗함이 사라지면 마음이 편안하지 않고, 마음이 편안하지 않으면 도道가 남아 있지 않겠지요. 제가 그것을 모르는 것이 아니라 부끄러워서 사용하지 않는 거요."

자공은 거짓말 하다 들킨 사람처럼 창피해서 고개를 숙인 채 대답하지 못했다.

子貢南遊於楚, 反於晉, 過漢陰, 見一丈人方將爲圃畦, 鑿隧而入井, 抱甕而出灌, 搰搰然用力甚多而見功寡. 子貢曰, 有械於此, 一日浸百畦, 用力甚寡而見功多, 夫子不欲乎. 爲圃者卬而視之曰, 奈何. 曰, 鑿木爲機, 後重前輕, 挈水若抽, 數如泆湯, 其名爲槔. 爲圃者忿然作色而笑曰, 吾聞之吾師, 有機械者必有機事, 有機事者必有機心. 機心存於胸中, 則純白不備. 純白不備, 則神生不定, 神生不定者, 道之所不載也. 吾非不知, 羞而不爲也. 子貢瞞然慚, 俯而不對.

10 원문에서 말하는 길고桔槔는 용두레와 두레박틀 두 가지 의미를 다 가지고 있는데, 앞의 설명을 보면 여기서는 용두레를 가리킨다는 것을 알 수 있다. 「천운」편에서는 길고桔槔를 두레박틀을 가리키는 말로 썼다.

조금 뒤 밭일 하던 사람이 말했다.

"선생은 무슨 일을 하는 사람이시오?"

자공이 말했다.

"공자의 제자입니다."

밭일 하던 사람이 말했다.

"선생은 박학으로 성인 흉내를 내고, 과장된 행색으로 뭇사람의 기를 죽이고, 홀로 거문고를 타고 슬픈 노래를 부르면서 온 세상에 명성을 팔고 다니는 사람이 아닌가요? 선생이 만약 정신의 작용을 잊고 육체의 욕망을 없애버린다면 그런대로 가망이 있을 것이오. 선생은 자기 몸 하나도 다스리지 못하면서 어느 겨를에 세상을 다스린다는 말이오? 가시오. 내 일을 무시하지 마시오."

자공은 부끄러워 표정이 바뀌며 정신이 없어 어쩔 줄 몰랐다. 30리를 간 뒤에서야 비로소 괜찮아졌다. 그의 제자가 물었다.

"아까 그 사람은 어떤 사람입니까? 선생님께서는 왜 안색이 바뀌고 얼굴이 새파랗게 질리셔서 하루 종일 정신을 차리지 못하신 것입니까?"

자공이 대답했다.

"이전에 나는 이 세상에 공자 한 분만 계신 줄 알았다. 아까 그와 같은 사람이 또 있을 줄 몰랐어. 내가 스승님께 들은 바에 따르면, 일은 가능한 것을 추구해야 하고, 성과를 이룰 수 있는 것을 추구해야 하고, 힘쓰는 것은 적고 성과는 많도록 하는 것이 성인의 도다. 지금은 그렇지 않은 것 같은 생각이 든다. 도道를 가진 자는 덕德이 온전하다. 덕이 온전한 자는 몸이 온전하다. 몸이 온전한 자는 정신이 온전하다. 정신이 온전한 것이 성인의 도다. 아까 그 사람은 삶을 백성 속에 맡기고 그들과 함께 가면서 어디로 가는지 알지 못한다. 어리석은 듯 순수함을 그대로 보존하고 있었다. 이익을 추구하고 기교를 부리는 것 따위는 분명히 그 사람의 마음에는 없었어. 그런 사람은 본뜻에 맞지 않으면 가지 않고, 본마음에 맞지 않으면 하지 않는다. 비록 세상 사람 모두 그를 칭찬하면서 그가 말한 것을 다 받아들인다 해도 거만한 듯 돌아보지도 않을 것이며, 세상 사람 모두 그를 비난하면서 그가 말한 것을 하나도 받아들이지 않는다 해도 무심한 표정으로 그 결과를 받아들이지 않을 거야. 그런 사람에게 세상의 비난이나 칭송은 이로울 것도 없고 해로울 것도 없지. 이를 덕을 온전히 갖춘 사람이라고 한다. 그와는 반대로 나와 같은 사람은 바람에 일렁이는 물결과 같은 사람이라고 하지."

有間, 爲圃者曰, 子奚爲者邪. 曰, 孔丘之徒也. 爲圃者曰, 子非夫博學以擬聖, 於于以蓋衆, 獨弦哀歌以賣名聲於天下者乎. 汝方將忘汝神氣, 墮汝形骸, 而庶幾乎. 而身之不能治, 而何暇治天下乎. 子往矣, 無乏吾事. 子貢卑陬失色, 頊頊然不自得, 行三十里而後愈. 其弟子曰, 向之人何爲者邪. 夫子何故見之變容失色, 終日不自反邪. 曰, 始吾以爲天下一人耳, 不知復有夫人也. 吾聞之夫子, 事求可, 功求成. 用力少, 見功多者, 聖人之道. 今徒不然. 執道者德全, 德全者形全, 形全者神全. 神全者, 聖人之道也. 托生與民竝行而不知其所之, 汒乎淳備哉. 功利機巧, 必忘夫人之心. 若夫人者, 非其志不之, 非其心不爲. 雖以天下譽之, 得其所謂, 謷然不顧. 以天下非之, 失其所謂, 儻然不受. 天下之非譽, 無益損焉, 是謂全德之人哉. 我之謂風波之民.

자공은 노나라로 돌아가 공자에게 그 일에 대해 말했다. 공자가 말했다.

"그는 혼돈씨渾沌氏[11]의 방식을 익히는 자다. 하나만 알고 둘은 몰라. 내면만 다스릴 뿐 외면은 다스리지 않아. 그는 밝고 깨끗한 마음으로 순수한 경지에 도달하고, 무위無爲, 즉 아무런 의식적 행위를 하지 않음으로써 본래의 질박함을 회복하고, 본성을 체득하여 타고난 신비로운 능력을 간직하고 있으면서도 세상 속에서 노니는 자다. 그런 사람을 만났으니 네가 몹시 놀랐을 것이다. 그것은 혼돈씨의 방법이니, 나와 네가 어떻게 다 헤아릴 수 있겠느냐?"

反於魯, 以告孔子. 孔子曰, 彼假修渾沌氏之術者也. 識其一, 不知其二. 治其內, 而不治其外. 夫明白入素, 無爲復朴, 體性抱神, 以遊世俗之間者, 汝將固驚邪. 且渾沌氏之術, 予與汝何足以識之哉.

13.

순망諄芒[12]이 동쪽의 큰 바다로 가다가 동해 바닷가에서 우연히 원풍苑風[13]을 만났다. 원풍이 물었다.

"선생님께서는 어디를 가시는 중인지요?"

순망이 말했다.

"큰 바다로 가려고 합니다."

원풍이 말했다.

---

11 전설상의 태고의 제왕. 천지가 발생하고 난 이후 최초의 제왕으로서 삼황三皇 이전의 제왕. 혼돈은 아직 구체적인 물체로 분화되기 이전의 불분명한, 따라서 모든 존재가 하나인 그런 상태를 뜻한다.

12 가공의 인물. 순박하고 어리숙하다는 뜻을 가지고 있음.

13 가공의 인물.

"무엇 때문에 가십니까?"

순망이 말했다.

"큰 바다는 물이 흘러들어도 가득 차지 않고, 퍼내도 마르지 않지요. 나는 그곳에서 노닐려고 합니다."

원풍이 말했다.

"선생님께서는 세상 사람들에 대해서는 관심이 없으십니까? 성인의 정치에 대해 듣고 싶습니다."

순망이 말했다.

"성인의 정치요? 관직에 나아가서는 시의적절함을 잃지 않고, 인재를 발탁할 때는 능력 있는 자를 빠뜨리지 않고, 그들의 사정을 완전히 꿰뚫어보고 그들이 하고 싶어 하는 것을 시행하면, 정령政令이 저절로 실행되고 세상은 교화될 것이오. 그러면 손짓이나 눈짓으로만 불러도 사방의 백성 가운데 달려오지 않을 사람이 없을 것이오. 이런 것을 성인의 정치라 하지요."

"덕인德人에 대해 듣고 싶습니다."

"덕인은 가만히 있을 때도 아무 생각이 없고, 길을 다닐 때도 아무 생각이 없으며, 시비是非나 미추美醜와 같은 것을 마음에 담아두지 않습니다. 온 세상 사람들을 이롭게 해주는 것을 기쁨으로 여기고, 모든 사람을 넉넉하게 해주는 것을 편안함으로 여기지요. 슬퍼할 때는 마치 어미를 잃은 어린아이 같고, 멍청히 있을 때는 마치 걸어가다가 길을 잃은 것 같습니다. 재물이 넉넉해도 그것들이 어디서 왔는지 알지 못하고, 음식을 충분히 먹으면서도 그것들이 어디서 왔는지 알지 못하는데, 이런 것을 덕인의 풍모라고 합니다."

"신인神人에 대해 듣고 싶습니다."

"신인은 정신 위에 올라 빛을 타고 다니기 때문에 형체나 흔적이 없는데, 그것을 조광照曠, 즉 밝고 텅 빈 것이라고 하지요. 그에게는 목숨이 다할 때까지 천지의 즐거움만 있고 온갖 사물로부터 오는 속박은 전혀 없지요. 그러므로 그의 내면에서 만물은 진실한 모습을 회복하는데, 이것을 혼명混冥, 즉 흐리멍덩하고 깜깜한 것이라고 부릅니다."

諄芒將東之大壑, 適遇苑風於東海之濱. 苑風曰, 子將奚之. 曰, 將之大壑. 曰, 奚爲焉. 曰, 夫大壑之爲物也, 注焉而不滿, 酌焉而不竭. 吾將遊焉. 苑風曰, 夫子無意於橫目之民乎. 願聞聖治. 諄芒曰, 聖治乎. 官施而不失其宜, 拔擧而不失其能, 畢見其情事而行其所爲行, 言自爲而天下化. 手撓顧指, 四方之民莫不俱至, 此之謂聖治. 願聞德人. 曰, 德人者, 居無思, 行無慮, 不藏是非美惡. 四海之內共利之之謂悅, 共給之之謂安. 怊乎若嬰兒之失其母也, 儻乎若行而失其道也. 財用有餘, 而不知其所自來, 飮食取足, 而不知其所從, 此謂德人之容. 願聞神人. 曰, 上神乘光, 與形滅亡, 是謂照曠. 致命盡情, 天地樂而萬事銷亡, 萬物復情, 此之謂混冥.

14.

문무귀門無鬼[14]가 적장만계赤張滿稽[15]와 함께 무왕武王의 군대를 구경했다. 적장만계가 말했다.

"유우씨(순임금)에도 미치지 못하는 모양입니다. 그래서 이런 재난을 당하고 있는 것이지요."

14 가공의 인물.

15 가공의 인물.

문무귀가 말했다.

"세상이 고르게 잘 다스려지고 있는데도 순임금이 그것을 다스린 것인가요? 아니면 혼란에 빠진 뒤에 다스린 것인가요?"

적장만계가 말했다.

"세상이 혼란스러웠기 때문에 백성은 세상이 고르게 잘 다스려지기를 바라고 있었지요. 그런데 무슨 생각으로 유우씨를 임금으로 추대했을까요? 머리에 난 부스럼의 치료를 예로 들어 말한다면 유우씨의 치료 방식은 대머리가 된 뒤에 가발을 씌워주는 것과 같고, 병이 든 다음에 의원을 찾는 것과 같습니다. 효자가 약을 들고 자애로운 부모 시중을 들면서 초췌한 안색을 띠고 있는 것을 성인聖人은 부끄럽게 생각합니다. 지덕至德의 세상에서는 지식인을 존중하지 않고 능력 있는 자를 쓰지 않습니다. 임금은 높은 곳에 달려 있는 나뭇가지처럼 존재하기만 하고, 백성은 들판의 사슴과 같이 자유롭습니다. 백성은 행실이 단정해도 그것이 의義인 줄 알지 못하고, 서로 사랑해도 그것이 인仁인 줄 알지 못하며, 진실하면서도 그것이 충忠인 줄 알지 못하고, 말과 행동이 일치하더라도 그것이 신信이라는 것을 알지 못하며, 무심코 행동하면서 서로 도와주어도 그것을 은덕〔賜〕이라고 생각하지 않습니다. 그러므로 어딜 가도 흔적이 없고, 무슨 일을 해도 전해지는 것이 없습니다."

門無鬼與赤張滿稽觀於武王之師. 赤張滿稽曰, 不及有虞氏乎. 故離此患也. 門無鬼曰, 天下均治而有虞氏治之邪, 其亂而後治之與. 赤張滿稽曰, 天下均治之爲願, 而何計以有虞氏爲. 有虞氏之藥瘍也, 禿而施髢, 病而求醫. 孝子操藥以修慈父, 其色燋然, 聖人羞之. 至德之世, 不尙賢, 不使能. 上如標枝, 民如野鹿. 端正而不知以爲義, 相愛而不知以爲仁, 實而不知以爲忠, 當而不知以爲信, 蠢動而相使, 不以爲賜. 是故行而無迹, 事而無傳.

15.

효자는 제 부모에게 아첨하지 않고, 충신은 자기 임금에게 아부하지 않는다. 이것이 가장 훌륭한 신하와 자식이다. 부모가 한 말은 모두 옳다고 여기고 부모가 한 행위는 모두 바르다고 여긴다면, 세상 사람들은 그를 못난 자식이라고 할 것이다. 임금이 한 말은 모두 옳다고 여기고 임금의 행위를 모두 바르다고 여긴다면, 세상 사람들은 그를 못난 신하라고 할 것이다. 그런데 과연 꼭 그런지는 모르겠다. 세상 사람들이 옳다고 말하는 것을 모두 옳다고 여기고, 세상 사람들이 좋다고 말하는 것을 모두 좋다고 여긴다면, 그런 사람을 아첨꾼이나 아부꾼이라고 부르지 않는다. 그렇다면 세상 사람들이 원래 부모보다 엄하고 임금보다 높은가? 사람들은 자기를 아첨꾼이라고 부르면 발끈하면서 안색이 바뀌고, 자기를 아부꾼이라고 부르면 벌컥 하면서 기분 나쁜 표정을 짓는다. 그러면서도 죽을 때까지 남에게 아첨하고 죽을 때까지 남에게 아부하면서 그럴듯한 비유를 들고 말을 포장하여 사람들을 모으는데 이는 처음과 끝, 앞과 뒤가 서로 맞지 않은 태도다. 옷을 차려 입고 화려하게 치장하고 행동에 점잔을 빼면서 온 세상을 상대로 아첨하지만 본인 스스로는 아첨하거나 아부하지 않는다고 말한다. 그런 사람들과 한 패가 되어 옳고 그름의 기준을 공유하면서도 스스로는 보통사람 중의 한 사람이라고 하지 않으니 어리석음의 극치다. 자신이 어리석다는 사실을 안다면 크게 어리석지 않은 것이다. 자신이 미혹에 빠졌다는 것을 안다면 미혹에 깊이 빠진 것이 아니다. 미혹에 깊이 빠진 사람은 죽을 때까지 그것을 깨닫지 못한다. 크게 어리석은 자도 죽을 때까지 그것을 알지 못한다. 세 사람이 길을 갈 때 한 사람이 미혹에 빠지더라도 목적지까지 도달할 수 있는데, 이는 미혹에 빠진 사람이 적기 때문이다. 그러나 두 사람이 미혹에 빠진다면 애를 써도 목적지에 도달하지 못한다. 이는 미혹에 빠진 사람이 많기 때문이다. 그런데 오늘날은 세상 사람들이 모두 미혹에 빠져 있기 때문에 내가 비록 그것을 밝혀주고자 해도 불가능하다. 그러니 이 또한 가련하지 않은가?

孝子不諛其親, 忠臣不諂其君, 臣子之盛也. 親之所言而然, 所行而善, 則世俗謂之不肖子. 君之所言而然, 所行而善, 則世俗謂之不肖臣. 而未知此其必然邪. 世俗之所謂然而然之, 所謂善而善之, 則不謂之道諛之人也. 然則俗故嚴於親而尊於君邪. 謂己道人, 則勃然作色. 謂己諛人, 則怫然作色. 而終身道人也, 終身諛人也, 合譬飾辭聚衆也. 是終始本末不相坐. 垂衣裳, 設采色, 動容貌, 以媚一世, 而不自謂道諛. 與夫人之爲徒, 通是非, 而不自謂衆人也, 愚之至也. 知其愚者, 非大愚也. 知其惑者, 非不惑也. 大惑者, 終身不解. 大愚者, 終身不靈. 三人行而一人惑, 所適者猶可致也, 惑者少也. 二人惑則勞而不至. 惑者勝也. 而今也以天下惑, 予雖有祈嚮, 不可得也. 不亦悲乎.

저속한 사람들의 귀에 위대한 음악은 들리지 않지만, 절양折楊이나 황과皇荂[16] 같은 음악이 들리면 흥얼거리면서 웃는다. 그와 마찬가지로 고상한 말은 일반 사람들의 마음에 와닿지 않는다. 고상한

16 절양과 황과는 옛날 세속에서 유행하던 노래 제목.

말이 나오지 않는 것은 저속한 말이 우세하기 때문이다. 두 사람이 미혹에 빠져도 목적지에 도달할 수 없거늘 지금은 온 세상이 미혹에 빠졌으니 내 비록 그것을 밝혀주고 싶다 해도 그게 어찌 가능하겠는가? 불가능하다는 것을 알면서도 억지로 한다면 그 또한 미혹이다. 그러므로 그런 문제는 그대로 내버려두고 힐책하지 않는 편이 더 낫다. 힐책하지 않는다면 무엇을 걱정하겠는가? 문둥이가 한밤중에 자식을 낳으면 재빨리 불을 가져다가 살펴본다. 그가 그토록 초조해하는 이유는 오로지 아기가 자기를 닮지 않았을까 하는 두려움 때문이다.

大聲不入於里耳, 折楊皇荂, 則嗑然而笑. 是故高言不止於衆人之心. 至言不出, 俗言勝也. 以二垂鐘惑, 而所適不得矣. 而今也以天下惑, 予雖有祈嚮, 其庸可得邪. 知其不可得也而強之, 又一惑也. 故莫若釋之而不推. 不推, 誰其比憂. 厲之人夜半生其子, 遽取火而視之, 汲汲然唯恐其似己也.

16.

백 년 된 나무를 쪼개서 희준犧樽[17]을 만들어 푸르고 노란 색으로 무늬를 입힌다. 그 잘려나간 조각은 시궁창에 버려진다. 희준을 시궁창에 버려진 조각과 비교해보면 아름다운 것과 추한 것의 차이가 있지만, 그것들이 제 본성을 잃었다는 점에서는 모두 같다. 도척과 증삼 및 사추가 정의를 실행했는가, 아닌가에서는 차이가 있다. 그러나 그들이 본성을 상실했다는 점에서는 모두 같다.

17 희생으로 쓰이는 소를 문양으로 새긴 화려한 술단지.

본성을 잃는 원인으로는 다섯 가지가 있다. 첫째는 오색五色으로 눈을 어지럽혀 눈이 밝지 못하게 하는 것이다. 둘째는 오성五聲으로 귀를 어지럽혀 귀가 밝지 못하게 하는 것이다. 셋째는 오취五臭로 코를 자극하여 코가 막히고 머리를 아프게 하는 것이다. 넷째는 오미五味로 입을 탁하게 하여 입의 미각기능을 병들고 상하게 하는 것이다. 다섯째는 선택의 갈등으로 마음을 혼란스럽게 하여 본성이 흩날려 사라지게 하는 것이다.

百年之木, 破爲犧尊, 青黃而文之, 其斷在溝中. 比犧尊於溝中之斷, 則美惡有間矣, 其於失性一也. 跖與曾史, 行義有間矣, 然其失性均也. 且夫失性有五. 一曰五色亂目, 使目不明. 二曰五聲亂耳, 使耳不聽. 三曰五臭熏鼻, 困惾中顙. 四曰五味濁口, 使口厲爽. 五曰趣舍滑心, 使性飛揚.

이 다섯 가지는 모두 본성을 해치는 것들이다. 그런데도 양주와 묵적은 처음부터 서로 앞을 다투어 이런 것들을 추구하면서 스스로 성공했다고 생각한다. 그것은 내가 말하는 성공이 아니다. 성공했다는 자가 곤란을 겪는다면 그것을 성공이라고 할 수 있겠는가? 그렇다면 비둘기와 고니가 새장에 갇혀있는 것도 역시 성공한 것이라 할 수 있을 것이다. 좋아하는 것과 싫어하는 것에 대한 선택의 갈등이나 가무歌舞와 여색女色에 대한 욕망이 마음을 꽉 채우고 있고, 가죽 모자와 깃털 관을 쓰고 홀笏을 꽂고 긴 띠를 묶어 그 몸을 속박하고 있다면, 마음은 우리에 갇힌 포로 신세나 다름없고, 몸은 겹겹이 묶인 죄인 신세나 다름없는 것이다. 이렇게 꽁꽁 묶인 채 눈을 부릅뜨고 있으면서도 스스로 성공했다고 생각한다면, 죄인이 손과 팔이 묶이고 손가락이 짓눌리는 형벌을 받는 것도 성공한 것이며, 호랑이와 표범이 함정에 빠진 것도 만족스러운 것이라고 할 수 있을 것이다.

此五者, 皆生之害也. 而楊墨乃始離跂自以爲得, 非吾所謂得也. 夫得者困, 可以爲得乎. 則鳩鴞之在於籠也, 亦可以爲得矣. 且夫趣舍聲色以柴其內, 皮弁鷸冠, 搢笏紳修以約其外. 內支盈於柴柵, 外重纆繳, 睆睆然在纆繳之中而自以爲得, 則是罪人交臂歷指而虎豹在於囊檻, 亦可以爲得矣.

제13편 | 천도

天道

이 편에서는 자연과 인간의 특징을 무위와 유위로 규정한다. 그리고 자연의 무위를 다시 허정, 염담, 적막, 무위로 좀더 세분하여 말한다. 인간은 유위를 버리고 자연의 무위, 즉 허정, 염담, 적막, 무위의 상태에 머물러야 마음의 평온을 유지할 수 있고, 바람직한 제왕의 도 역시 그에서 벗어나지 않는다고 말한다. 이러한 생각은 『장자』의 기본적이고 중심이 되는 주장에 속한다. 그러나 네 번째와 다섯 번째 장에는 『장자』의 기본적인 생각과 어울리지 않거나 심지어는 반대 되는 생각을 보여주는 문장이 섞여 있다. 예를 들면 다음과 같은 것들이 대표적이다. "윗사람은 반드시 무위하면서 천하를 다스려야 하고, 아랫사람은 반드시 유위하면서 천하를 위해 힘써야 한다." "군주가 먼저고 신하는 그에 따르며, 아비가 먼저고 자식은 그에 따르며, 형이 먼저고 아우는 그에 따르며, 어른이 먼저고 어린이는 그에 따르며, 남자가 먼저고 여자는 그에 따르며, 남편이 먼저고 아내는 그에 따르는 것이다. 높은 것과 낮은 것, 앞서는 것과 뒤따르는 것은 천지의 운행방식이다. 그러므로 성인이 그것을 본받는다." 이러한 생각은 도에 대한 법가적 해석(소위 황로학파)이나 유가의 사상이 섞여 들어간 것이다.

1.

하늘의 도가 운행을 멈추지 않기 때문에 만물이 생성된다. 제왕의 도가 운행을 멈추지 않기 때문에 세상 사람들의 마음이 그에게 기운다. 성인의 도가 운행을 멈추지 않기 때문에 세상 사람들이 따른다.

하늘에 대해 훤히 알고, 성인에 대해 막힘없이 알며, 제왕의 덕에 대해 모든 방면에서 정통하다면, 그의 행위는 저절로 이루어지고 마음은 흐리멍덩하여 고요하지 않을 수 없을 것이다. 성인의 고요함은 고요함이 좋은 것이라고 해서 고요하게 된 것이 아니다. 만물이 그의 마음을 어지럽힐 수 없기 때문에 고요한 것이다. 물이 고요하면 수염이나 눈썹까지도 훤히 비춰 보여준다. 그 평평함은 수준기에 맞아 도목수도 그것을 표준으로 삼는다. 물이 고요해도 이처럼 사물을 밝게 비추는데, 고요한 상태인 성인의 정신이야 더 말할 나위가 있겠는가? 성인의 마음은 고요하다. 그것은 천지를 비추는 거울이고 만물을 비추는 거울이다.

天道運而無所積, 故萬物成. 帝道運而無所積, 故天下歸. 聖道運而無所積, 故海內服. 明於天, 通於聖, 六通四辟於帝王之德者, 其自爲也, 昧然無不靜者矣. 聖人之靜也, 非曰靜也善, 故靜也. 萬物無足以鐃心者, 故靜也. 水靜則明燭鬚眉, 平中準, 大匠取法焉. 水靜猶明, 而況精神. 聖人之心靜乎. 天地之鑒也, 萬物之鏡也.

2.

텅 비고 고요한 것을 뜻하는 허정虛靜과 담담한 것을 뜻하는 염담恬惔과 쓸쓸하고 고요한 것을 뜻하는 적막寂漠과 의식적으로 하지 않는 것을 뜻하는 무위無爲 등은 천지의 근본이면서 도와 덕의 완벽한 상태다. 그러므로 성인과 제왕이 그에 머문다. 머물면 비우고, 비우면 차고, 차면 다 갖추어진다. 텅 비면 고요하고, 고요하면 움직이고, 움직이면 얻는다. 고요하면 무위하고, 무위하면 일을 맡은 자가 책임을 다한다. 무위하면 즐겁다. 즐거우면 근심과 걱정이 생길 수 없고 오래오래 산다.

허정, 염담, 적막, 무위는 만물의 근본이다. 이것을 깨달아 임금의 자리에 앉기도 하는데, 요가 임금이 된 것이 그러한 경우다. 이것을 깨달아 신하의 자리에 서기도 하는데, 순이 신하가 된 것이 그러한 경우다. 이것으로써 윗자리에 있으면 그것이 바로 제왕이나 천자의 덕이다. 이것으로써 아랫자리에 있으면, 그것이 바로 현성玄聖[1]이나 소왕素王[2]의 도다. 이것을 가지고 물러나 은거하면서 한가하게 노닐

1 성인으로서의 덕을 가지고 있으나 드러나지 않게 사는 사람.

2 제왕의 능력을 가지고 있으면서 재야에 있는 사람.

면 강해江海나 산림의 은자들이 진심으로 복종한다. 이것을 가지고 벼슬길에 나아가 세상을 다스리면 공이 커지고 뚜렷해져 온 세상은 하나가 된다. 가만히 있으면 성인이 되고, 움직이면 제왕이 된다. 아무것도 하지 않아도 존경을 받으며, 소박하게 있어도 온 세상 사람 중에 그와 아름다움을 겨룰 자가 없다. 천지의 덕을 분명히 알고 있는 것, 그것을 만물의 거대한 뿌리 중에서 가장 거대한 뿌리라고 하는데, 이는 자연과 더불어 조화를 이루는 것이다. 그 때문에 세상에 협력하는 것은 사람들과 조화를 이루는 것이다. 사람들과 조화를 이루는 것을 인락人樂이라고 한다. 자연과 조화를 이루는 것을 천락天樂이라고 한다.

夫虛靜恬淡寂漠無爲者, 天地之平而道德之至也. 故帝王聖人休焉. 休則虛, 虛則實, 實則倫矣. 虛則靜, 靜則動, 動則得矣. 靜則無爲, 無爲也, 則任事者責矣. 無爲則俞俞. 俞俞者, 憂患不能處, 年壽長矣. 夫虛靜恬淡寂漠無爲者, 萬物之本也. 明此以南鄕, 堯之爲君也. 明此以北面, 舜之爲臣也. 以此處上, 帝王天子之德也. 以此處下, 玄聖素王之道也. 以此退居而閒遊江海, 山林之士服. 以此進爲而撫世, 則功大名顯而天下一也. 靜而聖, 動而王, 無爲也而尊, 樸素而天下莫能與之爭美. 夫明白於天地之德者, 此之謂大本大宗, 與天和者也. 所以均調天下, 與人和者也. 與人和者, 謂之人樂. 與天和者, 謂之天樂.

3.

장자가 말했다.

"나의 스승이여, 나의 스승이여. 만물을 가루로 만들어도 포악하지 않고, 은택이 만대에까지 미치면서도 어질지[仁] 않고, 태고보다 어른이면서도 늙지 않았고, 하늘과 땅을 덮어주고 떠받쳐주면서 형체 있는 뭇사물을 조각해내는데도 솜씨 좋은 것이 아니다. 이를 두고 천락天樂이라고 한다. 그래서 '천락을 아는 사람은 삶을 자연의 운행天行으로 여기고, 죽음을 사물의 변화物化로 여긴다'고 한다. 그는 가만히 있을 때는 음陰과 같이 고요하고, 움직일 때는 양陽과 같이 세차게 흐른다. 그래서 천락을 아는 자는 하늘에 대한 원망이 없고, 사람에 대한 비난이 없고, 사물로 인한 번거로움이 없고, 귀신에 의한 고통이 없다. 그래서 '그의 움직임은 하늘과 같고 그의 고요함은 땅과 같으며, 그 때문에 마음이 하나로 안정되어 천지가 바르게 된다. 그의 육체는 병들지 않고 그의 정신은 지치지 않으며, 그래서 마음이 하나로 안정되어 만물이 복종한다'라고 한다. 이것은 허정虛靜한 마음의 상태를 천지에까지 확장하고 만물에까지 통용하게 한 것인데, 이것을 천락天樂이라고 한다. 천락은 성인의 마음으로서 세상 사람을 기르는 것이다."

莊子曰, 吾師乎, 吾師乎. 齏萬物而不爲戾, 澤及萬世而不爲仁, 長於上古而不爲壽, 覆載天地刻彫衆形而不爲巧. 此之謂天樂. 故曰, 知天樂者, 其生也天行, 其死也物化. 靜而與陰同德, 動而與陽同波. 故知天樂者, 無天怨, 無人非, 無物累, 無鬼責. 故曰, 其動也天, 其靜也地, 一心定而王天下. 其鬼不祟, 其魂不疲, 一心定而萬物服. 言以虛靜推於天地, 通於萬物, 此之謂天樂. 天樂者, 聖人之心, 以畜天下也.

4.

제왕의 덕은 천지天地를 근본으로 삼고, 도덕道德을 몸통으로 삼고, 무위無爲를 원칙으로 삼는다. 무위하면 세상을 다스리더라도 넉넉하게 여유가 있지만, 유위有爲하면 세상을 위해 심신을 쓰기 때문에 여유가 없다. 그러므로 옛사람들은 무위를 소중히 여겼다. 윗사람이 무위하고 아랫사람도 무위한다면, 이는 아랫사람과 윗사람이 같은 덕성을 갖는 것이다. 아랫사람과 윗사람이 같은 덕성을 갖는다면 신하 역할을 할 사람이 없다. 아랫사람이 유위하고 윗사람도 유위한다면, 이는 윗사람과 아랫사람이 같은 길을 가는 것이다. 윗사람과 아랫사람이 같은 길을 간다면 군주 역할을 할 사람이 없다. 그러므로 윗사람은 반드시 무위하면서 세상을 다스려야 하고, 아랫사람은 반드시 유위하면서 세상을 위해 힘써야 한다. 이것은 불변의 진리다. 그러므로 옛날에 온 세상을 다스렸던 왕자王者는 지식이 천지를 포괄하고 있었으나 스스로는 생각하지 않았다. 언변이 비록 만물을 고스란히 다 설명할 수 있더라도 스스로는 말하지 않았다. 능력이 비록 온 세상을 통틀어 으뜸이더라도 스스로는 손을 쓰지 않았다. 하늘은 낳지 않아도 만물이 저절로 생겨나고, 땅은 기르지 않아도 만물이 저절로 자라며, 제왕은 무위하더라도 세상의 일이 저절로 이루어진다. 그러므로 '하늘보다 신비로운 것이 없고, 땅보다 풍요로운 것이 없고, 제왕보다 위대한 것이 없다'는 말이 있다. 또 '제왕의 덕은 천지와 짝을 이룬다'는 말도 있다. 이는 천지의 흐름을 타고 만물의 변화를 좇으면서 사람들을 다스리는 방법인 것이다.

夫帝王之德, 以天地爲宗, 以道德爲主, 以無爲爲常. 無爲也, 則用天下而有餘. 有爲也, 則爲天下用而不足. 故古之人貴夫無爲也. 上無爲也, 下亦無爲也, 是下與上同德. 下與上同德則不臣. 下有爲也, 上亦有爲也, 是上與下同道. 上與下同道則不主. 上必無爲而用天下, 下必有爲爲天下用. 此不易之道也. 故古之王天下者, 知雖落天地, 不自慮也. 辯雖彫萬物, 不自說也. 能雖窮海內, 不自爲也. 天不產而萬物化, 地不長而萬物育, 帝王無爲而天下功. 故曰, 莫神於天, 莫富於地, 莫大於帝王. 故曰, 帝王之德配天地. 此乘天地, 馳萬物, 而用人群之道也.

5.

근본적인 것은 위에 있고, 지엽적인 것은 아래에 있다. 큰 강령은 군주에게 있고, 세부적인 것은 신하에게 있다. 삼군三軍[3]과 오병五兵[4]을 쓰는 것은 덕의 최하급에 속한다. 상이나 벌을 통해 이롭게 하거나 해롭게 하는 것, 그리고 오형五刑의 법률 등은 교화의 최하급에 속한다. 예법禮法과 도수度數와 형명形名 등을 비교하고 심의하여 결정하는 것은 다스림의 최하급에 속한다. 종이나 북 등으로 연주하는 음악이나 우모羽旄를 들고 추는 춤은 음악의 최하급에 속한다. 곡읍哭泣하고 상복을 걸치고 삼실 끈으로 몸을 묶으며 신분에 따라 상복에 차등을 두는 것은 애도의 최하급에 속한다. 이 다섯 가지 최하급에 속하는 것들은 반드시 정신이 움직이고 생각이 움직여야만 비로소 그에 뒤따라 나타나는 것들이다. 이런 최하급에 속하는 것들을 공부하는 사람이 옛날에도 있었지만 내세울 만한 것은 아니다. 군주가 앞서고 신하는 뒤따르며, 아비가 앞서고 자식은

3 1군은 1만2500명이고, 제후국 가운데 큰 나라는 삼군을 보유했다.

4 전쟁에 사용한 다섯 가지 무기. 전쟁용 무기의 총칭.

뒤따르며, 형이 앞서고 아우는 뒤따르며, 어른이 앞서고 어린이는 뒤따르며, 남자가 앞서고 여자는 뒤따르며, 남편이 앞서고 아내는 뒤따르는 것이다. 높은 것과 낮은 것, 앞서는 것과 뒤따르는 것은 천지의 운행방식이다. 그러므로 성인은 그것을 본받는다. 하늘이 높고 땅이 낮은 것은 신명神明이 정해놓은 자리다. 봄과 여름이 앞서고 가을과 겨울이 뒤따르는 것은 사시가 운행되는 순서다. 만물은 발생하여 싹이 트고 서로 다른 모양을 갖춘다. 그리고 번성한 상태에서 쇠퇴의 단계로 바뀌어 가는데, 그것이 변화의 흐름이다. 천지는 가장 신비로운 것이면서도 높고 낮음과 먼저와 나중의 순서가 있는데, 사람의 도리에서야 말할 나위도 없다. 종묘에서는 친분이 두터운 이를 존중하고, 조정에서는 지위가 높은 이를 존중하며, 마을에서는 나이가 많은 이를 존중하고, 일을 수행함에는 현명한 자를 존중하는 것이 대도大道의 순서다. 도에 대해 말하면서도 그 순서를 비난한다면 그것은 도를 비난하는 것이다. 도에 대하여 말하면서도 그 도를 비난한다면 어떻게 도를 받아들이겠는가?

本在於上, 末在於下. 要在於主, 詳在於臣. 三軍五兵之運, 德在末也. 賞罰利害, 五刑之辟, 教之末也. 禮法度數, 形名比詳, 治之末也. 鐘鼓之音, 羽旄之容, 樂之末也. 哭泣衰絰, 隆殺之服, 哀之末也. 此五末者, 須精神之運, 心術之動, 然後從之者也. 末學者, 古人有之, 而非所以先也. 君先而臣從, 父先而子從, 兄先而弟從, 長先而少從, 男先而女從, 夫先而婦從. 夫尊卑先後, 天地之行也, 故聖人取象焉. 天尊, 地卑, 神明之位也. 春夏先, 秋冬後, 四時之序也. 萬物化作, 萌區有狀. 盛衰之殺, 變化之流也. 夫天地至神, 而有尊卑先後之序, 而況人道乎. 宗廟尚親, 朝廷尚尊, 鄉黨尚齒, 行事尚賢, 大道之序也. 語道而非其序者, 非其道也. 語道而非其道者, 安取道哉.

그러므로 옛날에 대도大道에 밝았던 자들은 먼저 자연에 대해 분명히 알고 나서 도덕道德을 그 다음에 두었고, 도덕이 분명해진 뒤에 인의仁義를 그 다음에 두었고, 인의가 분명해진 뒤에 직분을 그 다음에 두었고, 직분이 분명해진 뒤에 형명刑名[5]을 그 다음에 두었고, 형명이 분명해진 뒤에 능력에 따른 임명을 그 다음에 두었고, 능력에 따른 임명이 분명해진 뒤에 자세한 조사를 그 다음에 두었고, 자세한 조사가 분명해진 뒤에 옳고 그름의 판단을 그 다음에 두었고, 옳고 그름의 판단이 분명해진 뒤에 상벌을 그 다음에 두었고, 상벌이 분명해진 뒤에 어리석은 자와 지혜로운 자가 적합한 곳에 배치되었고, 귀한 신분의 사람과 천한 신분의 사람이 각자의 위치를 차지했고, 어질고 현명한 사람과 못난 사람이 실정에 맞는 대우를 받았고, 반드시 각자의 능력에 따라 관직을 나눠주었고, 반드시 그 관직의 이름에 근거하여 업적을 평가했다. 이런 도리로써 윗사람을 섬기고, 이런 도리로써 아래 사람을 기르며, 이런 도리로써 사물을 다스리고, 이런 도리로써 몸을 닦으면 지모智謀는 쓸데가 없어져 반드시 각자의 타고난 자연 상태로 돌아갈 터이니 이를 태평太平이라고 하는데, 바로 정치의 최고 경지다.

옛날 책에서는 "사실[形]이 있으면 그에 대한 이름[名]이 있다"고 했다. 사실과 이름이 부합하는지를 따지는 형명形名이라는 것이 옛사람에게도 있었지만, 그다지 내세울 만한 것은 아니었다. 옛날에는

5 약속한 실적을 달성했는지 여부를 따지는 것.

대도大道를 말했는데, 그것이 다섯 번 변해야 형명形名을 거론할 수 있었고, 아홉 번 변해야 상벌賞罰을 말할 수 있었다. 그런데 앞의 것들은 다 무시하고 느닷없이 형명을 말하는 것은 그 근본을 모르는 것이다. 또 느닷없이 상벌을 말하는 것은 그 시발점을 모르는 것이다. 도와 반대로 말하고 도를 거슬러 말한다면, 그것은 사람들에게 다스림을 받는 것인데, 그것으로 어떻게 사람을 다스릴 수 있겠는가? 또 느닷없이 형명과 상벌을 말한다면 그것은 다스림의 도구만 아는 것이지 다스림의 정도正道는 알지 못하는 것이다. 그런 사람은 세상의 쓰임이 될 수는 있지만 세상을 쓸 수 없다. 그런 사람을 변사辯士라고 하는데, 한 가지에만 능한 사람이다. 예법禮法에 대한 규정이나 직책에 따른 실적의 평에 대해서는 옛사람들도 알고 있었다. 그러나 그것은 아랫사람이 윗사람을 섬기는 방법이지, 윗사람이 아랫사람을 기르는 방법은 아니다.

是故古之明大道者, 先明天而道德次之, 道德已明而仁義次之, 仁義已明而分守次之, 分守已明而形名次之, 形名已明而因任次之, 因任已明而原省次之, 原省已明而是非次之, 是非已明而賞罰次之, 賞罰已明而愚知處宜, 貴賤履位, 仁賢不肖襲情, 必分其能, 必由其名. 以此事上, 以此畜下, 以此治物, 以此修身, 知謀不用, 必歸其天, 此之謂太平, 治之至也. 故書曰, 有形有名. 形名者, 古人有之, 而非所以先也. 古之語大道者, 五變而形名可擧, 九變而賞罰可言也. 驟而語形名, 不知其本也. 驟而語賞罰, 不知其始也. 倒道而言, 迕道而說者, 人之所治也, 安能治人. 驟而語形名賞罰, 此有知治之具, 非知治之道. 可用於天下, 不足以用天下. 此之謂辯士, 一曲之人也. 禮法數度, 形名比詳, 古人有之. 此下之所以事上, 非上之所以畜下也.

6.

옛날, 순이 요임금에게 물었다.

"천왕(천자)의 마음 씀은 어떠합니까?"

요임금이 말했다.

"나는 하소연 할 대상도 없는 불쌍한 사람들을 오만하게 대하지 않고, 가난한 사람을 외면하지 않고, 죽은 사람을 가슴 아프게 생각하고, 어린아이를 사랑하고, 여자를 배려한다네. 이것이 내가 마음 쓰는 것들이네."

순이 말했다.

"좋기는 좋습니다. 그러나 완전하다고 할 수 없습니다."

요임금이 물었다.

"그렇다면 어떻게 해야 좋겠는가?"

순이 대답했다.

"타고난 덕에 따르면 만물은 모두 안정됩니다. 그것은 해와 달이 비추고 사시가 운행하는 것, 낮과 밤이 변함없는 규칙성을 가지는 것, 구름이 가고 비가 내리는 것 등과 같이 자연스러운 것입니다."

요임금이 말했다.

"그렇다면 나는 여태껏 사람들을 많이도 혼란스럽게 했군. 자네는 자연의 짝이고, 나는 인간의 짝일세."

천지天地는 옛날부터 사람들이 위대하게 여겼던 것이고, 황제와 요순이 모두 찬미하던 것이다. 그러니 옛날에 세상을 다스리던 자가 무엇을 했겠는가? 그저 천지의 변화에 따랐을 뿐이다.

昔者舜問於堯曰, 天王之用心何如. 堯曰, 吾不敖無告, 不廢窮民, 苦死者, 嘉孺子而哀婦人, 此吾所以用心已. 舜曰, 美則美矣, 而未大也. 堯曰, 然則何如. 舜曰, 天德而出寧, 日月照而四時行, 若晝夜之有經, 雲行而雨施矣. 堯曰, 膠膠擾擾乎. 子, 天之合也. 我, 人之合也. 夫天地者, 古之所大也, 而黃帝堯舜之所共美也. 故古之王天下者, 奚爲哉. 天地而已矣.

7.

공자가 서쪽 주 왕실에 자기가 지은 책을 소장하게 하고 싶어 했다. 자로가 꾀를 내어 말했다.

"제가 듣기로는 주나라의 장서 관리 책임자로 노담(노자)이라는 사람이 있었는데, 지금은 사직하고 집에 돌아가 쉰다고 합니다. 선생님께서 책을 소장하게끔 하고 싶으시다면 그분을 만나 부탁해보는 것이 어떨까요?"

공자가 말했다.

"좋은 생각이다."

그리하여 공자는 노담을 만나러 갔다. 그러나 노담은 이를 허락하지 않았다. 그래서 공자는 열두 가지 경전을 반복해서 설명했다. 노담은 공자의 말을 끊고 물었다.

"너무 산만해요. 요점이 무엇이오?"

공자가 대답했다.

"요점은 인의仁義에 있습니다."

노담이 물었다.

"인의가 사람의 본성인가요?"

공자가 대답했다.

"그렇습니다. 군자가 어질지 않으면 군자로서의 인격을 완성하지 못하고, 의롭지 않으면 살 수 없습니다. 인의는 진실로 사람의 본성입니다. 더 의심할 것이 뭐가 있겠습니까?"

노담이 물었다.

"인의가 무엇이지요?"

공자가 대답했다.

"즐거운 마음으로 사물을 대하고, 차별 없이 사랑하면서 편애하지 않는 것, 이것이 인의의 구체적인 내용입니다."

노담이 말했다.

"아, 뒤쪽의 말은 위험하군요. 그 차별 없이 사랑한다는 것은 비현실적이지 않소? 또 편애가 없다는 것 역시 편애에요. 선생께서는 마치 세상 사람들로 하여금 자신들의 목자牧者를 잃지 않도록 하고 싶어 하는 것 같군요. 그러나 천지는 본디부터 불변의 규칙이 있었고, 해와 달은 본디부터 밝았고, 별들은 본디부터 제자리가 있었고, 짐승들은 본디부터 무리지어 살았고, 나무는 본디부터 서서 자랐소. 선생께서도 제 본성에 따라 행동하고 도를 따라 달려가서 이미 높은 경지에 이르렀소. 그런데 왜 낑낑대며 인의를 내걸고 마치 북을 두드리면서 잃어버린 자식을 찾아다니는 사람처럼 행동하시오? 허허, 선생은 사람의 본성을 어지럽히고 있소."

孔子西藏書於周室. 子路謀曰, 由聞周之徵藏史有老聃者, 免而歸居, 夫子欲藏書, 則試往因焉. 孔子曰, 善. 往見老聃, 而老聃不許, 於是繙十二經以說. 老聃中其說曰, 大謾, 願聞其要. 孔子曰, 要在仁義. 老聃曰, 請問仁義, 人之性邪. 孔子曰, 然. 君子不仁則不成, 不義而不生. 仁義, 眞人之性也, 又將奚爲矣. 老聃曰, 請問, 何謂仁義. 孔子曰, 中心物愷, 兼愛無私, 此仁義之情也. 老聃曰, 意, 幾乎後言. 夫兼愛, 不亦迂夫. 無私焉, 乃私也. 夫子若欲使天下無失其牧乎. 則天地固有常矣, 日月固有明矣, 星辰固有列矣, 禽獸固有群矣, 樹木固有立矣. 夫子亦放德而行, 遁遁而趨, 已至矣. 又何偈偈乎揭仁義, 若擊鼓而求亡子焉. 意, 夫子亂人之性也.

8.

사성기士成綺[6]가 노자를 만나 물었다.

"저는 선생님께서 성인이라고 들었습니다. 그래서 먼 길을 마다하지 않고 만나 뵙기를 원했고, 100일 동안 발바닥에 몇 겹이나 못이 박혀도 감히 쉬지 못하고 걸어왔습니다. 그런데 지금 선생님을 뵈니 성인이 아니군요. 쥐가 구멍을 파서 쌓인 흙더미에 푸성귀가 흩어져 있는데도 그대로 두시니 이는 물건을 아끼지 않는다는 증거입니다. 날 음식과 익힌 음식이 앞에 늘어놓을 수도 없을 만큼 이미 많은데도 오히려 한없이 끌어 모으고 계시더군요."

노자는 무심한 듯 대답을 하지 않았다. 사성기가 다음날 다시 만나 말했다.

"어제 선생님을 비난했는데, 오늘 저의 마음이 바르게 되어 그런 생각들이 사라졌습니다. 무슨 까닭에서일까요?"

노자가 말했다.

"지혜롭고 신성한 사람과 같은 것, 나는 스스로 그런 데서 벗어났다고 생각하고 있네. 어제 자네가 나를 소라고 불렀다면 나는 나를 소라고 생각했을 테고, 나를 말이라고 불렀다면 나는 나를 말이라

6 가공의 인물.

고 생각했을 테지. 만약 나에게 어떤 사실이 있어서 다른 사람이 그 사실에 따라 이름을 붙일 때 내가 그것을 받아들이지 않는다면, 나는 같은 재앙을 거듭 당하는 것이야. 내가 따르는 것은 본성에 의해 그냥 따르는 것이지 내가 그렇게 하겠다고 생각해서 따르는 것이 아니야."

사성기는 노자의 그림자를 피하면서 옆걸음으로 걸어 들어가서는 어떻게 수양해야 하는지 물었다. 노자가 대답했다.

"그대의 용모는 엄숙하고, 그대의 눈은 사물을 똑바로 쳐다보며, 그대의 이마는 높이 솟아 있고, 그대의 입은 크게 벌어져 있으며, 그대의 모습은 위엄이 있네. 그대는 마치 묶인 말이 멈춰 서 있는 것과 같아. 움직이고 싶은 것을 억지로 참고 있지만, 일단 움직이면 쇠뇌를 발사한 것처럼 신속하고, 사물에 대하여 명확하고 정밀하게 파악하며 지혜와 기술을 믿고 방자하고 오만한 태도를 보일 것이야. 이러한 행위들은 모두 인위적인 것이기 때문에 믿을 수 없어. 변방에도 이런 사람들이 있는데, 그들을 도적이라고 부르지."

士成綺見老子而問曰, 吾聞夫子聖人也. 吾固不辭遠道而來願見, 百舍重趼而不敢息. 今吾觀子, 非聖人也, 鼠壤有餘蔬而棄妹, 不仁也. 生熟不盡於前, 而積斂無崖. 老子漠然不應. 士成綺明日復見曰, 昔者吾有刺於子, 今吾心正郤矣, 何故也. 老子曰, 夫巧知神聖之人, 吾自以爲脫焉. 昔者子呼我牛也而謂之牛, 呼我馬也而謂之馬. 苟有其實, 人與之名而弗受, 再受其殃. 吾服也恒服, 吾非以服有服. 士成綺雁行避影, 履行遂進而問. 修身若何. 老子曰, 而容崖然, 而目衝然, 而顙頯然, 而口闞然, 而狀義然. 似繫馬而止也. 動而持, 發也機, 察而審, 知巧而睹於泰, 凡以爲不信. 邊竟有人焉, 其名爲竊.

9.

선생님께서 말씀하셨다.

"도는 아무리 거대한 것이라고 해도 그것을 도중에 포기하지 않고, 아무리 미세한 것이라고 해도 빠뜨리지 않는다. 그러므로 어떤 사물이든 다 도를 갖추고 있다. 그것은 넓디넓어서 포용하지 않는 것이 없고, 깊디깊어서 헤아릴 수 없다. 형벌이나 포상, 인仁이나 의義 등은 정신적인 것들 가운데서 최하급에 속한다. 지인至人이 아니면 그것이 최하급에 속한다는 것을 누가 판단할 수 있겠는가? 지인이 세상을 차지한다면 그것(세상) 역시 거대한 것이 아닌가? 그러나 그것은 그를 구속하지 못한다. 세상 사람들이 모두 권력 쟁탈에 나서지만 지인은 그들과 휩쓸리지 않는다. 지인은 아무 것도 의지할 것이 없다는 것을 분명히 알기 때문에 재물의 노예가 되지 않고, 만물의 진면목을 깊이 체득하여 그 근본을 지킬 수 있다. 그러므로 천지를 외면하고, 만물을 내보내 그것들 때문에 정신이 곤란해진 적이 없다. 도에 통하고 덕과 하나가 되며 인의를 물리치고 예악을 물리친다. 그 때문에 지인의 마음은 안정되어 있다."

夫子[7]曰, 夫道, 於大不終, 於小不遺, 故萬物備. 廣廣乎其無不容也, 淵淵乎其不可測也. 形德仁義, 神之末也, 非至人孰能定之. 夫至人有世, 不亦大乎, 而不足以爲之累. 天下奮柄而不與之偕. 審乎無假而不與利遷, 極物之眞, 能守其本. 故外天地, 遺萬物, 而神未嘗有所困也. 通乎道, 合乎德, 通仁義, 賓禮樂, 至人之心有所定矣.

7 "夫子" 대신 "老子"로 되어 있는 판본도 있음.

10.

세상 사람들은 책에 기록되어 있는 도道를 귀중하게 생각한다. 그런데 책은 말에 불과하고, 말에는 중요한 부분이 있다. 말에서 중요한 부분은 의미다. 의미는 가리키는 것이 있는데, 의미가 가리키는 것은 정작 말로써 전달할 수 없다. 그런데도 세상에서는 말을 귀중하게 여겨 책을 물려준다. 세상에서 비록 그것을 귀중하게 여기지만 귀중하게 여길 만한 가치가 없다. 그들이 귀중하게 생각할 뿐 진짜 귀중한 것이 아니기 때문이다. 눈으로 보아서 볼 수 있는 것은 형체와 색깔이다. 귀로 들어서 들을 수 있는 것은 이름과 소리다. 가련하다. 세상 사람들은 형체와 색깔, 이름과 소리 등을 가지고 그것의 실상을 다 파악했다고 생각하는구나. 형체와 색깔, 이름과 소리 등으로는 결국 그 실상을 다 파악할 수 없다. 그러므로 아는 자는 말하지 못하고, 말하는 자는 알지 못한다. 세상이 어찌 그것을 알겠는가?

世之所貴道者, 書也. 書不過語, 語有貴也. 語之所貴者, 意也, 意有所隨. 意之所隨者, 不可以言傳也, 而世因貴言傳書. 世雖貴之哉, 猶不足貴也. 爲其貴非其貴也. 故視而可見者, 形與色也. 聽而可聞者, 名與聲也. 悲夫. 世人以形色名聲爲足以得彼之情. 夫形色名聲, 果不足以得彼之情, 則知者不言, 言者不知, 而世豈識之哉.

11.

환공桓公[8]이 대청 위에서 책을 읽고 있을 때 윤편輪扁[9]은 대청 아래서 바퀴를 깎고 있었다. 그는 망치와 끌을 내려놓고 대청으로 올라가 환공에게 물었다.

"외람되지만 전하께서 읽고 계시는 책은 무엇을 기록한 것입니까?"

환공이 대답했다.

"성인의 말씀이니라."

윤편이 다시 물었다.

"그 성인이 살아계십니까?"

환공이 대답했다.

"이미 돌아가셨다."

윤편이 말했다.

"그렇다면 전하께서 읽고 계시는 것은 옛사람의 찌꺼기와 껍데기일 뿐입니다."

환공이 말했다.

"과인이 책을 읽고 있는데, 바퀴 깎는 놈이 어찌 그에 대해 왈가왈부한단 말인가? 내가 납득하도록 설명한다면 무사하겠지만 그렇지 못하면 죽음을 면치 못할 것이다."

윤편이 해명했다.

"저는 제가 하는 일로 말씀드리겠습니다. 바퀴통의 구멍을 깎을 때 느슨하게 하면 헐렁해서 견고하지 못하고, 빠듯하게 하면 빡빡해서 들어가지 않습니다. 느슨하지도 않고, 빠듯하지도 않은 것은 손에 익고 마음이 그에 호응하여 가능한 것입니다. 입으로는 말할 수 없지만, 어떤 비밀이 그 사이에 있을 것입니다. 저는 그것을 저의 아들에게도 일러주지 못하고, 저의 아들 역시 저로부터 물려받지 못했습니다. 이 때문에 일흔의 늙은 나이에도 바퀴를 깎고 있습니다. 옛

8 춘추오패의 한 사람인 제나라 환공.

9 가공의 인물. 윤輪은 수레바퀴를 깎는 사람을 뜻하고 편扁은 그의 이름이다.

사람들은 전해줄 수 없는 그 무엇과 함께 죽어버렸습니다. 그런즉 전하께서 읽고 계시는 것은 옛사람이 남긴 찌꺼기일 뿐입니다."

桓公讀書於堂上, 輪扁斲輪於堂下, 釋椎鑿而上, 問桓公曰, 敢問, 公之所讀者, 何言邪. 公曰, 聖人之言也. 曰, 聖人在乎. 公曰, 已死矣. 曰, 然則君之所讀者, 古人之糟魄已夫. 桓公曰, 寡人讀書, 輪人安得議乎. 有說則可, 無說則死. 輪扁曰, 臣也以臣之事觀之. 斲輪, 徐則甘而不固, 疾則苦而不入, 不徐不疾, 得之於手而應於心, 口不能言, 有數存焉於其間. 臣不能以喻臣之子, 臣之子亦不能受之於臣, 是以行年七十而老斲輪. 古之人與其不可傳也死矣, 然則君之所讀者, 古人之糟魄已夫.

제14편 | 천운
天運

이 편은 분명하게 나뉘는 일곱 개의 장으로 구성되어 있다. 모두가 대화 형식을 취하고 있는데, 다만 1장은 묻는 자가 누구인지 밝히지 않고 있다. 내용 면에서 볼 때 1장과 3장을 제외하면 모두 유가에 대한 비판이 주된 내용이다.

1장에서 하늘과 땅, 해와 달 등 자연의 운동과 변화의 동기가 무엇이고 그 원인이 무엇인지에 대해 진지하게 의문을 제기한다. 질문에 대한 대답은 분명하게 제시되지 않았지만, 자연의 운동과 질서에 대해 의문을 갖고 그에 대해 합리적인 근거를 찾고자 하는 생각을 제기했다는 것만으로도 대단히 중요한 철학적 의의를 갖는다. 세 번째 장은 함지악론咸池樂論이라는 별명을 가지고 있다. 이 장은 중국 역사상 음악을 철학적으로 설명한 첫 번째 음악론 혹은 음악사상이라고 말할 수 있다. 이 함지악론은 위진시대의 완적과 혜강의 음악이론에 지대한 영향을 끼쳤다.

2장은 인의仁義 등이 인간의 본성이라는 유가의 주장에 반대하고 있고, 4장 이후로는 모두 노자와 공자의 대화의 형식으로 이루어져 있다. 대개 공자가 자신의 중심 생각을 설명하고 동시에 자신의 생각이 세상의 군주들로부터 인정받지 못한 점을 한탄하자 노자가 그것을 비판하는 형식이다. 공자는 이미 용도 폐기된 낡은 생각에 집착해 있다는 것이 공자에 대한 노자의 진단이다. 노자의 입을 통한 공자 비판의 요지는 상당히 정확한 견해다. 나중에 사마천은 『사기』에서 공자와 맹자를 비판할 때 그들의 사상은 당시 사회 현실에 맞지 않았기 때문에 제후들로부터 외면 받았다고 비판했는데, 이것은 노자의 입을 통한 장자의 유가 비판 요지를 인정한 것이다.

1.

"하늘은 움직이고 있을까요? 땅은 가만있는 것일까요? 해와 달은 자리다툼을 하고 있을까요? 누가 이것들의 운행을 주재하고, 누가 이것들을 규칙성 있게 유지하고 있는 것일까요? 누가 일 없이 이것들을 밀어서 움직이게 하고 있는 것일까요? 혹시 어떤 기계장치에 의해 제어되어 멈출 수 없어서 그런 것일까요? 아니면 관성적으로 계속 돌아가기 때문에 스스로 멈출 수 없는 것일까요? 구름이 비가 되는 것일까요? 비가 구름이 되는 것일까요? 누가 그것을 일으키고 또 흩뿌리는 것일까요? 누가 일 없이 즐기면서 이것을 조장하고 있는 것일까요? 바람은 북쪽에서 일어나 한때는 서쪽으로, 한때는 동쪽으로 불다가 어떤 때는 위로 올라가 이리저리 헤매기도 합니다. 누가 이것을 내뿜었다가 들이마셨다가 하는 것일까요? 누가 일 없이 이것을 일으키는 것일까요? 왜 그런 것인지 까닭을 알고 싶습니다."

무함초巫咸祒[1]가 말했다.

"자, 그대에게 가르쳐주겠다. 하늘에는 육극六極과 오상五常이 있다. 제왕이 그것을 따르면 세상이 평화로워지고, 그것을 거스르면 재앙이 온다. 세상의 모든 일이 순조롭게 돌아가게 하고 만물이 타고난 덕을 온전히 보존하게 하며 대지를 두루 비춰준다면, 세상 사람이 모두 그를 추앙할 것이니 이를 하느님〔上皇〕이라고 한다."

天其運乎. 地其運乎. 日月其爭於所乎. 孰主張是. 孰維綱是. 孰居無事推而行是. 意者其有機緘而不得已邪. 意者其運轉而不能自止邪. 雲者爲雨乎. 雨者爲雲乎. 孰隆施是. 孰居無事淫樂而勸是. 風起北方, 一西一東, 有上彷徨. 孰噓吸是. 孰居無事而披拂是. 敢問何故. 巫咸祒曰, 來. 吾語女. 天有六極五常, 帝王順之則治, 逆之則凶. 九洛之事, 治成德備, 監照下土, 天下戴之, 此謂上皇.

2.

송나라의 재상인 탕蕩이 장자에게 인仁, 즉 어질다는 것에 대해 물었다. 장자가 대답했다.

"호랑이나 이리가 어집니다."

재상이 물었다.

"무슨 뜻입니까?"

장자가 설명했다.

"호랑이와 이리는 아비와 새끼가 친애하니, 어찌 어질지 않겠습니까?"

재상이 물었다.

---

1 무당 이름. 무함巫咸은 고대의 전설적인 인물. 황제黃帝 때의 인물이라는 설도 있고, 요임금 때의 인물이라는 설도 있으며, 은나라의 재상이었다는 설도 있다. 초祒를 동사로 해석하기도 하는데, 여기서는 인명으로 보는 견해에 따른다.

"그러면 진정한 인은 무엇입니까?"

장자가 대답했다.

"진정한 인은 친애하는 법이 없습니다."

재상이 말했다.

"저는 '친애함이 없으면 사랑하지 않는 것이고, 사랑하지 않으면 효도하지 않는 것이다'라고 들었습니다. 그런데도 '진정한 인은 효도하지 않는다'고 말씀하시는데, 그것이 맞는 말입니까?"

장자가 대답했다.

"그렇지 않습니다. 진정한 인은 고상한 것입니다. 효라는 것은 원래부터 언급할 만한 것이 못됩니다. 그 말은[2] 효행을 비난하는 말이 아니라, 효에 대해 언급하지 않아야 한다는 것을 말합니다. 남쪽으로 여행하는 사람이 영郢[3]에 도착하여 북쪽을 보아도 명산冥山[4]은 보이지 않을 것입니다. 이는 무엇 때문일까요? 거리가 멀리 떨어져 있기 때문입니다. 그러므로 '공경하는 마음으로 효도하는 것은 쉽지만 사랑으로 효도하는 것은 어렵다. 사랑으로 효도하는 것은 쉽지만 부모를 잊기는 어렵다. 부모를 잊기는 쉽지만 부모에게 나를 잊게 하는 것은 어렵다. 부모에게 나를 잊게 하는 것은 쉽지만 온 세상을 완전히 잊기는 어렵다. 온 세상을 완전히 잊기는 쉽지만 온 세상이 나를 완전히 잊게 하기는 어렵다'는 말이 있습니다. 덕으로는 요순을 우습게 볼만한 경지에 든 사람도 그와 같은 짓은 하지 않습니다. 만세에 걸쳐 이롭게 해주고 은혜를 베풀더라도 세상 사람들이

2 앞에서 장자가 말한 "진정한 인은 친애함이 없다〔至仁無親〕"라는 말을 가리킴.

3 남방에 속하는 초나라의 수도.

4 북쪽 바다 혹은 북쪽 끝에 있다고 알려진 산.

알지 못합니다. 그런데 왜 그저 찬탄하면서까지 인과 효만을 말하는 것입니까? 효제孝悌나 인의仁義라든가, 충신忠信이나 정렴貞廉 따위는 스스로 애써가면서 자기의 타고난 덕德을 괴롭히는 것들입니다. 그것들은 찬미할 만한 덕목이 못됩니다. 그러므로 '최고의 지위는 나라의 벼슬을 포기하는 것이고, 최고의 부는 나라의 재산을 포기하는 것이고, 최고의 영예는 명성을 포기하는 것이다'라고 하는 것입니다. 그것은 바로 도는 지나치는 법이 없기 때문입니다."

商大宰蕩問仁於莊子. 莊子曰, 虎狼, 仁也. 曰, 何謂也. 莊子曰, 父子相親, 何爲不仁. 曰, 請問至仁. 莊子曰, 至仁無親. 大宰曰, 蕩聞之, 無親則不愛, 不愛則不孝. 謂至仁不孝, 可乎. 莊子曰, 不然, 夫至仁尙矣, 孝固不足以言之. 此非過孝之言也, 不及孝之言也. 夫南行者至於郢, 北面而不見冥山, 是何也. 則去之遠也. 故曰, 以敬孝易, 以愛孝難. 以愛孝易, 以忘親難. 忘親易, 使親忘我難. 使親忘我易, 兼忘天下難. 兼忘天下易, 使天下兼忘我難. 夫德遺堯舜而不爲也, 利澤施於萬世, 天下莫知也, 豈直大息而言仁孝乎哉. 夫孝悌仁義, 忠信貞廉, 此皆自勉以役其德者也, 不足多也. 故曰, 至貴, 國爵竝焉. 至富, 國財竝焉. 至願, 名譽竝焉. 是以道不渝.

3.

북문성北門成[5]이 황제黃帝에게 물었다.

"폐하께서 광막한 광야에서 함지의 음악을 연주하셨는데, 저는 처음 들을 때는 두려웠고, 다시 들을 때는 마음이 느긋해졌으며, 마

5 황제의 신하로 알려진 전설속의 인물.

지막으로 들을 때는 정신이 혼미해졌습니다. 마음이 텅 비고 생각도 사라져 말로 표현할 수 없었고, 저 자신에 대한 의식마저 없어졌습니다."

황제가 말했다.

"아마 그랬을 것이다. 나는 인간의 질서로써 연주했고 자연의 질서로써 증험했으며 예의로써 실천했고 태초의 원기〔太淸〕로써 근본을 세웠다. 완전한 음악〔至樂〕은 먼저 사람의 일〔人事〕에 호응하고, 자연의 이치〔天理〕를 따르고, 오행五行이 운행되고, 자연의 변화에 호응하도록 하는 것이다. 그런 다음에 사계절을 순조롭게 하고, 만물을 크게 조화롭게 하는 것이다. 사계절이 순서대로 바뀌면 만물은 그에 따라 생겨난다. 음악 소리가 반복하여 커졌다 작아졌다 하면서 음악의 미세한 소리와 큰 소리가 짜임새를 갖추고, 음악 소리가 반복하여 높아졌다 낮아졌다 하면서 음양(육률과 육려)의 조화를 이룬다. 음악 소리가 경쾌하게 흐를 때 겨울잠에 들었던 동물들이 깨어나기 시작하는데, 나는 천둥과 번개로써 그들을 놀라게 한다. 음악이 끝나더라도 끝나는 지점이 없으며 시작되더라도 시작되는 지점이 없다. 소리가 죽었다가 살아나는 과정이 반복되고, 줄어들었다가 커지는 과정이 반복되는데, 이러한 규칙성은 끝없이 하나로 이어지면서 계속 변해간다. 그대는 그 때문에 두려웠던 것이다."

北門成問於黃帝曰, 帝張咸池之樂於洞庭之野, 吾始聞之懼, 復聞之怠, 卒聞之而惑. 蕩蕩默默, 乃不自得. 帝曰, 汝殆其然哉. 吾奏之以人, 徵之以天, 行之以禮義, 建之以大淸. 四時迭起, 萬物循生. 一盛一衰, 文武倫經. 一淸一濁, 陰陽調和, 流光其聲. 蟄蟲始作, 吾驚之以雷霆. 其卒無尾, 其始無首. 一死一生, 一僨一起. 所常無窮, 而一不可待. 女故懼也.

"나는 또 음양의 조화로써 연주하고, 해와 달의 밝음으로써 세상을 밝혔다. 그 소리는 짧아질 수도 있고 길어질 수도 있으며, 부드러울 수도 있고 빳빳할 수도 있지만, 그 변화에는 일정한 질서가 있으며 낡은 상태로 머물러 있지 않는다. 계곡에서는 계곡을 가득 채우고 구덩이에서는 구덩이를 가득 채운다. 감각의 구멍을 막고 정신을 지키면서 사물의 변화에 따른다. 그 소리는 은은한 여운을 남기고, 리듬은 우렁차고 경쾌하다. 이 때문에 귀신은 저승을 떠나지 않고 해와 달과 별들은 각자 제 길을 따라 움직인다. 나는 마치 완전히 끝난 것처럼 그치게 했고, 결코 멈추지 않을 것처럼 계속 흐르게 했기 때문에 그대가 헤아려 보려고 해도 알 수 없었고, 보려고 해도 볼 수 없었으며, 추적해보려고 해도 미치지 못했던 것이다. 그대는 사방으로 끝없이 뚫려 있는 길에서 멍한 모습으로 서서, 혹은 오동나무 책상에 기대고 읊조리면서 마음으로는 알고 싶은 것을 끝까지 탐구하려고 하고, 눈으로는 보고 싶은 것을 다 보려고 하고, 힘으로는 추적하고 싶은 것을 끝까지 따라가려고 한다. 그러나 그대는 결코 미치지 못할 것이다. 몸이 텅 비기 때문에 곧 순리와 변화에 따르게 된다. 그대는 순리와 변화에 따랐기 때문에 마음이 느슨해진 것이다."

吾又奏之以陰陽之和, 燭之以日月之明. 其聲能短能長, 能柔能剛, 變化齊一, 不主故常. 在谷滿谷, 在坑滿坑. 塗郤守神, 以物爲量. 其聲揮綽, 其名高明. 是故鬼神守其幽, 日月星辰行其紀. 吾止之於有窮, 流之於無止. 子欲慮之而不能知也, 望之而不能見也, 逐之而不能及也. 儻然立於四虛之道, 倚於槁梧而吟. 目知窮乎所欲見, 力屈乎所欲逐, 吾旣不及已夫. 形充空虛, 乃至委蛇. 女委蛇, 故怠.

"나는 또 느슨한 느낌마저 없는 소리로써 연주하고, 자연의 리듬에 맞춰 음악 소리를 조절했다. 그러므로 만물이 뒤섞여 각축하면서 함께 모여 사는 것과 같이 여러 가지 소리가 한꺼번에 울려 퍼지지만 그 형체가 없으며, 널리 퍼져나가면서 은은하게 이어지다가 엷어지면서 소리 없는 상태가 된다. 움직일 때는 정해진 격식 없이 제멋대로지만 멈추어 있을 때는 아득히 먼 세상처럼 고요하다. 누군가는 그것을 죽는 것이라 하고, 누군가는 그것을 태어나는 것이라 하며, 누군가는 그것을 열매가 열리는 것이라 하고, 누군가는 그것을 꽃이 피는 것이라고 하는데, 음악 소리는 넘쳐흘러 거침없이 나아가지만 진부한 곡조를 고집하지 않는다. 세상 사람들은 그것을 의아하게 생각하여 성인에게 물어본다. 성인은 실정實情에 통달하고 자연의 명령을 따르는 사람이다. 그런 사람은 천기天機[6]가 겉으로 드러나지 않고 오관五官[7]이 온전하다. 이것이 바로 자연의 음악〔天樂〕[8]인데, 말이 없어도 마음속에서 기쁨이 솟는다. 그래서 유염씨有焱氏는 그것에 대한 찬가를 만들었다. '들으려 해도 그 소리를 들을 수 없고, 보려고 해도 그 형체를 볼 수가 없지만, 천지간에 가득 차 있고, 육극六極을 포괄하고 있도다.' 그대는 그것을 들으려고 했지만 포착할 수 없었고, 그대는 그래서 헷갈려서 정신이 없었던 거야. 함지의 음악은 두려움에서 시작한다. 두렵기 때문에 그것에 대해 경계심이 생긴다. 나는 또 느긋한 곡조를 그 다음에 이어지게 했는데,

6 타고난 생명력.

7 궁상각치우 등 다섯 가지 소리를 내는 인체의 발성기관.

8 天樂은 자연의 음악(천악)과 자연의 즐거움(천락) 등 두 가지 의미를 동시에 가지고 있다.

마음이 느긋해지기 때문에 정신이 나간 것 같았을 것이다. 마지막으로 헷갈리는 곡조로 연주를 마쳤는데, 헷갈리기 때문에 흐리멍덩해졌을 것이다. 흐리멍덩해지면 도에 들어간다. 도에 들어가면 그것을 편안하게 받아들여 하나가 될 수 있다."

吾又奏之以無怠之聲, 調之以自然之命. 故若混逐叢生, 林樂而無形, 布揮而不曳, 幽昏而無聲. 動於無方, 居於窈冥. 或謂之死, 或謂之生. 或謂之實, 或謂之榮. 行流散徙, 不主常聲. 世疑之, 稽於聖人. 聖也者, 達於情而遂於命也. 天機不張而五官皆備. 此之謂天樂, 無言而心說. 故有焱氏爲之頌曰, 聽之不聞其聲, 視之不見其形, 充滿天地, 苞裏六極. 女欲聽之而無接焉, 而故惑也. 樂也者, 始於懼, 懼故祟. 吾又次之以怠, 怠故遁. 卒之於惑, 惑故愚. 愚故道, 道可載而與之俱也.

4.

공자가 서쪽의 위衛나라로 여행을 떠날 때 안연顔淵[9]이 사금師金[10]에게 물었다.

"우리 선생님의 이번 여행은 어떻습니까?"

사금이 대답했다.

"안타깝구나. 자네 선생님은 궁지에 몰리겠어."

안연이 물었다.

"무슨 뜻입니까?"

---

9 공자의 제자. 이름은 회回.

10 노나라의 태사, 즉 궁중악사의 우두머리. 사師는 태사를 뜻하고 금金은 그의 이름이다.

사금이 말했다.

"짚으로 만든 개허수아비라는 것이 있는데, 제사에 올리기 전에는 대나무 상자에 넣고 아름답게 수놓은 보자기로 고이 싸두었다가 제주祭主가 재계하고 나서 그것을 제사상에 올려놓는다. 제사상에 한 번 올린 다음에는 그것을 내다버리기 때문에 길 가는 사람이 그 머리와 등을 밟고, 나무하는 사람은 그것을 가져다가 불쏘시개로 쓴다. 만약 다시 그것을 가져다가 상자에 넣고 아름답게 수놓은 보자기로 싸둔 채 그 아래서 놀다가 잠이 든다면 그 사람은 좋은 꿈을 꾸지 못하고 반드시 자주 가위에 눌리지. 지금 자네의 선생 역시 옛날에 선왕이 이미 한 번 진열한 뒤 버린 개허수아비를 가져다가 제자들을 끌어모으고 그 아래서 놀다가 잠을 자고 있는 것과 다름없어. 그 때문에 송나라에서는 나무를 베어 쓰러뜨려 죽이려는 위협을 받았고, 위나라에서는 입국 금지령이 내려졌고, 송나라와 위나라 사이에서는 곤궁에 빠졌던 거야. 이게 악몽이 아니고 뭔가? 진나라와 채나라 사이에서는 그곳 사람들에게 포위당해서 7일 동안이나 불에 익힌 음식을 먹지 못하고 생사의 갈림길을 넘나들었으니 이것이 가위눌린 것이 아니고 무엇인가?"

孔子西遊於衛. 顏淵問師金曰, 以夫子之行爲奚如. 師金曰, 惜乎. 而夫子其窮哉. 顏淵曰, 何也. 師金曰, 夫芻狗之未陳也, 盛以篋衍, 巾以文繡, 尸祝齋戒以將之. 及其已陳也, 行者踐其首脊, 蘇者取而爨之而已. 將復取而盛以篋衍, 巾以文繡, 遊居寢臥其下, 彼不得夢, 必且數眯焉. 今而夫子亦取先王已陳芻狗, 聚弟子遊居寢臥其下. 故伐樹於宋, 削迹於衛, 窮於商周, 是非其夢邪. 圍於陳蔡之間, 七日不火食, 死生相與鄰, 是非其眯邪.

"물길을 여행하는 데는 배를 사용하는 것보다 더 좋은 방법이 없고, 육지를 여행하는 데는 수레를 사용하는 것보다 더 좋은 방법이 없지. 그런데 물 위를 달리는 배의 성능이 육지에서도 그대로 발휘되기를 기대하면서 그것을 땅 위에서 밀고 다닌다면 죽을 때까지 밀어봤자 조금밖에 가지 못할 걸세. 과거와 현재는 물과 육지만큼 현격한 것이 아닌가. 주 왕조와 노나라는 배와 수레처럼 이질적인 것이 아닌가? 과거 주 왕조에서 통용되던 것이 현재 노나라에서도 똑같이 통용되기를 바란다면, 그것은 마치 육지에서 배를 밀고 다니는 것과 같이 고되기만 할 뿐 아무 효과도 없을 것이며, 그 자신에게는 반드시 재앙이 따를 거야."

夫水行莫如用舟, 而陸行莫如用車. 以舟之可行於水也, 而求推之於陸, 則沒世不行尋常. 古今非水陸與. 周魯非舟車與. 今蘄行周於魯, 是猶推舟於陸也. 勞而無功, 身必有殃.

"고정되지 않은 무한한 변화만이 사물의 변화에 부응하면서 끝나지 않는다는 이치를 그분(공자)은 모르고 있어. 그리고 자네는 두레박틀(桔槹)[11]이라는 것을 모르는가? 줄을 끌어당기면 두레박의 바가지는 아래를 내려다보고, 줄을 놓으면 바가지는 위를 쳐다보게 되어 있지. 그것은 사람에게 끌려오는 것이지 두레박이 사람을 끌어당기는 것이 아니야. 그 때문에 굽어보거나 올려다보더라도 사람에게 미움을 사지 않아. 삼황오제의 예의법도는 서로 같기 때문에 소중한

11 원문에서 말하는 길고桔槹는 용두레(낮은 곳의 물을 높은 곳으로 끌어올리는 기계 설비)와 두레박틀 두 가지 의미를 다 가지고 있다. 여기서는 뒤에 이어지는 설명으로 보아 두레박틀을 가리킨다. 「천지」 편에서는 길고桔槹라는 말을 용두레를 가리키는 말로 썼다.

것으로 여겨지는 것이 아니라 그것들이 각각 당시의 세상을 잘 다스릴 수 있었기 때문에 소중한 것으로 여겨지는 거야. 그러므로 삼황오제의 예의법도를 비유하자면 산사·배·귤·유자와 같지. 그 맛은 서로 다르지만 모두 사람의 입맛에 맞아. 그와 마찬가지로 예의법도라는 것은 상황에 따라 변하는 거야. 만약 원숭이에게 주공周公의 옷을 입혀준다면 원숭이들은 분명 옷을 물어뜯고 잡아당겨 찢어버리고 나서야 만족하겠지. 옛날과 지금이 다른 점에 대해 생각해보면 그것은 원숭이와 주공의 차이와 같아. 그러므로 이런 이야기가 있어. 서시西施가 가슴 통증 때문에 눈살을 찡그리고 있었는데, 그 동네의 추녀들이 서시의 그 모습을 보고 아름답다고 생각했어. 그래서 돌아가서는 두 손으로 가슴을 감싸안고 눈살을 찡그리면서 동네를 돌아다녔대. 동네의 부자들은 그 광경을 보고서는 문을 닫고 나오질 않았고, 가난한 자들은 그 광경을 보고는 처자의 손을 끌고서 그곳을 떠나버렸대. 그 추녀들은 서시의 찡그린 모습이 아름답다는 것만 알았지 찡그린 그 모습이 왜 아름다운지를 알지 못했던 거야. 안타깝지만, 자네 선생은 궁지에 몰릴 거야."

彼未知夫無方之傳, 應物而不窮者也. 且子獨不見夫桔槔者乎. 引之則俯, 舍之則仰. 彼, 人之所引, 非引人者也. 故俯仰而不得罪於人. 故夫三皇五帝之禮義法度, 不矜於同而矜於治. 故譬三皇五帝之禮義法度, 其猶柤梨橘柚邪. 其味相反而皆可於口. 故禮義法度者, 應時而變者也. 今取猨狙而衣以周公之服, 彼必齕齧挽裂, 盡去而後慊. 觀古今之異, 猶猨狙之異乎周公也. 故西施病心而矉其里, 其里之醜人見之而美之, 歸亦捧心而矉其里. 其里之富人見之, 堅閉門而不出. 貧人見之, 挈妻子而去走. 彼知矉美而不知矉之所以美. 惜乎, 而夫子其窮哉.

5.

공자가 나이 쉰하나가 되었는데도 도를 듣지 못하여 남쪽의 패沛로 가서 노담을 만났다. 노담이 물었다.

"오셨소. 선생은 북방의 현자賢者라고 들었습니다. 선생도 도를 터득했소?"

공자가 대답했다.

"아직 터득하지 못했습니다."

노자가 말했다.

"선생은 어디서 도를 찾았던 게요?"

"저는 사회제도〔度數〕에서 찾아보았지만, 5년이 지나도 터득하지 못했습니다."

노자가 말했다.

"그런 다음 선생은 또 어디서 도를 찾아보았나요?"

"저는 음양陰陽의 이치에서 도를 찾아보았지만 12년이 지나도 터득하지 못했습니다."

노자가 말했다.

"그렇소. 만약 도가 바칠 수 있는 것이라면 사람들이 그것을 임금에게 바치지 않을 수 없을 것이오. 만약 도가 드릴 수 있는 것이라면 사람들이 그것을 자기 부모에게 드리지 않을 수 없을 것이오. 만약 도가 다른 사람에게 말해줄 수 있는 것이라면 사람들이 자신의 형제에게 말해주지 않을 수 없을 것이오. 만약 도가 다른 사람에게 물려줄 수 있는 것이라면 사람들이 그것을 자신의 자손에게 물려주지 않을 수 없을 것이오. 그러나 그렇게 할 수 없는 것은 다른 이유 때문이 아니오. 안에 받아들일 근본이 없으면 도는 머물러 있게 할 수 없고, 밖에 그것을 적용할 대상이 없으면 도를 실행할 수 없기 때문이오. 안에 품고 있던 말을 해도 밖에서 받아들여지지 않으면, 성인은 도를 말하지 않소. 밖으로부터 받아들인 것 중 안에서 근본이 될 만한 것이 없으면, 성인은 그것을 간직하지 않소. 명성은 공기公器입니다. 그러니 한 사람이 많이 가져가서는 안 됩니다. 인의는 선왕이 머물던 여관으로 그저 하룻밤 묵을 수는 있지만 오래 머물러 있을 수는 없소. 오래 머물러 있으면 비난이 커지지요."

孔子行年五十有一而不聞道, 乃南之沛見老聃. 老聃曰, 子來乎. 吾聞子, 北方之賢者也, 子亦得道乎. 孔子曰, 未得也. 老子曰, 子惡乎求之哉. 曰, 吾求之於度數, 五年而未得也. 老子曰, 子又惡乎求之哉. 曰, 吾求之於陰陽, 十有二年而未得也. 老子曰, 然, 使道而可獻, 則人莫不獻之於其君. 使道而可進, 則人莫不進之於其親. 使道而可以告人, 則人莫不告其兄弟. 使道而可以與人, 則人莫不與其子孫. 然而不可者, 無它也, 中無主而不止, 外無正而不行. 由中出者, 不受於外, 聖人不出. 由外入者, 無主於中, 聖人不隱. 名, 公器也, 不可多取. 仁義, 先王之蘧廬也, 止可以一宿而不可久處. 覯而多責.

"옛날의 지인은 인仁이라는 길을 빌렸고, 의義라는 집에 머물면서 소요의 터에서 노닐었고 손바닥만 한 경작지로 먹고 살았으며 남에게 손 벌리지 않을 정도의 밭에 의지하고 살았지요. 소요는 아무것도 하지 않는 것입니다. 손바닥만 한 땅은 가꾸기 쉽지요. 남에게 손 벌리지 않을 정도의 밭은 힘을 쓸 일이 없습니다. 옛날에는 이런 것을 진실의 열매를 따면서 노는 것이라고 했소. 부유함을 최고의 가치로 삼는 자는 녹봉을 남에게 양보하지 못합니다. 입신출세를 최고의 가치로 삼는 자는 명성을 남에게 양보하지 못합니다. 권력을 탐하는 사람은 다른 사람에게 권력을 내주지 못합니다. 그런 것들을 가지고 있을 때는 두려워하고, 잃어버리면 서글퍼하지요. 그런데도 그런 사실로부터 전혀 교훈을 얻지 못하고 자신이 끊임없이 추구해온 것에만 몰두한다면 이는 하늘의 형벌을 받은 사람입니다. 비난과 은총, 빼앗는 것과 베푸는 것, 잘못을 간하는 것과 가르침을 내리는 것, 살리는 것과 죽이는 것, 이 여덟 가지는 바로잡는 도구입니다. 오직 막힘없는 대자연의 변화에 따르는 자만이 그것을 사용할 수 있습니다. 그러므로 '바로잡는다는 것[正]은 자기를 바로잡는 것이다'라고 하는 말이 있지요. 마음속으로 그렇지 않다고 생각한다면 하늘의 문[天門]은 열리지 않을 것입니다."

古之至人, 假道於仁, 託宿於義, 以遊逍遙之墟, 食於苟簡之田, 立於不貸之圃. 逍遙, 無爲也. 苟簡, 易養也. 不貸, 無出也. 古者謂是采眞之遊. 以富爲是者, 不能讓祿. 以顯爲是者, 不能讓名. 親權者, 不能與人柄, 操之則慄, 舍之則悲, 而一無所鑒, 以闚其所不休者, 是天之戮民也. 怨恩取與諫教生殺八者, 正之器也, 唯循大變無所湮者爲能用之. 故曰, 正者, 正也. 其心以爲不然者, 天門弗開矣.

6.

공자가 노담을 만나 인의仁義에 대해 설명했다. 그것을 다 듣고 나서 노담이 말했다.

"겨를 까부르다가 눈에 티가 들어가면 천지사방을 분간할 수 없게 됩니다. 모기나 등에가 살갗을 물면 밤새도록 잠을 못 잘 것입니다. 인의가 참혹하게 마음을 번거롭게 한다면, 그 혼란은 더없이 큽니다. 당신은 세상 사람으로 하여금 그들 본래의 소박함을 잃지 않도록 해야 합니다. 당신은 또 바람이 부는 데 따라 행동하고, 타고난 덕을 잘 간직하면서 다른 것에 의해 넘어지는 일 없이 서 있어야 할 것이오. 그런데 어쩌자고 큰 북을 짊어지고 잃어버린 자식을 찾아 헤매는 사람처럼 애를 쓰고 다니는 거요? 고니는 날마다 목욕하지 않아도 하얗고, 까마귀는 날마다 검은 칠을 하지 않아도 까맣다오. 본디 검은 것과 본디 흰 것은 어느 것이 좋다 나쁘다 평가할 수 없고, 명예라는 외적인 것은 널리 추구할 만한 가치가 없지요. 샘이 말라 물고기들이 땅 위에서 함께 붙어 서로 입김을 불어 촉촉하게 해주고 서로 거품을 내서 적셔주고 있는 것보다 강이나 호수에서 서로를 잊어버리는 것이 더 좋지요."

孔子見老聃而語仁義. 老聃曰, 夫播糠眯目, 則天地四方易位矣. 蚊虻噆膚, 則通昔不寐矣. 夫仁義憯然, 乃憤吾心, 亂莫大焉. 吾子使天下無失其朴, 吾子亦放風而動, 總德而立矣. 又奚傑然若負建鼓而求亡子者邪. 夫鵠不日浴而白, 烏不日黔而黑. 黑白之朴, 不足以爲辯. 名譽之觀, 不足以爲廣. 泉涸, 魚相與處於陸, 相呴以濕, 相濡以沫, 不若相忘於江湖.

공자가 노담을 만나고 돌아와서는 3일 동안 말을 하지 않았다. 한 제자가 물었다.

"선생님께서 노담을 만나셨는데, 그분을 어떻게 가르치셨습니까?"

공자가 말했다.

"나는 마침내 오늘에야 여기서 용을 보았다. 용은 합해져서는 용의 몸이 되고 흩어져서는 문채[章]가 되며, 구름을 타고 음양을 몰고 다닌다. 나는 벌어진 입을 다물 수 없었다. 내가 어떻게 노담을 가르치겠느냐?"

자공子貢이 말했다.

"그렇다면 사람으로서 정말로 주검처럼 가만있어도 용처럼 드러나며, 연못처럼 침묵하고 있어도 우레와 같은 소리가 나고, 움직이기 시작하면 천지와 같은 자가 있다는 말입니까? 저도 만나볼 수 있을까요?"

그러고는 마침내 공자의 명성을 빌려 노담을 만나보았다.

노담은 그때 마루에 걸터앉아 있다가 작은 소리로 대답했다.

"나는 이미 나이를 많이 먹었네. 그대는 나에게 어떤 가르침을 주려고 하는가?"

자공이 말했다.

"삼황오제가 천하를 다스린 방식은 달랐지만, 그들의 명성이 전해오는 것은 똑같습니다. 그런데 선생님께서만 유독 성인을 비난하시는데 왜 그러시는지요?"

노담이 말했다.

"젊은이 좀 앞으로 오게. 자네는 무슨 근거로 같지 않다고 말하는가?"

자공이 대답했다.

"요임금은 순임금에게 제위를 물려주었고, 우임금은 많은 힘을 썼으며, 탕임금은 군사를 썼습니다. 문왕은 주紂를 따르면서 감히 거역하지 못했지만, 무왕은 주를 거역하면서 따르려 하지 않았습니다. 그래서 같지 않다고 한 것입니다."

孔子見老聃歸, 三日不談. 弟子問曰, 夫子見老聃, 亦得將何規哉. 孔子曰,吾乃今於是乎見龍. 龍, 合而成體, 散而成章, 乘乎雲氣而養乎陰陽. 予口張而不能嗋, 予又何規老聃哉. 子貢曰, 然則人固有尸居而龍見, 雷聲而淵默, 發動如天地者乎. 賜亦可得而觀乎. 遂以孔子聲見老聃. 老聃方將倨堂而應, 微曰, 予年運而往矣, 子將何以戒我乎. 子貢曰, 夫三皇五帝之治天下不同, 其係聲名一也. 而先生獨以爲非聖人, 如何哉. 老聃曰, 小子少進. 子何以謂不同. 對曰, 堯授舜, 舜授禹. 禹用力而湯用兵, 文王順紂而不敢逆, 武王逆紂而不肯順, 故曰不同.

노담이 말했다.

"젊은이 좀더 가까이 오게. 내가 자네에게 삼황오제의 천하 통치에 대하여 말해주겠네. 황제黃帝가 천하를 다스릴 때는 백성의 생각을 순박하게 했지. 사람들 가운데는 제 어버이의 죽음에 곡하지 않는 자가 있어도 비난받지 않았어. 요堯가 천하를 다스릴 때는 백성이 혈육을 사랑하는 마음을 갖도록 만들었지. 자신의 어버이와 소원한 관계에 있는 사람을 소홀히 대하는 자가 있어도 사람들은 나무라지 않았어. 순舜이 천하를 다스릴 때는 백성이 경쟁의식을 갖도록 만들었지. 백성 가운데 임신부는 열 달 만에 아이를 낳았어. 아이는 태어나 다섯 달이 지나면 말을 할 수 있었고, 아직 웃지도 못하면서 사람을 알아보기 시작했지. 그러자 요절하는 사람이 발생하기 시작했어. 우禹가 천하를 다스릴 때는 남을 속이도록 백성의 생각을 바꾸어놓았지. 사람들은 각자 사심을 갖게 되었는데, 무기는 그러한 사심에 따라 나온 것이지. 도둑을 죽이는 것은 살인에 해당하지 않는 것으로 생각했고, 세상은 제멋대로 소동을 일으키는 일들로 넘쳐났다네. 이 때문에 세상은 크게 혼란스러워졌고 유가와 묵가가 모두 일어났지. 그들이 처음 시작할 때는 체계가 있었지만, 지금은 그렇지 않아. 이것은 무엇을 말하는 것일까? 내가 설명해주지. 삼황오제가 천하를 통치한 것에 대해 훌륭하게 잘 다스렸다고 평가하지만, 실제로 그보다 더 혼란했던 때가 없었지. 삼황의 지식은 위로는 해와 달의 빛을 가려버렸고, 아래로는 산천의 정기를 끊어놓았으며, 중간으로는 사시四時의 운행을 망가뜨렸어. 그들의 지식은 전갈의 꼬리나 선규鮮規[12]라는 야수보다 참혹해서 백성들은 자신의 진정한 본성〔性命之情〕에 안주하지 못하고 있는데도 그들은 스스로 성인이라고 여기고 있었으니 부끄러운 일이 아닌가? 그들은 부끄러움을 몰라."

자공은 당혹스러워 서 있기가 불안했다.

老聃曰, 小子少進, 余語女三皇五帝之治天下. 黃帝之治天下, 使民心一, 民有其親死不哭而民不非也. 堯之治天下, 使民心親. 民有爲其親殺其服而民不非也. 舜之治天下, 使民心競. 民孕婦十月生子, 子生五月而能言, 不至乎孩而始誰, 則人始有夭矣. 禹之治天下, 使民心變, 人有心而兵有順, 殺盜非殺, 人自爲種而天下耳. 是以天下大駭, 儒墨皆起. 其作始有倫, 而今乎婦女, 何言哉. 余語汝, 三皇五帝之治天下, 名曰治之, 而亂莫甚焉. 三皇之知, 上悖日月之明, 下睽山川之精, 中墮四時之施. 其知憯於蠣蠆之尾, 鮮規之獸, 莫得安其性命之情者, 而猶自以爲聖人, 不可恥乎. 其無恥也. 子貢蹴蹴然立不安.

12 사람을 무는 짐승이라고 알려져 있을 뿐 구체적으로 어떤 동물인지 알 수 없다.

7.

공자가 노자에게 말했다.

"저는 『시』『서』『예』『악』『역』『춘추』 등 육경을 연구했습니다. 그렇게 한 지 오래 되었고 하나하나의 자구字句에 대해서 상세히 알고 있다고 생각합니다. 저는 그런 학식을 가지고 72명의 군주에게 저를 써달라고 요청했습니다. 저는 선왕의 도에 대하여 논의했고, 주공과 소공의 업적에 대해 분명하게 설명했지만, 단 한 명의 군주도 저를 써주지 않더군요. 사람을 설득하기가 대단히 어렵고, 도를 밝히는 것도 참으로 어렵습니다."

노자가 말했다.

"다행이군요. 선생이 세상을 통치하는 군주를 만나지 못한 것은. 육경이라는 것은 선왕先王의 해묵은 발자국일 뿐이오. 그것이 어떻게 자국이 나도록 한 것 그 자체이겠소? 지금 선생이 말하는 것은 발자국과 같은 것이오. 발자국은 신발이 만들어내는 것이지, 발자국이 신발은 아니지 않소? 백역白鶂이라는 물새는 짝을 바라볼 때 눈동자도 움직이지 않는데 저절로 유혹되고 교감된다오. 수컷 벌레는 위에서 울면서 유혹하고, 암컷 벌레는 아래에서 유혹하면서 교감되지요. 류類라는 동물은 자웅동체이기 때문에 저 혼자서 유혹과 교감을 일으킵니다. 타고난 본성은 바꿀 수 없고, 타고난 운명은 변하게 할 수 없으며, 시간의 흐름은 멈추게 할 수 없고, 도의 변화는 막을 수 없는 것이오. 만약 도를 얻었다면 어떤 것도 저절로 되지 않는 것이 없으며, 도를 잃어버리면 저절로 되는 일은 아무것도 없지요."

그뒤로 공자는 석 달 동안 밖으로 나오지 않았다. 그러다가 어느 날 다시 노자를 만나서 말했다.

"저는 깨달음을 얻었습니다. 까마귀와 까치는 부화孵化해서 태어나고, 물고기는 입의 거품을 서로 적셔줌으로써 알을 배고, 허리가 가는 벌은 교미도 않고 새끼를 낳지도 않고 뽕나무 유충을 데려다가 자기 자식으로 삼습니다. 동생이 생기면 형은 사랑을 잃는 것이 두려워 웁니다. 제가 변화의 이치를 따르지 못한 지 정말 오래 되었습니다. 변화의 이치를 따르지 않으면서 어떻게 다른 사람을 감화시킬 수 있겠습니까?"

노자가 말했다.

"훌륭하군요. 선생은 깨달았군요."

孔子謂老聃曰, 丘治詩書禮樂易春秋六經, 自以爲久矣, 孰知其故矣. 以奸者七十二君, 論先王之道而明周召之迹, 一君無所鉤用. 甚矣夫. 人之難說也, 道之難明邪. 老子曰, 幸矣, 子之不遇治世之君也. 夫六經, 先王之陳迹也, 豈其所以迹哉. 今子之所言, 猶迹也. 夫迹, 履之所出, 而迹豈履哉. 夫白鶂之相視, 眸子不運而風化. 蟲, 雄鳴於上風, 雌應於下風而化. 類自爲雌雄, 故風化. 性不可易, 命不可變, 時不可止, 道不可壅. 苟得於道, 無自而不可. 失焉者, 無自而可. 孔子不出三月, 復見曰, 丘得之矣. 烏鵲孺, 魚傅沫, 細要者化, 有弟而兄啼. 久矣, 夫丘不與化爲人. 不與化爲人, 安能化人. 老子曰, 可, 丘得之矣.

제15편 | 각의

刻意

편명으로 쓴 각의刻意는 감정이나 욕망을 억제한다는 뜻이다. 이 편은 하나의 논설로 구성되어 있고, 그 주지는 양생, 즉 타고난 생명을 손상시키지 않고 잘 유지하는 것이다. 여기서는 양생의 핵심이 양신養神, 즉 타고난 능력으로서의 신神 혹은 신기神氣를 잘 보존하고 기르는 것이라고 강조한다. 그 방법은 감정의 흔들림이 없을 것, 자연과 세상의 흐름에 거스르지 않고 그냥 맡길 것 등 두 가지로 요약할 수 있다. 이것은 앞의 「천도」편에서도 말한 염담恬惔, 적막寂漠, 허무虛無, 무위無爲의 다른 표현이다.

1.

자신의 마음을 억누르면서 고상하게 행동하고, 세상으로부터 떨어져 세속과 달리 살아가며, 높은 이상을 이야기하고 세속의 잘못을 원망하거나 비난하면서 고고하게 살아가는 것을 추구하는 길이 있다. 이런 것은 산골에 사는 선비나 세상이 잘못 되었다고 생각하는 사람이나, 몸이 깡마르도록 자신을 학대하다가 물에 몸을 던지는 자들이 좋아한다. 사랑과 정의와 성실과 믿음 등의 도덕을 이야기하고, 공경하고 검소하고 남을 높이고 자기를 낮추면서 자신을 수양하는 것을 추구하는 길이 있다. 이런 것들은 세상과 함께 나란히 살아가는 선비나 후학을 가르치는 사람이나, 돌아다니면서 배우거나 혹은 한 곳에 머물러 배우는 사람들이 좋아한다. 거창한 일에 대하여 이야기하고, 명성을 크게 떨치고, 군신의 예를 정하고, 상하의 기강을 바로잡으면서 세상을 다스리는 것을 추구하는 길이 있다. 이런 것들은 조정에서 벼슬하는 선비나, 임금을 받들고 나라를 부강하게 하는 사람들이나, 다른 나라를 공격하여 그 땅을 빼앗는 자들이 좋아한다. 덤불 우거진 늪가로 가서 한가하고 적막한 곳에 살고, 고기를 낚으면서 한가롭게 살아가면서 아무것도 안 한다. 이런 것은 강이나 바닷가의 선비나 세상을 피해 사는 사람들이나, 한가로운 자들이 좋아한다. 숨을 천천히 들이쉬었다가 내쉬었다가 하면서 낡은 기운을 뱉어내고 새 기운을 들이키고, 몸을 곰처럼 웅크렸다가 새처럼 펼치기도 하면서 오래 사는 것을 추구하는 길이 있다. 이런 것들은 도인道引[1]하는 선비나 몸을 보양하는 사람들이나, 팽조彭祖나 나이 많은 자들이 좋아한다.

刻意尙行, 離世異俗, 高論怨誹, 爲亢而已矣. 此山谷之士, 非世之人, 枯槁赴淵者之所好也. 語仁義忠信, 恭儉推讓, 爲修而已矣. 此平世之士, 敎誨之人, 遊居學者之所好也. 語大功, 立大名, 禮君臣, 正上下, 爲治而已矣. 此朝廷之士, 尊主彊國之人, 致功竝兼者之所好也. 就藪澤, 處閒曠, 釣魚閒處, 無爲而已矣. 此江海之士, 避世之人, 閒暇者之所好也. 吹呴呼吸, 吐故納新, 熊經鳥申, 爲壽而已矣. 此道引之士, 養形之人, 彭祖壽考者之所好也.

2.

자신의 마음을 억누르지 않고서도 고상하고, 인의仁義 없이도 수양하고, 공명功名 없이도 잘 다스리고, 강해江海 없이도 한가롭고, 도인道引하지 않고도 오래 사는 사람은 그런 것들을 잊어버리지 않음

1 고대로부터 전해 내려오는 운동법으로서 호흡을 조절한다든가, 몸을 유연하게 하는 체조를 한다거나, 안마를 한다거나, 무거운 것을 들어 힘을 기른다거나 하는 것들이 포함되어 있다.

이 없지만, 가지지 않은 것이 없고, 마음이 고요하기 그지없기 때문에 모든 좋은 것이 다 저절로 따라온다. 이것이 바로 천지의 도이고 성인의 덕이다. 그러므로 "담담한 것을 뜻하는 염담恬惔과 쓸쓸하고 고요한 것을 뜻하는 적막寂漠과 아무것도 없이 텅 빈 것을 뜻하는 허무虛無와 의식적으로 하지 않는 것을 뜻하는 무위無爲 등은 천지의 근본이면서 도와 덕의 완벽한 상태다"라고 했다. 또 "성인은 그런 것들 속에서 쉬고, 쉬면 평안하고 한가해지며, 평안하고 한가하면 담담해진다"라고 했다.

평안하고 한가하면서 담담하면 근심걱정이 마음에 끼어들 수 없고, 사기邪氣가 침범할 수 없다. 그러므로 "덕德이 온전하고 정신神이 훼손되지 않는다"라고 했다. 원래 성인의 삶은 자연의 운행과 같고〔天行〕 그 죽음은 사물의 변화〔物化〕와 같다. 가만히 있을 때는 음陰과 같이 조신하고 움직일 때는 양陽과 같이 끊임없이 출렁인다. 축복의 선구자가 되지도 않고, 재앙의 시발점이 되지도 않는다. 느낀 다음에 반응하고 떠밀린 다음에 움직이며, 더 이상 버틸 수 없을 때 시작한다. 지각이나 의도를 버리고 자연의 이치를 따른다. 그 때문에 자연의 재앙도 없고, 외물의 속박도 없고, 사람들의 비난도 없고, 귀신의 힐책도 없다. 그들의 삶은 물 위를 떠다니는 것 같고, 죽음은 휴식과 같다. 생각하지도 않고 미리 계획하지도 않는다. 빛나지만 눈부시지 않고, 믿음이 있지만 약속은 하지 않는다. 그들은 잠잘 때 꿈을 꾸지 않고, 깨어나서는 근심걱정이 없다. 그들의 정신은 순수하며, 그들의 혼령은 지칠 줄 모른다. 이처럼 텅 비고 또 담담하기 때문에 곧 타고난 본성〔天德〕과 부합한다.

若夫不刻意而高, 無仁義而修, 無功名而治, 無江海而閒, 不道引而壽, 無不忘也. 無不有也. 澹然無極而衆美從之. 此天地之道, 聖人之德也. 故曰, 夫恬惔寂漠, 虛無無爲, 此天地之平而道德之質也. 故曰, 聖人休休焉則平易矣. 平易則恬淡矣. 平易恬惔, 則憂患不能入, 邪氣不能襲, 故其德全而神不虧. 故曰, 聖人之生也天行, 其死也物化. 靜而與陰同德, 動而與陽同波. 不爲福先, 不爲禍始. 感而後應, 迫而後動, 不得已而後起. 去知與故, 循天之理. 故無天災, 無物累, 無人非, 無鬼責. 其生若浮, 其死若休. 不思慮, 不豫謀. 光矣而不耀, 信矣而不期. 其寢不夢, 其覺無憂. 其神純粹, 其魂不罷. 虛無恬惔, 乃合天德.

3.

그러므로 "슬픔과 즐거움은 덕에서 어긋난 것이고, 기쁨과 성냄은 도에서 지나친 것이고, 좋아함과 싫어함은 마음을 잃어버린 것이다"라고 하는 말이 있다. 원래 마음이 근심하지도 않고 즐거워하지도 않는 것이 덕의 완전한 상태다. 한결같은 모습으로 변하지 않는 것이 고요함의 완전한 상태다. 마음에 켕김이 없는 것이 비움의 완전한 상태다. 외물과 뒤섞이지 않는 것이 담담함의 완전한 상태다. 아무것도 받아들이지 않는 것이 순수함의 완전한 상태다. 그러므로 "몸이 수고로운데도 쉬지 않으면 망가지고, 정신을 계속 쓰면서 그치지 않으면 피로하고, 피로하면 고갈된다"라고 했다. 물의 본성은 다른 것을 섞지 않으면 맑고, 움직이게 하지 않으면 평평하다. 한 곳에 갇혀 흐르지 못하면 물은 맑아질 수 없다. 이것은 우리의 타고난 성품〔天德〕을 상징한다. 그래서 "순수하여 아무것도 섞이지 않고, 계속 고요함을 지켜 변하지 않고, 느긋하면서 아무것도 하지 않고, 움직일 때는 천성에 따라 행동하는 것, 이것이 정신을 기르는〔養神〕 방법이다"라는 말이 있다.

故曰, 悲樂者, 德之邪. 喜怒者, 道之過. 好惡者, 德之失. 故心不憂樂, 德之至也. 一而不變, 靜之至也. 無所於忤, 虛之至也. 不與物交, 淡之至也. 無所於逆, 粹之至也. 故曰, 形勞而不休則弊, 精用而不已則勞, 勞則竭. 水之性, 不雜則淸, 莫動則平. 鬱閉而不流, 亦不能淸. 天德之象也. 故曰, 純粹而不雜, 靜一而不變, 淡而無爲, 動而以天行, 此養神之道也.

4.

오월吳越 지역에서 나는 명검을 상자에 담아 잘 간직해두고서는 함부로 사용하지 않는 것은 그것이 대단히 진귀한 것이기 때문이다. 사람의 정신은 사방으로 통달할 수 있다. 어떤 곳이든 도달하지 못하는 곳이 없다. 위로는 푸른 하늘에 이르고 아래로는 대지에 두루 이르며, 만물을 만들고 기르지만 그 모습을 그려볼 수 없다. 그것의 이름은 하느님〔帝〕과 같다. 순수하고 소박한 도는 오직 정신만을 그 속에 간직하고 있다. 순수하고 소박한 도를 잃지 않고 지키면 정신과 하나가 된다. 정신과 하나가 된 그 상태에 정통하면 자연의 이치〔天理〕에 합치된다. 그래서 속담에 "보통 사람들은 재물을 중시하고, 청렴한 사람은 명예를 중시하고, 현명한 사람은 신념을 숭상하고, 성인은 정신〔精〕을 중시한다"는 말이 있다. 그러므로 소박함〔素〕이라는 것은 본래 타고난 것에 다른 것이 섞이지 않은 것이고, 순수함〔純〕이라는 것은 본래 타고난 정신〔神〕을 훼손하지 않은 것을 말한다. 순수함〔純〕과 소박함〔素〕을 체득할 수 있는 사람, 그런 사람을 진인眞人이라고 부른다.

夫有干越之劍者, 柙而藏之, 不敢用也, 寶之至也. 精神四達竝流, 無所不極, 上際於天, 下蟠於地, 化育萬物, 不可爲象, 其名爲同帝. 純素之道, 唯神是守. 守而勿失, 與神爲一. 一之精通, 合於天倫. 野語有之曰, 衆人重利, 廉士重名, 賢士尙志, 聖人貴精. 故素也者, 謂其無所與雜也. 純也者, 謂其不虧其神也. 能體純素, 謂之眞人.

제16편 | 선성

繕性

전체가 한 편의 논설문으로 이루어져 있고, 수양의 문제가 주제다. 이 편에서 말하는 수양은 다름이 아니라 원래의 상태, 처음 태어날 때의 상태로 돌아가는 것이다. 그것은 일반적인 학문의 방법으로는 불가능하다. 왜냐하면 학문은 처음 상태, 자연 상태로부터 멀어지도록 가르치기 때문이다. 같은 논리로 인류의 역사는 문명이 발전·확대되어가는 과정이고, 이 과정은 욕망이나 지식의 확장 과정이다. 그러한 과정에서 인간의 자연성이 파괴되었고, 인간의 자연적 본성의 파괴로 인해 사회와 개인의 혼란이 야기되었다. "세상은 도를 잃었고, 도는 세상을 잃었으며, 세상과 도는 서로를 잃어버렸다"는 말은 이 점을 매우 명쾌하게 요약한 명언이다.

1.

세속적 학문에 따라 본성을 뜯어고침으로써 처음의 상태가 회복되기를 바라고, 세속적인 생각에 따라 타고난 욕망에 다른 것을 뒤섞음으로써 깨달음〔明知〕에 이르기를 추구하는 자가 있다면, 그를 어리석은 사람이라고 한다.

옛날에 도를 닦던 사람들은 담담한 마음恬淡으로써 지혜를 길렀고, 살아갈 줄 알면서도 그것을 지혜 때문이라고 여기지 않았는데, 그것을 지혜로써 담담한 마음을 기르는 것이라고 한다. 지혜와 담담한 마음이 서로를 기르면 온화하고 사리에 맞는 생각이 본성으로부터 새어 나온다. 덕德은 조화〔和〕다. 도道는 이치〔理〕다. 덕에 근거하여 포용하지 않음이 없는 것이 인仁이다. 도에 근거하여 이치에 맞지 않음이 없는 것이 의義다. 의義가 밝혀지고 만물이 다가와 친근하게 의지하는 것이 충忠이다. 속마음이 순수하고 진실되어 진정眞情을 회복한 것이 악樂이다. 행동을 진실되게 하고 몸가짐을 너그럽게 하면서 자연의 리듬에 부합하는 것이 예禮다. 예와 악이 어느 한쪽에 치우쳐 시행되면 온 세상은 혼란에 빠질 것이다. 옛날 사람들은 스스로 자신을 바르게 하고 자신의 덕성을 있는 그대로 간직하고 있었기 때문에 덕에 다른 것이 더해지지 않았다. 다른 것이 더해지면 필연적으로 자기의 본성을 잃어버리게 된다.

繕性於俗學, 以求復其初. 滑欲於俗思, 以求致其明. 謂之蔽蒙之民. 古之治道者, 以恬養知. 知生而無以知爲也, 謂之以知養恬. 知與恬交相養, 而和理出其性. 夫德, 和也. 道, 理也. 德無不容, 仁也. 道無不理, 義也. 義明而物親, 忠也. 中純實而反乎情, 樂也. 信行容體而順乎文, 禮也. 禮樂偏行, 則天下亂矣. 彼正而蒙己德, 德則不冒. 冒則物必失其性也.

2.

옛날 사람들은 혼돈 속에 살면서 모든 세상 사람과 함께 맑고 고요한 생활을 하고 있었다. 이러한 시대에는 음양은 조화를 이루었고, 귀신은 소란을 피우지 않았고, 사시는 절기에 맞았고, 만물은 해를 입지 않았고, 뭇생명체는 중간에 죽는 일이 없었다. 사람들은 지식이 있어도 그 지식을 쓸데가 없었다. 이 상태를 자연과의 완전한 일치라고 한다. 이러한 시대에는 사람들이 의식적으로 무언가를 하지 않았고 항상 저절로 그냥 행동했다.

자연적 본성이 쇠퇴해갈 무렵 수인燧人과 복희伏羲가 세상을 다스리기 시작하자 사람들은 자연의 질서에 순응하기는 했지만 그것과 하나가 될 수는 없었다. 자연적 본성이 좀더 쇠퇴하고 신농神農과 황제黃帝가 세상을 다스리게 되자 사람들은 자연적 질서를 좋다고 여겼지만 그에 순응할 수 없게 되었다. 자연적 본성이 좀더 쇠퇴하고 요堯와 순舜이 세상을 다스리게 되자 이때부터 정치와 교화의 기풍이 시작되었고 백성에게서는 순박함이 파괴되었으며, 그들은 자연적 질서에서 이탈하는 것을 바람직한 것으로 여기고 자연적 본성을 해치는 행위를 일삼게 되었다. 그런 뒤로 사람들은 타고난 본성을 버리고 각자 마음속으로 서로의 마음을 몰래 헤아려보아 세상은 안정될 수 없었다. 그 후 화려한 언어가 추가되었고, 풍부한 지식이 덧붙여졌다. 화려한 언어는 소박한 본성을 잃게 했고, 풍부한 지식은 본래의 마음을 사라지게 했다. 그러자 사람들이 혼란에 빠지기 시작했으나 타고난 성정性情을 돌이켜 처음 상태를 회복하게 할 방법이 없었다.

古之人, 在混芒之中, 與一世而得澹漠焉. 當是時也, 陰陽和靜, 鬼神不擾, 四時得節, 萬物不傷, 群生不夭, 人雖有知, 無所用之, 此之謂至一. 當是時也, 莫之爲而常自然. 逮德下衰, 及燧人伏羲始爲天下, 是故順而不一. 德又下衰, 及神農黃帝始爲天下, 是故安而不順. 德又下衰, 及唐虞始爲天下, 興治化之流, 澆淳散朴, 離道以善, 險德以行, 然後去性而從於心. 心與心識知, 而不足以定天下, 然後附之以文, 益之以博. 文滅質, 博溺心, 然後民始惑亂, 無以反其性情而復其初.

3.

이런 점에서 보면 세상은 도를 잃었고, 도는 세상을 잃었으며, 세상과 도는 서로를 잃어버렸다. 도를 깨달은 사람은 무엇으로 말미암아 세상을 일으킬 것이며, 세상 역시 무엇으로 말미암아 도를 일으킬 것인가? 도는 세상을 일으킬 바탕이 없고, 세상은 도를 일으킬 바탕이 없다면, 비록 성인이 산림 속에 있지 않아도 그 덕德이 숨어버릴 것이다. 숨는 것은 본디 자의에 의해 숨는 것이 아니다. 옛날에 은자隱者라고 불리던 사람들은 자신의 몸을 숨겨 드러내지 않았던 것이 아니고, 자신의 말문을 닫아 말을 내지 않았던 것이 아니며, 자신의 지식을 감춰버리고 드러내지 않았던 것이 아니라 시대 상황이 크게 어긋났던 것이다. 그들은 시대 상황에 맞아서 자신의 뜻이 온 세상에 크게 실현되면 자연과의 합일의 경지로 돌아가 흔적을 남기지 않았다. 시대 상황에 맞지 않아 세상에서 큰 곤궁에 빠지면 깊은 곳으로 숨어 뿌리〔본성〕를 깊이 내리고 끝(마음)을 평온하게 유지하면서 때를 기다렸다. 이것이 몸을 보존하는 방법이다. 옛날에 몸을 보존하던 사람은 말재주로 지식을 포장하지 않았고, 지식으로 세상을 탐구하려고 하지 않았고, 지식으로 덕을 연구하려고 하지 않았다. 고고하게 제 자리에 있으면서 자신의 본성을 회복했을 뿐이니 그 밖에 또 무엇을 했겠는가?

由是觀之, 世喪道矣, 道喪世矣, 世與道交相喪也. 道之人何由興乎世, 世亦何由興乎道哉. 道無以興乎世, 世無以興乎道, 雖聖人不在山林之中, 其德隱矣. 隱, 故不自隱. 古之所謂隱士者, 非伏其身而弗見也, 非閉其言而不出也, 非藏其知而不發也, 時命大謬也. 當時命而大行乎天下, 則反一無迹. 不當時命而大窮乎天下, 則深根寧極而待. 此存身之道也. 古之存身者, 不以辯飾知, 不以知窮天下, 不以知窮德, 危然處其所而反其性已, 又何爲哉.

4.

도는 본디 자잘한 행위가 아니고 덕은 본디 자잘한 지식이 아니다. 자잘한 지식은 덕을 해치고, 자잘한 행위는 도를 해친다. 그러므로 "자기 자신을 바로잡을 따름이다"라고 말하는 것이다. 온전함을 즐기는 것을 뜻을 이룬 것이라고 한다. 옛날 사람이 뜻을 이루었다고 말한 것은 높은 벼슬을 얻었다는 게 아니라 타고난 즐거움〔樂〕에 다른 것을 더하지 않는 것을 가리켰다. 오늘날 사람들이 뜻을 이루었다고 말하는 것은 높은 벼슬을 얻는 것을 뜻한다. 사람이 누리고 있는 높은 벼슬자리는 타고난 것이 아니라 우연히 굴러들어온 것으로서 잠시 머물다 떠나가버리는 것이다. 잠시 머물다 떠나가버리는 것이라도 그것이 오는 것은 막을 수 없고 가는 것은 멈추게 할 수 없다. 그러므로 높은 벼슬을 위해 제멋대로 행동해서는 안 되고, 불운과 궁핍 때문에 세속을 따라서는 안 된다. 진정한 즐거움은 높은 벼슬을 얻었을 때나 얻지 못했을 때나 같기 때문에 근심할 필요가 없다. 지금 사람들은 잠시 머물러 있던 그 무엇이 자기를 떠나가버리면 즐거워하지 않는다. 이런 점에서 볼 때 비록 즐거운 것이라 하더라도 공허하지 않은 것이 없다. 그러므로 외물에 자신을 잃어버리고 세속에 자신의 본성을 잃어버린다면, 그런 사람을 거꾸로 뒤집힌 사람이라고 부른다.

道固不小行, 德固不小識. 小識傷德, 小行傷道. 故曰, 正己而已矣. 樂全之謂得志. 古之所謂得志者, 非軒冕之謂也, 謂其無以益其樂而已矣. 今之所謂得志者, 軒冕之謂也. 軒冕在身, 非性命也, 物之儻來, 寄者也. 寄之, 其來不可圉, 其去不可止. 故不爲軒冕肆志, 不爲窮約趨俗, 其樂彼與此同, 故無憂而已矣. 今寄去則不樂. 由是觀之, 雖樂, 未嘗不荒也. 故曰, 喪己於物, 失性於俗者, 謂之倒置之民.

제17편 | 추수
秋水

총 일곱 개의 장으로 구성되어 있다. 하백과 북해약의 대화로 이루어진 1장이 전체의 3분의 2 이상을 차지하고 있다. 1장은 시간과 공간의 무한함, 인간 존재의 미미함을 잘 보여주고 있다. 이 1장에서 말하고자 하는 것은 무한한 시공간 속에서 지극히 미미한 존재로서의 인간이 만들어낸 여러 가지 사회적 차별의식을 절대화하는 것은 어리석다는 것, 따라서 그러한 차별적 태도를 버리고 만물일체의 관점에서 타고난 자연성을 회복하고 자연의 질서에 따를 것 등이다. 이 편은 『장자』 중에서도 명문 중의 하나로 꼽히며 철학사상뿐만 아니라 문학에도 많은 영향을 끼쳤다. 뒤쪽에 있는 세 편의 짧은 문장에는 모두 장자가 등장하여 역시 많은 사람이 즐겨 인용한다. 특히 마지막 물고기의 즐거움에 대한 주제로 나눈 장자와 혜시의 짧은 대화에서 혜시는 인간과 인간 사이의 소통을 이야기하고 있지만, 장자는 인간과 인간의 소통뿐만 아니라 자연의 한 구성요소로서의 인간과 만물의 소통을 이야기함으로써 두 사람의 생각의 차이를 극명하게 잘 보여주고 있다.

1.

가을비가 때 맞춰 내려 온갖 냇물이 황하로 흘러들었다. 흐르는 물줄기가 거대하여 양쪽 물가의 강둑에 있는 소와 말을 구분할 수 없었다. 이때 하백河伯[1]이 흐뭇하고 기뻐서 세상의 모든 뛰어난 것을 자기가 모두 가지고 있다고 생각했다. 하백은 물의 흐름을 따라 동쪽으로 가다가 북해北海에 이르러 동쪽을 보았더니 물의 끝이 보이지 않았다. 이때 하백은 비로소 두리번거리면서 바다를 보다가 북해약北海若[2]에게 한숨지으며 말했다.

"속담에 '백가지 이치를 듣고 나서 자기를 따라올 자가 없다고 생각한다'는 말이 있는데, 나를 두고 한 말이군요. 그러니까 저는 예전에 중니(공자)의 식견을 대단찮게 보고 백이伯夷의 정의로운 행동을 깔보는 사람이 있다는 말을 들은 적이 있지만 처음부터 하나도 믿지 않았습니다. 지금 제가 북해약님의 무한한 모습을 보고 나서야

1 황하의 신.

2 북해의 신. 이름은 약. '북해약'을 마치 이름처럼 부른다.

제가 북해약님의 문전에 이르지 않았더라면 큰일 날 뻔했다는 생각이 듭니다. 저는 두고두고 대도를 깨달은 사람들의 웃음거리가 되었을 테니까요."

秋水時至, 百川灌河. 涇流之大, 兩涘渚崖之間, 不辯牛馬. 於是焉河伯欣然自喜, 以天下之美爲盡在己. 順流而東行, 至於北海, 東面而視, 不見水端. 於是焉河伯始旋其面目, 望洋向若而嘆曰, 野語有之曰, 聞道百, 以爲莫己若者. 我之謂也. 且夫我嘗聞少仲尼之聞, 而輕伯夷之義者, 始吾弗信. 今我睹子之難窮也, 吾非至於子之門則殆矣, 吾長見笑於大方之家.

북해약北海若이 말했다.

"우물 안 개구리에게는 바다에 대해 설명해줄 수 없다. 그것은 자신이 살고 있는 공간에 갇혀 있기 때문이다. 여름 벌레에게는 얼음에 대해 말해줄 수 없다. 그것은 자신이 살고 있는 시간만 고집하기 때문이다. 한 가지 분야에만 정통한 사람〔曲士〕에게는 도에 대해 말할 수 없다. 그것은 자신이 배운 것에만 묶여 있기 때문이다. 지금 그대는 강둑〔崖涘〕을 빠져나와 거대한 바다를 보고 나서 마침내 그대 자신이 보잘것없다는 것을 깨달았으니, 이제 그대와 함께 대도大道에 대해 이야기할 수 있겠구나. 세상의 물 가운데 바다보다 큰 것은 없다. 수만 개의 강물이 바다로 몰려드는데, 그칠 줄 모르고 언제나 흘러들지만 차서 넘치지 않는다. 바닷물은 미려尾閭[3]로 빠져나가는데, 그칠 줄 모르고 항상 빠져나가지만 텅 비지는 않는다. 물의 양은 봄이나 가을이나 변하지 않고 홍수나 가뭄도 알지 못한다. 바

3 바닷물이 빠져나간다고 알려진 상상 속의 장소.

다는 장강長江이나 황하黃河에 흐르는 수량과는 비교할 수 없을 만큼 많기 때문에 양이나 숫자로 헤아릴 수 없지만, 나는 여태껏 이것을 가지고 자만해본 적이 없다. 왜냐하면 나 자신은 하늘과 땅에 의해 몸이 생겨났고 음양으로부터 기를 받았으며, 내가 하늘과 땅 사이에 존재하는 것은 마치 작은 돌멩이나 작은 나무가 거대한 산에 있는 것과 같이 너무나 미미하다는 것을 알고 있기 때문이다. 그러니 내가 어떻게 자만할 수 있겠느냐?

사방의 바다도 하늘과 땅 사이에 있다는 사실을 상기해보면, 그것은 마치 커다란 못 속에 작은 구멍이 나 있는 것과 같지 않은가? 또 중국도 사방의 바다 안에 있다는 사실을 상기해보면, 그것은 마치 커다란 창고 속에 곡식 낱알 한 개가 있는 것과 같지 않은가? 사물의 수는 만萬이라는 단위로 불릴 정도인데 사람은 그 속의 하나에 속한다. 인류는 구주九州[4] 안에 모여 사는데, 곡식이 생기는 곳과 배나 수레가 다니는 모든 곳 가운데 사람들은 각각 그중 한 곳에 자리잡고 산다. 이렇듯 인간을 만물에 비교해보면 가는 터럭이 말의 몸에 붙어 있는 것과 같지 않은가? 오제五帝가 연이어 계승해간 것이나 삼왕三王이 서로 다툰 것, 그리고 인인仁人[5]이 근심한 것이나 임사任士[6]가 애쓴 것 등은 모두 이런 것이다. 백이伯夷는 그것을 버리는 것을 명예롭게 생각했고, 중니(공자)는 그것에 대해 설명하는 것을 박식하다고 생각했으니 이것이 다 자만인 것이다. 그대가 아까 강에서 자만한 것과 같지 않은가?"

4 이 세계 전체. 중국 전역을 아홉 개의 권역으로 나눈 데서 유래한 말.

5 유가적 지식인. 인격을 갖춘 사람이라는 뜻.

6 묵가적 지식인. 일을 맡은 유능한 사람이라는 뜻.

北海若曰, 井蛙不可以語於海者, 拘於虛也. 夏蟲不可以語於冰者, 篤於時也. 曲士不可以語於道者, 束於敎也. 今爾出於崖涘, 觀於大海, 乃知爾醜, 爾將可與語大理矣. 天下之水, 莫大於海, 萬川歸之, 不知何時止而不盈. 尾閭泄之, 不知何時已而不虛. 春秋不變, 水旱不知. 此其過江河之流, 不可爲量數. 而吾未嘗以此自多者, 自以比形於天地, 而受氣於陰陽, 吾在於天地之間, 猶小石小木之在大山也. 方存乎見小, 又奚以自多. 計四海之在天地之間也, 不似礨空之在大澤乎. 計中國之在海內不似稊米之在太倉乎. 號物之數謂之萬, 人處一焉. 人卒九州, 穀食之所生, 舟車之所通, 人處一焉. 此其比萬物也, 不似豪末之在於馬體乎. 五帝之所連, 三王之所爭, 仁人之所憂, 任士之所勞, 盡此矣. 伯夷辭之以爲名, 仲尼語之以爲博. 此其自多也, 不似爾向之自多於水乎.

하백이 물었다.

"그렇다면 제가 하늘과 땅을 크다고 여기고 털끝을 작다고 여기는 것은 맞는 것인가요?"

북해약이 대답했다.

"아니야. 사물의 수량은 끝이 없고, 시간은 멈추어 있지 않으며, 각자에게 주어진 몫은 한결같지 않고, 끝남과 시작은 고정되어 있지 않다. 이 때문에 큰 지혜[大知]를 가진 사람은 원근遠近의 모든 것을 통찰하고 있기 때문에 작은 것을 깔보지 않고 큰 것을 대단하다고 생각하지 않는다. 이는 사물의 수량이 무한하다는 것을 알고 있는 것이다. 지금과 옛날의 시간이 같음을 분명히 알기 때문에 기나긴 시간이라고 해서 답답해하지 않고, 짧은 순간이라고 해서 조급해하지 않는다. 이는 시간이 멈추지 않는다는 것을 알고 있는 것이다. 가득 찼다가는 텅 빈다는 이치를 잘 알기 때문에 무언가를 얻었다고 해서 기뻐하지 않고 잃었다고 해서 근심하지 않는다. 이는 주어진 몫이 한결같지 않다는 것을 알고 있는 것이다. 열림과 막힘에 대해 분명히 알기 때문에 살아 있다고 해서 기뻐하지 않고 죽는다고 해서 재앙으로 여기지 않는다. 이는 끝나는 것과 시작하는 것이 고정되어 있지 않음을 알고 있는 것이다. 사람이 알고 있는 것을 헤아려 보면 그가 알지 못하는 것보다 적다. 그가 살아 있는 시간은 그가 태어나지 않았던 때보다 짧다. 그와 같이 가장 작은 것으로써 가장 큰 공간을 모두 밝혀내려 하기 때문에 혼란에 빠져 스스로 만족할 수가 없는 것이다. 따라서 '가느다란 털끝'이라는 말이 가장 작은 것을 정의하기에 충분하다는 것을 어떻게 알 수 있으며, 또 '천지'라는 말이 가장 큰 공간을 표현하기에 충분하다는 것을 어떻게 알 수 있겠느냐?"

河伯曰, 然則吾大天地而小豪末, 可乎. 北海若曰, 否. 夫物, 量無窮, 時無止, 分無常, 終始無故. 是故大知觀於遠近, 故小而不寡, 大而不多. 知量無窮. 證曏今故, 故遙而不悶, 掇而不跂, 知時無止. 察乎盈虛, 故得而不喜, 失而不憂, 知分之無常也. 明乎坦塗, 故生而不說, 死而不禍, 知終始之不可故也. 計人之所知, 不若其所不知. 其生之時, 不若未生之時. 以其至小, 求窮其至大之域, 是故迷亂而不能自得也. 由此觀之, 又何以知毫末之足以定至細之倪, 又何以知天地之足以窮至大之域.

하백이 물었다.

"세상의 논객들은 모두 '가장 미세한 것은 형체가 없고 가장 큰 것은 둘러쌀 수가 없다'고 말하는데 이것이 정말 사실입니까?"

북해약이 대답했다.

"대개 미세한 것〔精〕의 입장에서 거대한 것을 보면 다 볼 수 없고, 거대한 것의 입장에서 미세한 것을 보면 분명하지 않다. 미세한 것은 작은 것 중에서도 아주 더 작은 것이고, 거대한 것〔垺〕은 큰 것 가운데서도 아주 더 큰 것이다. 그러므로 구별하기 쉽다. 이러한 차이는 변화하는 상황 속에서 존재하는 것이다. 대개 미세하다〔精〕는 말과 크다〔粗〕는 말은 형체가 있는 것에 한정된다. 형체가 없는 것은 수로써는 구분할 수 없다. 둘러쌀 수 없는 것은 수로써는 다 헤아릴 수 없다. 말로 논의할 수 있는 것은 큰 종류의 사물에 해당한다. 생각이 미칠 수 있는 것은 미세한 종류의 사물에 해당한다. 말로써 의론할 수 없고, 생각이 미칠 수 없는 것은 미세하다거나 크다는 말〔精粗〕로써 한정할 수 없다. 그 때문에 위대한 사람의 행위는 남을 해치는 데 참여하지 않지만, 베푸는 것〔仁恩〕을 자랑으로 여기지 않는다. 행동할 때는 이익을 추구하지 않지만, 이익을 추구하는 문지기나 노예를 천시하지 않는다. 재물을 놓고 다투지 않지만, 양보하는 것을 자랑으로 여기지 않는다. 일을 할 때는 남의 힘을 빌리지는 않지만, 자기 힘으로 먹고사는 것을 자랑으로 여기지 않으며, 탐욕을 하찮게 여기지도 않는다. 행동은 세상 사람들과는 다르지만, 괴팍하고 이상한 것을 자랑으로 여기지 않는다. 행동은 대중을 따르지만 아첨하는 것을 천시하지 않는다. 세속적인 작위爵位나 녹봉祿捧으로 그를 부추길 수 없고, 형벌이나 모욕으로 그를 치욕스럽게 할 수 없다. 옳고 그름은 구분할 수 없고 미세한 것과 거대한 것도 구분할 수 없다는 것을 그가 알고 있기 때문이다. 나는 '도를 터득한 사람〔道人〕은 명성이 나지 않고, 완전한 덕을 지닌 사람〔至德〕은 아무것도 이루지 않으며, 위대한 사람〔大人〕은 자기에 대한 의식이 없다'는 말을 들었는데, 이것은 타고난 분수를 지키는 데 있어 최고의 경지를 말한 것이다."

河伯曰, 世之議者皆曰, 至精無形, 至大不可圍. 是信情乎. 北海若曰, 夫自細視大者不盡, 自大視細者不明. 夫精, 小之微也. 垺, 大之殷也. 故異便. 此勢之有也. 夫精粗者, 期於有形者也. 無形者, 數之所不能分也. 不可圍者, 數之所不能窮也. 可以言論者, 物之粗也. 可以意致者, 物之精也. 言之所不能論, 意之所不能察致者, 不期精粗焉. 是故大人之行, 不出乎害人, 不多仁恩. 動不爲利, 不賤門隸. 貨財弗爭, 不多辭讓. 事焉不借人, 不多食乎力, 不賤貪污. 行殊乎俗, 不多辟異. 爲在從衆, 不賤佞諂. 世之爵祿不足以爲勸, 戮恥不足以爲辱. 知是非之不可爲分, 細大之不可爲倪. 聞曰, 道人不聞, 至德不得, 大人無己. 約分之至也.

하백이 물었다.

"사물의 외부에서일까요 혹은 사물의 내면에서일까요? 대체 어디에서 귀천貴賤의 구분이 생기고 어디에서 대소大小의 구별이 생기는 걸까요?"

북해약이 대답했다.

"도의 관점에서 보면 사물에는 귀천의 구별이 없다. 사물의 관점에서 보면 자기 자신은 귀하고 상대방은 천하다. 세속의 관점에서 보면 귀천의 구별은 자기에게 있지 않다. 차별의 측면에서 볼 때, 크다는 입장에 서서 크다고 여기면 만물 가운데 크지 않은 것이 없다. 작다는 입장에 서서 작다고 여기면 만물 가운데 작지 않은 것이 없다. 천지가 곡식의 낱알과 같음을 알고, 털끝이 산언덕과 같음을 안다면, 모든 차이 나는 것들의 원인이 무엇인지 분명해진다. 효용의 측면에서 볼 때, 효용이 있다는 입장에 서서 있다고 여기면 만물 가운데 효용이 있지 않은 것이 없다. 효용이 없다는 입장에 서서 없다고 여기면 만물 가운데 효용이 없지 않은 것이 없다. 동쪽과 서쪽은 상반되지만 한쪽이 없으면 안 된다는 것을 안다면 사물들의 효용이 왜 나눠지는지 분명해진다. 대중이 지향하는 추세의 측면에서 볼 때, 옳다는 입장에 서서 옳다고 여기면 만물 가운데 옳지 않은 것이 없다. 그르다는 입장에 서서 그르다고 여기면 만물 가운데 그르지 않은 것이 없다. 요임금과 걸왕이 자신은 옳고 상대방은 그르다고 생각한다는 점을 안다면 가치나 신념〔趣操〕이 왜 발생하는지 분명해진다.

옛날 요임금과 순임금은 선양을 통해 제왕이 되었지만 자지子之와 쾌噲는 선양하다가 제위가 끊겼다.[7] 탕왕湯王과 무왕武王은 전쟁을 통해 왕이 되었지만, 백공白公[8]은 전쟁을 하다가 멸망했다. 이렇게 보면 왕권을 두고 다투거나 양보하는 것, 요堯나 걸桀의 행동에 나타난 잘잘못, 존귀함과 비천함 등은 상황에 따른 것이지 어떤 특정한 것을 일반적인 법칙으로 삼을 수는 없다. 마룻대와 들보는 성

7 전국시대 연나라 왕 쾌噲는 재상인 소대蘇代의 제안에 따라 요순의 선양을 모방하여 왕위를 재상인 자지子之에게 물려주었는데, 백성은 이에 불만을 품고 3년 동안 내란을 일으켰다. 제나라 선왕은 소대의 계략을 이용하여 연나라를 쳐 연왕 쾌와 자지를 죽였다. 이 구절은 이 일을 가리키면서 결국 선양을 하려다가 왕통이 끊겼다는 것을 말한다.

8 백공白公은 백공승白公勝으로서 전국시대 초나라 평왕의 손자이고, 태자 건建의 아들이다. 초나라 평왕은 비무기費無忌의 말을 듣고 진나라 여자를 아내로 들였고 태자 건을 멀리 했다. 건은 정나라로 도망가 정나라 여자를 아내로 맞아들여 백공승을 낳았다. 나중에 백공승이 초나라로 돌아와 복수를 결심하고 무력을 동원하여 정변을 일으켰다. 초나라에서는 섭공자고에게 백공승을 토벌할 것을 명령했다. 백공승은 섭공자고에게 패배하여 도망가다가 결국 자결하고 말았다.

벽을 쳐서 부술 수는 있어도 그것으로 작은 구멍을 막을 수는 없다. 이는 용도가 다름을 설명하는 것이다. 기기騏驥나 화류驊騮 같은 준마는 하루에 천리를 달려갈 수 있지만 쥐를 잡는 데는 너구리나 살쾡이만 못하다. 이는 재능이 다름을 설명하는 것이다. 부엉이는 밤중에 벼룩을 잡으며 털끝까지도 자세히 볼 수 있지만 낮에 나오면 눈을 부릅떠도 산언덕을 보지 못한다. 이는 습성이 다름을 설명하는 것이다. 그러므로 '왜 옳은 것만 본받고 그른 것은 무시해버린다거나 평화로운 것만 본받고 혼란한 것은 무시해버리지 않는가'라고 한다면, 이는 천지의 이치와 만물의 실정에 밝지 못한 말이다. 이것은 마치 하늘을 본받고 땅은 무시하며, 음陰만 본받고 양陽을 무시하는 것과 같으니 그것을 실행할 수 없음은 명백하다. 그런데도 끝없이 말한다면, 이는 어리석은 자가 아니면 남을 속이려는 자다. 오제五帝는 각기 왕위를 계승하는 방법이 달랐고 삼대三代는 각기 권력을 계승하는 방법이 달랐다. 그 방법이 당시의 사회 상황이나 여론에 어긋날 경우 그를 찬탈자라고 한다. 당시의 사회 상황이나 여론에 맞을 경우 그를 정의의 사도라고 한다. 하백이여, 잠자코 있거라. 네가 어찌 귀천貴賤의 근원과 대소大小의 기준을 알겠느냐?"

河伯曰, 若物之外, 若物之內, 惡至而倪貴賤. 惡至而倪小大. 北海若曰, 以道觀之, 物無貴賤. 以物觀之, 自貴而相賤. 以俗觀之, 貴賤不在己. 以差觀之, 因其所大而大之, 則萬物莫不大. 因其所小而小之, 則萬物莫不小. 知天地之爲稊米也, 知毫末之爲丘山也, 則差數睹矣. 以功觀之, 因其所有而有之, 則萬物莫不有. 因其所無而無之, 則萬物莫不無. 知東西之相反而不可以相無, 則功分定矣. 以趣觀之, 因其所然而然之, 則萬物莫不然. 因其所非而非之, 則萬物莫不非. 知堯桀之自然而相非, 則趣操睹矣. 昔者堯舜讓而帝, 之噲讓而絕. 湯武爭而王, 白公爭而滅. 由此觀之, 爭讓之禮, 堯桀之行, 貴賤有時, 未可以爲常也. 梁麗可以衝城, 而不可以窒穴, 言殊器也. 騏驥驊騮, 一日而馳千里, 捕鼠不如狸狌, 言殊技也. 鴟鵂夜撮蚤, 察毫末, 晝出瞋目而不見丘山, 言殊性也. 故曰, 蓋師是而無非, 師治而無亂乎. 是未明天地之理, 萬物之情也. 是猶師天而無地, 師陰而無陽, 其不可行明矣. 然且語而不舍, 非愚則誣也. 帝王殊禪, 三代殊繼. 差其時, 逆其俗者, 謂之簒夫. 當其時, 順其俗者, 謂之義之徒. 默默乎河伯. 女惡知貴賤之門, 小大之家.

하백이 물었다.

"그렇다면 저는 무엇을 해야 하고, 무엇을 하지 말아야 할까요? 저는 취사선택을 해야 하는데, 저는 결국 어떻게 해야 할까요?"

북해약이 대답했다.

"도의 입장에서 보면 무엇이 귀하고 무엇이 천하겠는가? 이것을 반연反衍, 즉 반대방향으로 바뀌어가는 것이라고 한다. 그대의 생각을 속박하지 말아야 한다. 그렇지 않으면 도와 크게 어긋난다. 도의 입장에서 보면 무엇이 하찮고 무엇이 대단하겠느냐. 이것을 사이謝施, 즉 다른 상태로 바뀌어가는 것이라고 한다. 그대의 행동을 한쪽으로 치우치게 하지 말아야 한다. 그렇지 않으면 도와 어긋난다. 도는 엄격하기가 마치 한 나라의 군주 같으니, 그것은 사적인 은혜를 베풀지 않는다. 도는 아득히 멀어 마치 제사 때의 토지신 같으니, 그것은 사적으로 행운을 가져다주지 않는다. 도는 아스라이 넓어 마치 사방에 끝이 없는 것과 같으니, 그것은 사물을 차별하지 않는다. 도는 만물을 모두 포용하고 있는데, 그 무엇이 특별한 도움을 받겠느냐. 이것을 무방無方, 즉 어느 한쪽에 편향되지 않는 것이라고 한다. 만물은 모두 같다. 어느 것이 짧고 어느 것이 길겠는가? 도는 끝도 시작도 없지만 사물은 태어남과 죽음이 있고 지금의 그 상태에 머물러 있을 수 없다. 텅 비었다가 가득 차기를 한 번씩 반복하면서 그 어떤 한 가지 상태에 머물러 있지 않는다. 세월의 흐름은 막을 수 없고, 시간의 흐름은 그치게 할 수 없으며, 사라졌다가는 다시 자라나고, 가득 찼다가는 다시 텅 비며, 끝났다가는 다시 시작된다. 이것이 바로 내가 대도의 원리를 말하고 만물의 이치를 설명하는 이유다. 만물이 생겨나는 것은 말이 내달리는 것 같아서 언제나 변하지 않는 것이 없고 한시도 바뀌지 않는 것이 없다. 무엇을 할 것인가, 무엇을 하지 않을 것인가? 모든 것은 본디부터 저절로 변해간다."

河伯曰, 然則我何爲乎. 何不爲乎. 吾辭受趣舍, 吾終奈何. 北海若曰, 以道觀之, 何貴何賤, 是謂反衍. 無拘而志, 與道大蹇. 何少何多, 是謂謝施. 無一而行, 與道參差. 嚴乎若國之有君, 其無私德. 繇繇乎若祭之有社, 其無私福. 汎汎乎其若四方之無窮, 其無所畛域. 兼懷萬物, 其孰承翼. 是謂無方. 萬物一齊, 孰短孰長. 道無終始, 物有死生, 不恃其功. 一虛一滿, 不位乎其形. 年不可擧, 時不可止. 消息盈虛, 終則有始. 是所以語大義之方, 論萬物之理也. 物之生也, 若驟若馳. 無動而不變, 無時而不移. 何爲乎, 何不爲乎. 夫固將自化.

하백이 물었다.

"그렇다면, 왜 도를 귀하게 여깁니까?"

북해약이 대답했다.

"도를 아는 자는 반드시 이치에 통달하고, 이치에 통달한 자는 반드시 상황에 대응하는 방법을 잘 알고, 상황에 대응하는 방법을 잘 아는 자는 외물로써 자기 자신을 해치지 않는다. 완전한 덕을 지닌 사람은 불도 그를 태울 수 없고, 물도 그를 빠뜨릴 수 없고, 추위나 더위도 그에게 손상을 입힐 수 없으며, 짐승들도 그를 해칠 수 없다. 그것은 그가 그런 것들을 가볍게 여긴다는 말이 아니라 안전한 것과 위험한 것의 본질을 통찰하고 재앙과 복록을 편안하게 받아들이며, 떠남과 나아감에 신중하기 때문에 그를 해칠 수 없다는 것 등을 말한 것이다. 그래서 '자연적인 것은 안에 있고, 인위적인 것은 밖에 있으며, 타고난 덕은 자연적인 것에 속한다'라는 말이 있다. 자연적인 것과 인위적인 것이 운행되는 이치를 안다면, 자연에 뿌리를 두고 덕에 머무르면서 상황에 맞게 나아가기도 하고 물러나기도 하며, 숨기도 하고 드러내기도 하며, 근본을 회복하고 무언의 경지에 이를 것이다."

"어떤 것을 자연적인 것이라 하고, 어떤 것을 인위적인 것이라고 합니까?"

북해약이 대답했다.

"소나 말이 네 발을 가진 것을 자연적인 것이라 하고, 말의 머리를 얽어매고 소의 코를 뚫는 것을 인위적인 것이라고 한다. 그러므로 '인위적인 것으로 자연적인 것을 파괴하지 말고 의식적 행위로써 자연의 명령을 저버리지 말며 명성을 위해 타고난 본성을 희생하지 말라'고 하는 것이다. 자연적인 것을 신중하게 잘 지키고 잃어버리지 말아야 하는데, 그것을 본래의 타고난 상태로 돌아가는 것이라고 말한다."

河伯曰, 然則何貴於道邪. 北海若曰, 知道者必達於理, 達於理者必明於權,明於權者不以物害己. 至德者, 火弗能熱, 水弗能溺, 寒暑弗能害, 禽獸弗能賊. 非謂其薄之也, 言察乎安危, 寧於禍福, 謹於去就, 莫之能害也. 故曰, 天在內, 人在外, 德在乎天. 知天人之行, 本乎天, 位乎得. 蹢躅而屈伸, 反要而語極. 曰, 何謂天. 何謂人. 北海若曰, 牛馬四足, 是謂天. 落馬首, 穿牛鼻, 是謂人. 故曰, 無以人滅天, 無以故滅命, 無以得殉名. 謹守而勿失, 是謂反其眞.

2.

기夔[9]는 노래기[蚿]를 부러워하고, 노래기는 뱀을 부러워하고, 뱀은 바람을 부러워하고, 바람은 눈을 부러워하고, 눈은 마음을 부러워한다. 기夔가 노래기에게 물었다.

"나는 한 발로 껑충거리며 다니기 때문에 너를 따라가지 못하겠어. 그런데 너는 만 개의 다리를 사용하고 있는데, 혼자서 그걸 어떻게 다 부리는 거지?"

노래기가 대답했다.

"설마 넌 재채기하는 사람을 못 보진 않았겠지? 사람이 재채기를 할 때 입에서 튀어나오는 것들을 보면 큰 것은 구슬 같고 작은 것은 안개 같은데, 그것들이 뒤섞여 떨어지는 숫자는 다 셀 수가 없지. 그 많은 물방울이 튀어나오는 걸 그 사람이 미리 계획하고 재채기를 한

9 얼굴은 소와 비슷하고 뿔이 없으며 발이 하나밖에 없다고 전해지는 전설상의 동물.

건 아닌 것처럼 나는 지금 나의 타고난 자연적인 기능〔天機〕[10]을 움직이기는 하지만 왜 그런지는 몰라."

노래기가 뱀에게 물었다.

"나는 많은 발로 걸어가지만 발이 없는 너를 따라가지 못하겠어. 왜 그럴까?"

뱀이 대답했다.

"타고난 자연적 기능〔天機〕의 움직임을 어떻게 바꿀 수 있겠어? 내가 무엇 때문에 발을 쓰겠어?"

뱀이 바람에게 물었다.

"나는 척추와 옆구리를 움직여서 다니기 때문에 다리가 있는 것이나 다름없지. 그런데 너는 휘잉 하고 북해北海에서 일어나 남해南海로 들어가면서도 마치 다리가 없는 것 같은데, 어찌된 것이냐?"

바람이 대답했다.

"맞아. 나는 휘잉 하고 북해에서 일어나 남해로 들어가지. 그러나 사람들은 손가락 하나로도 나를 이길 수 있고, 발길질만으로도 나를 이길 수 있어. 비록 그렇기는 하지만, 거대한 나무를 꺾어버리거나 큰 집을 날려버리는 것은 나만이 할 수 있지. 그와 같이 여러 작은 것에게 이기지 못하는 것이 오히려 크게 이기는 것이야. 크게 이기는 것은 오직 성인聖人만이 할 수 있지."

夔憐蚿, 蚿憐蛇, 蛇憐風, 風憐目, 目憐心. 夔謂蚿曰, 吾以一足趻踔而行, 予無如矣. 今子之使萬足, 獨奈何. 蚿曰, 不然. 子不見夫唾者乎. 噴則大者如

10 「천운」 편에서는 타고난 생명력이라는 의미로 천기天機라는 말을 썼지만, 여기서는 타고난 자연적 기능으로 보는 것이 합당하다. 생명력 역시 타고난 자연적 기능의 일부지만, 여기서는 좀더 넓은 의미로 썼다.

珠, 小者如霧. 雜而下者不可勝數也. 今予動吾天機. 而不知其所以然. 蚿謂蛇曰, 吾以衆足行, 而不及子之無足, 何也. 蛇曰, 夫天機之所動, 何可易邪. 吾安用足哉. 蛇謂風曰, 予動吾脊脅而行. 則有似也. 今子蓬蓬然起於北海, 蓬蓬然入於南海, 而似無有, 何也. 風曰, 然, 予蓬蓬然起於北海而入於南海也, 然而指我則勝我, 鰌我亦勝我. 雖然, 夫折大木, 蜚大屋者, 唯我能也. 故以衆小不勝爲大勝也. 爲大勝者, 唯聖人能之.

3.

공자가 광匡 지역을 떠돌고 있을 때 송宋나라 사람들이 그를 여러 겹 포위했지만, 공자는 거문고에 맞춰 노래를 부르면서 그치지 않았다. 자로子路[11]가 들어가 공자를 보고서 말했다.

"선생님께서는 무엇 때문에 즐거워하고 계십니까?"

공자가 대답했다.

"그래. 내 너에게 설명해주겠다. 내가 궁색한 것을 꺼린 지 오래되었지만 그것을 면하지 못했으니 그것은 운명이야. 뜻을 이루고자 한 지 오래 되었지만 그렇게 하지 못했으니 그것은 시국 때문이야. 요순堯舜 때는 세상에 궁색한 사람이 없었는데, 지혜로써 그런 결과를 얻었던 것이 아니고, 걸주桀紂 때는 세상에서 제 뜻을 이룬 사람이 없었는데, 지혜를 잃어서 그런 결과를 맞았던 것이 아니었어. 그것들은 시대 상황이 우연히 그렇게 만들었던 것이야. 물 위로 다니면서 교룡蛟龍을 피하지 않는 것은 어부의 용기이고, 육지를 다니면

11 공자의 제자로 자는 중유仲由.

서 외뿔소나 호랑이를 피하지 않는 것은 사냥꾼의 용기이며, 시퍼런 칼날이 눈앞에서 왔다 갔다 해도 죽음을 삶처럼 보는 것은 열사烈士의 용기다. 곤궁한 것이 운명에 달렸음을 알고, 뜻을 이루는 것이 시국에 달렸음을 알며, 큰 재난 앞에서도 두려워하지 않는 것은 성인의 용기다. 유由야, 차분하게 있거라. 내 운명은 정해져 있을 것이다."

얼마 지나지 않아 병사들의 우두머리가 들어와 사과하며 말했다.

"양호陽虎로 오인하고 포위했었습니다. 이제 아니라는 것을 알았습니다. 사죄드리며 물러가겠습니다."

孔子遊於匡, 宋人圍之數匝, 而弦歌不輟. 子路入見曰, 何夫子之娛也. 孔子曰, 來, 吾語女. 我諱窮久矣, 而不免, 命也. 求通久矣, 而不得, 時也. 當堯舜而天下無窮人, 非知得也. 當桀紂而天下無通人, 非知失也. 時勢適然. 夫水行不避蛟龍者, 漁父之勇也. 陸行不避兕虎者, 獵夫之勇也. 白刃交於前, 視死若生者, 烈士之勇也. 知窮之有命, 知通之有時, 臨大難而不懼者, 聖人之勇也. 由處矣. 吾命有所制矣. 無幾何, 將甲者進, 辭曰, 以爲陽虎也, 故圍之. 今非也, 請辭而退.

4.

공손룡公孫龍[12]이 위모魏牟[13]에게 물었다.

"저는 어려서부터 옛 성왕의 도를 배웠고, 자라서는 인의仁義의 행위에 능통했으며, 같은 것[同]과 다른 것[異]의 구별을 없애 하나

12 전국시대 조나라 사람으로 명가학파의 한 사람.

13 위나라 공자公子로서 도가적인 인물로 추정된다.

로 보았고, 굳은 것과 흰 것을 둘로 갈라놓았으며, 맞지 않은 것을 맞다고 했고, 옳지 않은 것을 옳다고 함으로써 백가百家의 이론을 곤혹스럽게 만들었고, 여러 논객의 변론을 궁지에 몰아 넣어버렸는데, 저는 스스로 그것을 최고의 경지라고 생각했습니다. 요즘 들어 장자의 말을 듣고 난 뒤로 멍해져서 그것이 괴이하게 생각됩니다. 저의 논변이 그에게 미치지 못하는 것인지, 지식이 그만 못한 것인지 모르겠습니다. 지금 저는 제 입도 벌릴 수 없을 지경인데, 무슨 방법이 없을까요?"

공자 모는 탁자에 기대어 길게 한숨을 쉬더니 하늘을 올려다보고 웃으면서 말했다.

"자네는 허물어진 우물에서 사는 개구리 이야기를 들어보지 못했나? 개구리가 동해의 자라에게 말했대. '나는 즐겁네. 나는 나와서는 우물의 난간 위를 뛰어다니고, 들어가서는 우물 벽에서 떨어져 내린 벽돌 끝에서 쉬며, 물에 들어가면 겨드랑이까지 물이 닿고 턱까지 물이 차며, 진흙에 엎어지면 발이 빠지고 발등이 잠겨버리지. 주위를 돌아보면 장구벌레나 게나 올챙이 따위 가운데서 나를 따라올 수 있는 녀석은 아무도 없어. 한 웅덩이의 물을 내 맘대로 하면서 얕은 우물에 도사리고 사는 즐거움, 이 역시 최고일 거야. 자네도 가끔 들어와보는 게 어떤가?' 동해의 자라가 들어가보기로 했어. 그런데 왼발을 채 들여놓기도 전에 오른쪽 무릎이 이미 우물에 꽉 끼어버렸던 거야. 그래서 뒷걸음질 하면서 물러나 개구리에게 바다에 대해 이야기해 주었어. '천리의 먼 거리를 가지고도 그것의 크기를 설명하기에는 부족하고, 천 길의 높이를 가지고도 그것의 깊이를 남김없이 설명하기에는 부족하지. 우禹임금 때는 10년 동안 아홉 번 홍수가 났지만 바닷물은 조금도 불어나지 않았어. 탕湯임금 때는 8년 동안 일곱 번이나 가뭄이 들었지만 해안가의 수위는 조금도 줄어들지 않았어. 수량은 짧거나 긴 시간의 변화에도 변하지 않고, 비의 많고 적음에도 수위가 높아지거나 낮아지지 않는 것, 이것 또한 동해의 큰 즐거움이지.' 허물어진 우물에서 사는 개구리는 자라의 설명을 듣고서는 소스라치게 놀란 다음 멍하니 제정신을 잃어버렸지."

公孫龍問於魏牟曰, 龍少學先王之道, 長而明仁義之行. 合同異, 離堅白. 然不然, 可不可. 困百家之知, 窮衆口之辯. 吾自以爲至達已. 今吾聞莊子之言, 茫然異之. 不知論之不及與. 知之弗若與. 今吾無所開吾喙, 敢問其方. 公子牟隱機大息, 仰天而笑曰, 子獨不聞夫埳井之蛙乎. 謂東海之鱉曰, 吾樂與. 吾跳梁乎井幹之上, 入休乎缺甃之崖. 赴水則接腋持頤, 蹶泥則沒足滅跗. 還虷蟹與科斗, 莫吾能若也. 且夫擅一壑之水, 而跨跱埳井之樂, 此亦至矣. 夫子奚不時來入觀乎. 東海之鱉左足未入, 而右膝已縶矣. 於是逡巡而卻, 告之海曰, 夫千里之遠, 不足以擧其大. 千仞之高, 不足以極其深. 禹之時, 十年九潦, 而水弗爲加益. 湯之時, 八年七旱, 而崖不爲加損. 夫不爲頃久推移, 不以多少進退者, 此亦東海之大樂也. 於是埳井之蛙聞之, 適適然驚, 規規然自失也.

"그리고 자네는 지적 능력이 시비是非도 잘 구별하지 못할 정도이면서 장자의 말을 이해하려고 하는데, 그것은 마치 모기에게 산을 지게 하고 노래기에게 황하黃河를 달리게 하는 것과 같은 것으로서 감당할 수 없을 것이 분명해. 또 지적 능력은 지극히 오묘한 이치에 대해 설명하는 말을 이해하지 못할 정도인데도 한때의 말재주에 스스로 만족한다면, 이는 허물어진 우물에 사는 개구리가 아니겠는가? 또 장자의 경지는 지금 황천黃泉에 이르고 하늘에 올라 남쪽도 없고 북쪽도 없이 시원하게 사방으로 뚫려 있고, 헤아릴 수 없는 경지까지 들어가 있지. 서쪽도 없고 동쪽도 없이 깜깜한 그 무엇〔玄冥〕에서 비롯하여 대도大道로 회귀하고 있어. 그런데 자네는 결국 머리를 굴리면서 시원찮은 총명함으로 그것을 탐구하려 하고, 변론을 통해 그것을 이해하려 하는데, 이는 그저 대롱으로 하늘을 보고 송곳으로 땅의 넓이를 측정하려는 것과 같을 뿐이야. 그 역시 시시한 것 아닌가? 떠나가게. 자네는 저 수릉壽陵[14]의 젊은이가 걸음걸이를 배우려고 한단邯鄲[15]에 갔던 이야기를 듣지 못했는가? 그는 그 나라의 걸음걸이를 배우지도 못했고 또 옛날에 배운 걸음걸이마저 잊어버려 결국 기어서 돌아올 수밖에 없었지. 지금 자네도 떠나지 않는다면 자네가 본래 가지고 있던 것을 잊어버리고 자네의 본업마저 잃어버릴 거야."

공손룡은 입을 연 채 닫을 수 없었고, 혀가 올라가 내릴 수 없어 마침내 냅다 도망가버렸다.

且夫知不知是非之竟, 而猶欲觀於莊子之言, 是猶使蚊負山, 商蚷馳河也, 必不勝任矣. 且夫知不知論極妙之言, 而自適一時之利者, 是非埳井之蛙與. 且彼方跐黃泉而登大皇, 無南無北, 奭然四解, 淪於不測. 無東無西, 始於玄冥, 反於大通. 子乃規規然而求之以察, 索之以辯, 是直用管闚天, 用錐指地也, 不亦小乎. 子往矣. 且子獨不聞夫壽陵餘子之學於邯鄲與. 未得國能, 又失其故行矣, 直匍匐而歸耳. 今子不去, 將忘子之故, 失子之業. 公孫龍口呿而不合, 舌擧而不下, 乃逸而走.

---

14 전국시대 연나라의 지명.

15 전국시대 조나라의 수도. 조나라 사람들은 게처럼 옆으로 걸었다고 한다.

5.

장자가 복수濮水에서 낚시를 하고 있었다. 초나라 왕이 두 명의 대부를 보내 왕의 뜻을 전하게 했다.

"선생님께서 세상일로 수고를 좀 해주셔야 할 것 같사옵니다."

장자는 낚싯대를 붙들고서 돌아보지도 않고 말했다.

"초나라에 신구神龜가 있다고 들었소. 죽은 지 이미 3000년의 세월이 흘렀는데, 왕께서는 그것을 보자기로 고이 싸서 상자에 넣어 사당에 보관한다더군요. 이 거북이 죽어서 뼈를 남겨 귀한 대접을 받기 원할까요, 아니면 살아서 진흙탕 속에서 꼬리를 끌고 다니기를 바랄까요?"

두 명의 대부가 대답했다.

"살아서 진흙탕 속에서 꼬리를 끌고 다니는 것이 더 낫겠지요."

장자가 말했다.

"돌아가시오. 나는 진흙탕 속에서 꼬리를 끌고 다니렵니다."

莊子釣於濮水. 楚王使大夫二人往先焉曰, 願以竟內累矣. 莊子持竿不顧曰, 吾聞楚有神龜, 死已三千歲矣. 王巾笥而藏之廟堂之上. 此龜者, 寧其死爲留骨而貴乎. 寧其生而曳尾於塗中乎. 二大夫曰, 寧生而曳尾塗中. 莊子曰, 往矣. 吾將曳尾於塗中.

6.

혜자(혜시)가 양梁나라의 재상宰相으로 있을 때, 장자가 그를 만나기 위해 찾아갔다. 누군가 혜자에게 말했다.

"장자가 당신의 재상 자리를 차지하려고 왔습니다."

그러자 혜자는 두려운 생각이 들어 사흘 밤낮에 걸쳐 온 나라 안을 수색했다. 장자가 제 발로 그를 찾아가 말했다.

"남쪽 지방에 원추鵷鶵라고 하는 새가 있는데, 자넨 그걸 알고 있나? 원추는 남해南海에서 출발하여 북해北海로 날아가는데 오동나무가 아니면 멈추지 않고 연실練實이 아니면 먹지 않고, 예천醴泉이 아니면 마시지 않아. 이와 같음에도 불구하고 부엉이 한 마리가 썩은 쥐를 얻어가지고 있다가 원추가 지나가니까 위를 올려다보며 꽥 소리를 지르며 위협했대. 지금 자네는 겨우 자네의 양나라 따위를 가지고 나에게 꽥 소리를 지르며 위협하려 하는 것인가?"

惠子相梁. 莊子往見之. 或謂惠子曰, 莊子來, 欲代子相. 於是惠子恐, 搜於國中三日三夜. 莊子往見之曰, 南方有鳥, 其名鵷鶵, 子知之乎. 夫鵷鶵, 發於南海而飛於北海, 非梧桐不止, 非練實不食, 非醴泉不飮. 於是鴟得腐鼠, 鵷鶵過之, 仰而視之曰, 嚇. 今子欲以子之梁國而嚇我邪.

7.

장자가 혜자와 함께 호수濠水의 다리 위를 어슬렁거리고 있었다. 장자가 중얼거렸다.

"피라미들이 한가롭게 놀고 있군. 이것이 물고기의 즐거움이지."

혜자가 말했다.

"자네는 물고기가 아닌데 어떻게 물고기의 즐거움을 아나?"

장자가 대답했다.

"자네는 내가 아닌데 내가 물고기의 즐거움을 모른다는 것을 어떻게 알지?"

혜자가 말했다.

"나는 자네가 아니니까 정말로 자네를 알지 못해. 자네 역시 정말로 물고기가 아니니까 자네가 물고기의 즐거움을 모른다는 것은 명백하지."

장자가 말했다.

"핵심적인 걸 따져보세. 자네가 '자네는 물고기가 아닌데 어떻게 물고기의 즐거움을 아나'라고 물은 것은 내가 그것을 알고 있다는 사실을 자네가 이미 알고서 물은 거야. 나는 호량[濠梁]의 물가에서 그걸 알았어."

莊子與惠子遊於濠梁之上. 莊子曰, 儵魚出遊從容, 是魚之樂也. 惠子曰, 子非魚, 安知魚之樂. 莊子曰, 子非我, 安知我不知魚之樂. 惠子曰我非子, 固不知子矣. 子固非魚也, 子之不知魚之樂, 全矣. 莊子曰, 請循其本. 子曰汝安知魚樂云者, 旣已知吾知之而問我. 我知之濠上也.

제18편 | 지락

至樂

이 편에서는 진정한 즐거움이 무엇인지에 대하여 철학적 사유를 펼치고 있다. 사람들은 흔히 부유한 것, 높은 지위, 오래 사는 것, 호의호식하는 것 등을 추구하면서 그것이 즐거움과 행복을 가져다줄 것이라고 믿고 있다. 그러나 이 편에서는 그러한 것들은 우리에게 진정한 즐거움을 줄 수 없다고 한다. 왜냐하면 그것은 우리로 하여금 욕망의 속박에서 벗어나지 못하게 하고, 나아가 육체적·정신적인 파탄을 가져올 것이라는 이유 때문이다. 그렇다면 진정한 즐거움과 행복은 어떻게 가능할까? 그 대답은 간단하다. 모든 것을 자연의 변화에 맡기면서 무위無爲, 즉 아무런 의식적 행위도 하지 않아야 비로소 그 속에서 진정한 즐거움과 행복을 누릴 수 있을 것이라고 말한다.

마지막의 열자와 해골의 대화는 조금 기이한 느낌을 준다. 그 속에 나오는 이름들이 구체적으로 무엇을 지칭하는지 알 수 없는 것이 많기 때문이기도 하지만, 사물의 변화 양상이 전혀 예상을 뛰어넘기 때문이다. 이 문장의 기본 생각이 진화론적 사유와 같다고 해석하는 학자까지 있지만, 이는 진화론에 대한 이해의 부족을 드러낸 해석일 뿐이다. 진화론의 핵심은 생물이 외계의 영향과 내부의 발전에 의해, 간단한 것으로부터 복잡한 것으로, 하등에서 고등으로, 동종同種에서 이종으로 그 체제를 향상해 가는 것, 즉 발전과 향상이라는 방향성을 가지는 것이 특징인데, 이 편의 마지막 문장은 그러한 방향성이 없이 하나의 사물에서 다른 사물로 어떤 특별한 이유도 없이 무작위적으로 바뀌어 가는 것일 뿐이라는 사고를 보여주고 있기 때문이다. 이 편의 마지막 문장은 모든 것은 변해간다. 어떤 것으로 변해갈지는 아무도 알 수 없다는 메시지를 전하고자 한 것으로 보인다.

1.

세상에는 진정한 즐거움이라는 것이 있을까, 없을까? 몸을 잘 보전할 할 수 있는 방법이 있을까, 없을까? 지금 나는 무엇을 하고 무엇을 하지 말아야 하며, 무엇을 피하고 어디에 머물러야 하며, 어디로 나아가고 어디를 떠나야 하며, 무엇을 즐기고 무엇을 싫어해야 하는가? 대개 세상 사람들이 중시하는 것은 부유한 것(富)과 지위가 높은 것(貴), 오래 사는 것(長壽)과 명예로운 것 등이다. 세상 사람들이 즐겁게 생각하는 것은 몸이 안락한 것, 맛이 좋은 것, 아름다운 옷, 아름다운 색깔, 아름다운 음악 등이다. 세상 사람들이 멸시하는 것은 가난한 것과 비천한 것과 요절夭折과 나쁜 평판이다. 세상 사람들이 괴로워하는 것은 육신이 편안하지 못한 것, 입으로 맛있는 것을 먹지 못하는 것, 몸에 아름다운 옷을 입지 못하는 것, 눈으로 아름다운 색깔을 보지 못하는 것, 귀로 아름다운 음악을 듣지 못하는 것 등이다. 사람들은 만약 이런 것들을 얻지 못하면 몹시 걱정하고 불안해하는데, 그 역시 몸을 위하는 방법으로서는 어리석은 짓이다. 부유한 사람은 몸을 괴롭히면서 바쁘게 일하느라 많은 재산을 쌓아놓고서도 다 쓰지 못하는데, 그 역시 몸을 위하는 데서 벗어난 짓이다. 지위가 높은 사람은 낮의 일을 밤까지 계속하면서 관운이 열릴 것인지 막힐 것인지를 생각하고 있으니, 그 역시 몸을 위하는 것과는 관계가 없다. 사람은 태어나서는 근심과 함께 살아간다. 장수하는 사람은 정신이 흐릿한 채로 오랫동안 근심하면서 죽지 않는 것이니 얼마나 고통스러운가? 그 역시 몸을 위하는 것과는 거리가 멀다.

天下有至樂無有哉. 有可以活身者無有哉. 今奚爲奚據. 奚避奚處. 奚就奚去. 奚樂奚惡. 夫天下之所尊者, 富貴壽善也. 所樂者, 身安厚味美服好色音聲也. 所下者, 貧賤夭惡也. 所苦者, 身不得安逸, 口不得厚味, 形不得美服, 目不得好色, 耳不得音聲. 若不得者, 則大憂以懼, 其爲形也亦愚哉. 夫富者, 苦身疾作, 多積財而不得盡用, 其爲形也亦外矣. 夫貴者, 夜以繼日, 思慮善否, 其爲形也亦疏矣. 人之生也, 與憂俱生. 壽者惛惛, 久憂不死, 何之苦也. 其爲形也亦遠矣.

열사烈士는 세상 사람들로부터 좋은 사람으로 받아들여지지만, 제 몸을 보전하는 방법으로서는 부족하다. 나는 사람들이 좋다고 말하는 것이 정말 좋은 것인지, 정말 좋지 않은 것인지 모르겠다. 만약 좋은 것이라고 하더라도 그 방법으로는 제 몸을 보전하지 못한다. 만약 좋지 않은 것이라고 하더라도 그 방법으로 다른 사람은 충분히 살릴 수 있다. 그래서 이런 말이 있다. "진심에서 나온 간언諫言을 듣지 않으면 물러나고 다투지 말아라." 옛날에 자서子胥는 다툼으로써 제 몸을 해쳤다. 다투지 않았더라면 명성 역시 이루지 못했을 것이다. 좋다는 것이 정말 있는 것일까, 아니면 없는 것일까? 지금 세상 사람들이 하는 것이나 즐기는 것을 보면 나는 정말 그들이 즐기는 것이 진짜 즐거운 것인지 아니면 진짜 즐겁지 않은 것인지 모르겠다. 내가 보기에는 세상 사람들이 즐거워하면서 모두 모여드는 모습은 단호하고 과감하여 마치 어쩔 수 없이 그러는 것 같고, 모두들 즐겁다고 말하지만, 나는 즐겁지 않고 또 즐겁지 않지도 않다. 즐거움이라는 것이 정말 있는 것일까, 없는 것일까? 나는 무위無爲를 진정으로 즐기지만, 세상 사람들은 또 그것을 몹시 괴롭다고 생각한다. 그러므로 다음과 같은 말이 있다. "진정한 즐거움은 즐겁지 않고, 진정한 명예는 칭송하지 않는다."

烈士爲天下見善矣, 未足以活身. 吾未知善之誠善邪. 誠不善邪. 若以爲善矣, 不足活身. 以爲不善矣, 足以活人. 故曰, 忠諫不聽, 蹲循勿爭. 故夫子胥爭之以殘其形. 不爭, 名亦不成. 誠有善無有哉. 今俗之所爲與其所樂, 吾又未知樂之果樂邪. 果不樂邪. 吾觀夫俗之所樂擧群趣者, 誙誙然如將不得已, 而皆曰樂者, 吾未之樂也, 亦未之不樂也. 果有樂無有哉. 吾以無爲誠樂矣, 又俗之所大苦也. 故曰, 至樂無樂, 至譽無譽.

온 세상 사람들이 말하는 옳고 그름是非은 정말로 판정할 수가 없다. 그러나 무위無爲는 옳고 그름을 판정할 수 있다. 진정한 즐거움〔至樂〕과 제 몸의 보전은 오직 무위를 통해서만 실현할 수 있다. 예를 들어 말하자면 다음과 같다. 하늘은 무위하기 때문에 맑고, 땅은 무위하기 때문에 안정되어 있다. 그러므로 이 두 가지의 무위가 서로 합해서 만물이 모두 변화해가고 또 생겨난다. 까마득하고 어렴풋하여 나오는 곳이 없다. 까마득하고 어렴풋하여 아무런 형상도 없다. 하지만 만물은 자꾸 생겨나는데, 그것들은 모두 무위에서 생겨나온다. 그렇기 때문에 "하늘과 땅은 아무것도 하지 않으면서도 하지 못하는 것이 없다"라고 말한다. 사람들 중에 누가 무위할 수 있을까?

天下是非果未可定也. 雖然, 無爲可以定是非. 至樂活身, 唯無爲幾存. 請嘗試言之. 天無爲以之淸, 地無爲以之寧. 故兩無爲相合, 萬物皆化生. 芒乎芴乎, 而無從出乎. 芴乎芒乎, 而無有象乎. 萬物職職, 皆從無爲殖. 故曰, 天地無爲也而無不爲也. 人也孰能得無爲哉.

2.

장자의 아내가 죽자 혜자(혜시)가 조문을 갔다. 장자는 바야흐로 두 다리를 뻗고 앉아 대야를 두드리면서 노래를 부르고 있었다. 혜자가 말했다.

"고인과 함께 살면서 자식을 키웠고 같이 늙어가다가 그가 죽었는데, 곡을 하지 않는 것만으로도 비난 받기에 충분하거늘, 거기에 대야를 두드리면서 노래까지 부르다니 너무 심한 것 아닌가?"

장자가 대답했다.

"그렇지 않아. 그 사람이 죽고 난 뒤 처음에는 나라고 어찌 슬픈 마음이 없었겠는가? 그런데 그 사람의 뿌리를 생각해보았더니 본래 생명이 없었어. 생명이 없었을 뿐만 아니라 본래는 형체도 없었어. 형체만 없었던 것이 아니라 본래는 기氣마저도 없었어. 까마득하고 어렴풋한 것들 속에 무언가가 섞여 있다가 변해서 기가 생겨났고, 기가 변해서 형체가 생겨났고, 형체가 변해서 생명이 생겨났던 거야. 지금 또 변해서 죽어갔지. 이것은 기가 서로 어우러져 봄, 여름, 가을, 겨울 등 네 계절이 운행되는 것과 같아. 집사람은 또 천지라는 거대한 방에 편안하게 누워 있는데, 내가 꺼이꺼이 하면서 곡을 한다면 그것은 내 자신이 필연적인 이치에 대해 알지 못하는 행동이라고 생각되었어. 그래서 울음을 그친 거야."

莊子妻死, 惠子吊之, 莊子則方箕踞鼓盆而歌. 惠子曰, 與人居, 長子老身, 死不哭亦足矣, 又鼓盆而歌, 不亦甚乎. 莊子曰, 不然. 是其始死也, 我獨何能無槪然. 察其始而本無生. 非徒無生也, 而本無形. 非徒無形也, 而本無氣. 雜乎芒芴之間, 變而有氣, 氣變而有形, 形變而有生. 今又變而之死. 是相與爲春秋冬夏四時行也. 人且偃然寢於巨室, 而我噭噭然隨而哭之, 自以爲不通乎命, 故止也.

3.

지리숙支離叔과 골개숙滑介叔[1]이 명백冥伯이라는 언덕과 곤륜崑崙이라는 산을 구경하고 있었는데, 그 두 곳은 황제黃帝가 쉬었던 곳이다. 그런데 갑자기 골개숙의 왼쪽 팔꿈치에 종양이 자라났다. 그는 흠칫 놀라 꺼리는 듯했다. 지리숙이 물었다.

"너는 그것을 꺼려하는구나."

골개숙이 대답했다.

"아니야, 내가 왜 꺼리겠어? 삶이란 내가 잠시 빌린 거야. 남의 것을 빌려서 살아가고 있으니 삶이란 먼지나 때와 같아. 삶과 죽음은

1 지리숙과 골개숙은 모두 가공의 인물이다.

밤과 낮이야. 게다가 나는 너와 함께 자연의 변화를 구경하다가 그 변화가 나에게 이르렀는데, 내가 왜 그걸 싫어하겠어?"

支離叔與滑介叔觀於冥伯之丘, 崑崙之虛, 黃帝之所休. 俄而柳生其左肘, 其意蹶蹶然惡之. 支離叔曰, 子惡之乎. 滑介叔曰, 亡, 予何惡. 生者, 假借也. 假之而生生者, 塵垢也. 死生爲晝夜. 且吾與子觀化而化及我, 我又何惡焉.

4.

장자가 초楚나라로 가는 길에 뼈만 남은 해골을 발견했다. 바짝 마른 채 형체만 남아 있었다. 장자는 말채찍으로 해골을 치면서 물었다.

"선생은 삶을 탐하느라 도리를 잃고 이렇게 되었소? 아니면 선생은 나라가 망하는 재앙을 당하여 참수형을 받아 이렇게 되었소? 아니면 좋지 않은 행실 때문에 부모나 처자에게 추한 꼴을 보이는 것이 부끄러워 이렇게 되었소? 아니면 춥고 배고픔의 환난을 만나 이렇게 되었소? 아니면 연세가 들어 이 상태에 이른 것이오?"

이렇게 말을 마치고 나서 해골을 끌어다 베고 누웠다.

밤중에 해골이 꿈에 나타나 말했다.

"아까 선생의 말하는 모양이 마치 변사辯士 같더군요. 선생이 말하는 것을 살펴보면 모두 살아 있는 사람의 번거로움이지 죽으면 그런 것들이 없답니다. 선생은 죽음의 세계에 대한 이야기를 들어보고 싶나요?"

장자가 대답했다.

"예."

해골이 말했다.

"죽음의 세계에서는 위로는 군주가 없고, 아래로는 신하가 없습니다. 네 계절의 변화도 없고, 한가롭게 하늘과 땅을 봄과 가을로 삼고 있으니 제왕의 즐거움이라 하더라도 이보다 더 좋을 수는 없지요."

장자는 그 말이 믿기지 않아 슬쩍 떠보며 말했다.

"내가 사명신司命神[2]에게 선생의 몸을 다시 살아나게 하고 선생의 뼈와 살과 피부를 다시 만들어 선생의 부모와 처자 그리고 동네 사람들과 친구들이 있는 곳으로 돌려보내준다면, 선생은 그렇게 하겠소?"

해골은 눈살을 크게 찌푸리고 이맛살을 찡그리면서 대답했다.

"내가 왜 제왕의 즐거움을 버리고 인간 세상의 힘든 일을 다시 선택하겠소?"

莊子之楚, 見空髑髏, 髐然有形. 撽以馬捶, 因而問之曰, 夫子貪生失理, 而爲此乎. 將子有亡國之事斧鉞之誅, 而爲此乎. 將子有不善之行, 愧遺父母妻子之醜而爲此乎. 將子有凍餒之患, 而爲此乎. 將子之春秋故及此乎. 於是語卒, 援髑髏, 枕而臥. 夜半, 髑髏見夢曰, 子之談者似辯士, 視子所言, 皆生人之累也, 死則無此矣. 子欲聞死之說乎. 莊子曰, 然. 髑髏曰, 死, 無君於上, 無臣於下. 亦無四時之事, 從然以天地爲春秋, 雖南面王樂, 不能過也. 莊子不信曰, 吾使司命復生子形, 爲子骨肉肌膚, 反子父母妻子閭里知識, 子欲之乎. 髑髏深矉蹙頞曰, 吾安能棄南面王樂而復爲人間之勞乎.

2 생명을 관장하는 신.

5.

안연顔淵이 동쪽의 제齊나라로 가려고 하자 공자는 걱정스러운 표정을 지었다. 자공子貢이 자리에서 일어나 물었다.

"제가 한 가지 여쭙겠습니다. 안회가 동쪽의 제나라로 가는데, 선생님께서는 걱정스러운 표정입니다. 무슨 까닭이신지요?"

공자가 대답했다.

"좋은 질문이다. 옛날 관자管子가 이런 말을 했는데, 나는 그 말을 매우 좋아한다. '자루가 작으면 큰 물건을 담을 수 없고, 두레박줄이 짧으면 깊은 샘의 물을 뜰 수 없다.' 이 말처럼 운명은 정해져 있고, 형체가 있는 것은 각자에게 가장 잘 맞는 쓰임새가 있기 때문에 더하거나 뺄 수 없는 것이다. 나는 안회가 제나라 임금과 함께 요순堯舜과 황제黃帝의 도를 이야기하고 거기에 수인燧人과 신농神農에 대한 얘기까지 덧붙일까봐 두렵다. 제나라 임금은 마음속으로 안회의 말이 맞는지 어떤지 근거를 찾아보다가 결국은 찾지 못할 터이고, 찾지 못하면 의심할 것이며, 그 사람이 의심하면 돌아오는 건 죽음뿐이다.

그리고 너는 이런 이야기를 들어보지 못했느냐? 옛날에 바닷새〔海鳥〕 한 마리가 노魯나라 교외郊外의 들판에 와서 머무르자 노나라 임금이 그 새를 맞이해 와 종묘 안에서 술을 대접하고, 구소九韶[3]의 음악을 연주했고, 태뢰太牢[4]의 음식을 갖추어 대접했어. 그러자 새는 눈이 어찔어찔해지고 우울해 하면서 고기 한 조각 먹지 못하고 술 한 잔 마시지 못하다가 사흘 만에 죽어버렸지. 그것은 자기를

3 순임금 시대의 악곡명으로서 매우 성대한 행사에 연주되었다고 한다.

4 소와 양과 돼지를 모두 갖추어 드리는 큰 제사.

기르는 방법으로 새를 길렀지, 새를 기르는 방법으로 그 새를 기른 것이 아니었기 때문이야. 새를 기르는 방법으로 새를 기른다는 것은 새를 깊은 숲속에 살도록 하고, 광막한 들에서 놀게 하며, 강이나 호수 위를 떠다니면서 미꾸라지나 피라미를 잡아먹게 하고, 같은 무리를 따라다니다가 그치면 한가롭게 지내도록 하는 거야. 새는 사람의 말소리마저도 듣기 싫어하는데 시끌벅적한 소리를 좋아할 턱이 있겠느냐? 만약 함지咸池나 구소九韶의 음악을 동정洞庭의 들판에서 연주한다면 새들은 그 소리를 듣고서는 날아가버리고, 짐승들은 그 소리를 듣고서는 달아나버릴 것이며, 물고기는 그 소리를 듣고서는 물속으로 들어가버릴 것이다. 그렇지만 사람들은 그 소리를 듣고 서로 함께 빙 둘러 서서 구경하겠지. 물고기는 물속에서 살지만 사람은 물속에 있으면 죽는다. 물고기와 사람은 분명히 서로 다른 존재이고 각자가 좋아하는 것과 싫어하는 것도 본디부터 다르기 때문이야.

그러므로 옛 성인은 사람들에게서 획일적인 재능을 요구하지 않았고, 각자의 역할을 똑같게 하지 않았어. 이름은 사실에 근거하여 확정하고, 사회적 도리[義]는 상황에 맞게 수립되어야 하는 것이다. 이것을 조리條理가 잘 통하여 늘 복이 있는 것이라고 한다."

顏淵東之齊, 孔子有憂色. 子貢下席而問曰, 小子敢問, 回東之齊, 夫子有憂色, 何邪. 孔子曰, 善哉女問. 昔者管子有言, 丘甚善之曰, 褚小者不可以懷大, 綆短者不可以汲深. 夫若是者, 以爲命有所成而形有所適也, 夫不可損益. 吾恐回與齊侯言堯舜黃帝之道, 而重以燧人神農之言. 彼將內求於己而不得, 不得則惑, 人惑則死. 且女獨不聞邪. 昔者海鳥止於魯郊, 魯侯御而觴之於廟, 奏九韶以爲樂, 具太牢以爲膳. 鳥乃眩視憂悲, 不敢食一臠, 不敢飮一杯, 三日而死. 此以己養養鳥也, 非以鳥養養鳥也. 夫以鳥養養鳥者,宜栖之深林, 遊之壇陸, 浮之江湖, 食之鰌鰷, 隨行列而止, 委蛇而處. 彼唯人言之惡聞, 奚以夫譊譊爲乎. 咸池九韶之樂, 張之洞庭之野, 鳥聞之而飛, 獸聞之而走, 魚聞之而下入, 人卒聞之, 相與還而觀之. 魚處水而生, 人處水而死. 彼必相與異, 其好惡故異也. 故先聖不一其能, 不同其事. 名止於實, 義設於適, 是之謂條達而福持.

6.

열자列子가 여행길에 길가에서 밥을 먹다가 백 년 묵은 해골을 발견하고 쑥대를 뽑아 그것을 가리키며 말했다.

"오직 나와 너만이 네가 죽지도 않았고 태어나지도 않았다는 것을 알고 있다. 너는 정말 슬프고, 나는 정말 기쁜 것일까? 씨앗 가운데는 원초의 씨앗〔幾〕[5]이라는 것이 있어. 그것이 물에서는 속단續斷이 되고, 물과 땅이 만나는 곳에서는 갈파래가 되고, 언덕에서 자라면 질경이가 되고, 질경이가 거름에서는 오족烏足이라는 풀이 되며, 오족의 뿌리는 풍뎅이 유충이 되고, 그 잎은 나비가 된다. 나비는 순식간에 벌레로 변하고, 부뚜막 밑에서 생겨나며, 그 모양은 마치 허물을 벗은 것 같은데 그것을 구철鴝掇이라고 부른다. 구철이라는 벌레가 1000일이 지나면 새가 되는데 그것을 피리새라고 부른다. 피리새의 침은 사미斯彌라는 벌레가 되고, 사미는 눈에놀이가 된다. 하루살이는 눈에놀이에서 생기고, 황황黃軦이라는 벌레는 구유九猷라는 벌레에서 생기며 모기는 반딧불이에서 생긴다. 양혜羊奚라는

5 기幾는 씨앗 가운데서도 가장 작은 씨앗, 만물이 발생하는 가장 원초적인 씨앗을 뜻한다.

풀은 오래되어 죽순이 나지 않는 대나무에 붙어서 살고 오래 된 대나무는 청녕青寧이라는 벌레를 낳고 청녕은 표범을 낳고, 표범은 말을 낳고, 말은 사람을 낳고, 사람은 또 원초의 씨앗으로 돌아간다. 만물은 모두 원초의 씨앗에서 나와서 모두 원초의 씨앗으로 들어간다."

列子行, 食於道從, 見百歲髑髏, 攓蓬而指之曰, 唯予與女知而未嘗死, 未嘗生也. 若果養乎. 予果歡乎. 種有幾. 得水則爲㡭, 得水土之際則爲鼃蠙之衣, 生於陵屯則爲陵舄, 陵舄得鬱棲則爲烏足, 烏足之根爲蠐螬, 其葉爲胡蝶. 胡蝶胥也化而爲蟲, 生於竈下, 其狀若脫, 其名爲鴝掇. 鴝掇千日爲鳥, 其名爲乾餘骨. 乾餘骨之沫爲斯彌, 斯彌爲食醯. 頤輅生乎食醯, 黃軦生乎九猷, 瞀芮生乎腐蠸. 羊奚比乎不箰, 久竹生青寧, 青寧生程, 程生馬, 馬生人, 人又反入於機. 萬物皆出於機, 皆入於機.

제19편 | 달생

達生

이 편에서는 주로 생명은 무엇보다 중요하다는 것 그리고 그 생명을 온전하게 유지하기 위한 방법, 즉 양생의 방법을 말하고 있다. 그런 점에서 이 편은 내편의 「양생주」 편과 비슷하다. 이 편에서는 생명의 유지에 불필요한 것을 추구하지 말아야 한다는 것, 특히 인간의 지적인 능력의 한계를 인정하고 알 수 없는 것에 대해 알려고 애쓰지 말아야 한다는 것을 강조한다. 이 편에서는 여러 가지 특이한 기술을 가진 달인들을 소개하고 동시에 그들이 그러한 경지에 이르게 되기까지의 과정을 자세하게 설명하고 있다. 그것은 「양생주」 편에서 포정이 소를 잡는 뛰어난 기술에 대한 예술적 묘사를 통해 양생의 방법을 설명하고자 한 것과 같다. 이 편에서도 여러 가지 다양한 기술에 통달한 사람들의 기술 습득 과정에 대한 설명을 통해 삶을 온전하게 유지하기 위한 방법이 무엇인가를 암시하려고 한다.

1.

생명의 실상에 통달한 사람은 생명의 유지에 불필요한 것을 추구하지 않으며, 운명의 실상에 통달한 사람은 인간의 지적 능력으로써는 어떻게 할 수 없는 것에 대해 알려고 애쓰지 않는다. 몸을 보양하는 데는 반드시 먼저 물질적인 것으로 보양해야 하지만, 물질이 넉넉해도 보양하지 못하는 사람이 있을 것이다. 생명을 유지하려면 반드시 먼저 몸을 잃는 일이 없어야 하지만, 몸을 잃지 않았는데도 생명이 없는 자가 있는 것 같다. 생명이 오는 것은 거부할 수 없고, 그것이 떠나가는 것도 그치게 할 수 없다. 가련하게도 세상 사람들은 몸을 보양하는 것만으로 충분히 생명을 보존할 수 있다고 생각한다. 그러나 만약 몸을 보양하는 것만으로는 생명을 보존하기에 충분하지 않다면, 세상 사람들이 말하는 방법은 무슨 쓸 만한 가치가 있을까? 실행할 만한 가치가 없는데도 어쩔 수 없이 하는 것이라면, 그러한 행위는 번거로움을 면하지 못할 것이다.

육체로 인한 속박에서 벗어나고자 한다면 세상 사람들이 사용하는 방법을 버리는 것보다 좋은 방법이 없다. 세상 사람들이 사용하는 방법을 버리면 번거로움이 없을 것이며, 번거로움이 없으면 마음이 순정하고 평온해질 것이고, 마음이 순정하고 평온해지면 대자연과 더불어 다시 살아날 것이며, 다시 살아나면 거의 완벽해진다. 일은 왜 버려야만 하고 생명은 왜 잊어버려야만 할까? 일을 버리면 몸이 수고롭지 않고, 생명을 잊어버리면 정기가 훼손되지 않기 때문이다. 대개 몸이 온전해지고 정기가 원래의 상태를 회복하면 자연과 하나가 된다. 하늘과 땅은 만물의 부모다. 그 두 가지가 결합하면 개체를 이루고, 흩어지면 처음 상태가 된다. 몸과 정기가 훼손되지 않는 것, 이것을 능이能移[1]라고 한다. 순수해지고 또 순수해지면 자연과 하나가 된다.

達生之情者, 不務生之所無以爲. 達命之情者, 不務知之所無奈何. 養形必先之以物, 物有餘而形不養者有之矣. 有生必先無離形, 形不離而生亡者有之矣. 生之來不能卻, 其去不能止. 悲夫. 世之人以爲養形足以存生. 而養形果不足以存生, 則世奚足爲哉. 雖不足爲而不可不爲者, 其爲不免矣. 夫欲免爲形者, 莫如棄世. 棄世則無累, 無累則正平, 正平則與彼更生, 更生則幾矣. 事奚足棄而生奚足遺. 棄事則形不勞, 遺生則精不虧. 夫形全精復, 與天爲一. 天地者, 萬物之父母也. 合則成體, 散則成始. 形精不虧, 是謂能移. 精而又精, 反以相天.

1 자연의 변화에 따라 새로워질 수 있음.

2.

열자列子가 관윤關尹에게 물었다.

"지인至人은 물속을 다녀도 질식하지 않고, 불속을 걸어도 뜨겁지 않고, 만물 위를 다녀도 무서워하지 않습니다. 어떻게 이런 경지까지 이른 것인지 알고 싶습니다."

관윤이 대답했다.

"그것은 순수한 기氣를 보존함으로써 그렇게 된 것이지 지식이나 기교나 용기와 같은 것으로 가능한 게 아니지. 앉아라. 내가 너에게 설명해주겠다. 대체로 형상과 소리와 색깔을 가지고 있는 것들은 모두 사물이다. 사물과 사물 사이에 무슨 큰 차이가 있겠느냐? 그런데 그가 어떻게 사물이 생겨나기 이전 상태에까지 이를 수 있었을까? 사물은 그저 형체와 색깔의 차이에 의해서만 구별되는 것일 뿐이야. 그런데 사물은 무형에서 시작되고 아무런 변화가 없는 곳에서 끝난다. 이러한 이치를 깨달아 남김없이 터득한다면 다른 사물이 어떻게 그를 제지할 수 있겠느냐? 그는 자기의 분수에 알맞은 상태에 머물고, 시작도 끝도 없이 무한히 이어지는 자연의 질서에 숨고, 만물이 시작되고 끝나는 도道에서 노닌다. 그는 자신의 본성을 통일하고 자신의 정기를 기르고 자신의 덕성을 흩어지지 않게 한 곳으로 모은다. 그렇게 함으로써 그는 사물이 시작되는 곳과 통한다. 대개 이와 같은 사람은 자신의 자연성을 온전하게 지키고, 타고난 신기神氣에 빈틈이 없을 터이니 외물이 어디로부터 파고들어가겠느냐?

대개 술에 취한 사람이 수레에서 떨어지면 설령 빠르게 달리고 있었더라도 죽지 않는다. 뼈마디는 다른 사람과 같지만 상해를 입는 정도가 다른 사람과 다른 것은 그의 타고난 신기神氣가 온전했기 때문이다. 수레를 타는 것도 몰랐고, 떨어지는 것도 몰랐으며, 죽는다는 생각이나 산다는 생각, 놀라거나 두려운 생각이 그 마음속에 들어오지 못했다. 이 때문에 수레에서 떨어지는 사건을 당해도 두려워하지 않았던 것이다. 그 사람처럼 술에 의해 온전해져도 이 정도일 수 있는데, 자연에 의해 온전함을 얻는 것에 대해서야 말할 필요가 있겠는가? 성인은 자연에 몸을 맡겨두고 있다. 그래서 아무도 그를 해칠 수 없다. 복수를 하려고 하는 사람이라도 죄 없는 막야鏌邪나 간장幹將 등의 명검을 부러뜨리지 않고, 비록 잔인한 성격의 사람이라 하더라도 우연히 떨어진 기와에게 원한을 품지 않는다. 이처럼 사람들이 모두 무심하다면 세상은 평안하고 조화로울 것이다. 그러므로 전쟁으로 인한 혼란이 없고, 살육이라는 형벌이 없다면, 그것은 이러한 도道에 의한 것이다. 후천적 습성을 기르지 말고, 타고난 자연성을 계발해라. 타고난 자연성을 계발한 사람은 베풀고자 하는 마음이 생기고, 후천적 습성을 기른 사람은 해치고자 하는 마음이 생긴다. 각자가 타고난 자연성을 억압하지 않고, 사람들에게서 지교智巧가 싹트는 것을 경계하면, 백성은 거의 다 자기의 진정한 본성에 따를 것이다."

子列子問關尹曰, 至人潛行不窒, 蹈火不熱, 行乎萬物之上而不慄. 請問何以至於此. 關尹曰, 是純氣之守也, 非知巧果敢之列. 居, 予語女. 凡有貌象聲色者, 皆物也, 物與物何以相遠. 夫奚足以至乎先. 是色而已. 則物之造乎不形, 而止乎無所化. 夫得是而窮之者, 物焉得而止焉. 彼將處乎不淫之度, 而藏乎無端之紀, 遊乎萬物之所終始. 壹其性, 養其氣, 合其德, 以通乎物之所造. 夫若是者, 其天守全, 其神無郤, 物奚自入焉. 夫醉者之墜車, 雖疾不死. 骨節與人同而犯害與人異, 其神全也. 乘亦不知也, 墜亦不知也, 死生驚懼不入乎其胸中, 是故遻物而不慴. 彼得全於酒而猶若是, 而況全於天乎. 聖人藏於天, 故莫之能傷也. 復讎者, 不折鏌干. 雖有忮心者, 不怨飄瓦, 是以天下平均. 故無攻戰之亂, 無殺戮之刑者, 由此道也. 不開人之天, 而開天之天. 開天者德生, 開人者賊生. 不厭其天, 不忽於人, 民幾乎以其眞.

3.

중니(공자)가 초楚나라로 가는 길에 숲속을 빠져나오다가 등이 굽은 한 사람이 매미를 잡는 것을 보았는데, 그 모습이 마치 바닥에 떨어져 있는 물건을 주워 담는 듯했다. 중니가 물었다.

"당신은 재주가 뛰어나군요. 무슨 방법이라도 있는 것이오?"

"저에게 방법이 있습니다. 오뉴월에 탄환 두 개를 포개놓고 떨어뜨리지 않을 정도가 되도록 연습한다면 매미를 놓치는 일은 매우 적을 것입니다. 세 개를 포개놓고 떨어뜨리지 않을 정도가 되도록 연습한다면 매미를 놓치는 일은 열 번에 한 번꼴이 될 것입니다. 다섯 개를 포개놓고 떨어뜨리지 않을 정도가 되도록 연습한다면 마치 바닥에 떨어져 있는 물건을 줍는 것처럼 될 것입니다. 그때 저의 몸가짐은 마치 나무 등걸처럼 멈추어 있고, 저의 팔놀림은 마치 고목의 가지와 같아집니다. 천지가 아무리 크고 만물이 아무리 많아도 오로지 매미의 날개만 의식할 뿐입니다. 저는 마음을 움직이지 않고 집중하며, 만물로 인하여 매미의 날개에 대한 주의력을 빼앗기지 않으니 어찌 잡지 못하겠습니까?"

공자는 돌아보면서 제자들에게 말했다.

"생각을 분산하지 않으면 바로 정신이 하나로 집중된다. 이 말은 저 등 굽은 노인장을 가리키는 말일 것이다."

仲尼適楚, 出於林中, 見痀僂者承蜩, 猶掇之也. 仲尼曰, 子巧乎, 有道邪. 曰, 我有道也. 五六月累丸二而不墜, 則失者錙銖. 累三而不墜, 則失者十一. 累五而不墜, 猶掇之也. 吾處身也, 若厥株拘. 吾執臂也, 若槁木之枝. 雖天地之大, 萬物之多, 而唯蜩翼之知. 吾不反不側, 不以萬物易蜩之翼, 何爲而不得. 孔子顧謂弟子曰, 用志不分, 乃凝於神. 其痀僂丈人之謂乎.

4.

안연顏淵이 중니仲尼에게 물었다.

"저는 이전에 상심觴深이라는 깊은 물을 건넌 적이 있었는데, 뱃사공의 배 다루는 솜씨가 귀신같았습니다. 그래서 제가 배 다루는 걸 배울 수 있는지 물어보았습니다. 그는 '배울 수 있습니다. 수영을 잘 하는 사람은 빨리 배울 수 있습니다. 잠수부와 같은 사람은 배를 본 적이 없더라도 바로 다룰 수 있습니다'라고 대답했습니다. 제가 그 까닭을 물어보았지만 저에게 말해주지 않았습니다. 무엇을 말하는 것인지 알고 싶습니다."

중니가 대답했다.

"수영을 잘 하는 사람은 빨리 배울 수 있다는 것은 물을 잊어버리기 때문이다. 그 잠수부와 같은 사람이 배를 본 적이 없더라도 바로 다룰 수 있다는 것은 그런 사람은 깊은 물을 마치 언덕처럼 여기고 배가 뒤집어지는 것을 수레가 뒤로 밀리는 것처럼 보기 때문이다. 뒤집어지거나 뒤로 밀리는 등 온갖 것들이 눈앞에서 펼쳐지더라도 그런 것들은 그의 마음속까지 들어가지 못하니 무슨 일을 만나든 여유롭지 않겠느냐? 기왓장을 걸고 내기를 하는 사람은 잘 하지만, 띠쇠를 걸고 내기를 하는 사람은 겁을 내고, 황금을 걸고 내기를 하는 사람은 정신이 혼미해진다. 그 솜씨는 한 가지일지라도 상황에 따라 달라지는 것은 아까워하는 마음이 있기 때문이다. 즉 외물을 중시하기 때문이다. 대개 외물을 중시하면 내면이 치졸해진다."

顏淵問仲尼曰, 吾嘗濟乎觴深之淵, 津人操舟若神. 吾問焉曰, 操舟可學邪. 曰, 可. 善游者數能. 若乃夫沒人, 則未嘗見舟而便操之也. 吾問焉而不吾告, 敢問何謂也. 仲尼曰, 善游者數能, 忘水也. 若乃夫沒人之未嘗見舟而便操之也, 彼視淵若陵, 視舟之覆, 猶其車卻也. 覆卻萬方陳乎前而不得入其舍, 惡往而不暇. 以瓦注者巧, 以鉤注者憚, 以黃金注者殙. 其巧一也, 而有所矜, 則重外也. 凡外重者內拙.

5.

전개지田開之[2]가 주周나라의 위공威公[3]을 만났는데, 위공이 물었다.

"나는 축신祝腎[4]이 양생술을 배우고 있다고 들었는데, 그대는 축신과 더불어 교유하고 있으니 무언가 얻어들은 게 있겠군요."

전개지가 대답했다.

"저는 빗자루를 들고 문이나 뜰에서 대기하고 있었을 뿐인데 스

2 성은 전田이고 개지開之는 이름이다. 자세한 것은 알 수 없다.

3 주공의 후손.

4 가공의 인물.

승님으로부터 무엇을 들었겠습니까?"

위공이 말했다.

"전 선생께서는 겸손해하지 마시오. 나는 그것을 들어보고 싶소."

전개지가 대답했다.

"저는 스승님으로부터 이런 말을 들었습니다. 양생을 잘하는 사람은 양을 치듯이 한다. 뒤처진 녀석이 있으면 채찍질을 한다."

위공이 물었다.

"무엇을 뜻하는 것이오?"

전개지가 대답했다.

"노나라에 선표單豹라는 사람이 있었습니다. 그는 바위굴에 살고 물마시면서 사람들과 이익을 다투지 않았답니다. 나이 일흔이 되어서도 어린애 같은 얼굴을 하고 있었지만, 불행하게도 굶주린 호랑이를 만났고, 굶주린 호랑이는 그를 잡아먹어버렸습니다. 또 장의張毅라는 사람이 있었습니다. 그는 지위가 높은 귀족 집은 달려가지 않은 곳이 없었지만, 나이 마흔이 되어 속에서 열이 나는 병에 걸려 죽었습니다. 선표는 그 속을 길렀지만 호랑이가 그 겉을 먹어버렸고, 장의는 그 겉을 길렀지만 병이 그 속을 침범했습니다. 이 두 사람은 모두 자신들에게 뒤처진 부분을 채찍질하지 않았습니다. 중니가 말했습니다. '산림에 들어가 숨어 지내지도 말고, 밖으로 나와 드러내지도 말고, 한가운데 무심하게 서 있어야 한다. 이 세 가지가 잘 지켜지면 그 명성은 분명히 정상까지 이를 것이다.' 열 사람 가운데 한 사람이 살해당하는 위험한 길이 있다면 부자와 형제가 서로를 위해 경계할 것이며, 반드시 사람들을 모아 한 무리를 만든 다음에야 감히 길을 나설 터이니 지혜롭지 않습니까? 사람이 정말로 두려

위해야 할 것은 잠잘 때와 식사할 때임에도 불구하고 그것을 경계할 줄 모르는 것은 잘못입니다."

田開之見周威公, 威公曰, 吾聞祝腎學生, 吾子與祝腎遊, 亦何聞焉. 田開之曰, 開之操拔篲以侍門庭, 亦何聞於夫子. 威公曰, 田子無讓, 寡人願聞之. 開之曰, 聞之夫子曰, 善養生者, 若牧羊然, 視其後者而鞭之. 威公曰, 何謂也. 田開之曰, 魯有單豹者, 巖居而水飮, 不與民共利, 行年七十而猶有嬰兒之色, 不幸遇餓虎, 餓虎殺而食之. 有張毅者, 高門縣薄, 無不走也, 行年四十而有內熱之病以死. 豹養其內而虎食其外, 毅養其外而病攻其內. 此二子者, 皆不鞭其後者也. 仲尼曰, 無入而藏, 無出而陽, 柴立其中央. 三者若得, 其名必極. 夫畏塗者, 十殺一人, 則父子兄弟相戒也, 必盛卒徒而後敢出焉, 不亦知乎. 人之所取畏者, 衽席之上, 飮食之間, 而不知爲之戒者, 過也.

6.

제사를 주관하는 관리가 검은 색 예복을 입고 돼지우리에 가서 돼지를 달랠 때는 이렇게 말한다.

"너는 왜 죽는 것을 싫어하는 거니? 내가 석 달간 너를 길러주고, 열흘 동안 삼가고 사흘간 재계한 다음, 하얀 띠풀로 자리를 만들고 또 아름답게 조각한 제기 위에 너의 앞다리와 뒷다리를 올려놓아준다면, 너는 그렇게 하겠느냐?"

그러면서 돼지를 위하는 척 이렇게 말한다.

"그보다는 쌀겨나 술지게미를 먹여주고 우리 속에 버려두는 것이 더 좋지."

그러나 정작 자신을 위해 생각할 때는 만약 살아서는 높은 벼슬 자리를 차지하고, 죽어서는 화려하게 꾸민 꽃상여를 타고 곱게 장식한 관 속에 누울 수 있다면 그렇게 하려고 할 것이다. 돼지를 위해 생각할 때는 그것을 부정하면서 자신을 위해 생각할 때는 그것을 받아들이는데, 돼지의 경우와 다른 태도를 취하는 이유는 무엇 때문일까?

祝宗人玄端以臨牢筴, 說彘曰, 汝奚惡死. 吾將三月豢汝, 十日戒, 三日齊, 藉白茅, 加汝肩尻乎彫俎之上, 則汝爲之乎. 爲彘謀曰, 不如食以糠糟而錯之牢筴之中. 自爲謀, 則苟生有軒冕之尊, 死得於腞楯之上, 聚僂之中則爲之. 爲彘謀則去之, 自爲謀則取之, 所異彘者何也.

7.

환공桓公[5]이 소택지沼澤地에서 사냥을 할 때 관중管仲이 그 수레를 몰았는데, 환공이 귀신을 보았다. 환공은 관중의 손을 어루만지면서 말했다.

"중보仲父[6]는 무엇을 보았소?"

관중이 대답했다.

"소신은 아무것도 본 것이 없습니다."

환공은 돌아와 멍하니 정신이 나가는 병에 걸려 며칠 동안 밖에 나가지 못했다. 제나라 선비 중에 황자고오皇子告敖라는 사람이 있는데, 그가 말했다.

---

5 제나라 임금.

6 관중을 우대하여 부르는 말.

"전하께서는 스스로를 아프게 하시는 것입니다. 귀신이 어떻게 전하를 아프게 할 수 있겠습니까? 인체에 가득 찬 기가 흩어졌다가 되돌아오지 못하면 정신이 의기소침해지고 왕성하지 못하게 됩니다. 올라가서 내려오지 못하면 사람이 자주 화를 냅니다. 내려가서 올라가지 못하면 잘 잊어버립니다. 올라가지도 못하고 내려가지도 못하면서 체내에 맺혀 오장을 공격하면 병을 일으킵니다."

환공이 물었다.

"그렇다면 귀신이 있는가?"

"있습니다. 물 밑의 진흙 속에는 이履라는 귀신이 있고, 부엌에는 계髻라는 귀신이 있고, 집안에 있는 썩은 흙더미에는 뇌정雷霆이라는 귀신이 살고 있습니다. 동북쪽 아래에는 배아倍阿와 해롱鮭蠪이라는 귀신이 뛰어놀고 있고, 서북쪽 아래에는 일양泆陽이라는 귀신이 살고 있습니다. 물에는 망상罔象이라는 귀신이 있고, 언덕에는 신峷이라는 귀신이 있고, 산에는 기夔라는 귀신이 있고, 들에는 방황彷徨이라는 귀신이 있고, 소택지에는 위사委蛇라는 귀신이 살고 있습니다."

환공이 물었다.

"위사의 생김새는 어떤가?"

황자가 대답했다.

"크기는 수레바퀴만 하고, 길이는 수레의 끌채만 하고 자주색 옷을 입고 붉은 색 관을 썼습니다. 그것은 천둥소리나 수레 소리를 듣기 싫어하기 때문에 그런 소리가 나면 머리를 쳐들고 일어섭니다. 그것을 본 사람은 천하의 패자霸者가 된 것이나 다름없습니다."

환공은 크게 웃으면서 말했다.

"그게 바로 내가 본 것이야."

이처럼 의관을 바로 잡고 그와 함께 앉아 있으면서 하루가 끝나기도 전에 병이 사라진 것도 몰랐다.

桓公田於澤, 管仲御, 見鬼焉. 公撫管仲之手曰, 仲父何見. 對曰, 臣無所見. 公反, 誒詒爲病, 數日不出. 齊士有皇子告敖者曰, 公則自傷, 鬼惡能傷公. 夫忿滀之氣, 散而不反, 則爲不足. 上而不下, 則使人善怒. 下而不上, 則使人善忘. 不上不下, 中身當心, 則爲病. 桓公曰, 然則有鬼乎. 曰, 有. 沈有履. 竈有髻. 戶內之煩壤, 雷霆處之. 東北方之下者, 倍阿鮭蠪躍之. 西北方之下者, 則泆陽處之. 水有罔象, 丘有峷, 山有夔, 野有彷徨, 澤有委蛇. 公曰, 請問委蛇之狀何如. 皇子曰, 委蛇, 其大如轂, 其長如轅, 紫衣而朱冠. 其爲物也, 惡聞雷車之聲, 則捧其首而立. 見之者殆乎霸. 桓公辴然而笑曰, 此寡人之所見者也. 於是正衣冠與之坐, 不終日而不知病之去也.

8.

기성자紀渻子[7]가 왕을 위해 싸움닭을 기르고 있었다. 열흘이 지난 뒤 물었다.

"닭은 싸울 준비가 끝났느냐?"

"아직 덜 되었습니다. 지금 한창 허세와 교만을 부리고 의기양양합니다."

열흘이 지난 뒤 또 묻자 대답했다.

"아직 덜 되었습니다. 다른 닭의 소리나 그림자를 보고 달려들려

7 기가 성이고 성자가 이름이라고 하나 어떤 사람인지는 분명하지 않다.

고 합니다."

열흘이 지난 뒤 또 묻자 대답했다.

"아직 덜 되었습니다. 다른 닭을 증오의 눈빛으로 보고 잔뜩 성을 냅니다."

열흘이 지난 뒤 또 묻자 대답했다.

"거의 다 되었습니다. 닭들 가운데 우는 녀석이 있어도 이미 아무런 흔들림도 없습니다. 멀리서 보면 마치 나무로 만든 닭 같으니, 그 타고난 본성이 온전해졌습니다. 다른 닭은 감히 대응하지 못하고 몸을 돌려 도망갈 것입니다."

紀渻子爲王養鬪鷄. 十日而問. 鷄已乎. 曰, 未也, 方虛憍而恃氣. 十日又問曰, 未也, 猶應嚮景. 十日又問曰, 未也, 猶疾視而盛氣. 十日又問曰, 幾矣, 鷄雖有鳴者, 已無變矣, 望之似木鷄矣, 其德全矣. 異鷄無敢應者, 反走矣.

9.

공자가 여량呂梁으로 구경을 갔는데, 폭포가 30길이었고 거품이 40리까지 흘러갔으며, 도룡뇽이나 악어나 물고기나 자라 등도 헤엄칠 수 없는 곳이었다. 그런데 한 사내가 헤엄치는 것이 보였다. 공자는 그가 어떤 고민 때문에 죽으려 하는 것으로 생각했다. 그래서 제자에게 물 흐름을 따라가서 건지게 했다. 그런데 그는 수백 보를 헤엄쳐 가다가 나와서는 머리를 풀어헤치고 노래를 부르며 걸어가더니 제방 아래서 놀고 있었다. 공자가 쫓아가서 물었다.

"나는 자네가 귀신인 줄 알았는데, 자세히 보니 사람이군. 한 가지 물어보세. 수영하는 데 무슨 방법이라도 있는가?"

"없습니다. 저에게 다른 방법은 없습니다. 저는 원래부터 있던 것을 따라 시작했고, 본성에 따라 늘려나갔고, 자연의 이치에 따라 완성했습니다. 저는 소용돌이를 따라 물속으로 들어갔다가 솟구치는 물을 따라 나옵니다. 물의 성질을 따르되 저의 생각을 개입시키지 않습니다. 이것이 바로 제가 수영하는 방법입니다."

공자가 물었다.

"원래부터 있던 것을 따라 시작했고, 본성에 따라 늘려나갔고, 자연의 이치에 따라 완성했다는 것은 무엇인가?"

"저는 언덕에서 태어났기 때문에 언덕을 편안하게 생각하는데, 그것이 원래부터 있던 것입니다. 물에서 자랐기 때문에 물을 편안하게 생각하는데, 그것이 본성입니다. 제 자신도 그렇게 되는 까닭을 알지 못하면서도 그렇게 하는데, 그것이 자연의 이치입니다."

孔子觀於呂梁, 縣水三十仞, 流沫四十里, 黿鼉魚鱉之所不能游也. 見一丈夫游之, 以爲有苦而欲死也. 使弟子竝流而拯之. 數百步而出, 被髮行歌而游於塘下. 孔子從而問焉曰, 吾以子爲鬼, 察子則人也. 請問. 蹈水有道乎. 曰, 亡, 吾無道. 吾始乎故, 長乎性, 成乎命. 與齊俱入, 與汨偕出, 從水之道而不爲私焉. 此吾所以蹈之也. 孔子曰, 何謂始乎故, 長乎性, 成乎命. 曰, 吾生於陵而安於陵, 故也. 長於水而安於水, 性也. 不知吾所以然而然, 命也.

10.

재인梓人[8] 경慶은 나무를 깎아 종틀[鐻]을 만들었는데, 종틀이 완성되면 그것을 보는 사람들이 귀신을 보는 듯 놀라워했다. 어느 날 노나라 임금이 그것을 보고서는 물었다.

"그대는 무슨 비법으로 이것을 만들었나?"

재인 경이 대답했다.

"저는 목수에 지나지 않는데 무슨 대단한 비법이랄 것이 있겠습니까? 그렇지만 한 가지 있기는 합니다. 소신이 종틀을 만들 때는 결코 함부로 기를 소모하지 않고, 반드시 재계하여 마음을 고요하게 합니다. 재계한 지 3일이 되면 상이나 벼슬이나 녹봉 따위를 감히 마음에 품지 않습니다. 재계한 지 5일이 되면 비난이나 칭찬, 기술의 뛰어남이나 서툶 같은 것을 감히 마음에 품지 않습니다. 재계한 지 7일이 되면 제가 사지와 육체를 가지고 있다는 사실을 홀연히 잊어버립니다. 이때가 되면 마음에는 이미 조정의 일은 아랑곳없고, 오로지 자신의 기예에만 전념하며, 외부로부터의 방해가 사라집니다. 그런 다음에야 숲으로 들어가 타고난 재질과 생김새가 빼어난 나무를 찾습니다. 그런 다음 완성될 종틀을 머리에 그려보고, 그러고 나서 비로소 일을 시작합니다. 그렇지 않으면 그만둡니다. 이렇게 하면 저의 천성과 나무의 천성이 하나가 되는데, 작품이 귀신의 솜씨로 의심되는 것은 이 때문인가 봅니다."

梓慶削木爲鐻, 鐻成, 見者驚猶鬼神. 魯侯見而問焉曰, 子何術以爲焉. 對曰, 臣工人, 何術之有. 雖然, 有一焉. 臣將爲鐻, 未嘗敢以耗氣也, 必齊以靜心. 齊三日, 而不敢懷慶賞爵祿. 齊五日, 不敢懷非譽巧拙. 齊七日, 輒然忘吾有四枝形體也. 當是時也, 無公朝. 其巧專而外骨消, 然後入山林, 觀天性. 形軀至矣, 然後成見鐻, 然後加手焉. 不然則已. 則以天合天, 器之所

8 목공일을 하는 관직 이름.

以疑神者, 其是與.

11.

동야직東野稷[9]이 수레 모는 기술을 장공莊公[10]에게 시범 보였는데, 앞으로 나가는 모양과 뒤로 물러나는 모양이 먹줄을 튕겨 그린 직선 같았고, 좌우로 도는 모양은 걸음쇠로 그린 동그라미와 같았다. 장공은 조보造父[11]도 그보다 못할 것이라 생각하고 그에게 100바퀴를 돈 다음 돌아오게 했다. 안합顏闔[12]이 그 광경을 목격하고서는 들어가 장공을 알현하고 말했다.

"동야직의 말은 곧 쓰러질 것입니다."

장공은 그의 말을 못 들은 척 침묵하면서 아무 대꾸도 하지 않았다. 조금 지나자 정말로 말이 쓰러졌고 동야직은 돌아왔다. 장공이 물었다.

"그대는 어찌 알았는가?"

"그 말은 힘이 다 빠졌는데도 계속 달릴 것을 요구했습니다. 그래서 쓰러질 것이라고 말했던 것입니다."

東野稷以御見莊公, 進退中繩, 左右旋中規. 莊公以爲文弗過也. 使之鉤百而反. 顏闔遇之, 入見曰, 稷之馬將敗. 公密而不應. 少焉, 果敗而反. 公曰, 子何以知之. 曰, 其馬力竭矣, 而猶求焉, 故曰敗.

---

9 수레를 잘 모는 것으로 유명한 사람.

10 위나라 임금.

11 주나라 목왕을 위해 팔준마를 몰던 사람.

12 노나라의 현자.

12.

공수가 곡선을 그리면 걸음쇠나 곱자를 쓰는 것보다 훨씬 뛰어났는데, 그의 손가락이 사물의 변화와 함께 한 것이지 마음으로 계산한 것이 아니었다. 그래서 그의 영대靈臺[13]가 하나로 모여 막힘이 없었다. 발을 잊어버리는 것은 신발이 딱 맞기 때문이다. 허리를 잊어버리는 것은 허리띠가 딱 맞기 때문이다. 앎에서 옳고 그름을 잊어버리는 것은 옳고 그름이 마음에 딱 맞기 때문이다. 안으로 변하지 않고 밖으로 이리저리 쏠리지 않는 것은 일과 상황이 딱 맞기 때문이다. 애초부터 딱 맞은 데서 시작했고, 나중에도 딱 맞지 않은 적이 전혀 없다면 딱 맞은 것이 딱 맞다는 사실마저 잊어버린다.

工倕旋而蓋規矩, 指與物化而不以心稽, 故其靈臺一而不桎. 忘足, 履之適也. 忘要, 帶之適也. 知忘是非, 心之適也. 不內變, 不外從, 事會之適也. 始乎適而未嘗不適者, 忘適之適也.

13.

손휴孫休라는 사람이 있었는데, 어느 날 편경자扁慶子[14]의 집 문 앞에서 편경자에게 불평을 늘어놓았다.

"저는 마을에서는 수양이 덜 됐다는 말을 듣지 못했고, 어려운 일을 당해서는 용감하지 못하다는 말을 듣지 못했습니다. 그런데도 농사지을 때는 풍년이 든 적이 없고, 임금을 모실 때는 좋은 세상을 만난 적이 없으며, 우리 동네서 배척당했고 우리 지역에서 쫓겨났습

13 정신이 깃들어 있는 곳의 뜻으로 속마음을 뜻한다.

14 손휴의 스승으로서 노나라의 현자.

니다. 제가 하늘에 어떤 죄를 지었다고 이러는 것일까요? 저는 어쩌다 이런 운명을 만났을까요?"

편경자가 말했다.

"자네는 저 지인至人의 자연스러운 행동에 대해 들어보지 못했는가? 그들은 안으로는 자신들의 간이나 쓸개조차 잊어버리고 있으며, 밖으로는 자신들의 귀나 눈마저 잊어버리고 있다네. 그리고 오염된 세상 밖에서 어슬렁거리면서 아무 일도 하지 않는 것을 업으로 삼고 있는데, 이런 것을 두고 '어떤 것을 하더라도 자랑하지 않고, 무언가를 돕더라도 지배하지 않는다'[15]라고 한다네. 지금 자네는 지식을 포장해서 어리석은 사람들을 놀라게 하고 자기 몸을 수양하여 나쁜 사람의 행실이 드러나도록 하면서 마치 해와 달을 내걸어놓은 것처럼 명명백백하게 행동하고 있네. 자네는 온전한 몸으로 태어나 몸의 아홉 구멍을 모두 다 간직하고 있으며, 도중에 귀가 멀거나 눈이 멀거나 절름발이가 되거나 하는 재앙을 당한 적도 없이 일반 사람 축에 들 수 있는 것만으로도 다행스러운 일이거늘 하늘을 원망할 틈이 어디 있단 말인가? 돌아가게나."

손휴가 나가고 편경자가 안으로 들어왔다. 그는 잠깐 앉아 있다가 하늘을 쳐다보면서 탄식했다. 제자가 물었다.

"선생님께서는 왜 탄식을 하십니까?"

편경자가 대답했다.

"아까 손휴가 왔을 때 나는 그에게 지인至人의 덕에 대해 알려주었는데, 나는 그가 놀라서 결국 미혹에 빠지지나 않을까 걱정되네."

---

15 『노자』 10장과 51장에 나오는 말.

제자가 말했다.

"그렇지 않습니다. 손휴가 말한 것이 옳고, 선생님께서 말씀하신 것이 틀리다면, 틀린 것은 결코 옳은 것을 미혹시킬 수 없습니다. 손휴가 말한 것이 틀리고 선생님께서 말씀하신 것이 맞다면 그는 본래부터 미혹된 상태로 온 것이니 무슨 잘못이 있겠습니까?"

편경자가 말했다.

"그렇지 않다. 옛날에 어떤 새 한 마리가 노魯나라 교외의 들판에 와서 머무르자 노나라 임금이 기뻐하면서 태뢰太牢[16]의 음식을 갖추어 대접하고 구소九韶[17]의 음악을 연주하여 즐겁게 해주었어. 그러자 새는 이내 근심하고 슬퍼했고 눈이 어찔어찔해져 감히 먹거나 마시지 못했지. 이것을 두고 자기를 기르는 방법으로 새를 기르는 것이라고 하지. 새를 기르는 방법으로 새를 기르는 길은 마땅히 새를 깊은 숲속에 살도록 하고, 강이나 호수 위를 떠다니면서 미꾸라지를 잡아먹도록 하고 넓은 들판에서 편안하게 쉬도록 해주는 것일 뿐이야. 손휴는 작은 구멍을 통해 세상을 보는 식견이 좁은 사람인데, 나는 지인의 덕에 대해 이야기했다. 이는 비유하자면 말이 끄는 수레에 생쥐를 태우려는 것과 같고 종과 북을 연주하여 메추라기를 즐겁게 해주려는 것과 같으니 그가 또 어찌 놀라지 않을 수 있겠느냐?"

有孫休者, 踵門而詫子扁慶子曰, 休居鄕不見謂不修, 臨難不見謂不勇. 然而田原不遇歲, 事君不遇世, 賓於鄕里, 逐於州部, 則胡罪乎天哉. 休惡遇此命也. 扁子曰, 子獨不聞夫至人之自行邪. 忘其肝膽, 遺其耳目, 芒然彷

16 소와 양과 돼지를 모두 갖추어 드리는 큰 제사.

17 순임금 시대의 악곡명으로서 매우 성대한 행사에 연주되었다고 한다.

徨乎塵垢之外, 逍遙乎無事之業, 是謂爲而不恃, 長而不宰. 今汝飾知以驚愚, 修身以明汙, 昭昭乎若揭日月而行也. 汝得全而形軀, 具而九竅, 無中道夭於聾盲跛蹇而比於人數, 亦幸矣, 又何暇乎天之怨哉. 子往矣. 孫子出, 扁子入. 坐有間, 仰天而嘆. 弟子問曰, 先生何爲歎乎. 扁子曰, 向者休來, 吾告之以至人之德, 吾恐其驚而遂至於惑也. 弟子曰, 不然. 孫子之所言是邪. 先生之所言非邪. 非固不能惑是. 孫子所言非邪. 先生所言是邪. 彼固惑而來矣, 又奚罪焉. 扁子曰, 不然. 昔者有鳥止於魯郊, 魯君說之, 爲具太牢以饗之, 奏九韶以樂之. 鳥乃始憂悲眩視, 不敢飮食. 此之謂以己養養鳥也. 若夫以鳥養養鳥者, 宜棲之深林, 浮之江湖, 食之以委蛇, 則平陸而已矣. 今休, 款啟寡聞之民也, 吾告以至人之德, 譬之若載鼷以車馬, 樂鴳以鐘鼓也, 彼又惡能無驚乎哉.

제20편 | 산목

山木

대개 이 편은 「인간세」 편과 내용이나 주제 면에서 같다거나 혹은 표리 관계에 있다고 평가한다. 그러나 이 편 전체 내용을 자세히 살펴보면 한 가지 주제로만 이루어져 있는 것은 아니다. 굳이 말하자면 「소요유」 편에서부터 꾸준히 강조하고 있는 쓸모없음에 대한 문제, 「양생주」 편의 주제인 양생의 문제 그리고 「인간세」 편의 주제인 처세의 문제 등에 대한 내용이 섞여 있다. 첫 번째 이야기는 쓸모없음에 대한 문제를 처세의 문제와 관련지어 설명하고 있다. 처세에 한정하여 말한다면 그 핵심은 두 가지다. 하나는 쓸모 있음과 없음의 구별마저도 하지 않아야 한다는 것이고, 다른 하나는 세상의 일에 대하여 마음을 비우는 것이다. 결국 이 두 가지는 같은 의미를 가진 것이라고 볼 수도 있다. 「인간세」 편에서는 고위관리 등 나라의 운영에 직접 참여하거나 변덕스럽고 포악한 권력자들 틈바구니 속에서 살아남는 방법에 대한 모색에 중점을 두었다면, 여기서는 일반인 혹은 재야의 지식인으로서 세상에 섞여 살면서 몸과 마음의 손상을 받지 않는 방법에 대한 모색에 중점을 두고 있다. 그러나 제시하는 결론은 비슷하다. 자기를 버리는 것, 즉 마음을 비우는 것이다. 특이한 점은 공자가 진나라와 채나라 사이에서 곤경에 빠진 일을 이 한 편에서 두 번이나 언급하고 있다는 점이다.

1.

장자가 산 속을 가다가 거대한 나무를 보았다. 가지와 잎이 무성한데도 나무를 구하러온 사람은 그 곁에 멈추어 서 있으면서도 베려고 하지 않았다. 장자가 그 이유를 물었더니 그는 이렇게 대답했다.

"쓸모가 없어요."

장자가 제자를 보고 말했다.

"이 나무는 재목이 못 되기 때문에 타고난 천수天壽를 다할 수 있는 거야."

장자가 산을 내려가 옛 친구 집에 머물렀다. 친구는 반가워하면서 심부름하는 아이에게 거위를 잡아 삶으라고 말했다. 심부름하는 아이가 물었다.

"한 마리는 잘 울고 다른 한 마리는 울지 못합니다. 어느 것을 잡을까요?"

주인이 말했다.

"울지 못하는 놈을 잡아라."

그 다음날 제자가 장자에게 물었다.

“어제 산 속에 있던 그 나무는 재목이 못되었기 때문에 타고난 천수를 다할 수가 있었지만, 지금 이 댁의 거위는 재목이 되지 못한다는 이유 때문에 죽었습니다. 선생님께서는 어느 쪽을 택하시겠습니까?”

장자가 웃으면서 대답했다.

“나는 재목과 재목이 못되는 그 중간에 서야 할까? 재목과 재목이 못되는 중간은 그럴 듯하면서도 실은 아니야. 그렇게 해서는 속박에서 벗어나지 못하지. 만약 도道와 덕德을 타고 자유롭게 노닌다면 그렇지가 않지. 명성도 없고 비난도 없으며, 한 번은 용으로 변했다가 한 번은 뱀으로 변하는 등 시간의 흐름과 함께 변하면서 어떤 한 가지에만 머물러 있으려 하지 않고, 올라갔다 내려갔다 하면서 천지만물과 조화를 이루는 것을 원칙으로 삼는다. 만물의 뿌리에서 자유롭게 노닐면서 사물을 그저 사물로 대할 뿐 사물의 노예가 되지 않는다. 그러니 그것들이 어떻게 나를 속박할 수 있겠느냐? 이것은 신농神農과 황제黃帝가 본받던 원칙이다. 그러나 만물의 실상이나 인간 세상의 변화와 같은 것은 그렇지 않다. 만나면 헤어지고, 이루어지면 망가진다. 모나면 꺾이고, 신분이 높으면 비방을 받고, 무언가를 하면 결함이 생기고, 현명하면 모함을 받고, 어리석으면 우롱당한다. 그러니 어떻게 전혀 속박을 받지 않을 수 있겠느냐? 가련하지. 그대들은 기억하거라. 속박이 없는 삶은 오직 도와 덕의 세계에서만 가능하다는 것을.”

莊子行於山中, 見大木, 枝葉盛茂. 伐木者止其旁而不取也. 問其故曰, 無所可用. 莊子曰, 此木以不材得終其天年. 夫子出於山, 舍於故人之家. 故人喜, 命豎子殺雁而烹之. 豎子請曰, 其一能鳴, 其一不能鳴, 請奚殺. 主人曰, 殺不能鳴者. 明日, 弟子問於莊子曰, 昨日山中之木, 以不材得終其天年. 今主人之雁, 以不材死. 先生將何處. 莊子笑曰, 周將處夫材與不材之間. 材與不材之間, 似之而非也, 故未免乎累. 若夫乘道德而浮游則不然. 無譽無訾, 一龍一蛇, 與時俱化, 而無肯專爲. 一上一下, 以和爲量. 浮游乎萬物之祖, 物物而不物於物, 則胡可得而累邪. 此神農黃帝之法則也. 若夫萬物之情, 人倫之傳, 則不然. 合則離, 成則毁. 廉則挫, 尊則議, 有爲則虧, 賢則謀, 不肖則欺. 胡可得而必乎哉. 悲夫, 弟子志之, 其唯道德之鄕乎.

2.

시남의료市南宜僚가 노나라 임금을 만났는데, 노나라 임금은 얼굴에 수심이 가득했다. 시남의료가 그 모습을 보고서는 물었다.

"전하께서는 근심스러워 보이는데 무엇 때문에 그러신지요?"

노나라 임금이 대답했다.

"나는 선왕의 도를 배웠고, 선군先君이 남겨준 업무를 익혔소. 나는 또 귀신을 공경하고 현자를 존중하는 일을 직접 실천하면서 잠시도 그친 적이 없소. 그런데도 재앙에서 벗어나지 못하고 있소. 그래서 근심스러워 하고 있는 것이오."

시남자가 말했다.

"전하께서 재앙을 막기 위해 사용하신 방법은 얄팍합니다. 살찐 여우나 무늬가 아름다운 표범은 산속에 깃들어 살거나 바위틈에 엎드려 있는데, 이는 고요함〔靜〕의 덕목입니다. 밤중에 행동하고 낮에 가만히 있는데, 이는 경계〔戒〕의 덕목입니다. 비록 배가 고프고

목이 말라도 멀리 강이나 호수까지 가서 먹이를 찾는데, 이는 규칙성[定]의 덕목입니다. 그럼에도 불구하고 그 녀석들은 그물이나 덫의 재앙에서 벗어나지 못하는 경우가 있는데, 이것이 어찌 그 녀석들의 잘못이겠습니까? 그 녀석들의 가죽이 화근이 되었던 것입니다. 지금 노나라는 전하의 가죽이 아니겠습니까? 저는 전하께서 몸을 갈라 가죽을 벗겨내 버리고, 마음을 씻고 욕망을 없애버리고 나서 아무도 없는 들판에서 배회하시기를 바랍니다. 월나라 남쪽에 건덕建德이라고 부르는 나라가 있습니다. 그곳의 백성은 어리석고 소박하며 이기심이 거의 없고 욕망이 적으며, 경작할 줄은 알면서도 저장할 줄은 모릅니다. 남에게 베풀어주면서도 그에 대한 보답을 바라지 않습니다. 어떻게 해야 도리[義]에 알맞은지 모르고, 어떻게 해야 예의禮儀대로 하는 것인지 모릅니다. 그들은 그저 아무 생각 없이 멋대로 행동하지만, 그것으로 대도大道를 실천합니다. 그들은 살아서는 즐겁고, 죽어서는 편안히 묻힙니다. 저는 전하께서 노나라를 떠나시고, 또 노나라의 풍속을 버리시고 도와 함께 발맞추어 나아가시기를 바랍니다."

市南宜僚見魯侯, 魯侯有憂色. 市南子曰, 君有憂色, 何也. 魯侯曰, 吾學先王之道, 修先君之業. 吾敬鬼尊賢, 親而行之, 無須臾離居. 然不免於患, 吾是以憂. 市南子曰, 君之除患之術淺矣. 夫豐狐文豹, 棲於山林, 伏於巖穴, 靜也. 夜行晝居, 戒也. 雖飢渴隱約, 猶且胥疏於江湖之上而求食焉, 定也. 然且不免於罔羅機辟之患, 是何罪之有哉. 其皮爲之災也. 今魯國獨非君之皮邪. 吾願君刳形去皮, 洒心去欲, 而遊於無人之野. 南越有邑焉, 名爲建德之國. 其民愚而朴, 少私而寡欲. 知作而不知藏, 與而不求其報. 不知義之所適, 不知禮之所將. 猖狂妄行, 乃蹈乎大方. 其生可樂, 其死可葬. 吾願君去國捐俗, 與道相輔而行.

노나라 임금이 말했다.

"그곳으로 가는 길은 멀고 위험해요. 그리고 강도 있고 산도 있는데, 나는 배도 없고 수레도 없으니 어찌한단 말이오?"

시남자가 대답했다.

"전하께서는 오만함이 없는 것과 편안한 생활에 대한 미련이 없는 것을 전하의 수레로 삼으십시오."

임금이 말했다.

"그곳으로 가는 길은 아득히 멀고 사람도 없는데 나는 누구와 길동무를 하겠소? 나는 식량이 없고 먹을 것도 없는데, 어떻게 거기까지 이를 수 있겠소?"

시남자가 대답했다.

"전하의 경비를 줄이고 전하의 욕망을 적게 하신다면 비록 식량이 없어도 충분할 것입니다. 전하께서 강을 건너 바다에 떠 계시면, 멀리 바라보아도 강기슭은 보이지 않고 갈수록 끝을 알 수 없을 것입니다. 그리고 전하를 전송하러 온 사람들은 모두 강기슭에서 돌아가버릴 것입니다. 전하께서는 이때부터 그들과 멀어질 것입니다. 다른 사람을 다스리는 자는 번거롭고, 다른 사람에게 다스림을 받는 자는 근심스러운 법입니다. 이 때문에 요임금은 다른 사람을 다스리지도 않았고, 다른 사람의 다스림을 받지도 않았습니다. 저는 전하께서도 군주로서의 번거로움을 없애고 군주로서의 근심을 털어내시어 오로지 도와 더불어 광막한 나라에서 노시기를 바랍니다. 배를 타고 강을 건널 때 빈 배가 와서 이쪽 배에 부딪힌다면 비록 속이 좁은 사람일지라도 화내지 않습니다. 그런데 그 배 안에 사람이 타고 있다면 배를 비키라고 하거나 끌어당기라고 소리칠 것입니다. 한 번 소리쳐도 듣지 않고, 다시 소리쳐도 듣지 않으면 세 번째 소리칠 때는 분명히 험악한 소리가 뒤따르게 마련입니다. 아까의 예에서는 화를 내지 않았는데 이번의 예에서는 화를 냅니다. 그것은 아까의 예에서는 빈 배였지만, 지금의 예에서는 사람이 타고 있기 때문입니다. 사람도 자기를 비우고 세상에서 노닌다면 누가 그를 해칠 수 있겠습니까?"

君曰, 彼其道遠而險, 又有江山, 我無舟車, 奈何. 市南子曰, 君無形倨, 無留居, 以爲君車. 君曰, 彼其道幽遠而無人, 吾誰與爲鄰. 吾無糧, 我無食, 安得而至焉. 市南子曰, 少君之費, 寡君之欲, 雖無糧而乃足. 君其涉於江而浮於海, 望之而不見其崖, 愈往而不知其所窮. 送君者皆自崖而反. 君自此遠矣. 故有人者累, 見有於人者憂. 故堯非有人, 非見有於人也. 吾願去君之累, 除君之憂, 而獨與道遊於大莫之國. 方舟而濟於河, 有虛船來觸舟, 雖有惼心之人不怒. 有一人在其上, 則呼張歙之. 一呼而不聞, 再呼而不聞, 於是三呼邪, 則必以惡聲隨之. 向也不怒而今也怒, 向也虛而今也實. 人能虛己以遊世, 其孰能害之.

3.

북궁사北宮奢[1]가 위衛나라 영공靈公을 위해 세금을 거둬들여 종鐘을 만들려고 하면서 성곽 문밖에 제단을 쌓았다. 그는 석 달 만에

---

1 위나라의 대부.

위아래 두 층의 편경을 완성했다. 왕자 경기慶忌[2]가 그것을 보고서는 물었다.

"자네는 무슨 기술을 부렸는가?"

북궁사가 대답했다.

"저는 자연에 따르기만 할 뿐 감히 다른 방법을 쓰지 않았습니다. 저는 '새기고 다듬어서 순박한 상태로 다시 돌아간다'는 말을 들은 적이 있습니다. 저는 무식한 듯 멍청하게 행동했고, 바보처럼 순박하게 행동했습니다. 어리석고 흐리멍덩하게 있으면서 가는 것은 보내고 오는 것은 받아들였습니다. 또 오는 것은 물리치지 않았고, 가는 것은 막지 않았습니다. 고집스러운 사람도 그냥 따라주고, 유순한 사람도 그냥 따라주면서 모두 자신의 능력을 다하도록 맡겨두었습니다. 그 때문에 아침저녁으로 세금을 거둬들여도 사람은 그에 대해 털끝만큼도 손해를 입는 것으로 여기지 않았습니다. 그러니 대도를 통한 사람이야 더 말할 나위가 있겠습니까?"

北宮奢爲衛靈公賦斂以爲鐘, 爲壇乎郭門之外. 三月而成上下之縣. 王子慶忌見而問焉曰, 子何術之設. 奢曰, 一之間, 無敢設也. 奢聞之. 旣彫旣琢, 復歸於朴. 侗乎其無識, 儻乎其怠疑. 萃乎芒乎, 其送往而迎來. 來者勿禁, 往者勿止. 從其彊梁, 隨其曲傅, 因其自窮. 故朝夕賦斂而毫毛不挫, 而況有大塗者乎.

2 주나라의 왕자.

4.

공자가 진陳나라와 채蔡나라 사이에서 포위되었을 때 7일 동안이나 익힌 음식을 먹지 못했다. 대공임大公任[3]이 그를 위문하러 가서 말했다.

"선생은 아마 죽을 것 같습니다."

"그렇습니다."

"선생은 죽는 것이 싫습니까?"

"예."

그러자 대공임이 이렇게 말했다.

"저는 이전에 죽지 않는 방법〔不死之道〕에 대해 말한 적이 있습니다. 동해에 어떤 새가 있는데, 의태意怠라고 부릅니다. 그 새는 천천히 겨우겨우 날아 마치 무능한 것 같습니다. 끌어당겨줘야 날고 떠밀려서 멈춥니다. 앞으로 갈 때는 감히 맨 앞에 나서지 못하고 물러날 때는 감히 맨 뒤에 처지지 못합니다. 먹을 때는 감히 먼저 맛보지 못하고 반드시 남들이 먹다 남긴 것만 먹습니다. 이 때문에 그 새는 새들의 행렬에서 따돌림 받지 않고 사람들도 결국 그 새를 해치지 못합니다. 그 새는 이렇게 해서 재앙을 면할 수 있는 것입니다. 곧은 나무는 먼저 베어지고 물맛이 좋은 우물이 먼저 마르는 법입니다. 선생은 아마도 지식을 포장하여 어리석은 사람을 놀라게 하고 몸을 수양하여 남의 약점을 까발리면서 해와 달을 추켜들듯이 명명백백하게 행동하고 있습니다. 그래서 재앙을 면하지 못하는 것입니다. 옛날에 저는 위대한 분으로부터 다음과 같은 말을 들었습니다. '스

3 태공太公은 대부를 지칭하는 말이고, 임任이 이름이다. 그에 대한 자세한 기록은 없다.

스로 자랑하는 사람은 업적이 없고, 업적을 이룬 사람은 무너지고, 명성을 이룬 사람은 허물어진다.' 누가 업적과 명성을 멀리하고 그것을 뭇사람에게 돌려줄 수 있을까요? 그러한 사람은 비록 자신의 도가 온 세상에 퍼져 있어도 그것을 자기 공이라고 밝히지 않고, 자신의 덕행이 모든 곳에 작용하더라도 그 명성을 차지하지 않습니다. 그러한 사람은 순박하고 평범하여 마치 아무 생각 없이 제멋대로 행동하는 것 같고 흔적을 남기지 않고 권세를 던져버리며, 업적이나 명예를 추구하지 않습니다. 그러므로 다른 사람에게 요구하는 것이 없고, 사람들 또한 그에게 요구하지 않습니다. 지인至人은 이름이 나지 않는데, 선생은 왜 명성을 좋아하는 겁니까?"

공자가 말했다.

"좋은 말이오."

이렇게 말하고 그는 친구들과 사귀는 것을 그만두고, 제자들을 버리고 거대한 늪가로 도망가 가죽과 갈포옷을 입고 상수리와 밤을 먹으면서 살았다. 짐승들 속에 들어가도 짐승들이 놀라 흐트러지지 않았고, 새들 속에 들어가도 새들이 놀라 행렬을 흩뜨리지 않았다. 새나 짐승들도 싫어하지 않는데, 사람이야 말할 나위가 있겠는가?

孔子圍於陳蔡之間, 七日不火食. 大公任往弔之曰, 子幾死乎. 曰, 然. 子惡死乎. 曰, 然. 任曰, 予嘗言不死之道. 東海有鳥焉, 名曰意怠. 其爲鳥也, 翂翂翐翐, 而似無能. 引援而飛, 迫脅而棲. 進不敢爲前, 退不敢爲後. 食不敢先嘗, 必取其緒. 是故其行列不斥, 而外人卒不得害, 是以免於患. 直木先伐, 甘井先竭. 子其意者飾知以驚愚, 修身以明汙. 昭昭乎如揭日月而行, 故不免也. 昔吾聞之大成之人曰, 自伐者無功, 功成者墮, 名成者虧. 孰能去功與名而還與衆人. 道流而不明, 居得行而不名處. 純純常常, 乃比於狂.

削迹捐勢, 不爲功名. 是故無責於人, 人亦無責焉. 至人不聞, 子何喜哉. 孔子曰, 善哉. 辭其交遊, 去其弟子, 逃於大澤, 衣裘褐, 食杼栗, 入獸不亂群, 入鳥不亂行. 鳥獸不惡, 而況人乎.

5.

공자가 자상호子桑雽[4]에게 물었다.

"나는 노나라에서 두 번이나 쫓겨났고, 송宋나라에서는 누군가 나무를 베서 쓰러뜨려 나를 죽이려 했으며, 위衛나라에서는 입국 금지령이 내려졌고, 송나라와 위나라 사이에서는 곤궁에 빠졌고, 진나라와 채나라 사이에서는 포위당해 죽을 뻔했소. 내가 이런 여러 가지 재앙을 당하면서 친척이나 친구들과는 갈수록 소원해졌고 제자들은 갈수록 뿔뿔이 흩어져버렸소. 왜 그런 걸까요?"

자상호가 대답했다.

"선생은 은나라 사람의 도망이라는 이야기를 들어보지 못했소? 임회林回라는 사람은 천금의 값이 나가는 벽옥을 버리고 갓난아기를 업고 도망쳤습니다. 그런데 어떤 사람이 그 사람을 보고 이렇게 말했습니다. '팔아봐야 갓난아기의 가격이 더 적을 테고, 힘들기로는 갓난아기가 더 힘들 텐데 천금이나 나가는 벽옥을 버리고 갓난아기를 업고 도망친 것은 무엇 때문이오?' 그 말을 듣고 임회는 이렇게 대답했습니다. '옥벽은 이익을 매개로 맺어진 관계이고, 갓난아기는 천륜을 매개로 맺어진 관계요. 대체로 이익을 매개로 맺어진

4 은둔자로 알려져 있는 사람.

관계는 어려움이 닥치거나 재앙을 만나면 서로 버립니다. 천륜을 매개로 맺어진 관계는 어려움이 닥치거나 재앙을 만나면 서로 보살펴줍니다.' 이처럼 서로 보살펴주는 것과 서로 버리는 것은 그 차이가 매우 큽니다. 그리고 군자의 사귐은 물처럼 싱겁고 소인의 사귐은 단술처럼 달콤합니다. 군자는 싱겁지만 친밀하고, 소인은 달콤하지만 끊어집니다. 대개 아무 이유 없이 맺어진 관계는 아무 이유 없이 헤어지는 법입니다."

공자가 말했다.

"가르침을 겸허하게 따르겠습니다."

그리고는 천천히 걸어 배회하면서 돌아가서는 학문연구를 그만두고 책을 버렸다. 그러자 제자들 가운데서 그의 앞에서 절하는 사람은 없었지만, 그들의 스승에 대한 사랑은 더욱더 더 깊어졌다.

그뒤 어느 날 자상호가 또 말했다.

"순임금이 죽어갈 때 우임금에게 명했습니다. '그대는 명심하거라. 몸은 자연의 변화에 따르는 것이 제일이고, 마음은 솔직담백한 것이 제일이다.' 자연의 변화에 따르면 사물의 실정과 동떨어지지 않을 것이고, 솔직담백하면 정신이 시들지 않을 것입니다. 사물의 실정과 동떨어지지 않고 정신이 시들지 않으면 예의를 추구하거나 겉치레 행위에 기대거나 하지 않습니다. 예의를 추구하거나 겉치레 행위에 기대거나 하지 않으면, 결코 외적인 것에 의존하지 않습니다."

孔子問子桑雽曰, 吾再逐於魯, 伐樹於宋, 削迹於衛, 窮於商周, 圍於陳蔡之間. 吾犯此數患, 親交益疏, 徒友益散, 何與. 子桑雽曰, 子獨不聞假人之亡與. 林回棄千金之璧, 負赤子而趨. 或曰, 爲其布與. 赤子之布寡矣. 爲其累與. 赤子之累多矣. 棄千金之璧, 負赤子而趨, 何也. 林回曰, 彼以利合,此以天屬也. 夫以利合者, 迫窮禍患害相棄也. 以天屬者, 迫窮禍患害相收也. 夫相收之與相棄亦遠矣, 且君子之交淡若水, 小人之交甘若醴. 君子淡以親, 小人甘以絕, 彼無故以合者, 則無故以離. 孔子曰, 敬聞命矣. 徐行翔佯而歸, 絕學捐書, 弟子無挹於前, 其愛益加進. 異日, 桑雽又曰, 舜之將死, 眞泠禹曰, 汝戒之哉. 形莫若緣, 情莫若率. 緣則不離, 率則不勞. 不離不勞, 則不求文以待形. 不求文以待形. 固不待物.

6.

장자가 성긴 천 조각으로 기운 옷을 입고 헤어진 신발을 삼끈으로 얽어 묶은 채 위나라 왕을 만났다. 위나라 왕은 그를 보고 말했다.

"선생은 왜 그렇게 초라해졌소?"

장자가 대답했다.

"가난할 뿐 초라한 것이 아닙니다. 선비로서 도와 덕에 대한 뜻을 품고 있으면서 그것을 실천할 수 없는 것이 초라한 것입니다. 옷이 해지고 신발이 구멍 난 것은 가난한 것이지 초라한 것이 아닙니다. 이런 것을 바로 때를 잘못 만난 것이라고 하는 것입니다. 전하께서는 나무에 오르는 원숭이를 보지 못하셨는지요? 그 녀석이 녹나무나 가래나무에 올라가 있을 때는 그 덩굴과 가지를 잡아당기면서 우두머리 행세를 합니다. 그럴 때는 예羿나 봉몽蓬蒙 같은 명사수라 할지라도 그 녀석을 겨냥하지 못합니다. 그러나 원숭이가 산뽕나무나 멧대추나무나 탱자나무에 올라가 있을 때는 조심스럽게 행동하고 곁눈으로 바라보면서 부들부들 떨고 두려워합니다. 이는 근육이 바짝 긴장해서 부드럽지 못하기 때문이 아니라 그 녀석이 처한 상황이 불편해서 자신의 능력을 충분히 발휘하지 못하기 때문에 그런 것입니다. 지금 저는 어리석은 군주와 나라를 어지럽히는 신하들이 다스리는 세상에 살고 있습니다. 초라해지지 않으려고 해도 그게 어떻게 가능하겠습니까? 심장이 도려내지는 참화를 당했던 비간의 예가 그 증거입니다."

莊子衣大布而補之, 正緳係履而過魏王. 魏王曰, 何先生之憊邪. 莊子曰, 貧也, 非憊也. 士有道德不能行, 憊也. 衣弊履穿, 貧也, 非憊也, 此所謂非遭時也. 王獨不見夫騰猿乎. 其得楠梓豫章也, 攬蔓其枝而王長其間, 雖羿蓬蒙不能眄睨也. 及其得柘棘枳枸之間也, 危行側視, 振動悼慄, 此筋骨非有加急而不柔也, 處勢不便, 未足以逞其能也. 今處昏上亂相之間, 而欲無憊, 奚可得邪. 此比干之見剖心徵也夫.

7.

공자는 진陳나라와 채蔡나라 사이에서 궁지에 몰렸을 때 7일 동안이나 익힌 음식을 먹지 못했다. 공자는 왼손을 고목에 기댄 채 오른손으로 고목의 가지를 두드리면서 신농씨神農氏 시대의 노래를 불렀다. 그러나 악기를 두드리기는 해도 박자가 맞지 않았고, 소리를 내기는 해도 가락이 없었다. 그래도 나무 두드리는 소리와 목소리가 잘 어우러져 사람의 심금을 울렸다. 안회顔回는 손을 모으고 단정히 앉은 채로 눈을 돌려 공자 쪽을 바라보았다. 공자는 안회가 자기를 과대평가하여 지나치게 부풀리지나 않을까, 혹은 자기를 불쌍하게 여겨 슬퍼하고 우울해하지나 않을까 걱정이 되어서 말했다.

"회야, 자연의 재앙을 입지 않기는 쉽지만, 인간 사회의 재물을 받아들이지 않기는 어렵다. 시작된 것 가운데 끝나지 않는 것은 없고 인간과 자연은 한 가지다. 지금 노래를 부른 사람은 누구일까?"

안회가 물었다.

"죄송합니다만, 자연의 재앙을 입지 않기는 쉽다는 것은 무슨 뜻입니까?"

중니(공자)가 대답했다.

"배고픈 것, 목마른 것, 추운 것, 더운 것, 운수가 꽉 막혀 풀리지 않는 것 등은 천지의 운행과 만물의 운동에 의해 그런 것이다. 그러니까 그것들의 변화와 함께 가야 한다는 것을 말한 것이다. 신하가 되었다면 감히 그로부터 떠나서는 안 된다. 신하로서의 도리를 지키는 것도 이와 같거늘 자연의 명을 기다리는 사람이야 더 말할 나위가 있겠느냐?"

"인간 사회의 재물을 받아들이지 않기는 어렵다는 것은 무슨 뜻입니까?"

중니가 대답했다.

"처음 관직에 임명되면 일이 매우 순조롭게 잘 풀리고 벼슬과 녹봉이 모두 끝이 없다. 그러나 이러한 외적인 이익은 결코 자기에게 속한 것이 아니라 그저 내가 운이 좋아서 이러한 것들을 얻은 것일 뿐이다. 군자는 훔치는 짓을 하지 않고, 현자는 도둑질을 하지 않는다. 그런데 내가 그런 외적인 이익을 차지한다면 왜 그러겠느냐? 그러므로 '새는 제비보다 지혜롭지 못하다'는 말이 있다. 제비는 한눈에 부적합한 곳이다 싶으면 그곳을 자세히 보려고도 하지 않는다. 비록 입에 물었던 먹이를 떨어뜨린다 해도 그곳을 버리고 그대로 날아간다. 그런데 제비는 이처럼 사람을 두려워하면서도 사람이 사는 속으로 들어오기도 하는데, 그것은 자신들의 사직社稷을 그곳에 맡기고 있기 때문이다.

“시작된 것 가운데 끝나지 않는 것은 없다는 것은 무슨 뜻입니까?”

중니가 대답했다.

“만물을 변하게 하고 그런 식으로 계속 이어져 내려오게 하는 존재는 알 수 없으니 어떻게 그 끝을 알 수 있겠으며, 어떻게 그 시작을 알 수 있겠느냐? 그저 몸을 바르게 하고 그것을 따를 뿐이다.”

“인간과 자연은 한 가지라는 것은 무슨 뜻입니까?”

중니가 대답했다.

“사람이 존재하는 것은 자연에 의한 것이다. 자연이 존재하는 것 역시 자연에 의한 것이다. 사람이 자연을 만들어낼 수 없는 것은 본성의 제약 때문이다. 그러므로 성인은 편안하게 자연의 변화를 몸으로 받아들이면서 끝을 맞이한다.”

孔子窮於陳蔡之間, 七日不火食. 左據槁木, 右擊槁枝, 而歌猋氏之風, 有其具而無其數, 有其聲而無宮角. 木聲與人聲, 犁然有當於人之心. 顏回端拱還目而窺之. 仲尼恐其廣己而造大也, 愛己而造哀也曰, 回, 無受天損易, 無受人益難. 無始而非卒也, 人與天一也. 夫今之歌者其誰乎. 回曰, 敢問無受天損易. 仲尼曰, 飢渴寒暑, 窮桎不行, 天地之行也, 運物之泄也, 言與之偕逝之謂也. 爲人臣者, 不敢去之. 執臣之道猶若是, 而況乎所以待天乎. 何謂無受人益難. 仲尼曰, 始用四達, 爵祿竝至而不窮. 物之所利, 乃非己也, 吾命有在外者也. 君子不爲盜, 賢人不爲竊, 吾若取之, 何哉. 故曰, 鳥莫知於鷾鴯, 目之所不宜處, 不給視, 雖落其實, 棄之而走. 其畏人也, 而襲諸人間. 社稷存焉爾. 何謂無始而非卒. 仲尼曰, 化其萬物而不知其禪之者.

焉知其所終. 焉知其所始. 正而待之而已耳. 何謂人與天一邪. 仲尼曰, 有人, 天也. 有天, 亦天也. 人之不能有天, 性也. 聖人晏然體逝而終矣.

8.

장자가 조롱彫陵의 울타리 근처에서 놀고 있을 때 남쪽에서 날아온 이상한 까치 한 마리를 보았다. 그 새는 날개의 넓이가 일곱 자나 되었고, 눈은 직경이 한 치나 될 정도로 컸는데도 장주의 이마를 스치고 지나가 밤나무 숲에 내려앉았다. 그것을 보고 장주는 혼자 중얼거렸다.

"이건 무슨 새지? 날개는 큰데도 잘 날지 못하고, 눈은 큰데도 잘 보지 못하는구나."

그렇게 중얼거리고 나서 옷을 걷어 올리고 재빠르게 달려가 탄궁彈弓을 집어 들어 그 새를 쏘려 했다. 그런데 매미 한 마리가 한창 울창한 나무그늘을 차지하고선 그것을 만끽하느라 자신의 존재를 잊고 있었다. 그리고 사마귀 한 마리가 나뭇잎으로 제 몸을 가린 채 그 매미를 잡는 데 열중하고 있었다. 사마귀는 이익에 눈이 멀어 제 몸을 잊고 있었던 것이다. 그리고 그 이상한 까치는 그것을 먹잇감으로 노리고 있었다. 그 역시 이익을 보고선 제 몸을 잊어버리고 있었던 것이다. 그 광경을 보고서 장주는 두려운 생각이 들어 중얼거렸다.

"아, 사물들은 본디 서로 뒤엉켜 있고, 각기 다른 두 가지 사물은 서로를 유인하고 있구나."

장자가 탄궁을 버리고 돌아서 가는데 산지기가 좇아와 그에게 욕을 했다. 장자는 집으로 들어간 뒤 3일 동안 언짢은 기색이었다. 인저藺且가 그에게 가서 물어보았다.

"선생님께서는 요즈음 왜 기분이 안 좋아 보이는지요?"

장자가 대답했다.

"나는 외물을 좇느라 내 몸을 잊었고, 흐린 물을 구경하느라고 맑은 연못을 잃어버렸다. 나는 나의 스승으로부터 이런 말을 들었다. '사람들 무리 속에 들어가서는 그 무리를 따르라.' 그런데 나는 조릉에서 노닐 때 내 몸을 잊어버리고 있었고, 이상한 까치는 내 이마를 스치고 가더니 밤나무 숲에서 노느라 자기 자신을 잊어버리고 있었다. 밤나무 밭을 지키는 사람은 내가 나쁜 짓을 하는 것으로 오해했다. 그런 일 때문에 나는 기분이 안 좋았던 것이다."

莊周遊於彫陵之樊, 睹一異鵲自南方來者. 翼廣七尺, 目大運寸, 感周之顙, 而集於栗林. 莊周曰, 此何鳥哉. 翼殷不逝, 目大不睹. 蹇裳躩步, 執彈而留之. 睹一蟬, 方得美蔭而忘其身. 螳螂執翳而搏之, 見得而忘形. 異鵲從而利之, 見利而忘其眞. 莊周怵然曰, 噫. 物固相累, 二類相召也. 捐彈而反走, 虞人逐而誶之. 莊周反入, 三日不庭. 藺且從而問之, 夫子何爲頃間甚不庭乎. 莊周曰, 吾守形而忘身, 觀於濁水而迷於清淵. 且吾聞諸夫子曰, 入其俗, 從其俗. 今吾遊於彫陵而忘吾身, 異鵲感吾顙, 遊於栗林而忘眞. 栗林虞人以吾爲戮, 吾所以不庭也.

9.

양자陽子[5]가 송宋나라에 가서 여관에 묵었다. 여관 주인에게는 첩

5 양주楊朱. 맹자가 위아爲我주의자라고 비판한 사람.

이 둘 있었는데, 한 명은 미인이고 다른 한 명은 추녀였다. 그런데 추녀는 귀하게 대접하면서 미녀는 소홀하게 대했다. 양자가 그 까닭을 물었더니 여관집 심부름하는 아이가 대답했다.

"미인은 자기 자신을 아름답다고 생각하지만, 저는 그녀가 아름다운 것을 모르겠습니다. 추녀는 자기 자신을 못생겼다고 생각하지만, 저는 그녀가 못생긴 것을 모르겠습니다."

양자가 말했다.

"제자들아, 잊지 마라. 현명하게 행동하되 스스로 현명하다는 생각이 없는 행동이라면 어디서든 사랑 받지 않겠느냐?"

陽子之宋, 宿於逆旅. 逆旅人有妾二人, 其一人美, 其一人惡. 惡者貴而美者賤. 陽子問其故, 逆旅小子對曰, 其美者自美, 吾不知其美也. 其惡者自惡, 吾不知其惡也. 陽子曰, 弟子記之. 行賢而去自賢之行, 安往而不愛哉.

제21편 | 전자방

田子方

이 편은 총 열한 개의 대화로 이루어져 있다. 전체의 주제는 크게 통일성이 없어 보이지만, 대개의 문장이 도가의 이상적 인격인 지인이나 진인의 마음 상태에 주목하고 있다. 즉 지인이나 진인은 세속적인 출세나 녹봉, 혹은 세속적 가치에 의한 평가 따위에는 전혀 관심이 없고, 그저 무심하고 자연스럽고 평온한 마음을 유지하고 있음을 말하려고 한다. 지인의 경지에 이른 동곽순자에 대한 전자방의 다음과 같은 평가가 가장 대표적이다. "그분은 사람됨이 천진함 그 자체입니다. 사람의 모습을 하고 있지만 자연처럼 무심합니다. 다른 사람을 따르면서도 자신의 천진함을 그대로 간직하고 있고, 깨끗한 마음으로 다른 사람을 그대로 받아들입니다. 사람들이 도리에 어긋나더라도 그저 그냥 받아들임으로써 그들로 하여금 깨닫게 하고 그런 마음이 저절로 사라지게 합니다."

1.

전자방田子方[1]이 위魏나라 문후文侯를 모시고 있을 때 계공谿工[2]을 자주 칭찬했다. 그러자 문후가 물었다.

"계공이 선생의 스승이오?"

전자방이 대답했다.

"아닙니다. 저의 고향 사람입니다. 그가 어떤 도리를 말하면 타당한 경우가 많습니다. 그래서 그를 칭찬한 것입니다."

문후가 물었다.

"그렇다면 선생에게는 스승이 없나요?"

전자방이 대답했다.

"있습니다."

"선생의 스승은 누구신가요?"

전자방이 대답했다.

1 위나라의 현인으로서 문후의 스승. 성은 전田이고 이름은 무택無擇이다.

2 위나라의 현인.

"동곽순자東郭順子[3]입니다.

문후가 물었다.

"그런데 선생은 왜 한 번도 그분을 칭찬하지 않는 거요?"

전자방이 대답했다.

"그분은 사람됨이 천진함 그 자체입니다. 사람의 모습을 하고 있지만 자연처럼 무심합니다. 다른 사람을 따르면서도 자신의 천진함을 그대로 간직하고 있고, 깨끗한 마음으로 다른 사람을 그대로 받아들입니다. 사람들이 도리에 어긋나더라도 그저 그냥 받아들임으로써 그들로 하여금 깨닫게 하고 그런 마음이 저절로 사라지게 합니다. 제가 그것을 어찌 다 칭송할 수 있겠습니까?"

전자방이 나간 뒤에도 문후는 멍하니 얼빠진 모습으로 하루 종일 아무 말도 하지 못하고 있었다. 그러다가 앞에 서 있는 신하를 불러 말했다.

"덕을 온전하게 간직하고 계신 그 군자는 참으로 심오하구나. 나는 원래 성인과 지식인들의 말과 인의를 실천하는 것을 최고라고 생각했었다. 그런데 지금 전자방의 스승에 대해 듣고나니 나는 몸에 힘이 풀려 움직일 수 없고, 입이 다물어져 말이 나오지 않는다. 내가 여태까지 배운 것은 그저 나무와 흙으로 만든 인형에 지나지 않았어. 위나라는 정말로 나를 속박하는 굴레야."

田子方侍坐於魏文侯, 數稱谿工. 文侯曰, 谿工, 子之師邪. 子方曰, 非也, 無擇之里人也. 稱道數當, 故無擇稱之. 文侯曰, 然則子無師邪. 子方曰, 有. 曰, 子之師誰邪. 子方曰, 東郭順子. 文侯曰, 然則夫子何故未嘗稱之.

3 가공의 인물.

子方曰, 其爲人也眞. 人貌而天虛, 緣而葆眞, 淸而容物. 物無道, 正容以悟之, 使人之意也消. 無擇何足以稱之. 子方出, 文侯儻然, 終日不言. 召前立臣而語之曰, 遠矣, 全德之君子. 始吾以聖知之言仁義之行爲至矣. 吾聞子方之師, 吾形解而不欲動, 口鉗而不欲言. 吾所學者, 直土埂耳. 夫魏眞爲我累耳.

2.

온백설자溫伯雪子가 제齊나라로 가는 길에 노魯나라에서 묵었다. 그를 만나고 싶어 하는 노나라 사람이 있었는데, 온백설자가 말했다.

"안 된다. 중원(노나라)의 군자는 예의에 밝고 남의 마음을 헤아리는 데 서툴다고 들었다. 그래서 나는 그 사람을 만나고 싶지 않다."

온백설자가 제나라에 갔다가 돌아오는 길에 노나라에서 묵었는데, 그 사람이 또 만나고 싶어 했다. 그러자 온백설자가 말했다.

"지난번에 나를 만나고 싶어 하더니 이번에도 또 나를 만나고 싶어 하는군. 나를 일깨워줄 게 분명하다."

그는 나가서 그 손님을 만났고, 들어와서는 한숨을 쉬었다. 그 다음날도 그 손님을 만났고, 들어와서는 또 한숨을 쉬었다. 이 모습을 보고서는 그의 하인이 물었다.

"손님을 만날 때마다 들어와서는 꼭 한숨을 쉬시는데, 무슨 일이신지요?"

"내 너에게 알려주마. 중원의 사람들은 예의에는 밝아도 사람의 마음을 헤아리는 데는 서툴다. 어제 나를 만난 사람은 나아가고 물러서는 행동 하나하나가 자로 잰 듯 했고, 곱자를 대고 그린 듯 했다. 얼굴 표정은 호랑이 같기도 하고 용 같기도 했다. 그는 마치 친자식처럼 나에게 간언했고, 마치 친아버지처럼 지도하려 했다. 이 때문에 한숨을 쉰 것이다."

중니(공자)는 그와 만나 아무 말도 하지 않았다. 그러자 자로가 물었다.

"선생님께서는 오래전부터 온백설자를 만나 뵙고 싶어 하셨는데, 그분을 만나 뵙고서도 아무 말씀도 안 하셨습니다. 무슨 까닭에서입니까?"

중니가 대답했다.

"이런 분은 눈으로 보기만 해도 도통한 분인 것을 알 수 있다. 굳이 말을 할 필요가 없지."

溫伯雪子適齊, 舍於魯. 魯人有請見之者, 溫伯雪子曰, 不可. 吾聞中國之君子, 明乎禮義而陋於知人心. 吾不欲見也. 至於齊, 反舍於魯, 是人也又請見. 溫伯雪子曰, 往也蘄見我, 今也又蘄見我, 是必有以振我也. 出而見客, 入而嘆. 明日見客, 又入而嘆. 其僕曰, 每見之客也, 必入而嘆, 何耶. 曰, 吾固告子矣. 中國之民, 明乎禮義而陋乎知人心. 昔之見我者, 進退一成規一成矩, 從容一若龍一若虎. 其諫我也似子, 其道我也似父, 是以嘆也. 仲尼見之而不言. 子路曰, 吾子欲見溫伯雪子久矣. 見之而不言, 何邪. 仲尼曰, 若夫人者, 目擊而道存矣, 亦不可以容聲矣.

3.

안연顔淵[4]이 중니에게 물었다.

"선생님께서 걸으면 저도 걷고, 선생님께서 빠르게 걸으시면 저도 빠르게 걷고, 선생님께서 뛰시면 저도 뛰지만, 선생님께서 발을 땅에 딛지도 않고 날렵하게 질주하시면 저는 그저 눈이 휘둥그레져 멍하니 뒷모습만 쳐다볼 뿐입니다."

선생님이 말했다.

"안회야, 그게 무슨 말이냐?"

"선생님께서 걸으면 저도 걷는다는 것은 선생님께서 말씀을 하시면 저도 말하는 것입니다. 선생님께서 빠르게 걸으시면 저도 빠르게 걷는다는 것은 선생님께서 논변하시면 저도 논변한다는 것입니다. 선생님께서 뛰시면 저도 뛴다는 것은 선생님께서 도에 대해 말씀하시면 저도 도에 대해 말한다는 것입니다. 선생님께서 발을 땅에 딛지도 않고 날렵하게 질주하시면 저는 그저 눈이 휘둥그레져 멍하니 뒷모습만 쳐다볼 뿐이라는 것은 선생님께서는 말씀을 하지 않아도 사람들에게 신뢰를 받고, 친근함을 보이지 않아도 주변의 모든 사람에게 애정이 전달되고, 높은 자리에 있지 않고 권세가 없어도 도도하게 흐르는 물결처럼 사람이 모여들게 하시는데, 저는 선생님께서 어떻게 그렇게 하실 수 있는지 모르겠다는 것입니다."

顏淵問於仲尼曰, 夫子步亦步, 夫子趨亦趨, 夫子馳亦馳, 夫子奔逸絕塵, 而回瞠若乎後矣. 夫子曰, 回, 何謂邪. 曰, 夫子步, 亦步也. 夫子言, 亦言也. 夫子趨, 亦趨也, 夫子辯, 亦辯也. 夫子馳, 亦馳也, 夫子言道, 回亦言道也. 及奔逸絕塵而回瞠若乎後者, 夫子不言而信, 不比而周, 無器而民滔乎前, 而不知所以然而已矣.

중니가 말했다.

4 공자의 제자 안회顔回로 연淵은 그의 자다.

"아, 신중하게 생각하지 않을 수 없겠구나. 불쌍한 것 중에서 마음이 죽어 없어지는 것보다 더 불쌍한 것은 없지만, 사람이 죽는 것 또한 그에 버금간다. 해는 동쪽에서 떠서 서쪽으로 지고, 만물은 이것을 따르지 않는 것이 없다. 눈이 있고 다리가 있는 사람도 이것에 따라야만 일을 할 수 있다. 그래서 해가 나오면 일어나고 해가 지면 쉰다. 만물 역시 다 그렇다. 그것을 따라서 죽는가 하면 그것을 따라서 태어난다. 우리는 한 번 사람의 몸으로 태어나면 죽지 않는 이상 수명이 다하는 그날이 올 때까지 기다린다. 다른 것들이 하는 모양을 본받아 움직이면서 낮이고 밤이고 쉬지 않지만, 그 끝을 알지 못한다. 얼떨결에 몸을 얻어 태어났지만, 운명이라는 것은 미리 알 수 없다는 것을 알기 때문에 나는 그저 날마다 변화를 따라가고 있을 뿐이다. 나는 몸을 마칠 때까지 너와 더불어 허물없이 가깝게 지내겠지만 너는 나를 잘못 이해하고 있으니 서글프지 않을 수 있겠느냐? 너는 아마 분명하게 드러나는 나의 한 면만 보았을 테지만, 그것들은 모두 지나가버리고 없다. 그런데 너는 그것들이 아직도 존재하는 것으로 알고 찾고 있다. 그것은 마치 장이 파해버린 텅 빈 말 시장에서 말을 찾고 있는 것과 같다. 너에 대한 나의 기억은 모두 잊힐 것이며, 나에 대한 너의 기억 역시 몽땅 잊힐 것이다. 그렇다고 너는 근심할 것이 뭐 있겠느냐. 예전의 나를 잊어버린다 해도 나는 여전히 잊어버릴 수 없는 것과 함께 존재할 것이다."

仲尼曰, 惡. 可不察與. 夫哀莫大於心死, 而人死亦次之. 日出東方而入於西極, 萬物莫不比方, 有目有趾者, 待是而後成功. 是出則存, 是入則亡. 萬物亦然, 有待也而死, 有待也而生. 吾一受其成形, 而不化以待盡. 效物而動, 日夜無隙, 而不知其所終. 薰然其成形, 知命不能規乎其前. 丘以是日徂. 吾終身與女交一臂而失之, 可不哀與. 女殆著乎吾所以著也. 彼已盡矣, 而女求之以爲有, 是求馬於唐肆也. 吾服女也甚忘, 女服吾也甚忘. 雖然, 女奚患焉. 雖忘乎故吾, 吾有不忘者存.

4.

공자가 노담(노자)을 만나러 갔는데, 노담은 새로 머리를 감고서 한참 머리를 풀어헤친 채 말리고 있었다. 꼼짝 않고 우두커니 서 있는 그 모습이 사람이 아닌 것처럼 보였다. 공자는 몸을 숨기고 기다리다가 조금 지난 뒤에 노담을 만나 물었다.

"제가 잘못 본 것일까요, 아니면 정말로 그런 것일까요? 아까 마치 고목처럼 홀로 우뚝 서 계시던 선생님의 모습은 흡사 사물과 세상을 초월하여 홀로 서 계신 것처럼 보이더군요."

노담이 말했다.

"나는 존재의 최초 상태에 내 마음을 풀어놓았네."

공자가 물었다.

"그것이 무슨 뜻입니까?

"그것에 대해서는 마음은 한계에 부딪혀 알 수 없고, 입은 닫혀버려 말할 수 없네. 그러나 자네를 위해 그 대략을 한 번 설명해보기로 하지. 순수한 음〔至陰〕은 싸늘하고 순수한 양〔至陽〕은 뜨겁네. 싸늘한 것은 하늘에서 나오고 뜨거운 것은 땅에서 발생하지. 그 두 가지가 서로 어우러져 조화를 이루고 그로부터 만물이 발생하며, 어떤 것은 변화의 원리가 되지만 그 모습은 볼 수 없지. 사라졌다가는 자라나고, 가득 찼다가는 텅 비며, 어두워졌다가 밝았다가 하며 나날이 바뀌고 다달이 변화하여 시시각각 작용하고 있지만 그 성과는 드러나지 않지. 사물이 태어날 때는 싹튼 곳이 있고 죽을 때는 돌아가는 곳이 있지. 그리고 그러한 시작과 끝은 끊임없이 반복되지만 언제 끝날지는 알지 못한다네. 이것이 아니면 또 무엇이 만물의 근원이겠는가?"

孔子見老聃. 老聃新沐, 方將被髮而乾, 慹然似非人. 孔子便而待之. 少焉見曰, 丘也眩與. 其信然與. 向者先生形體掘若槁木, 似遺物離人而立於獨也. 老聃曰, 吾遊心於物之初. 孔子曰, 何謂邪. 曰, 心困焉而不能知, 口辟焉而不能言. 嘗爲女議乎其將. 至陰肅肅, 至陽赫赫. 肅肅出乎天, 赫赫發乎地. 兩者交通成和而物生焉, 或爲之紀而莫見其形. 消息滿虛, 一晦一明, 日改月化, 日有所爲, 而莫見其功. 生有所乎萌, 死有所乎歸, 始終相反乎無端, 而莫知乎其所窮. 非是也, 且孰爲之宗.

공자가 말했다.

"그곳에서 노닌다는 것에 대해 알고 싶습니다."

노담이 대답했다.

"그것을 얻으면 가장 아름답고 가장 즐겁지. 가장 아름다운 것을 얻어 가장 즐거운 데서 노니는 사람을 지인至人이라고 한다네."

공자가 말했다.

"그 방법에 대해 알고 싶습니다."

"풀을 먹고 사는 동물은 숲을 바꾸는 것을 고통스러워하지 않고, 물속에서 사는 동물은 물을 바꾸는 것을 고통스러워하지 않아. 행동은 그때그때 조금 바꾸더라도 대원칙을 잃지 않으면, 기쁘고 화나고 슬프고 즐거운 감정이 마음속에 깃들지 않지. 세상이라는 것은 만물이 하나 되는 곳이야. 하나가 되도록 하는 것〔道〕을 통해 모두가 같게 되면 사지를 포함한 온 몸뚱이는 티끌이 되고, 삶과 죽음 그리고 시작과 끝은 밤낮의 변화와 같은 것이 되어 그 어떤 것에 의해서도 교란을 받지 않을 터인데 이득이나 손실, 재앙이나 행운 따위의 구분이야 말할 필요가 없겠지. 나에게 붙어 있는 것을 버릴 때 마치 흙덩이 버리듯이 하는 것은 나에게 붙어 있는 것보다 내 몸이 더 귀하다는 것을 알기 때문이야. 귀한 것이 나에게 있기 때문에 외부의 변화에도 잃어버리지 않지. 그리고 모든 것은 변화하여 한 번도 끝난 적이 없으니 무엇이 내 마음을 근심스럽게 할 수 있겠나? 이미 도를 체득한 사람은 이 점에 대해 이해하고 있다네."

공자가 말했다.

"선생님께서는 덕이 천지와 같으신데도 완벽한 이론을 가지고 마음을 닦으셨군요. 옛날의 군자 가운데 누가 그런 수양에서 벗어날 수 있었겠습니까?"

노담이 말했다.

"그렇지 않네. 물이 용솟음쳐 나올 때 아무것도 안 하고 그냥 두어야 비로소 자연스럽게 되지. 지인 역시 덕을 닦지 말아야 사물들이 그로부터 떨어져나가지 못하겠지. 그것은 마치 하늘이 저절로 높고, 땅이 저절로 두껍고, 해와 달이 저절로 밝은 것과 같아. 그것들이 무엇을 닦아서 그렇게 되었겠나?"

공자는 나가서 그와 관련하여 안회에게 말했다.

"나의 도에 대한 이해는 마치 초벌레가 항아리 속을 세상의 전부로 알고 있는 것과 같았다. 선생님께서 내 어리석음을 깨우쳐주지 않았더라면 나는 천지가 위대하고 완전하다는 것을 알지 못했을 것이야."

孔子曰, 請問遊是. 老聃曰, 夫得是, 至美至樂也. 得至美而遊乎至樂, 謂之至人. 孔子曰, 願聞其方. 曰, 草食之獸, 不疾易藪. 水生之蟲, 不疾易水. 行小變而不失其大常也, 喜怒哀樂不入於胸次. 夫天下也者, 萬物之所一也. 得其所一而同焉, 則四支百體將爲塵垢, 而死生終始將爲晝夜, 而莫之能滑, 而況得喪禍福之所介乎. 棄隸者若棄泥塗, 知身貴於隸也. 貴在於我而不失於變. 且萬化而未始有極也, 夫孰足以患心. 已爲道者解乎此. 孔子曰, 夫子德配天地, 而猶假至言以修心. 古之君子, 孰能脫焉. 老聃曰, 不然. 夫水之於汋也, 無爲而才自然矣. 至人之於德也, 不修而物不能離焉. 若天之自高, 地之自厚, 日月之自明, 夫何修焉. 孔子出, 以告顔回曰, 丘之於道也, 其猶醯鷄與. 微夫子之發吾覆也, 吾不知天地之大全也.

5.

장자가 노魯나라 애공哀公을 만났다. 애공이 말했다.

"노나라에는 유자儒者가 많고 선생의 학술을 연마하는 사람은 거의 없소."

장자가 대답했다.

"노나라에는 유자가 거의 없습니다."

애공이 말했다.

"온 노나라 사람이 전부 유복儒服을 입고 있는데 어째서 거의 없다고 하는 것이오?"

장자가 말했다.

"저는 '유자가 둥근 갓을 쓰는 것은 천시天時를 아는 것을 의미하고, 네모난 신발을 신는 것은 지형地形에 대해 알고 있음을 의미하고, 결玦을 늘어뜨려 차고 있는 것은 일에 대한 판단 능력이 있음을 의미한다'고 들었습니다. 군자는 어떤 이치를 알고 있더라도 꼭 그에 해당하는 옷을 입지는 않습니다. 그리고 그런 옷을 입었다고 해서 꼭 그런 이치를 알고 있는 것은 아닙니다. 전하께서 만약 그렇지 않다고 생각하신다면, '이 이치를 알지 못하고 이 옷을 입는 자는 처벌하겠노라'라고 온 나라에 포고를 내려 보시지요."

그래서 애공은 포고를 내렸고, 닷새 만에 노나라에는 감히 유복을 입은 자가 없어졌다. 그런데 한 사내가 유복을 입고 애공의 궁궐 문 앞에 서 있었다. 애공은 그를 불러 국사國事를 물었고, 그의 대답은 변화무쌍하고 막히는 데가 없었다.

장자가 말했다.

"노나라를 통틀어 유자는 한 사람뿐입니다. 이래도 유자가 많다고 할 수 있겠습니까?"

莊子見魯哀公. 哀公曰, 魯多儒士, 少爲先生方者. 莊子曰, 魯少儒. 哀公曰, 擧魯國而儒服, 何謂少乎. 莊子曰, 周聞之, 儒者冠圜冠者, 知天時. 履句屨者, 知地形. 緩佩玦者, 事至而斷. 君子有其道者, 未必爲其服也. 爲其服者, 未必知其道也. 公固以爲不然, 何不號於國中曰, 無此道而爲此服者, 其罪死. 於是哀公號之五日, 而魯國無敢儒服者. 獨有一丈夫, 儒服而立乎公門. 公卽召而問以國事, 千轉萬變而不窮. 莊子曰, 以魯國而儒者一人耳, 可謂多乎.

6.

백리해百里奚[5]는 벼슬이나 녹봉을 마음에 두지 않았다. 그래서 소를 기르면 소가 살쪘고, 또 진秦나라 목공穆公으로 하여금 그의 미천한 신분을 잊게 하고 그에게 국사를 맡기게 했다. 유우씨有虞氏[6]는 죽음과 삶을 마음에 두지 않았다. 그래서 그는 사람을 감동시켰다.

百里奚爵祿不入於心, 故飯牛而牛肥, 使秦穆公忘其賤, 與之政也. 有虞氏死生不入於心, 故足以動人.

7.

송宋나라의 원군元君[7]이 도록圖錄에 들어갈 그림을 그리려고 했다. 많은 화공이 몰려 와서는 화판을 받은 다음 자리로 돌아갔다. 그들은 붓을 핥거나 먹을 갈고 있었고, 아직 자리를 못 잡아 밖에서 기다리고 있는 사람도 반이나 되었다. 그런데 한 화공이 늦게 도착하더니 느릿느릿 걸으면서 뛰지도 않았다. 화판을 받고서는 자리로 가지도 않고 그대로 여관으로 돌아가버렸다. 임금이 사람을 시켜 그를 살펴보게 했더니 그는 옷을 벗고서는 두 다리를 쩍 벌리고 앉았는데, 알몸이었다. 그에 대한 보고를 받은 임금이 말했다.

"그렇지. 이 사람이야말로 진짜 화가다."

宋元君將畫圖, 衆史皆至, 受揖而立, 舐筆和墨, 在外者半. 有一史後至者,

5 진秦나라의 현인.

6 순임금.

7 뒤의 「서무귀」 「외물」 편 등에도 나온다.

儃儃然不趨, 受揖不立, 因之舍. 公使人視之, 則解衣般礴臝. 君曰, 可矣, 是眞畫者也.

8.

문왕文王이 장臧 지역을 순시하다가 낚시하고 있는 노인을 한 명 보았는데 그의 낚시의 특징은 물고기를 낚지 않는 것이었다. 물고기를 잡는 낚싯대를 들지 않는 것이야말로 진정한 낚시다. 문왕은 그를 발탁하여 그에게 정사를 맡겨보고 싶었지만 대신들과 친척들이 받아들이려 하지 않을 것이 걱정되었고, 끝내 그대로 두자니 백성에게 하늘 같은 존재를 무시하는 것 같아서 견딜 수 없었다. 그리하여 문왕은 아침에 대부들에게 다음과 같은 말을 하달했다.

"어젯밤 과인이 꿈에 비범한 사람을 보았는데, 얼굴빛이 검고 구레나룻을 기르고 있었소. 그는 털이 얼룩덜룩하고 한쪽 발이 붉은 색을 띤 말을 타고 있었소. 그는 나에게 '너의 정사政事를 장臧의 노인에게 맡기면 백성의 고통이 거의 다 사라질 것이다'라고 소리쳤소."

여러 대부는 깜짝 놀라 말했다.

"돌아가신 선왕이십니다."

문왕이 말했다.

"그렇다면 점을 쳐봅시다."

여러 대부가 말했다.

"선왕께서 천자께 내리는 명령이시니 의심할 필요가 없습니다. 무엇 때문에 또 점을 친다는 것입니까?"

文王觀於臧, 見一丈夫釣, 而其釣莫釣. 非持其釣有釣者也, 常釣也. 文王欲擧而授之政, 而恐大臣父兄之弗安也. 欲終而釋之, 而不忍百姓之無天也. 於是旦而屬之大夫曰, 昔者寡人夢見良人, 黑色而頿, 乘駁馬而偏朱蹄, 號曰, 寓而政於臧丈人, 庶幾乎民有瘳乎. 諸大夫蹴然曰, 先君王也. 文王曰, 然則卜之. 諸大夫曰, 先君之命, 王其無它, 又何卜焉.

그리하여 마침내 장의 노인을 맞이하여 그에게 정사를 맡겼다. 그러나 그 노인은 새로운 법령을 하나도 만들지 않았고, 정령을 하나도 내리지 않았다. 3년이 지난 뒤 문왕이 그 나라를 순시했더니 여러 부류의 선비는 붕당을 세우지 않았고, 장관은 자기의 공덕을 자랑하지 않았으며, 다른 나라의 되나 말을 감히 국경 안으로 들여오지 못했다. 여러 부류의 선비가 붕당을 세우지 않으면 일심동체가 되어 협력하게 되고, 장관이 자기의 공덕을 자랑하지 않으면 뭇사람이 지혜와 힘을 한 데 모으며, 다른 나라의 되나 말을 들고 국경 안으로 들여오지 않으면 제후들이 다른 생각을 품지 않는다. 이때 문왕은 그를 태사太師[8]로 모시고 북쪽을 바라보고 서서 신하의 예를 갖추어 물었다.

"맡으신 정사를 온 세상에까지 넓히는 것이 어떨까요?"

장 노인은 묵묵히 아무 대꾸를 않다가 거리낌 없이 그만두었다. 아침에 문왕의 명령을 받더니 저녁에 숨어버렸다. 그길로 죽을 때까지 소식을 알 수 없었다.

안연이 이 일과 관련하여 중니(공자)에게 물었다.

"문왕이 아직 부족했던 것입니까, 왜 꿈을 팔아야 했습니까?"

8 천자의 스승. 태사太師, 태부太傅, 태보太保의 삼공三公에서 가장 높은 지위.

중니가 대답했다.

"쉿, 말하지 말아라. 문왕은 완벽했는데, 왜 비난하려고 들어? 그 분은 그저 잠시 민심을 따랐던 것뿐이야."

遂迎臧丈人而授之政. 典法無更, 偏令無出. 三年, 文王觀於國, 則列士壞植散群, 長官者不成德, 斔斛不敢入於四竟. 列士壞植散群, 則尙同也. 長官者不成德, 則同務也, 斔斛不敢入於四竟, 則諸侯無二心也. 文王於是焉以爲大師, 北面而問曰, 政可以及天下乎. 臧丈人昧然而不應, 泛然而辭, 朝令而夜遁, 終身無聞. 顔淵問於仲尼曰, 文王其猶未邪. 又何以夢爲乎. 仲尼曰, 默, 汝無言. 夫文王盡之也, 而又何論刺焉. 彼直以循斯須也.

9.

열어구列禦寇[9]가 백혼무인伯昏無人[10]에게 활쏘기 시범을 보였다. 활시위를 힘껏 잡아당긴 다음 물이 든 잔을 팔꿈치에 올려놓은 채로 활을 쏘았는데, 첫 번째 화살이 활시위를 떠남과 동시에 다음 화살이 활시위에 메겨졌다. 날아가는 화살은 마치 서로 연이어 붙어 있는 것 같았다. 그때 그의 모습은 마치 움직이지 않는 조각상 같았다. 이를 보고 백혼무인이 말했다.

"이것은 활을 쏘기 위한 활쏘기이지 쏘지 않기 위한 활쏘기가 아니다. 만약 너와 함께 높은 산에 올라가 위태위태한 바위 위에 서서 100길 깊이의 연못을 내려다보고 서 있다면, 너는 활을 쏠 수 있겠느냐?"

---

9 열자列子의 이름.

10 열자의 스승.

이렇게 말하고 백혼무인은 산을 올라가 위태위태한 바위 위에 서서 100길 깊이의 연못을 내려다보고 섰다. 그러고 나서 몸을 돌린 다음 뒤로 움직여 발바닥의 절반이 바위 밖의 허공에 떠 있게 했다. 그는 열어구에게 읍하면서 나아오게 했다. 열어구는 바닥에 엎드린 채 땀을 흘려 발뒤꿈치까지 적셨다. 그것을 보고서는 백혼무인이 말했다.

"지인至人은 위로 푸른 하늘을 살펴보고 아래로 황천黃泉까지 꿰뚫고 있으며, 팔방을 종횡으로 왕래하더라도 신기神氣가 변하지 않는다. 그런데 너는 두려움 때문에 눈앞이 컴컴해진 모습을 보이는구나. 그런 상태로는 과녁을 맞히기 거의 불가능하지."

列禦寇爲伯昏無人射, 引之盈貫, 措杯水其肘上, 發之, 適矢復沓, 方矢復寓. 當是時, 猶象人也. 伯昏無人曰, 是射之射, 非不射之射也. 嘗與汝登高山, 履危石, 臨百仞之淵, 若能射乎. 於是無人遂登高山, 履危石, 臨百仞之淵, 背逡巡, 足二分垂在外, 揖御寇而進之. 御寇伏地, 汗流至踵. 伯昏無人曰, 夫至人者, 上闚青天, 下潛黃泉, 揮斥八極, 神氣不變. 今汝怵然有恂目之志, 爾於中也殆矣夫.

10.

견오肩吾[11]가 손숙오孫叔敖[12]에게 물었다.

"선생께서는 세 번이나 영윤令尹(재상)에 임명되었지만 그것을 영광스럽게 생각하지 않으셨고, 세 번이나 영윤에서 물러나셨지만 근

11 가공의 인물. 「소요유」「대종사」「응제왕」 편 등에서 나왔다.

12 초나라 사람으로 재상을 지냈다.

심하는 기색이 없었습니다. 저는 처음에는 선생을 의심했지만, 지금 선생을 보니 심기가 편안해 보이는군요. 선생은 어떻게 이런 마음가짐을 가지실 수 있는지요?"

손숙오가 대답했다.

"제가 다른 사람보다 뛰어난 점이 뭐 있겠습니까? 저는 그런 것들이 오는 것을 막을 수 없는 것이라고 생각하고, 그런 것들이 떠나가는 것을 말릴 수 없는 것이라고 생각합니다. 저는 얻는 것이나 잃는 것을 저의 것이 아니라고 생각하기 때문에 근심하는 기색이 없었을 것입니다. 제가 다른 사람보다 뛰어난 점이 뭐 있겠습니까. 그리고 귀함이라는 가치가 그 벼슬에 있는지 아니면 나에게 있는지 모르겠습니다. 귀함이라는 것이 벼슬에 있다면 나하고는 상관없을 것이고, 귀함이라는 것이 나에게 있다면 벼슬하고는 상관없을 것입니다. 저는 이미 흡족하여 사방을 이리저리 여유롭게 둘러보고 있을 뿐입니다. 사람들이 귀하다든가 혹은 천하다고 하는 것에까지 신경 쓸 틈이 어디 있겠습니까?"

공자는 그 이야기를 듣고서는 이렇게 평가했다.

"옛날의 진인은, 지자知者라도 그를 설득할 수 없었고, 미인이라도 그를 유혹할 수 없었고, 도적이라도 그를 위협할 수 없었고, 복희나 황제라도 그와 사귈 수 없었다. 죽고 사는 문제가 그에게도 중요한 것이지만 그 자신을 변하게 할 수는 없었거늘 관직이나 녹봉 따위야 말할 필요도 없겠지. 이와 같은 사람은 정신이 거대한 산을 넘어가더라도 아무런 장애가 되지 않고, 깊은 샘물에 들어가더라도 젖지 않고, 비루한 곳에서 살아도 초라해지지 않는다. 사물이란 천지 사이에 가득 차 있는 것이기 때문에 그것을 남에게 나눠주면 줄

수록 자기는 더 많이 가지는 것으로 생각한다."

肩吾問於孫叔敖曰, 子三爲令尹而不榮華, 三去之而無憂色. 吾始也疑子, 今視子之鼻間栩栩然, 子之用心獨奈何. 孫叔敖曰, 吾何以過人哉. 吾以其來不可卻也, 其去不可止也. 吾以爲得失之非我也, 而無憂色而已矣. 我何以過人哉. 且不知其在彼乎. 其在我乎. 其在彼邪. 亡乎我. 在我邪. 亡乎彼. 方將躊躇, 方將四顧, 何暇至乎人貴人賤哉. 仲尼聞之曰, 古之眞人, 知者不得說, 美人不得濫, 盜人不得劫, 伏戲黃帝不得友. 死生亦大矣, 而無變乎己, 況爵祿乎. 若然者, 其神經乎大山而無介, 入乎淵泉而不濡, 處卑細而不憊. 充滿天地, 旣以與人, 己愈有.

11.

초楚나라 임금과 범凡나라 임금이 함께 앉아 있었는데, 잠깐 사이에 초나라 왕의 측근 중에서 "범나라는 망합니다"라고 말하는 사람이 셋이나 되었다. 그러자 범나라 임금이 말했다.

"범나라가 멸망한다고 해서 그것이 나의 존재를 상실하게 하는 충분조건은 아닙니다. 범나라의 멸망이 나의 존재를 상실하게 하는 충분조건이 아니라면, 초나라가 망하지 않는 것 역시 이미 존재하는 것을 계속 존속시켜주는 충분조건이 아닙니다. 이런 점에서 볼 때, 범나라가 반드시 망한다고 할 수 없고, 초나라가 반드시 살아남는다고 할 수 없습니다."

楚王與凡君坐, 少焉, 楚王左右曰凡亡者三. 凡君曰, 凡之亡也, 不足以喪吾存. 夫凡之亡不足以喪吾存, 則楚之存不足以存存. 由是觀之, 則凡未始亡而楚未始存也.

제22편 | 지북유

知北遊

이 편은 「제물론」 편처럼 지식의 문제에 대하여 깊이 있게 탐구하고 있다. 특히 지知가 도를 찾으러 다닌다는 첫 번째 우화의 설정은 아이러니컬하면서도 대단히 재치 있다. 그러나 여기서 그것을 그냥 웃어넘길 수 없는 이유는 그것이 바로 우리의 모습이기 때문이다. 이 편에서는 도가 모든 것의 근원이면서 이 세상 어디에든 존재하는 것이지만 그것은 볼 수도 없고, 들을 수도 없고, 만져볼 수도 없고, 말로 표현할 수도 없다고 정의한다. 특히 그러한 정의마저도 정의할 수 없다는 점을 말하기 위해 지의 기나긴 여정이 펼쳐지는 것이다. 그래서 이렇게 말한다. "도를 물을 때 대답하는 사람이 있다면, 그는 도를 모르는 것이다. 도를 묻는 사람 역시 도에 대하여 듣지 못한다. 도에 대해서는 물을 수 없고, 묻는다 해도 대답할 수 없다. 물을 수 없는데도 그것에 대해 묻는다면 이는 공허한 물음이다. 대답할 수 없는데도 그러한 물음에 대답한다면 이는 내용이 없는 것이다." 그렇게 정의할 수조차 없는 도는 머리가 아니라 몸으로 체득하는 것이며, 그러한 도를 체득하기 위해서는 아무것도 하지 말아야 한다. 즉 모든 사고를 버리고 인위적인 것을 멈추어야 한다. 우리에게서 사고와 인위가 사라지고 없을 때 남는 것이 바로 자연적인 것이고 그것이 바로 도인 것이다.

1.

지知가 북쪽의 검은 강〔玄水〕가로 놀러 가서 은둔자의 언덕〔隱弅〕이라는 언덕으로 올라가 무위위無爲謂[1]를 만났다. 지가 무위위에게 물었다.

"전 당신에게 물어보고 싶은 게 있습니다. 무엇을 생각해야 도를 알 수 있습니까? 어디에 머물러야 도를 편안하게 받아들일 수 있습니까? 무엇을 따라야 도를 얻을 수 있습니까?"

이렇게 세 가지를 물었지만, 무위위는 대답하지 않았다. 대답을 안 한 것이 아니라 대답을 몰랐던 것이다. 지는 더 물을 수가 없어서 흰 강〔白水〕의 남쪽으로 가서 여우의 무덤〔狐闋〕이라는 언덕에 올라가 광굴狂屈을 만났다. 지는 앞에서 물었던 것들을 광굴에게 물었다. 광굴이 말했다.

"아, 그건 내가 알아. 자네에게 알려주지."

1 의식적 행위가 없고 말이 없는 것을 의인화한 것.

그렇게 말하고서는 도중에 그만 하려던 말을 잊어버리고 말았다.

지는 더 이상 물어볼 수가 없어서 제왕의 궁전帝宮으로 돌아가 황제黃帝를 만나 물어보았다. 황제가 대답했다.

"아무것도 생각하지 말아야 비로소 도를 알 수 있다. 어디에도 머물지 말아야 비로소 도를 편안하게 받아들일 수 있다. 아무것도 따르지 말아야 비로소 도를 얻을 수 있다."

知北遊於玄水之上, 登隱弅之丘, 而適遭無爲謂焉. 知謂無爲謂曰, 予欲有問乎若. 何思何慮則知道. 何處何服則安道. 何從何道則得道. 三問而無爲謂不答也. 非不答, 不知答也. 知不得問, 反於白水之南, 登狐闋之上, 而睹狂屈焉. 知以之言也問乎狂屈. 狂屈曰, 唉. 予知之, 將語若. 中欲言而忘其所欲言. 知不得問, 反於帝宮, 見黃帝而問焉. 黃帝曰, 無思無慮始知道, 無處無服始安道, 無從無道始得道.

지는 다시 황제에게 물었다.

"저와 폐하는 그것을 알고 있지만, 무위위와 광굴은 알지 못합니다. 그렇다면 누가 옳은 걸까요?"

황제가 대답했다.

"무위위가 진정으로 옳고 광굴은 얼추 그 비슷하지만, 나와 그대는 결코 근접하지도 못했어. 아는 사람은 말하지 못하고, 말하는 사람은 알지 못한다. 그러므로 성인은 말없는 가르침을 펼친다. 도는 누구에게 줄 수 있는 것이 아니고, 덕은 밖에서 오는 것이 아니다. 인仁은 사람이 실천할 수 있는 것이고, 의義는 무언가를 훼손하는 것이고, 예禮는 서로 거짓을 행하는 것이다. 그러므로 '도를 상실한 뒤에 덕德이 있고, 덕을 상실한 뒤에 인이 있고, 인을 상실한 뒤에

의가 있고, 의를 상실한 뒤에 예가 있다. 예는 도의 겉치장이고 혼란의 시초다'라는 말이 있다. 또 '도를 수련하는 사람은 날로 버린다. 버리고 또 버려서 무위無爲에까지 이른다'라는 말이 있다. 지금 한편으로는 외물을 추구하면서 근원으로 되돌아가고 싶어 한다면 그것은 몹시 어려운 일이다. 만약 그것이 쉽다면 오직 대인大人에게나 해당할 것이다. 삶은 죽음을 따르고, 죽음은 삶의 시작이다. 누가 그 원인을 알까? 사람이 태어난 것은 기가 모여서 그렇게 된 것이다. 모이면 태어나고 흩어지면 죽는다. 만약 죽음과 삶이 같은 것이라면 내가 굳이 무엇을 근심하겠는가? 본디 만물은 하나인 것이다. 이처럼 사람들은 자기가 아름답다고 여기는 것을 신기하다고 하고, 자기가 추악하다고 여기는 것을 썩어 냄새난다고 한다. 그러나 썩어 냄새나는 것은 다시 신기한 것이 되고, 신기한 것은 다시 썩어 냄새나는 것이 된다. 그러므로 '온 천하를 통틀어 하나의 기만 있을 뿐이다'라는 말이 있다. 성인은 그러므로 그 하나를 귀하게 여긴다."

知問黃帝曰, 我與若知之, 彼與彼不知也, 其孰是邪. 黃帝曰, 彼無爲謂眞是也, 狂屈似之. 我與汝終不近也. 夫知者不言, 言者不知, 故聖人行不言之教. 道不可致, 德不可至. 仁可爲也, 義可虧也, 禮相僞也. 故曰, 失道而後德, 失德而後仁, 失仁而後義, 失義而後禮. 禮者, 道之華而亂之首也. 故曰, 爲道者日損, 損之又損之, 以至於無爲. 無爲而無不爲也. 今已爲物也, 欲復歸根, 不亦難乎. 其易也, 其唯大人乎. 生也死之徒, 死也生之始, 孰知其紀. 人之生, 氣之聚也. 聚則爲生, 散則爲死. 若死生爲徒, 吾又何患. 故萬物一也. 是其所美者爲神奇, 其所惡者爲臭腐. 臭腐復化爲神奇, 神奇復化爲臭腐. 故曰, 通天下一氣耳. 聖人故貴一.

지가 황제에게 물었다.

"저는 무위위에게 물었지만, 무위위는 저에게 대답해주지 않았습니다. 저에게 대답해주지 않은 것이 아니라 어떻게 대답해야 할지를 몰랐습니다. 저는 광굴에게 물어봤습니다. 광굴은 저에게 말해주려고 하다가 말해주지 않았습니다. 말해주지 않은 것이 아니라 말하는 도중에 그것을 잊어버렸습니다. 이제 저는 폐하께 물었고, 폐하는 그것을 알고 있습니다. 그런데 왜 가까이 가지도 못했다고 말하신 것입니까?"

황제가 대답했다.

"무위위는 정말로 옳았다. 그는 알지 못했기 때문이다. 광굴은 얼추 비슷했다. 그는 그것을 잊어버렸기 때문이다. 나와 그대는 끝내 가까이 가지도 못했다. 왜냐하면 그것을 알고 있기 때문이다."

광굴은 그 설명을 듣고서는 황제가 말을 잘하는 사람이라고 생각했다.

知謂黃帝曰, 吾問無爲謂, 無爲謂不應我, 非不應我, 不知應我也. 吾問狂屈, 狂屈中欲告我而不我告, 非不我告, 中欲告而忘之也. 今予問乎若, 若知之, 奚故不近. 黃帝曰, 彼其眞是也, 以其不知也. 此其似之也, 以其忘之也. 予與若終不近也, 以其知之也. 狂屈聞之, 以黃帝爲知言.

2.

천지는 최고의 아름다움이 있어도 그에 대해 말하지 않고, 사시는 분명한 법칙이 있어도 그에 대해 의론하지 않고 만물은 완전한 이치가 있어도 그에 대해 언급하지 않는다. 성인은 천지의 아름다움에 의거하고 만물의 이치에 통달해 있다. 그러므로 지인至人은 무위無爲하고 큰 성인은 작위作爲하지 않는다. 이는 그들이 천지의 이치를 보고 배운다는 것을 의미한다. 지금 천지의 신명神明과 순수한 정기는 만물과 함께 온갖 형태로 변해가고, 그에 따라 개별 사물은 죽기도 하고 살기도 하며 네모나게 되기도 하고 둥글게 되기도 하지만 왜 그런지 그 원인을 알지 못한다. 천지에 두루 퍼져 있는 만물은 옛날부터 본디 존재했다. 육합六合이 거대하지만 그 속에서 벗어나지 못하고, 추호는 작지만 그것에 의거해야만 하나의 개체를 이룰 수 있다. 세상은 이런저런 모습으로 변화하지 않는 것이 없기 때문에 끝까지 같은 모습을 가지고 있는 것은 없다. 음양과 사시의 운행은 각각 제 질서를 형성하고 있다. 그것은 어렴풋하여 마치 없는 듯이 존재하며, 감쪽같이 형체가 드러나지 않아 신비롭다. 만물은 그것에 의해 길러지지만 알지 못한다. 이것을 근본이라 하는데, 자연에서 그것을 추측할 수 있다.

天地有大美而不言, 四時有明法而不議, 萬物有成理而不說. 聖人者, 原天地之美而達萬物之理. 是故至人無爲, 大聖不作, 觀於天地之謂也. 今彼神明至精, 與彼百化. 物已死生方圓, 莫知其根也. 扁然而萬物自古以固存. 六合爲巨, 未離其內. 秋豪爲小, 待之成體. 天下莫不沈浮, 終身不故. 陰陽四時運行, 各得其序. 惛然若亡而存. 油然不形而神. 萬物畜而不知. 此之謂本根, 可以觀於天矣.

3.

설결齧缺이 피의被衣[2]에게 도에 대해 묻자 피의가 대답했다.

"너는 너의 몸을 바르게 하고, 너의 시선을 한 곳으로 모아라. 그러면 하늘의 화기和氣가 너에게 이를 것이다. 너의 지혜를 거둬들이고 너의 기를 모아라. 그러면 신기神氣가 너에게 와서 깃들 것이다. 덕은 너를 완전(美)하게 할 것이며, 도는 너를 위하여 머물 것이다. 그러면 너는 마치 갓 태어난 송아지처럼 어리석게 되어 사물들의 원인에 대하여 알려고 하지 않을 것이다."

말이 미처 끝나기도 전에 설결은 잠이 들어버렸다. 피의는 매우 기뻐서 노래를 부르면서 그를 떠났다.

몸은 마치 마른나무 같고, 마음은 꺼진 재 같구나.
그의 앎은 진정으로 참되지만 제 생각을 고집하지 않도다.
어리석고 어두워 아무 생각이 없으니 그에게 말해줄 수가 없도다.
그는 어떤 사람인가.

齧缺問道乎被衣, 被衣曰, 若正汝形, 一汝視, 天和將至. 攝汝知, 一汝度, 神將來舍. 德將爲汝美, 道將爲汝居. 汝瞳焉如新生之犢而無求其故. 言未卒, 齧缺睡寐. 被衣大說, 行歌而去之曰, 形若槁骸, 心若死灰, 眞其實知, 不以故自持. 媒媒晦晦, 無心而不可與謀. 彼何人哉.

4.

순임금이 승丞[3]에게 물었다.

"도는 얻어서 가지고 있을 수 있는 것이오?"

"폐하의 몸은 폐하의 것이 아닌데, 폐하께서 어떻게 도를 얻어서

---

2 설결과 피의는 모두 가공의 인물.

3 순임금의 스승. 관직명이라는 견해도 있음.

가질 수 있겠습니까?"

순이 물었다.

"내 몸이 내 것이 아니라면 누구의 것이라는 말이오?"

"그것은 천지가 맡겨둔 형체입니다. 생명은 폐하의 것이 아니라 천지가 맡겨둔 조화의 기氣입니다. 본성은 폐하의 것이 아니라 천지가 맡겨둔 순리입니다. 자손은 폐하의 소유가 아니라 천지가 맡겨둔 변화의 결과입니다. 그러므로 가더라도 가는 곳을 알지 못하고, 머물더라도 머무는 곳을 알지 못하고, 먹더라도 맛을 알지 못합니다. 천지의 운동과 작용을 폐하께서 어떻게 얻어서 가지고 계실 수 있겠습니까?"

舜問乎丞. 道可得而有乎. 曰, 汝身非汝有也, 汝何得有夫道. 舜曰, 吾身非吾有也, 孰有之哉. 曰, 是天地之委形也. 生非汝有, 是天地之委和也. 性命非汝有, 是天地之委順也. 子孫非汝有, 是天地之委蛻也. 故行不知所往, 處不知所持, 食不知所味. 天地之彊陽氣也, 又胡可得而有邪.

5.

공자가 노담에게 물었다.

"오늘은 한가하시니 진정한 도〔至道〕에 대해 질문 드립니다."

노담이 대답했다.

"자네는 재계하고, 자네의 마음을 열고, 자네의 정신을 깨끗이 씻고 자네의 지혜를 내팽개쳐버리게. 도라는 것은 심오하여 말로 설명하기 어려워. 그러나 자네를 위해 그 대략적인 것을 말해보겠네. 밝은 것은 어두운 데서 생겨나고 유형의 것은 무형에서 생겨나고, 정신은 도에서 생겨나고, 몸〔形〕은 본래 정精에서 생겨나는데, 만물은 형체로써 서로를 생성한다네. 대개 아홉 개의 구멍을 가진 것은 태생胎生이고, 여덟 개의 구멍을 가진 것은 난생卵生이지. 도가 오는 것은 흔적이 없고, 그것이 가는 데는 끝이 없으며, 문도 없고 방도 없고 사방으로 뻗어나가 끝없이 크다네. 이것(도)을 맞아들이면 사지가 튼튼해지고 생각이 열리고 이목이 총명해지지. 그러한 자는 마음을 써도 수고롭지 않아 무궁히 사물에 대응하네. 하늘은 그것을 얻지 못하면 높아질 수 없고, 땅은 그것을 얻지 못하면 넓어질 수 없고, 해와 달은 그것을 얻지 못하면 운행할 수 없으며, 만물이 그것을 얻지 못하면 번창할 수 없다네. 이것이 바로 도야. 박식하다고 해서 꼭 도를 알고 있는 것은 아니고, 설명을 잘 한다고 해서 반드시 지혜로운 것은 아니야. 그래서 성인은 그런 것들을 끊어버리지. 무언가를 더해도 늘어나지 않고, 무언가를 덜어내도 줄어들지 않는 것, 그것을 성인이 간직하고 있다네. 마치 바다처럼 깊고 깊으며 마치 산처럼 높고 높은데, 끝나도 다시 시작되지. 만물을 모두 싣고 가면서 빠뜨림이 없으니, 군자의 도라고 거기에서 벗어나겠는가? 만물이 모두 거기에 의지하고 있지만 다하여 없어지지 않으니, 이것이 바로 도일세."

孔子問於老聃曰, 今日晏閒, 敢問至道. 老聃曰, 汝齊戒, 疏瀹而心, 澡雪而精神, 掊擊而知. 夫道, 窅然難言哉. 將爲汝言其崖略. 夫昭昭生於冥冥, 有倫生於無形, 精神生於道, 形本生於精, 而萬物以形相生. 故九竅者胎生, 八竅者卵生. 其來無迹, 其往無崖, 無門無房, 四達之皇皇也. 邀於此者, 四肢彊, 思慮恂達, 耳目聰明. 其用心不勞, 其應物無方, 天不得不高, 地不得不廣, 日月不得不行, 萬物不得不昌, 此其道與. 且夫博之不必知, 辯之不必慧, 聖人以斷之矣. 若夫益之而不加益, 損之而不加損者, 聖人之所保也. 淵淵乎其若海, 魏魏乎其終則復始也. 運量萬物而不匱. 則君子之道, 彼其外與. 萬物皆往資焉而不匱. 此其道與.

"세상에 사람이 살고 있는데, 음도 아니고 양도 아니며 천지 사이에 머물러 있는 동안에만 잠시 사람이었다가 나중에 뿌리로 돌아간다네. 뿌리에서 보면 삶이란 기가 모여 있는 것이지. 비록 장수와 단명의 차이가 있기는 하지만 그 차이가 얼마나 되겠는가? 한 순간일 뿐이야. 요임금이나 걸임금의 잘잘못을 따질 겨를이 어디 있겠는가? 나무에 열리는 열매나 풀에 맺히는 열매에는 나름의 이치가 있고, 사람들 사회에도 비록 다 실천하기에는 어려움이 있더라도 나름의 질서가 있지. 성인은 그러한 상황에 처했을 때는 거스르지 않고, 그것을 그냥 지나갈 뿐 붙들고 있지 않는다네. 조화를 이루면서 순응하는 것이 덕이고, 무심하게 순응하는 것이 도라네. 그것은 제왕이 일어나고 군왕이 발생하는 근원이지. 사람이 하늘과 땅 사이에 살아 있는 것은 흰 말이 갈라진 틈새 앞을 지나는 것처럼 순식간일세. 물이 쏟아지듯 불쑥 나오지 않는 것이 없고, 쓸쓸하게 스르르 들어가지 않는 것이 없어. 변화 속에서 태어났는가 하면, 또 변화 속에서 죽어가는 거야. 살아 있는 것들은 그 죽음을 슬퍼하고 사람들도 그 죽음을 서글퍼하네. 죽음은 자연의 활집에서 풀려나는 것이고, 자연의 칼집에서 떨어져 나오는 것이야. 어지러이 다른 것으로 바뀌어갈 때 혼과 백도 원래의 곳으로 돌아가고, 몸도 그와 함께 따라간다네. 이것이 바로 거대한 뿌리로 되돌아가는 것이야. 무형의 것은 나중에 유형의 것으로 바뀌고, 유형의 것은 나중에 무형의 것으로 바뀌는데, 이는 사람들이 다 아는 것이지만, 도에 이르려는 사람이 추구할 바는 아니지. 이런 것은 뭇사람이 다 같이 이야기하는 것들이지만, 최고의 경지에 이른 사람은 그에 대해 언급하지 않아. 말을 통해서는 최고의 경지에 이를 수 없어. 밝은 지혜를 가진 사람은 말할 만한 것이 없음을 알고 있지. 그러므로 세세하게 따지기보다 차라리 침묵하는 게 더 낫다네. 도는 들을 수 없어. 그러므로 무언가를 들어서 도를 알려고 하는 것보다는 차라리 귀를 막고 있는 편이 더 낫지. 이것을 대득大得, 즉 진정한 깨달음이라고 한다네."

中國有人焉, 非陰非陽, 處於天地之間, 直且爲人, 將反於宗. 自本觀之, 生者, 喑醷物也. 雖有壽夭, 相去幾何. 須臾之說也, 奚足以爲堯桀之是非. 果蓏有理, 人倫雖難, 所以相齒. 聖人遭之而不違, 過之而不守. 調而應之, 德也. 偶而應之, 道也. 帝之所興, 王之所起也. 人生天地之間, 若白駒之過郤, 忽然而已. 注然勃然, 莫不出焉. 油然漻然, 莫不入焉. 已化而生, 又化而死. 生物哀之, 人類悲之. 解其天弢, 墮其天袠. 紛乎宛乎, 魂魄將往, 乃身從之. 乃大歸乎. 不形之形, 形之不形, 是人之所同知也, 非將至之所務也, 此衆人之所同論也. 彼至則不論, 論則不至. 明見無値, 辯不若默. 道不可聞, 聞不若塞. 此之謂大得.

6.

동곽자가 장자에게 물었다.

"도라는 것이 어디에 있습니까?"

장자가 대답했다.

"없는 곳이 없습니다."

동곽자가 말했다.

"예를 들어 말씀해주시지요."

장자가 말했다.

"땅강아지나 개미에게 있습니다."

"어떻게 그렇게 하찮은 것을 예로 드십니까?"

"돌피에 있습니다."

"왜 갈수록 더 하찮은 것을 예로 드십니까?"

"기와나 벽돌에 있습니다."

"왜 갈수록 더 심한 것을 예로 드십니까?"

"똥이나 오줌에 있습니다."

동곽자가 대꾸를 하지 않았다.

장자가 말했다.

"선생의 질문은 본디 질정質正[4] 획獲이 시장 감독관에게 돼지와 신발의 가격에 대해 물었던 일에도 미치지 못합니다. 보다 하찮은 물건일수록 물가를 보다 더 정확하게 반영하고 있지요. 선생은 굳이 특정한 사물에 집착하지 말아야 합니다. 어떤 사물도 도에서 벗어날 수 없기 때문입니다. 진정한 도는 이와 같고, 최고의 말도 이와 같습니다. 두루周·고루徧·모두咸 이 세 가지는 다른 말이지만 그 의미는 같습니다. 우리 한 번 아무것도 없는 궁궐에서 노닐면서 모든 것을 하나로 융합하여 보고 끝이 없는 것에 대해 얘기해보기로 하지요. 우리 한 번 함께 무위無爲를 실천해보기로 하지요. 그러면 마음은 담담하고 편안해질 것입니다. 무심하고 깨끗해질 것입니다. 흡

4 질인質人. 시장의 물가 등에 대해 평가하는 일을 담당하는 관리.

족해지고 한가해질 것입니다. 우리의 마음은 완전히 텅 비어 아무데도 가지 않아도 어디까지 닿는지 모를 것이며, 갔다가는 다시 오곤 하면서 그치는 곳을 모를 것입니다. 우리는 끝없이 광활한 공간을 소요할 것입니다. 큰 지혜가 마음으로 들어와 그 끝을 알지 못할 것입니다. 물물자物物者[5]는 한계가 없이 무한하지만, 사물은 한계가 있습니다. 그것이 사물과 사물의 경계라는 것입니다. 도는 본래 한계가 없지만 현실적으로는 한계가 있는데, 그것은 유한한 사물을 통해 무한한 도가 드러나기 때문입니다. 찼다가는 텅 비고, 번성했다가 시들어버리는 자연 현상에 대해 말하자면, 도는 사물을 가득 차게 하기도 하고 텅 비게 하기도 하지만 스스로는 차지도 않고 비지도 않습니다. 도는 사물을 번성하게 하기도 하고 시들게도 하지만 스스로는 번성하지도 않고 시들지도 않습니다. 도는 사물이 시작되게도 하고 끝나게도 하지만, 스스로는 시작하지도 않고 끝나지도 않습니다. 도는 사물이 모이게도 하고 흩어지게도 하지만 스스로는 모이지도 않고 흩어지지도 않습니다."

東郭子問於莊子曰, 所謂道, 惡乎在. 莊子曰, 無所不在. 東郭子曰, 期而後可. 莊子曰, 在螻蟻. 曰, 何其下邪. 曰, 在稊稗. 曰, 何其愈下邪. 曰, 在瓦甓. 曰, 何其愈甚邪. 曰, 在屎溺. 東郭子不應. 莊子曰, 夫子之問也, 固不及質. 正獲之問於監市履狶也, 每下愈況. 汝唯莫必, 無乎逃物. 至道若是, 大言亦然. 周徧咸三者, 異名同實, 其指一也. 嘗相與遊乎無有之宮, 同合而論, 無所終窮乎. 嘗相與無爲乎. 澹而靜乎. 漠而淸乎. 調而閒乎. 寥已吾志, 無往焉而不知其所至, 去而來不知其所止, 吾已往來焉而不知其所終, 彷

5 사물을 사물이게 하는 것이라는 뜻으로 도를 가리킨다.

徨乎馮閎, 大知入焉而不知其所窮. 物物者與物無際, 而物有際者, 所謂物際者也. 不際之際, 際之不際者也. 謂盈虛衰殺, 彼爲盈虛非盈虛, 彼爲衰殺非衰殺, 彼爲本末非本末, 彼爲積散非積散也.

7.

아하감婀荷甘이 신농씨와 함께 노룡길老龍吉[6]에게서 공부했다. 신농이 책상에 기대어 문을 닫은 채 낮잠이 들었다. 아하감이 한낮에 문을 활짝 열어젖히고 들어와서 말했다.

"노룡 선생님께서 돌아가셨어."

신농은 책상에 기댄 상태에서 지팡이를 짚으면서 일어났다가 쨍그랑 하고 지팡이를 내던지고서는 웃으며 말했다.

"스승님께서는 내가 비루하고 제멋대로 사는 것을 아셨나봐. 그래서 나를 버리고 돌아가신 거야. 끝났어. 우리 선생님께서는 나를 일깨워줄 진정한 말씀도 남기지 않고 돌아가셔버렸어."

엄강조弇堈弔[7]가 그 소리를 듣고 말했다.

"도를 터득한 사람에게는 세상의 군자가 모두 의지합니다. 그분은 도에 대해서 털끝의 만분의 일도 터득하지 못하였는데도 진정한 말씀을 가슴에 간직한 채 죽을 줄 아는데, 도를 완전히 체득한 사람이야 말할 나위가 있겠습니까. 보아도 아무 형체가 없고, 들어도 아무 소리가 없는데, 도에 대해 설명하는 사람들은 그것을 깜깜하다〔冥冥〕고 합니다. 그것은 도에 대해 설명하는 것이기는 하지만 그

6 아하감과 노룡길은 모두 가공의 인물.

7 가공의 인물.

것은 도가 아닙니다."

妸荷甘與神農同學於老龍吉. 神農隱几, 闔戶晝瞑. 妸荷甘日中奓戶而入曰, 老龍死矣. 神農隱几擁杖而起, 嚗然放杖而笑曰, 天知予僻陋慢訑, 故棄予而死. 已矣夫子. 無所發予之狂言而死矣夫. 弇堈吊聞之曰, 夫體道者, 天下之君子所繫焉. 今於道, 秋豪之端萬分未得處一焉, 而猶知藏其狂言而死, 又況夫體道者乎. 視之無形, 聽之無聲, 於人之論者, 謂之冥冥, 所以論道, 而非道也.

8.

이때 태청泰淸이 무궁無窮에게 물었다.

"선생님은 도를 아십니까?"

무궁이 대답했다.

"나는 알지 못합니다."

태청이 다시 무위無爲에게 묻자 무위가 대답했다.

"나는 도를 압니다."

"선생님께서 도를 아신다면, 그걸 아는 방법이 있다는 것이겠군요?"

"있지요."

"그 방법이 무엇인지요?"

무위가 대답했다.

"나는 도를 귀하게 여길 수도 있고, 천하게 여길 수도 있으며, 묶어놓을 수도 있고, 흩어놓을 수도 있다는 것을 아는데, 이것이 바로 내가 도를 아는 방법입니다."

태청은 무시無始에게 그 말을 하면서 물어보았다.

"그렇다면 모르는 무궁과 알고 있는 무위 두 사람 가운데 누가 옳고 누가 틀렸습니까?"

무시가 대답했다.

"알지 못하는 것은 심오하고, 아는 것은 천박합니다. 알지 못하는 것의 대상은 내적인 것이고, 아는 것의 대상은 외적인 것입니다."

그러자 태청은 위를 쳐다보고 탄식하며 말했다.

"알지 못하는 것이 아는 것입니까? 아는 것은 알지 못하는 것입니까?"

무시가 대답했다.

"도는 들을 수 없는데, 들었다면 그것은 잘못입니다. 도는 볼 수 없는데, 보았다면 그것은 잘못입니다. 도는 말할 수 없는데, 말한다면 그것은 잘못입니다. 형체 있는 것을 형체가 있도록 하는 것은 제 모습을 드러내지 않는다는 것을 알 수 있을 것입니다. 도에는 이름을 붙일 수 없습니다."

무시가 또 혼자 말했다.

"도를 물을 때 대답하는 사람이 있다면, 그는 도를 모르는 것이다. 도를 묻는 사람 역시 도에 대하여 듣지 못한다. 도에 대해서는 물을 수 없고, 묻는다 해도 대답할 수 없다. 물을 수 없는데도 그것에 대해 묻는다면 이는 공허한 물음이다. 대답할 수 없는데도 그러한 물음에 대답한다면 이는 내용이 없는 것이다. 내용 없는 것으로써 공허한 물음에 대답한다면 그런 사람은 밖으로는 우주를 보지 못하고 안으로는 태초를 알지 못한다. 이 때문에 곤륜산崑崙山도 넘지 못하며 따라서 태허太虛에서 노닐지 못한다."

於是泰淸問乎無窮曰, 子知道乎. 無窮曰, 吾不知. 又問乎無爲, 無爲曰, 吾知道. 曰, 子之知道, 亦有數乎. 曰, 有. 曰, 其數若何. 無爲曰, 吾知道之可以貴可以賤可以約可以散, 此吾所以知道之數也. 泰淸以之言也問乎無始曰, 若是, 則無窮之弗知與無爲之知, 孰是而孰非乎. 無始曰, 不知深矣, 知之淺矣. 弗知內矣, 知之外矣. 於是泰淸中而歎曰, 弗知乃知乎. 知乃不知乎. 孰知不知之知. 無始曰, 道不可聞, 聞而非也. 道不可見, 見而非也. 道不可言, 言而非也. 知形形之不形乎. 道不當名. 無始曰, 有問道而應之者, 不知道也. 雖問道者, 亦未聞道. 道無問, 問無應. 無問問之, 是問窮也. 無應應之, 是無內也. 以無內待問窮, 若是者, 外不觀乎宇宙, 內不知乎大初. 是以不過乎崑崙, 不遊乎太虛.

9.

빛〔光曜〕이 없음〔無有〕에게 물었다.

“선생님께서는 존재합니까, 아니면 존재하지 않습니까?”

빛은 더 이상 물어볼 수가 없어서 그의 생김새를 자세히 살펴보았더니 아스라한 듯했고 텅 빈 듯했다. 하루 종일 보았지만 보이지 않았고, 들어보았지만 들리지 않았으며, 잡아보려 했으나 잡히는 게 없었다. 빛이 말했다.

“완벽하군요. 어떻게 이런 경지까지 이를 수 있나요? 나는 없는 것을 있게 할 수는 있지만, 없는 것마저 없게 하지는 못합니다. 없음에 이르면 곧 있음이 되고 마는데, 어떻게 해야 이런 경지에까지 이를 수 있을까요?”

光曜問乎無有曰, 夫子有乎. 其無有乎. 光曜不得問, 而孰視其狀貌, 窅然空然. 終日視之而不見, 聽之而不聞, 搏之而不得也. 光曜曰, 至矣, 其孰能至此乎. 予能有無矣, 而未能無無也. 及爲無有矣, 何從至此哉.

10.

대사마[8]의 구鉤[9]를 제작하는 사람이 나이가 여든이었는데도 털끝만큼도 실수하는 법이 없었다. 그것이 신기해서 대사마가 물어보았다.

"그대는 기술이 뛰어난 것인가 아니면 무슨 비결이 있는 것인가?"

"제가 지키는 원칙이 하나 있습니다. 저는 스무 살 때부터 구 만드는 것을 좋아하여 사물을 볼 때 구가 아니면 자세히 보지 않았습니다. 뭔가를 쓴다는 것은 쓰지 않는 것의 힘을 빌리는 것입니다. 그 때문에 오래도록 쓸 수 있습니다. 그런데 쓰지 않는 것의 힘마저 빌리지 않는다면야 말할 필요도 없겠지요. 사물 가운데 어떤 것이 그에 의지하지 않겠습니까?"

大馬之捶鉤者, 年八十矣, 而不失豪芒. 大馬曰, 子巧與. 有道與. 曰, 臣有守也. 臣之年二十而好捶鉤, 於物無視也, 非鉤無察也. 是用之者, 假不用者也, 以長得其用, 而況乎無不用者乎. 物孰不資焉.

---

8 관직 이름. 국방을 담당하는 최고 책임자.

9 갈고리 모양의 검.

11.

염구冉求[10]가 중니(공자)에게 물었다.

"하늘과 땅이 있기 이전의 일에 대해 알 수 있습니까?"

중니가 대답했다.

"알 수 있지. 옛날이나 지금이나 같아."

염구는 더 이상 물을 말이 없어 물러났다. 다음날 다시 공자를 만나 말했다.

"지난번에 저는 '하늘과 땅이 있기 이전의 일에 대해 알 수 있습니까' 하고 여쭈었고, 선생님께서는 '알 수 있지. 옛날이나 지금이나 같아'라고 대답하셨습니다. 어제 저는 잘 알 것 같았는데, 오늘은 전혀 모르겠습니다. 왜 그럴까요?"

중니가 대답했다.

"어제 잘 알 수 있었던 것은 다른 것의 방해 없이 신기神氣로 먼저 받아들였기 때문이야. 그런데 오늘 전혀 모르는 것은 신기를 쓰지 않고 마음으로 이해하려고 했기 때문일 거야. 옛날이 없으면 현재도 없으며, 시작이 없으면 끝도 없다. 앞 세대의 자손이 없었는데 뒤 세대의 자손이 있다는 것, 이게 가능한 일이겠느냐?"

염구가 아무 대답을 못하자 중니가 다시 말했다.

"그만둬라. 대답할 필요 없어. 자연의 이치는 삶에 치우쳐 죽어야 할 것을 살아나게 하지도 않고, 죽음에 치우쳐 살아야 할 것을 죽게 하지도 않는다. 죽음과 삶은 서로 의존하고 있다. 그 둘은 모두 한 몸이다. 천지가 생겨나기 전에 생겨난 것이 사물이겠느냐? 물물자

10 공자의 제자. 염유冉有 또는 유자有子라고도 한다.

物物者, 즉 사물을 사물이게 하는 도道는 사물이 아니다. 사물은 사물의 발생 근원인 도보다 먼저 생겨나지 못하는데, 그것은 도가 변하여 사물이 되기 때문이다. 도가 변하여 사물이 되기 때문에 사물은 끝없이 발생한다. 인간에 대한 성인의 사랑은 영원하여 멈추지 않는데, 그것은 이를 본받은 것이다."

冉求問於仲尼曰, 未有天地可知邪. 仲尼曰, 可. 古猶今也. 冉求失問而退. 明日復見曰, 昔者吾問未有天地可知乎. 夫子曰, 可. 古猶今也. 昔日吾昭然, 今日吾昧然. 敢問何謂也. 仲尼曰, 昔之昭然也, 神者先受之. 今之昧然也, 且又爲不神者求邪. 無古無今, 無始無終. 未有子孫而有子孫, 可乎. 冉求未對. 仲尼曰, 已矣, 未應矣. 不以生生死, 不以死死生. 死生有待邪. 皆有所一體. 有先天地生者物邪. 物物者非物, 物出不得先物也, 猶其有物也. 猶其有物也, 無已. 聖人之愛人也終無已者, 亦乃取於是者也.

12.

안연이 중니에게 물었다.

"저는 이전에 스승님으로부터 '보냄도 없어야 하고, 맞이함도 없어야 한다'는 말을 들었습니다. 그런데 그러한 경지에 들어갈 수 있는 방법에 대해 알고 싶습니다."

중니가 말했다.

"옛사람들은 겉은 변하면서도 속은 변하지 않았는데, 오늘날의 사람들은 속이 변하면서 겉은 변하지 않는다. 사물의 변화와 더불어 변하는 것은 조금도 변하지 않는 것이다. 옛사람들은 변화도 편안하게 받아들이고 변하지 않는 것도 편안하게 받아들였다. 그것에 순응하는 것을 편안하게 받아들였고 결코 그로부터 벗어나지 않았다. 희위씨狶韋氏의 동산, 황제의 전원, 유우씨有虞氏의 궁궐, 탕무湯武의 조정 등 갈수록 협소해졌다. 군자라는 사람들, 예를 들어 유가나 묵가의 대가들은 처음부터 옳고 그름〔是非〕을 가지고 서로 공격하고 다투었는데, 하물며 오늘날의 사람들이야 말할 필요가 있겠느냐? 성인은 사물을 대할 때 그 사물을 상하게 하지 않는다. 사물을 상하게 하지 않는 자에게 사물 역시 그 생명을 상하게 하지 않는다. 사물로 인해 상처를 받지 않는 사람만이 다른 사람을 보낼 수도 있고 맞이할 수도 있다. 산림이라든가 고원이라든가 하는 것들은 나를 매우 흔쾌히 만족스럽게 해준다. 그러나 즐거움이 아직 사라지기도 전에 슬픔이 곧이어 발생한다. 슬픔이나 즐거움이 엄습해오는 것을 우리는 막을 수 없고 그것들이 사라지는 것을 그치게 할 수 없다. 불쌍하다. 세상 사람들은 그저 사물이 잠시 머물다 떠나가는 여관일 뿐이구나. 우리는 경험한 것만 알고 경험하지 못한 것은 알지 못하며, 가능한 것만 할 수 있고, 불가능한 것은 하지 못한다. 알 수 없는 것과 할 수 없는 것에 대해서는 옛사람도 피해 가지 못했다. 사람이 피해갈 수 없는 것을 피해가려고 애쓴다면 그 얼마나 슬픈 일이냐? 진정한 언어는 말을 하지 않는 것이고, 진정한 행위는 행위하지 않는 것이다. 사람들의 지식을 획일적으로 하려고 한다면 그것은 천박한 짓이다."

顏淵問乎仲尼曰, 回嘗聞諸夫子曰, 無有所將, 無有所迎. 回敢問其遊. 仲尼曰, 古之人, 外化而內不化, 今之人, 內化而外不化. 與物化者, 一不化者也. 安化安不化, 安與之相靡. 必與之莫多. 狶韋氏之囿, 黃帝之圃, 有虞氏之宮, 湯武之室. 君子之人, 若儒墨者師, 故以是非相鳌也, 而況今之人乎.

聖人處物不傷物. 不傷物者, 物亦不能傷也. 唯無所傷者, 爲能與人相將迎. 山林與, 皐壤與, 使我欣欣然而樂與. 樂未畢也, 哀又繼之. 哀樂之來, 吾不能禦, 其去弗能止. 悲夫, 世人直爲物逆旅耳. 夫知遇而不知所不遇, 知能能而不能所不能. 無知無能者, 固人之所不免也. 夫務免乎人之所不免者, 豈不亦悲哉. 至言去言, 至爲去爲. 齊知之所知, 則淺矣.

제3부

잡편 雜篇

제23편 | 경상초

庚桑楚

이 편은 경상초와 남영주, 남영주와 노자 등의 대화를 중심으로 구성된 첫 번째 장이 전체의 절반에 이른다. 첫 번째 장에서는 생명을 지키는 원칙에 대한 문제가 주제다. 생명을 지키는 원칙은 우선 도를 잃지 말아야 하고, 인위를 버리고 자연에 따라 행동해야 하고, 지식을 버리고 멍청한 상태로 살아야 하는데, 그 모델은 바로 어린아이이다. 여기서 말하는 어린아이의 특징은 움직여도 무엇을 하는지 알지 못하고 걸어가도 어디로 가는지 알지 못하며, 몸은 마치 마른 나뭇가지 같고 마음은 마치 불 꺼진 재와 같다. 이와 같은 사람에게는 자연의 재앙이나 행운도 오지 못하며, 또 인간 세상의 재앙도 그에게 미칠 수 없다는 것이다. 여기서 인류 사회의 지식과 문명을 비판하는 이유는 바로 그것이 천하 대란의 근본이고, 그러한 세상이 계속 된다면, 천년 뒤에는 분명히 사람과 사람이 서로 잡아먹는 일이 발생할 것이라고 예견되기 때문이었다. 2000여 년이 지난 지금 이 문장을 보면 인류 문명에 대한 이 편 작자의 생각이 얼마나 예리했는지 감탄이 저절로 나온다.

1.

노담(노자)의 제자 중에 경상초庚桑楚라는 사람이 있었는데, 홀로 노담의 도를 터득하여 북쪽의 외루산畏壘山에서 살고 있었다. 그는 자기 집 종들 가운데서 분명하고 지혜로운 사람은 내보내고, 하녀들 가운데서 걱정 많고 착한 사람은 멀리 했다. 그는 오히려 어리석은 사람과 함께 살았고, 거칠고 예의 없는 사람을 부렸다. 3년이 지나자 외루 마을은 크게 풍년이 들었다. 외루 마을 사람들은 함께 모여 의논했다.

"경상자 선생님이 처음 이 마을에 오셨을 때 나는 깜짝 놀라고 이상하게 생각했어. 지금 생각해보니 그분의 방식은 하루하루 따져보면 불만스럽지만, 한 해 정도 긴 시간을 두고 보니 만족스러워. 그분은 아마도 성인이신 것 같아. 자네들은 모두 그분을 주인으로 모시고 그분을 공경하여 떠받드는 것이 어떤가?"

경상자가 그 소식을 듣고서는 지도자의 자리에 앉아보았으나 기분이 개운치 않았다. 제자들이 그것을 이상하게 여기니까 경상자가 설명했다.

"너희 제자들은 왜 나를 이상하다고 생각하느냐? 봄기운이 피어나면 온갖 풀들이 생겨나고 그러다가 가을이 되면 바로 모든 열매가 익는다. 봄과 가을이 아무런 까닭 없이 그렇게 하겠느냐? 그 속에는 자연의 질서〔天道〕가 이미 작용하고 있는 것이다. 나는 지인至人에 대해 들은 적이 있는데, 그들은 그저 자그마한 방에서 살고 있어도 백성은 내키는 대로 행동하면서 자기네가 지금 어디로 가는지 알지 못한다고 한다. 지금 외루 마을의 일반 백성은 자잘한 꾀를 내어 나를 현인들 틈에 끼워 넣어 받들려고 한다. 내가 그들의 모범이란 말이냐? 그런 점에서 볼 때 나는 노담 스승님의 가르침을 분명히 이해하지 못한 셈이 되었다."

老聃之役有庚桑楚者, 偏得老聃之道, 以北居畏壘之山. 其臣之畫然知者去之, 其妾之挈然仁者遠之. 擁腫之與居, 鞅掌之爲使. 居三年, 畏壘大壤. 畏壘之民相與言曰, 庚桑子之始來, 吾洒然異之. 今吾日計之而不足, 歲計之而有余. 庶幾其聖人乎. 子胡不相與尸而祝之, 社而稷之乎. 庚桑子聞之, 南面而不釋然. 弟子異之. 庚桑子曰, 弟子何異於予. 夫春氣發而百草生, 正得秋而萬寶成. 夫春與秋, 豈無得而然哉. 天道已行矣. 吾聞至人, 尸居環堵之室, 而百姓猖狂, 不知所如往. 今以畏壘之細民, 而竊竊焉欲俎豆予於賢人之間. 我其杓之人邪. 吾是以不釋於老聃之言.

제자가 말했다.

"그렇지 않습니다. 작은 도랑에서는 거대한 물고기가 몸을 돌릴 수 없지만 피라미나 미꾸라지는 그곳에서 맘대로 돌아다니고, 몇 걸음이면 오를 수 있는 낮은 언덕은 거대한 맹수가 몸을 숨길 수 없지만 요사스러운 여우는 그곳을 최적지라고 여깁니다. 지식인을 존중하고 유능한 사람에게 관직을 주며 선량한 사람을 높이고 이익을 추구하는 것은 옛날 요순 때도 그랬는데 하물며 외루 마을의 백성이야 말할 나위가 있겠습니까? 선생님께서는 그들의 뜻에 따르셔야 합니다."

경상자가 말했다.

"이보게, 수레를 삼켜버릴 정도의 큰 짐승도 홀로 산을 내려오면 그물에 걸리는 재앙을 피하지 못한다네. 배를 삼켜버릴 정도의 큰 물고기도 파도에 휩쓸려 육지로 밀려와 물을 잃으면 개미도 그 녀석을 괴롭힐 수 있지. 그래서 새나 짐승은 높이 올라가는 것을 꺼리지 않고 물고기나 자라는 깊이 들어가는 것을 꺼리지 않는다네. 타고난 몸과 목숨을 온전히 간직하려고 하는 사람은 대체로 몸을 숨기는 데 깊은 곳이나 먼 곳을 꺼리지 않지. 저 요임금과 순임금 등 두 사람은 또 뭐 그리 칭송할 만한 가치가 있겠나? 그들과 같이 자신의 기준에 따라 좋고 나쁨을 구분하는 행위는 함부로 남의 집 담장을 부숴버리고 그 자리에 쑥을 심는 것과 같아. 그것은 또 머리카락을 한 올 한 올 가려가면서 빗질을 하는 것과 같고, 쌀알을 한 알 한 알 헤아리면서 밥을 짓는 것과 같아. 그런 쪼잔한 방식으로 어떻게 세상을 다스릴 수 있겠는가? 현명한 사람을 천거하면 백성은 서로 다투고, 지혜로운 사람을 임명하면 백성은 서로 도둑질하지. 이런 것들은 백성의 삶을 윤택하게 할 수 없어. 사람들은 이익을 추구하는 데 무척 부지런해. 이익을 위해서라면 아비를 죽이는 자식이 있고, 임금을 시해하는 신하가 있으며, 대낮에 도둑질을 하는가 하면 해가 중천에 떠 있는데도 남의 집 담장 밑을 파고들어가기도 하지. 단

언컨대 천하 대란의 근본은 분명히 요임금과 순임금 그들에게서 발생했어. 천년 뒤에는 분명히 사람과 사람이 서로 잡아먹는 일이 발생할 거야."

弟子曰, 不然. 夫尋常之溝, 巨魚無所還其體, 而鯢鰌爲之制. 步仞之丘陵, 巨獸無所隱其軀, 而孽狐爲之祥. 且夫尊賢授能, 先善與利, 自古堯舜以然, 而況畏壘之民乎. 夫子亦聽矣. 庚桑子曰, 小子來. 夫函車之獸, 介而離山, 則不免於罔罟之患. 吞舟之魚, 碭而失水, 則蟻能苦之. 故鳥獸不厭高, 魚鱉不厭深. 夫全其形生之人, 藏其身也, 不厭深眇而已矣. 且夫二子者, 又何足以稱揚哉. 是其於辯也, 將妄鑿垣牆而殖蓬蒿也. 簡髮而櫛, 數米而炊, 竊竊乎又何足以濟世哉. 擧賢則民相軋, 任知則民相盜. 之數物者, 不足以厚民. 民之於利甚勤, 子有殺父, 臣有殺君, 正晝爲盜, 日中穴牆. 吾語女. 大亂之本, 必生於堯舜之間, 其末存乎千世之後. 千世之後, 其必有人與人相食者也.

남영주南榮趎[1]가 움찔하여 똑바로 앉으면서 물었다.

"저 정도의 나이면 이미 장성했는데 어떤 일을 해야만 방금 말씀하신 그런 경지에 이를 수 있을까요?"

경상자가 대답했다.

"너의 몸을 온전하게 지키고 너의 목숨을 잘 부지하되 생각을 깊게 해서는 안 된다. 3년 동안 이렇게 하면 방금 말한 그런 경지에 이를 수 있을 것이다."

남영주가 말했다.

1 경상초의 제자.

"눈의 생김새가 남과 다른지 어떤지 저는 모르겠지만 맹인은 본디부터 보지 못하고, 귀의 생김새가 남과 다른지 어떤지 저는 모르겠지만 귀머거리는 본디부터 듣지 못합니다. 마음의 생김새가 남과 다른지 어떤지 저는 모르겠지만 미친 사람은 본디부터 아무것도 깨닫지 못합니다. 제 몸의 생김새 역시 선생님과 비슷한 것 같은데, 다른 무언가가 막고 있는 것일까요? 깨달으려고 해도 깨달을 수 없습니다. 방금 선생님께서 저에게 '너의 몸을 온전하게 지키고 너의 목숨을 잘 부지하되 생각을 깊게 해서는 안 된다'라고 말씀하셨습니다. 저는 도道를 들어보려고 애를 써봐도 귓전에서만 맴돌 뿐입니다."

경상자가 말했다.

"내가 하고 싶은 말은 다 했네. 땅벌은 콩에 사는 큰 쐐기벌레를 부화시킬 수 없고, 작은 월나라의 닭은 커다란 고니의 알을 품고 있을 수 없지만, 몸집이 큰 노나라의 닭은 본디 그런 데 능하지. 월나라의 닭과 노나라의 닭은 모두 닭이라는 점에서 본질이 다른 것은 아니야. 그런데 할 수 있는 놈과 할 수 없는 놈의 차이가 있는 것은 각자 타고난 재능이 본디부터 큰 것인지 아니면 작은 것인지의 차이에서 비롯되지. 나는 재능이 작아서 자네를 이해시키기에는 부족해. 자네는 남쪽으로 가서 노자를 만나보는 게 어떻겠는가?"

南榮趎蹴然正坐曰, 若趎之年者已長矣, 將惡乎託業以及此言邪. 庚桑子曰, 全汝形, 抱汝生, 無使汝思慮營營. 若此三年, 則可以及此言矣. 南榮趎曰, 目之與形, 吾不知其異也, 而盲者不能自見, 耳之與形, 吾不知其異也, 而聾者不能自聞. 心之與形, 吾不知其異也, 而狂者不能自得. 形之與形亦辟矣, 而物或間之邪. 欲相求而不能相得. 今謂趎曰, 全汝形, 抱汝生, 無使汝思慮營營. 趎勉聞道達耳矣. 庚桑子曰, 辭盡矣, 奔蜂不能化藿蠋, 越鷄不能伏鵠卵, 魯鷄固能矣. 鷄之與鷄, 其德非不同也. 有能與不能者, 其才固有巨小也. 今吾才小, 小足以化子. 子胡不南見老子.

남영주는 식량을 둘러메고 7일 밤낮을 걸어 노자가 있는 곳에 도착했다.

노자가 물었다.

"자네는 경상초가 보내서 왔는가?"

남영주가 대답했다.

"네."

노자가 물었다.

"자네는 왜 그렇게 많은 사람과 함께 왔는가?"

남영주는 두려운 생각이 들어 뒤를 돌아보았다.

노자가 다시 물었다.

"자네는 내가 말하는 뜻을 이해하지 못하겠는가?"

남영주는 부끄러워서 고개를 떨궜다가 잠시 뒤 고개를 들어 한숨쉬면서 말했다.

"지금 저는 어떻게 대답해야 할지 잊어버렸고, 제가 무엇을 물어야 할지 잊어버렸습니다."

노자가 물었다.

"무슨 뜻인가?"

남영주가 대답했다.

"제가 만약 아는 게 없으면 사람들은 저를 어리석다고 할 것이고, 제가 아는 게 있으면 거꾸로 제 자신을 괴롭힐 것입니다. 제가 어질지 못하면 다른 사람을 해칠 것이고, 제가 어질면 거꾸로 저의 몸을 괴롭힐 것입니다. 제가 의롭지 못하면 상대방을 다치게 할 것이고, 제가 의로우면 거꾸로 제 자신을 괴롭힐 것입니다. 저는 이 난제로부터 어떻게 벗어날 수 있을까요? 이 세 가지 것들은 제가 고민하는 문제입니다. 그래서 경상초 스승님의 소개로 선생님께 여쭈어보려고 왔습니다."

노자가 말했다.

"아까 나는 자네의 두 눈썹 사이를 보았는데, 나는 그것을 통해 자네가 어떤 사람인지 알아보았네. 지금 자네가 하는 말을 듣고 내 짐작에 확신을 가졌네. 자네가 허둥지둥하는 모습은 마치 부모를 잃어버린 자식이 장대를 쳐들고 바다를 뒤지면서 찾으려고 하는 것과 같아. 자네는 본성을 잃어버린 나머지 멍해진 거야. 자네는 타고난 성정을 되돌리려고 하지만 그렇게 할 방법이 없으니, 참 딱하군."

南榮趎贏糧, 七日七夜至老子之所. 老子曰, 子自楚之所來乎. 南榮趎曰, 唯. 老子曰, 子何與人偕來之衆也. 南榮趎懼然顧其後. 老子曰, 子不知吾所謂乎. 南榮趎俯而慚, 仰而嘆曰, 今者吾忘吾答, 因失吾問. 老子曰, 何謂也. 南榮趎曰, 不知乎. 人謂我朱愚. 知乎, 反愁我軀. 不仁則害人, 仁則反愁我身. 不義則傷彼, 義則反愁我己. 我安逃此而可. 此三言者, 趎之所患也. 願因楚而問之. 老子曰, 向吾見若眉睫之間, 吾因以得汝矣. 今汝又言而信之. 若規規然若喪父母, 揭竿而求諸海也. 汝亡人哉. 惘惘乎. 汝欲反汝情性而無由入, 可憐哉.

남영주는 제자로 들어가게 해달라고 요청하여 집에 머물면서 자기가 좋다고 생각하는 것을 추구하고 자기가 나쁘다고 생각하는 것을 없애나갔다. 열흘 동안 그렇게 스스로를 수양한 다음 다시 노자를 만나 뵈었다.

노자가 말했다.

"자네는 자신의 묵은 때를 씻어내서 무언가 얻은 것이 많은 모양이군. 그러나 자네 마음속에는 아직도 나쁜 것들이 흘러넘치고 있네. 바깥의 것에 마음을 빼앗기면 생각이 번거로워 억제할 수 없기 때문에 안쪽의 일에 대해서는 문을 닫아버리려고 하지. 안쪽의 것에 마음을 빼앗기면 생각이 혼란스러워 억제할 수 없기 때문에 밖의 일에 대해서는 문을 닫아버리려고 하지. 안팎의 것에 마음을 빼앗기면 도道와 덕德을 온전히 지키는 것도 불가능할 텐데 하물며 도에 따라 행동하는 문제야 말할 필요가 있겠느냐?"

남영주가 말했다.

"마을의 한 사람이 병이 들어서 마을의 다른 사람들이 찾아가 병세가 어떤지 물을 때 그 병든 사람이 자기의 병세에 대해 설명할 수 있다면, 그 병든 사람은 아직 중병에 걸린 것이 아닙니다. 만약 제가 대도大道를 듣는다면 그것은 약을 마셔 병을 키우는 것이나 다름없습니다. 저는 생명을 지키는 원칙에 대해서 듣고 싶을 따름입니다."

노자가 말했다.

"생명을 지키는 원칙은 하나(도)를 끌어안을 수 있어야겠지. 그리고 그것을 잃지 않아야겠지. 점을 치지 않고서도 길흉을 알 수 있어야겠지. 그칠 수 있어야겠지. 그만둘 수 있어야겠지. 다른 사람에게서 찾는 것을 그만두고 자기에게서 찾을 수 있어야겠지. 자연스러울 수 있어야겠지. 멍청한 듯 할 수 있어야겠지. 어린아이 같을 수 있어야겠지. 어린아이는 하루 종일 울어도 목이 쉬지 않는데, 그것은 진정한 부드러움의 상태에 있기 때문이야. 하루 종일 주먹을 쥐고 있어도 손이 저리지 않는데, 그것은 타고난 덕을 그대로 지니고 있기 때문이야. 하루 종일 눈을 뜨고 뭔가를 보고 있으면서도 눈을 깜빡이지 않는데, 이는 바깥의 사물에만 쏠려 있지 않기 때문이야. 가더라도 가는 곳을 모르고 가만히 있어도 무엇을 하고 있는지 모르며, 사물의 변화에 그대로 따르고 물결치는 대로 흘러가지. 이것이 바로 생명을 지키는 원칙이야."

南榮趎請入就舍. 召其所好, 去其所惡. 十日自愁, 復見老子. 老子曰, 汝自洒濯, 熟哉鬱鬱乎. 然而其中津津乎猶有惡也. 夫外韄者不可繁而捉, 將內揵. 內韄者不可繆而捉, 將外揵. 外內韄者, 道德不能持, 而況放道而行者乎. 南榮趎曰, 里人有病, 里人問之, 病者能言其病, 然其病, 病者猶未病也. 若趎之聞大道, 譬猶飮藥以加病也. 趎願聞衛生之經而已矣. 老子曰, 衛生之經, 能抱一乎. 能勿失乎. 能無卜筮而知吉凶乎. 能止乎. 能已乎. 能舍諸人而求諸己乎. 能翛然乎. 能侗然乎. 能兒子乎. 兒子終日嘷而嗌不嗄, 和之至也. 終日握而手不掜, 共其德也. 終日視而目不瞚, 偏不在外也. 行不知所之, 居不知所爲, 與物委蛇, 而同其波. 是衛生之經已.

남영주가 물었다.

"그렇다면 지인의 덕은 이것으로 끝입니까?"

"그렇지 않지. 이것이 바로 이른바 얼음 녹듯이 마음속의 의혹을 풀어버리는 사람이면 가능할 것일세. 지인은 사람들과 더불어 땅을 일궈먹고 사람들과 함께 자연의 변화를 즐기지만, 사람이나 사물 혹은 이로운 것이나 해로운 것을 두고 사람들과 뒤엉키지 않고, 이상한 행동을 하지 않고, 계략을 꾸미지 않고, 일을 만들지 않지. 자연스럽게 가고 아무 생각 없이 온다네. 이것을 생명을 지키는 원칙이라고 하지."

"그렇다면, 그것이 최고의 경지입니까?"

"아직 아니지. 내가 자네에게 '어린아이 같을 수 있어야겠지'라고 말했지. 어린아이는 움직여도 무엇을 하는지 알지 못하고 걸어가도 어디로 가는지 알지 못하며, 몸은 마치 마른 나뭇가지 같고 마음은 마치 불 꺼진 재와 같지. 이와 같은 사람은 재앙도 오지 못하고, 행운도 오지 못하지. 자연의 재앙이나 행운도 오지 못하는데 어떻게 인간 세상의 재앙이 닥칠 수 있겠는가?"

南榮趎曰, 然則是至人之德已乎. 曰, 非也. 是乃所謂冰解凍釋者, 能乎. 夫至人者, 相與交食乎地而交樂乎天, 不以人物利害相攖, 不相與爲怪, 不相與爲謀, 不相與爲事, 翛然而往, 侗然而來. 是謂衛生之經已. 曰, 然則是至乎. 曰, 未也. 吾固告汝曰, 能兒子乎. 兒子動不知所爲, 行不知所之, 身若槁木之枝而心若死灰. 若是者, 禍亦不至, 福亦不來. 禍福無有, 惡有人災也.

2.

마음이 태연하게 안정되어 있으면 몸에서 천광天光, 즉 자연의 빛을 내뿜는다. 자연의 빛을 내뿜으면 사람은 자신의 진정한 모습을 드러낸다. 사람이 수양을 하면 타고난 불변의 성품인 상덕常德이 생긴다. 상덕이 있으면 사람들은 그에게 와서 머물고, 하늘은 그를 돕는다. 사람들이 와서 머무는 그런 사람을 천민天民, 즉 자연에 따르는 사람이라고 부르고 하늘이 돕는 그런 사람을 천자天子, 즉 자연의 아들이라고 부른다.

宇泰定者, 發乎天光. 發乎天光者, 人見其人. 人有修者, 乃今有恒. 有恒者,人舍之, 天助之. 人之所舍, 謂之天民. 天之所助, 謂之天子.

3.

학자는 배울 수 없는 것을 배우려고 한다. 일의 집행자는 실행할 수 없는 것을 실행하려고 한다. 변설가는 설명할 수 없는 것을 설명하려고 한다. 알 수 없는 것에 대해서는 알려는 것을 그칠 줄 아는 것이 최고다. 만약 그렇지 않으면 천균天鈞, 즉 자연의 질서가 그를 망가뜨릴 것이다.

學者, 學其所不能學也. 行者, 行其所不能行也. 辯者, 辯其所不能辯也. 知止乎其所不能知, 至矣. 若有不即是者, 天鈞敗之.

4.

적당한 물질을 갖추어 몸을 기르고, 한적한 데로 물러나 생각을 쉬게 함으로써 마음을 기르고, 타고난 내적 본성을 잘 지켜 밖의 것에까지 통달한다. 이와 같이 했는데도 모든 나쁜 일이 몰려온다면 그것은 자연적인 것으로서 인위적으로 어떻게 할 수 있는 것이 아니다. 그런 것들이 완성된 인격을 교란하게 해서도 안 되며, 영대靈臺[2]에 들어가게 해서도 안 된다. 영대는 속에 간직하고 있는 것이 있지만 그것은 자신이 간직하고 있다는 것을 알지 못하며 의식적으로는 아무것도 간직할 수 없는 것이다. 자신에게 아직 충실하게 하지 못

2 마음속 깊은 곳. 마음을 가리키는 말로도 쓴다.

했는데도 행동한다면 모든 행동이 상황에 맞지 않을 것이며, 세속의 일이 마음속에 들어와도 쫓아내버리지 않는다면 더욱 더 타당성을 잃을 것이다. 사람들이 뻔히 보는 데서 나쁜 짓을 한다면 사람들이 그에게 벌을 줄 것이다. 그러나 아무도 보지 않는 어두운 곳에서 나쁜 짓을 한다면 귀신이 그에게 벌을 줄 것이다. 사람에 대하여 떳떳하고, 귀신에 대하여 떳떳해야만 거리낌 없이 제 길을 갈 수 있다. 내적인 것에 힘쓰는 자는 이름 없이 행동하고, 외적인 것에 힘쓰는 자는 재물을 모으는 데 뜻을 둔다. 이름 없이 행동하는 자는 언제나 빛이 난다. 하지만, 재물을 모으는 데 뜻을 둔 자는 장사꾼에 지나지 않는다. 사람들은 그들이 내세운 것만 보고 위대하다고 생각한다. 사물에 대하여 무심한 자는 사물을 받아들인다. 그러나 사물과 대립하는 사람은 자기 자신도 받아들이지 못한다. 그러니 어떻게 다른 사람을 받아들일 수 있겠는가? 다른 사람을 받아들이지 못하는 사람은 친하게 지내는 사람이 없고, 친하게 지내는 사람이 없는 자는 결국 사람과의 왕래가 완전히 끊어진다. 무기 중에서 의지[志]보다 날카로운 것은 없다. 막야鏌邪와 같은 명검은 대단치 않은 것이다. 도둑 가운데 음양陰陽, 자연의 변화나 균형보다 더 큰 것은 없다. 하늘과 땅 사이에서 도망갈 데가 없기 때문이다. 음양이 우리를 해치는 것이 아니라 마음이 그렇게 하는 것이다.

備物以將形, 藏不虞以生心, 敬中以達彼. 若是而萬惡至者, 皆天也, 而非人也, 不足以滑成, 不可內於靈臺. 靈臺者有持, 而不知其所持, 而不可持者也. 不見其誠己而發, 每發而不當, 業入而不舍, 每更爲失. 爲不善乎顯明之中者, 人得而誅之. 爲不善乎幽閒之中者, 鬼得而誅之. 明乎人, 明乎鬼者, 然後能獨行. 券內者, 行乎無名. 券外者, 志乎期費. 行乎無名者, 唯庸有光.

志乎期費者, 唯賈人也. 人見其跂, 猶之魁然. 與物窮者, 物入焉. 與物且者, 其身之不能容, 焉能容人. 不能容人者無親, 無親者盡人. 兵莫憯於志, 鏌邪爲下. 寇莫大於陰陽, 無所逃於天地之間. 非陰陽賊之, 心則使之也.

5.

도는 개체로 나뉘어 있는 모든 것을 통합한다. 그것은 한편으로는 개체를 생성하면서 다른 한편으로는 허물고 있다. 만물은 왜 구별이 있는 것일까? 그 구별은 전체가 있기 때문이다. 만물은 어떻게 전체를 구성할 수 있을까? 그것은 전체가 되도록 한 그 무엇이 있기 때문이다. 그러므로 그로부터 벗어나 돌아오지 않는다면, 귀신이 될 것이다. 그로부터 벗어나 무언가를 나가서 얻는 것이 있다면, 그것은 죽음일 것이다. 모든 것은 없어졌다가는 다시 형체를 갖지만, 결국 본래의 자리[道]로 돌아가는 것은 다 같다. 유형의 존재는 무형의 것을 본받아서 안정된다. 나올 때는 나온 뿌리가 없고, 들어갈 때는 들어갈 구멍이 없으며, 실재하지만 차지하는 자리가 없고, 영원하지만 시작도 끝도 없다. 나오는 곳이 있고 들어갈 구멍이 없지만 실재한다. 실재하면서 차지하는 곳이 없는 것이 공간[宇]이다. 영원하면서 시작과 끝이 없는 것이 시간[宙]이다. 만물은 태어남이 있고, 죽음이 있고, 나옴이 있고, 들어감이 있다. 들어가기도 하고 나오기도 하지만 형체를 볼 수 없는데, 그것을 자연의 문[天門]이라고 한다. 자연의 문은 없음[無]이다. 만물은 그 없음[無]에서 나온다. 있음[有]은 있음을 통해서는 있음이 될 수 없고, 반드시 없음에서 나오며, 없음은 한결같이 없음이다. 성인은 바로 이러한 경지에 몸을 맡기고 있다.

道通其分也. 其成也毁也. 所惡乎分者, 其分也以備. 所以惡乎備者, 其有以備. 故出而不反, 見其鬼. 出而得, 是謂得死. 滅而有實, 鬼之一也. 以有形者象無形者而定矣. 出無本, 入無竅, 有實而無乎處, 有長而無乎本剽, 有所出而無竅者有實. 有實而無乎處者, 宇也. 有長而無本剽者, 宙也. 有乎生, 有乎死, 有乎出, 有乎入. 入出而無見其形, 是謂天門. 天門者, 無有也, 萬物出乎無有. 有不能以有爲有, 必出乎無有, 而無有一無有. 聖人藏乎是.

6.

옛날 사람은 그 지혜가 최고에 이른 적이 있었다. 어느 경지까지 이르렀는가? 처음부터 아예 사물이 있다고 생각하지 않았는데, 최고이고 완전해서 더 이상 보탤 것이 없다. 그 다음은 사물이 존재한다고 생각하면서도 태어나는 것을 잃는 것으로 생각했고, 죽는 것을 원래의 곳으로 돌아가는 것이라고 생각했는데, 이것은 이미 삶과 죽음을 구분한 것이다. 그 다음은 "처음에는 아무것도 없었는데 잠깐 사이에 생명을 갖게 되고 태어나서는 곧 죽는다. 사람은 없음을 머리로 삼고 삶을 몸통으로 삼고 죽음을 엉덩이로 삼고 있다. 있음과 없음, 죽음과 삶이 하나라는 것을 누가 알고 있을까? 나는 그런 사람을 벗으로 삼겠다"라고 말하는 경지다. 이 세 가지는 비록 다르기는 하지만 모두 제후의 일족〔公族〕과 같다. 초나라의 소씨昭氏와 경씨景氏라는 명칭은 분리되어 나온 뿌리를 나타내는 것이고, 갑씨甲氏라는 명칭은 분봉 받은 땅〔封〕을 나타내는 것인데, 이 세 성은 뿌리는 같지만 명칭이 다르다.

古之人, 其知有所至矣. 惡乎至. 有以爲未始有物者, 至矣, 盡矣, 弗可以加矣. 其次以爲有物矣, 將以生爲喪也, 以死爲反也, 是以分已. 其次曰始無有, 旣而有生, 生俄而死. 以無有爲首, 以生爲體, 以死爲尻. 孰知有無死生之一守者, 吾與之爲友. 是三者雖異, 公族也. 昭景也, 著戴也, 甲氏也, 著封也, 非一也.

7.

인생은 깜깜한 어둠 속과 같아서 아무것도 구분이 안 된다. 그런데 지금 갑자기 이시移是[3]에 대한 이야기를 꺼내고 있다. 이시移是에 대하여 한 번 얘기해보겠지만, 이것은 말할 수 있는 것이 아니다. 그렇지만 진짜 말할 수 없는 것인지도 알 수 없다. 예를 들어 납제를 지낼 때 쓰는 희생은 내장과 발가락을 그대로 두는 것과 같다. 즉 음식으로 쓸 때는 없애버려야 할 것들이지만 납제를 지낼 때는 없애서는 안 되는 것이다. 또 집을 보는 사람과 같다. 즉 침실과 사당을 두루 살펴본 다음에 측간에도 가봐야 하는 것이다.[4] 이런 것들이 모두 이시의 문제에 속한다. 이시에 대해 한 번 더 얘기해보자. 이것은 자신의 삶의 경험을 뿌리로 삼고 지식을 스승으로 삼고 있는데, 그렇게 해서 시비是非를 운용한다. 만약 명칭과 실질의 문제가 발생하면 자기를 본위로 삼고 사람들에게 자기를 절의節義의 사람으로 생각하도록 하며, 그 때문에 죽음으로써 그 절의에 보답한다.

3 옳고 그름의 기준이 바뀌는 것, 또는 그른 것을 옳은 것으로 바꾸는 것.

4 어떤 특정한 곳만 살펴보고 결정하는 것이 아니라 전체를 다 꼼꼼하게 살펴보아야 한다는 뜻.

이와 같은 사람은 관리로 등용되는 것은 자신이 지혜롭기 때문이라 생각하고, 관리로 등용되지 못하는 것은 자신이 어리석기 때문이라고 생각하며, 잘 풀리는 것을 명예롭게 생각하고, 궁색한 것을 치욕으로 여긴다. 이시는 오늘날 사람들에게는 매미와 비둘기가 붕새를 비웃었던 것과 같은 수준에 머물러 있는 것이다.

有生, 黬也. 披然曰移是. 嘗言移是, 非所言也. 雖然, 不可知者也. 臘者之有膍胲, 可散而不可散也. 觀室者周於寢廟, 又適其偃焉, 爲是擧移是. 請嘗言移是. 是以生爲本, 以知爲師, 因以乘是非. 果有名實, 因以己爲質. 使人以爲己節, 因以死償節. 若然者, 以用爲知, 以不用爲愚, 以徹爲名, 以窮爲辱. 移是, 今之人也, 是蜩與學鳩同於同也.

8.

사람이 많은 시장에서 남의 발을 밟으면 놀라서 사과한다. 그러나 형의 발을 밟으면 몸을 한 번 쓰다듬어주고, 아주 친한 사람의 발을 밟으면 그냥 내버려둔다. 그러므로 "진정한 예禮는 나와 남을 구별하지 않고, 진정한 의義는 나와 사물을 구별하지 않고, 진정한 지식은 일부러 생각하지 않고, 진정한 인仁은 사랑하지 않고, 진정한 믿음은 금전을 매개로 하지 않는다"라는 말이 있다.

蹍市人之足, 則辭以放鶩, 兄則以嫗, 大親則已矣. 故曰, 至禮有不人, 至義不物, 至知不謀, 至仁無親, 至信辟金.

9.

생각을 어지럽히는 것들을 제거하고, 마음을 속박하는 것들을 풀어버리고, 본성을 구속하는 것들을 없애버리고, 도를 막고 있는 것들을 집어내버린다. 높은 신분, 부유함, 권력, 명예, 이익 등 여섯 가지는 생각을 어지럽히는 것들이다. 용모, 몸가짐, 표정, 정서, 말투, 감정 등 여섯 가지는 마음을 속박하는 것들이다. 미움, 욕망, 기쁨, 성냄, 슬픔, 즐거움 등 여섯 가지는 본성을 구속하는 것들이다. 물러남, 나아감, 빼앗음, 줌, 지식, 능력 등 여섯 가지는 도를 막는 것들이다. 이들 네 종류의 여섯 가지 것들이 마음을 어지럽히지 않으면 바르고, 바르면 고요해지고, 고요하면 밝아지고, 밝으면 텅 비고, 텅 비면 무위無爲, 즉 아무것도 안 하게 되고 아무것도 안 하면 못하는 것이 없다.

徹志之勃, 解心之謬, 去德之累, 達道之塞. 貴富顯嚴名利六者, 勃志也. 容動色理氣意六者, 謬心也. 惡欲喜怒哀樂六者, 累德也. 去就取與知能六者, 塞道也. 此四六者不蕩胸中則正, 正則靜, 靜則明, 明則虛, 虛則無爲而無不爲也.

10.

도道는 덕이 숭상하는 것이다. 생명은 덕德이 내뿜는 빛이다. 본성은 생명의 본질이다. 본성의 활동을 작위라고 부른다. 작위가 거짓으로 흐르는 것을 잘못이라고 부른다. 지식은 접촉을 통해 얻어진다. 지식은 생각을 통해 얻어진다. 이 두 가지 경로를 통해 얻어진 지식으로써도 모르는 것이 있는데, 그것은 일부만 보기 때문이다.

어쩔 수 없이 움직이는 것을 덕이라고 부르고, 내 생각 없이 움직이는 것을 다스림이라고 부른다. 덕과 다스림은 이름은 서로 다르지만 실질은 서로 호응한다.

道者, 德之欽也. 生者, 德之光也. 性者, 生之質也. 性之動, 謂之爲. 爲之僞, 謂之失. 知者, 接也. 知者, 謨也. 知者之所不知, 猶睨也. 動以不得已之謂德, 動無非我之謂治, 名相反而實相順也.

11.

예羿는 미세한 표적을 맞추는 데는 뛰어났지만 사람들이 자기를 칭송하지 못하게 하는 데는 서툴렀다. 성인은 자연적인 데서는 뛰어나지만 인위적인 데서는 서툴다. 자연적인 데서 뛰어나고 인위적인 데서도 잘해내는 것은 오직 완전한 사람〔全人〕만이 가능하다. 동물은 오직 동물 노릇만 할 수 있고, 오직 동물 노릇만 할 수 있기 때문에 자연적일 수 있다. 완전한 사람은 자연적인 것을 싫어한다. 즉 인위적으로 꾸민 자연적인 것을 싫어한다. 그런데 하물며 자기 생각을 기준으로 자연적인 것이니 인위적인 것이니 따위를 구별하는 것이야 말할 나위가 있겠는가.

羿工乎中微而拙乎使人無己譽. 聖人工乎天而拙乎人. 夫工乎天而俍乎人者, 唯全人能之. 雖蟲能蟲, 雖蟲能天. 全人惡天. 惡人之天. 而況吾天乎人乎.

12.

한 마리의 참새가 명사수 예羿의 곁으로 날아간다면 예는 분명히 그것을 잡을 터인데, 그것은 그 새가 예의 사정권 안으로 들어왔기 때문이다. 온 세상을 새장으로 삼는다면 새는 도망갈 곳이 없다. 예전에 탕임금은 요리사의 관직으로써 이윤을 가두었고,[5] 진나라 목공은 다섯 마리의 양가죽으로써 백리해를 가두었다.[6] 이들 예에서 보듯이 그 사람이 좋아하는 것을 이용하지 않고서 가둘 수 있는 경우는 없다.

一雀適羿, 羿必得之, 或也. 以天下爲之籠, 則雀無所逃. 是故湯以胞人籠伊尹, 秦穆公以五羊之皮籠百里奚. 是故非以其所好籠之而可得者, 無有也.

13.

형벌로 발이 잘린 사람은 몸치장 도구를 내버리는데, 이는 외모에 대한 비난이나 칭송에 대해 무관심하기 때문이다. 죄수가 높은 곳에 올라가도 두려워하지 않는 것은 삶과 죽음을 잊어버렸기 때문이다. 무관심하고 잊어버리는 태도에 익숙해지면 인도人道를 잊어버리는데, 인도를 잊어버리는 것은 그가 이미 자연의 사람〔天人〕이 되었기 때문이다. 그러므로 다른 사람이 존경해도 기뻐하지 않고, 모욕을 줘도 성내지 않는 것은 오직 자연의 온화함〔天和〕과 하나가 된 자만이 그렇게 할 수 있다. 성내더라도 아무 감정 없이 성낸다면 그 성내는 것은 성난 감정이 없는 데서 나왔을 것이다. 행위를 하되 아

5 이윤은 원래 요리솜씨를 내세워 일자리를 구했다. 탕임금은 그에게 궁중의 주방 일자리를 마련해주었고, 나중에 그를 재상으로 발탁했다.

6 백리해는 진秦나라 현인으로 소를 치고 있었다. 그는 비록 가난했지만 부귀를 바라지 않고 소치는 일에 만족하고 있었는데, 진秦나라 목공穆公은 그가 오색의 양가죽으로 만든 옷을 매우 좋아한다는 말을 듣고 그에게 오색의 양가죽을 예물로 보내 마침내 그를 재상으로 초빙했다.

무 의식 없이 행위한다면〔無爲〕 그 행위는 아무 의식 없는 행위〔無爲〕에서 나왔을 것이다. 마음이 안정되기를 바란다면 기를 평온하게 해야 하고, 정신이 상쾌해지기를 바란다면 마음을 온순하게 해야 한다. 어떤 행위를 할 때 그것이 합당하기를 바란다면 부득이함에 따라 행동해야 한다. 부득이함에 따르는 것이 성인의 도다.

介者拸畫, 外非譽也. 胥靡登高而不懼, 遺死生也. 夫復謵不饋而忘人, 忘人, 因以爲天人矣. 故敬之而不喜, 侮之而不怒者, 唯同乎天和者爲然. 出怒不怒, 則怒出於不怒矣. 出爲無爲, 則爲出於無爲矣. 欲靜則平氣, 欲神則順心. 有爲也, 欲當則緣於不得已. 不得已之類, 聖人之道.

제24편 | 서무귀

徐無鬼

이 편에서는 통일된 한 가지 주제를 말하고 있는 것이 아니라 여러 가지 내용이 뒤섞여 있다. 그 가운데 양적으로 가장 많은 부분을 차지하면서 전반적으로 자주 등장하는 주제는 바로 욕망과 감정의 문제다. 위나라 무후는 초야에 묻혀 사는 서무귀를 위로하려 하지만, 서무귀는 도리어 위로받아야 할 사람은 무후라고 말한다. 여기서 서무귀가 들고 나온 것은 만약 욕망을 충족시키고, 애증의 감정에 따르면 진정한 본성이 병들 것이고, 욕망이나 애증의 감정을 아예 배제해버린다면 귀나 눈과 같은 감각기관이 병들 것이라는 모순된 상황이다. 그렇다면 그 모순된 상황에 대한 해법은 무엇인가? 개와 말의 비유 속에 서무귀의 대답이 암시되어 있다. 그가 말한 상등급의 개나 천하제일의 말은 바로 자신의 존재를 잊었다. 자신의 존재를 잊어야 비로소 자신의 타고난 능력이 가장 잘 발휘된다는 것이다. 한 마디로 욕망이나 감정의 굴레에서 벗어나기 위해서는 그것들 자체를 잊어버려야 한다는 것이다. 이것은 유가와 기타 학자들의 비판 논리로 확장된다. 세상을 다스릴 때나 세상사를 대할 때 인仁이나 의 혹은 예禮나 법法 등 어떤 특정한 이념을 기준으로 삼아서는 안 된다는 것이다. 따라서 타고난 그대로의 자연으로써 인간사人間事를 대하고, 인위적인 것으로써 자연적인 것에 개입시키지 않는 사람이야말로 가장 이상적이라고 말한다.

1.

서무귀徐無鬼[1]가 여상女商[2]을 통해 위魏나라 임금 무후를 만났다. 무후는 서무귀에게 위로의 말을 건넸다.

"선생은 병이 났군요. 산림 속에서 힘들게 사는 게 괴로웠군요. 그래서 과인을 만날 생각이 들었나보군요."

서무귀가 말했다.

"제가 전하를 위로해드려야지, 전하께서 어찌 저를 위로하십니까? 전하께서 만약 욕망을 충족시키고, 애증의 감정에 따르신다면 진정한 본성[性命之情]이 병들 것입니다. 전하께서 욕망을 없애고, 애증의 감정을 배제하신다면 귀나 눈과 같은 감각기관이 병들 것입니다. 제가 전하를 위로해드려야지 전하께서 어찌 저를 위로하십니까?"

무후는 약간 실망한 듯 아무 대꾸도 하지 않았다.

조금 뒤 서무귀가 말을 이어갔다.

---

1 위魏나라의 은자.

2 위나라의 대신.

"제가 전하께 개를 감정하는 방법을 예로 들어 말씀드려보겠습니다. 하등급의 개는 배불리 먹는 데만 관심이 있는데, 이는 살쾡이의 본성입니다. 중등급의 개는 해를 보듯이 기상이 높습니다. 상등급의 개는 자신을 잊은 듯 기색이 한결같습니다. 말의 감별은 이렇게 합니다. 말의 동작이, 곧게 걸을 때는 먹줄〔繩〕에 딱 들어맞고, 구불구불 걸을 때는 곡선자〔鉤〕에 딱 들어맞고, 각지게 돌 때는 곱자〔矩〕에 딱 들어맞고, 둥글게 돌 때는 걸음쇠〔規〕에 딱 들어맞는다면 이것은 한 나라 안에서나 쳐주는 말이지 온 세상을 대표하는 말에는 못 미칩니다. 온 세상을 대표하는 말은 완벽한 재능을 가지고 있는데, 부족한 듯하기도 하고 모자란 듯하기도 하며, 자신을 잃은 듯 기색이 한결같습니다. 그런데 이런 말은 달릴 때는 나는 듯이 질주하여 어디로 사라졌는지 모를 정도입니다."

무후는 크게 기뻐하면서 웃었다.

徐無鬼因女商見魏武侯, 武侯勞之曰, 先生病矣, 苦於山林之勞, 故乃肯見於寡人. 徐無鬼曰, 我則勞於君, 君有何勞於我. 君將盈耆欲, 長好惡, 則性命之情病矣. 君將黜耆欲, 掔好惡, 則耳目病矣. 我將勞君, 君有何勞於我. 武侯超然不對. 少焉, 徐無鬼曰, 嘗語君, 吾相狗也. 下之質, 執飽而止, 是狸德也. 中之質, 若視日. 上之質, 若亡其一. 吾相狗, 又不若吾相馬也. 吾相馬, 直者中繩, 曲者中鉤, 方者中矩, 圓者中規, 是國馬也, 而未若天下馬也. 天下馬有成材, 若卹若失, 若喪其一, 若是者, 超軼絶塵, 不知其所. 武侯大說而笑.

서무귀가 나오자 여상이 물었다.

"선생님은 도대체 우리 전하께 무슨 말씀을 하신 겁니까? 저는 우리 전하께 한편으로는 『시』 『서』 『예』 『악』을 가지고 말씀드렸고, 또 다른 한편으로는 『금판金板』과 『육도六弢』[3] 등을 가지고 말씀드렸습니다. 또 일을 맡아 처리하면서 큰 공을 세운 것이 셀 수 없을 정도인데도 우리 전하께서 한 번도 이를 드러내놓고 웃으신 적이 없었습니다. 방금 선생님께서는 무슨 말씀을 하셨기에 우리 전하께서 그처럼 기뻐하신 것입니까?"

서무귀가 대답했다.

"저는 그저 개나 말을 감별하는 방법을 설명해드렸을 뿐입니다."

여상이 말했다.

"그랬군요."

"선생님은 월나라로 유배 간 죄인에 대해 들어본 적이 없나요? 나라를 떠난 지 며칠이 지나서는 아는 사람을 만나면 기뻐했답니다. 나라를 떠난 지 열흘이나 한 달이 지나자 자기 나라에서 본 적이 있는 사람을 만나면 기뻐했답니다. 몇 년이 지나고 나서는 자기 나라 사람과 비슷한 사람만 봐도 기뻐했답니다. 아는 사람과 떨어져 있는 시간이 오래 되면 오래 될수록 그 사람에 대한 그리움이 더해지는 것 아니겠소? 인적이 끊긴 곳으로 도망가 사는 사람은 명아주나 콩잎이 우거진 족제비 길 곁에서 비실비실 지내다가 사람의 발자국 소리가 저벅저벅 들리면 반가워할 터인데, 하물며 형제나 친척이 다가와 그 곁에서 도란도란 얘기한다면 그 반가움이 얼마나 클지 말할 필요가 있겠소? 누군가 전하 곁에서 진인眞人의 말을 도란도란 얘기해주지 않은 지 오래 되었나 봅니다."

3 「금판金板」과 「육도六弢」 모두 『주서』라는 책의 편명이다.

徐無鬼出, 女商曰, 先生獨何以說吾君乎. 吾所以說吾君者, 橫說之則以詩書禮樂, 從說之則以金板六弢, 奉事而大有功者不可爲數, 而吾君未嘗啟齒. 今先生何以說吾君, 使吾君說若此乎. 徐無鬼曰, 吾直告之吾相狗馬耳. 女商曰, 若是乎. 曰, 子不聞夫越之流人乎. 去國數日, 見其所知而喜. 去國旬月, 見所嘗見於國中者喜. 及期年也, 見似人者而喜矣. 不亦去人滋久, 思人滋深乎. 夫逃虛空者, 藜藋柱乎鼪鼬之徑, 踉位其空, 聞人足音跫然而喜矣, 又況乎昆弟親戚之謦欬其側者乎. 久矣夫莫以眞人之言謦欬吾君之側乎.

2.

서무귀가 무후를 만났는데, 무후가 말했다.

"선생은 산림 속에서 도토리나 밤을 먹고 파라든가 부추 따위를 실컷 드시면서 과인을 버린 지 오래되었지요. 그런데 이젠 늙으셨군요. 술과 고기 맛이 그리워서 오신 것입니까, 아니면 과인에게도 아직 사직社稷을 일으킬 행운이 남아 있는 것입니까?"

서무귀가 말했다.

"저는 가난하고 천한 집안에서 태어나 감히 전하의 술과 고기를 먹을 생각을 해본 적이 없습니다. 저는 전하를 위로해드리기 위해 온 것입니다."

무후가 물었다.

"무슨 뜻이오? 과인의 무엇을 위로한단 말이오?"

"전하의 정신과 육체를 위로해드리려고 합니다."

무후가 물었다.

"무슨 뜻이오?"

서무귀가 대답했다.

"하늘과 땅이 사물을 양육하는 것은 한 가지입니다. 높은 데 있다고 해서 존귀한 것으로 여겨서는 안 되고, 아래쪽에 있다고 해서 비천하다고 생각해서는 안 됩니다. 전하는 홀로 만승萬乘 대국의 주인으로서 온 나라의 백성을 고통스럽게 하여 자신의 이목구비 등 육체의 욕망을 충족시키시기 때문에 신기神氣가 스스로 용납하지 않습니다. 신기라는 것은 온화함을 좋아하고 간악함을 싫어합니다. 간악하면 병이 납니다. 그래서 그것을 위로해드리려고 합니다. 전하께서는 이 병에 걸리셨는데 왜 그런 것일까요?"

徐無鬼見武侯, 武侯曰, 先生居山林, 食芧栗, 厭葱韭, 以賓寡人, 久矣夫. 今老邪. 其欲干酒肉之味邪. 其寡人亦有社稷之福邪. 徐無鬼曰, 無鬼生於貧賤, 未嘗敢飮食君之酒肉, 將來勞君也. 君曰, 何哉. 奚勞寡人. 曰, 勞君之神與形. 武侯曰, 何謂邪. 徐無鬼曰, 天地之養也一, 登高不可以爲長, 居下不可以爲短. 君獨爲萬乘之主, 以苦一國之民, 以養耳目鼻口, 夫神者不自許也. 夫神者, 好和而惡姦. 夫姦, 病也, 故勞之. 唯君所病之, 何也.

무후가 말했다.

"오래전부터 선생을 만나고 싶었습니다. 나는 백성을 사랑하고 정의를 실행하기 위해 전쟁을 그만두고 싶은데 가능할까요?"

서무귀가 말했다.

"안 됩니다. 백성을 사랑하는 것이 바로 백성을 해치는 시발점입니다. 정의를 위해 전쟁을 그치는 것이 바로 전쟁을 일으키는 도화선입니다. 전하께서 이런 것부터 시작하려 하신다면 아마도 성공하지 못할 것입니다. 그럴 듯한 명분을 실현하려는 것 자체가 모두 악행의 도구입니다. 전하께서 비록 인仁과 의義를 실행한다고 해도 그것은 아마도 위선이 되고 말 것입니다. 형식적인 것은 본디 형식적인 것을 만들고, 성공이라는 것은 본디 공적을 자랑하게 되어 있으며, 변화는 본디 밖으로 전쟁을 일으키게 마련입니다. 전하께서는 절대 높은 사열대 사이에 서서 학열진鶴列陣[4]을 사열해서는 안 됩니다. 치단錙壇[5]의 궁궐에 보병과 기병을 배치해두어서도 안 됩니다. 타고난 본성에 거스르는 생각을 품고 있어서는 안 됩니다. 잔재주로써 남을 이기려 하지 말고, 잔꾀로써 남을 이기려 하지 말며, 전쟁으로써도 남을 이기려 하지 말아야 합니다. 다른 나라의 군사와 백성을 죽이고 다른 나라의 토지를 병합하여 자신의 사욕을 채우고 자신의 신기神氣를 기른다면, 그 전쟁을 얼마나 잘 치렀는지는 모르겠지만, 승리의 의미가 어디에 있겠습니까? 전하께서 백성에 대한 생각을 포기하고 싶지 않으시다면 마음속의 진정성을 잘 수양하여 천지의 실정에 부응하도록 해야지 그것과 충돌해서는 안 됩니다. 백성은 이미 전쟁의 고통에서 다 벗어났을 터이니 전하께서 새삼스럽게 전쟁을 그치게 할 필요가 어디 있겠습니까?"

武侯曰, 欲見先生久矣. 吾欲愛民而爲義偃兵, 其可乎. 徐無鬼曰, 不可. 愛民, 害民之始也. 爲義偃兵, 造兵之本也. 君自此爲之, 則殆不成. 凡成美, 惡器也. 君雖爲仁義, 幾且僞哉. 形固造形, 成固有伐, 變固外戰. 君亦必無盛鶴列於麗譙之間. 無徒驥於錙壇之宮, 無藏逆於得. 無以巧勝人, 無以謀勝人, 無以戰勝人. 夫殺人之士民, 兼人之土地, 以養吾私與吾神者, 其戰不知孰善. 勝之惡乎在. 君若勿已矣. 修胸中之誠, 以應天地之情而勿攖.

4 군사 진법의 일종. 학의 모양을 닮았다 해서 붙여진 이름.

5 제단祭壇의 이름.

夫民死已脫矣, 君將惡乎用夫僵兵哉.

3.

황제黃帝가 대외大隗를 만나기 위해 구자산具茨山으로 갔다. 방명方明이 수레를 몰았고, 창우昌寓가 수레 모는 것을 보조했고〔驂乘〕[6], 장약張若과 습붕謵朋이 앞에서 길잡이가 되었으며, 곤혼昆閽과 활계滑稽가 뒤에서 수레를 따랐다. 양성襄城이라는 들판에 이르렀을 때 이들 일곱 명의 성인은 길을 잃어버렸지만 길을 물어볼 데가 없었다. 그러다가 말을 치는 아이를 만나 길을 물었다.

"너는 구자산을 아느냐?"

"네."

"너는 대외가 살고 있는 곳을 아느냐?"

"네."

황제가 말했다.

"이상한 아이로군. 구자산을 알 뿐만 아니라 대외가 있는 곳도 알다니. 세상을 어떻게 다스려야 하는지 좀 가르쳐줄래?"

어린아이가 말했다.

"세상을 다스리는 것 역시 이렇게 하면 되겠지요. 달리 뭐가 있겠어요? 저는 어려서 육합六合[7] 안에서 놀았습니다. 저는 우연히 눈앞

6 고대의 수레 타는 예법에서 신분이 가장 높은 사람은 왼쪽에 앉았다. 그리고 가운데는 수레를 모는 사람〔御者〕이 앉았고, 오른쪽에는 수레가 한쪽으로 기울어지는 것을 방지하기 위해 또 한 사람이 앉았는데, 오른쪽에 앉아 보조하는 사람을 참승驂乘이라고 불렀다.

7 천지(하늘과 땅)와 사방(동서남북), 즉 우리가 사는 이 세상을 가리킨다.

이 어찔어찔한 병에 걸렸는데, 어떤 나이 드신 분이 저에게 '태양이라는 수레를 타고 양성襄城의 들판에서 놀아라'라고 가르쳐주었습니다. 지금 저는 병이 조금 나았습니다. 저는 또 다시 육합 밖에서 놀려고 합니다. 세상을 다스리는 것 역시 이렇게 하면 되겠지요. 달리 뭐가 있겠어요?"

황제가 말했다.

"세상을 다스리는 것이 자네의 일이 아닌 것은 사실이야. 그렇지만 세상을 다스리는 방법을 알고 싶어."

어린아이는 사양했다. 황제가 다시 묻자 어린아이가 말했다.

"세상을 다스리는 것이 말을 먹이는 것과 다를 게 뭐가 있겠습니까. 말을 해롭게 하는 것들을 없애주기만 하면 될 뿐이지요."

황제는 머리를 조아려 두 번 절하고 그를 하늘이 보낸 스승〔天師〕이라고 부르고서는 물러났다.

黃帝將見大隗乎具茨之山, 方明爲御, 昌寓驂乘, 張若謵朋前馬, 昆閽滑稽後車. 至於襄城之野, 七聖皆迷, 無所問塗. 適遇牧馬童子, 問塗焉曰, 若知具茨之山乎. 曰, 然. 若知大隗之所存乎. 曰, 然. 黃帝曰, 異哉小童. 非徒知具茨之山, 又知大隗之所存. 請問爲天下. 小童曰, 夫爲天下者, 亦若此而已矣, 又奚事焉. 予少而自遊於六合之內, 予適有瞀病. 有長者敎予曰, 若乘日之車而遊於襄城之野. 今予病少痊, 予又且復遊於六合之外. 夫爲天下, 亦若此而已. 予又奚事焉. 黃帝曰, 夫爲天下者, 則誠非吾子之事, 雖然, 請問爲天下. 小童辭. 黃帝又問. 小童曰, 夫爲天下者, 亦奚以異乎牧馬者哉. 亦去其害馬者而已矣. 黃帝再拜稽首, 稱天師而退.

4.

지사知士는 머리를 쓸 만한 변고가 생기지 않으면 즐거워하지 않고, 변사辯士는 논설이 논리적이지 않으면 즐거워하지 않고, 깐깐한 선비는 준엄하게 꾸짖을 일이 없으면 즐거워하지 않는데, 모두 특정 대상에 얽매어 있는 것이다. 허세부리기 좋아하는 사람은 조정에서 제 뜻을 이룬다. 중등의 사람은 관직을 영광스럽게 생각한다. 힘이 센 사람은 어려운 일을 해결하는 것을 긍지로 삼는다. 용감한 사람은 환난의 구제에 몸을 던진다. 무기를 잘 다루는 사람은 전쟁을 즐긴다. 몸이 비쩍 마르도록 고행하는 은둔자는 명성에 마음을 두고 있다. 법률을 중시하는 사람은 법치를 퍼뜨리고 있다. 예악禮樂을 지키는 사람들은 의식儀式을 중시한다. 인의仁義를 실천하는 사람은 인간관계를 소중하게 여긴다. 농부는 농삿거리가 없으면 즐거워하지 않고, 상인은 장삿거리가 없으면 즐거워하지 않는다. 서민들은 일상의 일이 있으면 부지런해지고, 장인들은 연장이나 기구를 만들 일감이 있으면 씩씩해진다. 돈과 재산이 모이지 않으면 욕심 많은 사람은 근심하고, 권세가 높지 않으면 과시하기 좋아하는 사람은 슬퍼한다. 시세의 변화를 틈타 이득을 챙기려는 무리는 변고가 발생하는 것을 즐긴다. 이들은 때를 만나면 쓰이기 때문에 무위無爲, 즉 아무것도 안 하고 가만히 있는 그런 것을 못한다. 이런 사람들은 모두 세월의 변화에 따라 이익을 추구하면서도 사물의 변화에 스스로의 생각과 태도를 바꿀 줄 모른다. 그러한 사람들은 자기의 몸과 마음을 내몰아 만물에 매몰된 채 죽을 때까지 거기서 빠져나올 줄 모르니, 불쌍하다.

知士無思慮之變則不樂, 辯士無談說之序則不樂, 察士無凌誶之事則不樂. 皆囿於物者也. 招世之士興朝, 中民之士榮官. 筋力之士矜難, 勇敢之士奮患, 兵革之士樂戰, 枯槁之士宿名. 法律之士廣治, 法律之士廣治, 禮樂之士敬容, 仁義之士貴際. 農夫無草萊之事則不比, 商賈無市井之事則不比. 庶人有旦暮之業則勸, 百工有器械之巧則壯. 錢財不積則貪者憂, 權勢不尤則夸者悲, 勢物之徒樂變, 遭時有所用, 不能無爲也, 此皆順比於歲, 不物於易者也, 馳其形性, 潛之萬物, 終身不反, 悲夫.

5.

장자가 물었다.

"활 쏘는 사람이 활을 쏘기 전에 미리 마음먹지 않았는데도 우연히 적중했을 경우 그것을 보고 활을 잘 쏜다고 말한다면, 그렇다면 세상 사람들은 모두 예羿와 같겠어. 맞는가?"

혜자가 말했다.

"맞아."

장자가 물었다.

"세상에는 공인된 진리는 없고, 각자 자기가 옳다고 생각하는 것을 진리로 여기는데, 그렇다면 세상 사람들은 모두 요임금과 같겠어. 맞는가?"

혜자가 말했다.

"맞아."

장자가 말했다.

"그렇다면 유가, 묵가, 양주, 공손룡 등 네 사람과 자네를 포함하여 다섯 사람 가운데 과연 누가 옳은가? 아니면 예전에 노거魯遽[8]가 보여주었던 시범과 같은가? 노거의 제자가 그에게 물었지. '저는 선생님의 도를 터득했습니다. 저는 겨울에는 솥에 불을 지필 수 있고, 여름에는 얼음을 만들어낼 수 있습니다.' 그러자 노거가 말했지. '그것은 양기로써 양기를 부르고 음기로써 음기를 부르는 것이지 내가 말하는 도가 아니다. 내 너에게 나의 도를 보여주겠다.' 이렇게 말하고 나서 그가 보는 데서 슬瑟을 조율한 다음 하나는 대청에 놓고 다른 하나는 방안에 놓았지. 그리고 한쪽에서 궁음宮音을 퉁겼더니 다른 쪽에서도 궁음이 울리고, 한쪽에서 각음角音을 퉁겼더니 다른 쪽에서도 각음이 울렸는데, 음률이 같았기 때문이야. 그러다가 줄 한 개를 조정하여 오음五音의 어느 것에도 해당하지 않게 해놓고 그것을 퉁겼더니 25개의 현이 모두 울렸어. 25개 현의 성조가 달라진 것은 전혀 없지만 다시 조정한 한 개의 현이 내는 소리가 소리의 제왕이었기 때문이야. 자네들도 모두 이와 같은가?"

혜자가 말했다.

"지금 유가와 묵가와 양주와 공손룡 등이 나와 논쟁을 하는가 하면 나를 반박하는 말을 늘어놓고 소리치면서 윽박지르고 있지만 그들은 결코 나를 꺾지 못했는데, 어떻게 그 예와 같겠는가?"

장자가 말했다.

"제나라의 한 사람이 자기 아들을 송나라에 머물게 했어. 아들의 다리가 불구였는데, 그곳에서는 불구자라도 문지기를 할 수 있었기 때문이야. 그는 아들을 잃어버리지 않기 위해 목이 긴 작은 종을 하

8 주나라 초기의 인물로 알려져 있으나 분명치 않다. 여기서는 자기가 옳다는 입장을 가진 인물의 예로 든 것이다.

나 사서 아들에게 묶어주었지. 그런데 정작 잃어버린 아들을 찾을 때 그는 자기가 살고 있던 지역 밖으로는 나가보지도 않았어. 이 같은 행위는 일반적인 상식에서 벗어난 것이지. 초나라의 어떤 사람은 남의 집에 기숙하면서 문지기와 싸웠대. 그는 또 한밤중에 아무도 없을 때 도망쳤는데, 도중에 뱃사공과 또 싸우는 바람에 배가 아직 건너편 언덕에 닿기도 전에 완전히 원수가 되어버렸다는 거야."

莊子曰, 射者非前期而中, 謂之善射, 天下皆羿也, 可乎. 惠子曰, 可. 莊子曰, 天下非有公是也, 而各是其所是, 天下皆堯也, 可乎. 惠子曰, 可. 莊子曰, 然則儒墨楊秉四, 與夫子爲五, 果孰是邪. 或者若魯遽者邪. 其弟子曰, 我得夫子之道矣, 吾能冬爨鼎而夏造冰矣. 魯遽曰, 是直以陽召陽, 以陰召陰, 非吾所謂道也, 吾示子乎吾道. 於是爲之調瑟, 廢一於堂, 廢一於室, 鼓宮宮動, 鼓角角動, 音律同矣. 夫或改調一弦, 於五音無當也, 鼓之, 二十五弦皆動, 未始異於聲, 而音之君已. 且若是者邪. 惠子曰, 今乎儒墨楊秉, 且方與我以辯, 相拂以辭, 相鎭以聲, 而未始吾非也, 則奚若矣. 莊子曰, 齊人蹢子於宋者, 其命閽也不以完, 其求鈃鍾也以束縛, 其求唐子也而未始出域, 有遺類矣. 夫楚人寄而蹢閽者, 夜半於無人之時而與舟人鬪, 未始離於岑而足以造於怨也.

6.

장자가 어떤 사람을 장사지내다가 혜자(혜시)의 무덤가를 지날 때 그를 따르는 사람들을 돌아보면서 말했다.

"영郢 지방의 어떤 사람이 자기 코끝에 파리 날개처럼 얇게 백토를 발라놓고 장석匠石에게 그것을 깎아내게 했어. 장석이 바람소리가 나도록 도끼를 휘두르자 그와 함께 백토가 깎여나갔지. 백토가 모두 깎여나갔는데도 코는 다치지 않았어. 그리고 그 영 지방의 사람은 그대로 선채로 조금도 안색이 변하지 않았대. 송나라 원군元君[9]이 그 얘기를 듣고 장석을 불러서 말했어. '과인 앞에서 한 번 그 시범을 보여 보아라.' 장석이 말했어. '신이 예전에는 그렇게 한 적이 있습니다. 그러나 신과 함께 할 짝이 오래전에 죽어버렸습니다.' 혜자 저 친구가 죽은 뒤로 나는 짝이 없어졌어. 나는 함께 얘기를 나눌 만한 사람이 없어."

莊子送葬, 過惠子之墓, 顧謂從者曰, 郢人堊慢其鼻端若蠅翼, 使匠人斲之. 匠石運斤成風, 聽而斲之, 盡堊而鼻不傷, 郢人立不失容. 宋元君聞之, 召匠石曰, 嘗試爲寡人爲之. 匠石曰, 臣則嘗能斲之. 雖然, 臣之質死久矣. 自夫子之死也, 吾無以爲質矣, 吾無與言之矣.

7.

관중이 병이 나자 제나라 환공이 문병하면서 말했다.

"중보仲父[10]의 병이 위독하니 이제 더 이상 말하는 것을 꺼릴 수 없군요. 깨어나지 못하는 상태에 이르면 과인은 누구에게 나라를 맡겨야 좋겠소?"

관중이 물었다.

"전하께서는 누구에게 맡기고 싶으십니까?"

임금이 말했다.

9 앞의 「전자방」 편과 뒤의 「외물」 편에도 나온다.

10 관중을 존중해서 부른 호칭.

"포숙아鮑叔牙[11]입니다."

"안 됩니다. 그는 사람됨이 청렴한, 훌륭한 선비입니다. 그는 자기보다 못한 사람과는 가까이 지내지 않습니다. 또 다른 사람의 잘못을 한 번 들으면 평생 잊지 않습니다. 그에게 나라를 다스리게 하면 위로는 임금의 뜻에 반대할 것이며 아래로는 백성의 뜻에 거스를 것입니다. 그가 전하의 미움을 살 날이 멀지 않을 것입니다."

임금이 말했다.

"그렇다면 누가 좋겠소?"

관중이 대답했다.

"굳이 추천해야 한다면 습붕隰朋[12]이 좋습니다. 그의 사람됨은 위로는 임금을 잊고 아래로는 백성들과 함께 하면서 스스로 황제黃帝보다 못한 것을 부끄럽게 생각하고 자기보다 못한 사람을 불쌍하게 여깁니다. 덕을 남에게 나누어주는 것을 성스럽다 하고 재산을 남에게 나누어주는 것을 현명하다고 합니다. 현명하면서 사람들 위에서 내려다본다면 결코 사람을 얻을 수 없습니다. 현명하면서 다른 사람들에게 자신을 낮춘다면 사람을 얻지 못하는 경우가 결코 없습니다. 그는 나라의 일에 대하여 못들은 척 넘어가기도 하고, 집안일에 대하여 못 본 척 넘어가기도 합니다. 굳이 추천해야 한다면 습붕이 좋습니다."

管仲有病, 桓公問之曰, 仲父之病病矣, 可不諱, 云至於大病, 則寡人惡乎屬國而可. 管仲曰, 公誰欲與. 公曰, 鮑叔牙. 曰, 不可. 其爲人潔廉善士也. 其於不己若者不比之. 又一聞人之過, 終身不忘. 使之治國, 上且鉤乎君, 下

11 관중의 친구.

12 제나라의 현자.

且逆乎民. 其得罪於君也, 將弗久矣. 公曰, 然, 則孰可. 對曰, 勿已, 則隰朋可. 其爲人也, 上忘而下畔, 愧不若黃帝, 而哀不己若者. 以德分人謂之聖, 以財分人謂之賢. 以賢臨人, 未有得人者也. 以賢下人, 未有不得人者也. 其於國有不聞也, 其於家有不見也. 勿已, 則隰朋可.

8.

오나라 왕이 강에서 뱃놀이를 하다가 원숭이산을 올라갔다. 많은 원숭이가 그것을 보고서는 두려워하면서 자신들의 터전을 버리고 도망가 깊은 숲속에 숨었다. 그런데 원숭이 한 마리가 이리 뛰고 저리 뛰는가 하면 나뭇가지를 타고 오르기도 하면서 왕에게 재주를 뽐냈다. 왕이 활을 쏘았지만 날아오는 화살을 민첩하게 잡았다. 왕은 주위의 신하들에게 쉴 틈을 주지 말고 활을 쏘라고 명령했고, 그리하여 원숭이는 즉사했다. 왕은 친구 안불의顔不疑를 돌아보면서 말했다.

"이 원숭이는 자신의 재주를 뽐내고 자신의 민첩함을 믿고 내 앞에서 오만을 부리다가 이렇게 죽음을 맞이했어. 조심하시게. 에구, 자네도 교만한 표정으로 다른 사람을 대하지 말게."

안불의는 돌아가 동오董梧를 스승으로 모시고 교만했던 표정을 없애고 안락한 생활을 그치고 높은 벼슬을 그만두었다. 삼 년이 지나서 그 나라 사람들이 그를 칭송했다.

吳王浮於江, 登乎狙之山. 衆狙見之, 恂然棄而走, 逃於深蓁. 有一狙焉, 委蛇攫搔, 見巧乎王. 王射之, 敏給搏捷矢. 王命相者趨射之, 狙執死. 王顧謂其友顔不疑曰, 之狙也, 伐其巧恃其便, 以敖予, 以至此殛也. 戒之哉. 嗟乎. 無以汝色驕人哉. 顏不疑歸而師董梧, 以鋤其色, 去樂辭顯, 三年而國人稱之.

9.

남백자기南伯子綦가 안석에 기대어 앉아 하늘을 우러르면서 "후" 하고 숨을 내쉬었다. 안성자顏成子가 들어오다가 그것을 보고서는 말했다.

"선생님께서는 다른 사람들보다 뛰어나십니다. 몸을 정말로 마치 말라버린 뼈와 같은 상태로 하실 수 있고, 마음은 정말로 불 꺼진 재처럼 하실 수 있으시군요."

"나는 예전에 산속의 동굴에서 살았었다. 그때 제齊나라의 임금 전화田禾가 나를 한 번 찾아와서 만난 적이 있는데 제나라 백성은 그 일을 놓고 세 번이나 축하해주었어. 그때 나는 분명히 명성이 나 있었을 것이고, 그 때문에 그쪽에서 나를 알아보았을 거야. 나는 분명히 나를 팔려고 생각했었을 것이고 그 때문에 그쪽에서 나를 샀을 거야. 만약 내가 그런 생각을 가지고 있지 않았다면 그쪽에서 어떻게 나를 알아볼 수 있었겠어? 내가 만약 팔려고 생각하지 않았다면 그쪽에서 어떻게 나를 살 수 있었겠어? 에구. 나는 자기 자신을 잃어버린 사람을 불쌍하게 생각했다. 나는 또 다른 사람을 불쌍하게 생각하는 사람을 불쌍하다고 생각했다. 나는 또 다른 사람을 불쌍하게 생각하는 사람을 불쌍하다고 생각하는 사람도 불쌍하게 생각했다. 그뒤로 나는 그런 굴레에서 나날이 멀어져 갔다."

南伯子綦隱几而坐, 仰天而噓. 顏成子入見曰, 夫子, 物之尤也, 形固可使若槁骸, 心固可使若死灰乎. 曰, 吾嘗居山穴之中矣. 當是時也, 田禾一睹我, 而齊國之衆三賀之. 我必先之, 彼故知之. 我必賣之, 彼故鬻之. 若我而不有之, 彼惡得而知之. 若我而不賣之, 彼惡得而鬻之. 嗟乎. 我悲人之自喪者, 吾又悲夫悲人者. 吾又悲夫悲人之悲者, 其後而日遠矣.

10.

공자가 초나라에 갔을 때 초나라 임금이 그를 위해 주연을 베풀었다. 손숙오孫叔敖[13]가 술잔을 들고 서 있었다. 시남의료市南宜僚[14]는 술을 받아 제사 지내며 말했다.

"옛날 사람은 이럴 때 무슨 말을 했을 테지요."

공자가 말했다.

"저는 말로써 하지 않는 말[不言之言]에 대해 들었는데, 그에 대하여 아직 언급한 적이 없지만, 지금 그것에 대하여 말씀드리겠습니다. 시남의료께서는 구슬을 가지고 놀기만 했는데도 두 가문의 전쟁에서 벗어나셨습니다.[15] 손숙오께서는 침구寢丘의 땅을 기꺼이 받으시고 깃으로 만든 부채춤을 추기만 했는데도 초나라의 수도 영郢 사람들은 무기를 버렸습니다.[16] 이와 관련하여 저는 길게 좀 얘기해볼까 합니다. 앞(손숙오)의 예는 이른바 말하지 않는 도道에 해당하고, 뒤(시남의료)의 예는 이른바 말하지 않는 변론에 해당합니다. 그러므로 덕은 도의 혼일함 속에 통합되고, 말은 지력으로써 알 수 없는 지점에서 그친다면 가장 이상적입니다. 도는 혼일하지만 덕은 그와 같

13 초나라 장왕莊王 때의 재상.

14 초나라의 용자로서 탄환을 잘 다루었다고 한다.

을 수 없습니다. 우리의 지력으로써 알 수 없는 것을 변론을 통해 거론할 수 없습니다. 그런데 유가나 묵가와 같이 이름이 나면 불길합니다. 대개 바다는 동쪽으로 흘러드는 강물을 거절하지 않는데, 이는 거대함의 최고입니다. 성인은 하늘과 땅을 모두 포용하며 온 세상에 은택을 끼치지만 사람들은 그가 누구인지도 알지 못합니다. 그래서 성인은 살아서는 작위가 없고 죽어서는 시호가 없으며, 재물을 쌓아놓는 법도 없고 이름이 나는 일도 없으니 이런 사람을 대인大人이라고 부릅니다. 개가 잘 짖는다고 해서 좋은 개가 아니고, 사람이 말을 잘한다고 해서 현명한 사람이 아니거늘 하물며 대인이야 말할 나위가 있겠습니까? 거대함을 추구하면 거대해질 수 없는데, 하물며 덕을 추구하는 것이야 말할 나위가 있겠습니까? 거대한 것으로는 천지天地만한 것이 없습니다. 그러나 천지가 어찌 그런 것을 추구하여 완전무결해졌겠습니까? 완전무결함을 아는 자는 추구함이 없고, 싫어함이 없고, 버림이 없으며, 외부의 것으로써 자기 자신을 바꾸지 않습니다. 끝없이 자기의 본 모습으로 되돌아가면서 옛날의 도를 따르고, 그것을 손상하지 않는 것이 대인의 참모습입니다."

---

15 초나라의 백공승白公勝이 난을 일으키려고 할 때 시남의료에게 가담하기를 강요했으나 시남의료는 그의 위협에 굴하지 않고 탄환을 가지고 놀기만 했다. 백공승은 할 수 없이 시남의료를 포기하고 초나라 왕의 이복형제인 영윤 자서子西와 사마 자기子期를 죽이고 초나라 혜왕을 폐위시켰으나 결국 섭공에게 패배하여 자결하고 말았다. 이 이야기는 백공승과 자서·자기 두 집안의 전쟁에 시남의료가 휘말리지 않았다는 것을 말하는 것이다.

16 손숙오는 다른 사람이 다 싫어하는 침구寢丘라는 황폐한 지역의 땅을 분봉받는 것을 기쁘게 받아들였고 깃으로 만든 부채춤을 춤으로써 무력이 아닌 문치를 선포했다. 이러한 그의 덕이 천리 밖에까지 알려지자 감히 초나라를 침략하는 나라가 없었다. 이 때문에 초나라 사람들은 전쟁할 필요가 없어져 모두 무기를 버리고 쓰지 않았다고 한다. 손숙오는 「전자방」 편에도 나오는데, 거의 도통한 듯한 인물로 그려지고 있다.

仲尼之楚，楚王觴之．孫叔敖執爵而立．市南宜僚受酒而祭曰，古之人乎．於此言已．曰，丘也聞不言之言矣，未之嘗言，於此乎言之．市南宜僚弄丸而兩家之難解．孫叔敖甘寢秉羽而郢人投兵．丘願有喙三尺．彼之謂不道之道，此之謂不言之辯，故德總乎道之所一．而言休乎知之所不知，至矣．道之所一者，德不能同也．知之所不能知者，辯不能擧也．名若儒墨而凶矣．故海不辭東流，大之至也．聖人竝包天地，澤及天下，而不知其誰氏．是故生無爵，死無謚，實不聚，名不立，此之謂大人．狗不以善吠爲良，人不以善言爲賢，而況爲大乎．夫爲大不足以爲大，而況爲德乎．夫大備矣，莫若天地．然奚求焉，而大備矣．知大備者，無求，無失，無棄，不以物易己也．反己而不窮，循古而不摩，大人之誠．

11.

자기子綦[17]에게는 여덟 명의 아들이 있었는데, 어느 날 앞에 늘어서게 해놓고 구방인九方歅[18]을 불러 말했다.

"우리 아이들 관상을 보고 누가 복을 타고났는지 알려주시게."

구방인이 말했다.

"곤梱이 복을 타고났습니다."

자기가 놀란 듯 기뻐하며 물었다.

"어떤가?"

"곤은 나중에 죽을 때까지 나라의 임금과 함께 식사를 하겠습니다."

자기가 낙담하여 눈물을 흘리면서 말했다.

17 앞에서 나온 남백자기나 「제물론」 편에 나온 남곽자기와 같은 인물.

18 관상을 잘 보는 사람.

"내 자식이 왜 이런 참혹한 지경에까지 이른다는 말인가?"

구방인이 말했다.

"나라의 임금과 함께 식사를 하면 그 은택이 3족에까지 미치는데 하물며 부모야 말할 필요 있겠습니까? 지금 선생님께서는 제 말을 듣고 우시는데, 이는 복을 차버리는 것입니다. 자식은 복을 타고났는데, 아비는 그것을 복으로 여기지 않는군요."

자기가 설명했다.

"구방인 자네가 그 까닭을 어찌 다 알겠는가? 곤이 복을 타고났다고 해봤자 기껏해야 술과 고기가 코와 입으로 들어가는 것뿐인데, 그것들이 어디에서 온 것인지 자네가 어떻게 알 수 있겠는가? 내가 가축을 기른 적도 없는데 암양이 집안에서 생겨나거나 사냥을 즐기지도 않는데 메추라기가 방안에서 생겨나는 그런 일에 대하여 자네는 이상하게 생각하지 않는 것과 같은데 그 까닭은 무엇인가? 내가 내 자식들과 함께 노니는 것은 천지 사이에서 노니는 것이네. 나는 자식들과 하늘(자연)에서 즐거움을 찾고, 나는 자식들과 땅에서 먹거리를 찾을 거네. 나는 자식들과 함께 일을 만들지 않고, 나는 자식들과 일을 꾸미지 않을 것이며, 나는 자식들과 괴이한 짓을 하지 않을 걸세. 나는 자식들과 함께 천지의 것을 그대로 이용하면서 바깥 일로 번거롭지 않을 것이며, 나는 자식들과 함께 세상의 변천에 그대로 따르되 자기에게 맞는 것만 골라 하는 짓은 하지 않을 걸세. 그런데 지금 운세 속에 세속의 보상이 있다니? 대개 괴이한 징조가 있으면 반드시 괴이한 현상이 나타나는 법이야. 아마도 나와 내 자식들의 죄가 아닐 터이니 어쩌면 하늘이 그렇게 한 것일 거야. 그 때문에 내가 울었던 걸세."

얼마 지나지 않아 곤을 연나라로 보냈는데, 도중에 도적들에게 붙잡혔다. 대개 사람을 온전한 상태로 팔려고 하면 도망가버릴 위험이 있어 잘 팔리지 않지만 발을 잘라버리면 잘 팔린다. 이 때문에 도둑들은 그의 발을 자른 다음 제나라에 팔아버렸다. 그는 마침 제나라 거공渠公[19]의 문지기가 되었고, 그 자신은 죽을 때까지 고기를 먹을 수 있었다.

子綦有八子, 陳諸前, 召九方歅曰, 爲我相吾子, 孰爲祥. 九方歅曰, 梱也爲祥. 子綦瞿然喜曰, 奚若. 曰, 梱也將與國君同食以終其身. 子綦索然出涕曰, 吾子何爲以至於是極也. 九方歅曰, 夫與國君同食, 澤及三族, 而況父母乎. 今夫子聞之而泣, 是禦福也. 子則祥矣, 父則不祥. 子綦曰, 歅, 汝何足以識之. 而梱祥邪. 盡於酒肉, 入於鼻口矣, 而何足以知其所自來. 吾未嘗爲牧而牂生於奧, 未嘗好田而鶉生於宎, 若勿怪, 何邪. 吾所與吾子遊者, 遊於天地. 吾與之邀樂於天, 吾與之邀食於地. 吾不與之爲事, 不與之爲謀, 不與之爲怪. 吾與之乘天地之誠, 而不以物與之相攖. 吾與之一委蛇而不與之爲事所宜, 今也然, 有世俗之償焉. 凡有怪徵者, 必有怪行, 殆乎. 非我與吾子之罪, 幾天與之也. 吾是以泣也. 無幾何而使梱之於燕, 盜得之於道, 全而鬻之則難, 不若刖之則易. 於是刖而鬻之於齊, 適當渠公之街, 然身食肉而終.

12.

설결齧缺이 허유許由를 보고 물었다.

---

19 제나라의 강공康公 혹은 제나라로부터 분봉을 받은 작은 나라의 군주.

"선생님께서는 어디를 가십니까?"

"요임금으로부터 도망치는 길입니다."

"무슨 말씀이신지요?"

"요임금은 부지런히 인仁을 실행하고 있는데, 나는 그가 세상의 웃음거리가 되지나 않을까 두렵소. 이렇게 나가다간 후세에는 사람과 사람이 서로 잡아먹을 것이오. 백성을 모여들게 하기는 어렵지 않습니다. 그들을 아껴주면 친해지고, 이롭게 해주면 다가오며, 칭찬해주면 부지런해지고, 그들이 싫어하는 것을 시행하면 흩어져버립니다. 아껴주는 마음이나 이롭게 해주는 마음은 각각 인仁과 의義에서 나옵니다. 인과 의를 버리는 사람은 적고 인과 의를 이용하는 사람은 많습니다. 인과 의에 따른 행동은 특히 진정성이 없으며, 또 탐욕스러운 위정자를 위한 무기로 전락하기도 합니다. 이 때문에 한 사람이 독단적으로 세상 사람들을 이롭게 하겠다는 것은 비유하자면 사물의 한 단면만 얼핏 보는 것과 같이 불완전합니다. 요임금은 지식인이 세상을 이롭게 한다는 것만 알뿐 그들이 세상을 해친다는 사실은 알지 못합니다. 오직 지식인을 멀리해야만 그때 비로소 그런 사실을 알 수 있습니다."

齧缺遇許由曰, 子將奚之. 曰, 將逃堯. 曰, 奚謂邪. 曰, 夫堯, 畜畜然仁, 吾恐其爲天下笑. 後世其人與人相食與. 夫民, 不難聚也. 愛之則親, 利之則至, 譽之則勸, 致其所惡則散. 愛利出乎仁義, 捐仁義者寡, 利仁義者衆. 夫仁義之行, 唯且無誠, 且假乎禽貪者器. 是以一人之斷制利天下, 譬之猶一覕也. 夫堯知賢人之利天下也, 而不知其賊天下也, 夫唯外乎賢者知之矣.

13.

우쭐거리며 뽐내는 사람이 있고, 일시적인 안일을 탐하는 사람이 있고, 몸을 수고롭게 하는 사람이 있다. 우쭐거리며 뽐내는 사람이란 한 선생의 말을 배우면 우쭐우쭐 뽐내며 자기의 주장으로 삼고 스스로 그것으로 만족해버리며 애초부터 아무것도 없었다는 것에 대해서는 모르는 그런 사람들이다. 이 때문에 우쭐거리며 뽐내는 사람이라고 부른다. 일시적인 안일을 탐하는 사람은 돼지 몸에 붙어사는 이〔蝨〕와 같은 사람으로서 털이 성글고 길게 자란 곳을 골라 스스로 넓은 궁궐과 거대한 동산이라고 생각한다. 그리고 발굽의 갈라진 안쪽이나 가랑이 안쪽, 혹은 젖과 젖 사이나 넓적다리와 정강이 사이를 편안한 집이면서 살기 좋은 곳이라고 생각한다. 그러나 그런 사람은 백정이 어느 날 팔을 높이 쳐들어 돼지를 잡아 풀 위에 펼쳐놓고 불을 지필 때 그 역시 돼지와 함께 타버린다는 사실을 모른다. 이런 부류의 사람들은 평생 자신들의 한정된 구역 안에서만 들락날락 한다. 그래서 일시적인 안일을 탐하는 사람이라고 부른다. 몸을 수고롭게 하는 사람은 순임금 같은 사람이다. 양고기는 개미를 원하지 않지만 개미는 양고기를 원한다. 양고기의 누린내 때문이다. 순은 누린내를 풍기는 행동을 했기 때문에 백성이 그를 좋아했다. 그러므로 세 번이나 수도를 옮겨 등鄧이라는 터전에 이르렀을 때는 10여만 가구를 형성했다. 요임금은 순이 현명하다는 소문을 듣고 그를 발탁하여 그에게 불모지를 맡기면서 말했다.

"그대가 와서 이곳 백성에게 은택을 베풀어주기를 바라오."

그를 발탁하여 불모지를 맡겼을 때 그는 이미 나이가 많았고 총명함이 시들었으나 집에 돌아가 쉴 수 없었다. 몸을 수고롭게 하는 사람이란 바로 이런 것이다.

이 때문에 신인神人은 많은 사람이 모여드는 것을 싫어하고, 많은 사람이 모여들면 가까이 지내지 않는다. 가까이 지내지 않으니 이롭게 해줄 일이 없다. 그러므로 몹시 친밀하게 지내는 사람도 없고 몹시 소원하게 지내는 사람도 없다. 타고난 덕을 잘 간직하고 부드러움을 길러 세상에 따르는 것, 이것을 진인眞人이라고 한다. 개미를 보고서는 양고기를 찾는 지혜를 버리고, 물고기를 보고서는 물에서 흡족하게 지내는 법을 깨닫고, 양고기를 보고서는 다른 것들을 유혹할 생각을 버려야 한다. 눈으로는 눈에 비치는 것을 그대로 보고, 귀로는 귀에 들리는 것을 그대로 들으며, 마음으로는 원래 타고난 마음을 회복해야 한다. 이러한 경지에 이른 사람은 평정을 이룰 때는 먹줄을 친 것 같고, 변화할 때는 자연과 상황의 변화에 그대로 따른다. 옛날의 진인은 타고난 그대로의 자연으로써 인간사人間事를 대했고, 인위적인 것을 자연적인 것에 개입시키지 않았다. 이것이 바로 옛날의 진인이다.

有暖姝者, 有濡需者, 有卷婁者. 所謂暖姝者, 學一先生之言, 則暖暖姝姝而私自說也, 自以爲足矣, 而未知未始有物也. 是以謂暖姝者也. 濡需者, 豕蝨是也, 擇疏鬣自以爲廣宮大囿. 奎蹄曲隈, 乳間股腳, 自以爲安室利處. 不知屠者之一旦鼓臂布草操煙火, 而已與豕俱焦也. 此以域進, 此以域退, 此其所謂濡需者也. 卷婁者, 舜也. 羊肉不慕蟻, 蟻慕羊肉, 羊肉羶也. 舜有羶行, 百姓悅之, 故三徙成都, 至鄧之虛而十有萬家. 堯聞舜之賢, 擧之童土之地曰, 冀得其來之澤. 舜擧乎童土之地, 年齒長矣, 聰明衰矣, 而不得休歸, 所謂卷婁者也. 是以神人惡衆至, 衆至則不比, 不比則不利也. 故無所甚親, 無所甚疏, 抱德煬和, 以順天下, 此謂眞人. 於蟻棄知, 於魚得計,於羊棄意. 以目視目, 以耳聽耳, 以心復心. 若然者, 其平也繩, 其變也循. 古之眞人. 以天待人, 不以人入天, 古之眞人.

14.

얻으면 살고 잃으면 죽는 경우가 있고, 얻으면 죽고 잃으면 사는 경우도 있다. 약초 가운데 오두烏頭, 도라지〔桔梗〕, 가시연〔鷄廱〕, 저령猪苓 등이 있는데 이것들은 상황에 따라 각기 군약君藥[20]이 된다. 그러니 어느 것이 제일이라고 말할 수 있겠는가?

得之也生, 失之也死. 得之也死, 失之也生. 藥也其實, 堇也, 桔梗也, 鷄廱也, 豕零也, 是爲帝者也, 何可勝言.

15.

구천句踐은 무장한 병사 3000명을 데리고 회계산 전투에서 패배했지만, 오직 종種[21] 혼자서 당시의 패망이 월나라가 살아날 수 있는 방법이라는 것을 알았다.[22] 그러나 그것이 또 그 자신에게는 화근이 된다는 사실에 대해서는 그 혼자 모르고 있었다. 그러므로 "올빼미의 눈도 잘 보일 때가 있고, 학의 다리도 알맞을 때가 있는데,

---

20 처방약에서 여러 가지 약재 가운데 가장 주축이 되는 약재.

21 월나라 대부 이름.

22 월나라가 오나라에 포위되었을 때 종은 월나라가 살 길은 스스로 패배를 인정하는 것이라고 판단하고 오나라와 거짓으로 화친을 맺었다. 그로부터 20여 년 뒤 힘을 기른 월나라는 오나라를 멸망시켰다. 강력한 적대국 오나라가 없어지자 월왕 구천은 종을 죽여 후환을 없앴다. 이 문장은 이러한 역사적 사실을 빗대어 말한 것이다.

그것들을 제거해버리면 그들에게는 비극이다"라는 말이 있다. 또 이런 말도 있다. "바람이 황하를 지날 때 황하의 물이 줄어들고, 해가 황하를 지날 때도 황하의 물이 줄어든다. 그러나 바람과 태양만이 황하를 지키고 있음에도 불구하고 황하의 물은 조금도 줄어든 적이 없다. 그 이유는 황하의 흐름은 근원에 의거하기 때문이다." 실로 물은 고요하게 땅을 지키고 있고, 그림자는 고요하게 사람을 지키고 있고, 사물은 고요하게 다른 사물을 지키고 있다. 그러므로 눈의 시력이 뛰어나면 위험하고 귀의 청력이 뛰어나면 위험하고 마음이 무언가에 탐닉하면 위험하다. 대개 신체의 어떤 능력이 뛰어나면 그에 해당하는 장기가 위험하고, 위험한 상황이 조성되고 나면 그것을 바뀌게 할 수 없다. 재앙이 자라나 걷잡을 수 없이 커지면 그것을 되돌리는 데 많은 노력이 필요하고 그 결과는 오랜 시간이 흐른 뒤에 나타난다. 그럼에도 불구하고 사람들은 그 뛰어난 능력을 보배로 여기니 가련하지 않은가? 그 때문에 나라를 망치고 백성을 죽이는 일이 끝없이 이어지는데도 그 원인이 어디에 있는지 찾아보려 하지 않는다.

句踐也以甲楯三千棲於會稽, 唯種也能知亡之所以存, 唯種也不知其身之所以愁. 故曰, 鴟目有所適, 鶴脛有所節, 解之也悲. 故曰, 風之過河也有損焉, 日之過河也有損焉. 請只風與日相與守河, 而河以爲未始其攖也, 恃源而往者也. 故水之守土也審, 影之守人也審, 物之守物也審. 故目之於明也殆, 耳之於聽也殆, 心之於殉也殆, 凡能其於府也殆, 殆之成也不給改. 禍之長也茲萃, 其反也緣功, 其果也待久. 而人以爲己寶, 不亦悲乎. 故有亡國戮民無已, 不知問是也.

대개 발로 땅을 밟을 때 비록 밟고는 있지만 밟지 않은 부분이 있다는 것을 믿고 있어야 잘 걸어다닐 수 있다. 사람이 알고 있는 지식은 적지만, 그러나 비록 지식이 적더라도 알지 못하는 부분이 있다는 것을 믿고 있어야 하늘이 뜻하는 것[23]을 알 수 있다. 대일大一을 알고, 대음大陰을 알고, 대목大目을 알고, 대균大均을 알고, 대방大方을 알고, 대신大信을 알고, 대정大定을 알면 최고다.[24] 대일로써 통하고, 대음으로써 풀고, 대목으로써 보고, 대균으로써 따르고, 대방으로써 체득하고, 대신으로써 점검하고, 대정으로써 간직한다.

이 일곱 가지를 완전히 통달하면 바로 자연을 회복하고, 그것을 따르면 모든 것이 환하게 드러나고, 흐리멍덩하고 무지한 태도로써 모든 것을 대하면 대도의 핵심을 얻고, 만물 생성의 시원으로 소급해가면 도道를 깨달을 수 있다. 따라서 그에 대한 설명은 마치 설명하지 못하는 것과 같고, 그에 대한 앎은 마치 알지 못하는 것과 같은데, 알지 못해야만 비로소 알 수 있다. 또 그에 대한 물음은 끝이 있을 수도 없고 끝이 없을 수도 없다. 드러나는 현상은 여러 가지로 복잡하지만 그 속에 알맹이가 있고, 예로부터 지금까지 시간이 흘러도 바뀌지 않았으며, 줄어들게 할 수도 없다. 그러므로 대체적인 윤곽이 있다고 말하지 않을 수 있겠는가? 왜 이 점에 대해서는 묻지 않고, 왜 그렇게 미혹에 빠져드는가? 미혹되지 않는 것을 통해 미혹

23 자연의 뜻으로 도를 가리킨다.

24 이상은 도 혹은 자연적 질서의 대체적인 특징을 일곱 가지로 나누어 말한 것이다. 각각의 개념에 대해서는 여러 가지 풀이가 있지만, 대략 다음과 같이 정리해 볼 수 있다. 대일大一은 구분할 수 없는 것, 대음大陰은 고요한 것, 대목大目은 모든 것을 꿰뚫어보는 것, 대균大均은 모든 곳에 균등하게 작용하는 것, 대방大方은 질서정연한 것, 대신大信은 진실하고 변치 않는 것, 대정大定은 안정된 것 등을 의미한다.

에서 벗어나 미혹되지 않는 상태를 회복하면, 그것이 바로 대불혹大不惑이다.

故足之於地也踐, 雖踐, 恃其所不蹍而後善博也. 人之於知也少, 雖少, 恃其所不知而後知天之所謂也. 知大一, 知大陰, 知大目, 知大均, 知大方, 知大信, 知大定, 至矣. 大一通之, 大陰解之, 大目視之, 大均緣之, 大方體之, 大信稽之, 大定持之. 盡有天循, 有照冥, 有樞始, 有彼則. 其解之也, 似不解之者. 其知之也似不知之也, 不知而後知之. 其問之也, 不可以有崖, 而不可以無崖. 頡滑有實, 古今不代, 而不可以虧, 則可不謂有大揚搉乎. 闔不亦問是已, 奚惑然爲. 以不惑解惑, 復於不惑, 是尙大不惑.

제25편 | 칙양
則陽

이 편 역시 하나의 주제만 다루고 있지는 않다. 다만 중요하게 논의되고 있는 것은 우리의 앎의 문제다. 앎의 문제는 가치 판단의 문제와 관련된 것과 사물의 발생에 대한 앎의 문제 등 두 가지로 구분해서 살펴볼 수 있을 것이다. 가치 판단의 문제와 관련된 앎의 문제에서 한 지역의 여론을 진리로 볼 것인가, 우리가 옳다고 생각한 것이 정말로 옳은 것인가, 그 기준은 무엇인가 등의 문제를 제기한다. 이 편에서 제시하는 대답은 우리의 지식을 담보해줄 수 있는 것은 없다는 것, 우리의 판단은 지극히 일면적이라는 의식을 바탕에 깔고 있다. 그 중요한 근거로 시간과 공간의 무한함과 인간 존재의 미미함을 들고 있다. 무한한 시공간 속에서 볼 때 인간의 존재는 지극히 보잘 것 없고, 따라서 그와 같은 인간 존재의 지식은 한계를 가질 수밖에 없다는 것은 『장자』 전반에 걸친 기본 생각이다. 여기서는 달팽이 뿔 위의 전쟁이라는 기발한 비유를 들어 설명함으로써 크게 설득력을 얻고 있다.

다음으로 만물은 어떻게 발생되었는가 하는 문제 역시 『장자』에서 자주 제기되는 물음이다. 만물의 기원과 관련하여 이 편에서는 누군가가 그렇게 조작한다고 보는 혹사론과 아무도 조작하지 않는다고 보는 막위론 등 두 가지를 소개한다. 그러나 그것은 진정으로 만물의 기원을 설명해주는 것이 아니라 각각 사물의 한쪽 측면 혹은 사물을 보는 관점들일 뿐이다. 즉 그것만으로는 만물의 발생을 설명할 수 없다. 그것은 인간의 인식과 논의를 넘어선 것이다. 그러므로 진정으로 지혜로운 사람은 그와 같은 무모한 헛수고를 하지 않는다고 한다.

1.

칙양則陽(팽칙양)이 초나라로 벼슬을 구하러 갔다. 이절夷節이 왕에게 그에 대해 말했지만, 왕은 그를 만나주지 않았다. 이절은 그냥 돌아갔다. 팽양(팽칙양)은 다시 왕과王果를 만나 말했다.

"선생께서 왕에게 나를 추천해주시는 게 어떻겠소?"

왕과가 대답했다.

"저보다는 오히려 공열휴가 추천하는 것이 더 나을 것입니다."

팽양이 말했다.

"공열휴는 어떤 사람이오?"

"겨울에는 강에서 작살로 자라를 잡아먹고, 여름에는 산자락에서 쉬는 사람입니다. 누군가 그의 곁을 지나가다가 물으면 '여기가 내 집이오'라고 말하곤 합니다. 이절이라는 사람도 추천에 성공하지 못했는데 하물며 제가 어떻게 하겠습니까? 저는 오히려 이절보다도 못합니다. 이절이라는 사람은 덕이 없지만 지혜가 있고, 자만하지 않으면서 신기神氣로써 사람들과 접촉하며, 본디 부귀를 추구하는 면에서는 매우 어둡습니다. 은혜를 베풀어 남을 돕는 것이 아니라 은혜를 입었다는 생각이 사라지게 도와줍니다. 추위에 몸이 언 사람은 봄에도 옷을 빌려 입고, 더위 먹은 사람은 겨울의 찬바람 속으로 되돌아가고 싶어합니다. 초왕이라는 사람은, 외모는 위엄이 넘치고 죄인을 다스릴 때는 호랑이처럼 사정을 두지 않습니다. 뛰어난 재주와 올바른 덕을 갖춘 사람이 아니면 누가 그를 설득할 수 있겠습니까? 성인은 곤궁한 상황에 처할 때는 집안 식구들로 하여금 가난하다는 사실을 잊게 하고, 잘나갈 때는 왕이나 귀족들에게 작록爵祿을 잊게 하고 스스로를 낮추도록 영향을 미칩니다. 사물을 대할 때는 그 사물과 더불어 즐기고 사람을 대할 때는 사람들과 소통하는 것을 즐기면서도 자신의 본성을 지킵니다. 그러므로 때로는 아무 말을 하지 않고서도 사람들을 감화시키고, 사람들과 나란히 서 있는 것만으로도 사람들이 부자父子와 같은 친밀감을 느끼도록 감화시킵니다. 그(공열휴)는 비록 다른 사람을 감화시킬 수 있는 능력이 있지만 은둔해 살면서 그 능력을 쓰지 않습니다. 그가 사람들에 대해 마음 쓰는 것은 이처럼 일반 사람들과는 아주 차이가 큽니다. 그래서 공열휴에게 부탁하라고 말씀드린 것입니다."

則陽遊於楚, 夷節言之於王, 王未之見. 夷節歸. 彭陽見王果曰, 夫子何不譚我於王. 王果曰, 我不若公閱休. 彭陽曰, 公閱休奚爲者邪. 曰, 冬則擉鱉於江, 夏則休乎山樊. 有過而問者曰, 此予宅也. 夫夷節已不能, 而況我乎. 吾又不若夷節. 夫夷節之爲人也, 無德而有知, 不自許, 以之神其交, 固, 顚冥乎富貴之地. 非相助以德, 相助消也. 夫凍者假衣於春, 暍者反冬乎冷風. 夫楚王之爲人也, 形尊而嚴. 其於罪也, 無赦如虎. 非夫佞人正德, 其孰能撓焉. 故聖人, 其窮也, 使家人忘其貧. 其達也, 使王公忘爵祿而化卑. 其於物也, 與之爲娛矣. 其於人也, 樂物之通而保已焉. 故或不言而飮人以和, 與人竝立而使人化, 父子之宜. 彼其乎歸. 居, 而一間其所施. 其於人心者, 若是其遠也. 故曰待公閱休.

2.

성인은 복잡하게 뒤엉킨 모든 분쟁에서 벗어나 있고, 모든 것을 다 꿰뚫어보면서 그것들과 혼연일체가 되지만, 자신이 그렇다는 것을 알지 못한다. 그저 천성에 따른 것일 뿐이다. 그는 그저 타고난 본성을 회복하여 행동하면서 자연을 스승으로 삼았을 뿐인데, 사람들은 그 때문에 그를 성인이라고 이름 붙였다. 지식에 따른 행위는 근심스럽고 모든 행위는 항상 얼마 가지 못하고 멈추어버리는데, 어떻게 하면 좋겠는가? 태어날 때부터 아름다운 사람에게는 다른 사람이 거울을 주면서 알려준다. 만약 다른 사람이 알려주지 않으면 그 사람은 자신이 남들보다 아름답다는 것을 알지 못한다. 그가 그 사실을 알든 아니면 알지 못하든, 그가 그 사실을 들었든 아니면 듣지 못했든, 그는 자신이 좋아하는 것을 끝내 그만두지 않을 것이며, 사람들이 그를 좋아하는 것 역시 그만두지 않을 것이니, 그것은 천성에 따른 것이다. 성인이 사람을 사랑하는 것은 다른 사람이 그렇게 규정한 것이다. 다른 사람이 알려주지 않으면 자신이 사람들을 사랑하는지 알지 못한다. 다른 사람이 그에게 알려주든 알려주지 않든, 그런 말을 들었든 듣지 못했든 사람에 대한 성인의 사랑은 결국 끝이 없을 것이며, 사람들이 그것을 편안하게 생각하는 것 역시 끝이 없을 터이니, 그것은 천성에 따른 것이다.

聖人達綢繆, 周盡一體矣, 而不知其然, 性也. 復命搖作而以天爲師, 人則從而命之也. 憂乎知而所行恒無幾時, 其有止也, 若之何. 生而美者, 人與之鑑, 不告則不知其美於人也. 若知之, 若不知之, 若聞之, 若不聞之, 其可喜也終無已, 人之好之亦無已, 性也. 聖人之愛人也, 人與之名. 不告則不知其愛人也. 若知之, 若不知之, 若聞之, 若不聞之, 其愛人也終無已, 人之安之亦無已, 性也.

3.

고국의 낯익은 도시는 멀리서 바라만 봐도 반갑다. 비록 언덕의 초목에 가려져 구 할이 그 속에 파묻혀 보이지 않아도 그래도 여전히 반갑다. 하물며 자주 보던 것을 다시 보고 자주 듣던 것을 다시 듣는다거나 옛날에 보던 열 길 높이의 누대가 사람들 앞에 덩그러니 드리워져 있는 것을 다시 본다면 그거야 말할 나위가 있겠는가?
舊國舊都, 望之暢然. 雖使丘陵草木之緡入之者十九, 猶之暢然. 況見見聞聞者也, 以十仞之臺縣衆閒者也.

4.

염상씨冉相氏[1]는 환중環中[2]을 체득하여 만물의 변화를 그대로 따름으로써 도를 이루었으며, 사물과 더불어 끝도 시작도 없고 시도 때도 없었다. 날마다 외물과 함께 변화하는 것은 하나도 변하지 않

1 삼황三皇 이전의 전설상의 임금.

2 모든 존재와 변화의 핵심.

는 것인데, 사람들은 왜 그러한 경지에 머무르려고 하지 않을까? 자연을 스승으로 삼으려고 하면서도 자연을 스승으로 삼지 못하고 모두들 외물에 빠지고 마는데, 그들이 인위적인 일을 일삼는 것은 무엇 때문일까? 성인에게는 자연에 대한 의식도 없고, 사람(인위)에 대한 의식도 없고, 최초에 대한 의식도 없고, 사물에 대한 의식도 없다. 그저 세상의 추이와 함께 움직이면서 아무것도 바꾸지 않는다. 그의 행위는 그 자체로 완벽하고 부족함이 없다. 그럼에도 불구하고 성인의 행위가 자연의 질서와 일치하는 것은 무엇 때문일까?

탕임금은 사어司御이자 문윤門尹의 관직을 맡고 있던 등항登恒을 모셔와 스승으로 삼았지만, 스승을 따르면서도 그에게 얽매이지 않았고, 만물의 변화를 그대로 따름으로써 도를 이룰 수 있었다. 사어는 탕임금을 대신하여 명분이 있는 일을 맡아 처리했는데, 그 명분은 세간에서는 쓸데없는 군더더기 법도가 되었다. 중니(공자)는 깊은 궁리 끝에 그를 스승으로 삼았다. 용성씨容成氏[3]가 말했다.

"하루가 없으면 한 해가 없고, 안이 없으면 밖이 없다."

冉相氏得其環中以隨成, 與物無終無始, 無幾無時. 日與物化者, 一不化者也. 闔嘗舍之. 夫師天而不得師天, 與物皆殉, 其以爲事也, 若之何. 夫聖人未始有天, 未始有人, 未始有始, 未始有物, 與世偕行而不替. 所行之備而不洫, 其合之也, 若之何. 湯得其司御門尹登恒爲之傅之, 從師而不囿. 得其隨成. 爲之司其名. 之名贏法, 得其兩見. 仲尼之盡慮, 爲之傅之. 容成氏曰, 除日無歲, 無內無外.

3 전설에 나오는 고대의 제왕. 앞의 「거협」 편에서 나왔다.

5.

위나라 혜왕 영瑩과 제나라 위왕 전후모田侯牟가 맹약을 맺었는데, 제나라 전후모가 맹약을 저버렸다. 위나라 영은 분노하여 사람을 시켜 그를 찔러 죽이려고 했다. 서수犀首[4] 공손연公孫衍이 그 이야기를 듣고 부끄러운 생각이 들어 아뢰었다.

"전하께서는 만승萬乘 대국의 군주이신데 필부를 시켜 복수를 하려 하시다니요. 저에게 무장 병사 20만을 주시면 제나라를 공격하여 그 나라 백성을 사로잡고 그들의 소와 말을 끌고 오겠습니다. 그러면 제나라 임금은 화병이 나서 그 내열內熱이 등짝으로 터지고 말 것입니다. 저는 그 틈을 타 제나라를 송두리째 뽑아버리겠습니다. 그리고 도망가는 제나라 장수 전기田忌의 등을 내리쳐 등뼈를 부러뜨려버리겠습니다."

계자季子[5]가 그런 이야기를 듣고 부끄럽게 여겨 아뢰었다.

"열 길 높이의 성을 쌓고자 할 때 성은 이미 열 길까지 올라갔는데 다시 그것을 허물어버린다면 이는 일꾼들이 헛고생한 것입니다. 지금 우리나라 군대를 움직이지 않은 지 7년이나 되었는데, 이는 왕자王者의 밑거름입니다. 공손연은 혼란을 조장하는 사람입니다. 그의 말을 들어서는 안 됩니다."

화자華子가 그 소식을 듣고 부끄럽게 생각되어 아뢰었다.

"제나라를 쳐야 한다고 번드르르하게 말하는 사람도 혼란을 조장하는 사람이고, 치지 말아야 한다고 번드르르하게 말하는 사람도 혼란을 조장하는 사람이며, 제나라를 쳐야 한다는 사람과 쳐서는

---

4 위나라의 무장武將 벼슬 이름.

5 위나라의 현신賢臣. 아래 화자도 같음.

안 된다는 사람을 모두 혼란을 조장하는 사람이라고 말하는 사람 역시 혼란을 조장하는 사람입니다."

임금이 말했다.

"그렇다면 어떻게 해야 하겠소?"

"전하께서는 도道를 추구하기만 하면 됩니다."

魏瑩與田侯牟約, 田侯牟背之, 魏瑩怒, 將使人刺之. 犀首公孫衍聞而恥之曰, 君爲萬乘之君也, 而以匹夫從讎. 衍請受甲二十萬, 爲君攻之, 虜其人民, 係其牛馬, 使其君內熱發於背, 然後拔其國. 忌也出走, 然後抶其背, 折其脊. 季子聞而恥之曰, 築十仞之城, 城者旣十仞矣, 則又壞之, 此胥靡之所苦也. 今兵不起七年矣, 此王之基也. 衍亂人, 不可聽也. 華子聞而醜之曰, 善言伐齊者, 亂人也. 善言勿伐者, 亦亂人也. 謂伐之與不伐亂人也者, 又亂人也. 君曰, 然則若何. 曰, 君求其道而已矣.

혜자(혜시)가 그 소식을 듣고는 대진인戴晉人[6]을 만났다.

대진인이 임금에게 말했다.

"달팽이라는 것이 있는데 전하께서도 아시지요?"

"알지요."

"달팽이의 왼쪽 뿔에 있는 나라를 촉씨觸氏라고 부르고, 달팽이의 오른쪽 뿔에 있는 나라를 만씨蠻氏라고 부릅니다. 그들은 땅을 빼앗기 위해 수시로 전쟁을 벌이는데 죽어 넘어진 시체가 수만이고, 도망친 군사를 추격하다가 15일만에야 돌아옵니다."

임금이 말했다.

6 위나라의 현자.

"에이, 실없는 소리군."

"제가 전하께 실증해 보이겠습니다. 전하는 사방과 위아래가 끝이 있다고 생각하십니까?"

임금이 대답했다.

"끝이 없지."

"마음을 시간과 공간의 무한함 속에 풀어놓으실 줄 아신다면, 사람들이 왔다갔다하면서 살고 있는 이 세상의 나라들로 마음을 다시 돌아오게 해보십시오. 그러면 자신의 존재는 있는 듯 없는 듯하게 보일 것입니다."

임금이 대답했다.

"그렇겠지."

"사람들이 왔다갔다하면서 살고 있는 세상 한가운데 위나라가 있고, 위나라 한가운데 수도 양梁이 있고, 수도 양 한가운데 전하께서 계십니다. 전하와 만씨가 차이가 있습니까?"

임금이 대답했다.

"차이가 없지."

손님이 나가고 있는데도 임금은 멍하니 넋이 빠져 있었다.

손님이 나간 뒤에 혜자가 임금을 뵈었다. 임금이 말했다.

"저 손님은 대인大人이시구나. 성인이라도 그를 당해낼 수 없을 거야."

혜자가 말했다.

"피리를 불면 피리소리가 나고, 검수劍首[7]를 불면 휙 소리가 날

7 칼의 손잡이에 뚫린 구멍.

뿐입니다. 요임금과 순임금을 사람들이 칭송하지만, 대진인 앞에서 요임금과 순임금을 언급하는 것은 마치 한 번 휙 하는 소리를 내는 것과 같습니다."

惠子聞之, 而見戴晉人. 戴晉人曰, 有所謂蝸者, 君知之乎. 曰, 然. 有國於蝸之左角者曰觸氏. 有國於蝸之右角者曰蠻氏, 時相與爭地而戰, 伏尸數萬, 逐北旬有五日而後反. 君曰, 噫. 其虛言與. 曰, 臣請爲君實之. 君以意在四方上下, 有窮乎. 君曰, 無窮. 曰, 知遊心於無窮, 而反在通達之國, 若存若亡乎. 君曰, 然. 曰, 通達之中有魏, 於魏中有梁, 於梁中有王, 王與蠻氏, 有辯乎. 君曰, 無辯. 客出而君惝然若有亡也. 客出, 惠子見. 君曰, 客, 大人也, 聖人不足以當之. 惠子曰, 夫吹筦也, 猶有嗃也. 吹劍首者, 吷而已矣. 堯舜, 人之所譽也. 道堯舜於戴晉人之前, 譬猶一吷也.

6.

공자가 초나라에 가서 의구蟻丘의 주막〔漿〕에 머물렀다. 그 이웃집 부부가 하인들과 함께 지붕 위에 올라가 일을 하고 있었다. 자로가 그것을 보고 물었다.

"저기 부지런히 일하고 있는 이들은 뭐하는 사람들인가요?"

중니(공자)가 대답했다.

"그들은 성인들이시다. 그들은 스스로를 사람들 속에 묻어두고 농사일로 자신들을 감추고 지내신다. 그들에 대한 소문은 전혀 없지만 그들의 뜻은 끝없이 크다. 그들은 입으로는 비록 말을 하고 있지만 마음속으로는 한 번도 말을 한 적이 없다. 그리고 세상과 거꾸로 가면서도 마음으로는 세상과 함께 하는 것을 달갑게 생각하지 않는다. 그들은 땅에 가라앉아 있는 자들〔陸沈〕이다. 그는 아마 시남의료市南宜僚[8]일 것이다."

자로가 가서 그를 불러오자고 하자 공자가 말했다.

"그만두어라. 그들은 내가 자기들을 잘 안다는 것을 알고 있고, 내가 초나라에 와서는 틀림없이 초왕으로 하여금 자기네를 부르도록 할 것이라고 알고 있다. 그들은 또 나를 아첨이나 부리고 다니는 사람으로 알고 있다. 그런 사람들은 아첨꾼으로부터 어떤 말을 듣는 것을 수치스럽게 생각할 터인데 하물며 그를 직접 만나보는 것이 가능하기나 하겠느냐? 너는 왜 그들이 기다리고 있을 것이라고 생각하느냐?"

자로가 가서 보았더니 그 집은 이미 텅 비어 있었다.

孔子之楚, 舍於蟻丘之漿. 其鄰有夫妻臣妾登極者. 子路曰, 是稯稯何爲者邪. 仲尼曰, 是聖人僕也. 是自埋於民, 自藏於畔. 其聲銷, 其志無窮, 其口雖言, 其心未嘗言. 方且與世違而心不屑與之俱. 是陸沈者也, 是其市南宜僚邪. 子路請往召之. 孔子曰, 已矣. 彼知丘之著於己也, 知丘之適楚也, 以丘爲必使楚王之召己也. 彼且以丘爲佞人也. 夫若然者, 其於佞人也羞聞其言, 而況親見其身乎. 而何以爲存. 子路往視之, 其室虛矣.

7.

장오長梧 지역의 봉인封人[9]이 자뢰子牢[10]에게 말했다.

---

8 초나라의 현자. 「산목」 편에서 나왔음.

9 국경을 지키는 관리.

10 공자의 제자라는 설이 있음.

"임금이 정치를 할 때는 대충대충 해서는 안 되며, 백성을 다스릴 때 건성건성 해서도 안 됩니다. 예전에 제가 벼농사를 지었는데, 밭을 갈 때 대충대충 했더니 역시 대충대충 한 결실로 저에게 보답하고, 김매는 데 건성건성 했더니 역시 건성건성 한 결실로 저에게 보답하더군요. 저는 그 다음 해에는 방법을 바꿔서 밭을 깊이 갈고 김매는 것을 철저하게 했더니 벼 이삭이 무성하게 달려서 저는 한 해가 다 가도록 배불리 먹었습니다."

장자가 그 말을 듣고 말했다.

"오늘날의 사람들은 몸을 다스리고 마음을 다스리는 데 봉인이 지적한 것처럼 하는 사람이 많다. 사람들은 자연으로부터 달아나고, 본성으로부터 멀리 떨어지고, 타고난 본래의 것들을 없애버리고, 타고난 신기神氣를 없애버린다. 이는 인위가 많아졌기 때문이다. 그러므로 자기 본성에 대해 대충대충 가볍게 대하면 욕망과 증오의 싹이 나서 본성을 가리는 무성한 갈대숲을 이룬다. 그것이 처음 싹터서는 내 몸을 부축해주다가 급기야는 나의 본성을 뽑아버린다. 종기와 고름이 동시에 터지고 몸의 곳곳에서 악성 종기나 부스럼이나 옴〔疥〕이나 등창이 장소를 가리지 않고 발생하며 내열內熱이 나고 오줌이 탁해지는 증상 등이 발생하는 것은 바로 이런 이유 때문이다."

長梧封人問子牢曰, 君爲政焉勿鹵莽, 治民焉勿滅裂. 昔予爲禾, 耕而鹵莽之, 則其實亦鹵莽而報予. 芸而滅裂之, 其實亦滅裂而報予. 予來年變齊, 深其耕而熟耰之, 其禾繁以滋, 予終年厭飧. 莊子聞之曰, 今人之治其形, 理其心, 多有似封人之所謂. 遁其天, 離其性, 滅其情, 亡其神, 以衆爲. 故鹵莽其性者, 欲惡之孽爲性, 萑葦蒹葭. 始萌以扶吾形, 尋擢吾性. 竝潰漏發, 不擇所出. 漂疽疥癰, 內熱溲膏是也.

8.

백구柏矩[11]가 노담(노자)에게서 배우고 있었는데, 어느 날 노담에게 말했다.

"세상 유람을 떠나고 싶습니다."

노담이 말했다.

"그만둬라. 세상도 여기와 같아."

다시 가겠다고 하자 노담이 말했다.

"너는 어디부터 가려고 하느냐?"

"제나라부터 시작하려고 합니다."

백구가 제나라에 도착하여 책형磔刑[12]을 당한 사람의 시신을 발견하고는 그것을 밀어 쓰러뜨린 뒤 조복朝服[13]을 덮어주고 하늘을 향해 통곡했다.

"아, 하늘에 큰 재앙이 있는데, 그대가 먼저 그 일을 당했구나. 도둑질하지 말라 하고 살인하지 말라고 하지만, 영광스러운 것과 치욕스러운 것의 구분이 확립된 뒤에야 그 병폐를 보게 되고, 재화가 모인 뒤에야 그에 대해 다투는 것을 보게 된다. 지금 사람들이 병폐가 될 만한 것을 확립해놓고 또 사람들이 다투어 가지려는 대상을 모아놓아 사람의 몸을 힘들게 하면서 쉴 틈을 주지 않는데, 이런 지경

11 노자의 제자.

12 죄인을 기둥에 묶어 세워 놓고 창으로 찔러 죽이는 형벌.

13 조정에서 입는 예복.

에 이르지 않으려고 한들 그것이 가능하겠는가? 옛날의 군주는 이로운 것을 백성에게 돌리고 해로운 것을 자기에게 돌렸으며, 바른 것을 백성 탓으로 돌리고 바르지 못한 것을 자기 탓으로 돌렸다. 그러므로 한 사람이라도 잘못을 저지르면, 물러나서 스스로를 자책했다. 지금은 그렇지 않다. 물건을 숨겨놓고 그것을 모른다고 질책하고 일을 어렵게 만들어놓고 그것을 잘 하지 못한다고 벌을 주며, 임무를 무겁게 만들어놓고 그것을 감당하지 못한다고 벌을 주고, 갈 길을 멀리 정해놓고 거기에 도달하지 못한다고 죽인다. 백성은 지력知力이 다하면 거짓으로 그것을 메우려고 한다. 거짓은 나날이 많아지는데 백성이 어떻게 거짓을 선택하지 않을 수 있겠는가? 그리고 힘이 부족하면 거짓을 일삼고 지식이 부족하면 속이며 재물이 부족하면 훔친다. 이렇게 볼 때 훔치는 행위에 대해 누구에게 그 책임을 물어야 하겠는가?"

柏矩學於老聃曰, 請之天下遊. 老聃曰, 已矣. 天下猶是也. 又請之, 老聃曰, 汝將何始. 曰, 始於齊. 至齊, 見辜人焉, 推而強之, 解朝服而幕之, 號天而哭之曰, 子乎. 子乎. 天下有大菑, 子獨先離之. 曰莫爲盜. 莫爲殺人. 榮辱立, 然後睹所病. 貨財聚, 然後睹所爭. 今立人之所病, 聚人之所爭, 窮困人之身, 使無休時, 欲無至此, 得乎. 古之君人者, 以得爲在民, 以失爲在己. 以正爲在民, 以枉爲在己. 故一形有失其形者, 退而自責. 今則不然, 匿爲物而愚不識, 大爲難而罪不敢, 重爲任而罰不勝, 遠其塗而誅不至. 民知力竭, 則以僞繼之. 日出多僞, 士民安取不僞. 夫力不足則僞, 知不足則欺, 財不足則盜. 盜竊之行, 於誰責而可乎.

9.

거백옥蘧伯玉[14]은 나이 60에 60번 변했는데, 그때마다 이전에 옳다고 생각한 것을 나중에 틀렸다고 고치지 않은 적이 한 번도 없었다. 지금 옳다고 말하는 것도 59세 때 틀렸다고 한 것은 아닌지 모르겠다. 만물은 발생하기는 하지만 그 뿌리를 볼 수 없고, 나오기는 하지만 그 출구를 볼 수 없다. 사람들은 자신들의 지력으로 알 수 있는 것은 존중하지만, 자신들의 지력으로 알 수 없는 것에 의거해야 비로소 진정으로 안다는 사실을 알지 못한다. 그러니 엄청난 미혹이라고 하지 않을 수 있겠는가? 관두자, 관둬. 나 또한 그로부터 자유롭지 못할 것이다. 지금 그렇게 말하고 있지만, 그게 정말 그럴까?

蘧伯玉行年六十而六十化, 未嘗不始於是之, 而卒詘之以非也. 未知今之所謂是之非五十九非也. 萬物有乎生而莫見其根, 有乎出而莫見其門. 人皆尊其知之所知, 而莫知恃其知之所不知而後知, 可不謂大疑乎. 已乎. 已乎. 且無所逃. 此則所謂然與, 然乎.

10.

공자가 위나라 태사太史[15]로 있던 대도大弢, 백상건伯常騫, 희위狶韋 등에게 물었다.

"위나라 영공靈公은 술 마시고 음악에 빠져 국가의 정사를 처리하지 않았으며, 짐승이나 새 등을 사냥하느라 제후들의 회맹에 응하지 않았습니다. 그런데도 그를 영공이라고 부르는 것은 무슨 이유

14 위衛나라의 대부. 「인간세」 편에 나왔음.

15 역사를 편찬하는 일을 맡은 관리.

에서입니까?"

대도가 대답했다.

"그것은 그럴 만한 이유가 있었기 때문입니다."

백상건이 말했다.

"영공은 아내가 세 명이었는데, 그들과 함께 욕조 속에 들어가 목욕을 했습니다. 그러나 사추史鰌[16]가 어명을 받들기 위해 영공이 있는 곳에 나아갈 때는 얼른 예물을 낚아채면서 그를 부축했소. 그렇게 심하게 문란한 행동을 하면서도 현자를 보고서는 그처럼 엄숙하게 대했답니다. 이것이 바로 그를 영공이라고 부르는 이유입니다."

희위가 말했다.

"영공이 죽고 난 뒤 점을 쳤는데, 조상들이 묻힌 곳에 장사 지내는 것은 불길하다는 점괘가 나왔고, 사구沙丘에 장사지내는 것은 좋다는 점괘가 나왔습니다. 그래서 그곳을 여러 길 파내려갔는데 석곽石槨이 하나 나왔습니다. 그 석곽을 씻어 살펴보았더니 '제 자손에게 의지하지 못하는 자 영공이 이곳을 차지하여 묻히리라'라는 글귀가 새겨져 있었습니다. 영공이 영공이라는 이름으로 정해진 것은 이렇게 오래되었습니다. 저 두 사람이 그것을 어떻게 다 알겠습니까?"

仲尼問於大史大弢伯常騫狶韋曰, 夫衛靈公飮酒湛樂, 不聽國家之政. 田獵畢弋, 不應諸侯之際. 其所以爲靈公者何邪. 大弢曰, 是因是也. 伯常騫曰, 夫靈公有妻三人, 同濫而浴. 史鰌奉御而進所, 搏幣而扶翼. 其慢若彼之甚也, 見賢人若此其肅也, 是其所以爲靈公也. 狶韋曰, 夫靈公也死, 卜葬於故墓不吉, 卜葬於沙丘而吉. 掘之數仞, 得石槨焉, 洗而視之, 有銘焉

16 위나라 영공의 신하. 앞의 「변무」 편에서 나왔다.

曰, 不馮其子, 靈公奪而里之. 夫靈公之爲靈也久矣. 之二人何足以識之.

11.

소지少知[17]가 태공조太公調[18]에게 말했다.

“마을의 공론이라는 것이 무슨 뜻인지요?”

태공조가 말했다.

“동네라는 것은 수십 가지 성을 가진 사람 수백 명이 모여서 풍속을 형성하는 곳이다. 다른 것을 합하여 같은 것으로 만들어버리기도 하고, 같은 것을 나누어 다른 것으로 만들어버리기도 한다. 예를 들어 말이라는 동물을 백 가지 부위로 나누어놓고 그것을 가리켜 말이라고 할 수 없지만, 눈앞에 묶여 있는 말은 그 백 가지 부위가 모인 것이기 때문에 말이라고 부르는 것과 같다. 본래 언덕이나 산은 낮은 곳에서부터 흙이 쌓여서 높아진 것이고, 장강과 황하는 작은 물줄기들이 합해져서 커진 것이며, 대인大人은 여러 가지 의견을 통합하여 공평한 생각을 가진 자다. 이 때문에 밖으로부터 들려오는 말에 대해서는 비록 주관을 가지고 있기는 하지만 그것만 고집하지 않고, 안으로부터 자기 생각을 나타낼 때는 비록 공정함을 가지고 있기는 하지만 다른 사람의 의견을 거절하지 않는다. 사계절의 기후가 각각 다르지만 하늘은 어느 한쪽으로 치우치지 않기 때문에 한 해를 이룬다. 오관五官[19]의 직능은 각각 다르지만 임금은 어

17 지식이 적은 것을 의인화한 것.

18 대단히 공평무사하다는 것을 의인화한 것.

19 사도司徒, 사마司馬, 사공司空, 사사司士, 사구司寇 등 다섯 가지 관직.

느 한쪽으로 치우치지 않기 때문에 나라가 잘 다스려진다. 문치文治와 무사武事가 각각 기능이 다르지만 대인은 어느 한쪽으로 치우치지 않기 때문에 덕德이 다 갖추어진다. 만물의 이치는 각각 다르지만 도는 어느 한쪽으로 치우치지 않기 때문에 이름이 없다. 이름이 없기 때문에 하는 것이 없고, 하는 것이 없으면서도 하지 못하는 것이 없다. 각각의 계절은 시작과 끝이 있고 세상에는 변화가 있다. 그리하여 재앙과 복록은 변하면서 흘러오는 것이기 때문에 나에게 거슬리는 것 속에도 맞는 부분이 있으며, 사람은 각자 자기 생각에 따라 서로 다른 방향으로 추구해 나가기 때문에 맞는 것 속에도 틀린 것이 있다. 거대한 연못을 예로 들어보면 여러 가지 것들이 각자 타고난 소질에 맞춰 살고 있는 것과 같다. 큰 산을 예로 들면 나무나 돌들이 그 기반을 이루고 있는 것과 같다. 이것을 마을의 공론이라고 하는 것이다."

少知問於大公調曰, 何謂丘里之言. 大公調曰, 丘里者, 合十姓百名而以爲風俗也, 合異以爲同, 散同以爲異. 今指馬之百體而不得馬, 而馬係於前者, 立其百體而謂之馬也. 是故丘山積卑而爲高, 江河合水而爲大, 大人合竝而爲公. 是以自外入者, 有主而不執. 由中出者, 有正而不距. 四時殊氣, 天不賜, 故歲成. 五官殊職, 君不私, 故國治. 文武大人不賜, 故德備. 萬物殊理, 道不私, 故無名. 無名故無爲, 無爲而無不爲. 時有終始, 世有變化. 禍福淳淳, 至有所拂者而有所宜, 自殉殊面. 有所正者有所差, 比於大澤, 百材皆度. 觀於大山, 木石同壇. 此之謂丘里之言.

소지가 물었다.

"그렇다면 그것을 도라고 말해도 좋은가요?"

태공조가 대답했다.

"그렇지 않다. 사물의 수를 헤아려보면 1만이라는 숫자로도 부족하지만 그것을 만물이라고 약속한 것은 숫자 중의 큰 것으로써 그것을 부르자고 한 것일 뿐이다. 그러므로 천지라는 것은 형체가 있는 것 중에서 큰 것이고, 음양이라는 것은 기 가운데서 큰 것이고, 도라는 것은 공평한 것이기 때문에 그것의 크기에 주목하여 그렇게 부르는 것도 좋겠지만, 도라는 이름을 가진다면 사물들과 같은 차원에서 비교되는 존재가 되어버릴 것이다. 그렇다면 그것은 예를 들어 개나 말과 같이 다른 사물과 변별하기 위한 이름에 불과하니 사실과 너무 동떨어진 것이다."

소지가 말했다.

"사방四方 안에 혹은 육합六合 안에 만물이 있는데, 그 만물은 어디서 발생하는 것입니까?"

태공조가 대답했다.

"음과 양이 균형을 이루면서 서로 해치기도 하고 서로 조화를 이루기도 하며, 사계절이 서로 교대하면서 서로 낳기도 하고 서로 죽이기도 한다. 욕망하고 증오하고 버리고 가지는 행위 속에서 모든 변화가 일어나고, 암컷과 수컷이 나뉘고 합쳐지는 속에서 모든 존재가 발생한다. 안정과 위기가 서로 뒤바뀌고, 재앙과 복록이 서로를 낳고, 느린 것과 급한 것이 서로 교체되는데, 모임과 흩어짐은 그런 것들 때문에 형성된다. 이러한 것에 대해서는 명칭과 실질을 기록할 수 있고 세세한 내용을 기록할 수 있다. 만물은 순서에 따라 서로 번갈아가면서 다스리고, 용두레 운동처럼 서로 번갈아가면서 부리며, 마지막에 이르면 되돌아가고, 끝나면 다시 시작하는데, 이러한 도리는 모든 사물이 다 가지고 있는 것이다. 말로써 다 설명할 수 있는 것과 지력으로써 다 알 수 있는 것은 사물을 탐구할 때만 적용될 뿐이다. 도를 깨달은 사람은 그것들이 끝나는 지점을 탐구하지 않고, 그것들이 시작되는 지점을 캐내려 하지 않는데, 이것이 논의가 멈추는 지점이다.

少知曰, 然則謂之道, 足乎. 大公調曰, 不然, 今計物之數, 不止於萬, 而期曰萬物者, 以數之多者號而讀之也. 是故天地者, 形之大者也. 陰陽者, 氣之大者也. 道者爲之公. 因其大以號而讀之則可也, 已有之矣, 乃將得比哉. 則若以斯辯, 譬猶狗馬, 其不及遠矣. 少知曰, 四方之內, 六合之裏, 萬物之所生惡起. 大公調曰, 陰陽相照相蓋相治, 四時相代相生相殺. 欲惡去就, 於是橋起, 雌雄片合於是庸有. 安危相易, 禍福相生, 緩急相摩, 聚散以成. 此名實之可紀, 精微之可志也. 隨序之相理, 橋運之相使, 窮則反, 終則始, 此物之所有. 言之所盡, 知之所至, 極物而已. 睹道之人, 不隨其所廢, 不原其所起, 此議之所止.

소지가 물었다.

"계진季眞의 막위론莫爲論[20]과 접자接子[21]의 혹사론或使論[22] 등 두 사람의 주장 가운데 누구의 주장이 실정에 들어맞고 누구의 주장이 사리에서 벗어나는지요?"

태공조가 대답했다.

"닭이 울고 개가 짖는 것은 사람들이 다 알고 있는 것이다. 그러

20 자연의 운행에 어떤 인격적 주재자도 없다는 주장.

21 계진과 접자는 모두 제나라의 지식인.

22 자연의 운행은 누군가의 의도적 조작에 의해 이루어진다는 주장.

나 비록 해박한 지식〔大知〕을 가진 사람이라 하더라도 그것들이 어디서부터 발생했는지에 대해서는 말로써는 표현할 수 없고, 또 그것들이 어떻게 되어갈 것인지에 대해서는 생각으로써는 헤아릴 수 없다. 이런 이치를 가지고 분석해보면 우리는 더 이상 비교할 수 없을 정도로 미세한 것에까지 이르고, 더 이상 한정할 수 없을 정도의 큰 것에까지 이른다. 누군가가 그렇게 조작한다고 보든〔或使〕 아무도 조작하지 않는다고 보든〔莫爲〕 모두 사물의 범주를 벗어나지 못하기 때문에 결국은 둘 다 잘못을 범하고 말 것이다. 누군가 조작하고 있다는 견해는 주재자의 존재가 실재한다는 것이고 아무도 조작하지 않는다는 견해는 그저 텅 비었다고 보는 것이다. 이름이 있고 실질이 있는 것은 사물이 실재하는 것을 가리키고, 이름도 없고 실질도 없는 것은 사물이 텅 비어 없음을 가리키는 것이다. 말할 수 있고 생각할 수 있다면 말할수록 더욱 사실과 멀어진다. 아직 태어나지 않은 것은 꺼릴 필요가 없고, 이미 죽어버린 것은 막을 수 없다. 삶과 죽음은 멀리 떨어져 있지 않고 그에 대한 이치는 알 수 없다. 누군가 조작하고 있다는 것이나 어떤 주재자도 없다는 것은 모두 의문에 기반하여 가정한 것이다. 내가 사물들의 뿌리를 살펴보니 흘러간 시간은 끝이 없고, 내가 사물의 종말을 추구해보니 흘러오는 시간은 멈추지 않는다. 끝이 없고 멈춤이 없다는 것은 무無에 대해 말하는 것으로 그것은 사물의 이치와 일치한다. 누군가가 그렇게 조작한다고 보는 혹사론과 아무도 조작하지 않는다고 보는 막위론은 사물의 근본을 말하는 것으로 그것은 사물과 더불어 끝났다가 사물과 함께 시작하면서 계속 반복된다. 도는 있다고 할 수도 없고 또 없다고 할 수도 없다. 도라는 명칭은 빌려서 쓰고 있는 것이다. 혹사론과 막위론은 사물의 한쪽 측면에 해당하는 것이다. 그것을 어떻게 도에까지 적용할 수 있겠는가? 말로써 충분히 표현할 수 있다면 하루 종일 말한 것이 모두 도일 것이고, 말로써는 충분히 표현할 수 없다면 하루 종일 말해도 모두 사물에 대한 것일 뿐이다. 도는 사물의 궁극이기 때문에 말이나 침묵으로는 다 설명할 수 없고, 말도 아니고 침묵도 아닌 경지에 있을 때 그에 대한 설명은 궁극에 이를 것이다."

少知曰, 季眞之莫爲, 接子之或使. 二家之議, 孰正於其情, 孰偏於其理. 大公調曰, 鷄鳴狗吠, 是人之所知. 雖有大知, 不能以言讀其所自化, 又不能以意其所將爲. 斯而析之, 精至於無倫, 大至於不可圍. 或之使, 莫之爲, 未免於物而終以爲過. 或使則實, 莫爲則虛. 有名有實, 是物之居. 無名無實, 在物之虛. 可言可意, 言而愈疏. 未生不可忌, 已死不可徂. 死生非遠也, 理不可睹. 或之使, 莫之爲, 疑之所假. 吾觀之本, 其往無窮. 吾求之末, 其來無止. 無窮無止, 言之無也, 與物同理. 或使莫爲, 言之本也, 與物終始. 道不可有, 有不可無. 道之爲名, 所假而行. 或使莫爲, 在物一曲, 夫胡爲於大方. 言而足, 則終日言而盡道. 言而不足, 則終日言而盡物. 道物之極, 言默不足以載. 非言非默, 議有所極.

제26편 | 외물

外物

특정한 주제로 묶을 수 없는 13개의 장으로 이루어져 있다. 외물外物은 우리가 본래 타고난 것이 아닌 모든 것을 가리킨다. 물질적인 것뿐만 아니라 명예나 인격 등 비물질적인 것도 외물에 속한다. 『장자』에서 말하는 외물은 대개 인간의 욕망의 대상이다. 외물 가운데 사람을 가장 불안하고 초조하게 하는 대표적인 것이 바로 명성과 재물이다. 비극적 죽음을 맞이한 역사적 인물들은 모두 이런 외물을 추구하느라 자신의 목숨을 희생한 대표적인 사례인 것이다. 이 편에서는 외물에 대한 욕망 때문에 우리는 타고난 자연성, 즉 도를 상실한다고만 말할 뿐 그것을 수양의 문제와 연결시키지는 않는다.

이 편에서는 또 『시경』과 『예기』의 구절을 인용하면서 도굴하는 유자들의 위선을 그린 얘기가 나온다. 자신들의 악행을 미화하거나 합리화하는 도구로 학문을 이용하는 사람들에 대한 비판은 『장자』에서 흔히 다루는 주제의 하나다. 그리고 마지막 장의 "물고기를 잡고 나면 통발은 잊고, 토끼를 잡고 나면 올가미는 잊는다"는 잠언은 오늘날에도 자주 인용하는 말이다.

1.

외물은 꼭 제 뜻대로 되는 것만은 아니다. 그러므로 관용봉關龍逢[1]과 비간比干[2]은 살해되었고, 기자箕子[3]는 미치광이가 되었고, 오래惡來[4]는 죽었고, 걸주桀紂는 패망했다. 어떤 군주든 자신의 신하가 충성하기를 바라지 않는 사람이 없지만 충신이라고 해서 꼭 신뢰를 받는 것은 아니다. 그러므로 오자서伍子胥[5]는 강물에 떠내려갔고, 장홍萇弘[6]은 촉蜀에서 죽었는데 그가 흘린 피가 장사한 지 3년 만에 벽옥이 되었다. 어떤 부모든 자기 자식이 효도하기를 바라지

1 하나라 최후의 왕인 걸桀의 신하. 걸왕에게 간하다가 살해당했다.

2 은나라 최후의 왕인 주紂의 신하. 주왕에게 간하다가 살해당했고, 주는 그의 심장을 도려냈다.

3 은나라 주왕의 숙부. 주왕에게 간언을 했으나 들어주지 않자 보복을 당할 것이 두려워 거짓으로 미친 척하며 살았다.

4 주紂에게 아첨하던 신하. 무왕이 주紂를 칠 때 무왕은 오래도 죽였다.

5 오나라 왕 부차夫差에게 간언하다가 살해당했다. 그의 시신은 강 속에 가라앉도록 버려졌다.

6 주나라 영왕靈王 때의 신하. 촉으로 추방되었는데 분을 참지 못하고 배를 갈라 자결했다.

않는 이가 없지만, 효자라고 해서 꼭 부모로부터 사랑을 받는 것은 아니다. 그래서 효기孝己[7]는 근심 속에서 살았고 증삼曾參[8]은 슬픔 속에서 지냈다. 나무와 나무를 마찰하면 불이 나고, 쇠붙이를 불속에 두면 녹아 흘러내린다. 음과 양의 운행이 잘못되면 천지가 크게 놀라는데, 이 때문에 천둥이 치고 번개가 발생하는 것이다. 그리고 빗물 속에서도 벼락이 내려 거대한 홰나무를 태워버리기도 한다. 이 두 가지에 빠져 지나치게 근심하면 헤어날 길이 없다. 그것은 마음을 불안하고 초조하게 하고 아무것도 이루지 못하게 한다. 이때 마음은 하늘과 땅 사이에 걸려 있는 것과 같이 안정을 찾지 못하며, 우울해 하고 안절부절 못한다. 이로운가 해로운가 하는 계산이 마음속에서 갈등을 일으켜 거센 불길처럼 타오르면, 그 불길은 많은 사람의 내적인 평온함〔和〕을 태워버린다. 달처럼 차분한 마음은 본디 불같은 욕망을 이기지 못한다. 이 때문에 무너져 내리듯 도道가 사라진다.

外物不可必, 故龍逢誅, 比干戮, 箕子狂, 惡來死, 桀紂亡. 人主莫不欲其臣之忠, 而忠未必信. 故伍員流於江, 萇弘死於蜀, 藏其血三年而化爲碧. 人親莫不欲其子之孝, 而孝未必愛, 故孝己憂而曾參悲. 木與木相摩則然, 金與火相守則流. 陰陽錯行, 則天地大駭, 於是乎有雷有霆. 水中有火, 乃焚大槐. 有甚憂兩陷, 而無所逃. 螴蜳不得成, 心若縣於天地之間, 慰暋沈屯. 利害相摩, 生火甚多, 衆人焚和. 月固不勝火. 於是乎有僓然而道盡.

7 은나라 고종高宗의 아들로서 계모가 들어온 뒤 계모의 학대로 괴로워하다가 결국 죽었다.

8 증삼은 대단한 효자였지만 아버지의 미움을 받았다.

2.

장주는 집이 가난했다. 그래서 감하후監河侯[9]에게 식량을 빌리러 갔다. 감하후가 말했다.

"좋소. 내가 우리 고을의 세금을 거두려고 하는데 그때 가서 당신에게 300금을 빌려주겠소. 그러면 되겠지요?"

장자는 벌컥 화를 내며 성난 표정으로 말했다.

"제가 어제 이리로 오는데 도중에 저를 부르는 자가 있었소. 뒤돌아봤더니 수레바퀴 자국 속에 붕어가 있더군요. 제가 물어봤습니다. '붕어야, 너 무슨 일이 있느냐?' '나는 동해의 파도를 관장하는 신하입니다. 선생은 물 한 바가지 퍼 와서 나를 살려주지 않겠소?' 제가 대답했습니다. '좋아. 내가 남쪽의 오나라와 월나라 땅으로 가서 서강西江의 물줄기를 끌어와 너를 맞이하겠다. 그럼 되겠지?' 붕어는 벌컥 화를 내며 성난 표정으로 말했소. '나는 내가 늘 살고 있던 물을 잃어버렸기 때문에 지금 있을 곳이 없소. 나는 한 바가지의 물만 있으면 살아날 터인데도 선생은 이따위로 말하는군요. 차라리 건어물 가게에서 날 찾는 게 빠를 거요.'"

莊周家貧, 故往貸粟於監河侯. 監河侯曰, 諾, 我將得邑金, 將貸子三百金, 可乎. 莊周忿然作色曰, 周昨來, 有中道而呼者. 周顧視車轍中, 有鮒魚焉. 周問之曰, 鮒魚來. 子何爲者耶. 對曰, 我, 東海之波臣也. 君豈有斗升之水而活我哉. 周曰, 諾, 我且南遊吳越之王, 激西江之水而迎子, 可乎. 鮒魚忿然作色曰, 吾失我常與, 我無所處. 我得斗升之水然活耳. 君乃言此, 曾不如早索我於枯魚之肆.

---

9 황하를 감독하는 관리.

3.

임공자任公子[10]가 거대한 낚싯바늘과 엄청나게 굵은 검은 밧줄로 낚싯줄을 만들고, 거세한 수소 50마리를 미끼로 달아 회계산會稽山에 웅크리고 앉아 낚싯대를 동해로 던졌다. 매일 낚시를 했으나 1년이 지났는데도 고기를 잡지 못했다. 그러던 어느 날 거대한 물고기가 미끼를 삼켰다. 물고기는 커다란 낚싯바늘을 끌고는 물밑으로 곤두박질치며 내려갔다가 힘껏 위로 솟구치면서 등지느러미를 거세게 흔들어댔다. 그러자 산처럼 커다란 흰 파도가 일어났고 바닷물이 요동을 쳤다. 그 소리는 마치 귀신의 곡소리 같아서 천리 밖의 사람까지 두려움에 떨게 만들었다. 임공자는 이 물고기를 잡아서 포를 떠 말렸다. 절강浙江의 동쪽에서부터 창오蒼梧의 북쪽까지 이 물고기를 실컷 먹지 않은 사람이 없었다. 그뒤로 잔재주나 근거 없는 얘기를 즐기는 사람들은 모두 놀라서 이 이야기를 서로 전해주곤 했다. 낚싯대에 낚싯줄을 묶어 작은 도랑으로 달려가 송사리나 붕어를 낚고 있는 사람이 거대한 물고기를 잡기는 어렵다. 자잘한 얘기들을 꾸며 현령 자리를 구해보려고 하는 사람은 크게 출세하는 것과는 거리가 멀다. 이 때문에 임공자의 풍격에 대해 들어보지 못한 사람이 있다면 그런 사람과 함께 세상을 다스릴 수 없다는 것은 매우 분명하다.

任公子爲大鉤巨緇, 五十犗以爲餌, 蹲乎會稽, 投竿東海. 旦旦而釣, 期年不得魚. 已而大魚食之, 牽巨鉤, 錎沒而下, 騖揚而奮鬐. 白波若山, 海水震蕩. 聲侔鬼神, 憚赫千里. 任公子得若魚, 離而腊之. 自制河以東, 蒼梧已

10 임任나라의 공자, 즉 임나라 임금의 아들.

北, 莫不厭若魚者. 已而後世輇才諷說之徒, 皆驚而相告也. 夫揭竿累, 趣灌瀆, 守鯢鮒, 其於得大魚難矣. 飾小說以干縣令, 其於大達亦遠矣. 是以未嘗聞任氏之風俗, 其不可與經於世亦遠矣.

4.

유자儒者가 『시경』과 『예기』의 구절로 합리화하면서 무덤을 도굴하고 있었다. 무덤 밖에 있던 대유大儒가 아래쪽을 향해 말했다.

"동방이 밝아온다. 일은 어찌되어 가는가?"

그의 제자 소유小儒가 대답했다.

"치마저고리를 아직 벗기지 못했는데, 입속에 구슬을 머금고 있소."

"『시경』에서 본래 '푸릇푸릇한 보리가 무덤 비탈에서 자라네. 살아서 남에게 베풀지 못했는데, 죽어서 어찌 구슬을 물고 있는가?'라고 말했지. 그의 머리카락을 잘 잡고 그의 턱수염을 아래로 당기면서 쇠망치로 그의 턱을 내려쳐라. 그러고 나서 입을 천천히 양쪽 볼까지 벌려 입속의 구슬이 다치지 않게 해라."

儒以詩禮發冢. 大儒臚傳曰, 東方作矣, 事之何若. 小儒曰, 未解裙襦, 口中有珠. 詩固有之曰, 青青之麥, 生於陵陂. 生不布施, 死何含珠爲. 接其鬢, 壓其顪. 儒以金椎控其頤, 徐别其頰, 無傷口中珠.

5.

노래자老萊子[11]의 제자가 나무를 하러 나갔다가 도중에 중니(공자)를 만났다. 그는 돌아와서 그 사실을 노래자에게 알렸다.

"저쪽에 사람이 한 명 있는데, 몸 위쪽은 길고 아래쪽은 짧으며 등이 굽었고 귀가 뒤쪽을 보고 있습니다. 시선은 마치 온 세상을 다 장악하고 있는 듯했습니다만, 어느 집안 자손인지는 모르겠습니다."

노래자가 말했다.

"그 사람은 공구(공자)다. 불러오너라."

중니가 오자 노래자가 말했다.

"공구야, 스스로 잘났다는 생각을 버리고 지혜로운 척하는 모습을 없애거라. 그것이 바로 군자다."

중니는 읍揖하면서 인사를 하고 물러나서 두려운 듯 몸가짐을 가다듬은 다음 물었다.

"좀 더 가르침을 베풀어주실 수 있는지요?"

노래자가 말했다.

"자네는 한 시대의 아픔은 참지 못하면서 자네의 인의仁義가 영원한 고통이 될 것이라는 점은 가볍게 보고 있어. 그것은 혹시 자네의 재능이 원래 보잘 것 없기 때문인가, 아니면 생각이 아직 성숙하지 못했기 때문인가? 자네는 사람들에게 은혜를 베풀어 환심을 사는 것을 자랑스럽게 생각하는데, 그것은 평생의 수치일세. 그런 것은 평범한 사람들이나 일삼는 행위일 뿐이지. 말하자면 그것은 명예로운 것을 서로 권장하고 내밀한 것을 들춰내 서로 단죄하는 행위인 것이야. 그러니 요임금의 업적을 높이고 걸임금의 행위를 비난하는 것보다 차라리 두 가지를 모두 다 잊어버리고, 비난하는 것이나 높이는 것에 대해 귀를 막고 지내는 편이 더 좋은 것이야. 타고난 본

11 초나라의 현자라고도 하고 노자의 다른 이름이라고도 한다.

성을 거스르면 매사에 해를 끼칠 것이며, 하는 행위마다 그르칠 것이다. 성인은 일을 시작할 때 머뭇거리다 마지못해 하기 때문에 항상 그 일을 이룬다. 그런데 어쩌나? 자네의 행동은 끝내 교만함을 벗어나지 못하고 있으니."

老莱子之弟子出薪, 遇仲尼. 反以告曰, 有人於彼, 修上而趨下, 末僂而後耳, 視若營四海, 不知其誰氏之子. 老萊子曰, 是丘也, 召而來. 仲尼至. 曰, 丘, 去汝躬矜, 與汝容知, 斯爲君子矣. 仲尼揖而退, 蹙然改容而問曰, 業可得進乎. 老萊子曰, 夫不忍一世之傷, 而驁萬世之患. 抑固窶邪, 亡其略弗及邪. 惠以歡爲驁, 終身之醜. 中民之行進焉耳. 相引以名, 相結以隱. 與其譽堯而非桀, 不如兩忘而閉其所譽. 反無非傷也, 動無非邪也. 聖人躊躇以興事, 以每成功. 奈何哉. 其載焉, 終矜爾.

6.

송나라 원군元君[12]이 밤중에 꿈을 꾸었다. 한 사람이 머리를 풀어헤친 채 곁문으로 엿보면서 말했다.

"저는 재로宰路라는 연못에서 왔습니다. 저는 청강淸江의 사자使者로 하백河伯[13]이 있는 곳으로 가고 있었는데 도중에 여저余且[14]라는 어부에게 잡혔습니다."

---

12 앞의 「서무귀」 「전자방」 편 등에도 나온다.

13 황하의 신.

14 且자는 우리나라에서 세 가지 음으로 읽는다. 차(또, 우선, 장차), 저(공경스럽다, 머뭇거리다), 조(도마) 등 음에 따라 의미도 다르다. 여기서는 사람 이름으로 썼기 때문에 아무래도 공경스럽다는 의미를 나타내는 저로 발음하는 것이 가장 적합할 것 같고, 다른 한편으로 그의 직업이 어부이기 때문에 도마를 뜻하는 조로 읽는 것도 무방할 것 같다.

송나라 원군은 꿈에서 깨어난 뒤 사람을 시켜 점을 쳐보게 했다. 점치는 사람이 이렇게 말했다.

"그것은 신귀神龜입니다."

임금이 물었다.

"어부들 중에 여저라는 자가 있는가?"

주위의 신하들이 대답했다.

"있습니다."

임금이 말했다.

"여저에게 조회 때 나오라고 명하시오."

다음날 여저가 조회에 참석했다. 임금이 물었다.

"어떤 물고기를 잡았느냐?"

여저가 대답했다.

"저의 그물에 하얀 거북이 걸렸는데, 둘레가 5척이나 되었습니다."

임금이 말했다.

"그대의 거북을 나에게 바쳐라."

거북이 도착하자 임금은 그것을 죽이고 싶기도 하고 살려주고 싶기도 하는 등 마음이 혼란스러웠다. 그래서 점을 쳐보았더니 다음과 같은 점괘가 나왔다.

"거북을 죽여 그것으로 점을 치면 길하다."

그리하여 거북의 배를 가른 다음 그것으로 점을 쳤다. 72번 점을 쳤는데 점괘가 한 번도 틀린 적이 없었다.

이 일을 두고 중니가 말했다.

"신귀는 원군의 꿈에 나타날 수는 있었지만, 여저의 그물을 피하지는 못하였다. 72번 점을 쳐서 점괘가 한 번도 틀린 적이 없을 정도로 지력이 뛰어났지만 내장이 도려내지는 재난을 피하지는 못했다. 이와 같이 지식은 막다른 데가 있고 신통력은 미치지 못하는 곳이 있다. 비록 최고의 지식이 있는 사람이라 하더라도 만 명이 중지를 모은다면 그를 이겨낼 수 있다. 물고기는 그물을 두려워하지 않으면서 사다새를 두려워한다. 작은 지식을 버려야 큰 지혜가 밝아지고, 착하게 살아야겠다는 생각을 버려야 저절로 착해진다. 어린아이는 태어나서 뛰어난 스승 없이도 말을 할 수 있는데, 그것은 말을 할 수 있는 사람들과 함께 살기 때문이다."

宋元君夜半而夢人被髮闚阿門曰, 予自宰路之淵, 予爲清江使河伯之所, 漁者余且得予. 元君覺, 使人占之曰, 此神龜也. 君曰, 漁者有余且乎. 左右曰, 有. 君曰, 令余且會朝. 明日, 余且朝. 君曰, 漁何得. 對曰, 且之網得白龜焉, 箕圓五尺. 君曰, 獻若之龜. 龜至, 君再欲殺之, 再欲活之, 心疑. 卜之曰, 殺龜以卜吉. 乃刳龜, 七十二鑽而無遺筴. 仲尼曰, 神龜能見夢於元君, 而不能避余且之網. 知能七十二鑽而無遺筴, 不能避刳腸之患. 如是, 則知有所困, 神有所不及也. 雖有至知, 萬人謀之. 魚不畏網而畏鵜鶘. 去小知而大知明, 去善而自善矣. 嬰兒生無石師而能言, 與能言者處也.

7.

혜자가 장자에게 말했다.

"자네가 하는 말은 아무 쓸모가 없어."

장자가 대답했다.

"쓸모없는 것을 알아야 비로소 쓸모 있는 것에 대하여 말할 수 있어. 하늘과 땅은 넓고 또 크지 않은 것은 아니지만, 사람이 걸어갈 때는 발을 디딜 만한 넓이의 땅만 필요할 뿐이야. 그렇다고 만약 발을 디디고 있는 부분을 재서 그 부분만 남겨놓고 나머지 부분은 땅속까지 파 없애버린다면, 그래도 발을 딛고 있는 부분의 땅이 사람들에게 쓸모가 있겠어?"

혜자가 말했다.

"쓸모없지"

장자가 말했다.

"그러니까 쓸모없는 것도 쓸모 있다는 게 분명하지."

惠子謂莊子曰, 子言無用. 莊子曰, 知無用, 而始可與言用矣. 天地非不廣且大也, 人之所用容足耳. 然則廁足而墊之致黃泉, 人尙有用乎. 惠子曰, 無用. 莊子曰, 然則無用之爲用也亦明矣.

8.

장자가 말했다.

"사람이 한가롭게 노닐 수 있는데도 노닐지 않을 자가 있겠는가? 사람이 한가롭게 노닐 만한 능력이 없는데도 노니는 자가 있겠는가? 현실로부터 도피하고자 하는 생각과 세상 사람들과 왕래를 끊으려는 행동은 정말이지 진정한 지혜(至知)와 넉넉한 덕(厚德)을 가진 사람이 할 짓이 못된다. 사람들은 사욕을 추구하느라 엎어지고 굴러 떨어지더라도 본래의 상태로 되돌아가지 못하고, 불꽃같은 욕망에 휩싸이면서 자신을 되돌아보지 못한다. 사람들은 서로 군주가 되거나 신하가 되곤 하는데, 그것은 한 때일 뿐이다. 세상이 바뀌면 누가 누구를 천하다고 할 것이 없다. 그러므로 지인至人은 행적을 남기지 않는다고 말하는 것이다. 옛날의 풍속을 존중하고 오늘날의 풍속을 천시하는 것은 학자들의 습관이다. 그리고 희위씨狶韋氏[15] 시대의 풍속으로 오늘날의 세태를 본다면 누가 부화뇌동하는 것이라는 생각이 들지 않을 수 있겠는가? 오직 지인만이 세상에서 한가롭게 노닐면서 그로부터 도망치지 않고, 사람들을 따르되 자기 자신을 잃지 않을 수 있다. 지인은 다른 사람이 가르치는 것을 배우지 않으며, 다른 사람의 생각을 받아들이더라도 그들처럼 행동하지는 않는다."

莊子曰, 人有能遊, 且得不遊乎. 人而不能遊, 且得遊乎. 夫流遁之志, 決絕之行, 噫, 其非至知厚德之任與. 覆墜而不反, 火馳而不顧. 雖相與爲君臣, 時也, 易世而無以相賤. 故曰, 至人不留行焉. 夫尊古而卑今, 學者之流也. 且以狶韋氏之流觀今之世, 夫孰能不波, 唯至人乃能遊於世而不僻, 順人而不失己. 彼教不學, 承意不彼.

9.

눈이 트인 것을 밝을 명明이라 하고, 귀가 트인 것을 귀 밝을 총聰이라 하고, 코가 트인 것을 냄새 잘 맡을 전顫이라 하고, 입이 트인 것을 맛있게 먹을 감甘이라 하고, 마음이 트인 것을 알 지知라고 하며, 지가 트인 것을 클 덕德이라고 한다. 도는 막히지 않아야 하는데, 막히면 소통되지 못하고, 경색된 상태가 계속되어 그치지 않으면 어그러지며, 어그러지면 여러 가지 재난이 연이어 발생한다. 만물 가운데 지각이 있는 것은 호흡에 의지하여 목숨을 유지하는데,

---

15 전설상의 제왕 이름. 삼황三皇 이전 시기의 제왕으로 전해오며, 원시적인 사회 혹은 그 시기를 상징한다.

만약 호흡이 원활하게 소통되지 않는다면 그것은 자연의 잘못이 아니다. 자연은 밤낮으로 그치지 않고 공기가 통과하도록 하고 있지만, 사람은 물욕으로 인해 도리어 그 구멍을 막아버리고 있다. 포막胞膜[16]에는 여러 겹의 텅 빈 공간이 있고 그래서 신경神經이 마음대로 돌아다닐 수 있다. 집안에 빈 공간이 없다면 며느리와 시어머니가 다투어 화목하지 못할 것이다. 만약 공간이 없어 신경이 마음대로 돌아다닐 수 없다면 여섯 개의 구멍六鑿[17]이 서로 부조화를 일으킬 것이다. 여섯 개의 구멍이 부조화를 일으킨다면 큰 숲이나 산이 사람에게 아무리 좋아도 우리의 신기神氣가 그것을 향유하지 못할 것이다.

目徹爲明, 耳徹爲聰, 鼻徹爲顫, 口徹爲甘, 心徹爲知, 知徹爲德. 凡道不欲壅, 壅則哽, 哽而不止則跈, 跈則衆害生. 物之有知者恃息, 其不殷, 非天之罪. 天之穿之, 日夜無降, 人則顧塞其竇. 胞有重閬, 心有天遊, 室無空虛, 則婦姑勃谿. 心無天遊, 則六鑿相攘. 大林丘山之善於人也, 亦神者不勝.

10.

덕은 명성을 추구하는 데서 파괴되고, 명성은 자신을 드러내는 데서 파괴된다. 계략은 긴박한 상황이 닥쳤을 때 생각해내는 것이고, 지혜는 다툼에서 나온다. 울타리는 관청을 지키려는 목적에서 설치되고, 일은 많은 사람의 마음에 부합되어야 이루어진다. 봄비가

---

16 사람 몸의 살갗 밑에 온몸을 감싸고 있는 얇은 막.

17 두 개의 귀와 두 개의 눈, 그리고 코와 입 등 여섯 개의 구멍. 콧구멍을 두 개로 쳐서 일곱 개의 구멍[七竅]이라고 말하기도 한다.

내리는 때가 되면 초목은 무섭게 자라난다. 이때 쟁기와 괭이〔銚鎒〕로 밭갈이를 시작하지만, 초목 가운데 태반이 해를 입어 쓰러지는데 왜 그런지 원인은 모른다.

德溢乎名, 名溢乎暴, 謀稽乎誸, 知出乎爭, 柴生乎守官, 事果乎衆宜. 春雨日時, 草木怒生, 銚鎒於是乎始修, 草木之倒植者過半而不知其然.

11.

안정된 생활을 통해 병을 치료할 수 있고, 눈꼬리 부위를 지압하여 늙는 것을 멈추게 할 수 있고, 호흡 조절을 통해 공포감을 없앨 수 있다. 그렇지만 이런 것들은 몸을 수고롭게 하는 자들이 힘쓰는 것이다. 한가롭게 은둔해 사는 사람은 그런 것에 전혀 관심을 두지 않는다. 성인이 온 세상을 놀라게 해도 신인神人은 그런 것에 전혀 관심을 두지 않고, 현인이 온 세상을 놀라게 해도 성인은 그런 것에 전혀 관심을 두지 않고, 군자가 나라를 놀라게 해도 현인은 그런 것에 전혀 관심을 두지 않고, 소인이 시류에 영합하더라도 군자는 그런 것에 전혀 관심을 두지 않는다.

靜默可以補病, 眥搣可以休老, 寧可以止遽. 雖然, 若是, 勞者之務也, 非佚者之所未嘗過而問焉. 聖人之所以駴天下, 神人未嘗過而問焉. 賢人所以駴世, 聖人未嘗過而問焉. 君子所以駴國, 賢人未嘗過而問焉. 小人所以合時, 君子未嘗過而問焉.

12.

연문演門[18] 부근에 부모를 잃은 사람이 있었는데, 부모의 죽음을 애도하느라 몸을 크게 상했다. 그는 그 일로 인해 관청의 우두머리로 임명되었다. 그러자 그 동네에서는 부모의 죽음을 지나치게 슬퍼한 나머지 몸이 상해 죽은 사람이 반이나 되었다. 요임금이 허유에게 천하를 물려주려고 하자 허유가 그를 피해 도망갔다. 탕임금이 무광務光[19]에게 천하를 물려주려고 하자 무광은 화를 냈다. 기타紀他[20]는 그 소식을 듣고서는 제자들을 이끌고 관수窾水가로 도망갔다. 그가 죽은 뒤 제후들은 3년 동안 그를 조문했다. 신도적申徒狄[21]이 그것을 보고서는 황하에 뛰어들어 죽었다.

演門有親死者, 以善毁爵爲官師. 其黨人毁而死者半. 堯與許由天下, 許由逃之. 湯與務光, 務光怒之. 紀他聞之, 帥弟子而踆於窾水. 諸侯吊之, 三年. 申徒狄因以踣河.

13.

통발은 물고기를 잡기 위한 도구이기 때문에 물고기를 잡고 나면 통발은 잊는 법이다. 올가미는 토끼를 잡기 위한 도구이기 때문에 토끼를 잡고 나면 올가미는 잊는 법이다. 말은 뜻을 얻기 위한 도구이기 때문에 뜻을 얻고 나면 말을 잊는 법이다. 말을 잊어버린 그런

18 송나라의 성문城門 이름

19 하夏나라 말기의 은자. 탕왕이 그에게 천자의 자리를 넘기려 하자 돌을 짊어지고 여수廬水에 빠져 죽었다고 전해지는 인물. 「대종사」 편에 나온다.

20 은둔자. 전설 속의 인물.

21 전설 속 인물로서 세상에 대해 불만을 품고 숨어 산 은둔자.

사람과 내가 어떻게 말을 할 수 있겠는가?

荃者所以在魚, 得魚而忘荃. 蹄者所以在兔, 得兔而忘蹄. 言者所以在意, 得意而忘言. 吾安得夫忘言之人而與之言哉.

제27편 | 우언

寓言

이 편의 첫 장에서는 『장자』의 문체 혹은 표현 방식에 대해 설명하고 있다. 그 때문에 대개 이 편을 『장자』의 서문 혹은 범례에 해당한다고 한다. 이 편에서는 『장자』의 표현 방식을 '치언卮言' '중언重言' '우언寓言' 등 세 가지로 설명하고 있는데, 후대의 학자들은 이것을 삼언三言이라고 불렀다. 이 삼언三言은 고대 문학의 수사법 연구에서 매우 귀중한 자료로서 주로 문학 분야에서 많은 연구가 이루어지고 있다. 이 편은 총 일곱 개의 장으로 구성되어 있고, 전체의 장이 내용적으로 통일성은 없다.

1.

우언寓言[1]은 열 개 가운데 아홉 개꼴이고, 중언重言[2]은 열 개 가운데 일곱 개꼴이며, 치언卮言[3]은 수시로 나오되 자연이 정해준 한계에 순응한다. 우언은 열 개 가운데 아홉 개꼴인데, 외부의 것을 빌려다가 논증하는 것이다. 친아버지는 자기 자식을 중매 서지 않는다. 그것은 친아버지가 제 자식을 칭찬하는 것보다 친아버지가 아닌 사람이 칭찬하는 것이 더 효과적이기 때문이다. 그것은 나의 잘못이 아니라 사람들의 잘못이다. 사람들은 자기와 같은 편이면 찬성하지만, 자기와 같은 편이 아니면 반대한다. 자기와 같은 입장에 대해서는 옳다 하고, 자기와 다른 입장에 대해서는 틀렸다고 한다.

중언重言이 열 개 가운데 일곱 개꼴인 것은 논쟁을 끝내기 위한 것이다. 이는 장로長老의 말로서 나이에서 앞선다. 그런데 두서가 없

1 우화의 형식으로 생각을 표현하는 것.

2 옛사람의 말이나 일을 차용하여 말하는 것.

3 무심히 지껄이는 말. 밑도 끝도 없는 엉뚱한 말.

거나 앞뒤가 맞지 않으면서 나이만 많이 먹은 것을 내세우는 자의 말은 앞선다 할 수 없다. 다른 사람보다 앞선 점이 없는 사람은 사람으로서의 도리를 갖추지 못한 자다. 사람으로서의 도리를 갖추지 못한 사람, 이런 사람을 진부한 사람이라고 부른다.

치언은 수시로 나오되 자연이 정해준 한계에 순응하는 것이다. 그 때문에 마음은 자유롭고 만족스러우며, 그래서 그것은 또 타고난 수명을 다 누릴 수 있는 방법이기도 하다. 말하지 않으면 만물은 모두 같다. 만물이 본래 같다는 사실과 그것을 말로 표현하는 것은 같지 않고, 만물이 같다고 말하는 것과 만물이 같다는 사실은 같지 않다. 그러므로 "생각 없는 말〔無言〕을 말하라"고 한 것이다. 생각 없는 말〔無言〕을 말하면 죽을 때까지 말을 하더라도 전혀 말을 하지 않은 것이다. 죽을 때까지 말을 하지 않더라도 말하지 않은 적이 전혀 없는 것이다. 어떤 사람은 자기만의 근거를 고집하여 옳다고 생각하고, 어떤 사람은 자기만의 근거를 고집하여 옳지 않다고 생각한다. 어떤 사람은 자기만의 근거를 고집하여 맞다고 생각하고, 어떤 사람은 자기만의 근거를 고집하여 맞지 않다고 생각한다. 왜 맞을까? 맞다고 생각하기 때문에 맞다. 왜 맞지 않을까? 맞지 않다고 생각하기 때문에 맞지 않다. 왜 옳을까? 옳다고 생각하기 때문에 옳다. 왜 옳지 않을까? 옳지 않다고 생각하기 때문에 옳지 않다. 사물은 본디부터 맞고, 사물은 본디부터 옳다. 어떤 사물도 맞지 않은 것이 없고, 어떤 사물도 옳지 않은 것이 없다. 치언은 수시로 나오되 자연이 정해준 한계에 순응하지 않는다면 어떻게 오래갈 수 있겠는가? 만물은 각각이 모두 씨앗이다. 그것들은 각기 다른 형태로 서로 대를 이어가며, 처음과 끝이 고리처럼 이어져 있어 어떤 것이 먼저

인지 알 수 없다. 이것을 자연의 운동〔天均〕이라고 한다. 자연의 운동〔天均〕은 자연이 정해준 한계다.

寓言十九, 重言十七, 巵言日出, 和以天倪. 寓言十九, 藉外論之. 親父不爲其子媒. 親父譽之, 不若非其父者也. 非吾罪也, 人之罪也. 與己同則應, 不與己同則反. 同於己爲是之, 異於己爲非之. 重言十七, 所以已言也. 是爲耆艾, 年先矣, 而無經緯本末以期年耆者, 是非先也. 人而無以先人, 無人道也. 人而無人道, 是之謂陳人. 巵言日出, 和以天倪, 因以曼衍, 所以窮年. 不言則齊, 齊與言不齊, 言與齊不齊也. 故曰, 無言. 言無言, 終身言, 未嘗不言. 終身不言, 未嘗不言. 有自也而可, 有自也而不可. 有自也而然, 有自也而不然. 惡乎然. 然於然. 惡乎不然. 不然於不然. 惡乎可. 可於可. 惡乎不可. 不可於不可. 物固有所然, 物固有所可. 無物不然, 無物不可. 非巵言日出, 和以天倪, 孰得其久. 萬物皆種也, 以不同形相禪. 始卒若環, 莫得其倫. 是謂天均. 天均者, 天倪也.

2.

장자가 혜자에게 말했다.

"공자는 나이 60이 될 때까지 60번이나 바뀌었어. 이전에 옳다고 생각한 것을 나중에는 틀렸다고 생각했어. 지금 옳다고 말하는 것이 59세 때 틀렸다고 한 것은 아닌지 모르겠어."

혜자가 말했다.

"공자는 마음을 괴롭히면서 지식을 추구했기 때문이야."

장자가 말했다.

"공자는 그런 것과 결별했기 때문에 그런 것에 대하여 한 마디도 말한 적이 없었어. 공자는 이렇게 말했지. '대본大本으로부터 육체를 부여받고 그 속에 영혼을 품고 태어난다. 그런데 울음소리가 저절로 음악의 선율에 맞고 말이 저절로 규범에 맞다. 사적인 이익과 공적인 정의를 눈앞에 펼쳐놓고서 호오好惡나 시비是非를 따지는 것은 그저 사람의 입만 다물게 하는 것일 뿐이다. 만약 사람들로 하여금 심복心服하게 하여 아무도 감히 거역하지 못하게 한다면 세상은 바로 안정될 것이다.' 관두자, 관둬. 나는 그를 따라갈 수가 없을 거야."

莊子謂惠子曰, 孔子行年六十而六十化. 始時所是, 卒而非之. 未知今之所謂是之非五十九非也. 惠子曰, 孔子勤志服知也. 莊子曰, 孔子謝之矣, 而其未之嘗言. 孔子云. 夫受才乎大本, 復靈以生. 鳴而當律, 言而當法. 利義陳乎前, 而好惡是非直服人之口而已矣. 使人乃以心服, 而不敢蘁, 立定天下之定. 已乎, 已乎. 吾且不得及彼乎.

3.

증자는 두 번 벼슬하면서 마음이 두 번 바뀌었는데, 그에 대해 이렇게 말했다.

"나는 부모님이 살아계실 때는 벼슬에 나아가 3부釜의 녹봉으로도 마음이 즐거웠다. 그런데 나중에 벼슬할 때는 3000종鍾의 녹봉을 받았지만 부모님이 살아계시지 않아 내 마음이 슬펐다."

제자가 중니에게 물었다.

"증삼(증자)과 같으면 잘못에 연루될 일이 없겠지요?"

"이미 연루되어 있다. 연루될 것이 없는 자가 슬퍼할 수 있었겠느냐? 연루될 것이 없는 사람은 녹봉이 3부든 3000종이든 모두 마치 참새나 모기나 등에 따위가 눈앞에서 차례로 지나가는 것처럼 하찮게 여긴다."

曾子再仕而心再化曰, 吾及親仕, 三釜而心樂. 後仕, 三千鍾不洎, 吾心悲. 弟子問於仲尼曰, 若參者, 可謂無所縣其罪乎. 曰, 旣已縣矣. 夫無所縣者, 可以有哀乎. 彼視三釜三千鍾, 如觀雀蚊虻相過乎前也.

4.

안성자유顏成子游[4]가 동곽자기東郭子綦[5]에게 말했다.

"제가 선생님의 말씀을 들은 뒤로 1년이 지나자 꾸밈없이 질박해졌고, 2년이 지나자 다른 것들을 그대로 따랐고, 3년이 지나자 모든 것과 소통되었고, 4년이 지나자 사물처럼 아무 의식이 없었고, 5년이 지나자 자연의 정기가 내게로 왔고, 6년이 지나자 자연의 정기가 내 속으로 들어와 머물렀고, 7년이 지나자 타고난 나의 자연성이 완전해졌고, 8년이 지나자 삶도 죽음도 의식하지 않게 되었고, 9년이 지나자 모든 것과 구별이 없어졌습니다."

顏成子游謂東郭子綦曰, 自吾聞子之言, 一年而野, 二年而從, 三年而通, 四年而物, 五年而來, 六年而鬼入, 七年而天成, 八年而不知死不知生, 九年而大妙.

4 가공의 인물. 「제물론」 편에서는 남곽자기의 제자로 나왔다.

5 가공의 인물. 안성자유의 스승으로 설정되었다는 점에서 남곽자기와 같은 인물로 보기도 한다.

5.

사람이 살아가면서 인위적으로 행동한다면 그것은 죽은 것이나 다름없다. 그것은 인간의 사사로운 생각으로 자연의 보편적인 질서를 간섭하는 것이다. 이처럼 죽음에는 자연의 질서를 간섭하는 원인이 있지만, 생명이 약동하는 데는 아무 원인이 없다. 그런데 정말 그럴까? 어떤 것이 우리에게 맞는 것일까? 어떤 것이 우리에게 맞지 않는 것일까? 하늘에는 해와 달의 운행규칙이 있고, 땅에는 사람들이 터를 잡고 살고 있지만, 왜 이렇게 되었는지 내가 어떻게 그 이유를 알 수 있겠는가? 끝나는 곳을 알 수 없다면, 어떻게 생명이 없어지는 것을 알 수 있겠는가? 시작되는 곳을 알 수 없다면, 어떻게 생명이 존재하게 되었는지 알 수 있겠는가? 호응하는 것이 있다면, 어찌 귀신이 없겠는가? 호응하는 것이 없다면, 어찌 귀신이 있겠는가?

生有爲, 死也虧. 公以其死也, 有自也. 而生陽也, 無自也. 而果然乎. 惡乎其所適. 惡乎其所不適. 天有歷數, 地有人據, 吾惡乎求之. 莫知其所終, 若之何其無命也. 莫知其所始, 若之何其有命也. 有以相應也, 若之何其無鬼邪. 無以相應也, 若之何其有鬼邪.

6.

여러 반그림자가 그림자에게 물었다.

"너는 아까 굽어보더니 지금은 우러러보고, 아까는 머리를 묶고 있더니 지금은 풀어헤치고 있다. 아까는 앉더니 지금은 일어나고, 아까는 움직이더니 지금은 멈추어 있다. 왜 그러는 것이냐?"

그림자가 대답했다.

"쪼잔스럽군. 왜 그런 하찮은 것을 묻는 거냐? 내가 그런 적은 있지만 왜 그런지는 알 수 없어. 나는 매미 허물과 같고, 뱀 허물과 같아. 실물과 비슷하게 생겼지만 실물이 아니야. 나는 불빛이나 햇빛 앞에서는 나타나지만 그늘에서나 밤에는 사라져버리지. 그것은 내가 무언가에 의지하고 있기 때문일 거야. 무언가에 의지하는 나의 행위에 대한 이유도 알지 못하는데 하물며 다른 그 무엇에도 의지할 필요가 없는 것이야 말할 나위가 있겠냐? 그것이 오면 나도 그것을 따라 오고, 그것이 가면 나도 그것을 따라 가고, 그것이 어슬렁거리면 나도 그것을 따라 어슬렁거릴 뿐이야. 내가 왜 어슬렁거리는지 더 이상 어떻게 의문을 품겠냐?"

衆罔兩問於景曰, 若向也俯而今也仰, 向也括而今也被髮. 向也坐而今也起, 向也行而今也止, 何也. 景曰, 搜搜也, 奚稍問也. 予有而不知其所以. 予, 蜩甲也, 蛇蛻也, 似之而非也. 火與日, 吾屯也. 陰與夜, 吾代也. 彼吾所以有待邪. 而況乎以有待者乎. 彼來則我與之來, 彼往則我與之往, 彼強陽則我與之強陽. 強陽者, 又何以有問乎.

7.

양자거陽子居[6]가 노자를 만나기 위해 남쪽의 패沛로 갔는데, 그때 노담(노자)은 서쪽으로 진나라를 유람하고 있었다. 양자거는 패의 교외로 그를 맞이하러 나갔다가 양梁이라는 지역에 이르러 노자를 만났다. 노자는 길을 가는 도중에 하늘을 우러러 보고 탄식하면서

6 양주楊朱. 노자와 장자 사이에 활동한 도가적 인물. 자거子居는 그의 자다.

말했다.

"처음에는 내가 너를 가르칠 수 있을 것이라고 생각했는데, 지금 보니 그러지 못할 것 같구나."

양자거는 아무 대답을 하지 않았다. 숙소에 도착해서 노자에게 세숫대야와 양치물과 수건과 빗을 가져다 바쳤다. 그리고 자기는 밖에다 신발을 벗어놓은 다음 무릎으로 걸어 앞으로 나아가 말했다.

"아까 저는 선생님께 여쭙고 싶었지만 선생님께서 틈을 주시지 않았습니다. 그래서 감히 여쭙지 못했습니다. 지금 틈이 있으니 왜 그런 말씀을 하셨는지 그 까닭을 알고 싶습니다."

노자가 대답했다.

"너는 거만하게 눈을 부릅뜨고 있는데, 누가 너와 함께 있으려 하겠느냐? 아주 흰 것은 더러운 듯 하고, 넉넉한 덕은 부족한 듯한 법이다."

양자거는 두려워 얼굴 표정을 바꾸면서 말했다.

"가르침을 겸허하게 따르겠습니다."

전에 여관 사람들은 그를 맞이하고 또 전송했고, 여관 주인은 그에게 자리를 마련해주었고 여관 주인의 아내는 수건과 빗을 가져다 주었다. 여관 사람들은 또 그에게 자리를 양보해주었고 불을 쬐던 사람들은 그에게 따뜻한 부뚜막을 양보해주었다. 그러나 여관 사람들은 그가 노자를 만나고 돌아간 뒤로는 그와 함께 자리를 다투었다.

陽子居南之沛, 老聃西遊於秦, 邀於郊, 至於梁而遇老子. 老子中道仰天而嘆曰, 始以汝爲可教, 今不可也. 陽子居不答. 至舍, 進盥漱巾櫛, 脫屨戶外, 膝行而前曰, 向者弟子欲請夫子, 夫子行不閒, 是以不敢. 今閒矣, 請問其故. 老子曰, 而睢睢盱盱, 而誰與居. 大白若辱, 盛德若不足. 陽子居蹴然變容曰, 敬聞命矣. 其往也, 舍者迎將, 其家公執席, 妻執巾櫛, 舍者避席, 煬者避竈. 其反也, 舍者與之爭席矣.

제28편 | 양왕
讓王

이 편의 제목은 왕위, 즉 천자의 자리를 남에게 물려준다는 뜻이다. 이와 관련된 이야기가 「소요유」 편에 나왔다. 이 편에서는 천자의 자리를 물려준다는 기본 틀을 유지하면서 여러 가지 다른 형태로 각색 혹은 변형된 것들을 모아놓고 있다. 총 18개의 장으로 구성되어 있는데, 그 가운데 1장에서부터 8장까지, 그리고 14장, 16장, 17장 등이 대체로 비슷한 형태나 주제를 가지고 있다. 요, 순, 우 사이의 선양은 유가에서도 자주 언급하고 있으며, 유가에서는 가장 이상적인 왕위 계승 방법으로 생각한다. 그러나 『장자』에서 천자의 자리를 남에게 물려준다는 의미는 덕 있는 사람이 왕위에 올라야 한다는 것을 말하고자 하는 것이 아니다. 그것은 유가 식의 사고방식이다. 여기서는 이 세상에서 제일가는 권력을 차지하는 것보다 나 자신의 생명이 더 소중하다는 것을 말하려는 데 중점이 있다. "도의 진수로써 몸을 다스리고, 그 나머지로써 국가를 다스리고, 그 찌꺼기로써 천하를 다스린다. 이런 점에서 볼 때 제왕이 하는 일은 성인聖人의 여사餘事이지 몸을 온전히 하고 생명을 잘 돌보기 위한 방법은 아니다"는 말은 바로 이 점을 잘 요약하고 있다.

그러나 이 편의 뒤로 갈수록 유교적 논조와 비슷해지는 경향이 있다. 즉 지조를 지키기 위해 목숨을 버리는 것을 영웅적인 행동으로 묘사한 부분이 바로 그런 종류에 해당한다. 이는 『장자』의 전체적인 논조에서 볼 때 상당히 이질적이다. 요임금이 천하를 허유에게 넘겨주려고 했다는 고사가 여러 가지 형태로 변주되는 과정에서 생명을 지키고 한가롭게 살고자 한 도가의 이상이 유가적인 쪽으로 해석되거나 과장된 것이다.

1.

요임금이 천하를 허유에게 넘겨주려 했지만, 허유는 받지 않았다. 또 자주지보子州支父[1]에게 넘겨주려고 하자 자주지보가 말했다.

"저를 천자로 삼는 것은 괜찮지요. 그렇지만 저는 마음이 노상 답답한 병에 걸려서 지금 치료하고 있는 중입니다. 그래서 천하를 다스릴 틈이 없습니다."

천하는 지극히 중요한 것이지만 그것으로 인해 자기의 생명을 해치지 않겠다는 것이다. 그러니 그 밖의 다른 사물이야 말할 필요가 있겠는가? 오직 천하를 다스리겠다는 야망이 없는 사람에게만 천하를 맡겨야 한다.

堯以天下讓許由, 許由不受. 又讓於子州支父, 子州之父曰, 以我爲天子, 猶之可也. 雖然, 我適有幽憂之病, 方且治之, 未暇治天下也. 夫天下至重也, 而不以害其生, 又況他物乎. 唯無以天下爲者, 可以托天下也.

1 은둔자로 알려진 전설 속의 인물.

2.

순임금이 천하를 자주지백子州之伯[2]에게 넘겨주려고 하자 자주지백이 말했다.

"저는 마음이 노상 답답한 병에 걸려서 지금 치료하고 있습니다. 그래서 천하를 다스릴 틈이 없습니다."

천하라는 것은 본디 거대한 것이지만 그것을 생명과 바꾸지 않겠다는 것이다. 이것은 도를 터득한 사람이 세속의 일반 사람과 다른 점이다.

舜讓天下於子州之伯. 子州之伯曰, 予適有幽憂之病, 方且治之, 未暇治天下也. 故天下大器也, 而不以易生. 此有道者之所以異乎俗者也.

3.

순임금이 천하를 선권善卷에게 넘겨주려 하자 선권이 말했다.

"저는 우주 속에 살면서 겨울에는 가죽과 털옷을 입고, 여름에는 갈포로 만든 옷을 입습니다. 봄에 밭을 갈아 씨를 뿌리는데 몸은 충분히 노동할 수 있습니다. 가을에 곡식을 거두어들이면 제 몸 하나 먹고 쉬기에 충분합니다. 해가 뜨면 일하고 해가 지면 들어가 쉽니다. 이렇게 천지 사이에서 소요하면서 마음이 흡족합니다. 그러니 제가 무엇 때문에 천하를 다스리겠습니까? 섭섭합니다. 폐하께서 저를 몰라주시다니."

이렇게 말하고 결국 받지 않았다. 그러고 나서 그는 그곳을 떠나

2 앞의 자주지보와 같은 인물.

깊은 산으로 들어가버렸고, 어디에 사는지 아무도 알지 못했다.

舜以天下讓善卷, 善卷曰, 余立於宇宙之中, 冬日衣皮毛, 夏日衣葛絺. 春耕種, 形足以勞動. 秋收斂, 身足以休食. 日出而作, 日入而息, 逍遙於天地之間而心意自得. 吾何以天下爲哉. 悲夫, 子之不知余也. 遂不受. 於是去而入深山, 莫知其處.

4.

순임금이 천하를 자신의 친구인 석호石戶의 농부에게 넘겨주려고 했다. 그러자 석호의 농부가 말했다.

"임금이라는 사람이 끙끙대면서 억척스럽게 일을 하는군."

그는 순임금의 덕이 대단하지 못하다고 생각했다. 그래서 그는 등에 짐을 지고 아내는 머리에 짐을 이고, 자식을 끌고서 섬으로 들어가서는 죽을 때까지 돌아오지 않았다.

舜以天下讓其友石戶之農. 石戶之農曰, 捲捲乎, 后之爲人, 葆力之士也. 以舜之德爲未至也. 於是夫負妻戴, 攜子以入於海, 終身不反也.

5.

대왕 단보亶父[3]가 빈邠에 살고 있을 때 북방의 오랑캐 적인狄人이 쳐들어왔다. 단보는 그들에게 가죽과 비단을 바쳤으나 받지 않았고, 개와 말을 바쳤으나 받지 않았고, 진주와 옥을 바쳤으나 받지 않았

3 주나라 문왕의 할아버지. 『시경』에서는 고공단보古公亶父라고 한다.

다. 적인이 원하는 것은 토지였다. 대왕 단보가 말했다.

"누군가의 형과 함께 살면서 그의 동생을 죽이는 일이나 누군가의 아비와 함께 살면서 그의 자식을 죽이는 일 따위를 나는 차마 할 수 없다. 그대들은 모두 열심히 살기 바란다. 나의 신하가 되는 것이나 적인의 신하가 되는 것이나 뭐가 다르겠는가? 그리고 나는 '먹고살기 위한 수단인 땅을 가지고 먹여 살리는 대상인 몸을 해쳐서는 안 된다'는 말을 들었다."

말을 마치고나서 지팡이를 짚고 그곳을 떠났다. 백성이 줄을 지어 그를 따라갔다. 그리고 마침내 기산岐山 아래에 나라를 건설했다. 대왕 단보는 생명을 존중할 줄 아는 사람이라고 말할 수 있다. 생명을 존중할 줄 아는 사람은 비록 신분이 높은 부자라 하더라도 재물을 축적하느라 제 몸을 상하게 하지 않고, 비록 신분이 낮은 가난한 사람이라 하더라도 이익을 추구하느라 제 몸을 지치게 하지 않는다. 오늘날 사람들 중 고관대작高官大爵의 자리에 있는 자들은 모두 그러한 지위를 잃는 문제를 몹시 중요하게 생각하고 있다. 그들은 이익 앞에서 자신의 몸을 쉽게 망쳐버리니 이 어찌 어리석지 않은가?

大王亶父居邠, 狄人攻之. 事之以皮帛而不受, 事之以犬馬而不受, 事之以珠玉而不受. 狄人之所求者土地也. 大王亶父曰, 與人之兄居而殺其弟, 與人之父居而殺其子, 吾不忍也. 子皆勉居矣. 爲吾臣與爲狄人臣, 奚以異. 且吾聞之, 不以所用養害所養. 因杖筴而去之. 民相連而從之. 遂成國於岐山之下. 夫大王亶父, 可謂能尊生矣. 能尊生者, 雖貴富不以養傷身, 雖貧賤不以利累形. 今世之人居高官尊爵者, 皆重失之. 見利輕亡其身, 豈不惑哉.

6.

월越나라 사람들은 삼대에 걸쳐 자기 나라 임금을 시해했다. 왕자 수搜는 그것이 두려워서 단혈丹穴이라는 동굴 속으로 도망가버렸다. 그래서 월나라에는 임금이 없었다. 월나라 사람들은 왕자 수를 찾았지만 찾지 못하다가 추적 끝에 단혈에 있다는 것을 알아냈다. 왕자 수가 단혈에서 나오려 하지 않자 월나라 사람들은 쑥으로 연기를 피워 그를 나오게 한 다음 왕의 수레에 태웠다. 왕자 수는 손잡이 끈을 잡고 수레에 오르면서 하늘을 우러러보면서 말했다.

"임금 자리여, 임금 자리여. 어찌하여 나를 그냥 내버려두지 않는 것인가?"

왕자 수는 임금이 되는 것이 싫었던 것이 아니라 임금이 되었을 때 닥칠 재앙이 싫었던 것이다. 왕자 수와 같은 사람이라면 나라 일로 자기의 생명을 해치지 않을 것이라고 말할 수 있을 것이다. 이것이 바로 월나라 사람들이 그를 임금으로 모시고 싶어 했던 진짜 이유였다.

越人三世弑其君. 王子搜患之, 逃乎丹穴. 而越國無君. 求王子搜不得, 從之丹穴. 王子搜不肯出, 越人薰之以艾, 乘以王輿. 王子搜援綏登車, 仰天而呼曰, 君乎. 君乎. 獨不可以舍我乎. 王子搜非惡爲君也, 惡爲君之患也. 若王子搜者, 可謂不以國傷生矣. 此固越人之所欲得爲君也.

7.

한韓나라와 위魏나라가 땅을 빼앗기 위해 전쟁을 벌이고 있었다. 자화자子華子[4]가 소희후昭僖侯[5]를 만났는데, 소희후는 근심스러운 기색이었다. 자화자가 말했다.

"만약 세상 사람들로 하여금 임금님 앞에서 서약서를 쓰게 한다고 가정해보십시오. 그 서약서의 내용은 이렇습니다. '왼손으로 이 서약서를 붙들고 있으면 오른손을 없애버리고, 오른손으로 이 서약서를 붙들고 있으면 왼손을 없애버린다. 그렇지만 이 서약서를 붙들고 있는 자는 반드시 온 세상을 차지할 것이다.' 전하께서는 그것을 붙들고 계실 수 있겠습니까?"

소희후가 말했다.

"과인은 붙들고 있지 않겠네."

자화자가 말했다.

"대단히 훌륭하십니다. 그런 점에서 볼 때 두 팔은 온 세상보다도 중요하고, 몸통은 두 팔보다 중요합니다. 한나라는 온 세상보다도 훨씬 덜 중요하며, 지금 다투고 있는 땅은 한나라보다 훨씬 덜 중요합니다. 전하께서는 굳이 몸을 괴롭히고 생명을 해치면서까지 그 땅을 얻지 못할까봐 번민하고 계십니다."

소희후가 말했다.

"훌륭하오. 나를 가르치려 든 자는 많았지만, 아직껏 이런 말은 들어보지 못했소."

자화자는 사소한 것과 중요한 것이 무엇인지 구분할 줄 안다고 말할 수 있을 것이다.

韓魏相與爭侵地. 子華子見昭僖侯, 昭僖侯有憂色. 子華子曰, 今使天下書

4 전국시대 위魏나라 사람으로서 도가적 사상가. 「칙양」 편의 화자華子와 같은 인물.

5 한나라의 임금.

銘於君之前, 書之言曰, 左手攫之則右手廢, 右手攫之則左手廢. 然而攫之者必有天下. 君能攫之乎. 昭僖侯曰, 寡人不攫也. 子華子曰, 甚善. 自是觀之, 兩臂重於天下也, 身亦重於兩臂. 韓之輕於天下亦遠矣. 今之所爭者, 其輕於韓又遠. 君固愁身傷生以憂戚不得也. 僖侯曰, 善哉. 教寡人者衆矣. 未嘗得聞此言也. 子華子可謂知輕重矣.

8.

노나라 임금은 안합顔闔[6]이 도를 터득한 사람이라는 말을 듣고 사람을 보내 예물을 먼저 전했다. 안합은 누추한 집에서 살고 있었고 삼베옷을 입고서 몸소 소에게 먹이를 주고 있었다. 노나라 임금이 보낸 사자使者가 도착하자 안합은 직접 그들을 맞이했다. 사자가 물었다.

"여기가 안합의 집인가요?"

안합이 대답했다.

"여기는 저의 집입니다."

사자가 예물을 바치자 안합이 말했다.

"어명을 잘못 듣고 오시어 사자분들께서 죄를 지으실지도 모르니 잘 확인해보는 것이 좋을 성 싶습니다."

사자가 돌아가 자세히 확인한 다음 다시 와서 그를 찾았으나 찾을 수 없었다. 안합과 같은 사람이야말로 진정으로 부귀를 싫어하는 사람이다.

6 노나라의 은자. 「인간세」 편에서 나왔다.

그러므로 이런 말이 있다. "도의 진수로써 몸을 다스리고, 그 나머지로써 국가를 다스리고, 그 찌꺼기로써 천하를 다스린다." 이런 점에서 볼 때 제왕이 하는 일은 성인聖人의 여사餘事이지 몸을 온전히 하고 생명을 잘 돌보기 위한 방법은 아니다. 오늘날 세속에서 말하는 군자는 대개 몸을 위태롭게 하고 생명을 내팽개치면서 외물을 좇고 있다. 이 어찌 불쌍하지 않은가? 성인이 행동할 때는 반드시 그 행위의 목적과 그 행위의 수단을 생각한다. 예를 들어 어떤 사람이 귀중한 수후隨侯의 구슬[7]을 탄환으로 써서 천길 위의 참새를 쏘았다면 세상 사람들은 분명히 그를 비웃을 것이다. 그것은 왜 그럴까? 그것은 바로 그가 사용한 것은 귀중한 것이고 그가 얻으려고 한 것은 하찮은 것이기 때문이다. 귀중하기로 치면 사람의 생명을 어찌 수후의 구슬 따위와 비교할 수 있겠는가?

魯君聞顔闔得道之人也, 使人以幣先焉. 顔闔守陋閭, 苴布之衣而自飯牛. 魯君之使者至, 顔闔自對之. 使者曰, 此顔闔之家與. 顔闔對曰, 此闔之家也. 使者致幣, 顔闔對曰, 恐聽謬而遺使者罪, 不若審之. 使者還, 反審之, 復來求之, 則不得已. 故若顔闔者, 眞惡富貴也. 故曰, 道之眞以治身, 其緖餘以爲國家, 其土苴以治天下. 由此觀之, 帝王之功, 聖人之餘事也, 非所以完身養生也. 今世俗之君子, 多危身棄生以殉物, 豈不悲哉. 凡聖人之動作也, 必察其所以之與其所以爲. 今且有人於此, 以隨侯之珠, 彈千仞之雀, 世必笑之. 是何也. 則其所用者重, 而所要者輕也. 夫生者, 豈特隨侯之重哉.

7 고대의 유명한 구슬 가운데 하나로서 수나라 임금이 얻었다고 해서 붙여진 이름.

9.

자열자子列子가 가난하여 얼굴에 굶주린 티가 났다. 어떤 나그네가 정나라 자양子陽[8]에게 그것에 대해 의논했다.

"열어구列禦寇[9]는 아마도 도를 터득한 선비인 듯합니다. 그가 재상께서 다스리는 나라에 살고 있는데 가난하다면 재상이 선비를 좋아하지 않는 셈이 되는 것 아닙니까?"

정나라 자양은 곧바로 관리에게 명을 내려 그에게 양식을 가져다주게 했다. 자열자는 그 사자를 보고 두 번 절하고서 사양했다. 사자가 돌아간 뒤 자열자는 들어가가 그의 아내가 그를 쳐다보면서 가슴을 치며 말했다.

"저는 지식인〔有道者〕의 아내는 모두 편안하고 즐겁게 산다고 들었는데, 우리는 지금 굶주린 기색을 하고 있습니다. 재상이 위로 차 당신에게 식량을 보내준 것입니다. 그런데 당신은 그것을 받지 않으니 이것이 팔자가 아니고 뭐란 말입니까?"

자열자가 웃으면서 아내에게 말했다.

"재상이 스스로 나를 알아보고 그런 것이 아니오. 다른 사람의 말을 듣고서 나에게 곡식을 보냈으니 나를 벌하고자 할 때도 역시 다른 사람의 말을 듣고 그렇게 할 것이오. 이런 이유 때문에 내가 그것을 받지 않은 것이오."

그뒤 백성이 정말 반란을 일으켜 자양을 죽였다.

子列子窮, 容貌有飢色. 客有言之於鄭子陽者曰, 列禦寇, 蓋有道之士也, 居君之國而窮, 君無乃爲不好士乎. 鄭子陽即令官遺之粟. 子列子見使者,

8 정나라의 재상.

9 열자의 이름.

再拜而辭. 使者去, 子列子入, 其妻望之而拊心曰, 妾聞爲有道者之妻子, 皆得佚樂, 今有飢色. 君過而遺先生食, 先生不受, 豈不命邪. 子列子笑, 謂之曰, 君非自知我也. 以人之言而遺我粟, 至其罪我也, 又且以人之言, 此吾所以不受也. 其卒, 民果作難而殺子陽.

10.

초나라 소왕昭王이 전쟁에서 패하고 나라를 버리고 도망갈 때 도양열屠羊說[10]이 도망가다가 소왕을 따라갔다. 나중에 소왕이 자기 나라로 돌아간 뒤 자기를 따랐던 사람들에게 상을 내렸다. 도양열 차례가 되자 도양열이 받기를 거절하면서 말했다.

"대왕마마께서 나라를 잃었을 때 저는 양 도살하는 일자리를 잃었습니다. 대왕마마께서 우리나라로 돌아오시자 저 역시 양 도살하는 일터로 돌아왔습니다. 저의 작위와 녹봉은 이미 되찾았는데 또 무슨 상을 주신다는 말씀입니까?"

왕이 말했다.

"억지로라도 주어라."

도양열은 계속 거절하면서 말했다.

"대왕마마께서 나라를 잃었던 것은 소인의 죄가 아닙니다. 그 때문에 감히 사형의 벌을 받지 않을 수 있었습니다. 대왕마마께서 우리나라로 돌아오신 것 역시 소인의 공이 아닙니다. 그래서 그 상을

10 도양屠羊은 양을 잡는 백정이라는 뜻이고, 열은 이름으로 원문에는 설說로 되어 있지만 열悅로 읽는다. 목수匠 석石을 장석匠石이라고 부르듯이 여기서도 그냥 도양열이라고 부른다.

받을 수 없습니다."

왕이 말했다.

"그를 만나보자."

도양열이 말했다.

"초나라의 법에 따르면 큰 공을 세워 큰 상을 받은 다음에나 임금님을 만나 뵐 수 있습니다. 지금 저의 지식은 나라를 살려내기에 부족하고, 저의 용기는 목숨을 걸고 적과 싸우기에 부족합니다. 오나라 군대가 수도 영郢으로 침입해 올 때 저는 그 재앙이 두려워 적을 피해 도망간 것이지 일부러 대왕마마를 따라간 것이 아닙니다. 지금 대왕마마께서는 법을 무시하고 규약을 어겨가면서 저를 보시려고 하는데, 이것은 소인이 세상에서 그 예를 들어본 적이 없는 일입니다."

왕은 사마司馬 자기子綦에게 말했다.

"도양열은 비천한 처지에 있으면서 대의에 대한 설명이 매우 탁월하니, 그대 자기子綦는 나를 대신하여 그의 직위를 삼공三公으로 높여주시오."

도양열은 또 거절하면서 말했다.

"삼공三公의 자리가 양 도살하는 백정보다 높다는 것을 저는 알고 있습니다. 만종萬鍾의 녹봉이 양을 도살해서 얻을 수 있는 이익보다는 크다는 것도 저는 알고 있습니다. 그러니 어떻게 제가 작위나 녹봉을 탐내서 우리 임금님으로 하여금 벼슬과 녹봉을 함부로 퍼준다는 오명을 얻게 할 수 있겠습니까? 저는 감당할 수가 없습니다. 저는 저의 양도살장으로 되돌아가기를 바랄 뿐입니다."

그는 끝내 아무것도 받지 않았다.

楚昭王失國, 屠羊說走而從於昭王. 昭王反國, 將賞從者. 及屠羊說. 屠羊說曰, 大王失國, 說失屠羊. 大王反國, 說亦反屠羊. 臣之爵祿已復矣, 又何賞之有. 王曰, 強之. 屠羊說曰, 大王失國, 非臣之罪, 故不敢伏其誅. 大王反國, 非臣之功, 故不敢當其賞. 王曰, 見之. 屠羊說曰, 楚國之法, 必有重賞大功而後得見. 今臣之知不足以存國, 而勇不足以死寇. 吳軍入郢, 說畏難而避寇, 非故隨大王也. 今大王欲廢法毁約而見說, 此非臣之所以聞於天下也. 王謂司馬子綦曰, 屠羊說居處卑賤, 而陳義甚高. 子綦爲我延之, 以三旌之位. 屠羊說曰, 夫三旌之位, 吾知其貴於屠羊之肆也. 萬鍾之祿, 吾知其富於屠羊之利也. 然豈可以貪爵祿, 而使吾君有妄施之名乎. 說不敢當. 願復反吾屠羊之肆. 遂不受也.

11.

원헌原憲[11]은 노나라에 살았는데, 사방 1장丈 정도의 작은 집의 지붕에는 풀이 자라고 있었다. 쑥대를 엮어 만든 문짝은 온전하지 못했고, 문의 지도리는 뽕나무로 만들었다. 깨진 항아리로 창문을 만든 두 개의 방에는 갈포천으로 그 틈을 막아놓고 있었다. 위에서는 비가 샜고 바닥은 축축했지만, 그는 똑바로 앉아서 거문고[琴]를 타고 있었다. 자공子貢[12]이 큰 말이 끄는 수레를 타고 그를 찾아왔다. 그는 속은 보라색 옷으로 겉은 흰색 옷으로 치장을 하고 있었다. 골목길이 좁아 헌거軒車[13]가 들어갈 수 없었기 때문에 자공은 걸어

11 공자의 제자. 자는 자사子思.

12 공자의 제자. 이름은 단목사端木賜.

13 대부 이상이 타는 지붕이 있는 큰 수레.

가서 원헌을 만났다. 원헌은 화관華冠[14]을 쓰고 해져 너덜너덜한 신발을 끌고 명아주대로 만든 지팡이를 짚고 문에서 그를 맞이했다. 자공이 말했다.

"저런. 선생은 어딘가 고통스러워 보이는군요."

원헌이 대답했다.

"제가 배운 바에 따르면, 재산이 없는 것을 가난하다고 하고, 배우고서 그것을 실천하지 못하는 것을 고통스럽다고 합니다. 지금 저는 가난할 뿐이지 고통스러운 것이 아니오."

자공은 뒷걸음질 치고 머뭇거리면서 부끄러운 표정을 지었다. 원헌이 웃으면서 말했다.

"세상 사람들의 칭송을 바라면서 행동하는 것, 끼리끼리 모임을 만들어 자기들끼리 사귀는 것, 남에게 자랑하기 위해 학문하는 것, 자기의 이익을 위해 남을 가르치는 것, 인의仁義를 앞세우면서 간악한 짓을 일삼는 것, 수레나 말을 장식하는 것, 나는 그런 일들은 차마 하지 못하겠소."

原憲居魯, 環堵之室, 茨以生草. 蓬戶不完, 桑以爲樞. 而瓮牖二室, 褐以爲塞. 上漏下濕, 匡坐而弦. 子貢乘大馬, 中紺而表素, 軒車不容巷, 往見原憲. 原憲華冠縰履, 杖藜而應門. 子貢曰, 嘻. 先生何病. 原憲應之曰, 憲聞之, 無財謂之貧, 學而不能行謂之病. 今憲, 貧也, 非病也. 子貢逡巡而有愧色. 原憲笑曰, 夫希世而行, 比周而友, 學以爲人, 敎以爲己, 仁義之慝, 輿馬之飾, 憲不忍爲也.

14 자작나무껍질[樺木皮]로 만든 관.

12.

증자曾子가 위衛나라에 살고 있을 때 솜으로 만든 두루마기가 낡아 겉감이 다 없어져버렸고, 얼굴은 퉁퉁 붓고 누렇게 떴으며, 손과 발에는 못이 박혀 있었다. 3일 동안 불을 때지 못했고 10년 동안 옷을 만들지 못했다. 관冠을 바로잡으려고 해도 갓끈이 끊어져 없었고, 옷깃을 여미면 팔꿈치가 드러났으며, 신발을 신으면 발뒤꿈치 쪽이 찢겨져나갔다. 그래도 그는 낡은 신발을 질질 끌고서 「상송商頌」[15]을 불렀는데, 그 소리가 하늘과 땅에 가득 찼고 마치 쇠나 돌로 만든 악기에서 나는 소리 같았다. 천자도 그를 신하로 삼지 못했고 제후도 그를 벗으로 삼지 못했다. 대개 마음을 기르는 자는 몸을 잊고, 몸을 기르는 자는 재물을 잊고, 도를 추구하는 자는 생각을 잊는 법이다.

曾子居衛, 縕袍無表, 顏色腫噲, 手足胼胝, 三日不舉火, 十年不製衣. 正冠而纓絕, 捉衿而肘見, 納屨而踵決. 曳縱而歌商頌, 聲滿天地, 若出金石. 天子不得臣, 諸侯不得友. 故養志者忘形, 養形者忘利, 致道者忘心矣.

13.

공자가 안회顏回에게 말했다.

"안회야, 이리 오너라. 너는 집이 가난해서 곤란하게 살면서 왜 벼슬을 하지 않는 것이냐?"

안회가 대답했다.

15 『시경』의 편명으로 상商나라의 송가頌歌를 수집하여 모아놓은 것이다.

"저는 벼슬하고 싶지 않습니다. 저에겐 외성 밖에 50무畝의 밭이 있습니다. 그것 가지고 너끈히 죽을 쑤어먹을 수 있습니다. 외성 안에 10무의 밭이 있는데, 그것으로는 너끈히 실을 뽑아 옷감을 만들 수 있습니다. 거문고[琴]를 타면서 너끈히 스스로 재미있게 보낼 수 있습니다. 선생님께 배운 도를 가지고 너끈히 스스로 즐길 수 있습니다. 그래서 저는 벼슬하고 싶지 않습니다."

공자는 감격스러운 표정을 지으면서 말했다.

"훌륭하다, 너의 그 생각. 나는 '만족할 줄 아는 자는 재물로 자신을 번거롭게 하지 않고, 진정으로 흡족해하는 자는 그런 것들을 잃는 것을 두려워하지 않는다. 내면을 잘 수양한 사람은 사회적 지위가 없어도 부끄러워하지 않는다'는 말을 들었다. 나는 이 말을 외운 지 오래되었지만 오늘 안회 너에게서 그것이 실현되고 있음을 보았으니, 이것이 나의 수확이다."

孔子謂顔回曰, 回, 來. 家貧居卑, 胡不仕乎. 顔回對曰, 不願仕. 回有郭外之田五十畝, 足以給飦粥. 郭內之田十畝, 足以爲絲麻. 鼓琴足以自娛. 所學夫子之道者足以自樂也. 回不願仕. 孔子愀然變容曰, 善哉, 回之意. 丘聞之, 知足者, 不以利自累也. 審自得者, 失之而不懼. 行修於內者, 無位而不怍. 丘誦之久矣, 今於回而後見之, 是丘之得也.

14.

중산공자모中山公子牟[16]가 첨자瞻子[17]에게 말했다.

"나는 몸은 초야草野에 있지만, 마음은 위나라 궁궐문 아래 있으니 이를 어찌해야 하겠습니까?"

첨자가 대답했다.

"생명을 소중히 여기십시오. 생명을 소중히 여기면 명예나 재물은 우습게 보입니다."

중산공자모가 말했다.

"제가 그것을 알고 있기는 합니다만 제 자신을 이길 수 없습니다."

첨자가 대답했다.

"자기 자신을 이길 수 없으면 그대로 따르십시오. 그러면 정신의 고통이 없을 것입니다. 자기 자신을 이길 수 없는데도 불구하고 억지로 따르지 않으려고 한다면 이것을 중상重傷이라고 합니다. 중상을 입은 사람은 장수할 수 없습니다."

위모는 만승 대국의 왕자다. 그가 바위 동굴에 숨어 사는 것은 벼슬 없는 평범한 선비가 그렇게 하는 것보다 더 어려웠을 것이다. 비록 도에 이르지는 못했지만, 그에 대한 뜻이 있었다고 할 수가 있다.

中山公子牟謂瞻子曰, 身在江海之上, 心居乎魏闕之下, 奈何. 瞻子曰, 重生. 重生則利輕. 中山公子牟曰, 雖知之, 未能自勝也. 瞻子曰, 不能自勝則從, 神無惡乎. 不能自勝而強不從者, 此之謂重傷. 重傷之人, 無壽類矣. 魏牟, 萬乘之公子也, 其隱巖穴也, 難爲於布衣之士. 雖未至乎道, 可謂有其意矣.

16 위魏나라 왕자 모牟. 중산中山 지역을 분봉 받았기 때문에 이렇게 불렀다. 「추수」 편의 위모魏牟라고 한 인물과 같은 사람이다.

17 위나라의 현자.

15.

공자가 진陳나라와 채蔡나라 사이에서 곤경에 빠졌을 때 7일 동안이나 익힌 음식을 먹지 못했고, 명아주로 쑨 국에 쌀가루도 넣지 못했다. 안색은 몹시 초췌했지만, 방에 앉아 거문고를 타면서 노래를 불렀다. 안회는 채소를 뜯고 있었고, 자로와 자공은 서로 대화를 나누고 있었다.

"선생님께서는 노나라에서 두 번이나 쫓겨나셨고, 위나라에서는 입국을 금지당하셨고, 송나라에서는 나무를 베어 쓰러뜨려 죽이려는 자들의 위협에 직면하셨고, 은나라와 주나라의 옛 도읍지에서는 위험에 빠지셨고, 지금 진나라와 채나라 중간에서 군사들에게 포위를 당하고 계시지. 선생님을 죽이려 한 자들은 아무런 처벌을 받지 않았고, 선생님을 욕보인 자들은 아무런 제지를 받지 않았어. 그런데도 선생님께서는 거문고를 타면서 노래를 부르고, 음악소리가 그친 적이 없어. 군자가 어쩌면 이토록 부끄러움을 모를 수 있다는 말인가?"

안회는 아무 대꾸를 하지 않고 들어가 공자에게 그 사실을 알렸다.

공자는 거문고를 밀쳐놓고 한숨을 쉬면서 탄식조로 말했다.

"자로와 자공은 자잘한 인물이다. 불러오너라. 내가 설명해주겠다."

자로와 자공이 들어갔다. 자로가 말했다.

"이 정도면 곤경에 빠졌다고 할 수 있지요."

공자가 말했다.

"그게 무슨 말이냐. 군자가 도를 실현할 길이 활짝 열려 있을 때 그것을 잘나간다고 하고, 도를 실현할 길이 막혀 있을 때 그것을 곤경에 빠졌다고 한다. 지금 나는 인의仁義의 도를 품고 어지러운 세상의 재난을 만났다. 이까짓 것이 무슨 곤경에 빠진 것이냐? 만약 내면을 성찰하여 도를 실현할 길이 막혀 있지 않다면, 환난을 당해서도 본래의 덕을 잃지 않는 법이다. 날이 차가워지고 서리와 눈이 내리고 나서야 우리는 소나무와 잣나무 잎이 여전히 무성하다는 것을 알게 된다. 진나라와 채나라 사이에서의 이번 고난은 나에게는 다행스러운 것이다. 공자는 차분한 모습으로 거문고琴를 다시 가져다가 타면서 노래를 불렀다. 자로는 기뻐하면서 방패를 들고 춤을 추었다. 자공은 다음과 같이 읊조렸다.

"나는 하늘이 얼마나 높은지 그리고 땅이 얼마나 낮은지 모르겠다. 옛날 도를 터득한 사람은 곤경에 빠졌을 때도 즐거워했고, 잘나갈 때도 즐거워했는데, 그 즐거움은 곤경에 빠지거나 잘나가는 데 있지 않았다. 내가 도를 터득하면 곤경에 빠지거나 잘나가는 것은 그저 추위와 더위의 변화, 바람과 비의 변화와 마찬가지의 것일 뿐이다. 그래서 허유許由는 영수穎水의 북쪽에서 즐겁게 살았고, 공백共伯[18]은 공수산共首山에서 만족하게 살았다."

孔子窮於陳蔡之間, 七日不火食, 藜羹不糝, 顔色甚憊, 而弦歌於室. 顔回擇菜, 子路子貢相與言曰, 夫子再逐於魯, 削迹於衛, 伐樹於宋, 窮於商周, 圍於陳蔡. 殺夫子者無罪, 藉夫子者無禁. 弦歌鼓琴, 未嘗絶音, 君子之無恥也若此乎. 顔回無以應, 入告孔子. 孔子推琴, 喟然而嘆曰, 由與賜, 細人也. 召而來, 吾語之. 子路子貢入. 子路曰, 如此者, 可謂窮矣. 孔子曰, 是何言也. 君子通於道之謂通, 窮於道之謂窮. 今丘抱仁義之道, 以遭亂世之

18 주왕실의 후손으로 공共 지역을 분봉 받았기 때문에 공백共伯이라고 불렀으며, 이름은 화和다. 한때 여왕厲王이 피살된 뒤 천자의 일을 대행했으나 14년 만에 폐위되었다. 그뒤 그는 공수산共首山으로 돌아가 한가롭고 만족스럽게 살았다고 한다.

患, 其何窮之爲. 故內省而不窮於道, 臨難而不失其德. 天寒旣至, 霜雪旣降, 吾是以知松柏之茂也. 陳蔡之隘, 於丘其幸乎. 孔子削然反琴而弦歌. 子路扢然執干而舞. 子貢曰, 吾不知天之高也, 地之下也. 古之得道者, 窮亦樂, 通亦樂. 所樂非窮通也. 道德於此, 則窮通爲寒暑風雨之序矣. 故許由娛於穎陽, 而共伯得乎共首.

16.

순임금이 천하를 자신의 친구인 북인무택北人無擇에게 물려주려고 하자 북인무택이 말했다.

"순임금, 그 참 이상한 사람이야. 논밭을 일구며 잘 살다가 갑자기 요임금 패거리들과 어울려 놀았지. 그런데 그것으로 그치지 않고 또 그 더러운 행실로 나까지 물들이려고 하다니. 그 사람을 만나는 것은 수치야."

그러고 나서 스스로 청령淸泠이라는 연못에 몸을 던지고 말았다.

舜以天下讓其友北人無擇. 北人無擇曰, 異哉, 后之爲人也, 居於畎畝之中, 而遊堯之門. 不若是而已, 又欲以其辱行漫我. 吾羞見之. 因自投淸泠之淵.

17.

은나라 탕왕湯王이 하나라 걸왕桀王을 치려고 하면서 그 일로 변수卞隨[19]와 의논했다. 변수가 말했다.

19 은둔자.

"그것은 저의 일이 아닙니다."

탕왕이 물었다.

"누가 좋겠소?"

"저는 모릅니다."

탕왕은 또 그 일을 무광瞀光[20]과 의논했다. 무광이 말했다.

"그것은 저의 일이 아닙니다."

탕왕이 물었다.

"누가 좋겠소?"

"저는 모릅니다."

탕왕이 물었다.

"이윤伊尹은 어떻소?"

"강인하고 치욕을 견뎌낼 수 있는 사람입니다. 저는 그 밖의 것에 대해서는 모릅니다."

탕왕은 결국 이윤과 걸을 칠 것을 계획했고, 걸왕을 꺾었다. 탕왕은 천하를 변수에게 물려주려고 했다. 그러나 변수는 사양하면서 말했다.

"폐하께서 걸을 치려고 할 때 저와 의논하셨는데, 그것은 분명히 저를 도둑이라고 생각하셨기 때문일 것입니다. 걸을 꺾고 나서 천하를 저에게 주시려고 하시는데, 그것은 분명히 저를 욕심이 많다고 생각하셨기 때문일 것입니다. 저는 난세에 태어났지만 무도한 사람이 두 번이나 와서 그 더러운 행실로 저를 더럽히니 저는 차마 그런 소리를 여러 번 듣고 있을 수 없습니다."

20 역시 은둔자.

그는 이윽고 주수椆水에 몸을 던져 죽어버렸다.

탕왕은 또 무광에게 천하를 물려주려 하면서 말했다.

"지혜로운 자는 계획을 세우고 용맹스러운 자는 그것을 실행하며 어진 자는 그 자리에 머무는 것이 옛날의 도입니다. 선생께서 천자의 자리에 오르시는 것이 어떻겠습니까?"

무광이 사양하면서 말했다.

"임금을 없애는 것은 의로운 행동이 아닙니다. 백성을 죽이는 것은 인자한 행동이 아닙니다. 다른 사람이 위험을 무릅쓰고 이루어 놓았는데 내가 그 이익을 누리는 것은 청렴한 행동이 아닙니다. 저는 '정의가 실행되지 않으면 그 나라의 녹을 받지 않으며, 무도한 세상이 되면 그 땅을 밟지 않는다'라는 말을 들었습니다. 그런데 하물며 저를 높이 떠받들려고 하는 데야 더 말할 필요가 있겠습니까? 저는 이런 꼴을 차마 오래 보고 있을 수 없습니다."

그러고 나서 이내 돌을 짊어지고 스스로 여수廬水에 빠져 죽고 말았다.

湯將伐桀, 因卞隨而謀, 卞隨曰, 非吾事也. 湯曰, 孰可. 曰, 吾不知也. 湯又因瞀光而謀, 瞀光曰, 非吾事也. 湯曰, 孰可. 曰, 吾不知也. 湯曰, 伊尹何如. 曰, 強力忍垢. 吾不知其他也. 湯遂與伊尹謀伐桀, 克之. 以讓卞隨. 卞隨辭曰, 后之伐桀也謀乎我. 必以我爲賊也. 勝桀而讓我, 必以我爲貪也. 吾生乎亂世. 而無道之人再來漫我以其辱行. 吾不忍數聞也. 乃自投椆水而死. 湯又讓瞀光曰, 知者謀之. 武者遂之, 仁者居之, 古之道也. 吾子胡不立乎. 瞀光辭曰, 廢上, 非義也. 殺民. 非仁也. 人犯其難. 我享其利. 非廉也. 吾聞之曰, 非其義者. 不受其祿. 無道之世, 不踐其土. 況尊我乎. 吾不忍久見也. 乃負石而自沈於廬水.

18.

옛날 주나라가 시작될 때 고죽孤竹이라는 곳에 백이伯夷와 숙제叔齊라는 두 명의 선비가 있었다. 이 두 사람은 함께 만나 의논했다.

"서쪽 지역에 어떤 사람이 있다는 얘길 들었는데, 아마도 도를 터득한 사람 같아. 우리 한 번 가서 만나보자."

그들이 기산岐山의 남쪽에 이르렀을 때 무왕武王이 그 소식을 듣고 동생 주공 단을 보내 그들을 만나보게 했다. 주공 단은 그들에게 말했다.

"녹봉은 2등급을 주고, 관직은 1등급을 주겠소."

이렇게 약속하고 희생을 죽여 그 피를 가져다가 맹약의 내용을 쓴 문서에 바른 뒤 그것을 땅에 묻었다. 두 사람은 서로를 바라보고 웃으면서 말했다.

"허허, 이상하군. 이것은 우리가 얘기한 도가 아닌데. 옛날에 신농神農이 천하를 차지했을 때 사시四時의 제사에는 공경을 다하면서도 복을 빌지는 않았지. 사람에 대해서는 진실과 믿음〔忠信〕으로 다스리기를 다하면서도 백성에게 요구하는 것은 없었어. 백성과 더불어 바로잡기를 즐기는 것을 정치라고 생각했고, 백성과 더불어 일처리하기를 즐기는 것을 다스림이라고 생각했지. 다른 사람의 실패를 자신의 성공으로 삼지 않았고, 다른 사람이 낮다고 해서 자신을 높게 생각하지 않았고, 좋은 기회를 만났다고 해서 자신의 이익을 챙기지 않았어. 지금 주나라는 은 왕조가 혼란스러운 것을 보고서는 갑자기 정치를 정비하여, 위로는 찬탈을 도모하고 아래로는 이익을 거두어들이고자 하며, 무력에 의지하여 위세를 유지하고, 희생을 죽여 맹세를 함으로써 믿게 하며, 자신의 행위를 널리 알림으로써 사람들의 환심을 사고, 살육과 정벌을 통해 이익을 추구하는데, 이는 화란禍亂으로 폭정暴政을 대체한 것일 뿐이야. 우리는 '옛날의 선비는 잘 다스려진 세상을 만나서는 정치적인 임무를 회피하지 않았고, 혼란한 세상을 만나서는 구차하게 살려고 하지 않았다'고 들었지. 지금 온 세상은 캄캄하고 주나라의 덕은 시들어버렸어. 이런 주나라와 함께 살면서 우리의 몸을 더럽히느니 차라리 주나라를 피해 우리의 행실을 고결하게 지키는 것이 더 좋아."

이렇게 말하고 나서 두 사람은 북쪽으로 가다 수양산首陽山에 이르러 끝내 굶어죽었다. 백이·숙제와 같은 사람은 만약 부귀를 얻을 수 있다 하더라도 그것을 결코 받아들이지 않았을 것이다. 높은 지조와 반세속적인 행동, 홀로 자기 뜻을 즐기는 것, 세상에서 쓰이지 않는 것 등, 이것이 그 두 선비가 지키려고 한 절개다.

昔周之興, 有士二人處於孤竹曰伯夷叔齊. 二人相謂曰, 吾聞西方有人, 似有道者, 試往觀焉. 至於岐陽, 武王聞之, 使叔旦往見之. 與之盟曰, 加富二等, 就官一列. 血牲而埋之. 二人相視而笑曰, 嘻, 異哉. 此非吾所謂道也. 昔者神農之有天下也, 時祀盡敬而不祈喜. 其於人也, 忠信盡治而無求焉. 樂與政爲政, 樂與治爲治. 不以人之壞自成也, 不以人之卑自高也, 不以遭時自利也. 今周見殷之亂而遽爲政. 上謀而下行貨, 阻兵而保威, 割牲而盟以爲信, 湯行以說衆, 殺伐以要利. 是推亂以易暴也. 吾聞古之士, 遭治世不避其任, 遇亂世不爲苟存. 今天下闇, 周德衰, 其竝乎周以塗吾身也, 不如避之, 以潔吾行. 二子北至於首陽之山, 遂餓而死焉. 若伯夷叔齊者, 其於富貴也, 苟可得已, 則必不賴. 高節戾行, 獨樂其志, 不事於世. 此二士之節也.

제29편 | 도척

盜跖

이 편은 크게 세 개의 장으로 나뉜다. 1장은 공자와 도척의 대화이고, 2장은 자장과 만구득의 대화이고, 3장은 무족과 지화의 대화로 이루어져 있다. 취지는 조금씩 다르지만 전체에 공통하는 주제어는 명리, 즉 명성과 재물 혹은 명분과 실리다.

1장은 양적인 면에서나 내용적인 면에서 이 편에서 가장 큰 비중을 차지한다. 이 1장은 도척을 훈계하러 간 공자가 오히려 도척에게 호되게 비판을 받는다는 구성을 취하고 있다. 도척은 재물을 추구하는 사람이고 공자는 명성을 추구하는 사람이다. 세속에서는 공자가 위대한 학자이고 도척은 포악하고 천박한 도둑이다. 그러나 장자의 입장에서 볼 때 이 둘은 모두 같다. 이 편에서 도척이 일방적으로 공자를 비판하는 것은 재물을 추구하는 도척이 명성을 추구하는 공자보다 훌륭하다는 점을 말하려는 것이 아니라, 공자는 훌륭한 인물이고 도척은 나쁜 인물이라는 우리의 상식을 뒤엎음으로써 이 양자 모두가 바람직한 삶의 방식이 아니라는 것을 일깨워주고자 한 것이라고 이해할 수 있다. 도척의 말 가운데 공자를 "농사를 짓지도 않으면서 밥을 먹고 옷감을 짜지도 않으면서 옷을 입고 있으며, 입술을 나불대고 혀를 놀려 제멋대로 옳으니 그르니 판정을 내리면서 온 세상의 군주를 미혹에 빠뜨리고 있으며, 세상의 학자들로 하여금 타고난 본성을 회복하지 못하게 하고 제멋대로 효도니 우애니 하는 것을 만들어 제후에 봉해지거나 부귀를 누려 볼까 하고 요행을 바라는 놈"이라고 정의한 대목은 유가에 대한 장자의 생각을 매우 정확하게 표현한 것이다.

어떤 이는 이 편의 내용이 과격하고 문장이 천박하다고 평가하기도 하지만, 그것은 유가적 시각에서의 평가다. 이 편 첫 번째 장만 놓고 볼 때 내용이나 문장이 매우 탁월한 작품이다.

1.

공자와 유하계柳下季[1]는 친구였다. 유하계의 동생 이름은 도척盜跖[2]이었다. 도척은 졸개 9000명을 거느리고 온 세상을 제멋대로 농락하고 다니면서 제후에게 쳐들어가 그들의 재물을 약탈했다. 남의 집에 구멍을 뚫고 들어가 문짝을 비틀어 뜯어낸 뒤 남의 집 소와 말을 몰고 가고 남의 집 부녀를 납치해갔다. 재물을 탐내느라 양친을 잊고 부모형제도 돌보지 않을 뿐만 아니라 조상에게 제사도 지내지 않았다. 그가 지나간 읍 가운데 큰 나라는 성城을 지키기에 급급했고 작은 나라는 작은 성〔堡〕 속으로 숨느라 정신이 없었다. 그리하여 만민이 모두 그를 고통스럽게 생각했다. 공자가 유하계에게 말했다.

"아버지라는 사람은 반드시 자기 자식을 꾸짖을 수 있어야 하고,

1 『논어』의 유하혜柳下惠와 동일인물로서 성이 전展, 이름이 금禽, 자가 계季, 시호가 혜惠다. 유하라는 지역을 채읍으로 삼았기 때문에 유하혜 혹은 유하계라고 불렀다.

2 전설적인 대도. 도盜는 도둑이라는 뜻이고, 척跖이 이름이다.

형이라는 사람은 동생을 가르칠 수 있어야 합니다. 만약 아버지로서 자식을 꾸짖지 못하고 형으로서 동생을 가르치지 못한다면 부자와 형제의 친밀함을 소중하게 생각할 이유가 없지요. 지금 선생은 세상에서 알아주는 재사才士이지만, 동생은 도척으로 온 세상에 해를 끼치고 있습니다. 그런데도 선생은 동생을 가르치지 않으니 저는 속으로 선생을 부끄럽게 생각하고 있었습니다. 제가 선생을 대신해서 그를 설득해보겠습니다."

유하계가 말했다.

"선생은 아버지라는 사람은 반드시 자기 자식을 꾸짖을 수 있어야 하고, 형이라는 사람은 동생을 가르칠 수 있어야 한다고 말씀하셨습니다. 그러나 만약 자식이 아버지의 꾸짖음을 듣지 않고, 동생이 형의 가르침을 받아들이지 않는다면, 비록 선생과 같은 달변가라 하더라도 그를 어떻게 해볼 수 있겠습니까? 그리고 도척이라는 인간은 마음은 솟아오르는 샘물 같고, 생각은 회오리바람 같고, 강인함은 적을 물리치기에 충분하고, 말재주는 자신의 잘못을 포장하기에 충분하답니다. 자기 마음에 들면 기뻐하고 자기 마음에 거슬리면 화를 내며, 걸핏하면 다른 사람에게 모욕적인 말을 합니다. 그러니 선생께서는 절대로 가지 마십시오."

孔子與柳下季爲友, 柳下季之弟, 名曰盜跖. 盜跖從卒九千人, 橫行天下, 侵暴諸侯. 穴室樞戶, 驅人牛馬, 取人婦女. 貪得忘親, 不顧父母兄弟, 不祭先祖. 所過之邑, 大國守城, 小國入保. 萬民苦之. 孔子謂柳下季曰, 夫爲人父者, 必能詔其子. 爲人兄者, 必能敎其弟. 若父不能詔其子, 兄不能敎其弟, 則無貴父子兄弟之親矣. 今先生, 世之才士也, 弟爲盜跖, 爲天下害, 而弗能敎也, 丘竊爲先生羞之. 丘請爲先生往說之. 柳下季曰, 先生言爲人父者,必能詔其子. 爲人兄者, 必能教其弟. 若子不聽父之詔, 弟不受兄之教, 雖今先生之辯, 將奈之何哉. 且跖之爲人也, 心如涌泉, 意如飄風, 強足以距敵, 辯足以飾非. 順其心則喜, 逆其心則怒, 易辱人以言. 先生必無往.

공자는 유하계의 말을 듣지 않고 안회顔回를 마부로 삼고 자공子貢을 호위무사로 삼아 도척을 만나러 갔다. 도척은 그때 막 태산의 남쪽에서 졸개들을 쉬게 해놓고 사람의 간으로 회를 쳐 그것을 먹고 있었다.

공자는 수레에서 내려 앞으로 나아가서는 안내를 맡은 사람을 보고 말했다.

"노나라 사람 공구입니다. 장군님의 높은 뜻을 듣자옵고 삼가 배알하고자 하옵니다."

안내를 맡은 사람이 들어가 그 사실을 알렸다. 도척이 그 소식을 듣고 크게 성을 냈다. 그는 눈을 샛별 같이 뜨고 머리카락은 관을 찌를 듯이 바짝 세우고 말했다.

"저놈은 노나라의 교활한 위선자 공구가 아니더냐. 내 말을 저놈에게 전해라. '너는 말을 만들어내고 함부로 문왕이나 무왕을 들먹거리고 있으며, 나뭇가지 같은 관을 쓰고 죽은 소의 옆구리뼈 같이 생긴 허리띠를 두르고서는 수다스럽게 허튼소리나 지껄여대고, 농사를 짓지도 않으면서 밥을 먹고 옷감을 짜지도 않으면서 옷을 입고 있으며, 입술을 나불대고 혀를 놀려 제멋대로 옳으니 그르니 판정을 내리면서 온 세상의 군주를 미혹에 빠뜨리고 있으며, 세상의 학자들로 하여금 타고난 본성을 회복하지 못하게 하고 제멋대로 효도니 우애니 하는 것을 만들어 제후에 봉해지거나 부귀를 누려볼까

하고 요행을 바라는 놈이다. 너의 죄는 극히 크니 냉큼 달음질 쳐 돌아가거라. 그렇지 않으면 너의 간을 꺼내서 점심 반찬에 보탤 것이다.'"

孔子不聽, 顔回爲馭, 子貢爲右, 往見盜跖. 盜跖乃方休卒徒大山之陽, 膾人肝而餔之. 孔子下車而前, 見謁者曰, 魯人孔丘, 聞將軍高義, 敬再拜謁者. 謁者入通. 盜跖聞之大怒, 目如明星, 髮上指冠曰, 此夫魯國之巧僞人孔丘非邪. 爲我告之. 爾作言造語, 妄稱文武, 冠枝木之冠, 帶死牛之脅, 多辭繆說, 不耕而食, 不織而衣, 搖脣鼓舌, 擅生是非, 以迷天下之主, 使天下學士, 不反其本, 妄作孝弟, 而徼倖於封侯富貴者也. 子之罪大極重, 疾走歸. 不然, 我將以子肝益晝餔之膳.

공자는 다시 다음과 같은 말을 전하게 했다.

"저는 유하계와 친하게 지내고 있사온데, 막사 아래로 나오시어 뵐 수 있기를 바라옵니다."

안내를 맡은 사람이 다시 그 말을 전했다. 도척이 말했다.

"앞으로 오게 해라."

공자는 종종걸음으로 앞으로 나아갔다가 자리를 피해 뒤로 물러선 다음 도척에게 두 번 절했다.

도척은 크게 성을 냈다. 그는 두 발을 쩍 벌리고 앉아 검을 쓰다듬으면서 눈을 부릅뜨고 젖을 먹이는 호랑이 같은 목소리로 말했다.

"공구야 앞으로 오너라. 만약 너의 말이 내 맘에 들면 살려주겠지만, 내 마음에 거슬리면 죽여버릴 것이다."

공자가 말했다.

"제가 듣기론 세상에는 세 가지 덕이 있습니다. 태어나면서부터 키와 몸집이 크고 누구와도 비교할 수 없을 만큼 잘생겨서 젊은 사람이나 나이든 사람이나 신분이 높은 사람이나 미천한 사람이나 모두 그를 보고 좋아하는데, 이것이 상덕上德입니다. 지식은 천지에 두루 능통하여 온갖 사물을 구분할 수 있는 것, 이것이 중덕中德입니다. 용맹스럽고 과단성이 있으며 많은 사람을 모아 병졸로 거느리는 것, 이것은 하덕下德입니다. 대개 이 가운데 한 가지 덕을 가진 사람은 충분히 천자의 자리에 앉을 수 있습니다. 지금 장군께서는 이 세 가지를 모두 겸비하고 계십니다. 키는 8척 2촌이고, 얼굴에서는 광채가 나고, 입술은 선홍색이고 치아는 가지런한 조개껍질 같고 목소리는 황종黃鐘[3]의 음에 들어맞는데, 도척이라는 이름으로 불리고 있으니 저는 장군님을 그렇게 부르는 것을 부끄럽게 생각하여 마음속으로 받아들이지 않습니다. 장군님께서 제 말을 들으신다면 제가 남쪽으로 오吳나라와 월越나라에 사신으로 가고, 북쪽으로 제齊나라와 노魯나라에 사신으로 가고, 동쪽으로 송宋나라와 위衛나라에 사신으로 가고, 서쪽으로 진晉나라와 초楚나라에 사신으로 가겠습니다. 그리고 장군님을 위해 사방 수백리가 되는 큰 성을 쌓게 하고 수십만 호의 고을을 건설하게 하여 장군님을 제후로 추대하게 하겠습니다. 또 저는 온 세상 사람들과 더불어 새출발하게 하고, 전쟁을 종식시키고 군졸을 쉬게 하겠으며, 형제를 부양하고 조상에게 제사 드리도록 하겠습니다. 이것은 성인과 재사才士의 행위로서 세상 사람들이 모두 원하는 것입니다."

孔子復通曰, 丘得幸於季, 愿望履幕下. 謁者復通. 盜跖曰, 使來前. 孔子趨

3 동양 전통 음악에서 12율十二律 중 양률陽律에 속하는 6율六律의 첫 번째 음을 가리킨다. 서양 음악에서 C음에 가깝다.

而進, 避席反走, 再拜盜跖. 盜跖大怒, 兩展其足, 案劍瞋目, 聲如乳虎曰, 丘來前. 若所言, 順吾意則生, 逆吾心則死. 孔子曰, 丘聞之, 凡天下有三德. 生而長大, 美好無雙, 少長貴賤見, 而皆說之, 此上德也. 知維天地, 能辯諸物, 此中德也. 勇悍果敢, 聚衆率兵, 此下德也. 凡人有此一德者, 足以南面稱孤矣. 今將軍兼此三者, 身長八尺二寸, 面目有光, 脣如激丹, 齒如齊貝, 音中黃鐘, 而名曰盜跖, 丘竊爲將軍恥不取焉. 將軍有意聽臣, 臣請南使吳越, 北使齊魯, 東使宋衛, 西使晉楚, 使爲將軍造大城數百里, 立數十萬戶之邑, 尊將軍爲諸侯. 與天下更始, 罷兵休卒, 收養昆弟, 共祭先祖. 此聖人才士之行, 而天下之願也.

도척은 크게 성내면서 말했다.

"구야, 앞으로 가까이 나오너라. 대개 재물을 줘서 행동을 바로잡을 수 있고 적당한 말로 설득할 수 있는 대상은 모두 세상의 어리석고 아는 게 없는 평범한 사람들뿐이다. 만약 내 키와 몸집이 크고 잘생겨 사람들이 보고 좋아한다면, 그것은 내 부모님께서 물려주신 덕분이다. 공구 네가 나의 그런 점을 칭찬하지 않더라도 나만 그것을 모를 리가 있겠느냐? 그리고 내가 듣기로 눈앞에서 칭찬하기 좋아하는 사람은 돌아서서 헐뜯는 것도 좋아한다더구나. 공구 너는 지금 나에게 큰 성城과 많은 백성을 갖게 해주겠다고 말했다. 이것은 재물을 줘서 행동을 바로잡으려는 것이고, 평범한 백성으로 하여금 나를 먹여 살리도록 하려는 것인데, 그것이 어찌 영원할 수 있겠느냐? 성 중에서 크기로는 이 세상보다 더 큰 것이 없다. 요임금이나 순임금이 온 세상을 소유하기는 했지만 그들의 자손은 송곳 하나 꽂을 땅도 없다. 탕왕과 무왕은 천자가 되었지만, 후손이 끊어지고 없다. 이것은 그들이 취한 재물이 지나치게 컸기 때문이 아니겠느냐? 그리고 내가 듣기로는 옛날에는 동물이 많고 사람은 적었는데, 이때 사람들은 모두 나무 둥지에 살면서 그들의 공격을 피했다. 낮에는 도토리나 밤을 줍고 밤에는 나무 위에서 살았다. 그러므로 그들을 유소씨有巢氏의 사람들이라고 불렀다. 옛날 사람들은 옷이라는 것을 몰랐고, 그저 여름에 땔감을 모아두었다가 겨울에 그것을 때서 불을 쬐었다. 그러므로 그들을 살아갈 줄 아는 사람들〔知生之民〕이라고 불렀다. 신농씨의 시대에는 누우면 편안했고, 일어나면 느긋했다. 사람들은 자기 어머니는 알아도 자기 아버지는 알지 못했고, 사슴과 함께 지냈다. 밭을 갈아서 식량을 얻었고 실을 짜서 옷감을 얻었으며, 다른 사람을 해치려는 마음이 없었다. 이것이 바로 순수한 본성〔至德〕이 넉넉한 것이다."

盜跖大怒曰. 丘來前. 夫可規以利而可諫以言者, 皆愚陋恒民之謂耳. 今長大美好, 人見而說之者, 此吾父母之遺德也. 丘雖不吾譽, 吾獨不自知邪. 且吾聞之, 好面譽人者, 亦好背而毁之. 今丘告我以大城衆民, 是欲規我以利, 而恒民畜我也. 安可久長也. 城之大者, 莫大乎天下矣. 堯舜有天下, 子孫無置錐之地. 湯武立爲天子, 而後世絕滅. 非以其利大故邪. 且吾聞之, 古者禽獸多而人少. 於是民皆巢居以避之. 晝拾橡栗, 暮栖木上, 故命之曰有巢氏之民. 古者民不知衣服, 夏多積薪, 冬則煬之, 故命之曰知生之民. 神農之世, 臥則居居, 起則于于. 民知其母, 不知其父, 與麋鹿共處. 耕而食, 織而衣, 無有相害之心. 此至德之隆也.

"그러나 황제는 덕을 쌓지 못하고 탁록涿鹿이라는 벌판에서 치우蚩尤와 전쟁을 일으켜 100리 밖까지 피로 물들였다. 요와 순이 임금이 되었을 때는 많은 신하를 기용했다. 탕왕은 자신이 모시던 주군(걸)을 내쫓았고, 무왕은 주紂를 죽였다. 이때부터 강한 자가 약한 자를 겁박했고, 다수자가 소수자를 괴롭혔다. 탕왕과 무왕 이후로는 모두 세상을 어지럽히는 자들이었다. 지금 너는 문왕과 무왕의 방식을 익혀 세상의 언론을 장악하고 나서 후세 사람들에게까지 그 가르침을 전파하려 하고 있다. 품이 넓고 넉넉한 유복儒服에 두꺼운 띠로 바짝 묶고 거짓말과 위선적 행위를 일삼으면서 세상의 군주들을 미혹시켜 부귀를 추구하고 있으니 도둑으로 치면 너보다 큰 도둑이 없을 것이다. 그런데 세상 사람들은 무엇 때문에 너를 도구盜丘(도둑놈 공구)라고 부르지 않고 오히려 나를 도척이라고 부르는지 모르겠다. 너는 달콤한 말로 자로를 설득하여 너를 따르게 했다. 너는 자로가 원래 쓰고 있던 높은 모자를 벗어버리게 하고 긴 칼을 풀어버리게 한 다음 너의 가르침을 받아들이게 했다. 세상 사람들은 그것을 보고 모두 공구는 폭력을 그치게 할 수 있고 불법행위를 금지시킬 수 있다고 말했다. 그러나 결국 자로는 위나라 군주를 살해하려다가 실패했고, 그의 몸은 위나라 동문에서 소금에 절여지고 말았다. 이는 너의 가르침이 대단하지 못했기 때문이다. 너는 너 자신을 재사才士나 성인聖人이라고 생각하는 모양이다. 그러나 너는 노나라에서는 두 번이나 쫓겨났고, 위나라에서는 입국 금지당하는 수모를 당했고, 제나라에서는 곤경에 빠졌고, 진나라와 채나라 사이에서는 군사들에게 포위를 당했다. 이렇듯 너는 온 세상에서 제 몸 하나 둘 곳을 얻지 못했다. 너의 가르침으로 인해 자로는 소금에 절여지는 재난을 당했다. 위로는 자기 몸을 지키지 못했고, 아래로는 다른 사람을 지키지 못했다. 너의 도 따위가 뭐 그리 소중할 것이 있겠느냐?"

然而黃帝不能致德, 與蚩尤戰於涿鹿之野, 流血百里. 堯舜作, 立群臣. 湯放其主, 武王殺紂. 自是之後, 以強陵弱, 以衆暴寡. 湯武以來, 皆亂人之徒也. 今子修文武之道, 掌天下之辯, 以教後世. 縫衣淺帶, 矯言僞行, 以迷惑天下之主, 而欲求富貴焉, 盜莫大於子. 天下何故不謂子爲盜丘, 而乃謂我爲盜跖. 子以甘辭說子路, 而使從之, 使子路去其危冠, 解其長劍, 而受教於子, 天下皆曰, 孔丘能止暴禁非. 其卒之也, 子路欲殺衛君, 而事不成, 身菹於衛東門之上, 是子教之不至也. 子自謂才士聖人邪, 則再逐於魯, 削迹於衛, 窮於齊, 圍於陳蔡, 不容身於天下. 子教子路菹此患, 上無以爲身, 下無以爲人, 子之道豈足貴邪.

"세상에서 높이 받드는 사람으로는 황제黃帝만한 사람이 없다. 그러나 황제도 아직 덕을 온전히 갖추지 못하여 탁록涿鹿의 벌판에서 전쟁을 벌여 100리 밖까지 피로 적셨다. 요임금은 자애롭지 못했고, 순임금은 불효했고, 우임금은 반신불수가 되었고, 탕왕은 자신이 모시던 주군 걸을 내쫓았고, 무왕 역시 자신이 모시던 주紂를 죽였고, 문왕文王은 유리羑里에 구금되었다. 이 여섯 명은 세상에서 높이 받드는 사람들이다. 깊이 생각해보면 이들은 모두 재물 때문에 자기의 참된 본성을 잊었고 억지로 자기의 타고난 성정과는 반대되는 길로 갔으니 그들의 행위는 몹시도 수치스러운 것이다. 세상에서 말하는 현사賢士는 백이와 숙제가 대표적이다. 백이와 숙제는 고죽의 임금 자리를 사양하고 수양산에서 굶어죽었고, 그들의 유해는 땅에 묻히지도 못했다. 포초鮑焦[4]는 자기의 행실을 포장하고 세상을 비난하면서 나무를 껴안은 채 죽었다. 신도적申徒狄[5]은 임금에게 간언했으나 들어주지 않자 돌을 짊어지고 스스로 황하에 몸을 던져 물고기의 밥이 되었다. 개자추介子推[6]는 지극히 충성스러웠다. 그는 자기의 넓적다리 살을 베어내 문공에게 먹였다. 그러나 문공은 나중에 그를 배신했다. 개자추는 분노하여 그곳을 떠나 나무를 껴안은 채 타죽었다. 미생尾生[7]은 여자와 다리 밑에서 만나기로 약속했다. 그러나 여자는 오지 않았다. 물은 불어났지만 그는 그곳을 떠나지 않았고, 결국 그는 다리의 기둥을 껴안은 채 물에 빠져 죽었다. 이들 여섯 사람은 악귀를 쫓기 위해 걸어놓은 죽은 개, 강의 신에게 재물로 바치기 위한 돼지, 표주박을 들고 구걸하는 거지 등과 하나도 다를 것이 없다. 그들은 모두 명분에 집착하여 죽음을 가볍게 생각했고, 본래부터 목숨을 기를 생각은 아예 하지 않은 사람들이었다. 세상에서 말하는 충신忠臣으로는 왕자 비간比干과 오자서伍子胥만한 사람이 없다. 그러나 오자서는 시신이 강 속에 버려졌고, 비간은 심장이 도려내졌다. 이 두 사람을 세간에서는 충신이라고 말하지만, 결국 그들은 온 세상 사람들의 웃음거리가 되었다. 앞에서 말한 사례들로 볼 때 자서와 비간에 이르기까지 모두 귀중하게 생각할 만한 인물이 없다. 공구 네가 나를 설득하려고 준비한 내용이 무엇인지 모르겠지만, 만약 귀신에 관한 것을 나에게 이야기한다면 나는 알 수

4 주나라의 은둔자.

5 주나라의 현자.

6 춘추시대 진晉나라 사람으로 개지추介之推라고도 한다. 그는 진나라 공자 중이重耳가 다른 나라로 도망갈 때 같이 따라가서 19년 동안 여러 나라를 전전했다. 중이는 진나라로 돌아와 임금(문공)이 되었지만, 개자추에 대해서는 언급도 하지 않고 녹봉도 주지 않았다. 그는 크게 실망하고 어머니와 함께 면산綿山으로 들어가 죽을 때까지 나오지 않았다.

7 노나라 사람. 미생微生이라고도 하고 미생고尾生高라고도 하는데, 정확한 이름은 알 수 없다.

없을 것이다. 그러나 만약 인간 세상의 것을 나에게 이야기한다면 지금 내가 말한 내용을 벗어나지 못할 것이며, 그것은 모두 내가 이미 들어서 알고 있다."

世之所高, 莫若黃帝. 黃帝尙不能全德, 而戰於涿鹿之野, 流血百里. 堯不慈, 舜不孝, 禹偏枯, 湯放其主, 武王伐紂, 文王拘羑里. 此六子者, 世之所高也. 孰論之, 皆以利惑其眞, 而強反其情性, 其行乃甚可羞也. 世之所謂賢士, 伯夷叔齊. 伯夷叔齊辭孤竹之君, 而餓死於首陽之山, 骨肉不葬. 鮑焦飾行非世, 抱木而死. 申徒狄諫而不聽, 負石自投於河, 爲魚鱉所食. 介子推至忠也, 自割其股以食文公, 文公後背之, 子推怒而去, 抱木而燔死. 尾生與女子期於梁下, 女子不來, 水至不去, 抱梁柱而死. 此六子者, 無異於磔犬流豕, 操瓢而乞者. 皆離名輕死, 不念本養壽命者也. 世之所謂忠臣者, 莫若王子比干伍子胥. 子胥沈江, 比干剖心. 此二子者, 世謂忠臣也, 然卒爲天下笑. 自上觀之, 至於子胥比干, 皆不足貴也. 丘之所以說我者, 若告我以鬼事, 則我不能知也. 若告我以人事者, 不過此矣, 皆吾所聞知也.

"이제 나는 너에게 인간의 실상에 대해 가르쳐주겠다. 사람의 눈은 아름다운 색깔을 보고 싶어 하고, 귀는 좋은 소리를 듣고 싶어 하고, 입은 달콤한 것을 먹고 싶어 하고, 맘먹은 것은 충족되기를 바란다. 사람들 중에서 오래 사는 사람은 100세이고, 중간 정도로 사는 사람은 80세이고, 적게 사는 사람은 60세다. 병을 앓거나 죽은 이의 장례를 치르거나 근심과 걱정하는 날을 제외하면 그 가운데서 입 벌리고 웃는 날이 한 달 중 4~5일에 지나지 않을 것이다. 하늘과 땅은 끝이 없지만 사람은 때가 되면 죽는다. 시간적으로 유한한 몸을 무한한 하늘과 땅 사이에 맡기고 있으니 그것은 천리마가 갈라진 틈 앞을 지나가는 것과 다름없이 순식간일 뿐이다. 마음을 유쾌하게 가지지 못하거나 목숨을 잘 유지하지 못하는 사람은 모두 도통한 사람이 아니다. 공구 네가 한 말은 모두 다 내가 쓸모없다고 버린 것들이다. 냉큼 돌아가고, 다시는 그따위 말을 떠벌리지 말아라. 네가 믿는 도는 허둥지둥 불안스러운 것으로서 교활하게 남을 속이고 거짓으로 일을 꾸미는 데 쓰는 것이지 참된 그 무엇을 온전히 보존할 수 있는 것이 아니다. 그러니 무슨 언급할 만한 가치가 있단 말이냐?"

今吾告子以人之情. 目欲視色, 耳欲聽聲, 口欲察味, 志氣欲盈. 人上壽百歲, 中壽八十, 下壽六十, 除病瘦死喪憂患, 其中開口而笑者, 一月之中不過四五日而已矣. 天與地無窮, 人死者有時. 操有時之具, 而托於無窮之間, 忽然無異騏驥之馳過隙也. 不能說其志意養其壽命者, 皆非通道者也. 丘之所言, 皆吾之所棄也, 亟去走歸, 無復言之. 子之道, 狂狂汲汲, 詐巧虛僞事也, 非可以全眞也, 奚足論哉.

공자는 두 번 절하고 나서 빠른 걸음으로 달려 문을 빠져나와 수레에 올랐다. 그는 잡고 있던 손잡이를 세 번이나 놓쳤고 눈은 멍하니 뜨고 있으면서도 아무것도 보지 못했으며, 혈색은 불기운이 사라진 잿빛이었다. 그는 수레 앞턱의 횡목橫木에 기대어 고개를 떨구고 선 숨도 제대로 내쉬지 못했다. 돌아가는 길에 노나라의 동문 밖에 이르렀을 때 마침 유하계를 만났다. 유하계가 말했다.

"요즘 뜸하니 며칠 동안 뵙지 못했군요. 수레를 보니 어디 다녀오신 티가 나는데, 도척을 만나러 가셨던 것은 아닌가요?"

공자는 하늘을 올려다보고 한숨을 쉬면서 대답했다.

"그렇습니다."

유하계가 말했다.

"도척 그녀석이 제가 전에 말씀드린 것처럼 선생님의 뜻을 거스르지는 않았는지요?"

공자가 대답했다.

"그렇습니다. 저는 이른바 '아프지도 않은데 괜히 뜸을 뜬' 격으로 고생을 사서 했소. 재빠르게 달려들어 호랑이의 머리를 건드리고 수염을 잡아당겼으니 하마터면 호랑이 밥이 될 뻔했지 뭡니까."

孔子再拜趨走. 出門上車. 執轡三失. 目芒然無見, 色若死灰. 據軾低頭, 不能出氣. 歸到魯東門外, 適遇柳下季. 柳下季曰. 今者闕然, 數日不見. 車馬有行色, 得微往見跖邪. 孔子仰天而嘆曰, 然. 柳下季曰. 跖得無逆汝意若前乎. 孔子曰. 然. 丘所謂無病, 而自灸也. 疾走料虎頭, 編虎須, 幾不免虎口哉.

2.

자장子張[8]이 만구득滿苟得[9]에게 물었다.

"왜 행실을 닦지 않는 겁니까? 행실을 닦지 않으면 믿음이 없고, 믿음이 없으면 관직을 맡을 수 없고, 관직을 맡지 못하면 이롭지 못합니다. 그러므로 명분으로 보나 실리를 따져보나 정의正義야말로 정말로 우리가 따라야 할 것입니다. 만약 명분이나 실리에 대한 집

8 공자의 제자인 전손사顓孫師. 자장은 그의 자다.

9 가공의 인물. 현실에 만족하는 사람으로 이익을 좇는 것을 구차하게 생각한다는 뜻이다.

착을 버리고 본래의 마음을 회복하려고 한다면, 선비로서 행실을 닦는 것은 단 하루라도 하지 않으면 안 되는 것입니다."

만구득이 대답했다.

"부끄러움을 모르는 자가 부자가 되고 말 많은 자가 출세합니다. 명분이나 실리의 대부분은 거의 다 부끄러움을 모르고 말 많은 자들의 차지가 됩니다. 그러므로 명분으로 보나 실리를 따져보나 말을 많이 하는 것이야말로 정말로 우리가 따라야 할 것입니다. 그러나 만약 명분이나 실리에 대한 집착을 버리고 본래의 마음을 회복하려 한다면, 선비로서 행실을 닦는 것은 바로 타고난 자연성을 그대로 간직하는 것입니다."

자장이 말했다.

"옛날 걸왕桀王과 주왕紂王은 천자라는 높은 자리에 있었고, 천하라는 부를 누렸습니다. 그러나 지금 종이나 마구간 관리인에게 '너의 행실은 걸이나 주와 같다'고 말하면 부끄러운 표정을 지으면서 마음속으로 그 말을 받아들이려 하지 않는데, 이는 소인배들도 그들을 미천하게 생각하기 때문입니다. 그런데 공자나 묵적은 평범한 한 남자로서 궁색하게 살았지만, 지금 재상 자리에 있는 사람에게 '당신의 행실은 마치 공자나 묵적과 같습니다'고 말한다면 태도와 표정이 바뀌면서 거기까지는 미치지 못한다고 겸손하게 말하는데, 이는 선비들도 그들을 진정으로 존귀하게 생각하기 때문입니다. 그러므로 천자로서의 위세를 떨치고 있다고 해서 반드시 존귀한 것은 아니고, 필부로서 궁색한 처지에 있다고 해서 반드시 미천한 것은 아닙니다. 존귀하거나 미천함의 구별은 그 행실의 좋고 나쁨에 달려 있는 것입니다."

만구득이 말했다.

“작은 도둑은 구속되지만 큰 도둑은 제후가 됩니다. 제후의 가문에서는 인의仁義가 간직되어 있습니다. 옛날 환공 소백이 형을 죽이고 형수를 아내로 맞이했는데 관중管仲은 그의 신하가 되었습니다. 전성자상田成子常[10]은 자기가 모시던 군주를 죽이고 그 나라를 훔쳤지만 공자는 그의 예물을 받아들였습니다. 말로 의론할 때는 그들을 천하게 생각하면서도 행동으로는 그들에게 머리를 숙였습니다. 그들의 말과 실제 행동이 마음속에서 갈등을 일으켰을 터이니 모순이 아닌가요? 그러므로 옛날 책에서 ‘어느 것이 나쁘고 어느 것이 좋은가? 성공한 자가 우두머리가 되고 성공하지 못한 자는 꼬리가 된다’라고 했습니다.

子張問於滿苟得曰, 盍不爲行. 無行則不信, 不信則不任, 不任則不利. 故觀之名, 計之利, 而義眞是也. 若棄名利, 反之於心, 則夫士之爲行, 不可一日不爲乎. 滿苟得曰, 無恥者富, 多信者顯. 夫名利之大者, 幾在無恥而信. 故觀之名, 計之利, 而信眞是也. 若棄名利, 反之於心, 則夫士之爲行, 抱其天乎. 子張曰, 昔者桀紂貴爲天子, 富有天下. 今謂臧聚曰, 汝行如桀紂. 則有怍色, 有不服之心者, 小人所賤也. 仲尼墨翟, 窮爲匹夫, 今謂宰相曰子行如仲尼墨翟. 則變容易色, 稱不足者, 士誠貴也. 故勢爲天子, 未必貴也. 窮爲匹夫, 未必賤也. 貴賤之分, 在行之美惡. 滿苟得曰, 小盜者拘, 大盜者爲諸侯, 諸侯之門, 仁義存焉. 昔者桓公小白殺兄入嫂, 而管仲爲臣. 田成子常殺君竊國, 而孔子受幣. 論則賤之, 行則下之, 則是言行之情悖戰於胸

10 전성자田成子, 전상田常 등으로 불린 진항陳恒. 그는 기원전 481년 제나라 임금 간공을 죽이고 제 나라를 차지했다. 이때부터 제나라를 전제田齊라고 부른다. 「거협」 편에 나왔다.

中也, 不亦拂乎. 故書曰, 孰惡孰美. 成者爲首, 不成者爲尾.

자장이 말했다.

"선생이 행실을 닦지 않으면 가까운 혈육과 소원한 사람 사이의 차등적 질서가 없어지고 윗사람과 아랫사람 사이의 도리가 없어지며, 연장자와 연소자 사이의 서열이 없어질 것입니다. 그렇게 되면 오륜五倫[11]과 육기六紀[12]가 어떻게 구별되겠습니까?"

만구득이 말했다.

"요임금은 장자長子를 죽였고, 순임금은 이복동생을 유배 보냈는데, 여기서 가까운 혈육과 소원한 사람 사이의 차등적 질서를 찾아볼 수 있나요? 탕왕은 걸을 몰아냈고, 무왕은 주를 죽였는데, 여기에 윗사람과 아랫사람 사이의 도리가 있나요? 왕계는 서자로서 아버지의 뒤를 이었고 주공은 형 관숙과 채숙을 죽였는데, 거기에 연장자와 연소자 사이의 서열이 있나요? 유자儒者는 거짓말을 일삼고 묵자는 모든 사람을 똑같이 사랑했는데, 거기서 오륜과 육기의 구별이 생길까요? 그리고 당신은 명분을 추구하는 것을 옳다 하고, 나는 실리를 추구하는 것을 옳다고 하는데, 명분이든 실리든 실제로는 모두 사리에 따르는 것이 아니고 도를 본받는 것이 아닙니다. 저와 당신은 예전에 논쟁하다가 결론이 안 나서 무약無約[13]에게 가 물어본 적이 있지요. 그때 무약이 이렇게 말했습니다. '소인은 재물에 목숨을 바치고 군자는 명예를 위해 목숨을 바친다. 그들 두 종류의 사람

11 군신, 부자, 부부, 형제, 친구 사이에 지켜야 할 도리.

12 형제, 동족의 친척, 외삼촌들, 스승이나 웃어른, 친구 사이에 지켜야 할 도리.

13 가공의 인물.

이 본심[情]을 바꾸고 본성[性]을 바꾸는 대상은 다르다. 그러나 진정으로 해야 할 것을 버리고 하지 말아야 할 것에 목숨을 바친다는 점에서는 둘 다 같다.' 그러므로 이런 말도 있습니다. '소인이 되지 말고 너의 자연성을 회복할 것이며, 군자가 되지 말고 자연의 도리를 따르라. 구부러졌든 똑바르든 상관없이 그저 너의 자연적 천성을 표준으로 삼아라. 그리고 널리 사방을 보면서 시간의 흐름과 함께 변해가도록 해라. 옳든 그르든 상관없이 그저 너의 중심축을 잃지 말고 꼭 붙들고 있어라. 그리고 모든 간섭으로부터 벗어나 독립적으로 너의 본래 뜻을 완성하여 도와 더불어 배회하도록 해라. 너의 행실을 바꾸려고 하지 말고 네가 옳다고 믿는 정의를 달성하려고 하지 말아라. 그렇지 않으면 네가 진정으로 해야 할 일을 잃어버릴 것이다. 부자의 길로 달려가지 말고 성공을 위해 목숨 걸지 말아라. 그렇지 않으면 너의 자연성을 잃어버릴 것이다.' 비간比干[14]은 심장이 도려내졌고, 오자서伍子胥는 눈이 도려내졌는데, 이것은 모두 충忠이라는 명분이 불러온 재앙입니다. 직궁直躬[15]은 법정에서 아버지의 도둑질을 증언했고, 미생尾生[16]은 물에 빠져 죽었는데, 이것은 믿음[信]이라는 명분이 불러온 재앙입니다. 포자鮑子[17]는 선 채로 말라 죽었고, 신자申子[18]는 스스로 목숨을 끊었는데, 이것은 청렴이라는 명분이 불러온 해악입니다. 공자는 어머니의 임종을 보지 못했고,

---

14 비간과 다음에 나오는 오자서는 이 편의 앞에서도 나왔다.

15 『논어』와 『한비자』에 나오는 사람으로 초나라 섭공이 소개한 인물. 정직이라는 도덕을 지키기 위해 양을 훔친 아버지를 관아에 고발했다고 한다.

16 이 편 앞에서 나왔다.

17 이 편 앞에서 나온 포초를 가리킨다.

18 진晉나라 헌공獻公의 태자 신생申生이라는 견해와 신도적申徒狄이라는 견해가 있는데 누구를 가리키는지 분명치 않다.

광자匡子[19]는 아버지에게 쫓겨나 끝내 만나보지 못했는데, 이것은 의義라는 명분이 불러온 잘못입니다. 이들 이야기는 옛날부터 전해오는 것들이고 그뒤 세대도 말하고 있는 것들이지요. 선비는 바른 말을 하려고 했고 그것을 반드시 실천하려고 했기 때문에 그와 같은 재앙을 겪었고 또 그와 같은 비극에 말려들었던 것입니다."

子張曰, 子不爲行, 即將疏戚無倫, 貴賤無義, 長幼無序. 五紀六位, 將何以爲別乎. 滿苟得曰, 堯殺長子, 舜流母弟, 疏戚有倫乎. 湯放桀, 武王殺紂, 貴賤有義乎. 王季爲適, 周公殺兄, 長幼有序乎. 儒者僞辭, 墨子兼愛, 五紀六位, 將有別乎. 且子正爲名, 我正爲利. 名利之實, 不順於理, 不監於道. 吾日與子訟於無約曰, 小人殉財, 君子殉名, 其所以變其精, 易其性, 則異矣. 乃至於棄其所爲, 而殉其所不爲, 則一也. 故曰, 無爲小人, 反殉而天. 無爲君子, 從天之理. 若枉若直, 相而天極. 面觀四方, 與時消息. 若是若非, 執而圓機. 獨成而意, 與道徘徊. 無轉而行, 無成而義, 將失而所爲. 無赴而富, 無徇而成, 將棄而天. 比干剖心, 子胥抉眼, 忠之禍也. 直躬證父, 尾生溺死, 信之患也. 鮑子立乾, 申子不自理, 廉之害也. 孔子不見母, 匡子不見父, 義之失也. 此上世之所傳下世之所語, 以爲士者正其言, 必其行, 故服其殃, 離其患也.

3.

무족無足이 지화知和에게 말했다.

19 광자의 이름은 장章이고 제나라 사람이다. 그는 아버지에게 간하다가 쫓겨나 죽을 때까지 만나지 못했다. 『맹자』 「이루 하」 편에 나오는 광장匡章과 같은 인물이다.

"사람들 가운데 명성과 재물을 좇지 않는 사람이 없습니다. 부자에게는 사람들이 모여들고, 모여들어서는 그에게 고개를 숙이며, 고개를 숙이면 존경하게 됩니다. 다른 사람이 고개 숙이고 존경하는 것을 보는 것이 바로 장수하고 편안하고 즐거움에 이르는 길입니다. 그런데 유독 선생은 그런 것에 관심이 없으십니다. 선생의 지혜가 모자란 것입니까, 아니면 지혜는 있으되 실행할 힘이 부족한 것입니까? 아니면 정도正道를 추구하면서 한시도 그것을 잊지 못하는 것입니까?"

지화가 대답했다.

"사람들은 방금 자네가 말한 그런 부귀한 사람에 대해 자기와 같은 시대에 살고 있고 같은 고장에 살고 있지만 이미 세속을 초월한 대단한 사람이라고 생각한다. 그러나 그런 사람은 어떤 주체적인 관점도 없고, 옛날과 오늘의 시대 상황에 대한 견해나 옳고 그름의 구별에 대한 기준도 없으며, 그저 세속에 이끌려가고 세속에 동화될 뿐이다. 그들은 진짜로 중요한 것을 잃고 진짜로 귀중한 것을 버리면서까지 그것을 자기들이 해야 할 것이라고 생각한다. 이것이 장수하고 편안하고 즐거움에 이르는 길이 되기에는 아직 멀지 않았을까? 무엇이 참혹하게 아픈 질병이고 무엇이 유쾌한 편안함인지를 제 몸에서 살펴보지 않고, 무엇이 두려운 공포이고 무엇이 즐거운 희열인지 제 마음에서 살펴보지 않으며, 그저 남들이 하는 것을 할 줄만 알고, 왜 그렇게 해야 하는지를 알지 못한다. 그 때문에 설령 천자와 같이 높은 사람이 되고, 온 세상을 다 차지할 만큼 부유한 사람이 된다 하더라도, 그런 사람은 여전히 그와 같은 고통에서 벗어나지 못한다."

無足問於知和曰. 人卒未有不興名就利者. 彼富則人歸之, 歸則下之. 下則貴之. 夫見下貴者, 所以長生安體樂意之道也. 今子獨無意焉, 知不足邪, 意知而力不能行邪. 故推正不妄邪. 知和曰, 今夫此人, 以爲與己同時而生, 同鄕而處者, 以爲夫絶俗過世之士焉. 是專無主正, 所以覽古今之時, 是非之分也. 與俗化世, 去至重, 棄至尊, 以爲其所爲也. 此其所以論長生安體樂意之道, 不亦遠乎. 慘怛之疾, 恬愉之安, 不監於體. 怵惕之恐, 欣懽之喜, 不監於心. 知爲爲而不知所以爲, 是以貴爲天子, 富有天下, 而不免於患也.

무족이 말했다.

"사람에게 있어 부富란 이롭지 않은 점이 없습니다. 부유하면 좋은 것을 다 차지할 수 있고, 권력을 다 거머쥘 수도 있습니다. 지인至人도 이런 데까지는 미치지 못하고, 성인도 이런 데까지는 미치지 못합니다. 부유하면 남의 용기와 힘을 빌려 자신의 권력과 힘으로 삼고, 남의 지모智謀를 빌려 자신의 똑똑함으로 삼고, 남의 덕행을 빌려 자신의 인격과 재능으로 삼으며, 제후의 지위에 있는 것도 아니면서 위엄은 군주나 아버지와 같습니다. 또 사람에게 있어 아름다운 음악이나 고운 여색, 맛있는 음식이나 권세 등에 대해서 마음은 배우지 않아도 그것들을 즐기고, 몸은 학습하지 않아도 그것들을 익숙하게 받아들입니다. 바라는 것과 싫어하는 것, 피하는 것과 다가가는 것 등은 본디 스승을 필요로 하지 않습니다. 이는 사람의 본성이기 때문입니다. 세상 사람들이 비록 나를 비난하기는 하지만 누가 그것을 거절할 수 있겠습니까?"

지화가 대답했다.

"지혜로운 자의 행동은 본디 백성에 의해 움직이고 그 법도를 벗어나지 않는다. 이 때문에 만족해하며 남과 다투지 않고 또 무엇을 하려고 하지 않기 때문에 아무것도 추구하지 않는다. 부족하다고 생각하는 사람은 그 때문에 끝없이 무언가를 추구하고 도처에서 싸우면서도 스스로는 탐욕스럽다고 생각하지 않는다. 넉넉하다고 생각하는 사람은 그 때문에 모든 것을 거절하고 온 세상을 버리면서도 스스로는 청렴하다고 생각하지 않는다. 실제로 청렴과 탐욕스러움은 외적 강제에 의해 결정되는 것이 아니라 반성과 성찰의 정도에 따라 결정되는 것이다. 지혜로운 자는 천자의 권력을 가지고 있어도 그 높은 지위를 이용하여 사람들에게 오만하지 않고, 온 세상을 다 차지할 정도의 부자라 하더라도 그 재산을 이용하여 사람을 조롱하지 않는다. 권력으로 인한 재앙과 부로 인한 부작용을 생각할 때 그것들이 자신의 본성을 해칠 것이라고 생각되기 때문에 그런 것들을 사양하고 받지 않는 것이지 명예를 얻기 위해서 그렇게 하는 것이 아니다. 요임금과 순임금은 제위에 올라 백성이 평온했는데, 그것은 세상 사람들을 어질게 대해서 그런 것이 아니라 생명을 해치는 것을 좋게 생각하지 않았기 때문에 그랬던 것이다. 선권과 허유는 제위를 얻을 수 있었음에도 불구하고 받지 않았는데, 그것은 거짓으로 사양한 것이 아니라 그런 일로 자기를 해치고 싶지 않았기 때문에 그랬던 것이다. 이것들은 모두 자신에게 이로운 쪽으로 나아가고 자기에게 해로운 것을 거절한 예다. 세상 사람들이 그들을 현명하다고 말하는 것은 충분히 그 이유가 있다. 그들은 명성을 떨치기 위해 그랬던 것이 아니다."

無足曰, 夫富之於人, 無所不利. 窮美究勢, 至人之所不得逮, 賢人之所不能及. 俠人之勇力而以爲威強, 秉人之知謀以爲明察, 因人之德以爲賢良, 非享國而嚴若君父. 且夫聲色滋味權勢之於人, 心不待學而樂之, 體不待象而安之. 夫欲惡避就, 固不待師, 此人之性也. 天下雖非我, 孰能辭之. 知和曰, 知者之爲, 故動以百姓, 不違其度. 是以足而不爭, 無以爲故不求. 不足故求之, 爭四處而不自以爲貪. 有餘故辭之, 棄天下而不自以爲廉. 廉貪之實, 非以迫外也, 反監之度. 勢爲天子, 而不以貴驕人. 富有天下, 而不以財戱人. 計其患, 慮其反, 以爲害於性, 故辭而不受也, 非以要名譽也. 堯舜爲帝而雍, 非仁天下也, 不以美害生. 善卷許由得帝而不受, 非虛辭讓也, 不以事害己. 此皆就其利辭其害, 而天下稱賢焉, 則可以有之, 彼非以興名譽也.

무족이 말했다.

"사람이 기필코 명분을 지키려 하면서 몸을 괴롭히고, 맛있는 음식을 끊고, 양분의 공급을 최소화하여 생명을 유지하고만 있다면, 그것은 오랫동안 병을 앓고 고생하면서 죽지 않는 것일 뿐입니다."

지화가 대답했다.

"평범한 것이 행복이다. 남아서 넘치는 것은 해롭다. 모든 것이 다 그렇지만 그중에서도 재물이 가장 심하다. 오늘날 부자는 귀로는 종이나 북이나 피리나 퉁소 등의 악기 소리에 매혹되고 입으로는 고기와 술의 맛을 즐기면서 욕망을 충족시키지만 자기가 해야 할 일을 잊고 있으니, 이쯤 되면 난잡하다고 할 수 있을 것이다. 그들은 강렬한 탐욕에 깊이 빠져 있다. 그것은 마치 무거운 짐을 짊어지고 언덕을 올라가는 것과 같으니, 이쯤 되면 고통이라고 할 수 있을 것이다. 그들은 재물 욕심에 빠져 병이 들고 권력 욕심에 빠져 기력을 다 소모한다. 한가하게 있을 때는 쾌락에 빠져들고 몸에 기름기가 돌면 탐욕에 빠지니, 이쯤 되면 병들었다고 할 수 있을 것이다. 그들은 부를 획득하기 위해 이득이 있는 곳으로 나아가고, 그 때문에 마치 귀를 꽉 틀어막고 있듯이 욕심이 마음을 가득 채우고 있는데도 그것을 피할 줄 모르며, 탐욕이 왕성해져 있는데도 그만두지 않으니, 이쯤 되면 수치스럽다고 할 수 있을 것이다. 그들은 재물이 쌓여 있어도 쓰지 않고 오로지 지키는 데만 열중하고, 마음은 온통 불안과 초조로 가득 찼는데도 끝없이 더 많은 것을 추구하려고 하니, 이쯤 되면 근심스럽다고 할 수 있을 것이다. 그들은 집안에 있을 때는 강도가 들어 억지로 빼앗아 가지나 않을까 걱정하고, 밖에 나가서는 도둑의 해를 입지 않을까 두려워한다. 그리하여 집 안에서는 빙 둘러 망루와 창을 설치하고 밖에서는 함부로 혼자 다니지 못하니, 이쯤 되면 두려움에 떠는 것이라고 할 수 있을 것이다. 이 여섯 가지는 세상에서 가장 해로운 것이다. 그러나 사람들은 그런 사실을 잊어버리고 깊이 생각할 줄 모른다. 결국 재앙이 닥치고 나서야 여생을 온전하게 보내기 위해 전 재산을 다 써서 단 하루만이라도 아무 일 없는 평범한 날로 되돌아가려고 하지만 그때는 이미 불가능하다. 이처럼 재물을 추구하는 것은 명분상으로도 좋을 것이 없고, 실리적으로도 득 될 것이 없다. 그럼에도 불구하고 사람들은 마음과 몸을 옥죄이면서까지 이것을 두고 다투고 있으니, 이 역시 미혹 아닌가?

無足曰, 必持其名, 苦體絕甘, 約養以持生, 則亦久病長阨而不死者也. 知和曰, 平爲福, 有餘爲害者, 物莫不然, 而財其甚者也. 今富人, 耳營鐘鼓筦籥之聲, 口嗛於芻豢醪醴之味, 以感其意, 遺忘其業, 可謂亂矣. 侅溺於馮氣, 若負重行而上坂, 可謂苦矣. 貪財而取慰, 貪權而取竭, 靜居則溺, 體澤則馮, 可謂疾矣. 爲欲富就利, 故滿若堵耳而不知避, 且馮而不舍, 可謂辱矣. 財積而無用, 服膺而不舍, 滿心戚醮, 求益而不止, 可謂憂矣. 內則疑劫請之賊, 外則畏寇盜之害, 內周樓疏, 外不敢獨行, 可謂畏矣. 此六者, 天下之至害也. 皆遺忘而不知察. 及其患至, 求盡性竭財, 單以反一日之無故, 而不可得也. 故觀之名則不見, 求之利則不得. 繚意絕體而爭此, 不亦惑乎.

제30편 | 설검

說劍

외잡편의 다른 편들은 앞의 두세 글자를 따서 제목을 달고 있는데, 이 편은 내용에 따라 제목을 정했다. 전체가 하나로 이어진 문장이지만, 편의상 다섯 개의 장으로 나눈다. 검술에 지나치게 빠져 국정을 돌보지 않는 조나라 문왕을 장자가 설득하여 검술을 그만두게 한다는 단순한 내용이다. 구성은 단순하지만, 천자의 검, 제후의 검, 평민의 검 등에 대한 비유가 기발하고 적절하여 설득력이 있다. 당송 이후로 이 편을 종횡가의 저작으로 보는 견해가 많으나 굳이 그렇게 볼 필요가 없다.

1.

옛날 조趙나라의 문왕文王이 칼〔劍〕을 좋아했다. 그래서 검사劍士들이 모여들어 문이 미어터질 정도였고 식객이 3000여 명에 이르렀다. 문 앞에서는 밤낮으로 서로 치고받는 싸움이 벌어져 사상자가 한 해에 백여 명이 넘었는데도 임금은 싫증을 내지 않고 그것을 즐겼다. 이와 같은 일이 삼 년 동안 계속 되자 국력이 쇠약해졌고 다른 나라의 제후들은 그 나라를 치려고 모의했다. 조나라의 태자 회悝는 그 일로 고민하다가 주위 사람들을 모아놓고 말했다.

"누구든지 왕의 마음을 다독여서 검사들이 몰려오는 것을 멈추게 할 수 있다면 그에게 천금을 내리겠다."

곁에 있던 사람이 말했다.

"장자가 그 일을 할 수 있을 것입니다."

태자는 곧 사람을 보내 천금을 주고 장자를 모셔오게 했다. 장자는 그 돈을 받지 않고 사자와 함께 와서 태자를 보고 말했다.

"태자께서는 저에게 무슨 일을 시키려고 천금을 내리십니까?"

태자가 대답했다.

"선생께서 지혜롭고 훌륭하다고 들었기 때문에 삼가 천금의 예물을 받들어 종자 편에 보낸 것입니다. 선생께서 받지 않으시니 제가 감히 무슨 말씀을 드릴 수 있겠습니까?"

장자가 말했다.

"태자께서 저에게 시키시고 싶은 것은 임금님께서 좋아하시는 것을 그만두게 하려는 것이라고 들었습니다. 그런데 만약 제가 위로 대왕님을 설득하다가 오히려 대왕님의 뜻에 거슬리기라도 한다면 아래로 태자의 뜻에 맞지 않을 터이니 저는 형벌을 받아 죽을 것입니다. 그렇다면 제가 그 돈을 어디에 쓰겠습니까? 만약 제가 위로 대왕님을 설득한다면 아래로는 태자의 뜻에 부합할 터이니 제가 조나라에 무엇을 요구한들 들어주지 못할 게 있겠습니까?"

태자가 대답했다.

"그렇습니다. 우리 왕께서 만나는 사람들은 오로지 검사뿐입니다."

장자가 말했다.

"좋습니다. 저는 칼을 잘 다룹니다."

태자가 말했다.

"그런데 우리 왕께서 만나는 검사는 모두 머리카락을 흐트러뜨리고 귀밑머리가 치솟아 있으며, 모자를 깊게 눌러쓴 다음 거친 끈으로 묶고 뒤쪽이 짧은 옷을 입고, 눈을 부릅뜬 채 상대방에게 소리를 질러댑니다. 왕께서는 그런 사람을 좋아하십니다. 그런데 지금 선생은 굳이 유복儒服[1]을 입고 왕을 만나 뵈려 하시는데, 일이 크게 잘못될 것이 분명합니다."

장자가 말했다.

"그럼 검사의 옷을 한 벌 마련해주십시오."

昔趙文王喜劍, 劍士夾門而客三千餘人. 日夜相擊於前, 死傷者歲百餘人, 好之不厭. 如是三年, 國衰, 諸侯謀之. 太子悝患之, 募左右曰, 孰能說王之意止劍士者, 賜之千金. 左右曰, 莊子當能. 太子乃使人以千金奉莊子. 莊子弗受, 與使者俱, 往見太子曰, 太子何以教周, 賜周千金. 太子曰, 聞夫子明聖, 謹奉千金以幣從者. 夫子弗受, 悝尙何敢言. 莊子曰, 聞太子所欲用周者, 欲絶王之喜好也. 使臣上說大王而逆王意, 下不當太子, 則身刑而死. 周尙安所事金乎. 使臣上說大王, 下當太子, 趙國何求而不得也. 太子曰, 然. 吾王所見, 唯劍士也. 莊子曰, 諾. 周善爲劍. 太子曰, 然吾王所見劍士, 皆蓬頭突鬢, 垂冠, 曼胡之纓, 短後之衣, 瞋目而語難. 王乃說之. 今夫子必儒服而見王, 事必大逆. 莊子曰, 請治劍服.

2.

검사의 옷이 삼일 만에 마련되자 장자는 태자를 만났다. 태자는 그와 함께 왕을 만나러 갔다. 왕은 허연 날이 번쩍이는 칼을 뽑아들고서 그를 기다리고 있었다. 장자는 궁전 문을 들어갈 때도 종종걸음을 걷지 않았고 왕을 보고도 절을 하지 않았다. 왕이 말했다.

"그대는 나에게 무엇을 가르쳐주기 위해 태자를 앞세우고 왔소?"

"저는 전하께서 검을 좋아하신다고 들었기 때문에 검을 가지고 전하를 뵈러 왔습니다."

---

1 선비들이 입는 옷.

왕이 물었다.

"그대의 검은 적을 몇 명이나 제압할 수 있소?"

"저의 검은 열 걸음에 한 사람을 죽이며 천리를 가더라도 아무도 막지 못합니다."

왕은 크게 기뻐하며 말했다.

"천하무적이겠구려."

장자가 말했다.

"검을 다룰 때는 적에게 허점을 보여주고 적에게 유리한 기회를 보여주어 유인하는 것이며, 기회를 기다리면서 적보다 늦게 공격하고, 적보다 먼저 찌르는 것입니다. 시범을 보여드리고 싶습니다."

왕이 말했다.

"선생은 숙소에서 잠시 쉬면서 대령하고 있으시오. 시범에 필요한 준비를 마련하게 하고 나서 선생을 부르겠소."

그러고 나서 왕은 7일 동안 검사들을 겨루게 했는데, 죽거나 다친 자가 60여 명이었다. 그렇게 해서 대여섯 명을 뽑아 궁전 아래서 검을 받들고 서 있게 한 다음 장자를 불렀다.

왕이 말했다.

"오늘은 검사들에게 선생과 검술을 한 번 겨뤄보게 하겠소."

장자가 대답했다.

"오랫동안 기다리고 있었습니다."

왕이 말했다.

"선생이 쓸 칼은 길이가 어느 정도인가요?"

"제가 쓸 칼은 아무것이나 다 좋습니다. 저에게는 세 가지 검이 있는데, 전하께서 원하시는 것을 쓰겠습니다. 먼저 설명을 드리고 나서 시범을 보여드리겠습니다."

왕이 말했다.

"세 가지 검에 대해 들어보고 싶소."

"천자의 검이 있고, 제후의 검이 있고, 평민의 검이 있습니다."

治劍服三日, 乃見太子. 太子乃與見王, 王脫白刃待之. 莊子入殿門不趨, 見王不拜. 王曰, 子欲何以教寡人, 使太子先. 曰, 臣聞大王喜劍, 故以劍見王. 王曰, 子之劍何能禁制. 曰, 臣之劍, 十步一人, 千里不留行. 王大說曰, 天下無敵矣. 莊子曰, 夫爲劍者, 示之以虛, 開之以利, 後之以發, 先之以至. 願得試之. 王曰, 夫子休, 就舍待命. 令設戲, 請夫子. 王乃校劍士七日, 死傷者六十餘人, 得五六人, 使奉劍於殿下, 乃召莊子. 王曰, 今日試使士敦劍. 莊子曰, 望之久矣. 王曰, 夫子所御杖, 長短何如. 曰, 臣之所奉皆可. 然臣有三劍, 唯王所用, 請先言而後試. 王曰, 願聞三劍. 曰, 有天子劍, 有諸侯劍, 有庶人劍.

3.

왕이 말했다.

"천자의 검이란 어떤 것이오?"

"천자의 검은 연계燕谿[2]와 석성石城[3]을 칼끝으로 삼고, 제나라의 태산泰山을 칼날로 삼고, 진晉나라와 위衛나라를 칼등으로 삼고, 주周나라와 송宋나라를 날밑[4]으로 삼고, 한韓나라와 위魏나라를 칼자

2 전국시대 연나라의 지명.

3 연나라 국경 밖에 있는 성 이름.

4 칼날과 칼자루 사이에 끼워서 손을 보호하는 테.

루로 삼습니다. 사방의 이족夷族이라는 칼집에 그 칼을 넣고, 사시四時라는 보자기로 그 칼을 쌉니다. 발해渤海라는 끈으로 그 칼을 두르고 상산常山이라는 띠로 그것을 몸에 찹니다. 오행의 변화에 따라 그것을 제어하고 형벌과 은덕으로 잘잘못을 심판합니다. 음양으로써 칼을 꺼내고 봄과 여름으로써 칼을 잡고 가을과 겨울로써 칼을 움직입니다. 이 검은 똑바로 찌르면 앞에서 가로막을 수 있는 것이 아무것도 없고, 들어 올리면 위에서 가로막을 수 있는 것이 아무것도 없으며, 아래로 내리치면 아래쪽에서 가로막을 수 있는 것이 아무것도 없고, 휘두르면 주변에서 가로막을 수 있는 것이 아무것도 없습니다. 위로는 뜬 구름을 가르고, 아래로는 땅을 매달고 있는 밧줄을 끊어버립니다. 이 검은 한 번 쓰면 제후들의 잘못이 바로잡히고 온 세상 사람이 모두 복종합니다. 이것이 천자의 검입니다."

王曰, 天子之劍何如. 曰, 天子之劍, 以燕谿石城爲鋒, 齊岱爲鍔, 晉衛爲脊, 周宋爲鐔, 韓魏爲夾. 包以四夷, 裹以四時. 繞以渤海, 帶以常山. 制以五行, 論以刑德. 開以陰陽, 持以春夏, 行以秋冬. 此劍, 直之無前, 擧之無上, 案之無下, 運之無旁. 上決浮雲, 下絶地紀. 此劍一用, 匡諸侯, 天下服矣. 此天子之劍也.

4.

문왕은 정신을 잃고 어리둥절해져서 물었다.

"제후의 검이란 어떤 것이오?"

"제후의 검은 지혜와 용기를 갖춘 선비를 칼끝으로 삼고, 청렴한 선비를 칼날로 삼고, 똑똑하고 뛰어난 선비를 칼등으로 삼고, 충성스럽고 성스러운 선비를 날밑으로 삼고, 기개와 풍모가 뛰어난 선비를 칼자루로 삼습니다. 이 검은 똑바로 찌르면 역시 앞에서 가로막을 수 있는 것이 아무것도 없고, 들어 올리면 역시 위에서 가로막을 수 있는 것이 아무것도 없고, 아래로 내리치면 역시 아래쪽에서 가로막을 수 있는 것이 아무것도 없고, 휘두르면 역시 주변에서 가로막을 수 있는 것이 아무것도 없습니다. 위로는 둥근 하늘을 본받아 세 가지 빛(해, 달, 별)을 본받고, 아래로는 네모난 땅을 본받으며, 사시의 운행에 순응하고, 가운데로는 백성의 뜻에 호응하여 사방의 지역을 안정시킵니다. 이 검은 한 번 쓰면 천둥소리가 진동하는 듯하여 온 사방의 사람들 가운데 굴복하지 않거나 군주의 명령에 따르지 않는 자가 없습니다. 이것이 제후의 검입니다."

文王芒然自失曰, 諸侯之劍何如. 曰, 諸侯之劍, 以知勇士爲鋒, 以清廉士爲鍔, 以賢良士爲脊, 以忠聖士爲鐔, 以豪傑士爲夾. 此劍, 直之亦無前, 擧之亦無上, 案之亦無下, 運之亦無旁. 上法圓天, 以順三光, 下法方地, 以順四時, 中和民意, 以安四鄕. 此劍一用, 如雷霆之震也, 四封之內, 無不賓服而聽從君命者矣. 此諸侯之劍也.

5.

왕이 물었다.

"평민의 검이란 어떤 것이오?"

"평민의 검은 머리카락을 흐트러뜨리고 귀밑머리가 치솟아 있으며, 모자를 깊게 눌러쓴 다음 거친 끈으로 묶고 뒤쪽이 짧은 옷을 입고, 눈을 부릅뜬 채 상대방에게 소리를 질러대면서 위로는 사람의 목을 자르고, 아래로는 간과 폐를 가르는 것입니다. 이것이 평민의 검인데, 닭싸움과 다를 게 없습니다. 한 번 목숨이 끊어지면 국사國事에 아무런 쓸모가 없습니다. 지금 전하께서는 천자의 지위에 앉아 계시면서 평민의 검을 좋아하십니다. 그래서 저는 속으로 전하를 천박하게 여기고 있습니다."

왕은 장자를 이끌고 궁전 위로 올라갔다. 재인宰人[5]이 음식을 올렸지만 왕은 그 둘레를 세 바퀴 돌기만 했다.

장자가 말했다.

"전하, 이리 앉으셔서 마음을 좀 가라앉히시지요. 검에 대한 이야기는 이미 모두 다 아뢰었습니다."

그뒤로 문왕은 석 달 동안이나 궁궐을 나가지 않았고, 검사들은 모두 그 자리에서 자살하고 말았다.

王曰, 庶人之劍何如. 曰, 庶人之劍, 蓬頭突鬢, 垂冠, 曼胡之纓, 短後之衣, 瞋目而語難, 相擊於前, 上斬頸領, 下決肝肺. 此庶人之劍, 無異於鬪鷄, 一旦命已絕矣, 無所用於國事. 今大王有天子之位而好庶人之劍, 臣竊爲大王薄之. 王乃牽而上殿. 宰人上食, 王三環之. 莊子曰, 大王安坐定氣, 劍事已畢奏矣. 於是文王不出宮三月, 劍士皆服斃其處也.

5 왕의 수라를 담당하는 관리.

제31편 | 어부

漁父

전체가 하나의 문장으로 이루어진 점과 내용에 따라 제목을 붙인 점 등은 앞의 「설검」편과 같다. 도통한 나그네인 어부가 공자에게 가르침을 베푼다는 구성을 취하고 있다. 나그네는 공자가 천자도 아니고 군주도 아니며, 대신이나 관리도 아니면서 제멋대로 예악을 손질하고 인륜을 들먹이면서 모든 백성을 교화하려 하고 있다고 비판한다. 나그네는 공자에게 그런 행위를 중지하고, 모든 인위적인 것으로부터 벗어나 자연을 본받고 진정을 숭상하면서 세속의 풍속에 얽매이지 말라고 충고한다. 전체적인 구성은 다른 편의 우화들과 비슷하지만, 공자에 대한 비판의 정도가 약하고 어떤 부분은 유교에서 주장하는 내용을 부분적으로 수용하거나 혹은 절충한 흔적이 보인다.

1.

공자가 울창하게 우거진 숲속을 돌아다니다가 행단杏壇[1] 위에 앉아서 쉬었다. 제자들은 책을 읽고 있었고, 공자는 거문고를 타면서 그 소리에 맞춰 노래를 부르고 있었다. 연주하던 곡이 절반에 이르기도 전에 어부 한 사람이 배에서 내려왔다. 수염과 눈썹이 모두 하얀 사람이었다. 그는 머리를 풀어헤친 채 소매를 휘저으며 강가의 늪지대를 걸어 언덕으로 올라와서는 멈추어 섰다. 그런 다음 왼손은 무릎에 걸쳐놓고 오른손은 턱을 괴고서 공자가 부르는 노래를 들었다. 노래가 끝나자 그는 자공과 자로를 불렀고, 두 사람 모두 그를 맞이했다. 나그네(어부)는 공자를 가리키면서 물었다.

"저이는 어떤 사람이오?"

자로가 대답했다.

1 못 가운데 높이 솟아 있는 땅으로 대개 살구나무가 많아서 행단이라고 부른다(성현영). 송공전宋孔傳이 편찬한 『동가잡기東家雜記』에 따르면 노나라 동문 밖에 있는 단壇의 이름이다(조초기). 행단은 나중에 학문을 닦는 장소를 가리키는 대명사로 쓰였다.

"노나라의 군자이십니다."

나그네가 그의 성을 묻자 자로가 대답했다.

"성은 공씨입니다."

나그네가 물었다.

"공씨는 무슨 일을 하나요?"

자로가 대답하지 못하자 자공이 말했다.

"공씨, 저 분은 본성은 충신忠信을 따르고 몸은 인의仁義를 실천하며, 예악禮樂을 익히고 인륜人倫을 가르칩니다. 위로는 임금에게 충성하고 아래로는 모든 백성을 교화함으로써 세상을 이롭게 하고자 합니다. 이것이 공씨가 하는 일입니다."

나그네가 다시 물었다.

"그는 영토를 소유한 군주이신가요?"

자공이 대답했다.

"아닙니다."

"왕후를 보좌하는 분인가요?"

자공이 대답했다.

"아닙니다."

그러자 나그네는 웃으면서 돌아갔다. 그는 걸어가면서 중얼거렸다.

"어질기야 어질겠지. 그러나 어쩌면 그 자신이 재앙을 피할 수는 없을 거야. 마음을 괴롭히고 몸을 힘들게 하여 타고난 진정을 위험하게 하고 있어. 에그! 그는 도道에서 너무 멀리 떨어져 나왔어."

孔子遊乎緇帷之林, 休坐乎杏壇之上. 弟子讀書, 孔子弦歌鼓琴. 奏曲未半, 有漁父者, 下船而來. 須眉交白, 被髮揄袂, 行原以上, 距陸而止. 左手據膝, 右手持頤以聽. 曲終而招子貢子路, 二人俱對. 客指孔子曰, 彼何爲者也. 子路對曰, 魯之君子也. 客問其族. 子路對曰, 族孔氏. 客曰, 孔氏者何治也. 子路未應, 子貢對曰, 孔氏者, 性服忠信, 身行仁義, 飾禮樂, 選人倫. 上以忠於世主, 下以化於齊民. 將以利天下. 此孔氏之所治也. 又問曰, 有土之君與. 子貢曰, 非也. 侯王之佐與. 子貢曰, 非也. 客乃笑而還, 行言曰, 仁則仁矣, 恐不免其身. 苦心勞形以危其眞. 嗚呼. 遠哉, 其分於道也.

2.

자공이 돌아와 공자에게 그 사실을 알렸다. 공자는 거문고를 밀어놓고 일어나면서 말했다.

"그분은 성인일 것이다."

그렇게 말하고서는 내려가 그를 찾아나섰다. 공자가 연못가에 이르렀을 때 나그네는 막 노를 잡고 배를 끌어당기다가 공자가 오는 것을 발견하고서는 몸을 돌려 공자를 바라보고 서 있었다. 공자는 뒤로 물러선 다음 두 번 절하고 앞으로 나아갔다. 나그네가 말했다.

"선생은 무엇을 찾고 계십니까?"

공자가 대답했다.

"아까 선생께서 말씀을 하다 말고 떠나셨습니다. 저는 어리석기 때문에 말씀하신 것을 이해하지 못하겠습니다. 그래서 저는 낮은 곳에서 가만히 가르침을 기다리고 있사오니, 귀한 말씀을 들려주셔서 저를 도와주시기를 바라옵니다."

나그네가 말했다.

"허허, 선생은 배우기를 지나치게 좋아하는군요."

공자는 다시 두 번 절하고 일어나 말했다.

"저는 어려서부터 학문을 닦아 지금 예순아홉이 되었습니다. 그러나 진정한 가르침[至敎]을 듣지 못했습니다. 그러니 감히 마음을 비우지 않을 수 있겠습니까?"

나그네가 말했다.

"같은 종류는 서로 어울리고, 같은 소리는 서로 호응하는 것, 그것은 본래 자연의 이치입니다. 나는 내가 가진 것은 잠시 접어두고, 선생이 하고 있는 일에 대해 낱낱이 나열해보겠소. 선생이 하고 있는 일은 인간 세상의 일입니다. 천자, 제후, 대부, 평민 등 이 네 가지 계층에 속하는 사람들이 스스로 알아서 각자의 올바른 길을 가게 하는 것이 가장 좋은 것입니다. 이 네 가지 계층에 속하는 사람들이 자신들의 자리를 벗어난다면 사회의 혼란은 극에 달할 것입니다. 관직에 있는 자는 자신의 직무를 잘 처리하고, 사람마다 자신이 맡은 일에 대해 고민한다면 아무도 자기의 분수를 넘어서는 일이 없을 것입니다. 예를 들어 농토가 황폐해지는 것, 집에 비가 새는 것, 세금을 계속 내지 못하는 것, 처와 첩의 사이가 좋지 못한 것, 나이 많은 사람과 적은 사람의 위계질서가 없는 것 등이 평민들의 고민거리입니다. 자신의 능력으로 맡은 임무를 감당하지 못하여 관청의 일이 제대로 처리되지 못하는 것, 행실이 깨끗하지 못하여 아랫사람들이 게으름을 피우는 것, 내세울 만한 훌륭한 공적이 없어서 벼슬과 녹봉을 지키지 못하는 것 등은 대부의 고민거리입니다. 조정에 충신이 없어서 국가가 혼란에 빠지는 것, 기능장들의 기술이 뛰어나지 못해서 조공품이 훌륭하지 못한 것, 봄과 가을의 조근朝覲에서 다른 나라에 뒤쳐져 천자에게 순종하지 못하는 것 등은 제후의 고민거리입니다. 음양이 조화를 이루지 못하여 추위와 더위가 때에 맞지 않고,

그에 따라 만물이 손상을 입는 것, 제후가 폭동을 일으켜 자기들끼리 제멋대로 빼앗고 싸워 사람들이 죽는 것, 예악이 절도에 맞지 않아 재정이 궁핍해지는 것, 인륜이 정비되지 못해 백성의 풍속이 난잡해지는 것 등은 천자와 유사有司[2]의 고민거리입니다."

子貢還, 報孔子. 孔子推琴而起曰, 其聖人與. 乃下求之, 至於澤畔, 方將杖拏而引其船. 顧見孔子, 還鄉而立. 孔子反走, 再拜而進. 客曰, 子將何求. 孔子曰. 曩者先生有緒言而去, 丘不肖, 未知所謂. 竊待於下風, 幸聞咳唾之音, 以卒相丘也. 客曰, 嘻. 甚矣, 子之好學也. 孔子再拜而起曰, 丘少而修學, 以至於今, 六十九歲矣. 無所得聞至教, 敢不虛心. 客曰, 同類相從, 同聲相應, 固天之理也. 吾請釋吾之所有, 而經子之所以. 子之所以者, 人事也. 天子諸侯大夫庶人, 此四者自正, 治之美也. 四者離位, 而亂莫大焉. 官治其職, 人憂其事, 乃無所陵. 故田荒室露, 衣食不足, 征賦不屬, 妻妾不和, 長少無序, 庶人之憂也. 能不勝任, 官事不治, 行不淸白, 群下荒怠, 功美不有, 爵祿不持, 大夫之憂也. 廷無忠臣, 國家昏亂, 工技不巧, 貢職不美, 春秋後倫, 不順天子, 諸侯之憂也. 陰陽不和, 寒暑不時, 以傷庶物, 諸侯暴亂, 擅相攘伐, 以殘民人, 禮樂不節, 財用窮匱, 人倫不飭, 百姓淫亂, 天子有司之憂也.

"지금 선생(공자)은 위로는 군주나 유사有司의 권력이 없고 아래로는 대신大臣이나 관리의 벼슬이 없는데 제멋대로 예악을 손질하고 인륜을 가르쳐 모든 백성을 교화하려 하고 있으니, 괜히 일이 너무 많은 것 아닙니까? 그리고 사람에게는 여덟 가지 나쁜 습관이 있고,

2 천자 밑에서 각 부서를 담당하는 대신.

일에는 네 가지 병폐가 있기 때문에 신중하지 않으면 안 됩니다. 자기가 해야 할 일도 아닌데 하는 것을 오지랖이 넓은 것이라고 합니다. 임금은 신경도 안 쓰는데 자기 의견을 말하는 것을 아첨하는 것이라고 합니다. 상대방의 생각에 맞추어 말하는 것을 아부하는 것이라고 합니다. 잘잘못을 따지지 않고 말하는 것을 알랑거리는 것이라고 합니다. 다른 사람의 단점을 말하기 좋아하는 것을 흠집 내는 것이라고 합니다. 친지 사이를 갈라놓고 친척 사이를 떼어놓는 것을 중상모략이라고 합니다. 거짓과 속임수에 능한 사람을 칭찬함으로써 자기가 싫어하는 사람을 망가뜨리는 것을 간사한 것이라고 합니다. 좋고 나쁜 것을 가리지 않고 양쪽을 모두 받아들여 자기가 원하는 것을 몰래 빼가는 것을 음험한 것이라고 합니다. 이 여덟 가지 나쁜 습관은 밖으로는 사람들을 혼란스럽게 하고, 안으로는 제 자신을 상하게 합니다. 군자는 이런 사람을 친구로 삼지 않고, 현명한 군주는 이런 사람을 신하로 삼지 않습니다. 네 가지 병폐라고 하는 것은 이런 것입니다. 첫째는 큰일을 처리하는 것을 좋아하여 근본적인 원칙까지 혼란스럽게 바꿔버림으로써 공명을 얻으려는 것인데, 그것을 외람된 것이라고 합니다. 둘째는 오로지 지식을 믿고 제멋대로 일하여 남의 것을 빼앗아 자기 것으로 만들어버리는 것인데, 그것을 탐욕스러운 것이라고 합니다. 셋째는 잘못을 알고서도 고치지 않고 충고를 들으면 오히려 더 심해지는 것, 그것을 비뚤어진 것이라고 합니다. 넷째는 다른 사람이 자기에게 찬동하면 좋게 여기지만 자기에게 찬동하지 않으면 비록 좋은 것이라 하더라도 좋지 않게 여기는 것, 그것을 교만한 것이라고 합니다. 이것이 네 가지 병폐입니다. 여덟 가지 나쁜 습관을 제거하고, 네 가지 병폐를 없애야만 비로소 내가 가르칠 수 있을 것입니다."

今子旣上無君侯有司之勢, 而下無大臣職事之官, 而擅飾禮樂, 選人倫, 以化齊民, 不泰多事乎. 且人有八疵, 事有四患, 不可不察也. 非其事而事之, 謂之摠. 莫之顧而進之, 謂之佞. 希意道言, 謂之諂. 不擇是非而言, 謂之諛. 好言人之惡, 謂之讒. 析交離親, 謂之賊. 稱譽詐僞以敗惡人, 謂之慝. 不擇善否, 兩容頰適, 偸拔其所欲, 謂之險. 此八疵者, 外以亂人, 內以傷身. 君子不友, 明君不臣. 所謂四患者. 好經大事, 變更易常, 以挂功名, 謂之叨. 專知擅事, 侵人自用, 謂之貪. 見過不更, 聞諫愈甚, 謂之很. 人同於己則可, 不同於己, 雖善不善, 謂之矜. 此四患也. 能去八疵, 無行四患, 而始可敎已.

3.

공자는 근심스러운 듯이 한숨을 쉬었다. 그리고 두 번 절하고 일어나 말했다.

"저는 노나라에서 두 번이나 쫓겨났고, 위나라에서는 입국을 금지 당했고, 송나라에서는 나무를 베어 쓰러뜨려 죽이려는 위협을 당했고, 진나라와 채나라 사이에서는 포위당했습니다. 저는 무엇을 잘못했는지 알지 못하겠습니다. 제가 이런 모함을 네 번씩이나 당한 것은 무엇 때문일까요?"

나그네가 불쌍하다는 표정을 지으면서 말했다.

"선생은 정말로 말귀가 어둡군요. 예를 들어 설명해봅시다. 자신의 그림자가 두렵고 자신의 발자국이 싫어서 그것들을 피해 도망가는 사람이 있었소. 발을 움직이는 속도가 빨라질수록 발자국은 더 많아지고, 도망가는 속도가 빨라질수록 그림자는 몸에 더 바짝 붙어 떨어지지 않았지요. 그래서 그 사람은 자기가 아직 느리게 달리기 때문에 그런 것이라고 생각하고 쉬지 않고 질주하다가 기력이 다해 그만 죽고 말았답니다. 그런데 만약 그 사람이 그늘로 들어갔더라면 그림자는 없어지고, 또 가만히 있었더라면 발자국도 생기지 않을 텐데, 지나치게 어리석었던 거지요. 선생은 인의仁義의 구분에 대해 탐구했고, 동이同異의 구분을 살펴보았고, 동정動靜의 변화를 연구했고, 물건을 주고받을 때의 예절을 익혔고, 좋아하고 싫어하는〔好惡〕 마음을 다스렸고, 기뻐하고 화내는 감정을 알맞게 조절했소. 그 때문에 그런 어리석음에서 거의 벗어나지 못하는 것입니다. 선생의 몸을 신중하게 수양하고, 타고난 진정을 신중하게 지켜 선생이 가지고 있는 것들을 다른 사람에게 되돌려주면 번거로움이 없어질 것입니다. 만약 자신을 수양하지 않고 그 원인을 다른 사람에게서 찾는다면 그 역시 이치에 어긋나는 짓이 아니겠소?"

孔子愀然而嘆, 再拜而起曰, 丘再逐於魯, 削迹於衛, 伐樹於宋, 圍於陳蔡. 丘不知所失, 而離此四謗者, 何也. 客淒然變容曰, 甚矣, 子之難悟也. 人有畏影惡迹, 而去之走者. 擧足愈數而迹愈多, 走愈疾而影不離身. 自以爲尙遲, 疾走不休, 絶力而死. 不知處陰以休影, 處靜以息迹, 愚亦甚矣. 子審仁義之間, 察同異之際, 觀動靜之變, 適受與之度, 理好惡之情, 和喜怒之節, 而幾於不免矣. 謹修而身, 愼守其眞, 還以物與人, 則無所累矣. 今不修身而求之人, 不亦外乎.

공자는 근심스럽게 말했다.

"진정이란 무엇을 말하는지요?"

나그네가 대답했다.

"진정이란 정성精誠의 극치입니다. 정과 성이 없으면 다른 사람을 감동시킬 수 없습니다. 그러므로 억지로 곡을 하면 비록 애통해 보이기는 하지만 슬프지 않고, 억지로 성내면 비록 엄숙해보이기는 하지만 무섭지 않으며, 억지로 친한 척하면 비록 웃기는 하지만 친밀하지 못합니다. 진짜로 슬프면 소리를 내지 않아도 슬프고, 진짜로 화나면 성내지 않아도 무서우며, 진짜로 친하면 웃지 않아도 친밀합니다. 진정이 안에 있으면 신기神氣가 밖으로 뻗어 나옵니다. 이 때문에 진정을 귀하게 여기는 것입니다. 그것을 인간의 사회적 도리에 적용해봅시다. 그것으로 부모를 모시면 자애롭고 효성스러우며, 임금을 모시면 충성과 지조가 있고, 술을 마시면 즐거워지고, 상을 치르면 슬픕니다. 충성과 지조는 공을 이루는 것이 핵심이고, 술을 마실 때는 즐거움이 핵심이고, 상을 치를 때는 슬픔이 핵심이고, 부모를 모실 때는 편안함이 핵심입니다. 어떤 일을 달성하고자 할 때는 한 가지 방법만 고집해서는 안 됩니다. 부모를 편안하게 섬길 때는 방법을 가릴 필요가 없습니다. 술을 마시면서 즐길 때는 그 도구를 가리지 않습니다. 슬픈 마음으로 상을 치를 때는 그에 해당하는 의식[禮]이 무엇인지 묻지 않습니다. 의식[禮]이라는 것은 세속의 사람들이 하는 것입니다. 진정이라는 것은 자연으로부터 받은 것이고 따라서 본디부터 바꿀 수 없는 것입니다. 그러므로 성인은 자연을 본받고 진정을 숭상하면서 세속의 풍속에 얽매이지 않습니다. 어리석은 사람은 이것과 반대입니다. 어리석은 사람은 자연을 본받지 못하고 인위적인 것에 대해서만 근심합니다. 그들은 진정을 숭상할 줄 모르며 이리저리 휩쓸리면서 세속의 변화를 받아들입니다. 그 때문에 부족한 것입니다. 선생은 일찍부터 인위에 빠져들었다가 늦게서야 대도大道에 대해 들었으니, 안타깝습니다."

공자는 두 번 절하고 일어나면서 말했다.

"지금 제가 선생님을 만난 것은 하늘이 주신 행운인 것 같습니다. 선생님께서는 저를 부끄러워하지 않으시고 제자와 똑같이 대해주시며 몸소 가르쳐주셨습니다. 선생님께서 계시는 곳이 어딘지 알려주시길 바랍니다. 선생님으로부터 가르침을 받아 기어이 대도大道에 대해 배우고 싶습니다."

나그네가 말했다.

"함께 지낼 만한 사람과 같이 지내면 신비로운 도〔妙道〕에 이르지만, 함께 지내서는 안 되는 사람과 같이 지내면 도道를 알지 못한다고 들었습니다. 아무하고나 함께 지내지 않도록 신중해야 자신에게 재앙이 없습니다. 선생께서는 노력하십시오. 나는 이제 가겠소. 나는 이제 가겠소."

그렇게 말하고 나서 노를 저으며 물가를 따라가다 갈대숲 속으로 사라졌다.

孔子愀然曰, 請問何謂眞. 客曰, 眞者, 精誠之至也. 不精不誠, 不能動人. 故強哭者雖悲不哀, 強怒者雖嚴不威, 強親者雖笑不和. 眞悲無聲而哀, 眞怒未發而威, 眞親未笑而和. 眞在內者, 神動於外, 是所以貴眞也. 其用於人理也, 事親則慈孝, 事君則忠貞, 飮酒則歡樂, 處喪則悲哀. 忠貞以功爲主, 飮酒以樂爲主, 處喪以哀爲主, 事親以適爲主. 功成之美, 無一其迹矣. 事親以適, 不論所以矣. 飮酒以樂, 不選其具矣. 處喪以哀, 無問其禮矣. 禮者, 世俗之所爲也. 眞者, 所以受於天也, 自然不可易也. 故聖人法天貴眞, 不拘於俗. 愚者反此. 不能法天而恤於人, 不知貴眞, 祿祿而受變於俗, 故不足. 惜哉. 子之蚤湛於人僞而晩聞大道也. 孔子再拜而起曰, 今者丘得遇也, 若天幸然. 先生不羞而比之服役, 而身敎之. 敢問舍所在, 請因受業, 而卒學大道. 客曰, 吾聞之, 可與往者與之, 至於妙道, 不可與往者, 不知其道, 愼勿與之, 身乃無咎. 子勉之. 吾去子矣, 吾去子矣. 乃刺船而去, 延緣葦閒.

4.

안연이 수레를 돌려놓았고 자로가 손잡이 끝을 주었지만 공자는 돌아보지도 않고 물결이 잦아질 때까지 기다렸다. 공자는 노 젓는 소리가 완전히 사라진 뒤에야 감히 수레에 올랐다.

자로가 수레 곁으로 다가와 물었다.

"제가 선생님을 모신 지 오래 되었습니다만 선생님께서 사람을 만날 때 이처럼 두려워하신 것을 본 적이 없습니다. 만승의 군주나 천승의 군주라도 선생님께서는 뜰의 반쪽을 차지하고서 대등한 예로 대우하지 않은 적이 없으셨고, 선생님께서는 오히려 거만스러운 모습까지 보였습니다. 그런데 아까 그 어부는 노를 짚고 마주보고 서 있었는데 선생님께서는 경쇠처럼 허리를 구부리며 말할 때마다 절을 하신 다음에 대답하시니 너무 지나치셨던 것이 아닌가요? 우리 제자들은 모두 선생님을 의아하게 생각하고 있습니다. 그 어부에게 왜 그렇게 깍듯이 대하신 건가요?"

공자는 수레 앞쪽의 가로대[軾]에 엎드려 한숨을 쉬면서 말했다.

"유(자로)를 가르치기가 참 어렵구나. 예의를 익힌 지 시간이 꽤 되었는데도 천박한 생각을 아직도 떨쳐버리지 못하고 있다니. 이리와 보거라. 내 너에게 설명해주겠다. 어른을 보고서 공경하지 않으면 그것은 실례다. 현자를 보고서 존경하지 않으면 그것은 어질지 못한 것이다. 그가 지인至人이 아니었다면 다른 사람으로 하여금 저절로 머리 숙이게 하지 못했을 것이다. 다른 사람에게 머리를 숙일 때 정성을 다하지 않으면 그것은 진실할 수 없고, 그 때문에 자주 자기 자신을 해친다. 불쌍하구나. 사람에게 있어서 어질지 못한[不仁] 것보다 더 큰 재앙이 없는데, 자로 너는 유독 그런 행동을 멋대로 저지르는구나. 도道는 만물의 근원이다. 모든 사물은 그것을 잃으면 죽고 그것을 얻으면 산다. 일을 처리할 때도 그것에 거스르면 실패하지만 그것에 따르면 성공한다. 그러므로 성인은 도를 간직하고 있는 사람이면 누구든 가리지 않고 존중한다. 아까의 그 어부는 도를 터득하고 있다고 할 수 있을 것이다. 그러니 내가 어떻게 존경하지 않을 수 있겠느냐?"

顏淵還車, 子路授綏, 孔子不顧. 待水波定, 不聞拏音, 而後敢乘. 子路旁車而問曰, 由得爲役久矣, 未嘗見夫子遇人如此其威也. 萬乘之主, 千乘之君, 見夫子未嘗不分庭伉禮, 夫子猶有倨傲之容. 今漁父杖拏逆立, 而夫子曲要磬折, 言拜而應, 得無太甚乎. 門人皆怪夫子矣. 漁人何以得此乎. 孔子伏軾而嘆曰, 甚矣, 由之難化也. 湛於禮義有間矣, 而朴鄙之心至今未去. 進, 吾語汝. 夫遇長不敬, 失禮也. 見賢不尊, 不仁也. 彼非至人, 不能下人. 下人不精, 不得其眞, 故長傷身. 惜哉. 不仁之於人也, 禍莫大焉, 而由獨擅之. 且道者, 萬物之所由也. 庶物失之者死, 得之者生. 爲事逆之則敗, 順之則成. 故道之所在, 聖人尊之. 今之漁父之於道, 可謂有矣. 吾敢不敬乎.

제32편 | 열어구

列御寇

열어구는 도가의 선구자 중 한 사람인 열자의 이름이다. 이 편은 열여섯 개의 독립된 문장으로 이루어져 있다. 각 장은 내용적으로 그다지 긴밀한 연관성이 없다. 그러므로 이 편 전체를 통틀어 일관된 주제가 무엇인지 한 마디로 말하기 어렵다. 이 편에서 가장 인상적인 것은 첫 번째 장인 열어구와 백혼무인의 대화, 그리고 15장의 장자의 죽음에 대한 것이다. 첫 번째 장의 내용은 「응제왕」 편의 열자와 계함 그리고 호자壺子 사이의 대화와 비교가 된다. 「응제왕」 편에서 열자는 경솔하게 자신을 드러내 보이면서 뽐내기를 좋아하는 인물로 그려져 있고, 여기서도 스승인 백혼무인은 "너는 왜 사람들이 너의 뛰어난 점에 감동하고 기뻐하도록 하는 것이냐"라고 열자의 그러한 점을 나무라면서 그러한 행동은 자신의 본성을 동요하게 한다고 가르치고 있다. 15장은 죽어가는 장자가 자신의 장례를 성대하게 치르려고 하는 제자들을 만류하는 내용이다. 장자의 죽음에 대한 태도와 만물일체 사상이 쉽고 간결한 표현 속에 매우 잘 드러나 있다.

1.

열어구列禦寇[1]가 제나라로 가다가 말고 가던 길을 돌아왔는데, 도중에 백혼무인伯昏瞀人[2]을 만났다. 백혼무인이 물었다.

"왜 가다가 말고 돌아왔느냐?"

"제가 두려웠기 때문입니다."

"무엇이 두려웠느냐?"

"저는 열 군데 식당에 들렀는데, 그중 다섯 곳의 식당에서 다른 사람보다 먼저 저에게 음식을 가져다주었습니다."

백혼무인이 다시 물었다.

"그런데 너는 무엇이 두려웠다는 것이냐?"

"내면에 축적해둔 것이 사라지지 않고 그것이 몸 밖으로 드러나 빛을 내뿜었기 때문에 다른 사람의 마음을 위축시켰던 것입니다.

---

1 열자. 정나라 사람으로 노자와 장자 중간에 살았던 도가에 속하는 인물.

2 열자의 스승. 「덕충부」 편과 「전자방」 편에서는 백혼무인伯昏無人으로 표기했다. 가공의 인물이라고도 하고 초나라의 현인이라고도 한다.

결국 저를 우대하느라 노인을 공경하는 일을 소홀히 하도록 만들었으니 제가 우려한 상황이 발생하고 만 것입니다. 식당 주인은 음식을 팔아 남는 이익으로 먹고삽니다. 그들이 챙기는 이익은 적고 가지고 있는 힘 역시 경미한데도 이와 같이 하는데, 하물며 만승萬乘 대국의 군주야 말할 나위가 있겠습니까? 대국의 군주는 몸은 나라 일로 지치고 지력은 여러 가지 일로 바닥이 났을 것입니다. 그는 저에게 일을 맡기고 저에게 그 일을 책임지고 완성하게 할 것입니다. 저는 이 때문에 두려웠던 것입니다."

백혼무인이 말했다.

"잘 봤다. 네가 그렇게 처신한다면 사람들이 너에게 모여들 것이다."

얼마 지나지 않아 백혼무인이 열어구의 집에 가보았더니 문 밖에까지 신발로 가득 차 있었다.

백혼무인이 북쪽을 바라보고 서서 지팡이를 세우고 거기에 턱을 괴고서는 얼마 동안 서 있다가 아무 말도 하지 않고 나갔다. 손님 접대를 맡은 사람이 이 사실을 열자에게 알렸다. 열자는 신발을 집어 들고 맨발로 문밖까지 달려 나가 말했다.

"선생님께서 기왕 오셨는데, 어찌하여 도움이 될 만한 가르침을 내려주시지 않은 것입니까?"

"그만 둬라. 내가 전에 너에게 '사람들이 너에게 모여들 것이다'라고 말했는데, 지금 보니 과연 사람들이 모여들고 있구나. 네가 일부러 사람들이 너에게 모여들게 할 수는 없겠지만, 너는 사람들이 너에게 모여들지 않도록 하지도 못했던 것이다. 너는 왜 사람들이 너의 뛰어난 점에 감동하고 기뻐하도록 하는 것이냐? 다른 사람에게 꼭 감동을 주려다 보면 너의 본성도 동요될 터이니, 그것은 또 어쩔 수 없는 일이다. 너와 같이 어울리는 사람 역시 너에게 그런 사실을 말해주지 않는다. 그들이 지껄이는 하찮은 말은 모두 남을 해치는 것들이다. 전혀 깨닫지도 못하고 있으면서 어떻게 그것을 익힌다는 것인가? 솜씨가 좋은 사람은 몸이 수고롭고, 지혜로운 자는 마음에 근심이 가득하지만, 무능한 자는 아무것도 추구하는 것이 없고 그저 배불리 먹고 제멋대로 논다. 그는 묶어놓지 않은 배처럼 이리저리 떠다니는데, 이런 사람은 마음을 텅 비우고서 제멋대로 논다."

列禦寇之齊, 中道而反, 遇伯昏瞀人. 伯昏瞀人曰, 奚方而反. 曰, 吾驚焉. 曰, 惡乎驚. 曰, 吾嘗食於十漿, 而五漿先饋. 伯昏瞀人曰, 若是, 則汝何爲驚已. 曰, 夫內誠不解, 形諜成光, 以外鎭人心. 使人輕乎貴老, 而〈★한자10〉其所患. 夫漿人特爲食羹之貨, 無多餘之贏. 其爲利也薄, 其爲權也輕, 而猶若是. 而況於萬乘之主乎. 身勞於國, 而知盡於事. 彼將任我以事, 而效我以功. 吾是以驚. 伯昏瞀人曰, 善哉觀乎. 汝處已, 人將保汝矣. 無幾何而往, 則戶外之屨滿矣. 伯昏瞀人北面而立, 敦杖蹙之乎頤, 立有間, 不言而出. 賓者以告列子, 列子提屨, 跣而走, 暨於門曰, 先生旣來, 曾不發藥乎. 曰, 已矣, 吾固告汝曰, 人將保汝, 果保汝矣. 非汝能使人保汝, 而汝不能使人無保汝也, 而焉用之感豫出異也. 必且有感, 搖而本才, 又無謂也. 與汝遊者, 又莫汝告也. 彼所小言, 盡人毒也. 莫覺莫悟, 何相孰也. 巧者勞而知者憂, 無能者無所求, 飽食而敖遊, 汎若不繫之舟, 虛而敖遊者也.

2.

정나라 사람 완緩은 구씨裘氏라는 고장에서 학문을 연마했다. 그렇게 한 지 삼 년 만에 완은 유자儒者가 되었다. 황하의 물이 9리 밖까지 적시듯이 그의 혜택이 3족에게까지 미쳤고, 그 결과 그의 동생이 묵자墨者가 되게 했다. 그리하여 유자와 묵자가 서로 만나 논쟁을 벌였는데, 그의 아버지는 동생 적翟의 편을 들었다. 10년 동안 그러다가 결국 완은 자살하고 말았다. 그의 아버지가 완의 꿈을 꾸었는데, 그가 말했다.

"아버지는 왜 제 무덤에 한 번도 와보시지 않습니까? 저는 이미 측백나무의 열매가 되었습니다."

조물주가 사람에게 뭔가를 보상할 때는 그 사람의 인위적인 면으로 보상해주는 것이 아니라 그 사람의 천성적인 면으로 보상해준다. 그의 동생은 자연이 본래 천성적으로 그렇게 만든 것이지 형에 의해 그렇게 된 것이 아니다. 그 사람(완)은 자신이 다른 사람보다 뛰어나다고 생각했기 때문에 자기 아버지를 깔보았다. 이것은 마치 제나라의 어떤 사람이 자기가 판 우물에서 물을 마시는 사람과 다투면서 우물물이 오로지 자기의 힘으로 솟아나는 것처럼 생각했던 것과 같다. 그러므로 오늘날의 사람들은 모두 완과 같다고 말하는 것이다. 자기 스스로 덕이 있다고 인정하는 사람은 덕이 무엇인지를 모르는 사람이다. 하물며 스스로 도통했다고 생각하는 사람이야 더 말할 나위가 있겠는가? 옛날에는 그런 사람을 자연에서 도망쳤기 때문에 받는 형벌이라고 불렀다. 성인은 자연적으로 안정된 것을 편안하게 여기고 자연적으로 안정되지 못한 것을 불편하게 여긴다. 일반 사람들은 자연적으로 안정되지 못한 것을 편안하게 여기고, 자연적으로 안정된 것을 불편해 한다.

鄭人緩也, 呻吟裘氏之地. 祗三年而緩爲儒. 河潤九里, 澤及三族, 使其弟墨. 儒墨相與辯, 其父助翟, 十年而緩自殺. 其父夢之曰, 使而子爲墨者, 予也. 闔胡嘗視其良. 旣爲秋柏之實矣. 夫造物者之報人也, 不報其人, 而報其人之天. 彼故使彼. 夫人以己爲有以異於人, 以賤其親. 齊人之井飮者相捽也. 故曰, 今之世皆緩也. 自是有德者. 以不知也. 而況有道者乎. 古者謂之遁天之刑. 聖人安其所安, 不安其所不安. 衆人安其所不安, 不安其所安.

3.

장자가 말했다.

"도를 알기는 쉽지만, 그것을 말하지 않기는 어렵다. 도를 알면서도 말하지 않는 것은 자연적인 것을 따르기 때문이다. 도를 알면서 그것을 말하는 것은 인위적인 것을 따르기 때문이다. 옛날 사람들은 자연적인 것을 따르면서 인위적인 것을 따르지 않았다."

莊子曰, 知道易, 勿言難. 知而不言, 所以之天也. 知而言之, 所以之人也. 古之人, 天而不人.

4.

주평만朱泙漫은 지리익支離益[3]에게서 용을 때려잡는 방법을 배웠다. 천금이나 되는 재산을 몽땅 다 쏟아 부어 3년 만에 기술을 터득했다. 그러나 그 기술을 쓸 데가 없었다.

朱泙漫學屠龍於支離益. 單千金之家, 三年技成, 而無所用其巧.

3 주평만과 지리익은 모두 가공의 인물.

5.

성인은 분명한 것에 대해서도 자기의 견해를 고집하지 않는다. 그러므로 분쟁이 발생하지 않는다. 보통 사람들은 분명한 것이 아님에도 불구하고 자기 견해를 고집한다. 그래서 분쟁이 잦다. 분쟁에 길들여져 있기 때문에 그런 사람의 행위에는 억지로 추구하는 것이 있다. 그러나 분쟁에 의존하면 멸망에 이른다.

聖人以必不必, 故無兵. 衆人以不必必之, 故多兵. 順於兵, 故行有求. 兵, 恃之則亡.

6.

소인배의 지식은 선물이나 편지 같은 것을 주고받는 데서 벗어나지 못하고 하찮은 일로 정신精神을 피폐하게 만든다. 그럼에도 도道와 사물 모두에 능통하려고 하고, 유형의 것과 무형의 것을 크게 통일된 하나의 것으로 보려고 한다. 그러나 이와 같은 사람은 우주宇宙에 홀린 나머지 몸이 지쳐 태초太初에 대해 알지 못한다. 지인至人은 정신을 최초의 시간 이전으로 돌려놓고 아무것도 없는 공간에서 편히 잠든다. 지인의 정신은 무형無形에서 물처럼 흘러나오고, 가장 맑은 태청太淸서 새어나온다. 불쌍하구나. 너희 소인배는 터럭처럼 사소한 것들을 탐구하는 데 지식을 사용하느라 완전하게 평온한 경지를 알지 못한다.

小夫之知, 不離苞苴竿牘. 敝精神乎蹇淺, 而欲兼濟道物, 太一形虛. 若是者, 迷惑於宇宙, 形累不知太初. 彼至人者, 歸精神乎無始, 而甘冥乎無何有之鄕. 水流乎無形, 發泄乎太淸. 悲哉乎. 汝爲知在毫毛, 而不知大寧.

7.

송나라에 조상曹商이라는 사람이 있었는데, 그는 송나라 왕의 사신이 되어 진나라로 갔다. 그가 사행使行 길을 떠날 때는 몇 대의 수레를 가지고 갔지만, 진나라 왕은 그를 좋아하여 수백 대의 수레를 더해주었다. 그는 송나라로 돌아와 장자를 만나 자랑스레 말했다.

"빈민촌의 좁은 골목에 살고, 가난에 절어 짚신을 삼아 생계를 이어가고, 비쩍 마른 목에 누렇게 뜬 얼굴을 하고 있는 것 등은 내가 잘 못하는 것이지. 그러나 만승 대국의 임금을 깨우쳐 단번에 백 대의 수레를 상으로 받는 것은 내가 잘 하는 것이지."

장자가 말했다.

"진나라 왕이 병이 나서 의사를 부를 때 악창이나 등창을 터뜨려 고름을 짜낸 자는 수레 한 대를 상으로 받고, 치질을 핥아서 병을 고친 자는 수레 다섯 대를 상으로 받는다네. 치료하는 부위가 낮을수록 상으로 받는 수레의 수는 더 많아지는 셈이지. 자네는 그의 치질을 어떻게 고쳤기에 그렇게 많은 수레를 상으로 받았는가? 돌아가게."

宋人有曹商者, 爲宋王使秦. 其往也, 得車數乘. 王說之, 益車百乘. 反於宋, 見莊子曰, 夫處窮閭阨巷, 困窘織屨, 槁項黃馘者, 商之所短也. 一悟萬乘之主, 而從車百乘者, 商之所長也. 莊子曰, 秦王有病召醫, 破癰潰痤者得車一乘, 舐痔者得車五乘. 所治愈下, 得車愈多. 子豈治其痔邪. 何得車之多也. 子行矣.

8.

노나라의 애공哀公이 안합顔闔[4]에게 물었다.

"나는 중니(공자)를 국정의 책임자로 쓸까 하는데, 그러면 우리나라의 잘못된 것들이 고쳐지겠소?"

"아마 위험할 것입니다. 중니는 지금 깃털로 장식을 하고 그 위에 채색까지 더하고 있는 꼴입니다. 그는 번지르르한 말을 늘어놓는 짓을 일삼고, 지엽적인 것을 본질적인 것으로 호도하고 있습니다. 또 자연적 본성을 왜곡되게 해석하여 사람들을 가르치지만 아무도 믿지 않는다는 것을 알지 못합니다. 이처럼 그는 엉뚱한 것으로 마음속을 채우고 있고, 그런 것들이 그의 정신을 주재하고 있습니다. 그런 사람이 어떻게 백성 위에 군림할 수 있겠습니까? 그런데도 전하께서는 그가 마음에 드십니까? 전하께서는 그에게 녹봉을 주어 그를 돌봐주려고 하십니까? 전하를 기쁘게 하는 것은 좋습니다. 그러나 만약 백성으로 하여금 진실에서 벗어나 거짓을 배우게 한다면, 그것은 백성을 가르치는 방법이 아닙니다. 후세를 생각하신다면 그만두시는 것이 좋습니다. 나중에는 그것을 바로잡기 어렵습니다."

魯哀公問乎顔闔曰, 吾以仲尼爲貞幹, 國其有瘳乎. 曰, 殆哉圾乎. 仲尼方且飾羽而畫, 從事華辭, 以支爲旨. 忍性以視民, 而不知不信. 受乎心, 宰乎神, 夫何足以上民. 彼宜女與. 予頤與. 誤而可矣. 今使民離實學僞, 非所以視民也. 爲後世慮, 不若休之. 難治也.

4 노나라의 현인. 「인간세」 편에도 나왔다.

9.

다른 사람에게 혜택을 베풀고서 잊지 않는다면 그것은 자연이 만물에게 혜택을 베푸는 것과는 같지 않다. 장사꾼들마저도 그런 사람은 거들떠보지 않는다. 비록 일 때문에 어쩔 수 없이 거들떠보기는 한다 하더라도 속마음은 여전히 그런 사람을 경멸한다.

施於人而不忘, 非天布也. 商賈不齒. 雖以事齒之, 神者弗齒.

10.

외적인 형벌을 집행하는 것은 쇠나 나무로 만든 형구刑具들이다. 내적인 형벌을 집행하는 것은 마음의 동요와 후회다. 소인들 중에서 외적인 형벌을 받을 죄를 지은 자는 쇠나 나무로 만든 도구로 고문당한다. 내적인 형벌을 받을 죄를 지은 자는 심신이 음양陰陽에 갉아 먹힌다. 대개 외적인 형벌과 내적인 형벌을 모두 다 피할 수 있는 자는 오직 진인眞人뿐이다.

爲外刑者, 金與木也. 爲內刑者, 動與過也. 宵人之離外刑者, 金木訊之. 離內刑者, 陰陽食之. 夫免乎外內之刑者, 唯眞人能之.

11.

공자가 말했다.

"사람의 마음은 산이나 강보다 위험하고, 자연을 아는 것보다 마음을 알기가 더 어렵다. 자연에는 그나마 봄, 여름, 가을, 겨울 등의 규칙적인 변화가 있고, 아침저녁이라는 일정한 기간이 있지만, 사람은 풍부한 표정 속에 감정을 깊이 감추고 있다. 그러므로 겉모습은 공손해 보이지만 속마음은 교만한 자가 있고, 겉모습은 우수해 보이지만 속마음은 졸렬한 자가 있고, 겉모습은 신중해 보이지만 속마음은 경박한 자가 있고, 겉모습은 굳건해 보이지만 속마음은 연약한 자가 있고, 겉모습은 느긋해 보이지만 속마음은 성급한 자가 있다. 그러므로 마치 목마른 자가 물을 찾는 것처럼 정의를 추구하던 사람도 그 정의를 떠날 때는 마치 뜨거운 곳을 피하듯 재빠르다. 그러므로 군자는 사람을 먼 곳으로 보내 일을 시키면서 그의 충실함을 살펴보고, 가까운 곳에 두고 일을 시키면서 그의 공경심을 살펴보고, 성가시게 일을 시키면서 그 재능을 살펴보고, 갑자기 질문을 던져 그의 지식을 살펴보고, 다급하게 약속을 잡아 그의 신용을 살펴보고, 재산을 맡겨 그의 어짊(仁)을 살펴보고, 위험한 상황을 알려 그 지조를 살펴보고, 술에 취하게 하여 그의 법도를 살펴보고, 여자와 함께 있게 하여 그의 여색에 대한 태도를 살펴본다. 이 아홉 가지 검증을 거치고 나면 겉과 속이 다른 자를 가려낼 수 있다."

孔子曰, 凡人心險於山川, 難於知天. 天猶有春秋冬夏旦暮之期, 人者厚貌深情. 故有貌愿而益, 有長若不肖, 有順懁而達, 有堅而縵, 有緩而釬. 故其就義若渴者, 其去義若熱. 故君子遠使之而觀其忠, 近使之而觀其敬, 煩使之而觀其能, 卒然問焉而觀其知, 急與之期而觀其信, 委之以財而觀其仁, 告之以危而觀其節, 醉之以酒而觀其側, 雜之以處而觀其色. 九徵至, 不肖人得矣.

12.

정고보正考父[5]는 처음 임명장을 받아 사士가 되자 등을 굽혔고, 두 번째 임명장을 받아 대부大夫가 되자 허리를 굽혔고, 세 번째 임명장을 받아 경卿이 되자 몸이 땅에 닿을 정도로 구부렸고 담장 쪽에 붙어서 걸었다. 그러니 누가 감히 그를 본받지 않겠는가. 그런데 보통 사람들은 처음 임명장을 받아 사가 되면 우쭐대며 뽐내고, 두 번째 임명장을 받아 대부가 되면 수레 위에서 춤을 추고, 세 번째 임명장을 받아 경이 되면 큰아버지나 작은아버지까지 무시하여 이름을 불러댄다. 그러니 어떻게 요임금이나 허유의 겸손함을 따를 수 있겠는가?

正考父一命而傴, 再命而僂, 三命而俯, 循牆而走. 孰敢不軌. 如而夫者, 一命而呂鉅, 再命而於車上儛, 三命而名諸父. 孰協唐許.

13.

의식적으로 덕을 실천하고, 그 의식에 어떤 속셈을 숨겨두고 있는 것보다 더 나쁜 것은 없다. 그러면 어떤 속셈을 가지고 주관적으로 사물을 판단하게 되는데, 주관적으로 사물을 판단하면 일을 그르친다.

포악한 덕에는 다섯 가지가 있는데, 그 가운데 독단적인 마음이 으뜸이다. 독단적인 마음은 무엇인가? 독단적인 마음이란 자기 자신의 판단을 옳다고 여기고 자기가 좋아하지 않는 것은 모두 비난

5 송나라 사람. 공자의 조상 가운데 한 명이라고도 하고, 송나라 민공湣公의 현손이라고도 하지만 분명치 않다.

하는 것을 말한다.

곤궁한 상태에 빠지는 데는 여덟 가지 원인이 있고, 운이 잘 풀리는 데는 세 가지 필연적인 요소가 있으며, 위험을 끼치는 것에는 여섯 가지가 있다. 미모, 구레나룻, 큰 키, 풍성한 몸집, 건장한 몸, 고운 모습, 용맹함, 과감함 등의 여덟 가지가 모두 남보다 뛰어날 경우에는 그것 때문에 곤경에 빠진다. 상황의 변화에 그대로 따르는 것, 공손하게 남의 뒤만 따르는 것, 다른 사람과 비교하지 못할 정도로 나약한 것 등 세 가지는 모두 운이 잘 풀리게 하는 원인이 된다.

지혜가 있으면 원망이 많아지고, 용감하게 행동하면 원성이 많아지며, 인의仁義를 실천하면 비난이 많아진다. 생명의 실정에 정통한 사람은 마음이 넓고, 지식에 정통한 사람은 생각이 좁다. 자연의 명령에 능통한 사람은 자연의 변화에 따르고, 인간의 명령에 능통한 자는 어려운 일을 맡는다.

賊莫大乎德有心而心有睫. 及其有睫也而內視, 內視而敗矣. 凶德有五, 中德爲首. 何謂中德. 中德也者, 有以自好也, 而呰其所不爲者也. 窮有八極, 達有三必, 形有六府. 美髯長大壯麗勇敢, 八者俱過人也, 因以是窮. 緣循偃仰困畏不若人, 三者俱通達. 知慧外通, 勇動多怨, 仁義多責. 達生之情者傀, 達於知者肖. 達大命者隨, 達小命者遭.

14.

어떤 사람이 송나라 임금을 만나고 나서 열 대의 수레를 하사 받았다. 그는 수레 열 대 받은 것을 장자에게 자랑했다. 장자가 말했다.

"황하가에 어떤 가난한 집이 있었는데, 갈대로 물건을 만들어 생계를 이어가고 있었지. 그 집 아들이 어느 날 연못 깊이 잠수하여 천금이나 나가는 구슬을 주워왔어. 그런데 그 아버지는 아들에게 이렇게 타일렀대. '돌을 가져와서 그걸 깨뜨려버려라. 천금이나 나가는 구슬은 분명히 깊고 깊은 연못 속의 검은 용 턱밑에나 있었을 터인데, 네가 구슬을 가져올 수 있었던 것은 틀림없이 그 검은 용이 마침 잠들었을 때 갔기 때문일 것이다. 만약 검은 용이 깨어난다면 네가 뼈마디라도 추릴 수 있겠느냐?' 송나라의 깊이는 비단 깊고 깊은 연못에 비할 바가 못 되지. 송나라 임금의 사나움은 비단 검은 용에 비할 바가 못 되지. 자네가 수레를 얻은 것은 분명히 그가 마침 잠들었을 때 자네가 갔기 때문일 거야. 만약 송나라 임금이 잠에서 깨어난다면 자네는 갈기갈기 찢겨지겠지."

人有見宋王者, 錫車十乘. 以其十乘驕稚莊子. 莊子曰, 河上有家貧, 恃緯蕭而食者. 其子沒於淵, 得千金之珠. 其父謂其子曰, 取石來鍛之. 夫千金之珠, 必在九重之淵, 而驪龍頷下. 子能得珠者, 必遭其睡也. 使驪龍而寤, 子尙奚微之有哉. 今宋國之深, 非直九重之淵也. 宋王之猛, 非直驪龍也. 子能得車者, 必遭其睡也. 使宋王而寤, 子爲〈★한자10〉粉夫.

15.

누군가 장자를 초빙하려고 했다. 장자는 그가 보낸 사자에게 대답했다.

"자네는 희생으로 쓰이는 소를 보았는가? 아름답게 수놓은 옷을 입히고 풀과 콩을 먹여 기르지. 그러나 그 소가 태묘에 끌려들어갈 때가 되면 비록 돌봐줄 어미도 없는 송아지로 되돌아가고 싶어도 그것이 가능하겠는가?"

或聘於莊子. 莊子應其使曰, 子見夫犧牛乎. 衣以文繡, 食以芻叔. 及其牽而入於大廟, 雖欲爲孤犢, 其可得乎.

16.

장자가 막 죽어가고 있을 때 제자들이 장례를 성대하게 치르려고 했다. 그것을 보고 장자가 말했다.

"나는 하늘과 땅으로 속관과 겉관을 대신했고, 해와 달로 연벽連璧(한 쌍의 큰 옥)을 대신했고, 별들로 입에 물리는 구슬을 대신했고, 만물로 부장품을 대신했다. 이처럼 내 장례 준비물은 이미 다 갖추어지지 않았느냐? 여기에 더할 게 뭐가 있느냐?"

제자가 걱정스럽게 말했다.

"저희는 까마귀나 솔개가 선생님을 뜯어먹을까봐 두렵습니다."

장자가 대답했다.

"내 시신을 땅 위에 두면 까마귀나 솔개의 밥이 될 것이고, 땅 밑에 두면 땅강아지나 개미의 먹이가 될 것이다. 너희는 위쪽 것들의 먹이를 빼앗아다가 아래쪽 것들에게 주려고 하고 있으니 어찌 그리 편파적이냐?"

莊子將死, 弟子欲厚葬之. 莊子曰, 吾以天地爲棺槨, 以日月爲連璧, 星辰爲珠璣, 萬物爲齎送. 吾葬具豈不備邪. 何以加此. 弟子曰, 吾恐烏鳶之食夫子也. 莊子曰, 在上爲烏鳶食, 在下爲螻蟻食, 奪彼與此, 何其偏也.

17.

불공평한 기준을 가지고 공평하게 하려고 한다면, 그 공평함은 불공평한 것이다. 사실과 맞지 않은 방법으로 사실에 부합하게 하려고 한다면 그 부합은 사실과 맞지 않은 것이다. 총명한 사람은 오직 사물에 끌려다닐 뿐이지만, 신성한 사람은 사실과 부합한다. 총명함이 신성함을 뛰어넘지 못한다는 건 매우 오래된 진리인데도 어리석은 자는 자기의 사견을 믿고 인위에 빠져들며, 그들이 낸 성과는 모두 외적인 것뿐이니 가련하지 않은가?

以不平平, 其平也不平. 以不徵徵, 其徵也不徵. 明者唯爲之使, 神者徵之. 夫明之不勝神也久矣, 而愚者恃其所見入於人, 其功外也, 不亦悲夫.

제33편 | 천하

天下

이 편에서는 중국 고대의 학술을 몇 개의 범주로 나누어 각각의 특징과 대표적인 사상가들을 소개하고 간략한 평가를 덧붙이고 있다. 전체는 일곱 개의 장으로 구성되어 있고, 첫 번째 서론 부분을 제외하고 나머지 여섯 개의 장에서는 각각 묵적과 금활리, 송견과 윤문, 팽몽과 전병과 신도, 관윤과 노담, 장자, 혜시 등의 사상을 중심으로 설명하고 있다. 이중에서 관윤과 노담의 사상을 가장 흠결이 없는 것으로 매우 높이 평가했다. 그런데 장자를 관윤과 노자 항목에 포함시키지 않고 독립시킨 점이나 장자와 혜시 등 두 사람에 대해서는 각각 단일 인물로 한 항목을 할애한 점 등은 주목할 만하다. 또 특이한 점은 모두 어떤 도술의 계통을 이어받은 것으로 설명했지만 유일하게 혜시만 예외적으로 어떤 계통의 도술을 이어받았다고 설명하지 않았다는 것이다. 또 혜시에 대한 설명은 다른 부분에 비해 특히 자세하고, 혜시 및 그의 추종자들이 제기한 명제들을 많이 소개하고 있는 점이 특이하다고 할 수 있다. 혜시를 설명한 부분에서 소개한 여러 가지 명제는 고대 명가 학파의 사상을 연구하는 데 매우 귀중한 자료로 쓰이고 있다.

1.

이 세상에는 한 가지 특정한 분야의 학술을 연마하는 사람이 많은데, 그들은 모두 자기가 연마한 것에 더 이상 다른 것을 더할 필요가 없다고 생각한다. 그런데 옛날 사람들이 말한 도술道術은 과연 어디에 있는 것일까? 말하자면 그것은 없는 곳이 없다. 또 말하자면 신비로움〔神〕은 어디서 내려왔고 총명함〔明〕은 어디에서 나온 것일까? 성인聖人의 발생에는 그럴 만한 원인이 있었고, 왕자王者가 성립하는 데도 그럴 만한 원인이 있었다. 그것들은 모두가 하나의 뿌리, 즉 도道에서 나왔다.

근원에서 이탈하지 않은 사람을 천인天人이라고 부른다. 순수함에서 이탈하지 않은 사람을 신인神人이라고 부른다. 진실에서 이탈하지 않은 사람을 지인至人이라고 부른다. 자연을 근원으로 삼고, 덕을 근본으로 삼고, 도道를 문으로 삼고, 모든 변화를 예측하는 사람을 성인聖人이라고 부른다. 인仁을 사랑의 방법으로 삼고, 의義를 사회를 조정하는 수단으로 삼고, 예禮를 행위의 준칙으로 삼고, 음악

〔樂〕을 화합의 도구로 삼으면서 자애로움과 사랑이 넘치는 사람을 군자君子라고 부른다.

天下之治方術者多矣. 皆以其有爲不可加矣. 古之所謂道術者, 果惡乎在. 曰, 無乎不在. 曰, 神何由降. 明何由出. 聖有所生, 王有所成, 皆原於一. 不離於宗, 謂之天人. 不離於精, 謂之神人. 不離於眞, 謂之至人. 以天爲宗, 以德爲本. 以道爲門. 兆於變化, 謂之聖人. 以仁爲恩, 以義爲理, 以禮爲行, 以樂爲和, 薰然慈仁, 謂之君子.

법률로써 직급을 나누고, 직급에 따른 관명으로써 직무를 표시하고, 직무와 일처리 결과를 대조하여 점검하고, 그 점검의 결과를 고찰하여 옳고 그름과 상벌을 결정하는데 1등급, 2등급, 3등급, 4등급 등의 등급은 이렇게 해서 나온 것이다. 여러 관리는 이러한 방법을 통해 능력에 맞는 관직을 맡고, 자기가 맡은 직무를 처리하는 것을 일상적인 일로 삼는다. 그들은 또 백성의 입는 문제와 먹는 문제의 해결에 중점을 두어 백성의 가축이 늘어나게 하고, 재물이 쌓일 수 있도록 하는 데 마음을 둔다. 또 노인과 어린아이와 고아와 과부가 모두 보살핌을 받을 수 있도록 하는데, 이것이 백성을 다스리는 방법이다.

옛날 사람들은 자연적 본성을 고스란히 다 간직하고 있었다. 그들은 천지의 신명神明과 짝이 되었고, 하늘과 땅을 본받았고, 만물을 길러냈고, 온 세상 사람들과 화합했으며, 그 혜택이 모든 백성에게 미쳤다. 그들은 근본적인 원리에 밝았고, 구체적인 규범과 제도에도 능숙했다. 그들의 지혜는 천지사방 무한한 데까지 이르렀으며, 그들은 그것을 크고 작은 데서부터 눈에 안 보이는 데 이르기까지 적용하지 않은 곳이 없었다. 그들이 밝혀낸 근본적 원리나 구체적인 규범은 옛날의 법률과 제도 및 대대로 전해오는 역사 속에 여전히 많이 남아 있었다. 그 가운데 『시詩』『서書』『예禮』『악樂』 등의 책에 남아 있던 것은 추鄒나라와 노魯나라 지역의 유가학자와 관리 중 많은 사람이 통달하고 있다. 『시』는 사람의 감정을 표현한 책이고, 『서』는 정치적 사건을 기술한 책이고, 『예』는 행위의 규범을 기술한 책이고, 『악』은 정서의 순화를 기술한 책이고, 『역』은 음양의 이치를 기술한 책이고, 『춘추』는 명분名分을 기술한 책이다. 그 근본적인 원리는 온 세상에 퍼지고 중원中原으로 뻗어나가더니 백가百家의 학술에서 때때로 그것을 언급하기도 하고 설명하기도 한다.

以法爲分, 以名爲表, 以參爲驗, 以稽爲決, 其數一二三四是也. 百官以此相齒, 以事爲常, 以衣食爲主, 蕃息畜藏, 老弱孤寡爲意, 皆有以養, 民之理也. 古之人其備乎. 配神明, 醇天地, 育萬物, 和天下, 澤及百姓. 明於本數, 係於末度. 六通四辟, 小大精粗, 其運無乎不在. 其明而在數度者, 舊法世傳之史尚多有之. 其在於詩書禮樂者, 鄒魯之士搢紳先生多能明之. 詩以道志, 書以道事, 禮以道行, 樂以道和, 易以道陰陽, 春秋以道名分. 其數散於天下, 而設於中國者, 百家之學, 時或稱而道之.

온 세상이 큰 혼란에 빠진 뒤로 성인과 현인이 나타나지 않았고 도와 덕에 대한 주장이 일치하지 않았다. 세상 사람들은 한 가지 분야에 대한 지식만 터득해서 그것을 자랑했다. 비유를 들어 설명하면 그것은 마치 귀와 눈과 코와 입의 기능이 모두 제각각 뛰어나기는 하지만 서로 소통하지 못하는 것과 같다. 그와 같이 백가百家의 여러 가지 학술은 모두 뛰어난 면을 가지고 있고 때에 따라 쓰임새가 있기는 하지만, 그 각각은 모든 것을 다 포괄하지 못하고 모든 곳에 두루 적용되지 못하며, 그것을 익힌 자는 어느 한 가지 분야에만 정통한 학자에 그친다. 그들은 천지의 아름다움을 조각조각 쪼개보고, 만물의 이치를 하나하나 갈라보며, 고인의 온전함을 부분 부분으로 나누어본다. 그 결과 천지의 아름다움을 온전히 간직하고 있는 경우가 거의 없고, 모든 것을 다 포용하는 신명神明과 부합하는 경우가 거의 없다. 그러므로 내성외왕內聖外王[1]의 도道는 굳게 닫혀 밝게 드러나지 못했고, 단단히 막혀 피어나지 못했으며, 온 세상 사람들은 각자 자기가 하고 싶은 것을 하면서 자신이 하는 학문이 올바른 것이라고 생각하고 있다. 불쌍하다. 온갖 학파는 제 갈 길을 가서는 본래의 지점으로 돌아오지 않으니 결코 합일점을 찾을 수 없게 되었다. 그뒤로 후세의 학자들은 불행히도 천지의 순수함이라든가 옛사람들의 전체적인 모습 같은 것을 알지 못했다. 이처럼 도술은 세상 사람들 때문에 분열되고 말았다.

天下大亂, 賢聖不明, 道德不一. 天下多得一察焉以自好. 譬如耳目鼻口, 皆有所明, 不能相通. 猶百家衆技也, 皆有所長, 時有所用. 雖然, 不該不徧, 一曲之士也. 判天地之美, 析萬物之理, 察古人之全. 寡能備於天地之美, 稱神明之容. 是故內聖外王之道, 闇而不明, 鬱而不發, 天下之人各爲其所欲焉以自爲方. 悲夫. 百家往而不反, 必不合矣. 後世之學者, 不幸不見天地之純, 古人之大體. 道術將爲天下裂.

1 내적으로 성인의 덕을 갖추고 외적으로 제왕으로서의 능력을 갖추는 것. 나중에 유가에서도 자신들의 학문의 목표를 표현하는 말 중 하나로 이 말을 쓰기도 하고, 유가의 이상적인 군주의 요건으로 이 말을 쓰기도 했다.

2.

후세 사람들이 사치에 빠지지 않게 하고, 모든 물자를 낭비하지 않고, 근본적인 원리라든가 구체적인 규범과 제도 같은 것을 화려하게 정하지 않고, 엄격한 잣대로 자신을 다그치고, 세상의 위급한 상황에 미리 대비한다. 옛날의 도술 가운데 이런 데 중점을 둔 것이 있었다. 묵적墨翟[2]과 금활리禽滑厘[3]가 그러한 가르침을 듣고 기뻐했다. 그러나 그들의 실천은 너무 지나쳤고, 절제는 사람들의 정서에서 너무 벗어났다. 그들은 음악을 비판하는 「비악非樂」 편이라는 글을 썼고, 절약을 주장하는 「절용節用」이라는 제목의 글을 발표했다. 그리하여 그들은 살아서는 노래를 부르지 않았고 죽어서는 상복을 입지 않았다. 묵자는 모든 사람을 차별 없이 사랑하고 물질적 재화를 똑같이 나누었으며 전쟁에 반대했다. 그의 학설의 기본 사상은 다른 사람을 원망하지 않는 것이다. 그는 또 배우기를 좋아하여 널리 연구했지만, 새로운 학설을 만들려고 하지는 않았다. 그러나 그는 선왕先王과 같지 않았고 고대부터 전해져오는 예악禮樂을 비방했다. 황제 때는 「함지咸池」라는 음악이 있었고, 요임금 때는 「대장大章」이라는 음악이 있었고, 순임금 때는 「대소大韶」라는 음악이 있었고, 우임금 때는 「대하大夏」라는 음악이 있었고, 탕임금 때는 「대호大濩」라는 음악이 있었고, 문왕 때는 「벽옹辟雍」이라는 음악이 있었고, 무왕과 주공은 「무武」라는 음악을 만들었다.

不侈於後世, 不靡於萬物, 不暉於數度, 以繩墨自矯, 而備世之急. 古之道術有在於是者. 墨翟禽滑厘聞其風而說之. 爲之大過, 已之大順. 作爲非

2 춘추 말에서 전국 초에 활동한 사상가로 묵가학파의 창시자인 묵자의 이름.

3 묵자의 제자.

樂, 命之曰節用. 生不歌, 死無服. 墨子泛愛兼利而非鬪, 其道不怒. 又好學而博, 不異. 不與先王同, 毁古之禮樂. 黃帝有咸池, 堯有大章, 舜有大韶, 禹有大夏, 湯有大濩, 文王有辟雍之樂, 武王周公作武.

옛날의 상례喪禮에는 귀천에 따라 각기 의식儀式이 달랐고 상하에 따라 차등이 있었다. 천자의 관곽棺槨은 일곱 겹이었고, 제후는 다섯 겹이었고, 대부는 세 겹이었고, 선비는 두 겹으로 정해져 있었다. 그런데 지금 오직 묵자만이 살아서는 노래를 부르지 않고 죽어서도 상복을 입지 않으며, 세 치의 오동나무 속관만 쓰고 겉관은 쓰지 않는 것을 법도로 삼고 있다. 이런 것을 사람들에게 가르친다면 사람들은 아마 다른 사람을 사랑하지 않을 것이다. 이런 것을 자기가 실행한다면 분명히 자기 자신을 사랑하지 않을 것이다. 물론 묵자의 학설을 아주 나쁜 것으로만 볼 수는 없다. 그러나 노래하고 싶을 때 노래하지 못하게 하고, 곡하고 싶을 때 곡하지 못하게 하고, 즐기고 싶을 때 즐기지 못하게 한다면, 이것이 과연 인지상정人之常情에 맞는 것인가? 살아 있을 때는 고통스럽게 일하고, 죽으면 간략하게 장사 지내고 만다면 그들의 방식은 지나치게 각박하다. 그런 방식은 사람을 근심스럽게 하고, 사람을 슬프게 만드는 것이기 때문에 실행하기 어렵다. 아마도 그것은 성인의 도道라고 할 수 없을 것이며, 세상 사람들의 마음과는 반대가 될 것이다. 세상 사람들이 감당하지 못한다. 묵자 자신은 그런 일을 해낼 수 있었다 하더라도 세상 사람에게까지 어떻게 그렇게 하라고 시키겠는가? 세상 사람들의 마음에서 떠났다면 그것은 제왕의 길〔王道〕과는 거리가 먼 것이다.
古之喪禮, 貴賤有儀, 上下有等. 天子棺槨七重, 諸侯五重, 大夫三重, 士再重. 今墨子獨生不歌, 死無服, 桐棺三寸而無椁, 以爲法式. 以此敎人, 恐不愛人. 以此自行, 固不愛己. 未敗墨子道. 雖然, 歌而非歌, 哭而非哭, 樂而非樂, 是果類乎. 其生也勤, 其死也薄, 其道大觳. 使人憂, 使人悲, 其行難爲也. 恐其不可以爲聖人之道, 反天下之心. 天下不堪. 墨子雖獨能任, 奈天下何. 離於天下, 其去王也遠矣.

묵자는 말한다.

"옛날에 우임금이 홍수를 막을 때 장강[江]과 황하[河]의 물줄기를 터서 사방 이족夷族의 땅과 구주九州[4]로 흘러가게 했다. 큰 강 300개와 지천 3000개 그리고 무수히 많은 작은 강의 물길을 터주었다. 우임금은 직접 삼태기와 쟁기를 들고 온 세상의 강물을 한 곳으로 모았다. 그 때문에 장딴지에는 솜털도 나지 않았고 정강이에는 털이 닳아 없어졌으며, 폭우로 목욕하고 질풍으로 머리를 빗으면서 모든 나라를 편안하게 했다. 우임금은 위대한 성인임에도 이처럼 온 세상을 위해 몸을 수고롭게 했다."

이 때문에 그는 후세의 묵자墨者들에게 가죽과 갈포로 옷을 만들어 입게 하고 나막신이나 짚신을 신게 했으며, 밤낮으로 쉬지 않고 자신을 고통스럽게 하는 것을 가장 좋은 것이라고 생각하게 만들었다. 그러면서 말했다.

"이렇게 할 수 없다면, 그것은 우임금의 방식이 아니며, 따라서 묵자라고 말할 자격이 없다."

상리근相里勤의 제자, 오후五侯의 제자, 남방의 묵자인 고획苦獲·

4 고대의 책에서 중국 전역을 아홉 개의 권역으로 나누던 관념에서 비롯한 개념으로 중국 전체 혹은 세계를 지칭하는 말.

기치已齒·등릉자鄧陵子 등은 모두 『묵경墨經』을 읊조리고 다니면서도 주장은 서로 상반되거나 같지 않다. 그들은 서로 상대방을 별묵別墨, 즉 묵자의 이단이라고 부른다. 견백堅白과 동이同異 등의 궤변으로 상대방을 비난하고, 기수와 우수처럼 함께 어울리지 못하는 말로써 서로 대립한다. 그리고 각자 자기네 파의 우두머리〔巨子〕를 성인이라고 추켜세우고 모두 묵가의 종주가 되기를 바라고 묵자의 후계자가 되기를 원하면서 오늘에 이르기까지 해결을 보지 못하고 있다.

묵적과 금활리의 생각은 옳았지만, 그들의 행동은 틀렸다. 그들은 그뒤의 묵자들에게 반드시 자신을 고통스럽게 하고, 장딴지에 잔털이 없고 정강이에 털이 닳아 없어지도록 하는 것 등을 가지고 서로 경쟁하게 만들었을 뿐이다. 그것은 세상을 혼란에 빠뜨리는 데는 최상의 방법이고, 세상을 평화롭게 하는 데는 최하의 방법이다. 그렇지만 묵자는 정말로 온 세상 사람들을 사랑했다. 그는 세상을 구제할 방법을 찾다가 찾지 못하면 비록 제 몸이 비쩍 마르고 야위더라도 그만두지 않았으니 재능이 뛰어난 인물이었다.

墨子稱道曰, 昔者禹之湮洪水, 決江河而通四夷九州也. 名川三百, 支川三千, 小者無數. 禹親自操橐耜, 而九雜天下之川. 腓無胈, 脛無毛, 沐甚雨, 櫛疾風, 置萬國. 禹大聖也, 而形勞天下也如此. 使後世之墨者, 多以裘褐爲衣, 以跂蹻爲服, 日夜不休, 以自苦爲極曰, 不能如此, 非禹之道也, 不足謂墨. 相里勤之弟子, 五侯之徒, 南方之墨者若獲已齒鄧陵子之屬, 俱誦墨經, 而倍譎不同, 相謂別墨. 以堅白同異之辯相訾, 以觭偶不仵之辭相應. 以巨子爲聖人. 皆願爲之尸, 冀得爲其後世, 至今不決. 墨翟禽滑厘之意則是, 其行則非也. 將使後世之墨者, 必以自苦腓無胈脛無毛, 相進而已矣. 亂之上也, 治之下也. 雖然, 墨子眞天下之好也. 將求之不得也, 雖枯槁不舍也,才士也夫.

3.

세속적인 일에 얽매이지 않고, 외적인 것을 가지고 자신을 돋보이게 하지 않고, 다른 사람을 가혹하게 대하지 않고, 대중의 생각에 거스르지 않으면서 온 세상이 평안하여 백성이 목숨을 보전하고, 타인과 내가 먹고사는 데 충분하다면 그것으로 만족하는 것, 이런 것을 자신이 마음속에 품고 있는 염원이라고 말한다. 옛날의 도술 가운데 이런 데 중점을 둔 것이 있었다. 송견宋鈃[5]과 윤문尹文[6]이 그러한 가르침을 듣고 기뻐했다. 그들은 화산관華山冠[7]이라는 모자를 만들어 쓰고서는 평등을 핵심으로 하는 자신들의 생각을 표현했고, 만물을 대할 때 편견을 배제하는 것을 으뜸으로 쳤다. 그들은 마음의 포용〔心之容〕이라는 문제에 대해 토론했고, 그것을 마음의 작용〔心之行〕이라고 이름 붙였다. 온순한 태도로 사람들의 기쁨을 같이 기뻐하고 나아가 온 세상을 화합하게 하고자 했다. 그리고 그들은 감정과 욕망을 줄이는 것을 주지主旨로 삼았다. 그들은 모욕을 당해도 그것을 수치로 여기지 않는 태도를 갖게 함으로써 사람들의 싸움을 제지하고자 했고, 침략을 금지하고 무기를 없앰으로써 세상의 전쟁을 막고자 했다. 그들은 이런 생각을 가지고 온 세상을 두루 돌아다니면서 위로는 임금들을 설득하고 아래로는 백성을 가르쳤다.

5 송형, 송연 등으로 불린다. 「소요유」 편의 송영자와 같은 인물이다.

6 전국시대 제나라의 학자. 송견과 함께 송윤학파라고 불린다.

7 위쪽과 아래쪽의 폭이 같은 관으로서 평등을 상징하는 관.

비록 세상 사람들이 그들의 주장을 받아들이지는 않았지만, 그들은 꿋꿋하게 떠들어대면서 포기하지 않았다. 그래서 누군가 이렇게 말했다. "윗사람이나 아랫사람 모두 싫어했지만 그들은 기를 쓰고 자기주장을 펴고 다닌다." 그렇지만 그들이 다른 사람을 위해 하는 일은 지나치게 많았고, 자신을 위해 하는 일은 지나치게 적었다. 그들은 "우리는 그저 다섯 되 정도의 밥이면 충분하다"라고 말하면서 자신의 스승이 배부르게 먹지 못할까 걱정했을 뿐 제자들은 비록 배가 좀 고프더라도 세상 사람들을 잊지 않았다. 그들은 밤낮으로 쉬지 않고 일했다. 그러면서 그들은 "우리는 모두 반드시 살아야 한다"라고 말했다. 위대하구나, 세상을 구제할 인물들이다. 그들은 또 "군자는 다른 사람에 대하여 가혹하게 따지지 않고, 스스로는 외물의 지배를 받게 하지 않는다"라고 말했다. 그들은 세상에 아무런 도움이 되지 않는 일에 대해 자세하게 연구하고 밝히는 것보다 차라리 그만두는 것이 더 좋다고 생각했다. 그들은 공격을 금지하고 무기를 없애는 것을 외적인 활동의 목표로 삼았고, 감정과 욕망을 줄여나가는 것을 내적인 수양의 목표로 삼았다. 그들 주장의 대강과 세부적인 내용 및 그들의 실천은 결국 여기서 그칠 뿐이다.

不累於俗, 不飾於物, 不苟於人, 不忮於衆, 願天下之安寧以活民命, 人我之養, 畢足而止, 以此白心. 古之道術, 有在於是者. 宋鈃尹文聞其風而說之. 作爲華山之冠以自表, 接萬物以別宥爲始. 語心之容, 命之曰心之行. 以聏合歡, 以調海內. 請欲置之以爲主. 見侮不辱, 救民之鬪, 禁攻寢兵, 救世之戰. 以此周行天下, 上說下敎. 雖天下不取, 強聒而不舍者也. 故曰, 上下見厭而強見也. 雖然, 其爲人太多, 其自爲太少. 曰, 請欲固置五升之飯足矣, 先生恐不得飽, 弟子雖飢, 不忘天下. 日夜不休曰, 我必得活哉. 圖傲乎救世之士哉. 曰, 君子不爲苛察, 不以身假物. 以爲無益於天下者, 明之不如已也. 以禁攻寢兵爲外, 以情欲寡淺爲內. 其小大精粗, 其行適至是而止.

4.

공평하여 편을 가르지 않고, 공정하여 사사로움이 없으며, 마음을 텅 비워 자기에 대한 의식이 없고, 사물의 변화에 따르면서 사물과 자신을 둘로 나누지 않으며, 깊이 생각하지도 않고 지혜를 짜내지도 않으며, 어떤 대상을 놓고 좋다거나 나쁘다거나 혹은 옳다거나 그르다거나 등의 평가를 하지 않고 그저 그것들과 함께 어우러진다. 옛날의 도술 가운데 이런 데 중점을 둔 것이 있었다. 팽몽彭蒙[8]과 전병田駢과 신도愼到[9] 등이 그러한 가르침을 듣고 기뻐했다. 그들은 만물을 똑같이 보는 것을 으뜸으로 삼았다. 그들은 말한다.

"하늘은 만물을 덮어주고 있지만 그것들을 떠받쳐줄 수는 없고, 땅은 만물을 떠받치고 있지만 그것들을 덮어줄 수는 없고, 대도는 만물을 감싸 안고 있지만 그것들을 구별할 수는 없다. 만물에는 긍정적인 면이 있고, 부정적인 면이 있음을 알 수 있다. 그러므로 '어떤 것을 선택하면 보편성을 상실하고, 무언가를 가르치면 완전성을 상실하지만, 도는 어느 것 하나 빠뜨려놓지 않는다'라는 말이 있다."

그런 이유 때문에 신도愼到는 지력에 의한 판단을 버리고 자기에 대한 의식을 없애 부득이한 것만 따랐다. 그는 사물의 변화에 그대

8 다음에 나오는 전병의 스승.

9 팽몽, 전병, 신도 등은 모두 제나라의 은둔자. 특히 신도는 한비자의 법가 사상 형성에게도 영향을 끼친 인물이기는 하지만, 여기서는 도가적 인물로 간주하고 있다.

로 따르는 것을 진리라고 생각했다. 이 점과 관련하여 그는 이렇게 말했다.

"알 수 없는 것을 알려고 한다면, 그 지식에 억눌리고 결국에는 상처를 입을 것이다."

그는 게으름 피우면서 아무 일도 맡지 않았고, 지식인을 숭상하는 세상 사람들을 비웃었다. 그는 제멋대로 행동하면서 덕행을 무시했으며, 세상 사람들이 존경하는 대성인을 부정했다. 그는 자신의 모난 곳을 때리고 두드려 원만하게 만들고 사물과 함께 완만하게 변화해갔다. 옳다거나 그르다거나 하는 생각을 버리고 나서 비로소 여러 가지 속박으로부터 벗어날 수 있었다. 지식이나 생각에 의존하지 않고, 원인과 결과를 알지 못했으며 홀로 우뚝 서 있을 뿐이었다. 그는 무엇인가에 떠밀려야 움직였고 누군가 끌어줘야 앞으로 나아갔다. 그의 행동은 마치 회오리바람이 돌아가듯이, 마치 깃털이 돌아가듯이, 마치 맷돌이 돌아가듯이 자연스러웠다. 그러므로 완전하여 결점이 없었고, 움직이거나 머무는 데 과오가 없었으며, 한 번도 죄를 범한 적이 없었다. 왜 그럴까? 지능이 없는 사물은 자기에 대한 의식을 갖지 않고, 지능을 씀으로써 발생하는 속박이 없기 때문에 움직이거나 가만 있거나 모두 도리에 맞고, 이 때문에 죽을 때까지 명성이 나지 않는다. 그러므로 이렇게 말한다.

"지능이 없는 사물과 같은 경지에 이르러야 한다. 현자나 성인의 가르침을 따르지 말아라. 저 흙덩어리는 도를 잃지 않는다."

호걸들은 그의 이런 태도를 비웃으면서 이렇게 말한다.

"신도가 주장하는 도는 산 인간이 실천할 수 있는 것이 아니라 그것은 그저 죽은 사람의 도리일 뿐이다."

그의 학설이 이상한 헛소리로 받아들여지는 것도 당연하다.

전병田騈도 역시 마찬가지다. 그는 팽몽에게서 배웠는데, 말로는 가르칠 수 없는 진수를 터득했다. 팽몽의 스승이 말했다.

"옛날 도를 터득한 사람은 옳음도 없고 그름도 없는 경지에 이르렀다. 그의 가르침은 정적靜寂과 같았으니 어떻게 말로써 표현할 수 있겠는가?"

그는 항상 다른 사람들의 생각과는 반대로 갔고 그 때문에 다른 사람들로부터 주목을 받지는 못했다. 그러나 인위적인 성격을 벗어나지 못했다. 그가 말한 도는 도가 아니다. 그가 옳다고 말한 것 중 그르지 않은 것이 없다. 팽몽과 전병과 신도 등은 도를 알지 못했다. 그러나 그들은 모두 도에 대한 대략적인 내용을 들은 적이 있는 자들이다.

公而不黨, 易而無私, 決然無主, 趣物而不兩, 不顧於慮, 不謀於知, 於物無擇, 與之俱往. 古之道術有在於是者. 彭蒙田騈愼到聞其風而說之. 齊萬物以爲首曰, 天能覆之而不能載之, 地能載之而不能覆之, 大道能包之而不能辯之. 知萬物皆有所可, 有所不可, 故曰, 選則不徧, 教則不至, 道則無遺者矣. 是故愼到棄知去己, 而緣不得已. 泠汰於物, 以爲道理. 曰, 知不知, 將薄知而後鄰傷之者也. 謑髁無任, 而笑天下之尙賢也. 縱脫無行, 而非天下之大聖. 椎拍輐斷, 與物宛轉. 舍是與非, 苟可以免. 不師知慮, 不知前後, 魏然而已矣. 推而後行, 曳而後往, 若飄風之還, 若羽之旋, 若磨石之隧, 全而無非, 動靜無過, 未嘗有罪. 是何故. 夫無知之物, 無建己之患, 無用知之累, 動靜不離於理, 是以終身無譽. 故曰, 至於若無知之物而已, 無用賢聖, 夫塊不失道. 豪傑相與笑之曰, 愼到之道, 非生人之行, 而至死人之理, 適得怪焉. 田騈亦然, 學於彭蒙, 得不教焉. 彭蒙之師曰, 古之道人,至於莫之是莫之非而已矣. 其風窢然, 惡可而言. 常反人, 不見觀, 而不免於魭斷. 其所謂道非道, 而所言之韙不免於非. 彭蒙田騈愼到不知道. 雖然, 槪乎皆嘗有聞者也.

5.

만물의 근본은 미세하고, 유형의 사물은 성글다고 생각하며, 무엇이든 축적하는 것을 부족하다고 여기면서 담담하게 홀로 신명神明과 함께 살아간다. 옛날의 도술 가운데 이런 데 중점을 둔 것이 있었다. 관윤關尹[10]과 노담老聃[11]이 그러한 가르침을 듣고 기뻐했다. 그들은 영원한 무無를 내세우고 태일太一[12]을 핵심으로 삼았으며, 겉으로 드러난 모습은 유약하고 겸손했으며, 텅 빈 마음으로 만물을 훼손하지 않는 것을 알맹이로 삼았다. 관윤이 말했다.

"자기의 견해에 머물러 있지 않으면, 유형의 사물이 저절로 모습을 드러낸다. 그러한 사람의 움직임은 물과 같고, 멈춤은 거울과 같고, 반응은 메아리 같다. 도는 어슴푸레하여 마치 없는 것 같고, 고요하여 마치 깨끗하게 비어 있는 것 같다. 그것과 자연스럽게 동화하면 혼연일체가 되지만, 그것을 얻으려고 하면 잃어버린다."

그는 한 번도 남보다 앞서 간 적이 없고 언제나 남의 뒤를 따랐다.

노담(노자)이 말했다.

10 노자의 제자. 관關은 국경을 뜻하고, 윤尹은 우두머리를 뜻한다. 따라서 국경 수비대장을 뜻하는 말이었는데, 그것을 고유명사처럼 쓰게 되었는지도 모른다. 이름을 희喜라고 하는데, 분명하지 않다.

11 노자. 관윤의 스승인데 관윤보다 뒤에 언급한 것은 상식에서 벗어난다.

12 도道의 별명 가운데 하나.

"남성성의 본질을 알고 여성성을 잘 지키고 있으면 모든 물줄기가 모여드는 세상의 계곡이 된다. 결백함의 본질을 알고 더럽고 욕된 상태를 잘 지키고 있으면 모든 물줄기가 모여드는 세상의 골짜기가 된다."

사람들은 모두 앞서나가는 길을 선택하지만 그는 홀로 뒤처지는 길을 선택했다. 그래서 그는 "온 세상의 더러움을 다 받아들인다"라고 말했다. 그리고 사람들은 모두 실속 있는 것을 선택하지만, 그는 홀로 텅 빈 것을 선택했다. 아무것도 저장해놓는 것이 없기 때문에 오히려 여유가 있었다. 그는 우뚝 솟은 산처럼 홀로 여유로움을 느꼈다. 그는 몸을 천천히 움직여 힘을 낭비하지 않았고, 아무것도 하지 않으면서 기교 부리는 사람들을 비웃었다. 사람들은 모두 복을 추구하지만 그는 홀로 자기의 뜻을 굽힘으로써 온전함을 유지했다. 이 점에 대하여 그는 "진실로 세상의 재앙을 피해야 한다"고 말했다. 그는 깊이 숨는 것을 자신의 삶의 핵심으로 삼았고, 절약을 삶의 원칙으로 삼았다. 그는 말했다.

"단단하면 부서지고, 날카로우면 꺾인다."

그는 모든 대상에 대해 항상 관용을 베풀었고 다른 사람의 것을 빼앗지 않았으니 최고라고 할 수 있다. 관윤과 노담은 옛날의 박식하고 위대한 진인眞人이었다.

以本爲精, 以物爲粗, 以有積爲不足, 淡然獨與神明居. 古之道術有在於是者. 關尹老聃聞其風而說之, 建之以常無有, 主之以太一, 以濡弱謙下爲表, 以空虛不毁萬物爲實. 關尹曰, 在己無居, 形物自著. 其動若水, 其靜若鏡, 其應若響. 芴乎若亡, 寂乎若淸. 同焉者和, 得焉者失. 未嘗先人而常隨人. 老聃曰, 知其雄, 守其雌, 爲天下谿. 知其白, 守其辱, 爲天下谷. 人皆取先,己獨取後. 曰, 受天下之垢. 人皆取實, 己獨取虛. 無藏也故有餘, 巋然而有餘. 其行身也, 徐而不費, 無爲也而笑巧. 人皆求福, 己獨曲全曰, 苟免於咎. 以深爲根, 以約爲紀. 曰, 堅則毁矣, 銳則挫矣. 常寬容於物, 不削於人, 可謂至極. 關尹老聃乎. 古之博大眞人哉.

6.

어슴푸레하고 형체도 없는 것이 끝없이 변화한다. 죽음과 삶은 천지와 나란히 함께 있고, 신명과 함께 변해간다. 까마득히 멀기만 한데 어디로 가야 할까? 아련히 멀기만 한데 어디로 가야 할까? 만물이 모두 눈앞에 펼쳐져 있어도 딱히 돌아가 의지할 만한 곳이 없다. 옛날의 도술 가운데 이런 데 중점을 둔 것이 있었다. 장주莊周가 그러한 가르침을 듣고 기뻐했다. 그는 공허한 학설과 황당한 말과 끝없는 논리로 항상 자유분방하게 자기 뜻을 펼치면서 편견에 사로잡히지 않았고, 어느 한쪽의 견해를 가지고 자신을 드러내려 하지 않았다. 그는 온 세상 사람이 모두 미혹에 빠져 있다고 생각했기 때문에 그들과 정중한 말로 이야기할 수 없었다. 그래서 그는 치언卮言[13]을 변화무쌍한 표현 수단으로 삼았고, 중언重言[14]을 입증의 증거로 삼았으며, 우언寓言[15]을 널리 알리는 수단으로 삼았다. 그는 홀로 천지의 정신과 왕래하면서 만물에 대해 오만하거나 무시하지 않았고, 옳고 그름을 따지지 않았으며, 세속의 사람들과 함께 살았다.

13 무심하게 지껄이는 말.

14 옛사람의 말이나 일을 차용하여 말하는 것.

15 우화의 형식을 이용하는 것.

그가 쓴 글은 독특하고 웅장하지만 완곡하여 남을 해치지 않는다. 그의 수사는 허구와 사실이 뒤섞여 일정하지 않지만 기이하고 볼 만하다. 그는 그 가득 찬 생각을 말과 글로 표현할 때면 멈출 수 없었다. 그는 위로는 조물주와 함께 노닐고, 아래로는 삶과 죽음을 잊고 시작과 끝이 없다고 생각하는 사람을 친구로 삼았다. 근본으로서의 도에 대한 그의 태도는 대담하고 탁 트였으며, 심원하고 자유분방했다. 도에 대한 탐구에서 그는 논리가 분명했고 최고의 경지에 도달했다. 비록 변화에 순응하는 것이나 사물의 속박으로부터 벗어나는 것에 대한 그의 설명에서 그 논리는 끝날 줄 몰랐고, 제시하는 근거는 끊임없이 계속 이어졌지만, 사람들은 막막하고 깜깜하여 다 이해하지 못했다.

芴漠無形, 變化無常. 死與, 生與, 天地竝與, 神明往與. 芒乎何之, 忽乎何適. 萬物畢羅, 莫足以歸. 古之道術有在於是者. 莊周聞其風而說之. 以謬悠之說, 荒唐之言, 無端崖之辭, 時恣縱而儻, 不以觭見之也. 以天下爲沈濁, 不可與莊語. 以卮言爲曼衍, 以重言爲眞, 以寓言爲廣. 獨與天地精神往來, 而不敖倪於萬物, 不譴是非, 以與世俗處. 其書雖瓌瑋, 而連犿無傷也. 其辭雖參差, 而諔詭可觀. 彼其充實, 不可以已, 上與造物者遊, 而下與外死生無終始者爲友. 其於本也, 弘大而辟, 深閎而肆. 其於宗也, 可謂稠適而上遂矣. 雖然, 其應於化而解於物也, 其理不竭, 其來不蛻, 芒乎昧乎, 未之盡者.

7.

혜시는 여러 가지 분야의 학술에 능통했고, 그가 지은 책은 다섯 수레나 되었지만, 그의 도는 잡다한 것들로 뒤섞여 있었고, 그의 주장은 사리에 맞지 않았다. 그는 사물의 의미를 분석하여 다음과 같이 말했다.

"가장 큰 것으로 그 외부가 없는 것을 대일大一이라고 한다. 가장 작은 것으로 그 내부가 없는 것을 소일小一이라고 한다. 두께가 없는 것은 쌓을 수 없지만 그 크기는 천 리에 이른다. 하늘과 땅은 높이가 똑같고 산과 연못은 똑같이 평평하며, 해는 중천에 떠 있으면서 동시에 서쪽으로 걸려 있고, 사물의 생성은 동시에 사멸이다. 대체적인 면에서는 같으면서 세부적인 면에서는 같기도 하고 다르기도 하다면 이것을 소동이小同異라고 한다. 만물은 모두 같으면서 동시에 모두 다르다. 이것을 대동이大同異라고 한다. 남쪽은 끝이 없으면서 끝이 있다. 오늘 월나라에 갔는데 어제 돌아왔다. 연결되어 있는 고리는 풀 수 있다. 나는 세상의 중앙이 어디인 줄 안다. 연나라의 북쪽이면서 월나라의 남쪽이 바로 그곳이다. 만물을 널리 사랑하라. 천지는 한 몸이다."

혜시는 이런 것들을 위대한 진리로 생각하여 세상에 공표했고, 변자들을 가르쳤다. 그러자 세상의 변자들은 서로 모여 그에 대해 의론하는 것을 즐겼다.

알에는 털이 있다.

닭의 다리는 세 개다.

영郢[16] 안에 온 세상이 있다.

16 초나라의 수도.

개를 양이라 할 수 있다.

말은 알을 낳는다.

개구리는 꼬리가 있다.

불은 뜨겁지 않다.

산은 입에서 나온다.

수레바퀴는 땅에 닿지 않는다.

눈은 사물을 보지 못한다.

손가락은 사물에 닿지 못하고, 닿으면 떨어질 수 없다.

거북이는 뱀보다 길다.

곱자는 네모나지 않고, 걸음쇠로는 동그라미를 그리지 못한다.

구멍은 그 속에 꽂혀 있는 쐐기를 감싸지 못한다.

날아가는 새의 그림자는 전혀 움직이지 않는다.

빠르게 날아가는 화살은 가지도 않고 멈추지도 않는 때가 있다.

개[狗]는 개[犬]가 아니다.

노란 말과 검은 소는 셋이다.

흰 개는 검다.

어미 없는 망아지는 어미가 있어본 적이 없다.

한 자 길이의 채찍을 매일 반씩 잘라가면 만 년이 지나도 없어지지 않는다.

변자들은 이런 것들로써 혜시의 주장에 호응하면서 목숨이 다할 때까지 그치지 않았다. 예를 들어 환단桓團이나 공손룡公孫龍[17] 등

17 환단과 공손룡은 모두 명가名家학파에 속하는 인물들이다.

의 변자들은 말재주로 사람의 마음을 가려 판단력을 흐리게 했고, 사람의 생각을 바꿔버렸다. 그들은 말로는 남을 이길 수는 있었지만, 다른 사람의 마음을 설득하지 못했다. 이것이 변자의 한계다.

惠施多方, 其書五車, 其道舛駁, 其言也不中. 歷物之意曰, 至大無外, 謂之大一. 至小無內, 謂之小一. 無厚, 不可積也, 其大千里. 天與地卑, 山與澤平. 日方中方睨, 物方生方死. 大同而與小同異, 此之謂小同異. 萬物畢同畢異, 此之謂大同異. 南方無窮而有窮. 今日適越而昔來. 連環可解也. 我知天下之中央, 燕之北越之南是也. 氾愛萬物, 天地一體也. 惠施以此爲大, 觀於天下而曉辯者, 天下之辯者相與樂之. 卵有毛. 鷄三足. 郢有天下. 犬可以爲羊. 馬有卵. 丁子有尾. 火不熱. 山出口. 輪不蹍地. 目不見. 指不至. 至不絕. 龜長於蛇. 矩不方. 規不可以爲圓. 鑿不圍枘. 飛鳥之景未嘗動也. 鏃矢之疾, 而有不行不止之時. 狗非犬. 黃馬驪牛三. 白狗黑. 孤駒未嘗有母. 一尺之捶, 日取其半, 萬世不竭. 辯者以此與惠施相應, 終身無窮. 桓團公孫龍辯者之徒, 飾人之心, 易人之意. 能勝人之口, 不能服人之心. 辯者之囿也.

혜시는 날마다 자신의 지식을 이용하여 다른 사람들과 논쟁을 일삼았고, 특히 세상의 변자들과 함께 기이한 명제들을 만들어냈다. 앞에서 말한 것들이 그 대략이다. 그리하여 혜시는 자신의 말재주 때문에 자기가 가장 현명하다고 생각했다. 그래서 그는 "나보다 뛰어난 것은 하늘과 땅뿐이다"라고 말했다. 혜시는 기백은 있었지만 아무런 체계적 학술이 없었다. 남쪽에 황료黃繚[18]라는 기인이 있었

18 초나라 사람으로 변론에 뛰어난 인물이라고 하나 자세한 기록은 없다.

다. 그는 하늘이 무너지지 않고 땅이 가라앉지 않는 이유, 그리고 바람과 비와 천둥과 번개가 발생하는 까닭에 대하여 물었다. 혜시는 사양하지 않고 수락했고, 깊이 생각해보지 않고 대답했다. 그는 만물에 대하여 두루두루 설명했는데, 그 설명은 끝날 줄 몰랐다. 그는 많은 말을 하고서도 오히려 부족하다고 생각하여 괴이한 주장을 더해갔다. 그는 일반 사람들의 정서에 어긋나는 것을 진실이라고 생각했고, 논쟁에서 다른 사람을 이김으로써 명성을 얻으려고 했다. 이 때문에 그의 주장은 사람들에게 맞지 않았다.

그는 내면의 덕을 추구하는 데는 미약했고, 외부의 대상을 추구하는 데는 강했기 때문에 그가 추구한 길은 크게 빗나가고 있었다. 천지의 도라는 측면에서 혜시의 재능을 볼 때 그것은 한 마리의 모기나 한 마리의 등에가 발버둥치는 것과 흡사하다. 그것이 사물에 대하여 무슨 쓸모가 있겠는가? 그는 어떤 한 측면에는 충실했지만, 그것을 도를 설명하는 방법으로 받아들인다면 위험할 것이다. 혜시는 이것만으로 만족하지 못하고 만물에 정신을 빼앗겨 싫어할 줄 모르더니 마침내 말 잘하는 것으로 유명해졌다. 애석하구나. 혜시는 훌륭한 재능을 가졌으면서도 제멋대로 행동하더니 아무것도 이룬 것이 없었고, 만물을 좇아가기만 하고 자신을 되돌아볼 줄 몰랐다. 그의 행위는 소리를 질러 메아리를 그치게 하려는 것과 같고, 몸과 그림자가 서로 앞서나가려고 다투는 것과 같이 부질없는 짓이었다. 안타깝다.

惠施日以其知與人之辯, 特與天下之辯者爲怪. 此其柢也. 然惠施之口談, 自以爲最賢曰, 天地其壯乎, 施存雄而無術. 南方有倚人焉曰黃繚, 問天地所以不墜不陷, 風雨雷霆之故. 惠施不辭而應, 不慮而對. 徧爲萬物說, 說而不休. 多而無已, 猶以爲寡, 益之以怪. 以反人爲實, 而欲以勝人爲名, 是以與衆不適也. 弱於德, 強於物, 其塗隩矣. 由天地之道觀惠施之能, 其猶一蚊一虻之勞者也. 其於物也何庸. 夫充一尙可, 曰愈貴道, 幾矣. 惠施不能以此自寧, 散於萬物而不厭, 卒以善辯爲名. 惜乎. 惠施之才. 駘蕩而不得, 逐萬物而不反. 是窮響以聲, 形與影競走也. 悲夫.

찾아보기

ㅂ

ㅅ

ㅇ

장자

초판 인쇄 2019년 2월 18일
초판 발행 2019년 2월 28일

지은이 장주
옮긴이 김갑수
펴낸이 강성민
편집장 이은혜
편집 강성민 이은경
마케팅 정민호 정현민 김도윤
홍보 김희숙 김상만 이천희
독자모니터링 황치영

펴낸곳 (주)글항아리 | 출판등록 2009년 1월 19일 제406-2009-000002호

주소 10881 경기도 파주시 회동길 210
전자우편 bookpot@hanmail.net
전화번호 031-955-2560(편집부) 031-955-8891(마케팅)
팩스 031-955-2557

ISBN 978-89-6735-601-9 03140

글항아리는 (주)문학동네의 계열사입니다.

이 도서의 국립중앙도서관 출판예정도서목록(CIP)은 서지정보유통지원시스템 홈페이지(http://seoji.nl.go.kr)와 국가자료공동목록시스템(http://www.nl.go.kr/kolisnet)에서 이용하실 수 있습니다.
(CIP제어번호 : CIP2019005557)